Eine Analyse der Unternehmergesellschaft (haftungsbeschränkt)
unter besonderer Berücksichtigung des Gläubigerschutzes

Schriftenreihe zum Gesellschafts- und Kapitalmarktrecht

Herausgegeben von Lutz Michalski,
Axel Jäger und Klaus-Rudolf Wagner

Band 38

PL ACADEMIC RESEARCH

Marcus Jerg

Eine Analyse der Unternehmergesellschaft (haftungsbeschränkt) unter besonderer Berücksichtigung des Gläubigerschutzes

PL ACADEMIC RESEARCH

Bibliografische Information der Deutschen Nationalbibliothek
Die Deutsche Nationalbibliothek verzeichnet diese Publikation in der Deutschen Nationalbibliografie; detaillierte bibliografische Daten sind im Internet über http://dnb.d-nb.de abrufbar.

Zugl.: Bayreuth, Univ., Diss., 2012

D 703
ISSN 1619-117X
ISBN 978-3-631-62498-2

PL Academic Research ist ein Imprint der Peter Lang GmbH

www.peterlang.de

Vorwort

Die vorliegende Arbeit wurde der Rechts- und Wirtschaftswissenschaftlichen Fakultät der Universität Bayreuth im Sommersemester 2011 als Dissertation vorgelegt.

An dieser Stelle möchte ich den Personen herzlich danken, die mich bei der Erstellung dieser Arbeit unterstützt haben. Mein Dank gilt zunächst meinem Doktorvater Herrn Professor Dr. Lutz Michalski für den wissenschaftlichen Freiraum bei der Ausarbeitung dieser Arbeit sowie die Möglichkeit, in der Schriftenreihe zum Gesellschafts- und Kapitalmarktrecht zu veröffentlichen. Ebenso danken möchte ich Herrn Professor Dr. Karl-Georg Loritz für die zügige Erstellung des Zweitgutachtens. In meinen Dank einschließen möchte ich auch diejenigen, die mich in zahllosen Diskussionen zu einem ständigen Hinterfragen meiner Thesen angeregt haben.

Besonderer Dank gilt meiner Familie und Simone, die mir während meiner gesamten Ausbildung und der Erstellung dieser Arbeit mit Rat und Tat, Ansporn und Verständnis stets hilfreich zur Seite standen. Ihnen möchte ich diese Arbeit widmen.

München, im Oktober 2012

Marcus Jerg

Inhaltsverzeichnis

Abkürzungsverzeichnis

a.A.	andere Ansicht
a.F.	alte Fassung
Abs.	Absatz
AG	Aktiengesellschaft oder Amtsgericht
AktG	Aktiengesetz
AllgM.	Allgemeine Meinung
AnfG	Anfechtungsgesetz
Anh.	Anhang
Art.	Artikel
ARUG	Gesetz zur Umsetzung der Aktionärsrichtlinie
Aufl.	Auflage
Az.	Aktenzeichen
B.V.	Besloten Vennootschap
BAG	Bundesarbeitsgericht
BayObLG	Bayerisches Oberlandesgericht
BB	Der Betriebs-Berater
Bd.	Band
BDI	Bundesverband der Deutschen Industrie e.V.
BFH	Bundesfinanzhof
BGB	Bürgerliches Gesetzbuch
BGHZ	Entscheidungen des Bundesgerichtshofs in Zivilsachen
BilMoG	Bilanzrechtsmodernisierungsgesetz
BR-Drucks.	Bundesrat-Drucksache
BSG	Bundessozialgericht
bspw.	beispielsweise
BT-Drucks.	Bundestag-Drucksache
BVerfG	Bundesverfassungsgericht
bzw.	beziehungsweise
CDU	Christlich Demokratische Union
CSU	Christlich Soziale Union
d.h.	das heißt
DAV	Deutscher Anwaltverein
DB	Der Betrieb
ders.	derselbe
DK	Der Konzern
DNotZ	Deutsche Notar Zeitschrift
DStR	Deutsches Steuerrecht

DZWIR	Deutsche Zeitschrift für Wirtschafts- und Insolvenzrecht
EG	Europäische Gemeinschaft
EGBGB	Einführungsgesetz zum Bürgerlichen Gesetzbuche
EGGmbHG	Einführungsgesetz zum Gesetz betreffend die Gesellschaften mit beschränkter Haftung
EGV	Vertrag zur Gründung der Europäischen Gemeinschaft
EHUG	Das Gesetz über elektronische Handelsregister und Genossenschaftsregister sowie das Unternehmensregister
Einf.	Einführung
Einl.	Einleitung
EStG	Einkommensteuergesetz
EU	Europäische Union
EuGH	Europäischer Gerichtshof
EuInsVO	Europäische Insolvenzverordnung
EUR	Euro
EWiR	Entscheidungen zum Wirtschaftsrecht
EWR	Europäischer Wirtschaftsraum
f. / ff.	folgende / mehrere folgende
FamFG	Gesetz über das Verfahren in Familiensachen und in den Angelegenheiten der freiwilligen Gerichtsbarkeit
FDP	Freie Demokratische Partei
FMStG	Finanzmarktstabilisierungsgesetz
Fn.	Fußnote
FS	Festschrift
GenG	Genossenschaftsgesetz
GesR	Gesellschaftsrecht
GmbH	Gesellschaft mit beschränkter Haftung
GmbHG	Gesetz betreffend die Gesellschaften mit beschränkter Haftung
GmbHR	Die GmbH-Rundschau
GroßkommAktG	Großkommentar zum Aktiengesetz
GWR	Zeitschrift Gesellschafts- und Wirtschaftsrecht
h.A.	herrschende Ansicht
Halbs.	Halbsatz
HambKommInsO	Hamburger Kommentar zum Insolvenzrecht
HGB	Handelsgesetzbuch

h.M.	herrschende Meinung
i.d.F.	in der Fassung
i.R.v.	im Rahmen von
i.S.v.	im Sinne von
i.V.m.	in Verbindung mit
InsO	Insolvenzordnung
IntGesR	Internationales Gesellschaftsrecht
IPRax	Praxis des Internationalen Privat- und Verfahrensrecht
JZ	Juristenzeitung
KG	Kommanditgesellschaft
KGaA	Kommanditgesellschaft auf Aktien
KostO	Kostenordnung
KStG	Körperschaftsteuergesetz
LG	Landgericht
Ltd.	Limited
m.w.N.	mit weiteren Nachweisen
MindestkapG	Gesetz zur Neuregelung des Mindestkapitals der GmbH
MoMiG	Gesetz zur Modernisierung des GmbH-Rechts und zur Bekämpfung von Missbräuchen
MünchHdb GesR	Münchener Handbuch des Gesellschaftsrechts
MünchKommAktG	Münchener Kommentar zum Aktiengesetz
MünchKommBGB	Münchener Kommentar zum Bürgerlichen Gesetzbuch
MünchKommGmbHG	Münchener Kommentar zum Gesetz betreffend die Gesellschaften mit beschränkter Haftung
MünchKommHGB	Münchener Kommentar zum Handelsgesetzbuch
MünchKommInsO	Münchener Kommentar zur Insolvenzordnung
n.F.	neue Fassung
NJOZ	Neue Juristische Online Zeitung
NJW	Neue Juristische Wochenschrift
NJW-RR	NJW-Rechtsprechungs-Report
Nr.	Nummer
NWB	Neue Wirtschafts-Briefe
NZG	Neue Zeitschrift für Gesellschaftsrecht
NZI	Neue Zeitschrift für Insolvenz und Sanierung
OLG	Oberlandesgericht

PartGG	Partnerschaftsgesellschaftsgesetz
PLC	Public Limited Company
Rn.	Randnummer
RegE.	Regierungsentwurf
RGZ	Entscheidungen des Reichsgerichts in Zivilsachen
RSI	Restrukturierung, Sanierung, Insolvenz
Rz.	Randziffer
S.	Seite bzw. Satz (bei Rechtsnormen)
SE	Societas Europaea
SPD	Sozialdemokratische Partei Deutschlands
StB	Der Steuerberater
StGB	Strafgesetzbuch
Syst. Darst.	Systematische Darstellung
UG	Unternehmergesellschaft (haftungsbeschränkt)
UGG	Gesetz über die Unternehmergesellschaft – Unternehmergesellschaftsgesetz
UmwBerG	Gesetz zur Bereinigung des Umwandlungsrechts
UmwG	Umwandlungsgesetz
Urt.	Urteil
VersR	Versicherungsrecht
vGa	Verdeckte Gewinnausschüttung
vgl.	vergleiche
vs.	versus
wistra	Zeitschrift für Wirtschafts- und Steuerstrafrecht
WM	Wertpapiermitteilungen
z.B.	zum Beispiel
ZGR	Zeitschrift für Unternehmens- und Gesellschaftsrecht
ZHR	Zeitschrift für das gesamte Handelsrecht und Wirtschaftsrecht
ZInsO	Zeitschrift für das gesamte Insolvenzrecht
ZIP	Zeitschrift für Wirtschaftsrecht
ZPO	Zivilprozessordnung

1. Kapitel Einführung

Mit Inkrafttreten des Gesetzes zur Modernisierung des GmbH-Rechts und zur Bekämpfung von Missbräuchen – kurz *MoMiG* – am 1. November 2008[1] unterzog der deutsche Gesetzgeber das GmbHG der wohl umfangreichsten Reform seit dessen Einführung. Im Gegensatz zu vorangegangenen Reformen begnügte sich der Gesetzgeber nicht damit, von der Praxis und Rechtsprechung als reformbedürftig angesehene Probleme punktuell zu ändern, sondern unternahm den Versuch einer in sich stimmigen und an den Bedürfnissen der Praxis ausgerichteten Reform des GmbHG.[2] Neben der Neuregelung beispielsweise der Kapitalaufbringung und -erhaltung, des Eigenkapitalersatzrechts oder der Insolvenzantragspflicht führte der Gesetzgeber in § 5a GmbHG mit der Unternehmergesellschaft (haftungsbeschränkt) – im Folgenden *UG* genannt[3] – eine Rechtsformvariante der GmbH ein, die schon im Vorfeld eine breite Diskussion in der Literatur auslöste.[4] Die UG richtet sich nach der Vorstellung des Gesetzgebers an junge Existenzgründer insbesondere im Dienstleistungssektor, denen durch den Verzicht auf ein nennenswertes Mindeststammkapital der Weg in eine unternehmerische Tätigkeit erleichtert werden soll.[5] Das Echo in Wissenschaft, Justiz und Praxis fiel unterschiedlich aus und richtet sich in seiner Kritik primär gegen den fehlenden bzw. unzureichenden Schutzmechanismus für Gesellschaftsgläubiger.[6]

---

1 BGBl. Jahrgang 2008 Teil I Nr. 48, S. 2026 ff.

2 So RegE., BT-Drucks. 16/6140, S. 25.

3 Die bloße Bezeichnung als UG wäre im Rechtsverkehr gemäß § 5a Abs. 1 GmbHG unzulässig, für Zwecke dieser Abhandlung ist diese Abkürzung jedoch ausreichend.

4 Drygala, NZG 2007, S. 561; Freitag/Riemenschneider, ZIP 2007, S. 1485; Haack, NWB 2007, S. 4234; Leuering, NJW-Spezial 2007, S. 315; Lutter, BB-Spezial Nr. 7/2006, S. 2; Schärtl, GmbHR 2007, R305; Seibert, GmbHR 2007, S. 673; Veil, GmbHR 2007, S. 1080; Wachter, GmbHR Sonderheft 10/2008, S. 25; Wälzholz, GmbH-StB 2007, S. 319; Wilhelm, DB 2007, S. 1510.

5 RegE., BT-Drucks. 16/6140, S. 31.

6 Ohne Anspruch auf Vollständigkeit: ablehnend: Stellungnahme der Fraktion der FDP, Beschlussempfehlung und Bericht des Rechtsausschusses, BT-Drucks. 16/9737 (MoMiG), S. 84 ff.; Goette, Anhörung BT-Drucks. 16/6140 (MoMiG), S. 9; Zweifelnd: Stellungnahme der Fraktion Bündnis90/Die Grünen, Beschlussempfehlung und Bericht des Rechtsausschusses, BT-Drucks. 16/9737 (MoMiG), S. 93; Ries, Anhörung BT-Drucks. 16/6140 (MoMiG), S. 5; DAV, NZG 2007, S. 735 (736); Stellungnahme BDI,

A. Gesetzgebungshistorie und Systematik

Die Notwendigkeit einer grundlegenden Reform des GmbHG im Allgemeinen und die Einführung der UG im Speziellen rühren aus verschiedenen Gründen her. Das GmbHG sah sich einerseits einem internen Reformdruck aus Wissenschaft und Praxis gegenüber, insbesondere die zunehmend beobachteten Missbräuche bei der Verwendung der Rechtsform GmbH sowie die Insolvenzanfälligkeit zu bekämpfen.[7] Andererseits sehen sich Kapitalgesellschaften wie die GmbH aufgrund der Rechtsprechung des Europäischen Gerichtshofs (*EuGH*)[8] seit einigen Jahren einem externen Reformdruck ausgesetzt. Die Niederlassungsfreiheit innerhalb der Europäischen Union (*EU*) erlaubt es ausländischen Kapitalgesellschaften in Deutschland unter Beibehaltung ihres Gründungsstatuts tätig zu sein mit der Folge eines Wettbewerbs der nationalen Gesellschaftsrechtsformen. Nicht zuletzt aufgrund einer intensiven Vermarktung durch professionelle Anbieter[9] erfreute sich hauptsächlich die englische *Private Company Limited by Share* – kurz *Limited* – in Deutschland großer Beliebtheit. Mit der Reform des GmbH-Rechts verfolgt der Gesetzgeber zwei Ziele: Zum einen soll durch das Gesetz die Rechtsform GmbH besser gegen Missbräuche insbesondere in Krisenfällen geschützt werden, zum anderen wird eine Deregulierung und Modernisierung der GmbH bezweckt, um deren Attraktivität im Wettbewerb mit

---

BT-Drucks. 16/6140 (MoMiG), S. 19; Jung, Anhörung BT-Drucks. 16/6140 (MoMiG), S. 9; Zustimmend: Stellungnahme der Fraktion der CDU/CSU, Beschlussempfehlung und Bericht des Rechtsausschusses, BT-Drucks. 16/9737 (MoMiG), S. 91; Stellungnahme der Fraktion der SPD, Beschlussempfehlung und Bericht des Rechtsausschusses, BT-Drucks. 16/9737 (MoMiG), S. 83; Hirte, Anhörung BT-Drucks. 16/6140 (MoMiG), S. 4; Lutter, Anhörung BT-Drucks. 16/6140 (MoMiG), S. 4; Götte, Anhörung Drucks. 16/6140 (MoMiG), S. 4; Fastrich, in: Baumbach/Hueck, § 5a Rn. 4.

7 Gehrlein, DK 2007, S. 771 (772); Lutter, Anhörung BT-Drucks. 16/6140 (MoMiG), S. 1; Seibert, ZIP 2006, S. 1157. Dies führte zunächst am 14. November 2002 zur Bitte der Justizministerinnen und -minister der Länder an das Bundesministerium der Justiz, die Reformbedürftigkeit der Gesellschaft mit beschränkter Haftung zu prüfen; vgl. Seibert, in: FS Röhricht, S. 585.

8 Vgl. insbesondere EuGH, Urteil vom 09.03.1999, Az. Rs. C-212/97 (Centros); EuGH, Urteil vom 05.11.2002, Az. Rs. C-208/00 (Überseering); EuGH, Urteil vom 30.09.2003, Az. Rs. C-167/01 (Inspire Art).

9 Kleindiek, DStR 2005, S. 1366.

ausländischen Gesellschaftsrechtsformen zu steigern.[10] Dabei versteht sich von selbst, dass die Ziele „*Missbrauchsbekämpfung*“ einerseits und „*Deregulierung/Modernisierung*“ andererseits oftmals divergieren.

Zunächst beschloss die Bundesregierung im Juni 2005 einen Gesetzentwurf zur Neuregelung des Mindestkapitals in der GmbH (*MindestkapG*), der in der 15. Wahlperiode indes nicht mehr Gesetz wurde. Mit dem MoMiG unternahm der Gesetzgeber einen neuen Anlauf zur Reform der GmbH und integrierte den Inhalt des MindestkapG teilweise. In der Absenkung des gesetzlichen Mindeststammkapitals sah der Gesetzgeber ein probates Mittel zur Modernisierung der GmbH.[11] Die ursprüngliche Idee einer generellen Absenkung des Mindeststammkapitals wurde schließlich fallen gelassen.[12] Die im Regierungsentwurf vom 23. Mai 2007 erstmals eingeführte UG soll stattdessen dem (vermeintlichen) Druck zur Absenkung oder gänzlichem Verzicht auf ein Mindeststammkapital entgegenwirken.[13] Damit trug der Gesetzgeber letztlich den Befürchtungen aus der Wirtschaft Rechnung, die einem angemessenen Mindeststammkapital immer noch eine auf die Rechtsform der GmbH im Ganzen ausstrahlende Seriositätsschwelle beimisst und bei einer völligen Aufgabe das in über hundert Jahren erworbene Prestige der GmbH beschädigt gesehen hätte.[14] Anstelle einer diskutierten neuen haftungsbeschränkten Rechtsform neben oder unterhalb der GmbH[15] entschied sich der Gesetzgeber mit der UG für eine bloße Rechtsform-

---

10 RegE., BT-Drucks. 16/6140, S. 25; Grunewald, Anhörung BT-Drucks. 16/6140 (MoMiG), S. 1.

11 Vgl. RegE., BT-Drucks. 16/6140, S. 25, 29 f.; a.A. Heckschen, DStR 2007, S. 1442 (1444 f.); DAV, NZG 2007, S. 735 (736); Bormann, GmbHR 2006, S. 1021 (1022); Thiessen, DStR 2007 (Teil I), S. 202 (204); für eine Erhöhung des Stammkapitals: Priester, DB 2005, S. 1315 (1317); Altmeppen, NJW 2005, S. 1911 (1912); Kleindiek, DStR 2005, S. 1366 (1368); Hübner, in: FS Canaris, Bd. 2, S. 129 (137).

12 Beschlussempfehlung und Bericht des Rechtsausschusses, BT-Drucks. 16/9737 (MoMiG), S. 8, 94 f. Mit Einführung der UG bestand aus Sicht des Rechtsauschusses keine Notwenigkeit mehr, das Mindeststammkapital weiter abzusenken.

13 RegE., BT-Drucks. 16/6140, S. 25. Für eine Erhöhung des Stammkapitals: Priester, DB 2005, S. 1315 (1317); Altmeppen, NJW 2005, S. 1911 (1912); Kleindiek, DStR 2005, S. 1366 (1368).

14 Beschlussempfehlung und Bericht des Rechtsausschusses, BT-Drucks. 16/9737 (MoMiG), S. 95. Auf die Funktion des Mindeststammkapitals ist im Folgenden noch einzugehen, vgl. 3. KapitelA.

15 Gehb, Unternehmergesellschaftsgesetz (UGG); Freistaat Bayern, Gesetz zur Einführung des Kaufmanns mit beschränkter Haftung; Drygala, ZIP 2006, S. 1797

variante. Damit sei eine mit geringem Regelungsaufwand verbundene Lösung und ein angemessener Kompromiss zwischen Beibehaltung des bewährten Mindeststammkapitalsystems und dessen Abschaffung gefunden.[16]

Die Vorschriften des GmbHG sollen auf die UG uneingeschränkt Anwendung finden, sofern nicht die Sondervorschrift des § 5a GmbHG Abweichendes statuiert.[17] Zwar sieht der Gesetzgeber *„mit der Vereinfachung der Gründung unter Verwendung der Mustersatzung (...) ein der GmbH bisher unbekanntes Maß an Flexibilität, Schnelligkeit, Einfachheit und Kostengünstigkeit erreicht"*[18]. Die folgende Analyse wird hingegen zeigen, dass zahlreiche dogmatische Probleme offensichtlich nicht zu Ende gedacht worden sind[19]. Entgegen der Erwartungen des Gesetzgebers, wonach sich die UG in das GmbHG nahtlos einfügen werde,[20] sind an zahlreichen Stellen Korrekturen durch die Rechtsprechung zu erwarten. Auch das mit dem MoMiG verfolgte Ziel, das GmbH-Recht zu deregulieren und für die mittelständische Zielgruppe und den Rechtsverkehr verständlicher und einfacher zu machen,[21] ist zumindest im Hinblick auf ein Nebeneinander zweier GmbH-Rechtsformvarianten fraglich. Es steht zu befürchten, dass die Mängel der gesetzlichen Regelung im Zweifel auf dem Rücken der Gesellschaftsgläubiger ausgetragen werden.

B. Gegenstand und Ziel der Arbeit

Mit Blick auf die Gesellschaftsgläubiger ist die Position der UG im Gläubigerschutzsystem des GmbH-Rechts zu bestimmen. Gegenstand und Ziel dieser Arbeit ist es, die zum 1. November 2008 eingeführte UG in das bestehende Gesell-

---

(Kommanditgesellschaft mit beschränkter Haftung); Lutter, BB-Spezial Nr. 7/2006, S. 2; Schall/Westhoff, GmbHR 2004, R381; Schall/Westhoff, GmbHR 2005, R357 (Unternehmensgründergesellschaft).

16 Beschlussempfehlung und Bericht des Rechtsausschusses, BT-Drucks. 16/9737 (MoMiG), S. 95. Einen Bedarf der Praxis für eine Kapitalgesellschaftsform mit niedrigem oder ohne Stammkapital behaupten RegE., BT-Drucks. 16/6140, S. 25; Gehb/Drange/Heckelmann, NZG 2006, S. 88 (90); a.A. Heckschen, DStR 2007, S. 1442 (1445); Kleindiek, BB-Spezial 5/2007, S. 2; Wilhelm, DB 2007, S. 1510 (1512).

17 RegE., BT-Drucks. 16/6140, S. 31. Lutter, Anhörung BT-Drucks. 16/6140 (MoMiG), S. 4, bezeichnet die Regelungssystematik als *„scheinbar elegante Lösung"*.

18 RegE., BT-Drucks. 16/6140, S. 31.

19 Ähnlich Veil, ZGR 2009, S. 623 (624).

20 RegE., BT-Drucks. 16/6140, S. 31.

21 RegE., BT-Drucks. 16/6140, S. 25 (26).

schaftsrecht, insbesondere in das durch das MoMiG reformierte GmbHG, einzuordnen. Von besonderer Bedeutung wird dabei im Sinne einer die Arbeit umschließenden Klammer sein, Lücken im Gläubigerschutz aufzuzeigen und zu schließen. Folglich konzentriert sich diese Arbeit auf diejenigen Fragestellungen, die unmittelbare wie mittelbare Auswirkungen auf den Gläubigerschutz haben.

Zunächst werden im *2. Kapitel* die rechtlichen Rahmenbedingungen dargestellt, vor deren Hintergrund sich der Gesetzgeber zur Einführung der UG entschieden hat. Eine rechtliche Analyse und Bewertung der neuen GmbH-Rechtsformvariante UG bedingt eine Auseinandersetzung mit den rechtlichen und volkswirtschaftlichen Motiven des Gesetzgebers sowie den supranationalen gesetzlichen Vorgaben. Neben einem allgemeinen und unstreitigen Bedürfnis nach einer Reform des GmbHG sind dies hauptsächlich der durch die Rechtsprechung des EuGH ausgelöste Wettbewerb der Gesellschaftsrechtsformen und dessen Auswirkungen auf den deutschen Gesellschaftsrechtsmarkt. Die grundlegenden Regelungsziele des MoMiG und dessen wichtigsten Änderungen sollen, sofern nicht zumindest ein mittelbarer Bezug zur UG gegeben ist, lediglich stichpunktartig dargestellt werden. Schließlich wird vor dem Hintergrund der besonderen Zielsetzung dieser Arbeit noch das Gläubigerschutzsystem im deutschen Kapitalgesellschaftsrecht aufgezeigt und eine erste Einordnung der Sondervorschrift des § 5a GmbHG vorgenommen.

Das *3. Kapitel* beschäftigt sich mit den Problemstellungen, die sich aus der Gründung der UG ergeben können. Dies sind insbesondere Fragestellungen, die sich aus dem Verzicht des Gesetzgebers auf ein nennenswertes Mindeststammkapital in § 5a Abs. 1 GmbHG ergeben. Das Mindeststammkapital wurde und wird in der Rechtswissenschaft (noch) als ein tragendes Element des deutschen Kapitalschutzsystems angesehen,[22] der (faktische) Verzicht hierauf hat daher vielfach Kritik hervorgerufen.[23] Es gilt im Rahmen dieser Arbeit zu analysieren, ob dem Prinzip des Mindeststammkapitals tatsächlich die vielfach behauptete gläubigerschützende Funktion zukommt und ein Verzicht somit Schutzlücken

---

22 BGH, Urt. v. 27.09.1999, II ZR 371/98, BGHZ 142, S. 315 = NJW 1999, S. 3483; BGH, Urt. v. 06.06.1994, II ZR 292/91, BGHZ 126, S. 181 = NJW 1994, S. 2220; Wiedemann, Gesellschaftsrecht, Bd. I, S. 557; bereits RegE., BT-Drucks. 16/6140, S. 25.

23 Anstatt vieler Heckschen, DStR 2007, S. 1442 (1445); Veil, GmbHR 2007, S. 1080 (1086); Freitag/Riemenschneider, ZIP 2007, S. 1485 (1491 f.).

auslöst. Die Eignung des Rechtsformzusatzes *„Unternehmergesellschaft (haftungsbeschränkt)“* bzw. *„UG (haftungsbeschränkt)“* als Mittel des Gläubigerschutzes sowie die Rechtsfolgen einer fehlerhaften Bezeichnung bilden einen weiteren Schwerpunkt des Kapitels. Die Sondervorschriften in § 5a Abs. 2 GmbHG zur Kapitalaufbringung in der UG, hierbei vor allem die Reichweite und Folgen des in § 5a Abs. 2 Satz 2 GmbHG normierten Verbots von Sacheinlagen, sind den Fragestellungen bezüglich der Gründung der UG zugeordnet. Schließlich geht die Arbeit der Gefahr einer Überschuldung der UG im Gründungsstadium nach.

Das *4. Kapitel* widmet sich der Kapitalerhaltung und der Kapitalbildung in der UG. Vorab stellt sich die Frage, ob die Vorschriften zur Kapitalerhaltung, die dem traditionellen Verständnis des deutschen Kapitalschutzes folgend ein gesetzliches Mindeststammkapital voraussetzen, auf die UG ohne Weiteres übertragen werden können. Demgegenüber bezeichnet Kapitalbildung den Aufbau eines Eigenkapitalstocks in der UG durch die Pflicht der Geschäftsführer zur Bildung einer gesetzlichen Rücklage gemäß § 5a Abs. 3 GmbHG. Die gesetzliche Rücklage ist ein dem GmbHG bisher fremdes, aus dem AktG entliehenes Institut,[24] das eine Reihe von Zweifelsfragen aufwirft. Neben einer grundsätzlichen Auseinandersetzung mit der in § 5a Abs. 3 GmbHG gewählten Regelung und Systematik geht es zudem um Fragen der Transparenz und Bilanzierung sowie der praktischen Einsetzbarkeit der UG.

Die Vorschrift des § 5a Abs. 3 GmbHG wirft ein erhebliches, systematisches Missbrauchspotential auf. Das *1. Kapitel* setzt sich daher mit gläubiger- und gesellschaftsschädigendem Verhalten von Geschäftsführern und Gesellschaftern der UG auseinander. Im Zentrum stehen dabei die missbräuchliche Umgehung der Thesaurierungspflicht in § 5a Abs. 3 GmbHG und die resultierenden Rechtsfolgen im Falle eines Forderungsausfalls auf Seiten der Gesellschaftsgläubiger. Im Schrifttum besteht zwar insoweit Einigkeit, solche Auszahlungen als verdeckte Gewinnausschüttung zu qualifizieren; jedoch ist streitig, welche Rechtsfolgen sich daraus ergeben.[25] Ziel dieser Arbeit wird es daher sein, ein dogmatisch einleuchtendes Konzept darzulegen, welches Missbrauchs-

24 Vgl. § 150 Abs. 3 und 4 AktG.

25 Im Schrifttum wird diesem Problem bisher vornehmlich mittels einer – nach hier vertretener Auffassung wenig überzeugenden – entsprechenden Anwendung der Kapitalerhaltungsvorschriften begegnet. Dazu eingehend 5. KapitelA.III.

und Umgehungssachverhalten im Rahmen von § 5a Abs. 3 GmbHG hinreichend und angemessen begegnet.

Abschließend geht die Arbeit im *6. Kapitel* der Frage nach der Haftung von Geschäftsführern und Gesellschaftern in der UG nach, die sich im Zusammenhang mit der besonderen gesellschaftsrechtlichen Struktur der UG stellt. Dies ist einerseits das in § 64 Satz 3 GmbHG neu eingeführte Institut der Insolvenzverursachungshaftung, das auf die auftretenden Zweifelsfragen im Hinblick auf die Pflicht zur Bildung einer gesetzlichen Rücklage ein grundsätzlich taugliches, aber zu konkretisierendes Mittel des Gläubigerschutzes darstellen kann. Andererseits gilt es die Existenzvernichtungshaftung dahingehend näher zu analysieren, inwiefern dieses geeignet ist, den Gläubigerschutz in der UG sinnvoll zu ergänzen. Besondere Berücksichtigung findet dabei die im Zusammenhang mit der UG und dem Verzicht auf ein nennenswertes Mindeststammkapital oftmals aufgeworfene Frage nach einer Haftung wegen materieller Unterkapitalisierung.[26] Die Herausforderung bezüglich einer möglichen Haftung wegen materieller Unterkapitalisierung liegt neben der heranzuziehenden Anspruchsgrundlage hauptsächlich in der Konkretisierung belastbarer Kriterien und Tatbestandsmerkmalen.

26 Stellungnahme des Bundesrates, BR-Drucks. 354/07 (MoMiG), S, 8.

2. Kapitel Rechtliche Rahmenbedingungen

A. Wettbewerb der Gesellschaftsrechtsformen

Die Rechtsprechung des EuGH zur Niederlassungsfreiheit und der sich daraus ergebende Wettbewerb der Gesellschaftsrechtsformen,[27] mit dem das deutsche Gesellschaftsrecht in zunehmendem Maße konfrontiert ist, gab neben dem allgemein als notwendig erachteten Reformbedarf den Anstoß für das MoMiG.[28] Der Wettbewerb der Gesellschaftsrechtsformen äußert sich dabei in zwei Erscheinungsformen. Insbesondere Existenzgründer und Einzelunternehmer entschieden sich in der jüngeren Vergangenheit vermehrt dazu, ihr Unternehmen in Form einer *Limited* zu gründen,[29] um so (vermeintlich) bestehende Vorteile im Gründungsverfahren und in der Kapitalaufbringung zu nutzen. Dies mag für das deutsche Gesellschaftsrecht zwar insofern misslich sein, als dass es sich in seinem originären Geltungsbereich durch das Auftreten ausländischer Gesellschaftsrechtformen einer Konkurrenz stellen muss, deren gesellschaftsrechtliche Konzeption von dem des deutschen Kapitalschutzsystems abweicht. Doch ein unter dem Regime der Niederlassungsfreiheit stehender Wettbewerb der Gesellschaftsrechtsformen ist nach Ansicht des Verfassers aus wirtschaftspolitischen Gesichtspunkten legitim und wünschenswert. Der Wettbewerb im europäischen Binnenmarkt ist in wirtschaftlicher wie auch rechtlicher Hinsicht unbestritten eine der großen Leistungen der europäischen Integrationspolitik und bedarf einer konsequenten Umsetzung.[30] Es ist daher Aufgabe des deutschen Gesetzgebers wie auch der Rechtsprechung und Rechtswissenschaft das deutsche Gesellschaftsrecht in diesem Wettbewerb der Rechtsformen zu plazieren, seine Stärken

---

27 Miteinander im Wettbewerb stehen zunächst verschiedene Gesellschaftsrechtsformen, beispielsweise die deutsche GmbH, die englische Limited oder die niederländische B.V. Die aus der Wahl einer Gesellschaftsrechtsform folgende Geltung der zugehörigen Rechtsordnung führt schließlich auf zweiter Ebene auch zu einem Wettbewerb derselben. Im Folgenden soll der Begriff „*Wettbewerb der Gesellschaftsrechtsformen*" verwendet werden.

28 RegE., BT-Drucks. 16/6140, S. 1, 25.

29 Westhoff, GmbHR 2006, S. 525 liefert eine quantitative Bestandsaufnahme zum Stichtag 31.12.2005.

30 Mittel zur Verwirklichung eines europäischen Binnenmarktes sind dabei die Waren- und Dienstleistungsfreiheit (Art. 28, 49, 51 EGV), Arbeitnehmerfreizügigkeit (Art. 39 ff. EGV) und die Niederlassungsfreiheit (Art. 43 ff. EGV).

herauszustellen und seine Schwächen durch entsprechende gesetzliche Regelungen oder mittels Rechtsfortbildung zu beseitigen.

Darüber hinaus sah sich der Gesetzgeber durch einen weiteren Aspekt als Folge des sich entwickelnden Wettbewerbs der Rechtsformen veranlasst, das GmbH-Recht zu modernisieren: die missbräuchliche Gründung von Scheinauslandsgesellschaften und die daraus resultierende Erschwerung der Rechtsverfolgung für Gläubiger.[31] Die Einführung der UG setzt dabei an der erst genannten Erscheinungsform an. Zum besseren Verständnis der Reform soll der aus der Rechtsprechung des EuGH resultierende Wettbewerb der Gesellschaftsrechtsformen und der verbleibende gesetzliche Gestaltungsspielraum dargestellt werden.

I. Die Niederlassungsfreiheit in der Rechtsprechung des EuGH

Der Wettbewerb der Gesellschaftsrechtsformen hat seinen Ursprung in der Rechtsprechung des EuGH zur Niederlassungsfreiheit von Gesellschaften im Gebiet der EU. Aufgrund Art. 43, 48 EGV darf die freie Niederlassung einer Gesellschaft, die nach den Vorschriften eines Mitgliedstaates der EG wirksam gegründet worden ist und ihren satzungsmäßigen Sitz, ihre Hauptverwaltung oder ihre Hauptniederlassung innerhalb der EG hat, grundsätzlich nicht beschränkt werden. Zu unterscheiden ist dabei die primäre Niederlassungsfreiheit – d.h. das Recht, den Schwerpunkt der unternehmerischen Tätigkeit in einem anderen Mitgliedstaat durch eine Hauptniederlassung auszuüben (Art. 43 Abs. 1 Satz 1, 48 EGV) – und die sekundäre Niederlassungsfreiheit, die zur Gründung von Agenturen, Zweigniederlassungen und Tochtergesellschaften berechtigt (Art. 43 Abs. 1 Satz 2, 48 EGV). Das Personalstatut einer juristischen Person (Gesellschaftsstatut) wird traditionell entweder durch die Sitztheorie oder durch die aus dem angloamerikanischen Rechtsraum kommende Gründungstheorie bestimmt.[32]

1. Die Rechtslage nach der traditionellen Sitztheorie

Die Rechtsprechung und die herrschende Meinung im Schrifttum haben bis in die jüngere Vergangenheit das Gesellschaftsstatut mittels der sogenannten Sitz-

31 Ulmer, NJW 2004, S. 1201; Grigoleit/Rieder, Rn. 24.

32 Thorn, in: Palandt, BGB, Anh. Art. 12 EGBGB Rn. 1.

theorie bestimmt.[33] Tragendes Element der Sitztheorie ist die Anknüpfung des Gesellschaftsstatuts an den Verwaltungssitz der Gesellschaft; dabei kommt es nicht auf den in der Satzung genannten, sondern auf den effektiven Verwaltungssitz an.[34] Der Bundesgerichtshof stellt bei der Bestimmung des tatsächlichen Verwaltungssitzes maßgeblich darauf ab, wo *„der Tätigkeitsort der Geschäftsführung und der dazu berufenen Vertretungsorgane, also der Ort, wo die grundlegenden Entscheidungen der Unternehmensleitung effektiv in laufende Geschäftsführungsakte umgesetzt werden*“, liegt[35]. Eine wirksam, in Übereinstimmung mit den einschlägigen Vorschriften des Gründungsstaates inkorporierte Gesellschaft, die ihren Verwaltungssitz in die Bundesrepublik Deutschland verlegt, behalte ihre Rechtsfähigkeit demnach nur dann, wenn die Gesellschaft nach dem Recht des Gründungsstaates fortbesteht und auch nach deutschem Recht rechtsfähig ist.[36] Die Rechtsfähigkeit nach deutschem Recht erlange eine im Ausland gegründete, ihren Verwaltungssitz verlegende Gesellschaft unter Geltung der Sitztheorie nur durch Neugründung der Gesellschaft in Übereinstimmung mit den einschlägigen deutschen Gesellschaftsrechtsnormen und Eintragung ins Handelsregister.[37] Eine Kapitalgesellschaft, welche diese Voraussetzungen nicht erfüllt, ist nach der Rechtsprechung jedenfalls als rechtsfähige Personengesellschaft anzuerkennen, die vor deutschen Gerichten Aktiv- und Passivlegitimation genießt.[38]

Die Anknüpfung an den effektiven Verwaltungssitz trage dem Schutzinteresse des am meisten betroffenen Staates Rechnung und korrespondiere mit Art. 3 Abs. 1 Satz 1 EuInsVO, welche auf den hauptsächlichen Interessenschwerpunkt für die Frage der Insolvenzeröffnungszuständigkeit abstellt.[39] Der

---

33 BGH, Urt. v. 21.03.1986, V ZR 10/85 = NJW 1986, S. 2194; BGH, Urt. v. 29.01.2003, VIII ZR 155/02 = NJW 2003, S. 1607; anstatt vieler: Großfeld, in: Staudinger BGB, IntGesR, Rn. 61 ff.

34 BGH, Urt. v. 29.01.2003, VIII ZR 155/02 = NJW 2003, S. 1607; BGH, Urt. v. 30.11.1970, V ZR 139/68, BGHZ 53, S. 181 (183); BGH, Urt. v. 05.11.1980, VIII ZR 230/79, BGHZ 78, S. 318 (334).

35 BGH, Urt. v. 21.03.1986, V ZR 10/85, BGHZ 97, S. 269 (272) = NJW 1986, S. 2194.

36 BGH, Urt. v. 30.03.2000, VII ZR 370/98 = NZG 2000, S. 926; Großfeld, in: Staudinger BGB, IntGesR, Rn. 16, 42; Kindler, in: MünchKommBGB, Bd. 11, Rn. 400.

37 BGH, Urt. v. 21.03.1986, V ZR 10/85 = NJW 1986, S. 2194; Großfeld, in: Staudinger BGB, IntGesR, Rn. 372 f.

38 BGH, Urt. v. 01.07.2002, II ZR 380/00 = NJW 2002, S. 3539.

39 Kindler, in: MünchKommBGB, Bd. 11, Rn. 401 f.

Staat des effektiven Verwaltungssitzes übernehme damit ein „*Wächteramt*" hinsichtlich der Zulassung von Gesellschaften in seinem Hoheitsgebiet; des Weiteren werde das Unterlaufen inländischer Statuten durch weniger strenge ausländische Rechtsformen[40] und eine Wettbewerbsverzerrung zulasten inländischer Gesellschaften[41] verhindert. Folglich kann sich unter Geltung der Sitztheorie aufgrund der Einschränkung der grenzüberschreitenden Mobilität der Gesellschaften weder ein Wettbewerb der Gesellschaftsrechtsformen entfalten,[42] noch ist eine Verlegung des Verwaltungssitzes einer nach deutschem Recht gegründeten Gesellschaft ins Ausland möglich; diesem Verständnis trug § 4a Abs. 2 GmbHG a.F. Rechnung.[43]

2. Der Übergang zur Gründungstheorie in der Rechtsprechung des EuGH

Während die Sitztheorie folglich eher dem Schutzinteresse des Zuzugstaates Rechnung trägt, fokussiert sich die Gründungstheorie auf die wirtschaftlichen Bedürfnisse der unter der jeweiligen Rechtsordnung inkorporierten Gesellschaften.[44] Die Gründungstheorie habe aufgrund der Anknüpfung an das jeweilige Gründungsrecht, d.h. an den Ort der Registrierung, den Vorteil der Rechtssicherheit: die Inkorporation lasse sich wirksam und eindeutig feststellen und sei unabhängig davon, ob und gegebenenfalls wohin der effektive Verwaltungssitz bzw. die Geschäftstätigkeit der Gesellschaft verlegt wird.[45] Die Gründungstheorie ermöglicht daher im Gegensatz zur Sitztheorie den Zuzug von ausländischen Gesellschaften unter Beibehaltung der Rechtsfähigkeit und ihres Inkorporationsrechts. Der Zuzug in andere Rechtsordnungen durch Verlegung des Verwal-

---

40 Großfeld, in: Staudinger BGB, IntGesR, Rn. 41.

41 Kindler, in: MünchKommBGB, Bd. 11, Rn. 402.

42 Im Ergebnis ebenso Grigoleit/Rieder, Rn. 13; Bayer, BB 2003, S. 2357 (2358).

43 OLG Düsseldorf, Urt. v. 26.03.2001, 3 Wx 88/01 = NJW 2001, S. 2184; BayObLG, Urt. v. 07.05.1992, 3Z BR 14/9 = ZIP 1992, S. 842 (843); Hueck/Fastrich, in: Baumbach/Hueck, § 4a Rn. 10; Roth, in: Roth/Altmeppen, GmbHG, § 4a Rn. 11; Kindler, in: MünchKommBGB, Bd. 11, Rn. 386, 390 ff.

44 Kindler, in: MünchKommBGB, Bd. 11, Rn. 340.

45 Bayer, BB 2003, S. 2357 (2358); vgl. zum Meinungsstand bei der Gründungstheorie eingehend Kindler, in: MünchKommBGB, Bd. 11, Rn. 341 ff. m.w.N.

tungssitzes oder Gründung einer (Zweig-)Niederlassung ist als ein zentrales Element der Niederlassungsfreiheit nach Art. 43, 48 EGV anzusehen.[46]

Um der Niederlassungsfreiheit aus Art. 43, 48 EGV effektiv Geltung zu verschaffen, hat der EuGH in einer Reihe von Urteilen[47] zumindest für den Zuzug ausländischer Gesellschaften die Gründungstheorie innerhalb der EU faktisch postuliert. Der EuGH entschied in Sachen *Centros Ltd.*, dass eine missbräuchliche Ausnutzung der Niederlassungsfreiheit nicht vorliege, wenn eine Gesellschaft Zweigniederlassungen nach dem Recht eines Mitgliedstaates errichtet, dessen gesellschaftsrechtlichen Vorschriften größere Freiheiten bei der Gründung einer Gesellschaft gewähren, selbst wenn im Gründungsstaat keine Geschäftstätigkeit ausgeübt werden soll.[48] Selbst so genannte *Scheinauslandsgesellschaften* können sich demnach grundsätzlich auf die Niederlassungsfreiheit berufen.[49] Der Entscheidung in Sachen *Überseering B.V.* folgend sei das zum damaligen Zeitpunkt, unter Zugrundelegung deutschen Rechts unabdingbare Erfordernis, wonach die in einem anderen Mitgliedstaat wirksam gegründete Gesellschaft in Deutschland entsprechend den dort geltenden Vorschriften über die Gründung einer Kapitalgesellschaft neu zu gründen, und andernfalls die Rechts- und Parteifähigkeit abzusprechen sei, mit der Niederlassungsfreiheit nicht vereinbar.[50] In der Entscheidung *Inspire Art Ltd.* setzte der EuGH seine zuvor entwickelte Rechtsprechung zur Niederlassungsfreiheit konsequent fort[51]. Die Mitgliedstaaten seien nicht nur verpflichtet, die Rechts- und Parteifähigkeit der aus einem anderen Mitgliedstaat zuziehenden Gesellschaft, sondern auch das Gründungsstatut ohne Einschränkung anzuerkennen.[52] Der EuGH schob damit

---

46 EuGH, Urt. v. 09.03.1999, Rs. C-212/97 (Centros) = NJW 1999, S. 2027 (Rz. 27); EuGH, Urt. v. 05.11.2002, Rs. C-208/00 (Überseering) = NJW 2002, S. 3614 (Rz. 56).

47 EuGH, Urt. v. 09.03.1999, Rs. C-212/97 (Centros) = NJW 1999, S. 2027; EuGH, Urt. v. 05.11.2002, Rs. C-208/00 (Überseering) = NJW 2002, S. 3614; EuGH, Urt. v. 30.09.2003, Rs. C-167/01 (Inspire Art) = NJW 2003, S. 3331; EuGH, Urt. v. 13.12.2005, Rs. C-411/03 (SEVIC) = NJW 2006, S. 425.

48 EuGH, Urt. v. 09.03.1999, Rs. C-212/97 (Centros) = NJW 1999, S. 2027 (Rz. 26 ff., 39).

49 Ebenso Horn, NJW 2004, S. 893 (895); Altmeppen, NJW 2004, S. 97.

50 EuGH, Urt. v. 05.11.2002, Rs. C-208/00 (Überseering) = NJW 2002, S. 3614 (Rz. 56, 81).

51 EuGH, Urt. v. 30.09.2003, Rs. C-167/01 (Inspire Art) Rn. 95 f.

52 EuGH, Urt. v. 30.09.2003, Rs. C-167/01 (Inspire Art) = NJW 2003, S. 3331 (Rz. 101); zustimmend Horn, NJW 2004, S. 893 (895 f.); Bayer, BB 2003, S. 2357 (2361 f.).

der Praxis des Bundesgerichtshof[53] einen Riegel vor, zuziehenden ausländischen Gesellschaften die Rechtsfähigkeit nach deutschem Recht, allerdings nur als Personengesellschaft zuzuerkennen.[54] Diese unter dem Primat der Niederlassungsfreiheit stehende Gründungstheorie erstreckte der EuGH in der Entscheidung *SEVIC System AG* schließlich auch auf Fälle einer grenzüberschreitenden Verschmelzung.[55]

Die Sitztheorie wird seit 2004 nur noch auf Gesellschaften ohne staatsvertraglich vereinbarte Niederlassungsfreiheit angewendet,[56] wohingegen EU-ausländische Gesellschaften, solche aus dem übrigen EWR-Raum kommende oder unter bilateralem Schutz stehende Gesellschaften der Gründungstheorie unterworfen werden.[57] Zumindest in den Fallkonstellationen, in denen eine im Ausland wirksam gegründete Gesellschaft in einen anderen Mitgliedstaat unter Beibehaltung ihres Gründungsstatuts zuzieht, und bei grenzüberschreitenden Verschmelzungen, hat die Rechtsprechung des EuGH der Sitztheorie den Boden entzogen und der Gründungstheorie zur Geltung verholfen, auch wenn der EuGH keine generelle Aussage über die Vereinbarkeit der Sitztheorie mit Art. 43, 48 EGV getroffen hat.[58]

II. Auswirkungen auf das deutsche Gesellschaftsrecht

Der deutsche Gesetzgeber hat diesem Umstand mit Neufassung des § 4a GmbHG Rechnung getragen. Deutsche Gesellschaften können nunmehr einen vom Satzungssitz abweichenden Verwaltungssitz wählen und somit ihre Geschäftstätigkeit auch ausschließlich im Rahmen einer (Zweig-)Niederlassung außerhalb des deutschen Hoheitsgebiets entfalten.[59] Die Rechtsprechung und die

---

53 BGH, Urt. v. 01.07.2002, II ZR 380/00, BGHZ 151, S. 204 = NJW 2002, S. 3539.

54 Horn, NJW 2004, S. 893 (896).

55 EuGH, Urt. v. 13.12.2005, Rs. C-411/03 (SEVIC) = NJW 2006, S. 425 (Rz. 23).

56 BGH, Urt. v. 27.10.2008, II ZR 158/06 = NJW 2009, S. 289 (291) (Trabrennbahn); insoweit zustimmend die h.M. im Schrifttum: Heinrich, in: Palandt, BGB, Art. 12 EGBGB Anh. Rn. 9; Kindler, in: MünchKommBGB, Bd. 11, Rn. 338 m.w.N.

57 EuGH, Urt. v. 09.03.1999, Rs. C-212/97 (Centros) = NJW 1999, S. 2027; EuGH, Urt. v. 05.11.2002, Rs. C-208/00 (Überseering) = NJW 2002, S. 3614; EuGH, Urt. v. 30.09.2003, Rs. C-167/01 (Inspire Art) = NJW 2003, S. 3331; EuGH, Urteil vom 13.12.2005, Rs. C-411/03 (SEVIC).

58 Grigoleit/Rieder, Rn. 14; Bayer, BB 2003, S. 2357 (2362).

59 RegE., BT-Drucks. 16/6140, S. 29.

herrschende Ansicht im Schrifttum haben diese Konsequenzen schon zuvor gezogen und erkennen die Rechts- und Parteifähigkeit von ausländischen Gesellschaften in der Rechtsform ihrer Gründung wie auch die Eintragungsfähigkeit ins Handelsregister und Grundbuch an, selbst wenn es sich dabei um bloße Scheinauslandsgesellschaften handelt.[60] Die weitgehende Anerkennung ausländischer Rechtsformen und der damit einhergehende Wettbewerb der Gesellschaftsrechtsformen bringen – trotz der unbestrittenen Vorteile der Gründungstheorie – ebenso nachteilige Auswirkungen mit sich.

1. Scheinauslandsgründungen – das „*Limited*"-Problem

Wie bereits eingangs erwähnt, haben insbesondere Existenzgründer in nicht unbeachtlichem Maße und von professionellen Anbietern unterstützt davon Gebrauch gemacht, Unternehmungen in Form der *Limited* oder anderen vergleichbaren ausländischen Rechtsformen zu gründen, obwohl gleichwohl eine Geschäftstätigkeit in der ausländischen Rechtsordnung oftmals nicht ausgeübt wird (so genannte originäre Scheinauslandsgesellschaften).[61] Sofern das ausländische Gesellschaftsrecht adäquate Schutzvorschriften zugunsten von Gläubigern, Gesellschaftern oder der Allgemeinheit vorsieht, ist die Inanspruchnahme der Niederlassungsfreiheit durch Gründung einer Gesellschaft ausländischer Rechtsform mit Sitz im Inland zumindest im Hinblick auf das Gläubigerschutzniveau nicht weiter bedenklich.[62] Gleichwohl berge dies – so die Kritik – die

---

60 BGH, Urt. v. 13.03.2003, VII ZR 370/98 = BB 2003, S. 915; OLG Celle, Urt. v. 10.12.2002, 9 W 168/01 = IPRax 2003, S. 245; OLG Zweibrücken, Urt. v. 26.03.2003, 3 W 21/03 = BB 2003, S. 864; BayObLG, Urt. v. 19.12.2002, 2Z BR 7/02 = ZIP 2003, S. 398; Thorn, in: Palandt, BGB, Art. 12 EGBGB Anh. Rn. 6; Sandrock, BB 2004, S. 897 (901); Bayer, BB 2003, S. 2357 (2363 f.); Horn, NJW 2004, S. 893 (897); Ulmer, NJW 2004, S. 1201 (1206); für eine begrenzte Anwendung hingegen Altmeppen, NJW 2004, S. 97 ff.

61 Seibert, in: FS Röhricht, S. 585 (596). Eine empirische Erfassung der Wettbewerbssituation, insbesondere die Zahl der Gesellschaften ausländischer Rechtsform, gestaltet sich gleichwohl schwierig, da die Statistiken auf Gewerbeanzeigen basieren. Die Gewerbeanzeigen reflektieren die Realität indes nicht vollständig. Denn einerseits betreibt nicht jede Kapitalgesellschaft ein anzeigepflichtiges Gewerbe, andererseits kommt nicht jeder Anzeigepflichtige seiner gesetzlichen Verpflichtung nach; eingehend Eidenmüller, ZGR 2007, S. 168 (170 ff.).

62 Der EuGH hat folglich sowohl in Sachen Centros als auch Inspire Art klargestellt, dass es grundsätzlich kein missbräuchliches Ausnutzen der Niederlassungsfreiheit darstellt, wenn eine Gesellschaft, nur um in den Genuss einer vorteilhafteren Rechtsordnung zu

Gefahr, dass Gesellschaften in Rechtsordnungen gegründet werden, in deren Rahmen der Schutz nationaler oder individueller Interessen wie auch ordnungspolitische Vorschriften zumindest im Vergleich zu den gesetzlichen Regelungen in Deutschland schwächer ausgeprägt oder abweichend statuiert sind.[63] Gründet das ausländische Gesellschaftsrecht auf wesentlich liberaleren Grundlagen oder wird der erforderlich gehaltene Schutz von (Minderheits-)Gesellschaftern, Gläubigern und der Allgemeinheit außerhalb des Gesellschaftsrechts (etwa im Insolvenzrecht) statuiert, werde der bisherige Schutzstandard des deutschen Gesellschaftsrechts gegebenenfalls unterlaufen.[64] Ob die Befürchtungen gerechtfertigt sind, dass ausländische Rechtsordnungen stets einen weniger stark ausgeprägten Gläubigerschutz aufweisen, ist angesichts eines sich zunehmend vereinheitlichenden europäischen Wirtschafts- und Rechtsraums fraglich. Gänzlich von der Hand zu weisen, ist eine Gefährdung von Gläubigerinteressen jedoch nicht, wie die seit dem Wechsel zur Gründungstheorie vermehrt auftretenden Fälle der Insolvenz von EU-Briefkastengesellschaften[65] und die damit verbundenen Schwierigkeit einer effektiven Rechtsverfolgung für Gesellschaftsgläubiger und deutsche Gerichte verdeutlichen.

Sofern die Rechtsordnung des Gründungsstatuts einen Schutz kennt, welcher einen gesellschaftsrechtlichen entbehrlich macht, ist eine originäre Scheinauslandsgesellschaft in Bezug auf das Schutzniveau ebenso wenig *per se* missbräuchlich. Problemtisch sind indes die Fallkonstellationen, in denen sich die

---

gelangen, ihren Sitz in einem Mitgliedstaat begründet, in dem sie keine Geschäftstätigkeit ausübt; vgl. EuGH, Urt. v. 09.03.1999, Rs. C-212/97 (Centros) = NJW 1999, S. 2027 (Rz. 27, 29); EuGH, Urt. v. 30.09.2003, Rs. C-167/01 (Inspire Art) = NJW 2003, S. 3331 (Rz. 96).

63 Kindler, in: MünchKommBGB, Bd. 11, Rn. 348 ff. m.w.N. So ist beispielsweise das englische Gesellschaftsrecht in viel stärkerem Maße durch repressive staatliche Eingriff- und Aufsichtsbefugnisse geprägt als das deutsche Gesellschaftsrecht, das traditionell präventiv bei Kapitalaufbringung und -erhaltung ansetzt.

64 Krejci, in: FS K. Schmidt, S. 981 (984). Zu Recht kritisiert Paura, in: Ulmer, GmbHG, Ergänzungsband MoMiG, § 5a Rn. 15, die teilweise überzogenen Diskussion um die Absenkung des gesetzlichen Mindeststammkapitals, insbesondere da ein festes Mindeststammkapitalziffer für den gesetzlichen Kapitalschutz nicht zwingend erforderlich ist.

65 AG Hamburg, Urt. v. 14.05.2003, 67g IN 358/02 = NJW 2003, S. 2835; AG Duisburg, Urt. v. 14.10.2003, 63 IN 48/03 = NZG 2003, S. 1167; AG Düsseldorf, Urt. v. 07.04.2004, 502 IN 124/03 = ZIP 2004, S. 866; AG Mönchengladbach, Urt. v. 27.04.2004, 19 IN 54/04 = NZG 2004, S. 1016; AG Siegen, NZG 2005, S. 92; AG Offenburg, Urt. v. 01.07.2004, 25 IN 154/04 = NZG 2005, S. 92.

Gesellschafter eines liberaleren gesellschaftsrechtlichen Gründungsrechts bedienen, für die Abwicklung der Gesellschaft durch Sitzverlegung jedoch ein weniger restriktives Insolvenzrecht wählen.[66] Letztlich kann dem deutschen Gesetzgeber nicht daran gelegen sein, dass der Typenzwang im deutschen Gesellschaftsrecht durch ausländische Gesellschaftsrechtsformen unterlaufen wird. Ob dieser Wettbewerb der Rechtsformen letztlich dazu führen wird, dass Gesellschaftsgründer diejenige Gesellschaftsform mit den (vermeintlich) geringsten Lasten wählen und ein *„race to the bottom"* zum Nachteil der Gläubiger und Allgemeinheit einsetzt, muss die Entwicklung der kommenden Jahre zeigen.[67]

2. Verbleibender Spielraum für einzelstaatliche Rechtsordnungen

Wirksam in einem Mitgliedstaat gegründete Gesellschaften mit Verwaltungssitz in einem anderen Mitgliedstaat sind in Folge der Rechtsprechung des EuGH hinsichtlich ihrer Rechtsfähigkeit und im Übrigen gesellschaftsrechtlich am Recht der Inkorporation zu messen – für deutsches Gesellschaftsrecht verbleibt

66 Seibert, in: FS Röhricht, S. 585 (599), weist richtigerweise darauf hin, dass das Recht der englischen Limited bei einer Gesamtschau nicht zwingend als milder einzustufen ist. Zwar sind die Anforderungen an Kapitalaufbringung bei Gründung geringer; demgegenüber lässt das englische Recht im späteren Verlauf, vor allem in einer Krisensituation, größere Strenge walten. Befindet sich der Verwaltungssitz jedoch in Deutschland, findet auf das Insolvenzverfahren deutsches Recht Anwendung. Die Gesellschafter können auf diese Weise die geringe Präventivkontrolle des englischen Gesellschaftsrechts mit der (vergleichsweisen) schwachen repressiven Kontrolle des deutschen Insolvenzrechts kombinieren. Man könne insofern von einer Art *„Rosinenpickerei"* sprechen.

67 Für potentielle Gründer einer Gesellschaft spielen bei der Wahl der Rechtsform verschiedene Aspekte eine Rolle. Zu nennen sind dabei die Gründungskosten, die Praxisfreundlichkeit des Gründungsverfahrens, Formerfordernisse, Anforderungen an die Kapitalausstattung, steuerrechtliche Gesichtspunkte und nicht zuletzt, wie sich die Wahl der Rechtsform auf eine Insolvenz der Gesellschaft auswirken wird. In der Zeit vor Inkrafttreten des MoMiG hat sich bei Existenzgründern der Eindruck verfestigt, dass sich die Rechtsform der Limited besser für ihre Zwecke eigne und das vermeintlich strengere deutsche gesellschaftsrechtliche Regime vermieden werden könne. Zahlreiche Gesellschaftsgründer mussten aber schnell erkennen, dass auch bei der Gründung bzw. nach Errichtung einer Limited eine Vielzahl von Anforderungen zu erfüllen sind, die mit Kosten verbunden sind, z.B. die jährlich anfallenden Registrierungskosten, Vorhaltung eines registered office, die Pflicht zur Buchführung nach englischem Bilanzrecht und deren Prüfung durch einen englischen Wirtschaftsprüfer; vgl. Hübner, in: FS Canaris, Bd. 2, S. 129 (131).

insoweit kein Anwendungsbereich.[68] Außer in Fällen eines klassischen Missbrauchs oder eines *ordre public*-Vorbehalts (Art. 46 Abs. 1 EGV) eröffnet sich für einzelstaatliche Rechtsordnungen daher ein begrenzter Spielraum.

(a) Wegzugsfreiheit nach Daily Mail und Cartesio

Der EuGH hat die Niederlassungsfreiheit von Gesellschaften nach Art. 43, 48 EGV hinsichtlich der Verlegung der primären und sekundären Niederlassungsfreiheit im Sinne einer europarechtlich ausgestalteten Gründungstheorie weit gefasst. Einen anderen Weg ist der EuGH hingegen in den Entscheidungen *Daily Mail*[69] und zuletzt *Cartesio*[70] gegangen. Danach verstößt es nicht gegen Art. 43, 48 EGV, wenn es einer nach den Vorschriften eines Mitgliedstaates gegründeten Gesellschaft nach den Rechtsvorschriften dieses Mitgliedstaates verwehrt ist, ihren Sitz in einen anderen Mitgliedstaat zu verlegen und dabei ihre Eigenschaft als Gesellschaft des Inkorporationsstaates beizubehalten.

Der EuGH begründet diese Auffassung damit, dass ein Mitgliedstaat sowohl die Anknüpfung bestimmen könne, die eine Gesellschaft aufweisen muss, um als nach seinem innerstaatlichen Recht als gegründet angesehen zu werden und damit in den Genuss der Niederlassungsfreiheit gelangen zu können, als auch die Anknüpfung, die für den Erhalt dieser Eigenschaft erforderlich ist.[71] Jenseits der nationalen Rechtsordnung, welche die Gründung und Existenz der Gesellschaft regelt, habe eine Gesellschaft keine Realität.[72] Es bliebe dem Mitgliedstaat daher unbenommen, die Möglichkeit einer Gesellschaft, sich durch Verlegung ihres Sitzes in einen anderen Mitgliedstaat neu zu organisieren und die Anknüpfung zum Recht des Gründungsstaates zu lösen, von der Erfüllung bestimmter Voraussetzungen abhängig zu machen oder überhaupt nicht zu gestat-

---

68 Anstatt vieler: Ulmer, NJW 2004, S. 1201 (1209); Sandrock, BB 2004, S. 897 (900); a.A. Altmeppen, NJW 2004, S. 97 (104), nach dem die Niederlassungsfreiheit wie vom EuGH ausgestaltet lediglich einen Zuzug ohne weitere Gründungsprozedur gewährleistet, nicht hingegen den Anspruch gewährt, im Zuzugsstaat nach dem Inkorporationsrecht behandelt zu werden. Dies soll namentlich für die Insolvenzverschleppungs- und die Existenzvernichtungshaftung sowie in modifizierter Weise für die Kapitalerhaltungshaftung, das Kapitalersatzrecht und das Konzernrecht gelten.

69 EuGH, Urteil vom 27.09.1988, Rs. 81/87 (Daily Mail) = NJW 1989, S. 2186.

70 EuGH, Urteil vom 16.12.2008, Rs. C-210/06 (Cartesio) = NJW 2009, S. 569.

71 EuGH, Urteil vom 16.12.2008, Rs. C-210/06 (Cartesio) = NJW 2009, S. 569 (Rz. 110).

72 EuGH, Urteil vom 27.09.1988, Rs. 81/87 (Daily Mail) = NJW 1989, S. 2186 (Rz. 19).

ten.[73] Offen steht einer Gesellschaft hingegen der Weg einer formwechselnden Sitzverlegung.[74] Demnach sind die Mitgliedstaaten nach der Rechtsprechung des EuGH zwar verpflichtet, die Rechtsfähigkeit einer in einem anderen Mitgliedstaat wirksam gegründeten und fortbestehenden Gesellschaft anzuerkennen und deren Zuzug in ihr Hoheitsgebiet durch Verlegung des Verwaltungssitzes bzw. durch Gründung einer Zweigniederlassung nicht zu beeinträchtigen. Im Gegenzug ist es den Mitgliedstaaten indessen nicht verwehrt, die Verlegung des Verwaltungssitzes und damit den Wegzug sowie die Beibehaltung der Eigenschaft als Gesellschaft des nationalen Rechts zu beschränken. Der deutsche Gesetzgeber hat von der sich daraus ergebenden Gestaltungsmöglichkeit keinen Gebrauch gemacht – im Gegenteil. Durch Neufassung des § 4a GmbHG ist nunmehr die Verlegung des Verwaltungssitzes ins Ausland möglich.[75]

(b) Anwendung der Sitztheorie auf Nicht-EU-Staaten

Der Bundesgerichtshof hat sich der Gründungstheorie insoweit angeschlossen, als es sich um Auslandsgesellschaften handelt, die in einem Mitgliedstaat der EU, des EWR oder in einem aufgrund eines Staatsvertrages in Bezug auf die Niederlassungsfreiheit gleichgestellten Staates gegründet worden sind.[76] Anders verhält es sich hinsichtlich der Rechtsfähigkeit von Gesellschaften aus sogenannten Drittstaaten. Der Bundesgerichtshof wendet auf diese Gesellschaften weiterhin die Sitztheorie an und nimmt insoweit ein gespaltenes Kollisionsrecht in Kauf.[77] Es wäre allerdings nicht akzeptabel, solchen Gesellschaft gänzlich die Möglichkeit zu nehmen, Rechte zu begründen und klageweise geltend zu machen, sofern diesen Gesellschaften die Teilnahme am Geschäftsverkehr in

---

73 EuGH, Urteil vom 16.12.2008, Rs. C-210/06 (Cartesio) = NJW 2009, S. 569 (Rz. 110).

74 EuGH, Urteil vom 16.12.2008, Rs. C-210/06 (Cartesio) = NJW 2009, S. 569 (Rz. 111).

75 RegE., BT-Drucks. 16/6140, S. 29.

76 BGH, Urt. v. 13.03.2003, VII ZR 370/98 = NJW 2003, S. 1461; BGH, Urt. v. 29.01.2003, VIII ZR 155/02 = NJW 2003, S. 1607 (1608) (Staatsvertrag zwischen der Bundesrepublik Deutschland und den Vereinigten Staaten von Amerika vom 29.10.1954); BGH, Urt. v. 19.09.2005, II ZR 372/03 = NJW 2005, S. 3351 (EWR-Abkommen); BGH, 14.03.2005, II ZR 5/03 = NJW 2005, S. 1648 (1649).

77 BGH, Beschl. v. 08.10.2009, IX ZR 227/06 = ZIP 2009, S. 2385; BGH, Urt. v. 27.10.2008, II ZR 158/06 = NJW 2009, S. 289 (Trabrennbahn); ebenso OLG Hamburg, Urt. v. 30.03.2007, 11 U 231/04 = ZIP 2007, S. 1108 (1110); BGH, Urt. v. 27.10.2008, II ZR 158/06 = NJW 2009, S. 289 (291) (Trabrennbahn); zustimmend Kindler, in: MünchKommBGB, Bd. 11, Rn. 433; Heinrich, in: Palandt, BGB, Art. 12 EGBGB Anh. Rn. 9; Bayer, BB 2003, S. 2357 (2363 f.); Horn, NJW 2004, S. 893 (897).

Deutschland nicht versagt wird; solche Gesellschaften sind demnach als rechtsfähige Personengesellschaft deutschen Rechts zu behandeln.[78] Gesellschaften aus Drittstaaten können somit zwar als rechtsfähige Personengesellschaft am Rechtsverkehr teilnehmen, allerdings zum Preis einer persönlichen Haftung der Gesellschafter.

(c) Flucht in das Insolvenz- oder Deliktsrecht

Stets wenn Gesellschaften mit ausländischem Gesellschaftsstatut ihren Sitz im Inland nehmen bzw. dort eine Geschäftstätigkeit entfalten, stellt sich bei Anwendung der Gründungstheorie die Frage, ob und inwieweit das jeweilige Inkorporationsrecht Gläubiger- und Gesellschafterschutz ausreichend und effektiv gewährt. Die jeweilige inländische Rechtsordnung ist im Wege einer Sonderanknüpfung oftmals bestrebt, nationale Schutzstandards auf ausländische Gesellschaften zu erstrecken und begibt sich vor dem Hintergrund der Niederlassungsfreiheit in „*kollisionsrechtliche Untiefen*".[79] Sonderanknüpfungen als nationale Maßnahmen, welche die durch Art. 43, 48 EGV garantierte Niederlassungsfreiheit beeinträchtigen, müssen in nicht diskriminierender Weise angewandt werden, durch zwingende Gründe des Allgemeinwohls gerechtfertigt sowie zur Erreichung des verfolgten Ziels geeignet und erforderlich sein.[80] Die mit dem Auftreten der *Limited* in Deutschland zutage getretenen Missbrauchsfälle haben im Schrifttum den Ruf nach Sonderanknüpfungen zur Gewährung eines effektiven Gläubigerschutzes laut werden lassen.[81] Vor dem Hintergrund der Rechtsprechung des EuGH zur Niederlassungsfreiheit ist eine gesellschaftsrechtliche Sonderanknüpfung, beispielsweise aufgrund der Gesellschafterhaftung nach §§ 30, 31 GmbHG, faktisch allerdings ausgeschlossen.[82]

---

78 BGH, Beschl. v. 08.10.2009, IX ZR 227/06 = ZIP 2009, S. 2385; BGH, Urt. v. 27.10.2008, II ZR 158/06 = NJW 2009, S. 289 (Trabrennbahn); BGH, Urt. v. 01.07.2002, II ZR 380/00 = NJW 2002, S. 3539 (3540).

79 Grigoleit/Rieder, Rn. 32; Horn, NJW 2004, S. 893 (898).

80 EuGH, Urt. v. 30.09.2003, Rs. C-167/01 (Inspire Art) = NJW 2003, S. 3331 (Rz. 133).

81 Bayer, BB 2003, S. 2357 (2365); Horn, NJW 2004, S. 893 (898 f.); kritisch hingegen: Ulmer, NJW 2004, S. 1201 (1207 f.); Grigoleit/Rieder, Rn. 32 ff.

82 EuGH, Urt. v. 30.09.2003, Rs. C-167/01 (Inspire Art) = NJW 2003, S. 3331(Rz. 135), wonach potenzielle Gläubiger durch die ausländische Firmierung hinreichend gewarnt wären; Horn, NJW 2004, S. 893 (899); Bayer, BB 2003, S. 2357 (2365); Fischer, ZIP 2004, S. 1477 (1479); a.A. anstatt vieler Ulmer, NJW 2004, S. 1201 (1208), der eine Anwendung der §§ 30, 31 GmbHG auf ausländische Gesellschaften mit Ver-

Die Literatur sucht zur Durchsetzung nationaler Haftungstatbestände und zur Vermeidung kollisionsrechtlicher Schwierigkeiten daher vermehrt den Weg über Haftungsinstitute außerhalb des Gesellschaftsrechts – insbesondere über das Delikts- und Insolvenzrecht.[83] Der Gesetzgeber verfolgte mit dem MoMiG ein ähnliches Ziel und verlagerte beispielsweise die Insolvenzantragspflicht – richtigerweise – in die InsO.[84] Diese Flucht ins Delikts- und Insolvenzrecht ist allerdings weder unangreifbar, noch entbindet es automatisch von einer Harmonisierung des Haftungstatbestands mit der Niederlassungsfreiheit und ist daher mit erheblichen Unwägbarkeiten verbunden.[85]

III. Ergebnis

Die vorangegangenen Ausführungen haben verdeutlicht, dass sich der Gesetzgeber durch den Wettbewerb der Gesellschaftsrechtsformen mit der Frage konfrontiert sah, wie aus Sicht des deutschen Gesellschaftsrechts auf diese Herausforderung reagiert werden soll. Der Wettbewerb der Gesellschaftsrechtsformen stellt sich dabei zwar in erster Linie als ein Wettbewerb um Gründer dar, wird aber zumindest mittelfristig auch als Wettbewerb um bereits gegründete Gesellschaften Relevanz erlangen.[86] Die Handlungsalternativen des Gesetzgebers wa-

---

waltungssitz in Deutschland durch Gründe des Allgemeinwohls gerechtfertigt und im Einklang mit dem 4-Konditktionen-Test sieht,

83 Bayer, BB 2003, S. 2357 (2365); Zimmer, NJW 2003, S. 3585 (3588 f.), die beide eine deliktrechtliche Anknüpfung der Durchgriffstatbestände wegen Vermögensvermischung, materieller Unterkapitalisierung oder Existenzvernichtung befürworten. Horn, NJW 2004, S. 893 (899) plädiert für eine insolvenzrechtliche Anknüpfung; Zimmer, NJW 2003, S. 3585 (3589 f.) ordnet die Insolvenzverschleppungshaftung dem Insolvenzrecht zu. Kritisch gegenüber einer solchen Strategie: Grigoleit/Rieder, Rn. 32.

84 RegE., BT-Drucks. 16/6140, S. 55.

85 In diesem Sinne Grigoleit/Rieder, Rn. 32; Ulmer, NJW 2004, S. 1201 (1207).

86 Zutreffend Eidenmüller, ZGR 2007, S. 168 (170 ff.). Dies verdeutlichen nicht zuletzt die Formwechsel der Allianz AG, Dr. Ing. h.c. F. Porsche AG oder Fresenius AG in die Rechtsform einer Europäische Aktiengesellschaft (Societas Europaea) bzw. der Air Berlin GmbH & Co. KG in eine PLC & Co. KG, wenngleich beim Wettbewerb um bereits bestehende Gesellschaften Faktoren wie Mindestkapitalerfordernis, Gründungskosten und –geschwindigkeit weniger von Bedeutung sind als vielmehr Fragen der Finanzverfassung und des Insolvenzrechts. Der Wettbewerb der Rechtsformen beschränkt sich nicht auf einen Wettbewerb zwischen nationalen Gesellschaftsformen, sondern erfasst auch den Wettbewerb mit supranationalen Kapitalgesellschaftsformen wie die europäische SE. Motive dafür, dass namhafte Unternehmen dem deutschen

ren und sind dabei allerdings begrenzt. Letztlich verblieb es vor dem Hintergrund einer immer stärker globalisierten Welt bei der Möglichkeit, die Herausforderung anzunehmen, das deutsche Gesellschaftsrecht zu modernisieren und den neuen Gegebenheiten anzupassen. Vor diesem Hintergrund ist auch die Einführung von § 5a GmbHG zu sehen. Die Modernisierung und Deregulierung des deutschen Gesellschaftsrechts durch das MoMiG und zuletzt durch das *ARUG*[87] stärken den Wirtschafts- und Rechtsstandort Deutschland und verdienen daher grundsätzlich Beifall. Dies soll freilich nicht bedeuten, dass einzelne Maßnahmen im Rahmen eines solchen Modernisierungsprozesses nicht kritisch hinterfragt werden sollen. Doch es wäre falsch, diese Modernisierungs- und Deregulierungstendenzen pauschal dem Vorwurf auszusetzen, diese führen zu einem Verlust von Rechtsklarheit und Rechtssicherheit und schließlich dazu, dass durch den Marktauftritt mittelloser und insolvenzgeneigter Gesellschaften und der Missachtung eines gesellschaftsrechtlichen Gläubigerschutzes das Wirtschaftsleben eher geschädigt als gefördert werde.[88]

B. Das MoMiG

Das am 26. Juni 2008 vom Deutschen Bundestag beschlossene MoMiG stellt die Antwort des deutschen Gesetzgebers auf die soeben dargestellten Herausforderungen dar und trat mit Wirkung zum 1. November 2008 in Kraft.[89] Der Gesetzentwurf zum MoMiG erfuhr im Laufe des Gesetzgebungsverfahrens mehrmals, teilweise sehr weitgehende Veränderungen. So sah der Referentenentwurf zahlreiche Fragenkreise wie die Einführung der UG, die Möglichkeit eines gutgläubigen Geschäftsanteilserwerbs oder die Vereinfachungen bei der Kapitalauf-

---

Gesellschaftsmarkt *„den Rücken kehren“*, ist nicht zuletzt der Wunsch die paritätische Mitbestimmung zu vermeiden.

87 Gesetz zur Umsetzung der Aktionärsrichtlinie (ARUG) vom 30. Juli 2009, BGBl. 2009, Teil I Nr. 50, S. 2479.

88 So aber Krejci, in: FS K. Schmidt, S. 981 (986). Der Autor verkennt jedoch, dass das angloamerikanische Gesellschaftsrechtsverständnis keineswegs zu einer Schädigung der jeweiligen Wirtschaftsstandorte geführt hat. Vielmehr muss man wohl zugeben, dass trotz der Wirtschafts- und Finanzkrise der Jahre 2008/2009 die angloamerikanischen Rechtsordnungen die Herausforderungen der Globalisierung besser genutzt zu haben scheinen als viele kontinentaleuropäischen Rechtsordnungen.

89 BGBl. Jahrgang 2008 Teil I Nr. 48, S. 2026 ff.

bringung und -erhaltung noch nicht vor.[90] Beschlussempfehlung und Bericht des Rechtsausschusses des Deutschen Bundestages führten nach einer Expertenanhörung noch am 18. Juni 2008 zu weiteren Korrekturen des Regierungsentwurfes vom 23. Mai 2007,[91] insbesondere das Beibehalten der Mindestkapitalsumme von EUR 25.000 sowie die Erforderlichkeit einer ausdrücklichen Rangrücktrittserklärung im Hinblick auf die Berücksichtigung von Gesellschafterdarlehen im Überschuldungsstatus.[92] Oftmals wird in der öffentlichen Diskussion vernachlässigt, dass nicht nur das GmbHG, sondern an entscheidenden Stellen auch das Handelsgesetzbuch und Aktiengesetz sowie die Insolvenzordnung Änderungen erfahren haben.[93]

Das MoMiG versucht den Spagat, zwei an sich gegenläufige Zielsetzungen miteinander zu verbinden. Auf der einen Seite erfordert die Notwendigkeit, die GmbH aufgrund des externen Wettbewerbsdrucks und eines inneren Reformwunsches aus Wissenschaft und Praxis den Bedürfnissen des Marktes anzupassen, eine umfassende Modernisierung und Deregulierung des GmbH-Rechts und weiterer Bereiche.[94] Auf der anderen Seite sah man die Dringlichkeit, Missbräuche bei der Liquidation von Gesellschaften, insbesondere durch so genannt *Firmenbestattungen* zu bekämpfen.[95] Das Ziel der Missbrauchsbekämpfung geht aus der Erfahrung heraus regelmäßig jedoch mit einem Mehr an Regulierung einher. In dem Wissen, dass eine stimmige Verknüpfung kaum zu erreichen sein würde, räumte der Gesetzgeber letztlich der Modernisierung und Deregulierung einen größeren Stellenwert ein.[96]

Eine Bewertung der Reform in Gänze ist nicht Gegenstand dieser Arbeit. Im Folgenden werden daher in gebotener Kürze die gesetzgeberischen Ziele und die

---

90 RefE., MoMiG, S. 1 ff.; zu den Änderungen des RegE. gegenüber dem RefE. Seibert, GmbHR 2007, S. 673.

91 RegE., BT-Drucks. 16/6140, S. 1 ff.

92 Beschlussempfehlung und Bericht des Rechtsausschusses, BT-Drucks. 16/9737 (MoMiG), S. 1 ff.

93 Korrespondierend zu den Änderungen im GmbHG wurden bspw. auch im HGB und im AktG durch Aufnahme einer inländischen Geschäftsadresse die Zustellung erleichtert und Regelungen für den Fall der Führungslosigkeit geschaffen.

94 RegE., BT-Drucks. 16/6140, S. 25.

95 RegE., BT-Drucks. 16/6140, S. 25.

96 So auch Grigoleit/Rieder, Rn. 4.

damit verbundenen, wichtigen Änderungen dargestellt, soweit sie keinen spezifischen Bezug zur UG aufweisen.

I. Modernisierung des GmbH-Rechts

Das für die weitere Analyse der UG relevante Haftkapitalsystem, wozu die Kapitalaufbringung einschließlich der verdeckten Sacheinlage (§ 19 Abs. 4 GmbHG) und des Hin- und Herzahlens (§ 19 Abs. 5 GmbHG), die Kapitalerhaltung (§ 30 Abs. 1 GmbHG) sowie im weiteren Sinne das reformierte Eigenkapitalersatzrecht (§§ 39 Abs. 1 Nr. 5, Abs. 4 und 5, 135 InsO) zählen,[97] wurden weitgehend dereguliert und sind im Folgenden noch Gegenstand einer eingehenden Analyse. Die weiteren gesetzlichen Maßnahmen lassen sich in die Bereiche Deregulierung und Modernisierung im weiteren Sinn unterteilen.

1. Deregulierung

(a) Vereinfachtes Gründungsverfahren

Um die Attraktivität und Wettbewerbsfähigkeit der GmbH zu stärken, hat der Gesetzgeber ein *vereinfachtes Gründungsverfahren* in § 2 Abs. 1a GmbHG eingeführt, das unter Verwendung des in der Anlage zum GmbHG enthaltenen Musterprotokolls in unkomplizierten Standardfällen das Gründungsverfahren beschleunigen und entbürokratisieren sowie die Gründungkosten verringern soll.[98] Gemäß § 2 Abs. 1a GmbHG ist die Gründung einer Gesellschaft in einem

---

97 RegE., BT-Drucks. 16/6140, S. 25.

98 RegE., BT-Drucks. 16/6140, S. 25, 27; Beschlussempfehlung und Bericht des Rechtsausschusses, BT-Drucks. 16/9737 (MoMiG), S. 7 f., 93. Gerade die Dauer und die Kosten des Gründungsverfahrens wurden der GmbH oftmals als Wettbewerbsnachteil gegenüber der Limited angekreidet, vgl. Goette, Einführung in das neue GmbH-Recht, Einf. Rn. 62; Römermann, NJW 2010, S. 905 (907). Mit Einführung des zentralen elektronischen Handels- und Unternehmensregister zum 01. Januar 2007 durch das EHUG konnte die Dauer einer Eintragung bereits auf wenige Tage gesenkt werden. Da das bei der GmbH aufzubringende Mindeststammkapital darüber hinaus keine Gründungskosten im eigentlichen Sinn darstellt, ist der praktische Nutzen des vereinfachten Gründungsverfahrens mithilfe eines Musterprotokolls wohl zu vernachlässigen. Ebenso Wachter, GmbHR Sonderheft 10/2008, S. 5 (15); Goette, Einführung in das neue GmbH-Recht, Einf. Rn. 64, sieht einen praktischen Nutzen allenfalls bei der Gründung von Konzerntochtergesellschaften. Im Übrigen wird weiterhin eine individuelle Satzung für nötig erachtet.

vereinfachten Verfahren unter zwingender Verwendung des Musterprotokolls nur dann möglich, wenn diese höchstens drei Gesellschafter und einen Geschäftsführer hat. Über den Inhalt des Musterprotokolls hinaus dürfen im Gesellschaftsvertrag keine vom Gesetz abweichenden Regelungen getroffen werden. Das Musterprotokoll vereint Gesellschaftsvertrag, Gesellschafterliste und Geschäftsführerbestellung. Gemäß § 41d KostO gilt der für die Gründung einer Kapitalgesellschaft bzw. für die Änderung des Gesellschaftsvertrages festgesetzte Mindestwert von EUR 25.000[99] bei Verwendung des Musterprotokolls nicht.

(b) Öffentlich-rechtliche Genehmigung

Durch die Aufhebung von § 8 Abs. 1 Nr. 6 GmbHG a.F. müssen genehmigungspflichtige Unternehmen bei der Anmeldung zum Handelsregister eine öffentlich-rechtliche Genehmigung nicht mehr beifügen. Eine öffentlich-rechtliche Genehmigung bleibt in den jeweils einschlägigen Fällen selbstverständlich weiterhin notwendig. Die Anmeldung zum Handelsregister wird gleichwohl von sachfremden Elementen befreit und nicht mehr als Gewerbeaufsicht *„missbraucht“*.[100]

(c) Wahl des Verwaltungssitzes

Der Satzungssitz der Gesellschaft ist nach Änderung von § 4a GmbHG nunmehr der Ort im Inland, den der Gesellschaftsvertrag bestimmt. Die GmbH wird durch Aufhebung von § 4a Abs. 2 GmbHG a.F. in die Lage versetzt einen Verwaltungssitz zu wählen, der nicht notwendigerweise mit dem Satzungssitz übereinstimmt und – ausweislich der Gesetzesbegründung – auch außerhalb des deutschen Hoheitsgebiets liegen kann.[101]

---

99 §§ 39 Abs. 4, 41a Abs. 1 Nr. 1, Abs. 4 Nr. 1 KostO.

100 So Heckschen, DStR 2007, S. 1442 (1447).

101 RegE., BT-Drucks. 16/6140, S. 29. Gegenüber vergleichbaren Auslandsgesellschaften werden somit gleiche Ausgangsbedingungen geschaffen. Im Schrifttum ist bisher, insbesondere im Hinblick auf die Rechtsprechung des Bundesgerichtshofes zur Geltung der Sitztheorie bei Nicht-EU-Gesellschaften (siehe bereits 2. KapitelA.II.2(b)), streitig, ob mit Streichung der §§ 4a Abs. 2 GmbHG, 5 Abs. 2 AktG und der entsprechenden Regierungsbegründung eine Änderung deutschen Kollisionsrechts eingetreten und die Sitztheorie durch die Gründungstheorie ersetzt worden ist. Siehe dazu ablehnend Preuß, GmbHR 2007, S. 57; Peters, GmbHR 2008, S. 245 (249); zustimmend hingegen Knof/Morck, GmbHR 2007, S. 852; DAV, NZG 2007, S. 735 (212); Hoffman, ZIP 2007, S. 1581; eingehend Heckschen, in: Heckschen/Heidinger, § 4 Rn. 77.

(d) Geschäftsanteile

Bei Gründung der Gesellschaft muss der Gesellschafter nach Änderung von § 5 Abs. 2 und Abs. 3 GmbHG gegen Leistung einer Einlage einen Geschäftsanteil übernehmen, dessen Nennbetrag nunmehr lediglich auf volle Euro lauten muss (§ 5 Abs. 2 Satz 1 GmbHG). Die Höhe der einzelnen Geschäftsanteile kann unterschiedlich hoch festgesetzt werden. Darüber hinaus kann der Gesellschafter auch schon bei Gründung mehrere Geschäftsanteile übernehmen (§ 5 Abs. 2 Satz 2 GmbHG). Die Gesellschafter sind lediglich insoweit beschränkt, als dass die Summe der Nennbeträge aller Geschäftsanteile mit dem Stammkapital übereinstimmen muss. Der Gesetzgeber erhofft sich von der Neufassung des § 5 Abs. 2 Satz 1 GmbHG eine Erleichterung und Flexibilisierung bei Kapitalaufbringung und Übertragung von Geschäftsanteilen.[102] Um die Übersichtlichkeit der Beteiligungsverhältnisse zu gewährleisten, sind die Geschäftsanteile nebst ihrer Nennbeträge in der Gesellschafterliste gemäß §§ 8 Abs. 1 Nr. 3, 40 Abs. 1 GmbHG laufend zu numerieren.[103]

2. Modernisierung im weiteren Sinn

(a) Gesellschafterliste

Durch die Neuregelung der §§ 8 Abs. 1 Nr. 3, 16 Abs. 1, 40 GmbHG wird die Gesellschafterliste in ihrer Bedeutung deutlich aufgewertet.[104] Aufzunehmen sind nun die Gesellschafter nebst ihrer Nennbeträge und der laufenden Nummer der jeweiligen Geschäftsanteile, so dass der Gesellschafterbestand für Außenstehende transparenter wird und der Vertrauensbildung auf Seiten der Geschäftspartner dienen soll; darüber hinaus wird eine Anteilsübertragung erleichtert.[105] Im Innenverhältnis der Gesellschafter untereinander gilt gemäß § 16 Abs. 1 GmbHG im Falle einer Veränderung in den Personen der Gesellschafter

---

102 RegE., BT-Drucks. 16/6140, S. 29 f. Der individuellen Gestaltung der Höhe der Nennbeträge steht auch nicht der Schutz der Gesellschaftsgläubiger im Wege, welcher primär durch die Ausschüttungssperre des zum Erhalt des Stammkapitals im Ganzen erforderlichen Vermögens in §§ 30 Abs. 1, 31 Abs. 1 GmbHG gewährleistet werden soll. Siehe dazu Wicke, GmbHG, § 5 Rn. 5; Grigoleit/Rieder, Rn. 66; Wachter, GmbHR Sonderheft 10/2008, S. 5 (10); Seibert, ZIP 2006, S. 1157 (1159); Kußmaul/Ruiner, StB 2009, S. 22 (25).

103 RegE., BT-Drucks. 16/6140, S. 26, 34.

104 RegE., BT-Drucks. 16/6140, S. 26.

105 RegE., BT-Drucks. 16/6140, S. 26, 34.

oder des Umfangs ihrer Beteiligung als Inhaber eines Geschäftsanteils nur, wer als solcher in der zum Handelsregister aufgenommenen Gesellschafterliste eingetragen ist. Damit soll gegenüber dem Rechtsverkehr ein gewisser Vertrauensschutz hervorgerufen werden.[106] Auch weiterhin bleibt der Geschäftsführer verpflichtet, Änderungen in der Gesellschafterliste zu vermerken und diese zu unterzeichnen, will er eine Haftung denjenigen gegenüber, deren Beteiligung sich geändert hat, und den Gläubigern der Gesellschaft gegenüber gemäß § 40 Abs. 3 GmbHG vermeiden. Darüber hinaus wird durch die Neufassung des § 40 Abs. 2 GmbHG der Notar stärker in die Pflicht genommen.[107]

(b) Gutgläubiger Erwerb von Gesellschaftsanteilen

Gemäß § 16 Abs. 3 GmbHG wird erstmals der gutgläubige Erwerb eines GmbH-Geschäftsanteiles oder eines Rechts daran vom Nichtberechtigten möglich.[108] Voraussetzung ist, dass der Veräußerer als Inhaber des Geschäftsanteils in der im Handelsregister aufgenommenen Gesellschafterliste eingetragen ist, es sei denn, die Liste ist zum Zeitpunkt des Erwerbs hinsichtlich des Geschäftsanteils weniger als drei Jahre unrichtig und die Unrichtigkeit ist dem Berechtigten nicht zuzurechnen oder dem Erwerber ist die mangelnde Berechtigung bekannt,

---

106 RegE., BT-Drucks. 16/6140, S. 38.

107 Hat der Notar an Veränderungen der Gesellschafterliste mitgewirkt, ist er anstelle des Geschäftsführers verpflichtet, unverzüglich nach Wirksamwerden der Änderungen ohne Rücksicht auf etwaige später eintretende Unwirksamkeitsgründe die Gesellschafterliste zu unterschreiben und eine Abschrift der geänderten Liste an die Gesellschaft zu übermitteln. Die Erweiterung der Pflichten des Notars im Hinblick auf das Führen der Gesellschafterliste soll die unbefriedigende Rechtslage nach § 40 Abs. 1 Satz 2 GmbHG a.F. verbessern, nach der der Notar zwar zu einer Mitteilung an das Registergericht verpflichtet war. Aufgrund der schwachen Stellung der Gesellschafterliste im Gesetz und der fehlenden Sanktionsmöglichkeiten wurde die Gesellschafterliste hingegen oftmals sorglos geführt. Hierzu RegE., BT-Drucks. 16/6140, S. 44; ebenso Grigoleit/Rieder, Rn. 116.

108 Der Erwerb eines Geschäftsanteils war bisher stets mit dem Risiko behaftet, dass dem Veräußerer der Geschäftsanteil überhaupt nicht zustand. Die Praxis musste sich daher damit behelfen, sich durch Vorlage aller Abtretungsurkunden bis zurück zur Gründungsurkunde einen lückenlosen Überblick über die Inhaberschaft zu verschaffen, der allerdings keine Gewähr für die Wirksamkeit der Abtretungen bot und mit hohen Kosten verbunden war; auch eine Garantie des Veräußerers, dass ihm der Geschäftsanteil zusteht, konnte dem Erwerber den Geschäftsanteil nicht verschaffen. Vgl. RegE., BT-Drucks. 16/6140, S. 38.

infolge grober Fahrlässigkeit unbekannt oder der Liste ist ein Widerspruch zugeordnet.[109]

(c) Genehmigtes Kapital

Mit Einführung von § 55a GmbHG wurde, angelehnt an die bereits für die Aktiengesellschaft bestehende Regelung, die Möglichkeit einer Kapitalerhöhung in Form des genehmigten Kapitals geschaffen. Aufgrund der personalisierten Struktur der GmbH fällt die Zeit- und Kostenersparnis, die aufgrund der für eine solche Kapitalerhöhung nicht erforderlichen Gesellschafterversammlung erwartet werden, im Vergleich zur Aktiengesellschaft weniger stark aus.[110]

II. Missbrauchsbekämpfung

Die Missbrauchsbekämpfung bildet neben der Modernisierung bzw. Deregulierung des GmbH-Rechts den zweiten Schwerpunkt des MoMiG. Dabei ziehen sich durch das gesamte MoMiG als entscheidendes Kennzeichen wie ein roter Faden die Zunahme von Verhaltenspflichten des Geschäftsführers und die Verlagerung von Haftungsrisiken auf den Geschäftsführer.[111] Die Bekämpfung von Missbräuchen durch sogenannte *Firmenbestatter* hat sich der Gesetzgeber zudem im besonderen Maße auf die Fahnen geschrieben.[112]

---

109 RegE., BT-Drucks. 16/6140, S. 38 f. Die Norm ist bewusst an § 892 BGB über den guten Glauben an den Inhalt des Grundbuches angelehnt, weicht aber in seinen Ausnahmen wegen des Fehlens einer strengen und objektiven Vorabprüfung durch das Registergericht ab. Geschützt ist zudem lediglich der gute Glaube in der Verfügungsbefugnis des Erwerbers, ein Erwerb eines in Wirklichkeit nicht existierenden Geschäftsanteils ist nicht möglich.

110 Da allerdings eine notariell beurkundete Änderung des Gesellschaftsvertrages für die Ausübung des genehmigten Kapitals nicht mehr erforderlich ist, ergeben sich dennoch Kostenersparnisse. Vgl. Beschlussempfehlung und Bericht des Rechtsausschusses, BT-Drucks. 16/9737 (MoMiG), S. 99.

111 Ebenso Goette, Einführung in das neue GmbH-Recht, Einf. Rn. 11.

112 RegE., BT-Drucks. 16/6140, S. 26. Unter dem Begriff der Firmen- oder Unternehmensbestattung versteht man den Marktaustritt der Gesellschaft zugunsten der Altgesellschafter und Altgeschäftsführer und zulasten der Gesellschaftsgläubiger, indem die gesetzlichen Liquidations- und Insolvenzvorschriften zum Schutz der Gläubiger dadurch leerlaufen, dass die verbliebenen Vermögenswerte der Gesellschaft abgezogen werden und die Altgesellschafter und Altgeschäftsführer sich ihrer gesellschaftsrecht-

1. Bestellungshindernisse für Geschäftsführer

Der Katalog von Tatbeständen in § 6 Abs. 2 Satz 2 GmbHG, die ein Bestellungshindernis für Geschäftsführer darstellen, wurde neu strukturiert und durch eine Vielzahl von Ausschlussgründen neben den klassischen Insolvenzstraftaten (§§ 283 bis 283d StGB), die der Wirtschaftskriminalität zuzuordnen sind, ergänzt und damit verschärft. Die Aufnahme allgemeiner Straftatbestände des Strafgesetzbuches rechtfertige sich aus dem Gesichtspunkt, dass Personen, die wegen Missbrauchs ihrer Befugnis, über fremde Vermögen zu verfügen, wegen Verletzung der ihnen obliegenden Vermögensbetreuungspflicht oder anderer typischerweise mit der Insolvenz eines Unternehmens verbundenen Straftaten zu mehr als einem Jahr Freiheitsstrafe verurteilt worden sind, nicht geeignet sein können, das Amt eines Geschäftsführer auszuführen.[113]

2. Inländische Geschäftsadresse

Gemäß § 8 Abs. 4 GmbHG ist bei der Anmeldung der Gesellschaft zum Handelsregister nunmehr auch eine inländische Geschäftsadresse anzugeben, die in das Handelsregister eingetragen wird (§ 10 Abs. 1 GmbHG).[114] Darüber hinaus kann die Gesellschaft fakultativ gemäß § 10 Abs. 2 Satz 2 GmbHG eine weitere Person, die für Willenserklärungen und Zustellungen an die Gesellschaft empfangsberechtigt ist, zur Eintragung ins Handelsregister anmelden.

---

lichen und haftungsrechtlichen Verantwortlichkeit zu entziehen versuchen. Vgl. dazu eingehend Ehricke, in: FS Hopt, Bd. 1, S. 589 (592 f.).

113 RegE., BT-Drucks. 16/6140, S. 32 f.; Beschlussempfehlung und Bericht des Rechtsausschusses, BT-Drucks. 16/9737 (MoMiG), S. 96.

114 In der Regel wird die inländische Geschäftsanschrift mit der Betriebsstätte oder dem Verwaltungssitz der Gesellschaft übereinstimmen. Verlegt die Gesellschaft ihren effektiven Verwaltungssitz, wie nunmehr gemäß § 4a GmbHG möglich, bspw. ins Ausland, wird mit dem Erfordernis einer inländischen Geschäftsadresse sichergestellt, dass in Deutschland jederzeit zugestellt werden kann. Vgl. RegE., BT-Drucks. 16/6140, S. 35f. Siehe auch Gehrlein, DK 2007, S. 771 (777). Die Anschrift einer juristischen Person soll für den Rechtsverkehr aus einem öffentlichen Register ablesbar sein – vergleichbar mit der Anschrift einer natürlichen Person, die über das Einwohnermeldeamt ermittelt werden kann.

3. Führungslosigkeit der Gesellschaft

Das seit mehreren Jahren auftretende Phänomen der *Firmenbestattung* oder *kalten Liquidation*[115] erschwert den Gesellschaftsgläubigern in nicht unerheblichem Maße die Rechtsverfolgung gegenüber der GmbH.[116] Unter den Begriffen versteht man ein missbräuchliches Verhalten von Geschäftsführern, Gesellschaftern oder auf diesem Sektor spezialisierten Dienstleistern, die mittels ersatzloser Abberufung der Geschäftsführer oder durch Aufgabe des Geschäftslokals eine geordnete Liquidation oder Insolvenz der Gesellschaft erschweren.[117] Die Ergänzung von § 35 Abs. 1 GmbHG um einen Satz 2 soll diesem missbräuchlichen Verhalten vorbeugen.[118] In diesen Fällen der Führungslosigkeit wird die Gesellschaft durch die Gesellschafter vertreten – und zwar selbst dann, wenn die Gesellschafter von der Führungslosigkeit keine Kenntnis haben.[119] Darüber hinaus sind im Falle der Führungslosigkeit der GmbH gemäß § 15a Abs. 3 InsO die Gesellschafter auch zur Stellung eines Insolvenzantrages verpflichtet, es sei denn, die Gesellschafter haben von der Zahlungsunfähigkeit bzw. Überschuldung oder der Führungslosigkeit keine Kenntnis. Die Einfügung dieser Regelung schafft eine konsequente Ergänzung der Änderungen in § 35 Abs. 1 GmbHG und soll den Gläubigerschutz stärken.[120] Die Gesellschafter stehen solange in der Pflicht nach § 15a Abs. 3 InsO, wie ein Geschäftsführer nicht bestellt ist, und sollen dadurch angehalten werden, stets für eine ordnungsgemäße

---

115 Eingehend zum Thema Firmenbestattung Kleindiek, ZGR 2007, S. 276; Seibert, in: FS Röhricht, S. 585 (589 ff.).

116 Fehlte es an einer zustellungsfähigen Anschrift der Gesellschaft oder aufgrund Abberufung an einem Geschäftsführer (Führungslosigkeit), scheiterte nach alter Rechtslage die Verfolgung von Ansprüchen gegen die Gesellschaft an der Unmöglichkeit einer ordnungsgemäßen Zustellung, die gemäß §§ 170 Abs. 1, 171 Satz 1 ZPO bei juristischen Personen an den gesetzlichen oder rechtsgeschäftlichen Vertreter zu bewirken ist.

117 RegE., BT-Drucks. 16/6140, S. 26.

118 RegE., BT-Drucks. 16/6140, S. 26, 42.

119 Die erleichterte öffentliche Zustellung in § 185 Nr. 2 ZPO wäre ohne die ergänzende Neufassung von § 35 Abs. 1 Satz 2 GmbHG wirkungslos; denn trotz der Aufnahme einer inländischen Geschäftsadresse zum Handelsregister muss bei einer juristische Person weiterhin gemäß §§ 170 Abs. 1, 171 Satz 1 ZPO an den gesetzlichen oder rechtsgeschäftlichen Vertreter zugestellt werden. Die Begründung einer Empfangszuständigkeit vom Geschäftsführer bis hin zum Gesellschafter schafft insoweit Abhilfe. Siehe RegE., BT-Drucks. 16/6140, S. 42. Gehrlein, DK 2007, S. 771 (777).

120 RegE., BT-Drucks. 16/6140, S. 55.

Vertretung der Gesellschaft Sorge zu tragen.[121] Der Gesetzgeber hat allerdings (bedauerlicherweise) davon Abstand genommen, die Antragspflicht der Gesellschafter auch auf andere Fälle der Vertreterlosigkeit zu erstrecken, bspw. wenn der Aufenthaltsort des Geschäftsführers unbekannt ist oder wenn sich dieser schlicht weigert, seine Aufgaben wahrzunehmen und eine Zustellung an sich selbst verhindert.[122]

III. Die Unternehmergesellschaft (haftungsbeschränkt)

Die Wettbewerbsfähigkeit des deutschen Gesellschaftsrechts im Blick brachten verschiedene Autoren im Laufe des Gesetzgebungsverfahrens zum MoMiG Reformvorschläge ein, die sich mit der Frage auseinandersetzten, ob neben einer reformierten und modernisierten GmbH eine neue, auf die Bedürfnisse von Existenzgründern zielende, haftungsbeschränkte Rechtsform geschaffen werden sollte.[123] Der Gesetzgeber entschied sich im Regierungsentwurf – für viele überraschend[124] – schließlich dafür, die UG als Rechtsformvariante zur regulären GmbH in das MoMiG aufzunehmen.

1. Allgemeines

Die UG geht weitgehend auf das von *Gehb* entwickelte Konzept eines Unternehmergesellschaftsgesetzes (UGG) zurück.[125] Diesem liegt die Vorstellung zugrunde, dass eine Modernisierung und Deregulierung des GmbHG für sich alleine den Trend zu ausländischen Rechtsformen nicht stoppen könne, sondern nur ein neues nationales Konzept in der Lage sei, den Bedarf nach einer Haftungsbeschränkung ohne nennenswertes Mindeststammkapital zu decken und so eine Harmonisierung der für deutsche Unternehmen geltenden Regeln zu be-

---

121 RegE., BT-Drucks. 16/6140, S. 55.

122 RegE., BT-Drucks. 16/6140, S. 55; vgl. dazu auch AG Hamburg, Beschl. v. 27.11.2008 – 67c IN 478/08 = NJW 2009, S. 304, wonach die Vorschriften zur Führungslosigkeit nur dann anwendbar sein sollen, wenn der organschaftliche Vertreter der Gesellschaft tatsächlich oder rechtlich nicht mehr existiert. Ein unbekannter Aufenthaltsort soll nicht ausreichend sein.

123 Ohne Anspruch auf Vollständigkeit: Gehb/Drange/Heckelmann, NZG 2006, S. 88 ff.; Freistaat Bayern, Gesetz zur Einführung des Kaufmanns mit beschränkter Haftung; Drygala, ZIP 2006, S. 1797 ff.

124 So spricht Seibert, GmbHR 2007, S. 673 (674), von einem „*Überraschungscoup*“; Noack, DB 2007, S. 1395 (1396) sogar von „*sensationell*“.

125 RegE., BT-Drucks. 16/6140, S. 31.

werkstelligen.[126] Die mit einem neuen Regelungskonzept verbundenen Unwägbarkeiten und – zumindest in der Anfangsphase – bestehende Rechtsunsicherheit dürften allerdings nicht auf diejenigen abgewälzt werden, die im Vertrauen auf das seit Jahrzehnten bewährte System des GmbHG ihr Unternehmen gegründet und betrieben haben, so dass ein neues Rechtsinstitut erforderlich sei.[127] Die UGG sei *„daher bewusst als Antwort auf ausländische Rechtsformen zu sehen, nicht aber als Konkurrenz zur GmbH"*.[128] Konsequenterweise fordert *Gehb* in seinem Entwurf parallel zur Schaffung des UGG eine Modernisierung des GmbH-Rechts (Zwei-Säulen-Modell).[129]

Der Gesetzgeber ist dem nur teilweise gefolgt und hat die UG als bloße Rechtsformvariante der regulären GmbH in § 5a GmbHG wie folgt normiert:

§ 5a
Unternehmergesellschaft

(1) Eine Gesellschaft, die mit einem Stammkapital gegründet wird, das den Betrag des Mindeststammkapitals nach § 5 Abs. 1 unterschreitet, muss in der Firma abweichend von § 4 die Bezeichnung "Unternehmergesellschaft (haftungsbeschränkt)" oder "UG (haftungsbeschränkt)" führen.

(2) [1]Abweichend von § 7 Abs. 2 darf die Anmeldung erst erfolgen, wenn das Stammkapital in voller Höhe eingezahlt ist. [2]Sacheinlagen sind ausgeschlossen.

(3) [1]In der Bilanz des nach den §§ 242, 264 des Handelsgesetzbuchs aufzustellenden Jahresabschlusses ist eine gesetzliche Rücklage zu bilden, in die ein Viertel des um einen Verlustvortrag aus dem Vorjahr geminderten Jahresüberschusses einzustellen ist. [2]Die Rücklage darf nur verwandt werden

1. für Zwecke des § 57c;

2. zum Ausgleich eines Jahresfehlbetrags, soweit er nicht durch einen Gewinnvortrag aus dem Vorjahr gedeckt ist;

3. zum Ausgleich eines Verlustvortrags aus dem Vorjahr, soweit er nicht durch einen Jahresüberschuss gedeckt ist.

---

126 Gehb, Unternehmergesellschaftsgesetz (UGG), S. 31 ff.; Gehb/Drange/Heckelmann, NZG 2006, S. 88 (90).
127 Gehb/Drange/Heckelmann, NZG 2006, S. 88 (91).
128 Gehb, Unternehmergesellschaftsgesetz (UGG), S. 33.
129 Gehb, Unternehmergesellschaftsgesetz (UGG), S. 31.

(4) Abweichend von § 49 Abs. 3 muss die Versammlung der Gesellschafter bei drohender Zahlungsunfähigkeit unverzüglich einberufen werden.

(5) Erhöht die Gesellschaft ihr Stammkapital so, dass es den Betrag des Mindeststammkapitals nach § 5 Abs. 1 erreicht oder übersteigt, finden die Absätze 1 bis 4 keine Anwendung mehr; die Firma nach Absatz 1 darf beibehalten werden.

Die Einführung der UG stellt einen Kompromiss zwischen denjenigen dar, die insbesondere im Hinblick auf die Wettbewerbsfähigkeit der GmbH für eine vollständige Abschaffung des Mindeststammkapitals plädiert hatten, und denjenigen, die sich für eine Beibehaltung ausgesprochen hatten.[130] Die UG zeichnet sich einerseits durch einen Verzicht auf ein nennenswertes, bei Gründung der Gesellschaft aufzubringendes Stammkapital (§ 5a Abs. 1 GmbHG) aus, andererseits durch die Verpflichtung der Gesellschaft, aus den erwirtschafteten Jahresüberschüssen eine gesetzliche Rücklage zu bilden und somit sukzessive einen Haftungsfonds anzusparen (§ 5a Abs. 3 GmbHG). Schon während des Gesetzgebungsverfahrens war dem eine längere Diskussion vorausgegangen, ob neben oder unterhalb der GmbH Bedarf für eine weitere Rechtform bestehe, die sich speziell an Existenzgründern sowie kleineren und mittleren Unternehmen richten soll.[131] Der Gesetzgeber entschied sich wegen des damit verbundenen Regelungsaufwands, der (vermeintlich bestehenden) Rechtsunsicherheit und den erhöhten Transaktionskosten für den Rechtsverkehr gegen eine neue Rechtsform; stattdessen wählte er den Weg einer bloßen Rechtsformvariante, für welche die Regelungen des GmbHG Anwendung finden, sofern nicht die Sondervorschrift des § 5a GmbH Abweichendes regelt.[132]

---

130 RegE., BT-Drucks. 16/6140, S. 25; Beschlussempfehlung und Bericht des Rechtsausschusses, BT-Drucks. 16/9737 (MoMiG), S. 94 f.

131 Ohne Anspruch auf Vollständigkeit verneinen die Notwendigkeit einer neuen Rechtsform Seibert, GmbHR 2007, S. 673 (674); Niemeier, ZIP 2006, S. 2237 (2248); K. Schmidt, DB 2006, S. 1096; Teichmann, NJW 2006, S. 2444 (2449); hingegen bejahend insbesondere Gehb/Drange/Heckelmann, NZG 2006, S. 88; Lutter, BB-Spezial Nr. 7/2006, S. 2.

132 RegE., BT-Drucks. 16/6140, S. 1; Hirte, Frankfurter Allgemeine Sonntagszeitung vom 06.06.2007, S. 23 sieht in dem gefundenen Regelungskonzept „*fast die Quadratur des Kreises*"; Seibert, GmbHR 2007, S. 673 (675) zumindest eine „*elegante Antwort*".

2. Normzweck

Die UG richtet sich in ihrer Konzeption vor allem an Existenzgründer, denen Mithilfe dieser neuen GmbH-Variante unter Verwendung des Musterprotokolls der Start in eine unternehmerische Tätigkeit erleichtert werden soll.[133] Letztlich soll diese Zielgruppe davon abgehalten werden, bei Unternehmensgründungen ihr Glück in der englischen *Limited* oder einer anderen ausländischen Rechtsform zu suchen.[134] Unternehmensgründer, welche wegen den unsicheren Erfolgsaussichten das Risiko einer unbeschränkten persönlichen Haftung scheuten, blieb in der Vergangenheit aufgrund der hohen finanziellen und rechtlichen Anforderungen, die mit der Gründung einer AG verbunden sind, nur die Möglichkeit der Gründung einer GmbH, deren Haftungsbeschränkung allerdings mit einem Mindeststammkapitalerfordernis verbunden ist.[135] Neuer Untersuchungen zeigen, dass trotz der auf den deutschen Gesellschaftsrechtsmarkt drängenden *Limited* die Zahl der GmbH-Gründungen sogar gestiegen ist.[136] Dies legt den Schluss nahe, dass Unternehmensgründer, die sich in jüngerer Zeit vermehrt der Rechtsform der *Limited* bedienten, bisher eher als Personenhandelsgesellschaft, Einzelkaufmann oder Gesellschaft bürgerlichen Rechts auftraten.[137] Dies mag zwar einen Bedarf bei Kleinunternehmen für eine Rechtsform mit Haftungsbeschränkung ohne nennenswertes Mindeststammkapital belegen; hingegen wäre es verfehlt, darin eine bewusste Entscheidung des Marktes gegen die Rechtsform GmbH zu sehen.

So unterschiedlich der Meinungsstand zur Notwendigkeit eines gesetzlichen Mindeststammkapitals oder einer Rechtform neben oder unterhalb der GmbH war, so unterschiedlich fielen die Reaktionen auf die Einführung der UG aus. *Seibert*, Ministerialdirektor im Bundesministerium der Justiz, prognostizierte eine deutliche Steigerung der Attraktivität und der Wettbewerbsfähig der GmbH

---

133 RegE., BT-Drucks. 16/6140, S. 31.

134 Auch K. Schmidt, GmbHR 2007, S. 1072, kommt zu dem Ergebnis, dass insbesondere der externe Reformdruck durch die Limited den entscheidenden Anstoß zum MoMiG gegeben hat. Ähnlich Wicke, GWR 2010, S. 259; Römermann, NJW 2010, S. 905 (906); Schäfer, in: Henssler/Strohn, § 5a Rn. 1.

135 Fastrich, DStR 2006, S. 656 (657); Meyer/Hermes, GmbHR 2005, S. 807 (808); Wilhelmi, GmbHR 2006, S. 13 (21).

136 Bayer/Hoffmann, GmbHR 2007, S. 414 ff.; Niemeier, ZIP 2007, S. 1794 (1796).

137 Leyendecker, GmbHR 2008, S. 302; Eidenmüller, ZGR 2007, S. 168 (173); Gehb/Drange/Heckelmann, NZG 2006, S. 88 (90).

durch das MoMiG.[138] Auch *Hirte* äußerte sich positiv und sah einen überzeugenden Kompromiss vor dem Hintergrund der deutschen Rechtskultur gefunden.[139] Die meisten Reaktionen fielen (im Vorfeld) hingegen negativ aus. Schon der *Bundesrat* forderte in seiner Stellungnahme zum MoMiG weitere gläubigerschützende Maßnahmen, da die Einführung der UG unter völligem Verzicht auf ein Stammkapital ohne besondere Gläubigerschutzvorschriften einen Fremdköper im deutschen GmbH-Recht darstelle und den Gesetzeszweck der Missbrauchsbekämpfung konterkariere.[140] *Heckschen* sah in der UG sogar den *„fatalsten Irrtum der GmbH-Reform"*,[141] während *Veil* anregte, die UG möglichst schnell in der Schublade verschwinden zu lassen.[142] Der *Handelsrechtsausschuss des Deutschen Anwaltsvereins* bewertet die Einführung der Rechtsformvariante als rechtpolitisch fragwürdig und nicht sinnvoll,[143] *Wicke* wiederum sieht darin ein *„Sammelbecken für wenig aussichtsreiche Gründungen"*.[144] Die Kritik an der UG als Subspezies der GmbH fassten *Freitag/Riemenschneider* treffend zusammen: die Einführung der UG sei eine Reform zulasten von Verbrauchern, Kleinunternehmern und nicht-rechtsgeschäftlichen Gläubigern, die sich im Gegensatz zu vertraglichen Großgläubigern wie Banken nicht durch die Bestellung persönlicher Sicherheiten gegen die geringe Kapitaldecke der UG schützen können.[145]

3. Aktuelle Zahlen

Nunmehr sind über drei Jahre seit Inkrafttreten des MoMiG und der Einführung der UG vergangen und zumindest die Akzeptanz der UG in der Praxis scheint die Kritiker zu widerlegen.[146] Statistisch gesehen ist die UG ein voller Erfolg: drei Jahre nach Inkrafttreten des MoMiG waren im Handelsregister beinahe

---

138 Seibert, GmbHR 2007, S. 673 (675).

139 Hirte, ZInsO 2008, S. 933 (936 f.).

140 Stellungnahme des Bundesrates, BR-Drucks. 354/07 (MoMiG), S. 7 f.

141 Heckschen, DStR 2007, S. 1442 (1445).

142 Veil, GmbHR 2007, S. 1080 (1086).

143 DAV, NZG 2007, S. 735 (736); ähnlich Rieder, in: MünchKommGmbHG, Bd. 1, § 5a Rn. 58, *„aus rechtpolitischer Sicht eine Fehlentscheidung"*.

144 Wicke, GWR 2010, S. 259.

145 Freitag/Riemenschneider, ZIP 2007, S. 1485(1491 f.).

146 In diese Richtung Römermann, NJW 2010, S. 905, der die Verteufelung der UG durch viele Juristen für teilweise nicht berechtig hält und die UG in manchen Konstellationen für die bessere Variante der GmbH erachtet.

60.000 UG (einschließlich UG & Co. KG) eingetragen; entgegen mancher Befürchtung lässt sich eine signifikant höhere Insolvenzquote der UG im Vergleich zur regulären GmbH oder der AG bisher nicht feststellen.[147] Zwei Drittel der UG-Gründungen sind Dienstleistungsunternehmen; das durchschnittliche Stammkapital beträgt EUR 1.250, wenngleich über die Hälfte der Gesellschaften ein Stammkapital von höchstens EUR 500 haben.[148] Zumindest ein Ziel hat der Gesetzgeber bereits erreicht: die Zahl der *Limited*-Neugründungen stagniert inzwischen, während die Zahl der UG-Neugründungen kontinuierlich steigt. Der Vormarsch ausländischer Gesellschaftsrechtsformen konnte somit gestoppt werden. Als Konkurrenz zur regulären GmbH hat sich die UG – wie schon im Übrigen die *Limited* – nicht entwickelt; die Zahl von GmbH-Gründungen bleibt von der neuen GmbH-Rechtsformvariante weitgehend unbeeindruckt.[149] Der volkswirtschaftliche Mehrwert wie auch die Folgen für den Rechtsverkehr durch die Einführung der UG sind gleichwohl noch offen.

C. Das deutsche Gläubigerschutzsystem

Im Hinblick auf das Ziel dieser Arbeit, die UG unter besonderer Beachtung des Gläubigerschutzes zu analysieren, stellt sich die Frage nach der rechtssystematischen Einordnung des Gläubigerschutzes im GmbH-Recht aufgrund der Einführung der UG in § 5a GmbHG um so mehr. Der Schutz von Gläubigern einer Kapitalgesellschaft lässt sich im Wesentlichen zwei unterschiedlichen Systemen zuordnen. In Deutschland wie auch in vielen anderen kontinentaleuropäischen Rechtsordnungen wird nach überkommener Auffassung der Gläubigerschutz als Teil des Gesellschaftsrechts verstanden und nimmt eine paritätische Stellung neben den Interessen der Gesellschafter ein.[150] Zentraler Grundsatz des gesellschaftsrechtlichen Gläubigerschutzes deutscher Prägung war – zumindest bis zum Inkrafttreten des MoMiG – die Überzeugung, dass das Privileg der Haftungsbeschränkung nur zum Preis eines festen gesetzlichen Mindeststammkapi-

---

147 Bayer/Hoffmann, GmbHR, R51; Bayer/Hoffmann, GmbHR 2010, R369 f.; Gude, ZinsO 2010, S. 2385 (2388); wenngleich die Insolvenzquote der im gleichen Zeitraum gegründeten regulären GmbHs mit 0,15 % deutlich niedriger war als die Insolvenzquote der UG mit 2,15 %.

148 Gude, ZinsO 2010, S. 2385 (2386.).

149 Paura, in: Ulmer, GmbHG, Ergänzungsband MoMiG, § 5a Rn. 23

150 Vetter, ZGR 2005, S. 788 (795); Merkt, ZGR 2004, S. 305 (311).

tals gewährt wird.[151] Dem deutschen Gesellschaftsrecht liegt somit der Gedanke eines präventiven Gläubigerschutzes zugrunde; dies verdeutlichen insbesondere die Kapitalaufbringungsvorschriften sowie die Ausschüttungssperren.[152] Repressive Sanktionen des Delikts- und Insolvenzrechts spielten demgegenüber nur eine untergeordnete Rolle.[153] Im Gegensatz dazu regelt das Gesellschaftsrecht im angloamerikanischen Raum grundsätzlich die innere Verfassung der Gesellschaft, wohingegen der Gläubigerschutz durch eine Vielzahl von repressiven Maßnahmen anderer Rechtsgebiete gewährleistet werden soll, wie beispielsweise durch individualvertragliche Gläubigersicherungen, Anfechtungsregelungen und Rangrücktritt in der Insolvenz.[154]

I. Das Gläubigerschutzsystem des GmbHG im Allgemeinen

Der Gläubigerschutz hat vorrangig das Ziel, Gesellschaftsgläubigern ein gewisses Maß an Schutz vor den Folgen einer Insolvenz des Schuldners und damit vor einem Forderungsausfall zu bieten.[155] Die Notwendigkeit besonderer gläubigerschützender Maßnahmen ist im Kapitalgesellschaftsrecht ungleich wichtiger. Denn Haftungsbeschränkung und Gläubigerschutz bedingen sich insofern gegenseitig, als dass das Privileg der Haftungsbeschränkung – und damit die Möglichkeit Verluste der Gesellschaft zu sozialisieren – ohne korrespondierende, gläubigerschützende Vorschriften nicht gewährt werden soll.[156] Die weitaus schwierigere Problematik betrifft letztlich nicht die Frage nach der Erforderlichkeit solcher gläubigerschützender Maßnahmen, sondern nach der konkreten Risikoverteilung zwischen Unternehmensträgern und Gläubigern sowie der daraus resultierenden konkreten Strukturierung der Haftungs- und Gesellschaftsverhält-

---

151 So in ständiger Rechtsprechung BGH, Urt. v. 27.09.1999, II ZR 371/98, BGHZ 142, S. 315 = NJW 1999, S. 3483; BGH, Urt. v. 06.06.1994, II ZR 292/91, BGHZ 126, S. 181 = NJW 1994, S. 2220.

152 Vetter, ZGR 2005, S. 788 (797); Röhricht, ZIP 2005, S. 505; Mülbert, DK 2004, S. 151 (159); Schön, DK 2004, S. 162 (168).

153 Vetter, ZGR 2005, S. 788 (795 f.), wonach das Insolvenzrecht lediglich einen „*Annex*" des gesellschaftsrechtlichen Gläubigerschutzes darstelle.

154 Merkt, ZGR 2004, S. 305 (313 ff.); Vetter, ZGR 2005, S. 788 (795).

155 Pellens/Kemper/Schmidt, ZGR 2008, S. 381 (384); Jungmann, ZGR 2006, S. 638 (640).

156 Ständige Rechtsprechung BGH, Urt. v. 27.09.1999, II ZR 371/98, BGHZ 142, S. 315 = NJW 1999, S. 3483; BGH, Urt. v. 06.06.1994, II ZR 292/91, BGHZ 126, S. 181 = NJW 1994, S. 2220; Goette, Die GmbH, § 2 Rn. 1; Hennrichs, NZG 2009, S. 921.

nisse. Gleichwohl ist zu beachten, dass gesetzliche Regelungen, auch und gerade solche des Gläubigerschutzes, die künftige Solvenz des Unternehmens nicht garantieren können und sollen.[157] Ein gesetzliches Gläubigerschutzsystem hat im Ergebnis solche Regelungen bezüglich der Haftungs- und Vermögensstruktur der Unternehmensträger zu normieren, welche verhindern, dass die Gläubiger ein unangemessen hohes Risiko der Nichterfüllung ihrer Forderungen tragen.[158]

Der Gläubigerschutz im GmbH-Recht realisiert sich in unterschiedlichen gesetzlichen Maßnahmen und basiert im Wesentlichen auf vier Säulen:

(1) Das Kapitalschutzsystem gibt zunächst ein gesetzliches Mindeststammkapital vor, welches dem Rechtsverkehr als Risikopolster der Gesellschaft, Seriositätsschwelle und/oder Haftungsfonds dienen soll.[159] Umgehungsresistente Regelungen zur Kapitalaufbringung und Kapitalerhaltung sollen gewährleisten, dass das bei Gründung aufzubringende Stammkapital nicht durch opportunistisches Verhalten der Gesellschafter geschmälert wird.[160]

(2) Informationsasymmetrien zwischen Gesellschaft und Gläubigern sollen insbesondere die Vorschriften zur Rechnungslegung abbauen. Diese geben dem Rechtsverkehr ausreichend Auskunft über die Haftungs- und Gesellschaftsverhältnisse sowie über das potentielle Geschäftsrisiko.[161] Mithilfe der Rechnungslegungsvorschriften lassen sich darüber hinaus die Grenzen möglicher Ausschüttungssperren und der Überschuldung bemessen.[162]

(3) Gläubigerschützende Funktion kommt des Weiteren dem Insolvenzrecht zu. Speziell die Vorschriften über die Insolvenzanfechtung nach §§ 129 ff.

157 Pellens/Kemper/Schmidt, ZGR 2008, S. 381 (384); Jungmann, ZGR 2006, S. 638 (642).

158 Wiedemann, Gesellschaftsrecht, Bd. I, S. 516; ebenso Pellens/Kemper/Schmidt, ZGR 2008, S. 381 (384); Nikoleyczik, Gläubigerschutz zwischen Gesetz und Vertrag, S. 13.

159 Vgl. eingehend zur Funktion des gesetzlichen Mindeststammkapital 3. KapitelA.II.2.

160 Mülbert, DK 2004, S. 151 (154, 159).

161 Nach Pellens/Jödicke/Richard, DB 2005, S. 1393 (1394), wird die Informationsfunktion des Jahresabschlusses dadurch eingeschränkt, dass sie neben die Bemessungsfunktion zur Bestimmung der bilanziellen Ausschüttungssperre tritt. Die handelsrechtlichen Ansatz- und Bewertungsnormen könnten eine gläubigerschützende Information des Jahresabschlusses verhindern.

162 Pellens/Kemper/Schmidt, ZGR 2008, S. 381 (387); Kübler, ZHR 159 (1995), S. 550 (552 ff.).

InsO sollen die Insolvenzmasse anreichern und eine gleichmäßige Befriedigung der Gläubiger sicherstellen.[163]

(4) Schließlich steht es den Gläubigern frei, sich durch einzelvertragliche Regelungen, insbesondere durch Bestellung von Kreditsicherheiten oder Vereinbarung von covenants,[164] gegen einen Forderungsausfall abzusichern.[165]

Die Wirksamkeit des deutschen Gläubigerschutzsystems steht seit längerem in der Kritik, insbesondere die Säule des Kapitalschutzes.[166] Nahezu alle dargestellten Säulen, insbesondere die des Kapitalschutzsystems und des Insolvenzrechts, haben durch das MoMiG umfangreiche Änderungen erfahren.

II. Das Gläubigerschutzsystem unter Berücksichtigung von § 5a GmbHG

Der Verzicht auf ein nennenswertes gesetzliches Mindeststammkapital in der UG brachte nach Auffassung des Gesetzgebers die Notwendigkeit mit sich, in § 5a GmbHG Sondervorschriften zu normieren, welche die UG einerseits sinnvoll in das System des GmbHG einordnen und andererseits den Gläubigerschutz stärken. So ist die UG nach § 5a Abs. 1 GmbHG verpflichtet, durch einen speziellen Rechtsformzusatz in der Firma den Rechtsverkehr darüber zu informieren, dass das gesetzliche Mindeststammkapital nach § 5 Abs. 1 GmbHG unterschritten wird. In § 5a Abs. 2 GmbHG normiert der Gesetzgeber für die Kapitalaufbringung ein Volleinzahlungsgebot sowie ein Sacheinlageverbot. Bei dro-

---

163 BGH, Urt. v. 23.10.2008, IX ZR 202/07 = NJW-RR 2009, S. 190 (192); BGH, Urt. v. 16.11.2007 – IX ZR 194/04 = WM 2008, S. 173 (177); Kirchhof, in: MünchKommInsO, Bd. 2, Vor §§ 129 bis 147 Rn. 2.

164 Nach Haghani/Holzamer, in: Buth/Hermanns, § 27 Rn. 1, stellen (Financial) Covenants eine inzwischen zentrale Form des privatautonomen Gläubigerschutzes dar, indem vertraglich ausgehandelte, spezifische Mindestanforderungen an die wirtschaftliche oder finanzielle Situation bzw. Entwicklung des Kreditnehmers definiert und bei Nichteinhaltung sanktioniert werden.

165 Hennrichs, NZG 2009, S. 921; Pellens/Kemper/Schmidt, ZGR 2008, S. 381 (384).

166 Zuletzt Eidenmüller, ZGR 2007, S. 168(182 ff.); Jungmann, ZGR 2006, S. 638 (640); Mülbert, DK 2004, S. 151 (154); Schön, DK 2004, S. 162 (164 ff.); Barta, GmbHR 2005, S. 657 (659 f.); Drygala, ZIP 2006, S. 1797 (1803); Drygala, ZGR 2006, S. 587 (590 ff.); Eidenmüller/Engert, GmbHR 2005, S. 433 (435); Engert, GmbHR 2007, S. 337 (342); Haas, DStR 2006, S. 993 (994 f.); Kleindiek, ZGR 2006, S. 335 (337 f.); Kuhner, ZGR 2005, S. 753 (769 f.).

hender Zahlungsunfähigkeit ist zudem nach § 5a Abs. 4 GmbHG unverzüglich eine Gesellschafterversammlung einzuberufen, um über die Fortführung oder Liquidation der Gesellschaft zu entscheiden.[167] In § 5a Abs. 3 GmbHG führt das MoMiG schließlich als Kompensation für den Verzicht auf ein nennenswertes Mindeststammkapital als neues Element im GmbHG eine Pflicht zur Bildung einer gesetzlichen Rücklage ein.[168]

Nach Inkrafttreten des MoMiG ist zumindest im Hinblick auf die UG die bisherige rechtssystematische Einordnung des Gläubigerschutzes nach Ansicht des Verfassers nicht mehr uneingeschränkt aufrechtzuerhalten. Der Bundesrat hat im Laufe des Gesetzgebungsverfahrens zu Recht kritisiert, dass sich der Gesetzgeber mit einer Reihe von Maßnahmen zur Modernisierung und Deregulierung des GmbH-Rechts jedenfalls im Hinblick auf die UG teilweise vom System eines präventiven Kapitalschutzrechts verabschiedet hat,[169] ohne im Gegenzug die Publizität zu stärken und schärfere repressive Maßnahmen zur Verhaltenssteuerung der Verantwortlichen zu implementieren.[170] Folgende Änderungen verdeutlichen exemplarisch, dass Gesetzgeber und Judikatur von dem hergebrachten präventiven Gläubigerschutzsystem Abstand genommen hat:

(1) In der UG wird gemäß § 5a Abs. 1 GmbHG auf ein nennenswertes gesetzliches Mindeststammkapital verzichtet. Die Regelungen zur Kapitalaufbringung wurden zwar insoweit durch ein Volleinzahlungsgebot und ein

---

167 Roth, in: Roth/Altmeppen, GmbHG, § 5a Rn. 24 und § 49 Rn. 11.

168 RegE., BT-Drucks. 16/6140, S. 32; § 5a Abs. 3 Satz 2 GmbHG ist strukturell den Vorschriften über die gesetzliche Rücklage im Aktiengesetz (§§ 150 Abs. 3 und 4 AktG) nachempfunden.

169 Goette, in: Goette/Habersack, Rn. 9.23, der mit Zulassung der UG durch das MoMiG einen effektiven präventiven Kapitalschutz sogar als abgeschafft ansieht. Den Grundsatz der realen Kapitalaufbringung und der Einlageleistung zur freien Verfügung des Geschäftsführers sieht Bayer, GmbHR 2010, S. 1289 (1293), aufgrund der Neuregelung der § 19 Abs. 4 und Abs. 5 GmbHG in *„zentralen Teilen“* aufgegeben.

170 Stellungnahme des Bundesrates, RegE., BT-Drucks. 16/6140, S. 64; ebenso Wachter, GmbHR Sonderheft 10/2008, S. 25 (31); Wachter, GmbHR 2008, S. 1296 (1301); ders., in: Römermann, MAH GmbH-Recht, § 4 Rn. 81; Noack, DB 2007, S. 1395 (1396 f.), der gleichwohl anmerkt, dass eine schärfere Verhaltenshaftung als Ausgleich für den Verzicht auf ein nennenswertes Mindeststammkapital die Bedeutung eines gesetzlichen Mindeststammkapitals für den Gläubigerschutz überhöht. Das Recht der Kapitalaufbringung habe an *„dogmatischer Stringenz und Überzeugungskraft“* verloren und gehe zulasten von *„Vorhersehbarkeit der Gesetzesanwendung und Rechtssicherheit“*.

Sacheinlageverbot verschärft; die Kapitalerhaltungsvorschriften der §§ 30, 31 GmbHG beanspruchen ebenfalls uneingeschränkt Gültigkeit. Angesichts eine Stammkapitals von gegebenenfalls wenigen Euro kann von einem gläubigerschützenden Verlustpuffer des Stammkapitals im Vorfeld der Insolvenz allerdings kaum noch gesprochen werden. Die zur Eigenkapitalaufholung konzipierte, nachgelagerte Gewinnthesaurierung in § 5a Abs. 3 GmbHG ist zudem umgehungsanfällig.[171]

(2) Die Insolvenzantragspflicht in § 64 Abs. 1 GmbHG a.F. findet sich nunmehr im repressiv wirkenden Insolvenzrecht (§ 15a InsO). Die Geschäftsführerhaftung für Insolvenzverursachung wurde zwar in § 64 Satz 3 GmbHG verordnet, ist aber selbst nach Auffassung des Gesetzgebers insolvenzrechtlich zu qualifizieren.[172]

(3) Das Eigenkapitalersatzrecht in §§ 32a, 32b GmbHG a.F. wurde ersatzlos gestrichen. Gesellschafterdarlehen sind nunmehr im Rang nach den übrigen Forderungen der Insolvenzgläubiger zu berichtigen (§ 39 Abs. 1 Nr. 5 InsO) und unterliegen nach § 135 Abs. 1 InsO einer insolvenzrechtlichen Anfechtung.

(4) Die Haftung für existenzvernichtende Eingriffe ist nach der Rechtsprechung des Bundesgerichtshofs in Sachen *Trihotel*[173] und *Gamma*[174] dem Deliktsrecht (§ 826 BGB) zugeordnet.

---

171 RegE., BT-Drucks. 16/6140, S. 32. Der Gesetzgeber weist den durch die Gewinnthesaurierung beschränkten Gesellschaftern durch den Hinweis auf die Gestaltung der Geschäftsführervergütung selbst den Weg zur Umgehung der Norm; eingehend zum Umgehungsrisiko 1. Kapitel.

172 RegE., BT-Drucks. 16/6140, S. 47; ebenso Altmeppen, in: Roth/Altmeppen, GmbHG, § 64 Rn. 55. A.A. K. Schmidt, in: Scholz, GmbHG, Bd. 3, § 64 Rn. 66, wonach es sich zwar um eine insolvenzbezogene Organpflicht handele, die jedoch gesellschaftsrechtlich einzuordnen seien.

173 BGH, Urt. v. 16.07.2007, II ZR 3/04 (Trihotel) = NJW 2007, S. 2689.

174 BGH, Urt. v. 28.04.2008, II ZR 264/06 (Gamma) = NJW 2008, S. 2437.

D. Zusammenfassung und Ausblick

Zusammenfassend lässt sich festhalten, dass der Gläubigerschutz in der Rechtsformvariante der UG durch das traditionelle, präventive Kapitalschutzsystem nicht in gleichem Maße gewährleistet werden kann und der gesetzlichen Konzeption nach Inkrafttreten des MoMiG folgend auch nicht werden soll.[175] Die teilweise Abkehr des Gesetzgebers vom Prinzip des präventiven Kapitalschutzes – ob beabsichtigt oder nicht – ist nach Ansicht des Verfassers nicht bedauernswert. Vielmehr ist der eingeschlagene Weg zumindest für die UG fortzusetzen.[176] Mithilfe der juristischen Methodenlehre sind repressive Verhaltenspflichten und Haftungsinstitute der Geschäftsführer und Gesellschafter basierend auf bestehenden Rechtsinstituten und Vorschriften zu entwickeln, welche die Gesellschaftsgläubiger vor opportunistischem Verhalten zulasten der Solvenz der Gesellschaft schützen. Ansätze für eine stärkere Betonung repressiver Verhaltenspflichten insbesondere des Geschäftsführers lassen sich beispielsweise in der Insolvenzverursachungshaftung des § 64 Satz 3 GmbHG erkennen. Von besonderer Relevanz wird im Folgenden die Frage sein, wie einer Umgehung der Thesaurierungspflicht des § 5a Abs. 3 GmbHG begegnet werden kann, die im Interesse der Gläubiger eine kontinuierliche Ansparung von Eigenkapital sicherstellen soll. Die folgende Analyse wird zeigen, dass durch ein repressives Gläubigerschutzsystem sowohl die Interessen der UG und deren Gesellschafter als auch des Rechtsverkehrs miteinander in Einklang gebracht werden können.

---

175 Ebenso Fastrich, in: Baumbach/Hueck, § 5a Rn. 5 f., der sowohl für die UG als auch für die GmbH eine Verlagerung des Gläubigerschutzes zu Handlungs- und Unterlassungspflichten im Vorfeld der Insolvenz prognostiziert. Ähnlich Eidenmüller, ZGR 2007, S. 168 (188 ff.); Schall, ZGR 2009, S. 126 (129 f.).

176 Für das Prinzip der realen Kapitalaufbringung fordern auch Bayer, GmbHR 2010, S. 1289 (1295); Lieder, in: MünchKommGmbHG, Bd. 1, § 56 Rn. 59, § 56a Rn. 38;Eidenmüller, ZGR 2007, S. 168 (189); Heckschen, DStR 2007, S. 1442 (1448 f.); Herrler, DB 2008, S. 2347 (2352); Noack, DB 2007, S. 1395,(1397) eine Fortsetzung der Deregulierung.

3. Kapitel Die Gründung der UG

A. Der Verzicht auf ein nennenswertes Mindeststammkapital

Ein Kernstück der Rechtsformvariante UG ist der in § 5 Abs. 1 Halbsatz 1 GmbHG normierte Verzicht auf ein nennenswertes Mindeststammkapital und – damit zumindest teilweise – eine Abkehr des deutschen Gesetzgebers vom Kapitalschutz kontinentaleuropäischer Prägung. Gerade mit Blick auf den internationalen Gesellschaftsrechtsmarkt ist die Einführung einer Kapitalgesellschaft ohne nennenswertes Mindeststammkapital positiv zu bewerten.[177] Die Abkehr des deutschen Gesetzgebers vom Kapitalschutz kontinentaleuropäischer Prägung ist freilich nicht ohne Kritik geblieben. Inwiefern ein gesetzliches Mindeststammkapital die in ein solches Institut gesetzten Erwartungen insbesondere bezüglich des Gläubigerschutzes tatsächlich erfüllen kann, ist Gegenstand der folgenden Abschnitte.

I. Das Stammkapital der UG

Eher beiläufig gestattet § 5a Abs. 1 Halbsatz 1 GmbHG das Unterschreiten des in § 5 Abs. 1 GmbHG gesetzlich festgeschriebenen Mindeststammkapitals.[178] Eine Gesellschaft kann demnach mit einem Stammkapital gegründet werden, welches den Betrag von EUR 25.000 unterschreitet, gleichwohl mit dem Erfordernis in der Firma den Rechtsformzusatz „*Unternehmergesellschaft (haftungsbeschränkt)*" oder „*UG (haftungsbeschränkt)*" zu führen. Es wäre hingegen verfehlt von einem vollständigen Fehlen eines Mindeststammkapitalerfordernisses zu sprechen.[179] Denn auch bei der UG finden die §§ 3 Abs. 1 Nr. 3 und 4 sowie § 5 Abs. 2 Satz 1 GmbHG Anwendung, wonach im Gesellschaftsvertrag ein Stammkapital festgesetzt werden und jeder Gesellschafter einen Geschäftsanteil

---

177 Fastrich, in: Baumbach/Hueck, § 5a Rn. 4.

178 Wortlaut und Gesetzestechnik sind nach Ansicht des Verfassers unglücklich gewählt, indem § 5a Abs. 1 GmbHG ein Unterschreiten des Mindeststammkapital i.S.v. § 5 Abs. 1 GmbHG als zulässig unterstellt, ohne dass dies vorher explizit festgestellt wird. Ebenso Heckschen, in: Heckschen/Heidinger, § 5 Rn. 10.

179 So aber missverständlich Fastrich, in: Baumbach/Hueck, § 5a Rn. 10.

im Nennbetrag von mindestens EUR 1 übernehmen muss.[180] Im Folgenden wird daher von einem *Verzicht auf ein nennenswertes Mindeststammkapital* gesprochen. Angesichts des Volleinzahlungsgebots nach § 5a Abs. 2 Satz 1 GmbHG dürfte in der Praxis ein Stammkapital von mehr als EUR 12.500 kaum anzutreffen sein; mit diesem Betrag ist gemäß § 7 Abs. 2 GmbHG bereits die Anmeldung einer regulären GmbH zum Handelsregister möglich.[181]

Bereits an anderer Stelle wurde darauf hingewiesen, dass der Gesetzgeber mit Einführung der UG bezweckte, der *Limited* eine wettbewerbsfähige deutsche Gesellschaftsrechtsform entgegenzustellen, ohne im Übrigen das Mindeststammkapital abzusenken oder generell aufzugeben.[182] Der Gesetzgeber weist zutreffend darauf hin, dass ein Mindeststammkapital kein zwingender Bestandteil eines gesetzlichen Kapitalschutzes ist; gleichwohl fand sich wegen der Befürchtung, durch eine Aufgabe eines gesetzlichen Mindeststammkapitals sei die daraus abgeleitete Seriosität und das Prestige der Rechtsform GmbH gefährdet, keine Mehrheit zur völligen Aufgabe des Mindeststammkapitalprinzips.[183] Ob aus rechtspolitischer Sicht die Einführung der Rechtsformvariante UG tatsächlich erforderlich war, mag zweifelhaft sein,[184] kann letztlich aber dahinstehen.

Die UG sieht sich dem Vorwurf ausgesetzt, den traditionellen und bewährten Kapitalschutz durch Verzicht auf ein nennenswertes Mindeststammkapital *de facto* abgeschafft zu haben, ohne gleichsam die alternativen Regelungen zum Schutz der Gläubiger, wie sie der Entwurf *Gehbs* noch vorgesehen hatte, zu übernehmen.[185] Im Hinblick auf den Gläubigerschutz in der UG ist daher zu hinterfragen, ob die dem Prinzip des Mindeststammkapitals zugeschriebenen gläu-

---

180 Roth, in: Roth/Altmeppen, GmbHG, § 5a Rn. 4; Fastrich, in: Baumbach/Hueck, § 5a Rn. 10; Rieder, in: MünchKommGmbHG, Bd. 1, § 5a Rn. 8.

181 Wachter, GmbHR Sonderheft 10/2008, S. 25 (30).

182 RegE., BT-Drucks. 16/6140, S. 31; Wachter, GmbHR Sonderheft 10/2008, S. 25.

183 RegE., BT-Drucks. 16/6140, S. 31.

184 Roth, in: Roth/Altmeppen, GmbHG, § 5a Rn. 1; Rieder, in: MünchKommGmbHG, Bd. 1, § 5a Rn. 58.

185 Goette, Einführung in das neue GmbH-Recht, Einf. Rn. 40; Veil, GmbHR 2007, S. 1080 (1081); Wachter, GmbHR Sonderheft 10/2008, S. 25 (31). Insbesondere verzichtet der Gesetzgeber im Rahmen des § 5a GmbHG auf eine Auflistung von Haftungstatbeständen des Geschäftsführers sowie weitergehende Publizitäts- und Transparenzerfordernisse; siehe zum Entwurf eines Unternehmergesellschaftsgesetzes Gehb, Unternehmergesellschaftsgesetz (UGG), S. 1 ff.; Gehb/Drange/Heckelmann, NZG 2006, S. 88 ff.

bigerschützenden Funktionen tatsächlich gegeben sind und der Verzicht auf ein nennenswertes Mindeststammkapital in der UG Schutzlücken zur Folge hat.[186]

II. Das Prinzip des Mindeststammkapitals aus Sicht des Gläubigerschutzes

Das kontinentaleuropäisch geprägte System des Gläubigerschutzes mittels statutarischer Festsetzung eines Mindeststammkapitals sieht sich in der jüngeren Vergangenheit, insbesondere vor dem Hintergrund des angesprochenen Wettbewerbs der Rechtsordnungen, zunehmend Kritik ausgesetzt.[187] Demgegenüber vertrat *Wiedemann* anlässlich der Novelle des GmbHG im Jahr 1980 noch die Auffassung, die Normen über den Kapitalschutz seien eine „*Kulturleistung ersten Ranges*".[188]

1. Das Mindeststammkapital als zwingendes Element des Kapitalschutzes?

Der Bundesgerichtshof hat in einer Reihe von Entscheidungen das Prinzip des Mindeststammkapitals gegen die aufkommende Kritik aus dem Schrifttum verteidigt.[189] Nach Ansicht des Bundesgerichtshofs sei das GmbH-Recht „*von dem maßgebenden Grundsatz beherrscht, dass im Interesse des redlichen Rechtsverkehrs die Aufbringung und Erhalt des Stammkapitals als Haftungs- und Kreditgrundlage der Gesellschaft*" unbedingt gesichert werden müsse und die Rechtfertigung für das Haftungsprivileg der GmbH-Gesellschafter darstelle.[190] Dieser Begründungsansatz des institutionellen Gläubigerschutz wird von den Verfech-

---

186 Eine Schutzlücke befürchten bspw. Heckschen, DStR 2007, S. 1442 (1445); Römermann, GmbHR 2007, R193.

187 Barta, GmbHR 2005, S. 657; Eidenmüller/Engert, GmbHR 2005, S. 433; Engert, GmbHR 2007, S. 337; Grunewald/Noack, GmbHR 2005, S. 189; Haas, DStR 2006, S. 993; Kleindiek, ZGR 2006, S. 335; Leyendecker, GmbHR 2008, S. 302; Mülbert, DK 2004, S. 151; Schärtl, GmbHR 2007, S. 344; Schön, DK 2004, S. 162; Wilhelm, DB 2007, S. 1510; Wilhelmi, GmbHR 2006, S. 13.

188 Wiedemann, Gesellschaftsrecht, Bd. I, S. 557.

189 BGH, Urt. v. 27.09.1999, II ZR 371/98, BGHZ 142, S. 315 (322) = NJW 1999, S. 3483; zuvor bereits BGH, Urt. v. 14.03.1977, II ZR 156/77; BGHZ 68, S. 191 NJW 1977, S. 1196; BGH, Urt. v. 06.06.1994, II ZR 292/91, BGHZ 126, S. 181 = NJW 1994, S. 2220.

190 BGH, Urt. v. 14.03.1977, II ZR 156/77; BGHZ 68, S. 191 (195) = NJW 1977, S. 1196; BGH, Urt. v. 06.06.1994, II ZR 292/91, BGHZ 126, S. 181 (197) = NJW 1994, S. 2220.

tern hinsichtlich dessen Wirksamkeit oftmals kaum hinterfragt.[191] Aus rechtsökonomischer und rechtsvergleichender Sicht sind Haftungsbeschränkung und ein nennenswertes gesetzliches Mindeststammkapital nämlich nicht zwingend sich gegenseitig bedingende Voraussetzungen,[192] wie die *Limited* oder die (kontinentaleuropäisch geprägte) französische *Société à responsabilité limitée* (S.à.r.l.) verdeutlichen. Normative Regeln zur Kapitalaufbringung und Kapitelerhaltung können auch mit einem von den Gesellschaftern frei festsetzbaren Stammkapital ein probates Mittel des Gläubigerschutzes sein.[193]

Eine der wesentlichen Grundfragen in der rechtswissenschaftlichen Diskussion hinsichtlich des Mindeststammkapitalerfordernisses ist die Sicherung des Gläubigerschutzes. Durch den Verzicht auf ein nennenswertes Mindeststammkapital sei – so die Befürchtung – ein Absenken des Gläubigerschutzniveaus zu befürchten.[194] Bei der berechtigten Auseinandersetzung mit der Wirksamkeit gläubigerschützender Regelungen und Maßnahmen ist jedoch zu betonen, dass sich ein lückenloser Gläubigerschutz nicht verwirklichen lässt; selbst bei einer unbeschränkt persönlichen Haftung der Gesellschafter tragen die Gesellschaftsgläubiger das Risiko eines Forderungsausfalls.[195] Sinn und Zweck der Kapitalschutzregeln ist es daher nicht, die Insolvenz einer Kapitalgesellschaft zu verhindern.[196] Zu restriktive Schutzmechanismen zur Verhinderung einer Insolvenz

---

191 RegE., BT-Drucks. 16/6140, S. 29, 31, verweist beispielsweise pauschal auf die Funktion einer Seriositätsschwelle, ohne dies näher zu begründen oder sich mit der Kritik auseinanderzusetzen. Wenige Zeilen später wird lapidar festgestellt, dass gesetzlicher Kapitalschutz und Mindeststammkapital sich nicht zwingend bedingen, letzteres sogar verzichtbar wäre.

192 RegE., BT-Drucks. 16/6140, S. 30; Haas, DStR 2006, S. 993 (995); Hirte, ZInsO 2008, S. 933 (934), sieht eine Rechtfertigung für das Erfordernis eines bestimmten Mindestbetrags an Kapital für eine unternehmerische Tätigkeit und dies staatlicherseits zu kontrollieren nicht gegeben.

193 Eidenmüller/Engert, GmbHR 2005, S. 433; Jungmann, ZGR 2006, S. 638 (642).

194 Fastrich, in: Baumbach/Hueck, § 5a Rn. 5; Heckschen, DStR 2007, S. 1442 (1445); Römermann, GmbHR 2007, R193.

195 Vetter, ZGR 2005, S. 788 (790); Nikoleyczik, Gläubigerschutz zwischen Gesetz und Vertrag, S. 14; Wiedemann, Gesellschaftsrecht, Bd. I, S. 516.

196 Mit entsprechend strengen und einschneidenden Regelungen ließe sich dies laut Jungmann, ZGR 2006, S. 638 (643) durchaus erreichen. Zu Recht weist Seibert, in: FS Röhricht, S. 585 (588), jedoch darauf hin, dass es realitätsfern sei, Insolvenzen durch Gesetz verhindern zu wollen, bzw. weltfremd, Umsatzwachstum und Gewinn durch Gesetz erzwingen zu wollen.

würden dem Prinzip der Haftungsbeschränkung sogar zuwiderlaufen und letztlich die volkswirtschaftliche Zielrichtung dieses Prinzips, nämlich der Risikoaversität der Gesellschafter insbesondere kleiner und mittlerer Gesellschaften entgegenzuwirken,[197] unterlaufen.[198] Aufgabe der Kapitalschutzregeln kann daher nur sein, das Insolvenzrisiko der Gesellschaft insbesondere durch Kapitaltransfers zwischen Gesellschaft und Gesellschaftern auf ein vernünftiges Maß festzulegen. Die Gläubiger(schutz)interessen sind letztlich mit dem Interesse der Gesellschafter an möglichst flexiblen Finanzierungsregeln effizient auszubalancieren.[199]

2. Die Funktionen des Mindeststammkapitals in der aktuellen Diskussion

Der Ansatz des Bundesgerichtshofs findet in Wissenschaft und Praxis daher keine ungeteilte Zustimmung mehr.[200] Vor dem Hintergrund des MoMiG drängt sich die Frage auf, ob der Gesetzgeber das Prinzip eines gesetzlichen Mindeststammkapitals bei der GmbH mit Einführung der UG nicht faktisch aufgegeben hat.[201] Ob dies tatsächlich beklagenswert ist, hängt letztlich davon ab, welche Funktionen dem Mindeststammkapital zugeschrieben werden und inwiefern es diesen Funktionen gerecht wird. Die Figur des gesetzlichen Mindeststammkapi-

---

197 Leyendecker, GmbHR 2008, S. 302 (303); Pellens/Kemper/Schmidt, ZGR 2008, S. 381 (382); Kleindiek, ZGR 2006, S. 335 (338); Eidenmüller/Engert, GmbHR 2005, S. 433 (434). Die mit dem Institut der Haftungsbeschränkung gemeinhin verbundenen volkswirtschaftlichen Vorteile, insbesondere die investitionsfördernde Wirkung sowie die Kostensenkung bei Informationsbeschaffung und Kontrolle werden in dieser Arbeit nicht einer kritischen Analyse unterzogen. Vgl. dazu Nikoleyczik, Gläubigerschutz zwischen Gesetz und Vertrag, S. 20 ff. m.w.N.

198 Jungmann, ZGR 2006, S. 638 (642 f.).

199 Mülbert, DK 2004, S. 151 (160); Pellens/Kemper/Schmidt, ZGR 2008, S. 381 (382); Jungmann, ZGR 2006, S. 638 (642).

200 So wird insbesondere eingewandt, dass das Erfordernis eines Mindeststammkapitals ein gesamtwirtschaftlich unerwünschtes Gründungshemmnis und einen Wettbewerbsnachteil darstelle sowie vermeidbare Transaktionskosten verursache, ohne zugleich einen effektiven Gläubigerschutz zu gewährleisten. Vgl. Gehb/Drange/Heckelmann, NZG 2006, S. 88(92 f.); Schön, DK 2004, S. 162 (165); Mülbert, DK 2004, S. 151 (154); Grunewald/Noack, GmbHR 2005, S. 189 (190); Barta, GmbHR 2005, S. 657 (659).

201 Wilhelm, DB 2007, S. 1510 (1512); Römermann, GmbHR 2007, R193.

tals wird traditionell mittels drei, überwiegend kumulativ herangezogener Begründungsansätzen gerechtfertigt.

(a) Das Mindeststammkapital als Risikopolster

Das System eines festen Mindeststammkapitals stelle sicher, dass der neu gegründeten Gesellschaft zumindest ein Teil der Eigenkapitalausstattung effektiv zufließt und als Arbeitskapital im Sinne eines Mindestbetriebsvermögens zur Verfügung steht.[202] Dies wird oftmals als *Gebot der realen Kapitalaufbringung* bezeichnet und vom *Verbot der Kapitalrückzahlung* flankiert.[203] Mit der Statuierung eines Mindestbetriebsvermögens sei zugleich die Errichtung eines *Verlustpuffers* oder *Risikopolsters* in der besonders kritischen Gründungsphase der Gesellschaft verbunden, in welcher durch den Ingangsetzungsaufwand die Finanzmittel der Gesellschaft schnell aufgebraucht sein können.[204] Dieses Mindestbetriebsvermögen der Gesellschaft stelle die von den Gesellschaftern sowohl gegenseitig als auch gegenüber der Gesellschaft bindend festgelegte Vermögensmasse dar, welches als *gezeichnetes Kapital* der Gesellschaft zur Verfolgung ihres unternehmerischen Zwecks zur Verfügung steht, und diene letztlich als Mittel des Bestandschutzes.[205] Die Kapitalerhaltungsregeln der §§ 30, 31 GmbHG stehen einer Absorption nicht grundsätzlich entgegen. Das Auszahlungsverbot gewährleistet lediglich einen Schutz des Stammkapitals vor Auszahlungen an die Gesellschafter, soweit dadurch eine Unterbilanz oder sogar eine Überschuldung der Gesellschaft herbeigeführt oder vertieft wird.[206]

Der Zweck der Kapitalschutzregeln besteht daher weniger darin, zugunsten der Gesellschaftsgläubiger einen *Haftungsfonds*[207] zu bilden, d.h. die Insolvenzmasse möglichst umfangreich anzureichern.[208] Ein nennenswertes Mindeststammkapital verlagert vielmehr die Auslösungsschwelle für gläubigerschützen-

---

202 Statt vieler Hennrichs, NZG 2009, S. 921 (922); Wilhelmi, GmbHR 2006, S. 13; Barta, GmbHR 2005, S. 657 (659).

203 Lutter, in: FS Stiefel, S. 505 (506); Schärtl, GmbHR 2007, S. 344 (346); Nikoleyczik, Gläubigerschutz zwischen Gesetz und Vertrag, S. 53.

204 Kleindiek, ZGR 2006, S. 335 (340 f.);Wilhelmi, GmbHR 2006, S. 13; Krejci, in: FS K. Schmidt, S. 981 (988); Vetter, ZGR 2005, S. 788 (801); Engert, ZHR 170 (2006), S. 296 (301).

205 Barta, GmbHR 2005, S. 657 (659); Mülbert, DK 2004, S. 151 (154).

206 Hommelhoff, in: Lutter/Hommelhoff, GmbHG, § 30 Rn. 1 ff.

207 Vgl. zugleich 3. KapitelA.II.2(c).

208 Wilhelmi, GmbHR 2006, S. 13; Mülbert, DK 2004, S. 151 (154).

de, repressive Instrumente, beispielsweise §§ 31, 43 Abs. 3, 49 Abs. 3 GmbHR, zeitlich vor.[209] Allerdings sollte die Wirksamkeit eines solchen Risikopuffers nicht überschätzt werden. Insbesondere für größere oder kapitalintensive Unternehmungen ist ein Stammkapital von EUR 25.000 als Anknüpfungspunkt für gläubigerschützende Normen völlig unzureichend.[210] Das Stammkapital unterliegt in seiner Funktion als Mindestbetriebsvermögen von Anfang an einem steten, substantiellen Wechsel, kann vermehrt, vermindert oder gänzlich aufgebraucht werden.[211] Das Mindestkapital ist eben keine unveränderbare Vermögensmasse, welche als Rücklage zum Schutz der Gesellschaftsgläubiger zur Verfügung steht.[212] *Mülbert* spricht daher zutreffend von *„Insolvenzprophylaxe"* als Zweck der Kapitalschutzregeln.[213]

Die Erkenntnis des Gesetzgebers, dass mittlerweile die Mehrzahl der Neugründungen nicht mehr kapitalintensive Unternehmen aus dem produzierenden Gewerbe, sondern solche aus dem Dienstleistungssektor sind, war ein maßgebender Faktor, in § 5a Abs. 1 GmbHG auf ein nennenswertes gesetzliches Mindeststammkapital zu verzichten.[214] Es wäre gleichwohl ein betriebswirtschaftlicher Trugschluss zu glauben, eine Unternehmensgründung im Dienstleistungssektor käme ohne ausreichende Kapitalausstattung aus.[215] Ein Risikopuffer in

---

209 Wilhelmi, GmbHR 2006, S. 13; Barta, GmbHR 2005, S. 657 (659): Schärtl, GmbHR 2007, S. 344 (347).

210 AllgM. Eidenmüller/Engert, GmbHR 2005, S. 433 (435); Grunewald/Noack, GmbHR 2005, S. 189 (190); Schön, DK 2004, S. 162 (165). Auch der RegE., BT-Drucks. 16/6140, S. 29, kommt zu dieser Erkenntnis, schlägt ursprünglich gleichwohl eine Absenkung der Mindestkapitalziffer auf EUR 10.000 vor.

211 Barta, GmbHR 2005, S. 657 (659).

212 Barta, GmbHR 2005, S. 657 (659); Pellens/Kemper/Schmidt, ZGR 2008, S. 381 (398); Schön, DK 2004, S. 162 (165); Vetter, ZGR 2005, S. 788 (798). Insofern ist auch der vereinzelt anzutreffende Ausdruck von der *„Pflicht zum Erhalt des Mindestkapitals"* unpräzise; so jedoch BGH, Urt. v. 27.09.1999, II ZR 371/98, BGHZ 142, S. 315 (322) = NJW 1999, S. 3483; wie hier Mülbert, DK 2004, S. 151 (155). Die Kapitalschutzregeln der §§ 30, 31 GmbHG verpflichten die Gesellschafter nicht zur Wiederauffüllung des Stammkapitals im Falle einer Unterbilanz; lediglich Auszahlungen an die Gesellschafter sind in diesem Stadium unzulässig.

213 Mülbert, DK 2004, S. 151 (154); ebenso Barta, GmbHR 2005, S. 657 (659); Engert, GmbHR 2007, S. 337 (338); Engert, ZHR 170 (2006), S. 296 (301); Fischer, ZIP 2004, S. 1477 (1482).

214 RegE., BT-Drucks. 16/6140, S. 29, spricht von 85 %.

215 Ebenso Heckschen, in: Heckschen/Heidinger, § 5 Rn. 5.

Höhe von EUR 25.000 dürfte selbst bei solchen wenig kapitalintensiven Dienstleistungsunternehmen durch die Kosten der Ingangsetzung schnell verbraucht sein und stellt lediglich eine wenig aussagekräftige Momentaufnahme im Zeitpunkt der Handelsregistereintragung dar.[216] In diesem Zusammenhang kritisieren zahlreiche Stimmen in der Wissenschaft zu Recht, dass das gesetzliche Mindestkapital keine risikospezifische Größe darstelle und einen materiellen Zusammenhang zum betriebswirtschaftlichen Finanzierungserfordernis des Unternehmens nicht reflektiere.[217] Ein gesetzlich festgeschriebenes Mindeststammkapital sieht sich zwangsläufig dem Vorwurf von Inflexibilität und fehlender Anpassungsfähigkeit bezüglich des jeweiligen gesellschaftsspezifischen Kapitalbedarfs ausgesetzt.[218] Gesetzliche Regelungen zur Bestimmung eines unternehmensspezifischen, materiellen Kapitalbedarfs lassen sich angesichts der vielfältigen Sachverhalte ebenso schwer aufstellen wie objektive Aussagen über die richtige Eigen- oder Fremdkapitalquote.[219] Ein gesetzlich festgesetztes Mindeststammkapital im Sinne eines Mindestbetriebsvermögens sollte daher nicht als hinreichende Mindestkapitalausstattung missverstanden werden.[220]

Der fehlende Zusammenhang zwischen gesetzlicher Mindestkapitalziffer und betriebswirtschaftlichem Finanzierungsbedarf macht hingegen auch deutlich, dass die Kritik an dem bestehenden Kapitalschutzregeln unter Hinweis auf

---

216 Hübner, in: FS Canaris, Bd. 2, S. 129 (137); Grunewald/Noack, GmbHR 2005, S. 189; Schön, DK 2004, S. 162 (165); Vetter, ZGR 2005, S. 788 (799).

217 Fleck, in: FS GmbHG, S. 391 (392); Gloger, Haftungsbeschränkung vs. Gläubigerschutz in der GmbH, S. 397; Hübner, in: FS Canaris, Bd. 2, S. 129 (137); Drygala, ZGR 2006, S. 587 (590 f.); Vetter, ZGR 2005, S. 788 (798); Kuhner, ZGR 2005, S. 753 (772); Schön, DK 2004, S. 162 (165); Mülbert, DK 2004, S. 151 (155).

218 Betriebswirtschaftlich sinnvolle Unternehmensfinanzierungen würden oftmals verhindert und berechtigte Interessen der Gesellschaft blieben unberücksichtigt; so Jungmann, ZGR 2006, S. 638 (641).

219 Schön, DK 2004, S. 162 (165).

220 Schön, DK 2004, S. 162. Angesichts der mit den bei der Gründung einer GmbH verbundenen Dokumentations- und Prüfungspflichten in Verbindung mit der Kapitalaufbringung sowie der Notwendigkeit einer ständigen Überwachung des Leistungsverkehrs zwischen Gesellschaftern und Gesellschaft in Verbindung mit den Kapitalerhaltungsregeln, lässt sich ein festes Mindeststammkapital auch nicht mit der Begründung rechtfertigen, dass eine Eigenkapitalausstattung mit EUR 25.000 besser sei als nichts. So jedoch Drygala, ZGR 2006, S. 587 (591); ähnlich Krejci, in: FS K. Schmidt, S. 981 (990).

statistische Zahlen, denen zufolge ein normativer Kapitalschutz ein breitflächiges Scheitern und die hohe Anzahl masseloser Insolvenzen nicht verhindern könne, fehlgeht.[221] Ein gesetzlich festgeschriebenes Mindestkapital trifft eben keine Aussage über den betriebswirtschaftlichen Erfolg oder Misserfolg einer Unternehmung.

(b) Das Mindeststammkapital als Seriositätsschwelle

Dem gesetzlichen Mindeststammkapital wird des Weiteren die Funktion einer Seriositätsschwelle zugeschrieben.[222] Neben den grundsätzlichen Zweifeln an Sinn und Zweck einer solchen Schwelle sowie deren konkreten Höhe fehlt es in Rechtsprechung und Wissenschaft schon an einer einheitlichen Definition dessen, was unter Seriositätsschwelle zu verstehen sein soll.[223]

So versteht *Wilhelmi* das Mindestkapital als Instrument, um ein seriöses Geschäftsgebaren der Gesellschafter sicherzustellen, indem diese am unternehmerischen Risiko beteiligt werden; es werde ein Eigeninteresse an einer verantwortungsvollen Unternehmensführung begründet und die Interessen der Gesellschafter und der Gläubiger ließen sich in Gleichlauf bringen.[224] So begriffen lässt sich Seriositätsschwelle mit „*Gewährleistung der Ernsthaftigkeit der Unternehmensgründung und –führung*" gleichsetzen.[225] Einen eher ordnungspolitisch ausgerichteten Begründungsansatz verfolgt indessen *Kleindiek*, der Mithilfe des Mindestkapitalerfordernisses die Gründung unsolider, weil unrentabler

221 Schön, DK 2004, S. 162 (165); Joost, ZIP 2007, S. 2242 (2246).

222 So begründet der Gesetzgeber im Regierungsentwurf zum MoMiG die Beibehaltung eines nennenswerten Mindeststammkapitals pauschal mit dem Hinweis auf eine Seriositätsschwelle – ohne näher darauf einzugehen; vgl. RegE., BT-Drucks. 16/6140, S. 29.

223 Darauf weist auch Paura, in: Ulmer, GmbHG, Ergänzungsband MoMiG, § 5a Rn. 17, hin.

224 Wilhelmi, GmbHR 2006, S. 13 (14); ebenso Schärtl, GmbHR 2007, S. 344 (347); Haaker, ZGR 2010, S. 1055 (1065). Paura, in: Ulmer, GmbHG, Ergänzungsband MoMiG, § 5a Rn. 17 f., sieht in einer solchen „*Ernsthaftigkeitsschwelle*" zwar ein taugliches Argument zur Rechtfertigung eines gesetzlichen Mindeststammkapitals. Einem Automatismus zugunsten der Gläubiger ließe sich angesichts der hohen Anzahl masseloser GmbH-Insolvenzen gleichwohl nicht herleiten.

225 Auch Eidenmüller/Engert, GmbHR 2005, S. 433 (437); Wilhelmi, GmbHR 2006, S. 13 (14); Leyendecker, GmbHR 2008, S. 302 (306); DAV, NZG 2007, S. 735 (736); Krejci, in: FS K. Schmidt, S. 981 (989).

Unternehmungen und deren Zutritt zum Markt erschweren will.[226] Das Mindestkapitalerfordernis könne als Seriositätsschwelle allenfalls sicherstellen, dass unseriöse, d.h. von vornherein aussichtslose Unternehmensgründungen herausgefiltert werden und die Gesellschafter nicht in den Genuss der Haftungsbeschränkung kommen.[227] Der Gesellschaftsgründer, der nicht bereit ist, einen eigenen Risikobeitrag in Form eines gesetzlichen Mindestkapitals aufzubringen, oder der nicht in der Lage ist, Fremdkapitalgeber von der Rentabilität seiner Unternehmung zu überzeugen, solle der Zugang zur GmbH verwehrt werden.[228] So lässt sich Seriositätsschwelle mit „*ökonomischer Risikobeteiligung der Gesellschaftsgründer*" gleichsetzen.[229]

Die Vorstellung, ein Mindestkapital habe einen erzieherischen Effekt und fördere ein verantwortungsbewusstes Wirtschaften, ist nach Ansicht des Verfassers wenig überzeugend und verkennt die wirtschaftlichen Realitäten. Das Erfordernis eines nennenswerten Mindeststammkapitals gewährleistet weder die persönliche Integrität der Gesellschaftsgründer, noch lässt sich damit eine verantwortungsvolle Unternehmensführung erzwingen.[230] Unseriöse Gesellschafter werden sich auch nicht von der bei der GmbH-Gründung gemäß § 7 Abs. 2 Satz 2 GmbHG aufzubringenden EUR 12.500 abschrecken lassen. Dieser Einwand gilt im gleichen Maße im Hinblick auf eine Filterfunktion aussichtsloser Unternehmungen.[231] Um den Zweck einer so verstandenen Seriositätsschwelle ernsthaft erfüllen zu können, müsste die Mindestkapitalziffer deutlich angehoben werden – eine aus volkswirtschaftlichen und rechtspolitischen Gründen sicherlich kaum durchsetzbare und zustimmungsfähige Forderung.[232] Das gesetzliche Mindestkapital steht nicht nur im Hinblick auf seine Funktion als Mindest-

---

226 Kleindiek, ZGR 2006, S. 335 (343); ebenso Leyendecker, GmbHR 2008, S. 302 (305); Haas, DStR 2006, S. 993 (994 f.); Hennrichs, NZG 2009, S. 921 (922).

227 Leyendecker, GmbHR 2008, S. 302 (305).

228 Kuhner, ZGR 2005, S. 753 (768).

229 Kleindiek, ZGR 2006, S. 335 (342).

230 Zutreffend Haas, DStR 2006, S. 993 (994).

231 Grunewald/Noack, GmbHR 2005, S. 189 (190).

232 Seibert, in: FS Röhricht, S. 585 (598); Grunewald/Noack, GmbHR 2005, S. 189 (190); a.A. Hübner, in: FS Canaris, Bd. 2, S. 129 (137). Nach Paura, in: Ulmer, GmbHG, Ergänzungsband MoMiG, § 5a Rn. 27, ist eine Erhöhung des gesetzlichen Mindeststammkapitals ebenso wenig zu erwarten wie ein am unternehmerischen Risiko ausgerichtetes Stammkapital, wenngleich er grundsätzlich Sympathie für ein erhöhte Mindeststammkapitalziffer erkennen lässt.

betriebsvermögen in keinem materiellen Zusammenhang zu dem konkreten betrieblichen Finanzierungsbedarf, sondern spiegelt auch in seiner Funktion als (vermeintliche) Seriositätsschwelle das wirtschaftliche Risiko der Gesellschaft nicht wider.[233] Letztlich lassen sich mit einer Mindestkapitalziffer von EUR 25.000 allenfalls völlig aussichtslose Gesellschaftsgründungen und offensichtlich missbräuchliche Vorgehensweisen erschweren – gänzlich ausschließen hingegen nicht.[234]

(c) Das Mindeststammkapital als Haftungszusage an die Gläubiger

Zu den sicherlich umstrittensten Fragen des Gesellschaftsrechts gehört die Problemstellung, inwiefern das bei Gesellschaftsgründung zu erbringende gesetzliche Mindeststammkapital zum Gläubigerschutz beitragen kann. Im System eines gesetzlich geregelten Kapitalschutzes diene das Mindeststammkapital den Gesellschaftsgläubigern als Ausgleich für die fehlende unbeschränkt persönliche Haftung der Gesellschafter und damit als Haftungsfonds, auf den im Bedarfsfall zurückgegriffen werden könne.[235] Die Sicherung einer solchen Mindesthaftungssumme sollen die Regelungen über die Kapitalaufbringung und Kapitalerhaltung gewährleisten.[236] Insbesondere letztere Vorschriften erhielten das Mindeststammkapital der Gesellschaft während ihrer Existenz, um den Gläubigern im Insolvenzfall als Befriedigungsreserve oder liquide Haftungsmasse tatsächlich zur Verfügung zu stehen.[237]

Darin offenbart sich nach Ansicht des Verfassers schon das erste Missverständnis. Denn unabhängig von der Höhe ist ein gesetzliches Mindeststammka-

---

233 Hübner, in: FS Canaris, Bd. 2, S. 129 (137); Haas, DStR 2006, S. 993 (995); Grunewald/Noack, GmbHR 2005, S. 189 (190); Paura, in: Ulmer, GmbHG, Ergänzungsband MoMiG, § 5a Rn. 27.

234 Eidenmüller/Engert, GmbHR 2005, S. 433 (437); Grunewald/Noack, GmbHR 2005, S. 189 (190).

235 Schärtl, GmbHR 2007, S. 344 (346); Kübler, ZHR 159 (1995), S. 550 (555).

236 Schärtl, GmbHR 2007, S. 344 (346).

237 BGH, Urt. v. 24.11.2003, II ZR 171/01, BGHZ 157, S. 72 (75) = NJW 2004, S. 1111 ff.; Schärtl, GmbHR 2007, S. 344 (346), Kübler, ZHR 159 (1995), S. 550 (555). Die Höhe und Aufbringung eines gesetzlichen Mindeststammkapitals entfaltet zwar keine gläubigerschützende Wirkung nach, jedoch im Zusammenwirken mit anderen Vorschriften als die Aufrechterhaltung eine gläubigerschützenden Sollgröße; vgl. H. Winter/Westermann, in: Scholz, GmbHG, Bd. 1,§ 5 Rn. 10; Zeidler, in: Michalski, GmbHG, Bd. 1, § 5 Rn. 19.

pital nicht zwingend geeignet, die Gesellschaftsgläubiger im Fälligkeitszeitpunkt vor einem Forderungsausfall zu schützen.[238] Einen solchen Forderungsausfall erleiden die Gesellschaftsgläubiger in der Regel erst dann, wenn die Gesellschaft insolvent, also überschuldet (§ 19 Abs. 2 Satz 1 InsO) oder zahlungsunfähig (§ 17 Abs. 2 InsO) ist. Zumindest im Status der Überschuldung ist aber das Mindeststammkapital zumindest bilanziell notwendigerweise aufgebracht. Es wurde bereits an anderer Stelle dargelegt, dass die Kapitalerhaltungsregeln nach §§ 30, 31 GmbHG das gezeichnete Kapital zwar gegen Eingriffe der Gesellschafter schützen, nicht jedoch gegen betriebliche Verluste der Gesellschaft. Darüber hinaus sind in einer solventen Gesellschaft Kapitaltransfers zwischen Gesellschaft und Gesellschafter für die Gesellschaftsgläubiger ohne Belang, solange ihre Forderungen aus der Liquidität heraus bedient werden können. Die bilanzielle Erhaltung eines Mindeststammkapitals erlaubt aber keine Aussage über die Liquidität der Gesellschaft, d.h. über die Fähigkeit, ihren Verbindlichkeiten nachzukommen, und kann daher auch nicht *per se* als gläubigerschützend charakterisiert werden.[239] Ein nennenswertes Mindeststammkapital nimmt daher allenfalls in der Gründungsphase kleinerer Unternehmen mit geringem Kapitalbedarf die gläubigerschützende Funktion eines Verlustpuffers wahr.[240]

Des Weiteren erfülle das gesetzliche Mindeststammkapital eine wichtige ordnungspolitische Funktion. Aufgrund der mit Aufbringung eines Mindeststammkapitals erkauften Haftungsbeschränkung werde die üblicherweise vorherrschende Risikoaversität der Gesellschafter von einem Risikoanreiz überlagert.[241] Eine Haftungsbeschränkung nehme den Gesellschaftern die Furcht vor einer unbeschränkt persönlichen Haftung im Falle eines Scheiterns und schaffe damit letztlich Anreize, die für eine erfolgreiche Existenz auf kapitalistischen Märkten erforderlichen unternehmerischen Risiken überhaupt erst einzugehen. Das von den Gesellschaftern zu leistende Mindestkapital wirke dieser Risikoanreiz negativ entgegen und verhindere somit eine einseitige Risikoverschiebung

238 Zutreffend Mülbert, DK 2004, S. 151 (154); Engert, ZHR 170 (2006), S. 296 (301), Fn. 18.

239 Jungmann, ZGR 2006, S. 638 (648); Hübner, in: FS Canaris, Bd. 2, S. 129 (137).

240 Paura, in: Ulmer, GmbHG, Ergänzungsband MoMiG, § 5a Rn. 20; Barta, GmbHR 2005, S. 657 (659).

241 Eidenmüller/Engert, GmbHR 2005, S. 433 (435); Gloger, Haftungsbeschränkung vs. Gläubigerschutz in der GmbH, S. 24 ff.

zulasten der Gesellschaftsgläubiger (*Principal-Agent-Problem*).[242] Eine verhaltenssteuernde Funktion lässt sich einem institutionellen Mindeststammkapital darüber hinaus jedoch nicht zuschreiben. Zutreffend ist gleichwohl, dass eine Haftungsbeschränkung ohne flankierende gläubigerschützende Vorschriften die Gefahr eines negativen Risikoanreizes mit sich bringt, indem sich die Gesellschafter selbst bei äußerst riskanten Geschäftsstrategien der wirtschaftlichen Vorteile gewiss sein können, während im Falle des Misserfolgs die Gläubiger den Verlust zu tragen hätten.[243]

Haftungsbeschränkten Rechtsformen ist jedoch eine gewisse Risikoverschiebung zulasten der Gläubiger immanent (Risiko- und Schadensexternalisierung).[244] Ob dies aus volkswirtschaftlichen Gründen tatsächlich kritikwürdig ist, mag dahingestellt bleiben.[245] Jedenfalls hängt der Eintritt des Risikos, d.h. eine

---

242 Schärtl, GmbHR 2007, S. 344 (347); Gloger, Haftungsbeschränkung vs. Gläubigerschutz in der GmbH, S. 33 ff.

243 Kuhner, ZGR 2005, S. 753 (768). Ein derartiges Verhalten wird gemeinhin auch als „*gambling for resurrection*" oder als „*Überinvestitionsproblem*" bezeichnet.

244 Pellens/Kemper/Schmidt, ZGR 2008, S. 381 (382);Hübner, in: FS Canaris, Bd. 2, S. 129 (130); Gloger, Haftungsbeschränkung vs. Gläubigerschutz in der GmbH, S. 31 ff.; Engert, GmbHR 2007, S. 337 (338); Kleindiek, ZGR 2006, S. 335 (363); Eidenmüller/Engert, GmbHR 2005, S. 433 (435); Vetter, ZGR 2005, S. 788 (789). Dem Argument der Förderung der Investitionsfreudigkeit potentieller Eigenkapitalgeber wird die Gefahr der Risiko- und Schadensexternalisierung entgegen gehalten. Die Gefahr eines sorglosen Umgehens mit Gesellschaftsvermögen zu Lasten der Gesellschaftsgläubiger besteht in haftungsbeschränkten Gesellschaften in dieser Allgemeinheit ebenso wenig wie ein grundsätzlich risikoaverses Verhalten von persönlich haftenden Gesellschaftern. Bei der Analyse der Gefahr einer Risiko- und Schadensexternalisierung ist zwischen den verschiedenen Gläubigergruppen zu differenzieren. Allenfalls Deliktsgläubiger, Arbeitnehmer und Verbraucher, die nicht in der Lage sind, sich einzelvertraglich abzusichern, sind von der potentiellen gläubigergefährdenden Wirkung der Haftungsbeschränkung betroffen. Ob den Gläubigern mit einer unbeschränkt persönlichen Haftung im Hinblick auf ihre Befriedigungsaussicht jedoch mehr gedient ist, ist nach Ansicht des Verfassers fraglich, jedoch nicht Gegenstand dieser Arbeit.

245 Das Verlustrisiko eines Unternehmens trägt grundsätzlich das Eigenkapital, d.h. im Ergebnis die Gesellschaftergesamtheit. Die Gesellschafter partizipieren am Erfolg der Gesellschaft über den zu verteilenden Gewinn und haben daher als Kehrseite das Risiko eines Verlustes zu übernehmen. Sofern eine Externalisierung des Risikos auf die Gesellschaftsgläubiger durch das Institut der Haftungsbeschränkung – und damit ein Auseinanderfallen von Handeln und Haften – ausnahmsweise eintritt, müssen gesetzliche Mechanismen zum Schutz der Gläubiger eingreifen. Aus Sicht des Gesetzgebers

Forderungsausfall auf Seiten der Gesellschaftsgläubiger, von vielen unterschiedlichen Faktoren ab. Die Risikobereitschaft der Gesellschafter ist dabei ebenso wie die Eigenkapitalausstattung der Gesellschaft nur eine unter vielen Determinanten. Selbst ein voll eingezahltes Stammkapital gewährleistet nicht eine dem Gesellschaftszweck angemessene Kapitalausstattung, da sich ein materieller Zusammenhang zwischen Mindeststammkapital und betrieblichen Finanzierungsbedarf eben nicht belastbar und abstrakt bestimmen lässt.[246] Insofern ist es nach Ansicht des Verfassers überzeugender, zum Schutz der Gläubiger repressiv am konkreten schädigenden Verhalten der Gesellschafter oder Geschäftsführer anzusetzen, anstatt an einem nicht belegbaren, gläubigerschützenden gesetzlichen Mindeststammkapital als Element des präventiven Kapitalschutzes festzuhalten.

3. Ergebnis

Die vorstehende Analyse hat verdeutlicht, dass das Mindeststammkapital nur in begrenztem Maße geeignet ist, dem Gläubigerschutz effektiv zu dienen.[247] Wenig überzeugend ist die beinahe schon formelmäßige Begründung, das gesetzliche Mindeststammkapital sei der notwendige Preis für das Privileg der fehlen-

überwiegen die volkswirtschaftlichen Vorteile der Haftungsbeschränkung jedoch die damit verbundenen Gefahren. Vgl. hierzu Nikoleyczik, Gläubigerschutz zwischen Gesetz und Vertrag, S. 12 ff.

246 Ebenso Schön, DK 2004, S. 162 (165); Merkt, ZGR 2004, S. 305 (341); Hueck/Fastrich, in: Baumbach/Hueck, § 30 Rn. 4; Roth, in: Roth/Altmeppen, GmbHG, Einl. Rn. 31. Nach Paura, in: Ulmer, GmbHG, Ergänzungsband MoMiG, § 5a Rn. 20, 27, „*verbietet*“ sich aufgrund des fehlenden Relation theoretisch sogar jede Aussage zur gläubigerschützenden Wirkung eines Mindeststammkapitals; die Bestimmung einer Größenordnung wäre sogar „*weitgehend willkürlich*“.

247 Zustimmend Barta, GmbHR 2005, S. 657 (662); Haas, DStR 2006, S. 993 (1000); Engert, GmbHR 2007, S. 337 (344); Mülbert, DK 2004, S. 151 (157); Eidenmüller/Engert, GmbHR 2005, S. 433 (437 f.); Schön, DK 2004, S. 162 (166); Grunewald/Noack, GmbHR 2005, S. 189 (190); a.A. Wilhelmi, GmbHR 2006, S. 13 (24). Hübner, in: FS Canaris, Bd. 2, S. 129 (137), kommt ebenfalls zu dem Schluss, dass ein gesetzliches Mindeststammkapital in der derzeitigen Höhe aus wirtschaftlicher Sicht keine gläubigerschützende Wirkung erzielen kann. Als Konsequenz fordert er jedoch die Anhebung des Mindeststammkapitals auf einen seriösen Betrag bzw. dessen Anpassung an Größe oder Umsatz des Unternehmens. Allerdings bleibt Hübner die Antwort auf die Frage schuldig, anhand welcher Kriterien ein so bemessenes Mindeststammkapital zu bestimmen ist.

den persönlich unbeschränkten Gesellschafterhaftung.[248] Der Verfasser teilt insofern die mit dem Verzicht auf ein nennenswertes Mindeststammkapital in der UG geäußerten Bedenken im Schrifttum nicht, wonach ein Absinken des Gläubigerschutzniveaus notwendigerweise die Folge sei.

Ein nennenswertes Stammkapital entfaltet auch in der UG als Risikopolster im Sinne einer Insolvenzprophylaxe zwar eine gläubigerschützende Wirkung und bildet den Anknüpfungspunkt für eine Reihe von gläubigerschützenden Schutzmechanismen.[249] Allerdings ist ein bei Gesellschaftsgründung festgesetztes gesetzliches oder gesellschaftsvertragliches Stammkapital keine Gewährleistung für den betriebswirtschaftlichen Erfolg der Unternehmung und schützt nicht vor unternehmerischen Fehlentscheidungen.[250] Als Seriositätsschwelle entfällt das gesetzliche Mindeststammkapital in der UG. Somit lassen sich unter dem Mantel der UG gegründete, gänzlich unrentable oder unseriöse Gesellschaften gegenwärtig und zukünftig nicht ausschließen.

In Bezug auf den Schutz der Gesellschaftsgläubiger lässt sich nach Ansicht des Verfassers festhalten, dass ein gesetzliches Mindestkapital auch unter Geltung von § 5a GmbHG unter zwei entscheidenden Konstruktionsfehlern leidet und daher ungeeignet ist, die Gläubiger vor einem Forderungsausfall zu schützen. Zum einen stellt ein gesetzliches, abstraktes Mindeststammkapital eine willkürlich festgesetzte Rechengröße dar, die sich weder an dem konkreten Finanzierungsbedarf der Unternehmung noch an deren spezifischen Risikoanfälligkeit orientiert.[251] Zum anderen knüpft die (vermeintliche) Schutzwirkung des

---

248 BGH, Urt. v. 27.09.1999, II ZR 371/98, BGHZ 142, S. 315 (322) = NJW 1999, S. 3483; BGH, Urt. v. 06.06.1994, II ZR 292/91, BGHZ 126, S. 181 (197) = NJW 1994, S. 2220.

249 Nikoleyczik, Gläubigerschutz zwischen Gesetz und Vertrag, S. 63, nennt die Pflicht zur Einberufung einer Gesellschafterversammlung (§ 49 Abs. 3 GmbHG) und die nunmehr in § 15a InsO verordnete Insolvenzantragspflicht (§ 64 Abs. 1 GmbHG a.F.). Ebenfalls an die Stammkapitalziffer knüpft die Ersatzpflicht des Geschäftsführers (§ 43 Abs. 3 GmbHG).

250 Zu Recht Vetter, ZGR 2005, S. 788 (799); Hueck/Fastrich, in: Baumbach/Hueck, § 30 Rn. 4. Der Verweis von Eidenmüller, ZGR 2007, S. 168 (183 f.), auf die mit einem gesetzlichen Festkapitalsystem verbundenen Opportunitätskosten verfängt hingegen nicht. Eine GmbH-Gründung mit überzeugenden Geschäftsmodell und seriösem Finanzplan wird in den seltensten Fällen allein am Erfordernis eines Mindeststammkapitals scheitern.

251 Anstatt vieler Gloger, Haftungsbeschränkung vs. Gläubigerschutz in der GmbH, S. 397; Hueck/Fastrich, in: Baumbach/Hueck, § 30 Rn. 4. Dies erkennt auch Haaker, ZGR

Mindeststammkapitals an den Zeitpunkt der Gründung bzw. Kapitalaufbringung an und nicht an den Zeitpunkt des Forderungsausfalls.

Den Gesellschaftern einer UG bleibt es selbstverständlich unbenommen, durch die freie Festsetzung eines höheren Stammkapitals im Gesellschaftsvertrag, ein finanzielles Signal der Seriosität an den Rechtsverkehr zu senden.[252] Insbesondere im Hinblick auf Gläubiger, die nicht in der Lage sind, sich einzelvertraglich gegen einen drohenden Forderungsausfalls zu schützen, könnte die Zusage eines finanziellen Eigenbeitrags als positives Signal des Vertrauens in die Unternehmung gewertet werden.[253] Zu beachten ist aber, dass ein solches Signal der finanziellen Eigenbeteiligung nur geeignet ist, vorvertragliche Informationsasymmetrien einzudämmen, nicht jedoch nachvertragliches gläubigerschädigendes oder deliktisches Verhalten zu unterbinden.

Darüber hinaus werden die Gläubiger angesichts der geringen, gesetzlich garantierten Eigenkapitalausstattung mit der UG vermehrt vertragliche Vereinbarungen schließen, die oftmals besser als das gesetzliche Kapitalschutzsystem geeignet sind, den jeweiligen Interessen der Gläubiger gerecht zu werden und einen individuellen Ausgleich für das verbleibenden Ausfallrisiko festzuschreiben. Dies verdeutlicht die zunehmende Praxis gläubigerschützender Nebenabreden verhandlungsstarker Gläubiger speziell in Kreditverträgen; aus Sicht der Gläubiger kommen schließlich weniger Bilanzkennzahlen als Liquiditätszahlen Relevanz zu.[254] Zu nennen sind in diesem Zusammenhang insbesondere die Bestellung persönlicher Sicherheiten der Gesellschafter (z.B. Bürgschaften, Pfand-

---

2010, S. 1055 (1092), um gleichwohl für eine Beibehaltung des Mindeststammkapitalprinzips zu plädieren. Dabei knüpft *Haaker* an die Funktion des Mindeststammkapitals als Seriositätsschwelle an. Ein Mindeststammkapital könne unerwünschte Extremfälle im Ansatz verhindern. Dies genügt nach Ansicht des Verfassers jedoch nicht, um das Prinzip eines Mindeststammkapitals im Hinblick auf die damit verbundenen Transaktionskosten zu rechtfertigen. Extremfälle lassen sich in der Regel über andere Rechtsinstitute wie § 826 BGB befriedigend lösen.

252 Schön, DK 2004, S. 162 (166) spricht von einer kollektiven Haftungszusage; Drygala, ZGR 2006, S. 587 (598); Kuhner, ZGR 2005, S. 753 (765); Drygala, ZGR 2006, S. 587 (599); Schön, DK 2004, S. 162(166).

253 Eidenmüller/Engert, GmbHR 2005, S. 433 (435); Schön, DK 2004, S. 162 (166 f.); Drygala, ZGR 2006, S. 587 (600 f.).

254 Roth, in: Roth/Altmeppen, GmbHG, § 5a Rn. 1; Seibert, GmbHR 2007, S. 673 (677); Goette, Einführung in das neue GmbH-Recht, Einf. Rn. 42; Eidenmüller, ZGR 2007, S. 168 (184).

rechte) sowie in Rahmen von Kreditverträgen sogenannte *financial covenants*. Neben der individuellen Gestaltbarkeit dieses Sicherungsmittels erweist sich insbesondere als vorteilhaft, dass diese der Privatinitiative der Gläubiger überlassenen Sicherungsmittel typischerweise nicht auf den Zeitpunkt der Gründung der Gesellschaft, sondern auf die Ausreichung des Kredits oder den Abschluss des Rechtsgeschäfts abstellen und somit besser die gegenwärtige finanzielle Situation der Gesellschaft berücksichtigen.[255] Allerdings schlägt sich eine individualvertragliche Gläubigersicherung in höheren Transaktionskosten nieder, die insbesondere kleinere Gläubiger in der Regel nicht aufzubringen bereit sind; auch hängt die Reichweite und Wirksamkeit einer individuellen Vereinbarung entscheidend von der Verhandlungsstärke des Gläubigers ab.[256]

Hat der Gesetzgeber durch Einführung der UG das Ende des gesetzlichen Mindeststammkapitals eingeläutet? Diese Frage wird die Praxis in den kommenden Jahren beantworten. Mit den Worten *Schöns* kann das Prinzip des Mindeststammkapitals durchaus als das *„schwächste Glied in der Normenkette des kapitalorientierten Gläubigerschutzes“*[257] bezeichnet werden. Keine Aussage ist damit freilich über die Wirksamkeit der Regeln zur Kapitalaufbringung und Kapitalerhaltung getroffen, die auch ohne eine gesetzliche Mindestkapitalziffer Bestand haben können,[258] sowie über die grundsätzliche Notwendigkeit einer ausreichenden Kapitalausstattung der Gesellschaft.

---

255 Schön, DK 2004, S. 162 (166).

256 Zwar werden Kleingläubiger, die mangels Marktmacht nicht in der Lage sind *„financial covenants“* auszuhandeln, oftmals indirekt durch die Individualvereinbarungen der Großgläubiger geschützt. Ein flächendeckender Schutz aller Gläubiger lässt sich damit hingegen nicht erreichen. Vgl. Merkt, ZGR 2004, S. 305 (313); Schön, DK 2004, S. 162 (167); Haaker, ZGR 2010, S. 1055 (1081). Darüber hinaus ist aus deutscher gesellschaftsrechtlicher Perspektive zu beachten, dass die Vereinbarung von *„financial covenants“* nicht in unzulässiger Weise in die Leitungsautonomie des Unternehmens eingreift und sich deshalb wegen Knebelung als sittenwidrig und nicht durchsetzbar erweist. Denn nach gefestigter Rechtsprechung liegt eine sittenwidrige Knebelung vor, wenn die wirtschaftliche Entfaltung der Gesellschaft in einem Maße beschnitten ist, dass diese ihre Selbständigkeit und wirtschaftliche Entschließungsfreiheit im ganzen oder in einem wesentlichen Teil einbüßt. Siehe RGZ 130, S. 143 (145); BGH, Urt. v. 07.01.1993, IX ZR 199/91 = NJW 1993, S. 1587.

257 Schön, DK 2004, S. 162 (165).

258 Eidenmüller/Engert, GmbHR 2005, S. 433; Haas, DStR 2006, S. 993 (995); Hirte, ZInsO 2008, S. 933 (934); Jungmann, ZGR 2006, S. 638 (642).

Der bloße Verzicht auf ein gesetzliches Mindeststammkapital ist für sich genommen kein Beleg dafür, dass in der UG der Gläubigerschutz signifikant schwächer ausgestaltet ist als in der traditionellen GmbH. Vielmehr ist festzuhalten, dass das Prinzip des gesetzlichen Mindeststammkapitals praktisch ohne Wert ist, sofern die Kapitalziffer nicht an das unternehmerische Risiko der Gesellschaft angepasst ist. Dies lässt sich gesetzlich kaum realisieren, so dass das Prinzip eines nennenswerten, gesetzlichen Mindeststammkapitals letztlich verzichtbar ist. Jedoch verdeutlicht der Verzicht auf ein nennenswertes Mindeststammkapital in besonderer Weise die an vielen Stellen zu Tage tretenden Unstimmigkeiten zwischen den mit dem MoMiG beabsichtigen Ziele der Modernisierung und Missbrauchsbekämpfung. Einerseits spricht der Gesetzgeber in der Gesetzesbegründung wiederholt davon, das *„bewährte Haftkapitalsystem der GmbH (...) durch die Anpassung der Mindestkapitals nicht in Frage“* zu stellen[259] und keine Anreize für die Gründung von Gesellschaften mit einem geringen Stammkapital schaffen zu wollen.[260] Andererseits schafft der Gesetzgeber im gleichen Atemzug mit Einführung der UG eine solche Möglichkeit und rückt mit dem Verzicht auf ein nennenswertes Mindeststammkapital von einer Säule des kontinentaleuropäischen Kapitalschutzes faktisch ab.[261]

B. Die Bezeichnung der UG

Eine UG muss gemäß § 5a Abs. 1 Halbsatz 2 GmbHG abweichend von § 4 GmbHG statt des Rechtsformzusatzes *„Gesellschaft mit beschränkter Haftung“* in ihrer Firma die Bezeichnung *„Unternehmergesellschaft (haftungsbeschränkt)“* oder *„UG (haftungsbeschränkt)“* führen. Die Bezeichnung ist zwingend, insbesondere eine Abkürzung des Begriffs *„haftungsbeschränkt“* ist ausweislich der Gesetzesbegründung unzulässig.[262] Im Übrigen findet das Firmenrecht nach § 4 GmbHG i.V.m. §§ 6 Abs. 1, 17 ff. HGB Anwendung. Der Gesetzgeber misst dem Firmenzusatz eine Warnfunktion zu und qualifiziert die Bezeichnung nach § 5a Abs. 1 GmbHG als ein zentrales Element im Gläubiger-

259 RegE., BT-Drucks. 16/6140, S. 25.

260 Gegenäußerung der Bundesregierung zur Stellungnahme des Bundesrates, BT-Drucks. 16/6140, S. 74.

261 Wachter, in: Goette/Habersack, Rn. 1.94.

262 RegE., BT-Drucks. 16/6140, S. 31.

schutzsystem der UG.[263] Der Rechtsverkehr solle nicht darüber getäuscht werden, dass *es sich „um eine Gesellschaft handelt, die möglicherweise mit sehr geringem Gründungskapital ausgestattet ist*".[264]

I. Transparenz als Mittel des Gläubigerschutzes

1. Bezeichnung oder doch Rechtsformzusatz?

Die gesetzlich intendierte Warnfunktion des besonderen Rechtsformzusatzes ist nach Auffassung des Verfassers zweifelhaft. Schon der Wortlaut der Norm ist irreführend, soweit der in der Firma der UG zu führenden Begriff „*Unternehmergesellschaft (haftungsbeschränkt)*" oder „*UG (haftungsbeschränkt)*" trotz Bezugnahmen auf § 4 GmbHG als „*Bezeichnung*" benannt wird. Auf Anregung der Praxis wurde die noch im Regierungsentwurf enthaltene Formulierung „*Rechtsformzusatz*"[265] durch den Begriff „*Bezeichnung*" ersetzt; diese Klarstellung solle Missverständnisse vermeiden.[266] Zwar ist der Einwand der Praxis insofern zutreffend, als dass es sich bei der UG nicht um eine eigene Rechtsform, sondern um eine bloße Rechtsformvariante der GmbH handelt. Dies entbindet die UG als haftungsbeschränkte Rechtsform jedoch nicht von der firmenrechtlichen Pflicht, als zwingenden Bestandteil der Firma einen Rechtsformzusatz zu führen, welcher die Haftungsbeschränkung kennzeichnet.[267] Bei wörtlicher Auslegung des § 5a Abs. 1 GmbHG wäre die UG nun verpflichtet, anstatt eines Rechtsformzusatzes („*abweichend von § 4*") nur die Bezeichnung „*Unterneh-*

---

263 In Verbindung mit den anderen Gläubigerschutzinstrumenten des GmbHG werde so ein ausreichender Schutz des Rechtsverkehrs vermittelt und weitere gläubigerschützende Maßnahmen, wie vom Bundesrat gefordert, Stellungnahme des Bundesrates, BR-Drucks. 354/07 (MoMiG), S. 8, seien daher nicht erforderlich; vgl. RegE., BT-Drucks. 16/6140, S. 75. Kritisch demgegenüber Fastrich, in: Baumbach/Hueck, § 5a Rn. 5; Goette, Einführung in das neue GmbH-Recht, Einf. Rn. 43; Veil, GmbHR 2007, S. 1080 (1082); Wilhelm, DB 2007, S. 1510 (1511); DAV, NZG 2007, S. 735 (736).

264 RegE., BT-Drucks. 16/6140, S. 31. Laut Goette soll der „*Gläubiger mit der Nase darauf stoßen, dass er es mit einem Habenichts zu tun hat*"; vgl. Goette, Anhörung BT-Drucks. 16/6140 (MoMiG), S. 10.

265 RegE., BT-Drucks. 16/6140, S. 31.

266 Beschlussempfehlung und Bericht des Rechtsausschusses, BT-Drucks. 16/9737 (MoMiG), S. 95.

267 Siehe bereits zu § 19 Abs. 2 HGB Hopt, in: Baumbach/Hopt, § 9 Rn. 24, 31. Zum zwingenden Erfordernis des Führens eines Rechtsformzusatzes in der GmbHG vgl. Michalski, in: Michalski, GmbHG, Bd. 1, § 4 Rn. 37.

mergesellschaft (haftungsbeschränkt)“ und „*UG (haftungsbeschränkt)*“ zu führen. Die UG wäre somit als einzige eintragungspflichtige haftungsbeschränkte Rechtsform im deutschen Handels- und Gesellschaftsrecht von der Pflicht zur Führung eines Rechtsformzusatzes in der Firma entbunden. Dies kann der Gesetzgeber kaum beabsichtigt haben, wie auch ein Blick auf die Rechtsfolgen verdeutlicht. So verpflichtet § 35a Abs. 1 Satz 1 GmbHG den Geschäftsführer, in Geschäftsbriefen gleichviel welcher Form die Rechtsform anzugeben. Vergegenwärtigt man sich die Intention des Gesetzgebers in Bezug auf die besondere Bezeichnung in § 5a Abs. 1 GmbHG, käme niemand auf die Idee, ausgerechnet den Geschäftsführer einer UG von der Pflicht des § 35a Abs. 1 Satz 1 GmbHG freizustellen. Der Rechtsformzusatz dient ebenso wie das Firmenrecht im Allgemeinen der Unternehmenspublizität, um die Haftungsverhältnisse für den Rechtsverkehr transparent darzustellen.[268] Für die UG gilt insofern nichts anderes. Wie schon die Bezugnahme des § 5a Abs. 1 GmbHG auf § 4 GmbHG sowie die ursprüngliche Formulierung des Regierungsentwurfs verdeutlichen, handelt es sich auch bei der Bezeichnung „*Unternehmergesellschaft (haftungsbeschränkt)*“ oder „*UG (haftungsbeschränkt)*“ um einen Rechtsformzusatz.[269]

2. Der Rechtsformzusatz als Mittel des Gläubigerschutzes

Der Kritik in der Rechtswissenschaft ist neben den dargestellten rechtstechnischen Mängeln auch insoweit zuzustimmen, als der Informationswert des Rechtsformzusatzes „*Unternehmergesellschaft (haftungsbeschränkt)*“ bzw. „*UG (haftungsbeschränkt)*“ in Zweifel gezogen werden kann.[270] Der in § 5a Abs. 1

---

268 § 19 Abs. 1 HGB in der Fassung des Handelsrechtsreformgesetzes schreibt nunmehr auch für Kaufleute und Personenhandelsgesellschaften zwingend vor, in der Firma auf die Kaufmannseigenschaft bzw. die konkrete Rechtsform hinzuweisen. Für die übrigen Rechtsträger außerhalb des Handelsgesetzbuches ergibt sich dieses Erfordernis aus den jeweiligen Sondervorschriften (§ 4 GmbHG, § 4 AktG, § 279 Abs. 1 AktG, § 3 GenG, § 2 PartGG); vgl. dazu Heidinger, in: MünchKommHGB, Bd. 1, § 19 Rn. 2, 34; Zimmer, in: Ebenroth/Boujong/Joost/Strohn, HGB, Bd. 1, § 19 Rn. 2; Hopt, in: Baumbach/Hopt, § 19 Rn. 1.

269 Inzwischen wohl allgM. Fastrich, in: Baumbach/Hueck, § 5a Rn. 9; Lutter, in: Lutter/Hommelhoff, GmbHG, § 5a Rn. 2; Westermann, in: Scholz, GmbHG, Bd. 3, Nachtrag MoMiG § 5a Rn. 14; Roth, in: Roth/Altmeppen, GmbHG, § 5a Rn. 7; a.A. Weiß, wistra 2010, S. 361.

270 So Veil, GmbHR 2007, S. 1080 (1082); Wilhelm, DB 2007, S. 1510 (1511); DAV, NZG 2007, S. 735 (736); Stellungnahme des Bundesrates, BR-Drucks. 354/07 (MoMiG), S. 5. Die Kritik hat der Gesetzgeber nicht angenommen.

GmbHG statuierte Rechtsformzusatz verdeutlicht dem Rechtsverkehr gerade nicht die Besonderheiten der UG – dass es sich nämlich um eine Rechtsformvariante der GmbH ohne nennenswertes gesetzliches Mindeststammkapital handelt. Schon der Begriff *„haftungsbeschränkt“* ist ungeeignet, den Unterschied zur GmbH aufzuzeigen, deren Rechtsformzusatz ebenfalls von *„beschränkter Haftung“* spricht.[271] Die Bezugnahme auf *„Unternehmer“* trägt ebenso wenig zu einer schärferen Abgrenzung bei. Die UG ist gerade nicht dadurch gekennzeichnet, dass sich in ihr insbesondere Unternehmer im Sinne von § 14 BGB zusammenschließen würden.[272] Nicht nur begrifflich erweist sich die Bezugnahme auf Unternehmer als problematisch. Vor dem Hintergrund, dass die rechtliche Einordnung des Existenzgründers (außerhalb des Anwendungsbereichs des § 512 BGB) als Verbraucher (§ 13 BGB) oder Unternehmer (§ 14 BGB) immer noch ungeklärt ist, impliziert der Rechtsformzusatz *„Unternehmergesellschaft (haftungsbeschränkt)“* eine rechtliche Wertung, die sich für die existenzgründenden UG-Gesellschafter gegebenenfalls als nachteilig erweisen könnte.[273]

Der Gesetzgeber differenziert darüber hinaus nicht ausreichend zwischen Rechtsformzusatz und Firma. Gemäß § 5a Abs. 5 Halbsatz 2 GmbHG ist die Gesellschaft nach einer Stammkapitalerhöhung auf einen Betrag gemäß § 5 Abs. 1 GmbHG nicht verpflichtet, ihre *„Firma nach Abs. 1“* zu ändern. Ausweislich der Gesetzesbegründung kann die Gesellschaft nach § 4 GmbHG um-

---

271 Genau genommen ist dieser Rechtsformzusatz insofern verfehlt, als die UG als Gesellschaft – wie die GmbH im Übrigen auch – selbstverständlich unbeschränkt für die Gesellschaftsverbindlichkeiten haftet. So richtigerweise Altmeppen, in: Roth/Altmeppen, GmbHG, § 13 Rn. 65 f. Der Zusatz beschränkter Haftung drückt lediglich aus, dass das Risiko der Gesellschafter grundsätzlich auf den Verlust ihrer Einlage beschränkt ist. Allerdings ist dem Zusatz *„haftungsbeschränkt“* aufgrund der jahrzehntelangen Präsenz der GmbH trotz der begrifflichen Unklarheit ein gläubigerschützender Informationswert inzwischen beizumessen.

272 Wilhelm, DB 2007, S. 1510 (1511); Paura, in: Ulmer, GmbHG, Ergänzungsband MoMiG, § 5a Rn. 5. Allerdings kann darin sicherlich kaum eine Diskriminierung oder Abqualifizierung der GmbH-Gesellschafter gegenüber dem *„Unternehmer“* in der UG gesehen werden. Es ist nicht ersichtlich, wieso der Begriff *„Unternehmergesellschaft“* im Rechtsverkehr als etwas Besseres erscheinen sollte. So jedoch DAV, NZG 2007, S. 735 (737). Zutreffend wird aber darauf hingewiesen, dass die Abkürzung UG leicht mit wenig schmeichelhaften Begriffen wie *„Untergeschoss“* oder *„Untersuchungsgefängnis“* gleichgesetzt werden kann.

273 Zur Diskussion über die Unternehmereigenschaft des Existenzgründers nur Schünemann/Blomeyer, JZ 2010, S. 1156 ff.

firmieren, muss aber nicht.[274] § 5a Abs. 5 Halbsatz 2 GmbHG kann sich richtigerweise nur auf den Rechtsformzusatz als Teil der Firma beziehen.[275] *Fastrich* ist zu folgen, wenn dieser die Vorschrift des § 5a Abs. 5 Halbsatz 2 GmbHG im Hinblick auf die vom Gesetzgeber angestrebte Warnfunktion und Transparenz als rechtpolitisch fragwürdig einstuft.[276] Zwar ergeben sich aus Sicht des Gläubigerschutzes insofern keine Nachteile, wenn die zur regulären GmbH erstarkte Gesellschaft weiterhin als UG firmieren darf, als dass das Gläubigerschutzniveau in der regulären GmbH aufgrund des insolvenzprophylaktisch wirkenden Mindeststammkapitals tendenziell höher eingestuft wird.[277] Gleichwohl ist ein begründetes Interesse der Gesellschafter an der Beibehaltung des alten, nunmehr „falschen" Firmenzusatzes[278] nicht ersichtlich. Sinn und Zweck eines Rechtsformzusatzes, nämlich die Gesellschafts- und Haftungsverhältnisse transparent darzustellen, würde damit ins Gegenteil verkehrt.[279]

Eine Sicherung des Gläubigerschutzes mittels eines auf die Besonderheiten der UG hinweisenden Rechtsformzusatzes lässt sich schließlich nur gegenüber vertraglichen Gläubigern erreichen, die aufgrund dieses Warnsignals von einer Geschäftsverbindung mit der UG absehen oder sich durch Bestellung persönlicher Sicherheiten gegen einen möglichen Ausfall schützen können.[280] Der mangelhafte Informationswert des Rechtsformzusatzes *„Unternehmergesellschaft (haftungsbeschränkt)"* und *„UG (haftungsbeschränkt)"* schwächt diese gläubigerschützende Wirkung allerdings. Das Gesetzgebungsverfahren hat

---

274 RegE., BT-Drucks. 16/6140, S. 32.

275 Selbstverständlich darf die Gesellschaft ihre Firma nach einem Erstarken zur regulären GmbH beibehalten. Rieder, in: MünchKommGmbHG, Bd. 1, § 5a Rn. 43; Roth, in: Roth/Altmeppen, GmbHG, § 5a Rn. 28. Paura, in: Ulmer, GmbHG, Ergänzungsband MoMiG, § 5a Rn. 71. Beim Erstarken der UG zur regulären GmbH nach § 5a Abs. 5 GmbHG handelt es sich gerade nicht um einen Formwechsel nach § 190 Abs. 1 UmwG.

276 Fastrich, in: Baumbach/Hueck, § 5a Rn. 35; ebenso ablehnend Goette, Einführung in das neue GmbH-Recht, Einf. Rn. 47; Veil, GmbHR 2007, S. 1080 (1082).

277 Ähnlich Paura, in: Ulmer, GmbHG, Ergänzungsband MoMiG, § 5a Rn. 71, der insoweit darauf verweist, dass aufgrund des höheren Mindststammkapitals ein Schaden der Gläubiger nicht zu befürchten sei.

278 Roth, in: Roth/Altmeppen, GmbHG, § 5a Rn. 28.

279 So auch Heckschen, DStR 2009, S. 166 (170 f.); Fastrich, in: Baumbach/Hueck, § 5a Rn. 25; Roth, in: Roth/Altmeppen, GmbHG, § 5a Rn. 28; Paura, in: Ulmer, GmbHG, Ergänzungsband MoMiG, § 5a Rn. 71.

280 Goette, Einführung in das neue GmbH-Recht, Einf. Rn. 43; Schäfer, in: Henssler/Strohn, § 5a Rn. 10.

gleichwohl auch verdeutlicht, dass eine zutreffende Bezeichnung der UG – sofern sich eine solche überhaupt finden lässt – mit den Bedürfnissen der Praxis kaum in Einklang zu bringen sein dürfte.[281] Gläubigerschutz mittels Publizität und Transparenz der Haftungsverhältnisse bedingt stets eine entsprechende Sachkunde des Rechtsverkehrs. Dies gilt umso mehr im Rahmen des Rechtsformzusatzes „*Unternehmergesellschaft (haftungsbeschränkt)*“ bzw. „*UG (haftungsbeschränkt)*“.

II. Rechtsfolgen einer fehlerhaften Bezeichnung der UG

Die Geschäftsführer sind verpflichtet, im Rechtsverkehr mit der vollen Firma inklusive des Rechtsformzusatzes aufzutreten, um den mit der Gesellschaft kontrahierenden Dritten stets ein Bild über die formalen Haftungsverhältnisse zu verschaffen.[282] So hat der Geschäftsführer oder sonstige Vertreter der Gesellschaft nach den allgemeinen Vertretungsregeln gemäß §§ 164 ff. BGB erkennbar zu machen, im Namen der Gesellschaft zu handeln (Offenkundigkeitsprinzip),[283] und gemäß § 35a Abs. 1 Satz 1 GmbHG auf allen Geschäftsbriefen gleichviel welcher Form die Rechtsform anzugeben. Dies ist auch für die UG ausnahmslos zwingend. Ungeklärt sind hingegen die Rechtsfolgen möglicher Verstöße gegen die Verpflichtung zur Kennzeichnung der Rechtsform. Angesichts der besonderen Bedeutung, die der Gesetzgeber dem Rechtsformzusatz im Gläubigerschutzsystem der UG zuschreibt,[284] kommt dieser Verpflichtung der Geschäftsführer oder sonstigen Vertreter der Gesellschaft eine gewichtige Funktion zu und damit auch den möglichen haftungsrechtlichen Folgen eines Verstoßes.

---

281 Zutreffend Wilhelm, DB 2007, S. 1510 (1512). Grundsätzlich ließe sich eine gläubigerschützende Wirkung durch einen speziellen Rechtsformzusatz zu einem gewissen Grad sicherlich verwirklichen. Allerdings sähe man sich stets mit der Notwendigkeit und Schwierigkeit konfrontiert, auf die jeweiligen Besonderheiten und gegebenenfalls bestehenden Risiken der Gesellschaftsform zutreffend im Rechtsformzusatz hinzuweisen. Der Rechtsformzusatz stellt somit stets einen Kompromiss zwischen praxistauglicher Bezeichnung und Unternehmenspublizität dar.

282 BGH, Urt. v. 07.05.1987, II ZR 176/83, BGHZ 91, S. 148 (152) = NJW 1984, S. 2164; BGH, Urt. v. 08.10.1994, II ZR 223/83, BGHZ 92, S. 259 (268) = NJW 1985, S. 136; BGH, Urt. v. 08.07.1996, II ZR 258/95 = NJW 1996, S. 2645; BGH, Urt. v. 18.01.1996, III ZR 121/95 = NJW 1996, S. 1053 (1054).

283 Altmeppen, in: Roth/Altmeppen, GmbHG, § 35 Rn. 29.

284 RegE., BT-Drucks. 16/6140, S. 31; vgl. zudem 3. KapitelB.I.

1. Vertretung bei unvollständiger oder inkorrekter Nennung der Firma

Streng von möglichen Haftungsfolgen wegen fehlerhafter oder unterlassener Nennung des Rechtsformzusatzes ist zunächst die Frage zu trennen, wer durch das Rechtsgeschäft auf Seiten der Gesellschaft verpflichtet wird, wenn der Vertreter zwar für die Gesellschaft handelt, dies aber nicht durch Nennung der Firma nach außen kenntlich macht. Für die UG ergibt sich insoweit kein Unterschied zu den allgemeinen Vertretungsregeln, insbesondere zu den Grundsätzen über unternehmensbezogene Geschäfte. Danach geht der Wille der Beteiligten bei unternehmensbezogenen Rechtsgeschäften nach ganz allgemeiner Meinung grundsätzlich dahin, den Inhaber des Unternehmens bzw. die Gesellschaft als Vertragspartner zu verpflichten.[285] Die Anwendung der Grundsätze über unternehmensbezogene Geschäfte entbindet hingegen nicht von dem im allgemeinen Vertretungsrecht geltenden Offenkundigkeitsgrundsatz. Für den Rechtsverkehr muss von vornherein eindeutig hervortreten, dass der jeweilige tatsächliche Inhaber des Unternehmens bzw. die jeweilige Personen- oder Kapitalgesellschaft unmittelbar berechtigt und verpflichtet werden soll.[286] Bestehen an der Unternehmensbezogenheit des Rechtsgeschäfts Zweifel, finden aus Gründen der Verkehrssicherheit die Auslegungsgrundsätze des Handelns im eigenen Namen gemäß § 164 Abs. 2 BGB Anwendung.[287] Existiert das vertretene Unternehmen als

---

285 BGH, Urt. v. 07.05.1987, II ZR 176/83, BGHZ 91, S. 148 (152) = NJW 1984, S. 2164; BGH, Urt. v. 08.10.1994, II ZR 223/83, BGHZ 92, S. 259 (268) = NJW 1985, S. 136; BGH, Urt. v. 04.04.2000, XI ZR 152/99 = NJW 2000, S. 2984; Heinrichs, in: Palandt, BGB; § 164 Rn. 2; Schilken, in: Staudinger BGB, Buch 1 (Allgemeiner Teil 1/5), § 164 Rn. 1; Schramm, in: MünchKommBGB, Bd. 1, § 164 Rn. 23.

286 BGH, Urt. v. 18.03.1974, II ZR 167/72, BGHZ 62, S. 216 (222) = NJW 1974, S. 1191; BGH, Urt. v. 08.10.1994, II ZR 223/83, BGHZ 92, S. 259 (268) = NJW 1985, S. 136; Heinrichs, in: Palandt, BGB, § 164 Rn. 2. Im Sinne von § 164 Abs. 1 Satz 2 BGB muss zumindest aus den Umständen eindeutig hervorgehen, dass im fremden Namen gehandelt wird. Abzustellen ist dabei, wie sich die Erklärung des Vertreters nach Treu und Glauben für den Empfänger gemäß §§ 133, 157 BGB darstellt. Bei den Grundsätzen über das unternehmensbezogene Geschäft handelt es sich daher nicht um eine Beweisregel, sondern um eine Auslegungsregel. Allgemein dazu nur Schilken, in: Staudinger BGB, Buch 1 (Allgemeiner Teil 1/5), § 164 Rn. 1; Schramm, in: MünchKommBGB, Bd. 1, § 164 Rn. 21 ff.; BGH, Urt. v. 04.04.2000, XI ZR 152/99 = NJW 2000, S. 2984 (2985).

287 BGH, Urt. v. 13.10.1994, IX ZR 25/94 = NJW 1995, S. 43 (44); BGH, Urt. v. 04.04.2000, XI ZR 152/99 = NJW 2000, S. 2984 (2985); Schramm, in:

eigene Rechtsperson nicht, haftet der Handelnde für die Folgen des Rechtsgeschäfts in entsprechender Anwendung der Grundsätze über den *falsus procurator* gemäß § 179 Abs. 1 BGB.[288]

2. Haftungsfolgen bei fehlerhafter Nennung des Rechtsformzusatzes

Weniger Einigkeit besteht hinsichtlich möglicher Haftungsfolgen einer unvollständigen oder inkorrekten Nennung des Rechtsformzusatzes für den handelnden Geschäftsführer oder sonstigen Vertreter. Insbesondere die Rechtsgrundlage einer möglichen persönlichen Haftung ist dabei streitig. Dieser Streit wird angesichts des mit dem Rechtsformzusatz in § 5a Abs. 1 GmbHG verbundenen Gläubigerschutzgedanken in der UG besonders augenscheinlich.[289]

(a) Zeichnen ohne Rechtsformzusatz

Im Schrifttum besteht hinsichtlich der Notwendigkeit einer persönlichen Haftung des Geschäftsführers oder sonstigen Vertreters für den Fall des Fortlassens des Rechtsformzusatzes grundsätzlich Einigkeit. Streitig sind demgegenüber die dogmatische Grundlage und infolgedessen auch Voraussetzungen und Reichweite einer solchen Haftung.[290]

(i) Anfechtung des Rechtsgeschäfts

Sinn und Zweck der Unternehmenspublizität ist es, den Rechtsverkehr bezüglich der Haftungsverhältnisse des Kontrahierungspartners aufzuklären. Daher er-

---

MünchKommBGB, Bd. 1, § 164 Rn. 23; Schilken, in: Staudinger BGB, Buch 1 (Allgemeiner Teil 1/5), § 164 Rn. 1.

288 OLG Köln, Urt. v. 29.11.1996, 19 U 80/96 = NJW-RR 1997, S. 670 (671); Schramm, in: MünchKommBGB, Bd. 1, § 179 Rn. 11; Schilken, in: Staudinger BGB, Buch 1 (Allgemeiner Teil 1/5), § 179 Rn. 22; Heinrichs, in: Palandt, BGB, § 177 Rn. 3.

289 Ein Dritter hätte bei Nennung der korrekten Firma (inklusive des Rechtsformzusatzes) die tatsächlichen Haftungsverhältnisse feststellen können und aus diesem Grund möglicherweise auf Vorkasse oder die Bestellung persönlicher Sicherheiten bestanden bzw. auf den Abschluss des Rechtsgeschäfts gegebenenfalls ganz verzichtet. Siehe Miras, Unternehmergesellschaft, Rn. 190; Heidinger, in: MünchKommHGB, Bd. 1, § 19 Rn. 2; Hopt, in: Baumbach/Hueck, § 19 Rn. 1.

290 Eingehend Altmeppen, ZIP 2007, S. 889 m.w.N.; sowie speziell bezüglich der UG Fastrich, in: Baumbach/Hueck, § 5a Rn. 9; Roth, in: Roth/Altmeppen, GmbHG, § 5a Rn. 8; Wachter, in: Goette/Habersack, Rn. 1.105.

scheint zunächst eine Anfechtung des Rechtsgeschäfts auf der Hand zu liegen, wenn der Rechtsformzusatz fortgelassen wird. Diesbezüglich ist an eine Anfechtung wegen arglistiger Täuschung über die Rechtsform der UG gemäß § 123 Abs. 1 BGB sowie wegen eines Irrtums über eine verkehrswesentliche Eigenschaft gemäß § 119 Abs. 2 BGB zu denken. Nach den allgemeinen Grundsätzen des Anfechtungsrechts kann eine Willenserklärung nur dann angefochten werden, wenn der erregte Irrtum für die Abgabe der Willenserklärung ursächlich war.[291] Das Motiv zur arglistigen Täuschung über die Rechtsform der UG dürfte regelmäßig in der (vermeintlichen) Skepsis des Rechtsverkehrs gegenüber der Bonität und Kreditwürdigkeit der UG liegen.[292] Eine Anfechtung wegen arglistige Täuschung gemäß § 123 Abs. 1 BGB wird jedoch nur in Ausnahmefällen in Betracht kommen.[293] Vielmehr ist daher an einen Eigenschaftsirrtum gemäß § 119 Abs. 2 BGB zu denken.

(aa) Irrtum durch Weglassen des Rechtsformzusatzes

Zunächst ist grundsätzlich der Frage nachzugehen, ob eine Firmierung ohne Rechtsformzusatz überhaupt geeignet ist, einen Irrtum des Rechtsverkehrs auszulösen. Nach der Liberalisierung des Firmenrechts sind auch eingetragene Kaufleute und Personenhandelsgesellschaften verpflichtet, in der Firmierung die Kaufmannseigenschaft bzw. die konkrete Rechtsform kenntlich zu machen; ausweislich der Regierungsbegründung zur Handelsrechtsreform soll damit die Abgrenzung zwischen Firma und bloßer Geschäftsbezeichnung erleichtert werden.[294] Eine ohne einen Rechtsformzusatz gebrauchte Geschäftsbezeichnung

291 Anstatt vieler Ellenberger, in: Palandt, BGB, § 119 Rn. 31; § 123 Rn. 24. Im Rahmen der Anfechtung wegen arglistiger Täuschung ist ein ursächlicher Zusammenhang zwischen Täuschung und Willenserklärung im Sinne einer Doppelkausalität erforderlich, wonach der Getäuschte einen täuschungsbedingten Irrtum erleidet und dadurch zur Abgabe einer Willenserklärung *„bestimmt"* wird; auch Kramer, in: MünchKommBGB, Bd. 11, § 123 Rn. 12. Dies ist jedenfalls anzunehmen, wenn der Getäuschte ohne die Täuschung die Willenserklärung überhaupt nicht, mit einem anderen Inhalt oder zu einem anderen Zeitpunkt abgegeben hätte; so Ellenberger, in: Palandt, BGB, § 123 Rn. 24.

292 Rieder, in: MünchKommGmbHG, Bd. 1, § 5a Rn. 15.

293 Das Tatbestandsmerkmal der Arglist erfordert zwar kein absichtliches, zumindest aber ein vorsätzliches Handeln des Vertreters. Die Darlegungs- und Beweislast für das Vorliegen der objektiven und subjektiven Merkmale trägt im Rahmen von § 123 BGB der Anfechtende. Vgl. Heinrichs, in: Palandt, BGB, § 123 Rn. 11, 30.

294 RegE., BT-Drucks. 13/8444, S. 38.

erweckt insofern nicht in unzulässiger Weise den Eindruck, es liege ein unbeschränkt haftender Kaufmann oder Personenhandelsgesellschaft vor; allenfalls könnte der Rechtsverkehr einen Kleingewerbetreibenden oder eine Gesellschaft bürgerlichen Rechts, deren Unternehmen nach Art oder Umfang einen in kaufmännischer Weise eingerichteten Geschäftsbetrieb nicht erfordert (§ 1 Abs. 2 HGB), vermuten.[295] Dies gilt auch im Falle der UG. Wird im Rechtsverkehr der verpflichtende Rechtsformzusatz nach § 5a Abs. 1 GmbHG nicht verwendet, lässt sich daher kein Rückschluss auf die Haftungsverhältnisse ziehen. Letztlich ist ein Irrtum über die Rechtsform und damit über die Gesellschafts- und Haftungsverhältnisse im Einzelfall zwar möglich, in der Regel aber nicht von Relevanz.

(bb) Die Rechtsform als verkehrswesentliche Eigenschaft

Nimmt man im Einzelfall einen Irrtum gleichwohl an, ist damit noch keine Aussage über die Verkehrswesentlichkeit im Sinne von § 19 Abs. 2 BGB getroffen. Der Rechtsformzusatz ermöglicht dem Rechtsverkehr, sich über die Gesellschafts- und insbesondere die Haftungsverhältnisse des Unternehmens ein (zumindest) abstraktes Bild zu verschaffen. Letztlich geht es hierbei um die potentielle Zahlungs- und Kreditwürdigkeit des Geschäftspartners.[296] In Rechtsprechung und Literatur ist streitig, ob Kreditwürdigkeit oder Zahlungsfähigkeit einer natürlichen oder juristischen Person eine verkehrswesentliche Eigenschaft im Sinne des § 119 Abs. 2 BGB darstellt.[297] Zu den Eigenschaften einer Person zählen neben den auf natürlichen Beschaffenheiten beruhenden Merkmalen auch tatsächliche und rechtliche Verhältnisse sowie Beziehungen zur Umwelt, vorausgesetzt diese Eigenschaften sind nach der Verkehrsanschauung für die Wertschätzung oder Verwendbarkeit von Bedeutung und von Dauer.[298] Bei Bestimmung der Verkehrswesentlichkeit ist nach Sinn und Zweck des § 119 Abs. 2

---

295 Heidinger, in: MünchKommHGB, Bd. 1, § 17 Rn. 17.

296 Altmeppen, in: Roth/Altmeppen, GmbHG, § 35a Rn. 1; Kleindiek, in: Lutter/Hommelhoff, GmbHG, § 35a Rn. 1; Heidinger, in: MünchKommHGB, Bd. 1, § 19 Rn. 2.

297 BGH, Urt, v. 03.02.1975, II ZR 128/73, BGHZ 64, S. 11 (18) =NJW 1975, S. 1511; Ellenberger, in: Palandt, BGB, § 119 Rn. 26; Kramer, in: MünchKommBGB, Bd. 11, § 119 Rn. 129; Singer, in: Staudinger BGB, Buch 1 (Allgemeiner Teil 1/5), § 119 Rn. 89; Hefermehl, in: Soergel BGB, Bd. 2, § 119 Rn. 42.

298 BGH, Urt. v. 14.12.1960, V ZR 40/60, BGHZ 34, S. 32 (41) = NJW 1961, S. 772; BGH, Urt. v. 22.09.1983, VII ZR 43/81, BGHZ 88, S. 240 (245) = NJW 1984, S. 230.

BGB auf die objektive Bedeutung für das konkrete Rechtsgeschäft abzustellen.[299] Zumindest bei Kreditgeschäften geht die allgemeine Meinung davon aus, dass die Bonität als verkehrswesentliche Eigenschaft anzusehen ist und nach § 119 Abs. 2 BGB zur Anfechtung berechtigt,[300] nicht hingegen bei Bargeschäften.[301] Im Rahmen des § 5a Abs. 1 GmbHG wäre es im Hinblick auf den Normzweck jedoch widersprüchlich, einerseits dem Rechtsformzusatz einen entscheidenden Informationswert und daher gläubigerschützende Funktion beizumessen,[302] andererseits bei einem diesbezüglichen Irrtum die Verkehrswesentlichkeit gänzlich zu versagen oder allzu strenge Anforderungen an den Kausalitätsnachweis zu stellen.[303] Mit den Worten des Gesetzgebers dürfe *„das Publikum […] nicht darüber getäuscht werden, dass es sich hierbei um eine Gesellschaft handelt, die möglicherweise mit sehr geringem Gründungskapital ausgestattet ist“*.[304] Insofern wäre es entgegen der herrschenden Ansicht zur Verkehrswesentlichkeit der Kreditwürdigkeit bzw. Zahlungsfähigkeit hinsichtlich des Rechtsformzusatzes nach § 5a Abs. 1 GmbHG nur konsequent, diesen als verkehrswesentliche Eigenschaft im Sinne des § 119 Abs. 2 BGB aufzufassen.

---

299 Ellenberger, in: Palandt, BGB, § 119 Rn. 25; Singer, in: Staudinger BGB, Buch 1 (Allgemeiner Teil 1/5), § 119 Rn. 81. Hingegen beurteilen BGHZ 88, S. 240 (264) und BGHZ 16, S. 54 (57) die Verkehrswesentlichkeit danach, ob sie von dem Erklärenden in irgendeiner Weise dem Vertrag zugrunde gelegt worden ist, ohne dass er sie zum Inhalt der Erklärung gemacht haben muss. In den meisten Fällen kommen beide Ansätze zu ähnlichen Ergebnissen.

300 BGH, Urt, v. 03.02.1975, II ZR 128/73, BGHZ 64, S. 11 (18) =NJW 1975, S. 1511; Ellenberger, in: Palandt, BGB, § 119 Rn. 26; Kramer, in: MünchKommBGB, Bd. 11, § 119 Rn. 129; Singer, in: Staudinger BGB, Buch 1 (Allgemeiner Teil 1/5), § 119 Rn. 89; Hefermehl, in: Soergel BGB, Bd. 2, § 119 Rn. 42.

301 RGZ 105, S. 206 (208 f.); Singer, in: Staudinger BGB, Buch 1 (Allgemeiner Teil 1/5), § 119 Rn. 84. Das in § 321 BGB dem Vorleistungsberechtigten zuerkannte Leistungsverweigerungsrecht wegen Vermögensverschlechterung der anderen Seite kann nach überzeugender Ansicht einer Anfechtung wegen Irrtums über die Bonität der Gegenpartei nicht entgegengehalten werden, da bei fernliegender Fälligkeit nur die Anfechtung eine rasche Klärung der Rechtsverhältnisse ermöglicht. Vgl. Kramer, in: MünchKommBGB, Bd. 11, § 119 Rn. 129; Singer, in: Staudinger BGB, Buch 1 (Allgemeiner Teil 1/5), § 19 Rn. 89; Rieder, in: MünchKommGmbHG, Bd. 1, § 5a Rn. 15.

302 RegE., BT-Drucks. 16/6140, S. 31.

303 Überzeugend Rieder, in: MünchKommGmbHG, Bd. 1, § 5a Rn. 15.

304 RegE., BT-Drucks. 16/6140, S. 31.

(cc) Bewertung

Eine Anfechtung wird nichtsdestotrotz nur in Einzelfällen in Betracht kommen.[305] *Rieder* merkt richtigerweise an, dass die Anfechtung *„oftmals nicht das Mittel der Wahl für einen solchermaßen im Irrtum befindlichen Gläubiger sein“* wird.[306] Die nach erfolgter Anfechtung vorzunehmende Rückabwicklung des Rechtsgeschäfts nach den Grundsätzen des Bereicherungsrechts dürfte regelmäßig daran scheitern, dass die UG insolvent ist. Solange die UG ihren Zahlungs- oder anderen Leistungsverpflichtungen nachkommen kann, werden die Gläubiger kein begründetes Interesse an einer Anfechtung und bereicherungsrechtlichen Rückabwicklung des Rechtsgeschäfts haben. Darüber hinaus wird gerade im Dienstleistungssektor[307] eine bereicherungsrechtliche Rückabwicklung oftmals kaum realisierbar sein.

(ii) Rechtsscheinhaftung gemäß § 179 Abs. 1 BGB analog

Der Geschäftsführer oder sonstige Vertreter einer GmbH muss im Schriftverkehr nach § 35a Abs. 1 Satz 1 GmbHG die Rechtsform kenntlich machen. Zeichnet der Geschäftsführer oder sonstige Vertreter im Rechtsverkehr ohne den Rechtsformzusatz, soll dieser nach herrschender Ansicht nach den Grundsätzen der Rechtsscheinhaftung verantwortlich sein.[308] Dies gelte trotz § 15 Abs. 2 HGB selbst dann, wenn die richtige Firma mit Rechtsformzusatz im Handelsregister eingetragen sei; der obligatorische Rechtsformzusatz nach §§ 4 bzw. 5a Abs. 1 GmbHG stelle insoweit einen spezielleren Vertrauensschutz dar.[309] Die

---

305 Zöllner/Noack, in: Baumbach/Hueck, § 35a Rn. 25; LG Detmold, WM 1990, S. 1872.

306 Rieder, in: MünchKommGmbHG, Bd. 1, § 5a Rn. 16.

307 Mit der ursprünglich beabsichtigen Absenkung des Mindeststammkapitals auf EUR 10.000 hatte der RegE., BT-Drucks. 16/6140, S. 29, insbesondere den (angeblich) weniger kapitalintensiven Dienstleistungssektor im Blick.

308 BGH, Urt. v. 03.02.1975, II ZR 128/73, BGHZ 64, S. 11 (17) = NJW 1975, S. 1511; Roth, in: Roth/Altmeppen, GmbHG, § 4 Rn. 49, § 5a Rn. 8; Miras, Unternehmergesellschaft, Rn. 195 ff..; Michalski, in: Michalski, GmbHG, Bd. 1, § 4 Rn. 108; Heinrich, in: Ulmer, GmbHG, Bd. 1, § 4 Rn. 37; Emmerich, in: Scholz, GmbHG, Bd. 1, § 4 Rn. 54;

309 So in Bezug auf § 4 GmbHG Michalski, in: Michalski, GmbHG, Bd. 1, § 4 Rn. 108, sowie BGH, Urt. v. 15.01.1990, II ZR 311/88 = NJW 1990, S. 2678 (2679); BGH, Urt. v. 08.07.1986, II ZR 258/96 = NJW 1996, S. 2645; ebenso Emmerich, in Scholz, GmbHG, Bd. 1, § 4 Rn. 54; Canaris, Handelsrecht, § 6 Rn. 41.

Grundsätze dieser Rechtsprechung seien auch auf die UG als Rechtsformvariante der GmbH ohne Weiteres übertragbar.[310]

(aa) Hervorrufen eines Rechtsscheins und Adressat einer Haftung

Der Vertreter einer Gesellschaft hafte demnach persönlich dafür, dass er durch gesetzeswidrige Zeichnung ohne Rechtsformzusatz den Rechtsschein einer persönlich unbeschränkten Haftung auf Seiten der vertretenen Gesellschaft hervorgerufen habe.[311] Nach Ansicht des Bundesgerichtshofs sei es – zumindest für die Rechtsfolge – unerheblich, ob der Vertragspartner den Rechtsschein veranlassenden Vertreter für den persönlich unbeschränkt Haftenden oder den Vertretenen selbst hält, sofern der Geschäftsführer bzw. sonstige Vertreter erkennbar in Vertretung handelt.[312] In beiden Fälle sei die Rechtsfolge eine persönlich unbeschränkte Haftung des Vertreters gesamtschuldnerisch mit der ebenfalls verpflichteten Gesellschaft.[313] Zutreffend kann der Rechtsschein einer persönlich unbeschränkten Haftung grundsätzlich jedoch nicht durch bloße mündliche Erklärung ausgelöst werden. Im Rechtsverkehr wird die vollständige Firma in der mündlichen Kommunikation oftmals abgekürzt verwendet; insofern ist grundsätzlich die schriftliche Fassung, insbesondere auf Briefköpfen, Rechnungen,

310 Miras, Unternehmergesellschaft, Rn. 195; Schreiber, DZWIR 2009, S.492 (494).

311 BGH, Urt. v. 03.02.1975, II ZR 128/73, BGHZ 64, S. 11 (17) = NJW 1975, S. 1511; Michalski, in: Michalski, GmbHG, Bd. 1, § 4 Rn. 108; Heinrich, in: Ulmer, GmbHG, Bd. 1, § 4 Rn. 37; Emmerich, in: Scholz, GmbHG, Bd. 1, § 4 Rn. 54; Roth, in: Roth/Altmeppen, GmbHG, § 4 Rn. 49, § 5a Rn. 8; Miras, Unternehmergesellschaft, Rn. 195 ff.; Schreiber, DZWIR 2009, S.492 (494); wohl auch Römermann/Jähne, NWB 2010, S. 3369 (3372).

312 BGH, Urt. v. 01.06.1981, II ZR 1/81 = NJW 1981, S. 2569 (2570). Die Haftung der Gesellschaft ergibt sich aus den Grundsätzen für unternehmensbezogene Geschäfte, sofern deren Voraussetzungen erfüllt sind – andernfalls ist für eine Rechtsscheinhaftung kein Platz und der handelnde Geschäftsführer oder Vertreter wird aus § 164 Abs. 2 BGB persönlich verpflichtet; vgl. 3. KapitelB.II.1; Roth, in: Roth/Altmeppen, GmbHG, § 4 Rn. 49; Die Haftung der GmbH hängt dabei nicht von deren Solvenz ab; vgl. BGH, Urt, v. 05.02.2007 = NJW 2007, S. 1529; BGH, Urt. v. 15.01.1990, II ZR 311/88 = NJW 1990, S. 2678 (2679); BGH, Urt. v. 01.06.1981, II ZR 1/81 = NJW 1981, S. 2569 (2570).

313 BGH, Urt. v. 24.06.1991, II ZR 293/90 = NJW 1991, S. 2627; BGH, Urt. v. 01.06.1981, II ZR 1/81 = NJW 1981, S. 2569 (2579).

Stempeln und dergleichen, ausschlaggebend.[314] Dieses Verständnis findet auch in § 35a Abs. 1 GmbHG ihren Niederschlag.[315]

Der Geschäftsführer oder sonstige Vertreter, der durch sein Verhalten den Eindruck vermittelt, er selbst sei der Inhaber des Geschäfts bzw. unbeschränkt persönlich haftender Gesellschafter, hat für die Vertragserfüllung bei fehlender Offenkundigkeit gemäß § 164 Abs. 2 BGB ohnehin persönlich einzustehen.[316] Anders verhalte es sich hingegen in Fällen, in denen der Eindruck erzeugt wird, ein anderer (unbekannter) unbeschränkt persönlich Haftender werde durch den Handelnden vertreten. Die herrschende Meinung stützt die Haftung des handelnden Geschäftsführers bzw. sonstigen Vertreters auf eine Analogie zu § 179 Abs. 1 BGB.[317] Begründet wird die entsprechende Anwendung der Regeln zum *falsus procurator* damit, dass das Zeichnen ohne Rechtsformzusatz und der dadurch hervorgerufene Anschein einer unbeschränkt persönlichen Haftung eines Drittens vergleichbar mit den Fällen seien, in denen ein Vertreter für eine Person

---

314 Zutreffend BGH, Urt. v. 01.06.1981, II ZR 1/81 = NJW 1981, S. 2569 (2570); BGH, Urt. v. 08.07.1996, II ZR 258/95 = WM 1996, S. 1630 (1631).

315 Vgl. zudem die Parallelvorschriften in §§ 37a, 125a HGB und § 80 AktG. Allerdings ist Canaris, Handelsrecht, § 6 Rn. 57, insofern zuzustimmen, dass eine Rechtsscheinhaftung durch lediglich mündliche Erklärung nicht von vornherein auszuschließen sei, weil nach den allgemeinen Regeln der Vertrauenshaftung darin sehr wohl ein relevanter Vertrauenstatbestand liegen könne. Dies verdeutliche die Regelung über den falsus procurator in § 179 BGB, welche selbstverständlich ein mündliches Verhalten ausreichen lasse. In begrenzten Ausnahmefällen kann daher auch eine Rechtsscheinhaftung durch bloßes mündliches Auftreten ohne Hinweis auf die Rechtsform ausreichend sein, insbesondere wenn auf Nachfrage die Haftungsbeschränkung ausdrücklich verneint wird. Dann werden regelmäßig auch Ansprüche aus § 826 BGB einschlägig sein. Zutreffend Michalski, in: Michalski, GmbHG, Bd. 1, § 4 Rn. 111.

316 BGH, Urt. v. 03.02.1975, II ZR 128/73, BGHZ 64, S. 11 = NJW 1975, S. 1511; BGH, Urt. v. 24.06.1991, II ZR 293/90 = NJW 1991, S. 2627; BGH, Urt. v. 15.01.1990, II ZR 311/88 = NJW 1990, S. 2678; Michalski, in: Michalski, GmbHG, Bd. 1, § 4 Rn. 109; Emmerich, in: Scholz, GmbHG, Bd. 1, § 4 Rn. 54; Heinrichs, in: Palandt, BGB, § 164 Rn. 16.

317 BGH, Urt. v. 24.06.1991, II ZR 293/90 = NJW 1991, S. 2627 (2628); Emmerich, in: Scholz, GmbHG, Bd. 1, § 4 Rn. 54; Roth, in: Roth/Altmeppen, GmbHG, § 4 Rn. 49, § 5a Rn. 8; Heinrich, in: Ulmer, GmbHG, Bd. 1, § 4 Rn. 37. Für die UG Paura, in: Ulmer, GmbHG, Ergänzungsband MoMiG, § 5a Rn. 41.

handelt, die ihn nicht bevollmächtigt hat oder nicht existiert.[318] Als Adressat einer Haftung komme zunächst nur derjenige in Betracht, der als Geschäftsführer oder durch Bevollmächtigung zur Vertretung der Gesellschaft berechtigt ist. Andernfalls hafte der Vertreter schon gemäß § 179 Abs. 1 BGB dem Vertragspartner nach dessen Wahl auf Erfüllung oder Schadensersatz. Im Übrigen beschränke sich die Haftung nach § 179 Abs. 1 BGB analog unter Berufung auf das Veranlassungsprinzip auf denjenigen, der den Rechtsschein zurechenbar gesetzt habe; andere Vertreter der Gesellschaft, die selbst keinen zurechenbaren Rechtsschein der unbeschränkt persönlichen Haftung gesetzt haben, seien darüber hinaus nicht erfasst.[319]

(bb) Kritik an der herrschenden Ansicht

Gegen die von der herrschenden Ansicht vertretenen Konstruktion einer Rechtsscheinhaftung des handelnden Geschäftsführers oder sonstigen Vertreters wegen gesetzeswidrigen Fortlassens des Rechtsformzusatzes unter Heranziehung einer Analogie zu § 179 Abs. 1 BGB werden schon länger berechtigte Einwände erhoben.[320] Diese richten sich einerseits gegen die Annahme, eine Zeichnung ohne Rechtsformzusatz rufe gegenüber dem Rechtsverkehr den Anschein einer unbeschränkt persönlichen Haftung hervor.[321] Schon bei der Erörterung einer möglichen Anfechtbarkeit nach § 119 Abs. 2 BGB wurde dargelegt, dass bei einer Zeichnung ohne Rechtsformzusatz nicht zwingend auf eine unbeschränkt persönliche Haftung geschlossen werden kann. Dem wird wenig überzeugend ent-

---

318 Canaris, Handelsrecht, § 6 Rn. 54; Michalski, in: Michalski, GmbHG, Bd. 1, § 4 Rn. 110. Im letzteren Fall handelt es sich um den klassischen Fall der Vertretung ohne Vertretungsmacht nach § 179 Abs. 1 BGB. Die Vertretung einer nicht existierenden Person oder Gesellschaft wird nach allgemeiner Ansicht in entsprechend Anwendung des § 179 Abs. 1 BGB dem Fall des falsus procurator gleichgestellt. Siehe Schramm, in: MünchKommBGB, Bd. 11, § 179 Rn. 11; Schilken, in: Staudinger BGB, Buch 1 (Allgemeiner Teil 1/5), § 179 Rn. 22; Heinrichs, in: Palandt, BGB, § 177 Rn. 3; BGH, Urt. v. 20.10.1988, VII ZR 219/87, BGHZ 105, S. 283 = NJW 1989, S. 894.

319 BGH, Urt. v. 24.06.1991, II ZR 293/90 = NJW 1991, S. 2627 (2628); Emmerich, in: Scholz, GmbHG, Bd. 1, § 4 Rn. 55; Michalski, in: Michalski, GmbHG, Bd. 1, § 4 Rn. 108; Brinkmann, IPRax 2008, S. 30 (32); BGH, NJW 1996, 2645; a.A. Canaris, Handelsrecht, § 6 Rn. 56, der vor allem auf Fälle des beherrschenden und bestimmenden Mehrheitsgesellschafters abstellt, der eine unvollständige Firmierung duldet.

320 Haas, NJW 1997, S. 2854 (2855 f.); Brinkmann, IPRax 2008, S. 30 (32); Altmeppen, ZIP 2007, S. 889 (895).

321 Anstatt vieler Paura, in: Ulmer, GmbHG, Ergänzungsband MoMiG, § 5a Rn. 41.

gegen gehalten, durch eine solche Firmierung werde trotz alledem ein Vertrauenstatbestand hinsichtlich der Haftung mindestens einer natürlichen Person hervorgerufen.[322] Denn zum einen seien die Neuerungen im Firmenrecht noch vergleichsweise neu und daher ungewohnt, zum anderen komme den §§ 19 Abs. 2 HGB, 4 AktG, 4 GmbHG – und nun auch § 5a Abs. 1 GmbHG – eine Warnfunktion hinsichtlich einer Haftungsbeschränkung zu; der Rechtsverkehr dürfe typischerweise bei fehlendem Rechtsformzusatz bzw. Hinweis auf eine Haftungsbeschränkung auf die unbeschränkt persönliche Haftung zumindest einer natürlichen Person schließen.[323] Ersteres Argument mag in der Übergangsfrist nach der Handelsrechtsreform noch eine gewisse Berechtigung gehabt haben, inzwischen dürfte sich der Rechtsverkehr auf die Änderungen im Firmenrecht jedoch eingestellt haben.[324] Hinsichtlich der bezweckten Warnfunktion ist *K. Schmidt* zwar insoweit zuzustimmen, dass denjenigen Rechtsformzusätzen, die der Kennzeichnung einer Haftungsbeschränkung dienen, nach wie vor eine besondere Qualität zukommt.[325] Eine Aussage über die dogmatische Anknüpfung eines möglichen Haftungstatbestandes lässt sich dem hingegen nicht entnehmen.

Die Rechtsscheinhaftung in entsprechender Anwendung der Grundsätze über den *falsus procurator* in Fällen einer Zeichnung ohne Rechtsformzusatz mit der Begründung, der Vertreter erwecke den Anschein einer unbeschränkt persönlichen Haftung eines (unbekannten) Drittens, überspannt nach Ansicht des Verfassers die Analogiefähigkeit des § 179 Abs. 1 BGB und ist dogmatisch wenig überzeugend.[326] Voraussetzung für eine analoge Anwendung eines gesetzlich geregelten Tatbestandes ist zunächst das Vorliegen einer planwidrigen gesetzlichen Regelungslücke, die bei ähnlicher Interessenlage und vergleichbarem Normzweck durch eine entsprechende Anwendung ausgefüllt werden kann.[327] Unterlässt der Geschäftsführer oder sonstige Vertreter im Rahmen von sich anbahnenden vertraglichen Beziehungen allerdings die Zeichnung mit einem Rechtsformzusatz gemäß § 35a Abs. 1 GmbHG, so stellt sich dies als klas-

---

322 Canaris, Handelsrecht, § 6 Rn. 42

323 Michalski, in: Michalski, GmbHG, Bd. 1, § 4 Rn. 109; Canaris, Handelsrecht, § 6 Rn. 45.

324 Im Ergebnis ebenso Heinrich, in: Ulmer, GmbHG, Bd. 1, § 4 Rn. 38.

325 K. Schmidt, Handelsrecht, § 12 III 1. c).

326 Ebenso Haas, DStR 2006, S. 993 (2856); Altmeppen, ZIP 2007, S. 889 (894); Brinkmann, IPRax 2008, S. 30 (32).

327 Coing/Honsell, in: Staudinger BGB, Eckpfeiler des Zivilrechts, S. 33.

sischer Fall der nunmehr in § 311 Abs. 2 BGB kodifizierten *culpa in contrahendo* dar.[328] Insofern ist schon zweifelhaft, ob überhaupt eine planwidrige Regelungslücke gegeben ist. Die Rechtsprechung und die herrschende Lehre verweisen zwar darauf, dass für den Fall des vollmachtlosen Vertreters bzw. der Vertretung einer nicht existierenden Person diese Grundsätze in § 179 Abs. 1 BGB eine spezielle Ausprägung gefunden hätten.[329] Die Anleihe bei den Grundsätzen des *falsus procurator* für die Zeichnung ohne Rechtsformzusatz geht jedoch fehl. Denn entgegen den dargestellten Fallgruppen des § 179 Abs. 1 BGB wird hier grundsätzlich nach den Regeln über unternehmensbezogene Geschäfte mit Vertretungsmacht für einen existierenden Rechtsträger gehandelt. Die Norm des § 179 Abs. 1 BGB setzt grammatikalisch und systematisch die Nichtgeltung des Vertretergeschäfts voraus und lässt schon daher die für eine analoge Anwendung erforderliche Vergleichbarkeit der Interessenlage vermissen. Darüber hinaus ist Normzweck des § 179 BGB, dem vollmachtlosen Vertreter im Interesse des Rechtsverkehrs das von ihm geschaffene Risiko für das Nichtzustandekommen des Vertrages aufzubürden,[330] kaum vergleichbar mit Sinn und Zweck der Unternehmenspublizität, welche die Aufklärung des Rechtsverkehrs über eine bestehende Haftungsbeschränkung zum Zweck hat.[331] Bei einer Zeichnung ohne Rechtsformzusatz verwirklicht sich in der Regel nicht das Risiko des Zustandekommens eines Vertrages, sondern für den Rechtsverkehr stellt sich später heraus, dass die Gesellschafts- und Haftungsverfassung des Rechtsträgers eine andere ist als ursprünglich angenommen. Ein Zeichnen ohne gesetzlich verpflichtenden Rechtsformzusatz stellt sich daher nicht als Problem des Vertretungsrechts dar, so dass sich eine analoge Anwendung des § 179 Abs. 1 BGB nach Ansicht des Verfassers aus systemischer und teleologischer Sicht verbietet.[332]

---

328 Altmeppen, ZIP 2007, S. 889 (893).

329 BGH, Urt. v. 14.11.1969, V ZR 97/66 = NJW 1970, S. 240 (241), OLG Hamm, Urt. 05.07.1993, 22 U 95/93 = NJW 1994, S. 666; Schramm, in: MünchKommBGB, Bd. 1, § 177 Rn. 57 ff.; Schilken, in: Staudinger BGB, Buch 1 (Allgemeiner Teil 1/5), § 179 Rn. 20.

330 Haas, DStR 2006, S. 993 (2856).

331 Heidinger, in: MünchKommHGB, Bd. 1, § 19 Rn. 2.

332 Gernhuber, Bürgerliches Recht, § 8 VI 4, weist zu Recht darauf hin, dass eine alternative Haftung des Vertreters aus § 179 Abs. 1 BGB nicht in Betracht kommt, wenn die Rechtswirkung in der Person des Vertretenen kraft Vollmacht oder Anscheinsvollmacht eintritt; ebenso BGH, Urt. v. 20.01.1983, VII ZR 32/82, BGHZ 86, S. 273. So verhält es sich auch, wenn ohne den gesetzlichen Rechtsformzusatz gezeichnet wird.

Des Weiteren lässt sich die aus der Rechtsscheinhaftung in Verbindung mit § 179 Abs. 1 BGB analog ergebende Rechtsfolge einer Erfüllungshaftung des Vertreters nur schwer mit der Konzeption des § 179 BGB in Einklang bringen. Denn eine kumulative Haftung von Vertreter und Vertretenen ist den Grundsätzen über die Haftung des *falsus procurator* fremd.[333] Zwar ist in Rechtsprechung und Lehre umstritten, ob der nach den Regeln über die Anscheinsvollmacht gewährte Vertrauensschutz in der Weise zur Disposition des Gläubigers stehen soll, als dass dieser zwischen einer Inanspruchnahme des Vertreters oder des Vertretenen wählen kann.[334] Dieser Streit geht aber an der Problematik eines Zeichnens ohne Rechtsformzusatz vorbei. Eine kumulative Haftung von Vertretenem und Vertreter ist nach Ansicht des Verfassers im Falle der UG abzulehnen.

(cc) Ergebnis

Abschließend lässt sich festhalten, dass die Voraussetzungen für eine Rechtsscheinhaftung nicht gegeben sind und eine Analogie zu § 179 Abs. 1 BGB die Grenzen der allgemeinen Methodenlehre übersteigt. Weder liegt zweifelsfrei eine planwidrige Regelungslücke vor, noch rechtfertigt die Vergleichbarkeit der Sachverhalte bzw. Normzwecke eine entsprechende Anwendung der Grundsätze über den *falsus procurator*. Die Ablehnung der von der herrschenden Ansicht vertretenen Rechtsscheinhaftung des Geschäftsführers oder sonstigen Vertreters hat im Übrigen keineswegs unbillige Schutzlücken auf Seiten der Gläubiger zur Folge. Ein ausreichender Schutz des Rechtsverkehrs lässt sich in dogmatisch überzeugender Weise über die Grundsätze der *culpa in contrahendo* sowie über eine Deliktshaftung des Vertreters wegen schuldhafter Verletzung eines Schutzgesetzes erreichen.

Insofern ist nicht nachvollziehbar, wieso die herrschende Ansicht eine Lösung über die Grundsätze des *falsus procurator* annimmt.

333 Im Allgemeinen Brinkmann, IPRax 2008, S. 30 (32); K. Schmidt, in: FS Gernhuber, S. 435.

334 Die h.M. lehnt ein solches Wahlrecht ab. BGH, Urt. v. 20.01.1983, VII ZR 32/82, BGHZ 86, S. 273; BGH, Urt. 05.03.1998, III ZR 183/96 = NJW 1998, S. 1854; Schramm, in: MünchKommBGB, Bd. 1, § 167 Rn. 75 m.w.N.; a.A. Schilken, in: Staudinger BGB, Buch 1 (Allgemeiner Teil 1/5), § 167 Rn. 44 und § 177 Rn. 26.

(iii) Haftung aus *culpa in contrahendo*

Bereits an anderer Stelle wurde darauf verwiesen, dass ein Zeichnen ohne Rechtsformzusatz durch den Geschäftsführer oder sonstige zur Vertretung bevollmächtigte Dritte einer GmbH im Allgemeinen bzw. einer UG im Besonderen möglicherweise eine schuldhafte Verletzung vorvertraglicher Aufklärungs- und Informationspflichten darstellt, welche zu einer Haftung der Gesellschaft nach den Grundsätzen der *culpa in contrahendo* gemäß § 311 Abs.2 i.V.m. §§ 280 Abs. 1, 249 ff. BGB sowie unter den zusätzlichen Voraussetzungen von § 311 Abs. 3 BGB zu einer Haftung des handelnden Geschäftsführers oder sonstigen Vertreters führen kann. In den hier interessierenden Konstellationen geht es in der Regel um Fälle, in denen die Firma einschließlich Rechtsformzusatz zwar korrekt in das Handelsregister eingetragen ist, jedoch im Rechtsverkehr fehlerhaft geführt wird.[335]

(aa) Schuldhafte Verletzung einer Aufklärungspflicht

Der Vorwurf eines schadensersatzbegründenden Verhaltens in Fällen, in denen es der Geschäftsführer oder der sonstige Vertreter unterlässt, den Vertragspartner auf die besonderen Gesellschafts- und Haftungsverhältnisse der UG hinzuweisen, indem er im geschäftlichen Schriftverkehr gemäß § 35a Abs. 1 Satz 1 GmbHG mit korrekter und vollständiger Firmierung zeichnet, lässt sich nur dann begründen, wenn der Gesellschaft bzw. deren gesetzlichen Vertretern eine Aufklärungspflicht über die Rechtsform und damit mittelbar über die besonderen Risiken einer haftungsbeschränkten Gesellschaft obliegt.

(1) Vorvertragliche Aufklärungspflicht

Grundsätzlich ist in Übereinstimmung mit der Rechtsprechung des Bundesgerichtshofs festzuhalten, dass bei der Anbahnung eines Vertrages der anderen Partei nur diejenigen entscheidungserheblichen Umstände mitzuteilen sind, über die die andere Partei eine Aufklärung nach den Grundsätzen von Treu und Glauben redlicherweise erwarten darf.[336] Eine Aufklärungspflicht wird regel-

---

335 Insofern missverständlich Canaris, Handelsrecht, § 6 Rn. 38, der zwischen den hier einschlägigen Fallgruppen und einer inkorrekten Firmierung wegen eines fehlenden Rechtsformzusatzes im Handelsregister differenziert. Letzterer Fall dürfte in der Praxis hingegen nahezu ausgeschlossen sein; so zutreffend Altmeppen, ZIP 2007, S. 889 (893).

336 Zunächst ist es die eigenständige Pflicht einer jeden Vertragspartei sich selbst über die Umstände, die für die Vertragsentscheidung maßgeblich sind, sowie über Art und

mäßig nur dann angenommen, wenn wegen der besonderen Umstände des Einzelfalls davon auszugehen ist, dass der künftige Vertragspartner nicht hinreichend unterrichtet ist und die Verhältnisse nicht ausreichend durchschaut.[337] Für den Rechtsverkehr ist im Rahmen von Vertragsverhandlungen bei unternehmensbezogenen Geschäften in der Regel nicht ohne Weiteres ersichtlich, ob mit einem Einzelkaufmann, einer Personenhandelsgesellschaft oder einer Kapitalgesellschaft kontrahiert wird. Folglich verpflichten eine Reihe von handels- und gesellschaftsrechtlichen Bestimmungen (§§ 37a, 125a, 177a HGB, § 80 AktG, § 35a GmbHG) den Geschäftsführer oder sonstigen Vertreter eines Handelsgewerbes, auf Geschäftsbriefen und ähnlichen Dokumenten die Rechtsform anzugeben.[338] Somit statuieren diese Vorschriften eine entsprechende vorvertragliche Aufklärungspflicht. Unterlässt es der Geschäftsführer oder der sonstige Vertreter schuldhaft unter vollständiger und korrekter Angabe der Rechtsform zu zeichnen, begründet dies einen Schadensersatzanspruch nach §§ 311 Abs. 2 Nr. 1, 241 Abs. 2 BGB gegen die Gesellschaft als aufklärungspflichtige Vertragspartei. Ein Verschulden ihres Geschäftsführers oder sonstigen Vertreters muss sich die Gesellschaft entsprechen § 31 BGB bzw. § 278 BGB zurechnen lassen.

Für die UG gilt nach den bisherigen Ausführungen im Besonderen, dass der mit der Gesellschaft kontrahierende Vertragspartner durch den Rechtsformzusatz über die Gesellschafts- und Haftungsverhältnisse im Außenverhältnis zutreffend zu informieren ist. Nach der gesetzgeberischer Konzeption soll der besondere Rechtsformzusatz der UG sicherstellen, dass der Rechtsverkehr nicht über die möglicherweise geringe Kapitalausstattung im Unklaren gelassen

---

Umfang der Vertragspflichten im eigenen Interesse Klarheit zu verschaffen. Siehe BGH, Urt. v. 17.10.85, IX ZR 168/84 = NJW-RR 1986, S. 210; BGH, Urt. v. 09.04.1992, IX ZR 145/91 = NJW-RR 1992, S. 1005; BGH, Urt. v. 15.04.1997, IX ZR 112/96 = NJW 1997, S. 3230 (3231); Emmerich, in: MünchKommBGB, Bd. 2, § 311 Rn. 101.

337 BGH, Urt. v. 27.11.1990, XI ZR 308/89 = NJW 1991, S. 693; BGH, 16.01.1996, XI 151/95 = NJW 1996, S. 1206 (1207).

338 Diese dem Rechtsgedanke der Unternehmenspublizität entstammende Verpflichtung soll dem Rechtsverkehr die Möglichkeit geben, sich über die Gesellschafts- und Haftungsverhältnisse im Außenverhältnis ein verlässliches Bild zu machen; vgl. Heidinger, in: MünchKommHGB, Bd. 1, § 19 Rn. 2; Emmerich, in: MünchKommBGB, Bd. 2, § 311 Rn. 96.

wird.[339] Dem Rechtsformzusatz *„Unternehmergesellschaft (haftungsbeschränkt)“* bzw. *„UG (haftungsbeschränkt)“* in § 5a Abs. 1 GmbHG kommt gegenüber den Parallelvorschriften in § 19 Abs. 2 HGB, § 4 AktG oder § 4 GmbHG insofern eine besondere Warnfunktion zu.[340] Diese Aufklärungspflicht hat in § 35a Abs. 1 Satz 1 GmbHG eine besondere Ausprägung und Konkretisierung gefunden.

(2) Erfordernis einer schriftlichen Aufklärungspflichtverletzung

Eine pflichtwidrige Verletzung vorvertraglicher Aufklärungspflichten nach den Grundsätzen der *culpa in contrahendo* kommt nach Ansicht des Verfassers nur dann in Betracht, wenn im Rechtsverkehr ohne Rechtsformzusatz gezeichnet wird.[341] Das Gesetz bringt in § 35a Abs. 1 Satz 1 GmbHG unmissverständlich zum Ausdruck, dass im Rechtsverkehr der Pflicht, auf Geschäftsbriefen die Rechtsform neben anderen zwingenden Angaben zu nennen, die maßgebliche Bedeutung zukommt. Der Begriff des Geschäftsbriefes ist entsprechend dem Schutzzweck von § 35a Abs. 1 Satz 1 GmbHG weit zu fassen und beinhaltet jede von der Gesellschaft ausgehende schriftliche Mitteilung, die deren geschäftlichen Betätigung betrifft – und zwar sowohl innerhalb als auch außerhalb bestehender Geschäftsverbindungen.[342] Erfasst ist somit sowohl die vorvertragliche schriftliche Kommunikation mit dem potentiellen Vertragspartner (Verkaufsangebote, Auftragsbestätigungen oder Preislisten) als auch die vertragliche Korrespondenz (Lieferscheine, Rechnungen oder Mahnungen).[343] Eine Haftung wegen schuldhafter Verletzung von vorvertraglichen Aufklärungspflichten allein

339 RegE., BT-Drucks. 16/6140, S. 31.

340 RegE., BT-Drucks. 16/6140, S. 75. Unter Verweis auf die gläubigerschützenden Maßnahmen des GmbHG sowie insbesondere auf die abweichende Bezeichnung in § 5a Abs. 1 GmbHG lehnt der Gesetzgeber Forderungen nach weiteren Maßnahmen zum Schutz der Gläubiger ab.

341 So die allgM. in Bezug auf eine mögliche Haftung des zeichnenden Geschäftsführers oder sonstigen Vertreters; dazu bereits 3. KapitelB.II.2(a)(ii)(aa). Insofern ist Haas zu widersprechen, der in dieser von der herrschenden Ansicht in der Literatur vorgenommenen Haftungsrestriktion eine Unvereinbarkeit mit den Grundsätzen der Haftung aus culpa in contrahendo sieht – ohne dies gleichwohl näher zu begründen; vgl. Haas, NJW 1997, S. 2854 (2857).

342 Paefgen, in: Ulmer, GmbHG, Bd. 2, § 35a Rn. 3.

343 LG Detmold, GmbHR 1991, S. 23 f. Die Ausnahme nach § 35a Abs. 2 GmbHG für bestehende Geschäftsbeziehungen setzt voraus, dass in der bisherigen Korrespondenz zumindest einmal die zwingenden Angaben gemacht worden sind.

wegen eines mündlichen Auftretens ohne Nennung der Rechtsform würde nach Ansicht des Verfassers die Aufklärungspflichten überspannen.

(3) Kausalität

Sofern eine schuldhafte Verletzung der Aufklärungspflicht im Hinblick auf das Führen eines Rechtsformzusatzes gegeben ist, stellt sich jedoch die Schwierigkeit zu bestimmen, wie sich die unzutreffend informierte Partei bei ordnungsgemäßer Aufklärung verhalten hätte – d.h. inwiefern die unterlassene Information über die Rechtsform für die Vertragsabschluss kausal war. In der Literatur ist umstritten, ob und inwieweit es zulässig sein soll, dem Geschädigten die Vermutung eines aufklärungsrichtigen Verhaltens zuzugestehen. Die Vermutung eines rationalen Verhaltens widerspräche oftmals der Realität und stelle für den aufklärungspflichtigen Teil eine erhebliche Belastung dar.[344] Mit der hier vertretenen Auffassung, wonach der Rechtsformzusatz grundsätzlich nicht geeignet ist, den Rechtsschein einer unbeschränkt persönlichen Haftung hervorzurufen, ist es nur konsequent, für den Fall einer Verletzung der Aufklärungspflicht bezüglich § 5a Abs. 1 GmbHG ein aufklärungsrichtiges Verhalten des anderen Teils gerade nicht zu unterstellen. Eine Informationsasymmetrie über Chancen und Risiken zulasten der anderen Partei und damit eine besondere Schutzbedürftigkeit derselben, wie es in den anerkannten Fällen einer Vermutung aufklärungsrichtigen Verhaltens im Kapitalmarkt- oder Prospekthaftungsrecht in der Regel der Fall ist,[345] kennzeichnet das Zeichnen im Rechtsverkehr ohne Rechtsformzusatz nicht. Die aufzuklärende Partei wird *lediglich* über die Gesellschafts- und Haftungsverhältnisse der Vertragspartei im Unklaren gelassen; eine Aussage über die Risiken des abgeschlossenen Rechtsgeschäfts lässt sich daraus nicht zwingend ableiten. Das Risiko eines Forderungsausfalls ist für den Gläubiger bei Rechtsgeschäften mit einer haftungsbeschränkten Gesellschaft nicht *per se* höher als bei Rechtsgeschäften mit unbeschränkt persönlich haftenden Einzelkaufleuten oder Personenhandelsgesellschaften. Allerdings finden die Grundsät-

---

344 Emmerich, in: MünchKommBGB, Bd. 2, § 311 Rn. 270 m.w.N.

345 Bspw. in Fällen einer fehlerhaften Anlageberatung bzw. – vermittlung oder Prospekthaftung; vgl. BGH, Urt. v. 12.11.1986, VIII ZR 280/85, BGHZ 99, S. 101 (108) = NJW 1987, S. 639; BGH, Urt. v. 28.03.1990, VIII ZR 169/89 = NJW 1990, S. 1659; BGHZ 111, S. 75 (81) f.); BGH, Urt. v. 16.11.1993, XI ZR 214/92, BGHZ 124, S. 151 (159 ff.) = NJW 1994, S. 512.

ze über die sekundäre Darlegungslast des aufklärungspflichtigen Teils Anwendung.[346]

(4) Rechtsfolgen

Die Rechtsfolgen einer schuldhaften Aufklärungspflichtverletzung hinsichtlich der Gesellschafts- und Haftungsverhältnisse der UG nach den Grundsätzen der *culpa in contrahendo* ergeben sich zunächst aus den allgemeinen Vorschriften der §§ 280 Abs. 1 i.V.m. §§ 249 ff. BGB. Im Gegensatz zu einer Haftung nach den Grundsätzen der Rechtsscheinhaftung gemäß § 179 Abs. 1 BGB analog kann der geschädigte Teil nicht Erfüllung des gescheiterten Vertrages verlangen.[347] Ein Ersatzanspruch aus §§ 311 Abs. 2 BGB setzt zwingend einen Schaden voraus, welcher vor Vertragsdurchführung regelmäßig nicht gegeben sein wird. Der geschädigte Teil ist daher in erster Linie so zu stellen, wie er ohne die von der anderen Seite zu vertretene Aufklärungspflichtverletzung stünde. Der Ersatzanspruch ist daher grundsätzlich auf das negative Interesse begrenzt, sofern bei pflichtgemäßer Zeichnung mit Rechtsformzusatz das Rechtsgeschäft nicht oder nicht so geschlossen worden wäre.[348] Der Schutzzweck des § 5a Abs. 1 GmbHG erfordert im Übrigen keine gesamtschuldnerische Haftung, welche die herrschende Ansicht im Fall einer Rechtsscheinhaftung gemäß § 179 Abs. 1 BGB analog annimmt.[349] Denn macht der geschädigte Teil geltend, er habe im Vertrauen auf eine unbeschränkt persönliche Haftung den Vertrag geschlossen, kann dies vernünftigerweise nur dann eine Rolle spielen, wenn die Gesellschaft insbesondere wegen Insolvenz nicht zur Erfüllung ihrer vertraglichen Leistungspflichten in der Lage ist und dadurch einen Schaden der Gegenseite verursacht. Ist die aufklärungspflichtige Gesellschaft leistungsfähig und -willig, ist ein Schadensersatzanspruch aus *culpa in contrahendo* typischerweise

---

346 Dazu Emmerich, in: MünchKommBGB, Bd. 2, § 311 Rn. 270.

347 Altmeppen, ZIP 2007, S. 889 (894).

348 Emmerich, in: MünchKommBGB, Bd. 2, § 311 Rn. 261. Ausnahmsweise kommt auch der Ersatz des positiven Interesses in Betracht, insbesondere wenn dem geschädigten Teil der Nachweis gelingt, dass es ohne die Aufklärungspflichtverletzung zum Abschluss eines günstigeren als des tatsächlichen Vertrages gekommen wäre. Vgl. Grüneberg, in: Palandt, BGB, § 311 Rn. 56; BGH, Urt. v. 06.04.2001, V ZR 394/99 = NJW 2001, S. 2875; BGH, Urt. v. 19.05.2006, V ZR 264/05 = NJW 2006, S. 3139.

349 BGH, Urt. v. 15.01.1990, II ZR 311/88 = NJW 1990, S. 2678 (2679); BGH, Urt. v. 24.06.1991, II ZR 283/90 = NJW 1991, S. 2627 (2628); sowie 3. KapitelB.II.2(a)(ii)(aa).

ausgeschlossen. Es wäre wenig einleuchtend, der anderen Vertragspartei einen zusätzlichen Schuldner neben der nach den Grundsätzen des unternehmensbezogenen Geschäfts verpflichteten Gesellschaft zuzugestehen.[350]

(bb) Eigenhaftung Dritter (§ 311 Abs. 3 BGB)

Verpflichteter einer Haftung aus *culpa in contrahendo* (§§ 311 Abs. 2, 241 Abs. 2 BGB) ist stets der Geschäftsherr. Die schuldhafte Verletzung von Aufklärungspflichten durch Personen, deren Hilfe sich die Gesellschaft bei den Vertragsverhandlungen bedient, muss sich die Gesellschaft nach § 31 BGB bzw. § 278 BGB zurechnen lassen.[351] Zeichnet der Geschäftsführer oder sonstige Vertreter der Gesellschaft im Rechtsverkehr unter Verletzung vorvertraglicher Aufklärungspflichten ohne Rechtsformzusatz wird sich eine Außenhaftung des Geschäftsführers oder sonstigen Vertreters nur dann begründen lassen, wenn sich dieser selbst als unbeschränkt persönlich haftender Gesellschafter geriert.

(1) Wirtschaftliches Eigeninteresse des Dritten

Ein Verschulden eines Dritten aus Vertragsverhandlungen wird zunächst dann angenommen, wenn dieser dem Verhandlungsgegenstand besonders nahesteht, weil er wirtschaftlich selbst stark an dem Vertragsschluss interessiert ist und aus dem Geschäft eigenen Nutzen zieht, insbesondere wenn der Vertreter selbst der eigentliche Vertragsinteressent ist und nur aus formalen Gründen nicht selbst als Vertragspartei, sondern als Vertreter auftritt (*procurator in rem suam*).[352] Diese Fallgruppe scheint für den Gesellschaftergeschäftsführer einer GmbH einschlägig zu sein. Doch nach zutreffender Ansicht stellt die bloße Beteiligung an einer

---

350 Ebenso Canaris, Handelsrecht, § 6 Rn. 49; Altmeppen, ZIP 2007, S. 889 (894).

351 BGH, Urt. v. 29.11.1954, III ZR 84/53 = NJW 1955, S. 297; BGH, Urt. v. 07.05.1998, II ZR 268/96 = NJW-RR 1998, S. 1342. Dabei kommt es nicht auf das Innenverhältnis zwischen Verhandlungsgehilfe und Geschäftsherren an; ein Verschulden muss sich der Geschäftsherr selbst dann zurechnen lassen, wenn ein Vertreter ohne Vertretungsmacht gehandelt hat, sofern das Rechtsgeschäft nachträglich genehmigt wird oder der vollmachtlose Vertreter zugleich Verhandlungsgehilfe im Sinne von § 278 BGB ist.

352 Dazu grundlegend RGZ 120, S. 249 (252 f.); BGH, Urt. v. 29.01.1975, VIII ZR 101/73, BGHZ 63, S. 382 (384 ff.) = NJW 1975, S. 642; BGH, Urt. v. 06.06.1994, II ZR 292/91, BGHZ 126, S. 181 (183 ff.) = NJW 1994, S. 2220; BGH, Urt. v. 20.03.1995, II ZR 205/94, BGHZ 129, S. 136 (170 ff.) (Girmes) = NJW 1995, S. 1739; Emmerich, in: MünchKommBGB, Bd. 2, § 311 Rn. 236 ff.; Löwisch, in: Staudinger BGB, Buch 2 (Vertragsschluss), § 311 Rn. 149 ff.; Ulmer, NJW 1983, S. 1577; Brandner, in: FS Werner, S. 53 ff.; Medicus, in: FS Steindorff, S. 725 ff.

Gesellschaft keine tragfähige Grundlage für eine Dritthaftung wegen Verschuldens bei Vertragsverhandlungen dar.[353] Eine so begründete Haftung des Gesellschaftergeschäftsführers steht im Wertungswiderspruch zum Haftungsregime des § 13 Abs. 2 GmbHG, wonach für die Verbindlichkeiten der Gesellschaft grundsätzlich nur das Gesellschaftsvermögen haftet. Insbesondere bei der Einpersonengesellschaft – und damit regelmäßig bei der UG – würde eine Eigenhaftung des Gesellschaftergeschäftsführers wegen wirtschaftlichen Eigeninteresses gemäß § 311 Abs. 3 Satz 1 BGB im Ergebnis zu einem Haftungsdurchgriff führen.[354] Dies gilt auch für den Fall eines *procurator in rem suam*.[355] Das wirtschaftliche Interesse eines Fremdgeschäftsführers stellt sich in der Regel nur als mittelbares wirtschaftliches Interesse an dem Rechtsgeschäft dar, etwa in Gestalt von Provisionen oder Gewinnbeteiligungen, und reicht richtigerweise nicht aus, um eine Eigenhaftung nach §§ 311 Abs. 3 Satz 1 BGB zu begründen.[356] Letztlich ist eine Eigenhaftung des Geschäftsführers oder sonstigen Vertreters wegen wirtschaftlichem Eigeninteresse für den Fall einer *culpa in contrahendo* wegen Verletzung von Aufklärungspflichten über die Gesellschafts- und Haftungsverhältnisse zumindest in der missbrauchsanfälligen Konstellation des Gesellschaftsgeschäftsführers in der UG nicht einschlägig.

(2) Besonderes persönliches Vertrauen

Nimmt der Geschäftsführer oder sonstige Vertreter besonderes persönliches Vertrauen in Anspruch, stehen einer möglichen Eigenhaftung zwar keine vergleichbaren dogmatischen Bedenken entgegen. Im Ergebnis dürfte sich eine Haftung dennoch nur in wenigen Fallkonstellationen begründen lassen.[357] Ein besonderes persönliches Vertrauen im Sinne von § 311 Abs. 3 Satz 2 BGB muss richtigerweise über das Maß an Verhandlungsvertrauen hinausgehen, das dem

---

353 Emmerich, in: MünchKommBGB, Bd. 2, § 311 Rn. 241; Brandner, in: FS Werner, S. 53 (59); Medicus, in: FS Steindorff, S. 725 (728); BGH, Urt. v. 06.06.1994, II ZR 292/91, BGHZ 126, S. 181 (183 ff.) = NJW 1994, S. 2220 (2221); BGH, Urt. v. 05.10.1989, VII ZR 325/87 = NJW 1989, S. 292.

354 Zutreffend Medicus, in: FS Steindorff, S. 725 (729); Brandner, in: FS Werner, S. 53 (59); Ulmer, NJW 1983, S. 1577 (1579).

355 Medicus, in: FS Steindorff, S. 725 (733).

356 BGH, Urt. v. 17.06.1991, II ZR 171/90 = NJW-RR 1991, S. 1241; BGH, Urt. v. 29.01.1997, VII ZR 365/95 = NJW 1997, S. 1233; BGH, Urt. v. 13.12.2005, KZR 12/04 = NJW-RR 2006, S. 993 (994).

357 Emmerich, in; MünchKommBGB, Bd. 2, § 311 Rn. 241; Medicus, in: FS Steindorff, S. 725, S. 725 (741).

Verhandlungsgehilfen bei der Anbahnung von Geschäftsbeziehungen regelmäßig entgegengebracht wird; ein solches ist beispielsweise gegeben, wenn der Geschäftsführer oder sonstige Vertreter eine zusätzliche, von ihm persönlich ausgehende Gewähr für den Bestand und die Erfüllung des Rechtsgeschäfts bietet und so die Vertragsverhandlungen und den Vertragsschluss maßgeblich beeinflusst (Seriositätsgewähr).[358] Das Merkmal der Inanspruchnahme besonderen persönlichen Vertrauens ist restriktiv auszulegen und auf Fälle zu beschränken, in denen der Verhandlungsgehilfe eine zusätzliche persönliche Gewähr für das Gelingen des Geschäfts übernimmt.[359] Andernfalls würde sich das Haftungsrisiko mit dem Maß an Vertrauen vergrößern, das der Geschäftsführer oder sonstige Vertreter im Rahmen seiner professionellen Aufgabenerfüllung als Verhandlungsgehilfe des Geschäftsherrn zu erwecken vermag. Eine solche extensive Ausdehnung der Eigenhaftung nach § 311 Abs. 3 Satz 2 BGB würde das im kaufmännischen Geschäftsverkehr geltende Repräsentationsprinzip, wonach die vertragliche wie vorvertragliche Haftung für Verschulden des Vertreters oder Gehilfen grundsätzlich dem vertretenen Geschäftsherrn zugerechnet wird, aushöhlen.[360]

Für den Fall des Geschäftsführers oder sonstigen Vertreters, der unter Verletzung der vorvertraglichen Aufklärungspflichten im Rechtsverkehr ohne Rechtsformzusatz zeichnet, erlangen die dargestellten Grundsätze nach Ansicht des Verfassers dann Relevanz, wenn sich der Geschäftsführer oder sonstige Vertreter selbst als unbeschränkt persönlich haftender Gesellschafter ausgibt. Nur in dieser Konstellation nutzt der Geschäftsführer oder sonstige Vertreter eine persönliche Vertrauenswürdigkeit in dem Maße aus, als dass die andere Partei in der angeblich unbeschränkt persönlichen Haftung eine Gewähr für die Durchführbarkeit des Rechtsgeschäfts, zumindest jedoch Gewähr für den Ausfall der

---

358 BGH, Urt. v. 08.10.1987, IX ZR 143/86 = NJW-RR 1988, S. 615 (616); BGH, Urt. v. 01.10.1988, X ZR 57/87 = NJW-RR 1989, S. 110 (111 f.); Brandner, in: FS Werner, S. 53 (61); Löwisch, in: Staudinger BGB, Buch 2 (Vertragsschluss), § 311 Rn. 154.

359 Gewissermaßen eine im Vorfeld abgegebene Zusicherung oder Garantie aufgrund seiner eigener Sachkunde und Zuverlässigkeit. Vgl. BGH, Urt. v. 11.10.1988, X ZR 57/87 = NJW-RR 1989, S. 110; BGH, Urt. v. 17.06.1991. II ZR 171/90 = NJW-RR 1991, S. 1241 (1242); BGH, Urt. v. 13.06.2002, VII ZR 30/01 = NJW-RR 2002, S. 1309; BGH, Urt. v. 13.12.05, KZR 12/04 = NJW-RR 2006, S. 993 (994); Grüneberg, in: Palandt, BGB, § 311 Rn. 63.

360 Brandner, in: FS Werner, S. 53 (59).

eigentlichen Vertragspartei bietet.[361] Erweckt der Geschäftsführer oder sonstige Vertreter hingegen den Eindruck, ein unbekannter Dritte hafte persönlich unbeschränkt, lässt sich eine Eigenhaftung nach § 311 Abs. 3 Satz 2 BGB nicht begründen.

(cc) Ergebnis

In der UG kommt der Firmierung unter Verwendung des zwingenden Rechtsformzusatzes „*Unternehmergesellschaft (haftungsbeschränkt)*“ für den Schutz des Rechtsverkehrs eine besondere Bedeutung zu. Es ist daher nur konsequent, die Offenlegung der speziellen Gesellschafts- und Haftungsverhältnisse der UG als vorvertragliche Aufklärungspflicht einzuordnen, welche in § 35a Abs. 1 Satz 1 BGB eine spezielle gesetzliche Normierung gefunden hat. Eine schuldhaften Verletzung der Pflicht zur Führung eines Rechtsformzusatzes im geschäftlichen Schriftverkehr gemäß § 35a Abs. 1 Satz 1 i.V.m. § 5a Abs. 1 GmbHG ist dogmatisch der Haftung aus *culpa in contrahendo* (§§ 311 Abs. 2, 241 Abs. 2 BGB) zuzuordnen.[362] Eine Eigenhaftung des (Gesellschafter-) Geschäftsführers oder sonstigen Vertreters kommt nur bei Inanspruchnahme besonderen persönlichen Vertrauens unter den zusätzlichen Bedingungen des § 311 Abs. 3 Satz 2 BGB in Betracht. Eine Haftung aus § 311 Abs. 3 Satz 2 BGB dürfte allerdings auf diejenigen Fälle beschränkt sein, in denen sich der Vertreter gegenüber dem Vertragspartner ausdrücklich oder zumindest konkludent als unbeschränkt persönlich haftender Gesellschafter ausgibt und somit gegenüber der anderen Partei einen Vertrauenstatbestand schafft. Der Anwendungsbereich eine Haftung des handelnden Geschäftsführers oder sonstigen Vertreters aus *culpa in contrahendo* dürfte damit auf wenige Ausnahmefälle beschränkt und wesentlich enger gefasst sein als im Fall einer Rechtsscheinhaftung entsprechend § 179 Abs. 1 BGB. Dieser vergleichsweise restriktive Ansatz überzeugt nicht nur aufgrund der dogmatischen Anknüpfung. Darüber hinaus wird der allgemeine zivilrechtliche Grundsatz, dass die Eigenhaftung von Organen und Vertretern in (vor-)vertraglichen Sonderbeziehungen auf Ausnahmefäl-

361 Im Ergebnis ähnlich Medicus, in: FS Steindorff, S. 725 (736 f.).

362 So auch Zöllner/Noack, in: Baumbach/Hueck, § 35a Rn. 25; Wicke, GmbHG,§ 35a Rn. 2, LG Frankfurt/Main, Urt. v. 26.04.2001, 2/24 S 342/00 = NJW-RR 2001, S. 1423 (1425).

le beschränkt und an sehr hohe Anforderungen geknüpft ist,[363] besser berücksichtigt. Es überzeugt nicht, den Gläubigern über eine dogmatisch fragwürdige Konstruktion einer Rechtsscheinhaftung entsprechend § 179 Abs. 1 BGB aus bloßen Billigkeitserwägungen einen zusätzlichen Schuldner in Person des Geschäftsführers oder sonstigen Vertreters zu gewähren, welcher sogar auf das Erfüllungsinteresse in Anspruch genommen werden könnte.

Die weitere Analyse wird schließlich zeigen, dass trotz dieser restriktiven Auslegung weder Schutzlücken zu befürchten sind noch Wertungswidersprüche zum Normzweck des § 5a Abs. 1 GmbHG entstehen. Im Übrigen ist darauf zu verweisen, dass der Geschäftsführer nicht die in den Angelegenheiten der Gesellschaft erforderliche Sorgfalt anwendet, wenn er schuldhaft im Rechtsverkehr ohne Rechtsformzusatz zeichnet. Ist die Gesellschaft nicht zahlungsfähig, steht es dem Geschädigten offen, deren Schadensersatzanspruch aus § 43 Abs. 2 GmbHG pfänden und einziehen zu lassen.

(iv) Die Pflicht zur Führung eines Rechtsformzusatzes als Schutzgesetz

Die besondere Bedeutung, die der Gesetzgeber dem Rechtsformzusatz nach § 5a Abs. 1 GmbHG für den Gläubigerschutz in der UG beimisst, macht es nach Ansicht des Verfassers erforderlich, dem Schutzgesetzcharakter von § 5a Abs. 1 GmbHG respektive § 35a Abs. 1 Satz 1 GmbHG nachzugehen. Der Schutzgesetzcharakter von § 4 GmbHG wird bislang überwiegend abgelehnt.[364]

(aa) § 35a Abs. 1 i.V.m. § 5a Abs. 1 GmbHG als Schutzgesetz

Wer widerrechtlich gegen ein den Schutz eines anderen bezweckendes Gesetz verstößt, ist diesem zum Ersatz des daraus entstandenen Schadens gemäß § 823 Abs. 2 BGB verpflichtet. Nach ständiger Rechtsprechung ist eine Rechtsnorm

---

363 BGH, Urt. v. 19.02.2008, XI ZR 170/07 = NJW 2008, S. 1734 (1736); Ellenberger, in: Palandt, BGB, Einf. von § 21 Rn. 12; Medicus, in: FS Steindorff, S. 725 (741); vgl. auch 3. KapitelB.II.2(a)(ii).

364 Altmeppen, ZIP 2007, S. 889 (894); Brinkmann, IPRax 2008, S. 30 (36); a.A. Haas, NJW 1997, S. 2854 (2857). In Literatur und Rechtsprechung wird der Charakter von § 5a Abs. 1 GmbHG als Schutzgesetz i.S.v. § 823 Abs. 2 BGB nicht diskutiert. Wicke, GmbHG, § 5a Rn. 6 und § 35 Rn. 21; Roth, in: Roth/Altmeppen, GmbHG, § 5a Rn. 8; sowie Lutter, in: Lutter/Hommelhoff, GmbHG, § 5a Rn. 26 stellen lediglich auf die von der Rechtsprechung entwickelten Grundsätze zur Rechtsscheinhaftung nach § 179 Abs. 1 BGB analog ab; Miras, Unternehmergesellschaft, Rn. 193 wirft das Problem auf, ohne jedoch Stellung zu beziehen.

dann als Schutzgesetz zu qualifizieren, wenn sie nach dem Willen des Gesetzgebers gerade dazu bestimmt ist, zumindest auch den Einzelnen oder einzelne Personenkreise gegen die Verletzung eines Rechtsguts zu schützen, selbst wenn die Norm in erster Linie den Schutz der Interessen der Allgemeinheit bezweckt.[365] Der Schutz der Interessen des Einzelnen oder einzelner Personenkreise muss demnach im Aufgabenbereich der Norm liegen und nicht als bloßer Reflex ihrer Befolgung eintreten.[366] Zur Konkretisierung des Anwendungsbereichs ist neben dem individualschützenden Normzweck zu fordern, dass die verletzte Person dem personellen Schutzbereich unterfällt, das verletzte Interesse vom sachlichen Schutzbereich erfasst und schließlich der modale Schutzbereich eröffnet ist, der dem Umstand Rechnung trägt, dass einzelne Verhaltensnormen einzelne Rechtsgüter nur vor bestimmten Eingriffen schützen.[367]

Legt man diese Kriterien zugrunde, lässt sich der Schutzzweckcharakter der einen Rechtsformzusatz vorschreibenden Normen nicht ohne Weiteres erkennen. Der zwingende Rechtsformzusatz sichert die im Rechtsverkehr erforderliche Publizität und trägt mit der Pflicht zur Angabe auf Geschäftsbriefen (§ 35a Abs. 1 Satz 1 GmbHG, § 80 Abs. 1 AktG, § 37a Abs. 1 Satz 1 HGB) zum Gläubigerschutz bei.[368] Zweifelhaft ist, ob diese Normen in personaler und sachlicher Hinsicht dazu bestimmt sind, Vertrauensschäden derjenigen Personen zu ersetzen, welche sich mit der Gesellschaft einlassen.[369] Die entsprechenden Vorschriften konkretisieren zunächst nur die firmenrechtlichen Vorgaben und schützen Individualinteressen allenfalls mittelbar.[370] Im Gegensatz zu den Rechtsnormen der §§ 4 GmbHG, 4 AktG, 19 Abs. 2 HGB kommt dem Rechtsformzu-

---

365 AllgM. RGZ 128, S. 298 (300); BGH, Urt. 13.12.1988, VI ZR 235/87 BGHZ 106, S. 204 (206) = NJW 1989, S. 974; BGH, Urt. 21.10.1991, II ZR 204/90, BGHZ 116, S. 7 (13) = NJW 1992, S. 241; BGH, Urt. v. 26.02.1993, V ZR 74/92, BGHZ 122, S. 1 (3) = NJW 1993, S. 1580; zustimmend Spickhoff, in: Soergel BGB, Bd. 12, § 823 Rn. 195; Wagner, in: MünchKommBGB, Bd. 5, § 823 Rn. 346; Hager, in: Staudinger BGB, Buch 2 (Deliktsrecht), § 823 G Rn. 19.

366 BGH, Urt. v. 11.01.2005, VI ZR 34/04 = NJW-RR 2005, S. 673; BGH, Urt. v. 14.06.2005, VI ZR 185/04 = NJW 2005, S. 2923 (2924); BGH, VersR 2005, S. 238.

367 Wagner, in: MünchKommBGB, Bd. 5, § 823 Rn. 349.

368 K. Schmidt, Handelsrecht, § 11 I 1.; Heidinger, in: MünchKommHGB, Bd. 1, § 19 Rn. 2.

369 Altmeppen, ZIP 2007, S. 889 (894).

370 Brinkmann, IPRax 2008, S. 30 (36). Den Normen lässt sich eine drittschützende Wirkung nicht daher völlig absprechen.

satz *„Unternehmergesellschaft (haftungsbeschränkt)"* im Rahmen des § 5a GmbHG hingegen eine besondere Bedeutung für den Gläubigerschutz zu.[371] Während der Schutz von Individualinteressen bei §§ 4 GmbHG, 4 AktG oder § 19 Abs. 2 HGB eher Reflex der allgemeinen Unternehmenspublizität darstellt, soll dem Rechtsformzusatz in der UG nach der gesetzlichen Konzeption eine zentrale individualschützenden Funktion zukommen, welche eine Einordnung als Schutzgesetz rechtfertigen könnte.[372] Letztlich kann eine Diskussion über den Schutzgesetzcharakter von §§ 5a Abs. 1 GmbHG dahinstehen. Denn nach unstreitiger Auffassung ist jedenfalls § 35a Abs. 1 Satz 1 GmbHG Schutzgesetz i.S.v. § 823 Abs. 2 BGB.[373]

§ 35a Abs. 1 Satz 1 GmbHG stellt für die gesetzlichen Vertreter nicht nur eine Verhaltenspflicht auf, welche in Verbindung mit § 5a Abs. 1 GmbHG dem Schutz von Individualinteressen unmittelbar dient. Sie erfasst durch die Bezugnahme auf einen bestimmten Empfänger auch in personeller und sachlicher Hinsicht die Interessen der Gesellschaftsgläubiger. Im Hinblick auf den modalen Schutzbereich ergibt sich nach dem oben Gesagten im Rahmen von § 823 Abs. 2 BGB ebenfalls die Einschränkung, dass eine widerrechtliche und schuldhafte Schutzgesetzverletzung nur in Betracht kommt, wenn im Schriftverkehr ohne

---

371 RegE., BT-Drucks. 16/6140, S. 31, 75. Der Rechtsformzusatz als Mittel des Gläubigerschutzes kommt in der regulären GmbH, AG, Personenhandelsgesellschaft sowie Einzelkaufleuten allenfalls eine ergänzende Rolle zu. Gesellschafter einer Personenhandelsgesellschaft und Einzelkaufleute haften den Gläubigern ohnehin grundsätzlich persönlich unbeschränkt (vgl. § 128 HGB). Im Kapitalgesellschaftsrecht soll primär der gesetzliche Kapitalschutz den Schutz der Gesellschaftsgläubiger gewährleisten; vgl. Fleischer, in: Michalski, GmbHG, Bd. 1, Syst. Darst. 5, Rn. 6; K. Schmidt, Gesellschaftsrecht, § 37 I.2.

372 Zum gleichen Ergebnis kommt Schreiber, DZWIR 2009, S.492 (494).

373 Paefgen, in: Ulmer, GmbHG, Bd. 2, § 35a Rn. 25; Kleindiek, in: Lutter/Hommelhoff, GmbHG, § 35a Rn. 6; Altmeppen, in: Roth/Altmeppen, GmbHG, § 35a Rn. 8; Lenz, in: Michalski, GmbHG, Bd. 2, § 35a Rn. 13; Haas, NJW 1997, S. 2854 (2857); LG Detmold, Urt. v. 20.10.1989, 9 O 402/89 = NJW-RR 1990, S. 994 (995). Gleiches gilt im Übrigen nach herrschender Ansicht auch für die Parallelvorschrift des § 80 Abs. 1 Satz 1 AktG, vgl. Hefermehl/Spindler, in: MünchKommAktG, Bd. 2, § 80 Rn. 25. Der Schutzgesetzcharakter des § 37a HGB wird in der Literatur hingegen mit dem Hinweis auf eine geringere Schutzbedürftigkeit des Rechtsverkehrs bei Personenhandelsgesellschaft verneint; vgl. statt vieler Hopt, in: Baumbach/Hopt, § 37a Rn. 8.

Rechtsformzusatz gezeichnet wird.[374] Sofern das Tatbestandsmerkmal des Geschäftsbriefes im Rahmen von § 35a Abs. 1 Satz 1 GmbHG weit ausgelegt wird und die Verhaltensnorm sowohl bei bestehenden Geschäftsverbindungen als auch im vorvertraglichen Raum gilt, deckt der Anwendungsbereich von § 35a Abs. 1 Satz 1 GmbHG alle relevanten Fälle ab, bei denen bisher eine unbeschränkt persönliche Haftung des handelnden Geschäftsführers oder sonstigen Vertreters im Wege einer Rechtsscheinhaftung entsprechend § 179 Abs. 1 BGB in Betracht gezogen worden ist. Insofern ist ein Rückgriff auf § 5a Abs. 1 GmbHG nicht erforderlich. Die relevante Verhaltenspflicht des Geschäftsführers oder sonstigen Vertreters wird in § 35a Abs. 1 Satz 1 GmbHG normiert und im Hinblick auf den Rechtsformzusatz durch die firmenrechtliche Vorschrift des § 5a Abs. 1 Satz 1 GmbHG konkretisiert. Der Schutzgesetzcharakter ergibt sich somit aus dem Zusammenspiel von § 35a Abs. 1 Satz 1 GmbHG und § 5a Abs. 1 GmbHG.[375]

(bb) Ersatz des negativen Interesses

Der deliktische Schadensersatzanspruch bemisst sich nach den Regeln über den Ersatz des negativen Interesses; nur wenn der Verletzte darlegen kann, dass bei Unterbleiben der unerlaubten Handlung der Vertrag mit einem anderen Inhalt zustande gekommen wäre' kann im Einzelfall das Erfüllungsinteresse verlangt werden.[376] Die mittels eines zwingenden Rechtsformzusatzes beabsichtigte

---

374 Eine Haftung auch bei mündlichen Verstößen kommt nach Ansicht des Verfassers nur dann in Betracht, wenn auf ausdrückliche Nachfrage falsche Angaben über die Rechtsform gemacht werden; im Fall einer gezielten falschen Angabe dürfte daher regelmäßig der Anwendungsbereich des § 826 BGB ebenfalls eröffnet sein. Insofern ist Haas, NJW 1997, S. 2854 (2857), zu widersprechen, der sich zwar für eine Haftung aus § 823 Abs. 2 BGB ausspricht, eine Haftungsrestriktion für Fälle einer fehlerhaften Firmenbezeichnung im Schriftverkehr ablehnt.

375 Ebenso zu § 4 GmbHG Heinrich, in: Ulmer, GmbHG, Bd. 1, § 4 Rn. 38.

376 BGH, Urt. v. 25.11.1997, VI ZR 402/90 = NJW 1998, S. 983 (984) mit Verweis auf RGZ 103, S. 154 (159 f.); BGH, Urt. v. 30.05.2000, IX ZR 121/99 = NJW 2000, S. 2669 (2670); Sprau, in: Palandt, BGB, Einf. von § 823 Rn. 17; Schiemann, in: Staudinger BGB, Buch 2 (Vertragsschluss), § 249 Rn. 195; a.A. Oetker, in: MünchKommBGB, Bd. 2, § 249 Rn. 125, wonach eine Unterscheidung zwischen positivem und negativem Interesse nur bei vertraglichen oder vertragsähnlichen Schadensersatzansprüchen bedeutsam sei; bei deliktischen Schadensersatzansprüchen fehle es zwischen dem Geschädigten und Verletzten gerade an einer vertraglichen Sonderbeziehung.

Transparenz vermittelt dem Rechtsverkehr ein abstraktes Bild über die Gesellschafts- und Haftungsverhältnisse der Gesellschaft sowie zu einem gewissen Grad über die Bonität der Gesellschaft. Wird diese Erwartung wegen Verletzung der §§ 35a Abs. 1 Satz 1, 5a Abs. 1 GmbHG enttäuscht, ist es nach Ansicht des Verfassers erforderlich aber auch hinreichend, grundsätzlich nur das negative Interesse zu ersetzen. Die Rechtsform lässt *per se* keine Rückschlüsse über das konkrete Risiko eines Forderungsausfalls zu.

(cc) Konkurrenz und Bewertung

Die Aufklärungs- und Informationspflicht aus § 35a Abs. 1 Satz 1 GmbHG stellt nach *Haas* ein *„gläubigerschützendes Äquivalent"* für die in § 13 Abs. 2 GmbHG gewährte Haftungsbeschränkung dar und ist als Schutzgesetz im Rahmen von § 823 Abs. 2 BGB zu qualifizieren.[377] Allerdings muss eine Haftung wegen Schutzgesetzverletzung *„im Lichte des haftungsrechtlichen Gesamtsystems tragbar erscheinen"* und darf nicht im Widerspruch zu allgemeinen Rechtsprinzipien treten; insbesondere kommt es darauf an, ob die Interessen des Geschädigten in ausreichender Weise anderweitig abgesichert sind.[378] Denn im deliktischen Haftungssystem wird der Vermögensschutz grundsätzlich durch § 826 BGB gewährt und darf nicht durch eine ausufernde Annahme von Schutzgesetzen umgangen werden.[379] An anderer Stelle wurde bereits darauf hingewiesen, dass die Firmenführungspflicht als vorvertragliche Aufklärungs- und Informationspflicht sachnäher durch einen Anspruch aus *culpa in contrahendo* (§§ 311 Abs. 2, 241 Abs. 2 BGB) zu sanktionieren ist.[380]

Dies schließt aber die Einschlägigkeit eines konkurrierenden Schadensersatzanspruches aus § 823 Abs. 2 BGB bei Vorliegen der Anspruchsvoraus-

---

377 Haas, NJW 1997, S. 2854 (2857).

378 BGH, Urt. 03.02.1987, VI ZR 32/86, BGHZ 100, S. 13 (18 f.) = NJW 1987, S. 1818; BGH, Urt. v. 13.04.1994, II ZR 16/93, BGH, Urt. v. 21.10.1991, II ZR 204/90, BGHZ 116, S. 7 (14) = NJW 1992, S. 241; BGHZ 125, S. 366 (374) = NJW 1994, S. 1801; BGH, Urt. v. 19.02.2008, XI ZR 170/07 = NJW 2008, S. 1734 (1736); Wagner, in: MünchKommBGB, Bd. 5, § 823 Rn. 351; Hager, in: Staudinger BGB, Buch 2 (Deliktsrecht), § 823 G Rn. 4, 6; Sprau, in: Palandt, BGB, § 823 Rn. 57; a.A. Spickhoff, in: Soergel BGB, Bd. 12, § 823 Abs. 200.

379 BGH, Urt. v. 19.02.2008, XI ZR 170/07 = NJW 2008, S. 1734 (1736).

380 Insofern zutreffend Altmeppen, ZIP 2007, S. 889 (894); Brinkmann, IPRax 2008, S. 30 (36).

setzungen grundsätzlich nicht aus.[381] Insbesondere im Hinblick auf die strengen Voraussetzungen einer Eigenhaftung nach § 311 Abs. 3 BGB kann durchaus ein Bedürfnis für einen deliktsrechtlichen Schadensersatzanspruch bestehen. Nach dem Willen des Gesetzgebers kommt dem Rechtsformzusatz in der UG eine besondere Stellung im Gläubigerschutzsystem zu, die es nach Ansicht des Verfassers rechtfertigt, trotz Einschlägigkeit einer Haftung aus vorvertraglicher Pflichtverletzung kumulativ im Sinne einer Anspruchsgrundlagenkonkurrenz eine Haftung aus § 823 Abs. 2 BGB i.V.m. §§ 35a Abs. 1 Satz 1, 5a Abs. 1 GmbHG anzunehmen. Ein Unterlaufen der strengen Voraussetzungen einer Eigenhaftung aus *culpa in contrahendo* gemäß § 311 Abs. 3 Satz 2 BGB ist nicht zu erwarten. Die Haftungsvoraussetzungen des § 823 Abs. 2 BGB sind restriktiv auszulegen. Während das Verschulden im Rahmen einer Haftung aus *culpa in contrahendo* widerlegbar vermutet wird (§ 280 Abs. 1 Satz 2 BGB), obliegt dem Geschädigten bei § 823 Abs. 2 BGB grundsätzlich die Darlegungs- und Beweislast hinsichtlich eines Verschuldens.[382] Zudem hat der Geschädigte darzulegen, dass gerade die Verletzung des Schutzgesetzes kausal für den erlittenen Schaden war.[383]

(b) Fehlerhafter Rechtsformzusatz

Als zwingenden Rechtformzusatz lässt § 5a Abs. 1 GmbH nur die beiden Varianten *„Unternehmergesellschaft (haftungsbeschränkt)"* und *„UG (haftungsbeschränkt)"* zu, eine Abkürzung oder ein gänzlicher Verzicht des Klammerzusatzes sind ausgeschlossen.[384] Ebenso sind Variationen, wie beispielsweise *„haftungsbeschränkte Unternehmergesellschaft"*, *„Unternehmergesellschaft mit beschränkter Haftung"* oder *„Unternehmergesellschaft ohne persönliche Haftung"*, unzulässig.[385] Ein fehlerhafter Rechtsformzusatz ist nicht nur firmenrechtlich unzulässig, sondern stellt ebenfalls eine fehlerhafte Aufklärung des Rechtsver-

---

381 Paefgen, in: Ulmer, GmbHG, Bd. 2, § 35a Rn. 24; Zöllner, in: Baumbach/Hueck, § 35a Rn. 20; Altmeppen, in: Roth/Altmeppen, GmbHG, § 35 Rn. 8; gehen offensichtlich von einem Nebeneinander der verschiedenen Ersatzansprüche aus.

382 Sprau, in: Palandt, BGB, § 823 Rn. 81.

383 BGH, Urt. v. 26.09.2005, II ZR 38ß/03 = NJW 2005, S. 3721 (3722); Sprau, in: Palandt, BGB, § 823 Rn. 58.

384 RegE., BT-Drucks. 16/6140, S. 31.

385 Wachter, GmbHR Sonderheft 10/2008, S. 25 (35) mit weiteren Beispielen.

kehrs über die Haftungsverhältnisse in der UG dar.[386] Die Rechtsfolge einer Zeichnung mit fehlerhaftem Rechtsformzusatz soll nach herrschender Ansicht ebenfalls eine Rechtsscheinhaftung entsprechend § 179 Abs. 1 BGB auslösen.[387] Neben den dargestellten dogmatischen Bedenken[388] überzeugt eine Rechtsscheinhaftung schon deswegen nicht, weil durch Zeichnung mit einem fehlerhaften Rechtsformzusatz ein Rechtsschein unbeschränkt persönlicher Haftung gerade nicht hervorgerufen wird; der Geschäftsführer oder sonstige Vertreter informiert den anderen Teil – wenn auch nicht vollumfänglich korrekt – darüber, dass es sich bei dem Vertretenen um eine UG handelt.[389] Überzeugender ist es, die oben gefundenen Grundsätze zur Haftung bei Zeichnung ohne Rechtsformzusatz auch im hier einschlägigen Fall anzuwenden. Die vorvertragliche, in §§ 35a Abs. 1 Satz 1 i.V.m. § 5a Abs. 1 GmbHG konkretisierte Aufklärungspflicht über die Gesellschafts- und Haftungsverhältnisse der UG erfordern die Zeichnung im Rechtsverkehr mit vollständigem und korrektem Rechtsformzusatz. Nur vor dem Hintergrund einer vollständigen und korrekten Information kann der andere Teil das potentielle Geschäftsrisiko abschätzen. Insofern kommt es auch bei Zeichnung mit fehlerhaftem Rechtsformzusatz zu einer Haftung der Gesellschaft aus *culpa in contrahendo* (§§ 311 Abs. 2 Nr. 1, 241 Abs. 2 BGB) und unter den weiteren Voraussetzungen der § 311 Abs. 3 BGB und § 823 Abs. 2 BGB zu einer Eigenhaftung des Geschäftsführers oder sonstigen Vertreters.[390]

(c) Rechtsformzusatz GmbH

Die UG ist lediglich eine Rechtsformvariante der GmbH. Die Gesellschafter bzw. die Geschäftsführer oder sonstigen Vertreter könnten daher bestrebt sein, die Gesellschaft im Rechtsverkehr aufgrund der höheren Seriosität als GmbH auszugeben. In diesem Fall wird von der wohl herrschenden Ansicht wiederum eine Rechtsscheinhaftung entsprechend § 179 Abs. 1 BGB vertreten, allerdings

386 Miras, Unternehmergesellschaft, Rn. 197; es könne nicht davon ausgegangen werden, dass sich der Rechtsverkehr schon ausreichend mit den besonderen Gesellschafts- und Haftungsverhältnissen der UG vertraut gemacht habe.

387 Fastrich, in: Baumbach/Hueck, § 5a Rn. 9; Rieder, in: MünchKommGmbHG, Bd. 1, § 5a Rn. 16; Roth, in: Roth/Altmeppen, GmbHG, § 5a Rn. 8; Miras, Unternehmergesellschaft, Rn. 197.

388 3. KapitelB.II.2(a)(ii)(bb).

389 Zutreffend Zöllner/Noack, in: Baumbach/Hueck, § 35a Rn. 5.

390 3. KapitelB.II.2(a)(iii) und 3. KapitelB.II.2(a)(iv).

begrenzt auf die Differenz zwischen dem tatsächlichen Stammkapital der UG und dem gesetzlichen Mindeststammkapital der GmbH in Höhe von EUR 25.000.[391] Denn allenfalls bis zur Höhe des Mindeststammkapitals werde eine Aussage über das vorhandene Haftkapital getroffen.[392] Dem widerspricht die Gegenansicht mit dem Argument, dass das bei einer GmbH notwendige Mindeststammkapital lediglich bei Gründung aufzubringen sei und bei Vertragsschluss nicht notwendigerweise tatsächlich noch vorhanden sein müsse.[393] Dem hält die herrschende Ansicht wiederum entgegen, dass das Mindeststammkapital zumindest einmal aufgebracht worden und es das Privileg jener sei, diesen Haftungsfonds aufzuzehren, die diesen einmal aufgebracht haben.[394] Die Diskussion verdeutlicht die Schwächen des Ansatzes einer analogen Rechtsscheinhaftung. Es werden Rechtsscheintatbestände unterstellt, die weder mit firmenrechtlichen Regelungen noch mit praktischen Erfahrungswerten in Einklang zu bringen sind. Und im Übrigen – wieso sollen die Gesellschafter einer UG, die fälschlicherweise als GmbH firmiert, unbeschränkt oder in Höhe der Differenz persönlich haften, wenn schon die Gesellschafter einer regulären GmbH nicht unbeschränkt persönlich haften?[395]

Für den Fall, dass sich die UG im Rechtsverkehr als GmbH ausgibt, überzeugen die oben gefundenen Grundsätze einer Haftung der Gesellschaft aus *culpa in contrahendo* (§§ 311 Abs. 2 Nr. 1, 241 Abs. 2, 280 Abs. 1 BGB) und bei Vorliegen der Voraussetzungen aus § 311 Abs. 3 BGB und § 823 Abs. 2 BGB einer Eigenhaftung des handelnden Geschäftsführers oder sonstigen Vertreters ebenso. Eine Begrenzung der Haftung auf den Differenzbetrag zwischen dem erbrachten und gesetzlichen Mindeststammkapital ist in diesem Fall nicht erforderlich. Eine Haftung aus Verschulden bei Vertragsverhandlungen bzw. aus unerlaubter Handlung knüpft nicht an schwer abgrenzbare Rechtsscheintatbestände an, sondern an einen objektiv feststellbaren, widerrechtlichen Verstoß gegen §§ 35a Abs. 1 Satz 1 i.V.m. § 5a Abs. 1 GmbHG.

---

391 Miras, Unternehmergesellschaft, Rn. 196; Wicke, GmbHG, § 5a Rn. 6; Roth, in: Roth/Altmeppen, GmbHG, § 5a Rn. 8; Rieder, in: MünchKommGmbHG, Bd. 1, § 5a Rn. 16; a.A. Veil, GmbHR 2007, S. 1080 (1082); Gehrlein, DK 2007, S. 771 (780).

392 Rieder, in: MünchKommGmbHG, Bd. 1, § 5a Rn. 16.

393 Gehrlein, DK 2007, S. 771 (780); Veil, GmbHR 2007, S. 1080 (1082).

394 Rieder, in: MünchKommGmbHG, Bd. 1, § 5a Rn. 16; ebenso Schreiber, DZWIR 2009, S.492 (494).

395 So richtigerweise Römermann, NJW 2010, S. 905 (907).

III. Ergebnis

Der Rechtformzusatz nach § 5a Abs. 1 GmbHG stellt nach der Intention des Gesetzgebers ein zentrales Element des Gläubigerschutzes im System der UG dar.[396] Der Rechtsverkehr soll durch den Rechtsformzusatz vor Vertragsschluss über die besonderen Gesellschafts- und Haftungsverhältnisse der UG aufgeklärt und informiert werden, um so das mit dem Rechtsgeschäft verbundene Risiko abschätzen zu können. Dieser Bedeutung des Rechtsformzusatzes muss auch auf Rechtsfolgenseite Rechnung getragen werden. Zeichnet der Geschäftsführer oder sonstige Vertreter der UG im Rechtsverkehr daher ohne den nach § 5a Abs. 1 GmbHG zwingenden Rechtsformzusatz bzw. mit unvollständigem oder falschem Rechtsformzusatz, führt dies zu einem Schadensersatzhaftung der Gesellschaft wegen Verschulden bei Vertragsverhandlungen gemäß § 311 Abs. 2 BGB sowie unter den weiteren Voraussetzungen des § 311 Abs. 3 BGB zu einer Eigenhaftung des Geschäftsführers oder sonstigen Vertreters. Letzteres kommt regelmäßig nur dann in Betracht, wenn sich der Geschäftsführer oder sonstige Vertreter gegenüber dem anderen Teil als unbeschränkt persönlich haftender Gesellschafter (ausdrücklich oder konkludent) ausgibt und so wegen Inanspruchnahme eines besonderen persönlichen Vertrauens eine Gewähr für die Erfüllung des Rechtsgeschäfts vermittelt (§ 311 Abs. 3 Satz 2 BGB).

Zudem ist § 35a Abs. 1 BGB als Schutzgesetz im Sinne von § 823 Abs. 2 BGB einzuordnen. Mithilfe eines deliktischen Schadensersatzanspruchs, der in Anspruchsgrundlagenkonkurrenz zu einer Haftung aus *culpa in contrahendo* steht, lassen sich gegebenenfalls vorhandene Schutzlücken befriedigend schließen. Abzulehnen ist hingegen der herrschende Ansatz einer Rechtsscheinhaftung entsprechend § 179 Abs. 1 BGB. Der Schadensersatzanspruch des Gläubigers ist grundsätzlich auf den Ersatz des negativen Interesses beschränkt und zwar sowohl in Fällen einer Haftung aus *culpa in contrahendo* als auch aus Delikt. Diese Lösung hat den Vorteil dogmatischer Klarheit und Rechtssicherheit.

---

396 Vgl. RegE., BT-Drucks. 16/6140, S. 75.

C. Kapitalaufbringung in der UG

Die Vorschriften zur Gründung einer GmbH finden auch bei der UG uneingeschränkt Anwendung, sofern nicht § 5a Abs. 2 GmbHG Abweichendes statuiert. Dies gilt insbesondere für die durch das MoMiG eingeführte sprachliche und systematische Differenzierung zwischen Geschäftsanteil, Nennbetrag und Stammeinlage sowie den Verzicht auf die bei Gründung einer Einpersonengesellschaft zu stellenden Sicherheit (§ 7 Abs. 2 Satz 3 GmbHG a.F.).[397] Der Pflicht zur Leistung der Stammeinlage können die Gesellschafter der regulären GmbH durch Aufbringung einer Bar- oder Sacheinlage nachkommen. Der Verzicht auf ein nennenswertes Mindeststammkapital sowie das mit der UG bezweckte Ziel einer schnellen und flexiblen Gesellschaftsgründung machen aus Sicht des Gesetzgebers in § 5a Abs. 2 GmbHG allerdings divergierende Regelungen zur Kapitalaufbringung erforderlich.[398]

I. Volleinzahlungsgebot und Sachgründungsverbot in der UG

Abweichend von § 7 Abs. 2 GmbHG darf eine Anmeldung der UG zum Handelsregister nicht schon dann erfolgen, wenn auf jeden Geschäftsanteil – soweit nicht Sacheinlagen vereinbart sind – ein Viertel des Nennbetrages einbezahlt ist, insgesamt jedoch mindestens die Hälfte des Stammkapitals. Der Gesetzgeber sieht richtigerweise kein Bedürfnis für ein Halbeinzahlungsgebot in der UG, da das Stammkapital von den Gesellschaftern ohnehin unterhalb der gesetzlichen Stammkapitalziffer gemäß § 5 Abs. 1 GmbHG frei festgesetzt werden kann.[399] In § 5a Abs. 2 Satz 1 GmbHG ist folglich ein Volleinzahlungsgebot statuiert.

---

397 Der Gesetzgeber – RegE., BT-Drucks. 16/6140, S. 33 – folgt insoweit der Auffassung in der Praxis, wonach besondere Sicherungen bei Gründung einer Einpersonengesellschaft verzichtbar seien und lediglich eine unnötige Komplizierung der GmbH-Gründung darstellten. Ohne diese deregulierende Maßnahme ließe sich das Ziel des Gesetzgebers, eine einfache und schnell zu gründende GmbH-Rechtsformvariante zu etablieren, kaum erreichen.

398 RegE., BT-Drucks. 16/6140, S. 32.

399 RegE., BT-Drucks. 16/6140, S. 32. Die Begründung zum Regierungsentwurf schweigt sich allerdings dazu aus, ob das Volleinzahlungsgebot nach § 5a Abs. 2 Satz 1 GmbHG auch für eine einfache Kapitalerhöhung bzw. gemäß § 5a Abs. 5 GmbHG für eine solche zur Erreichung des gesetzlichen Mindeststammkapitals nach § 5 Abs. 1 GmbHG gelten soll.

Sacheinlagen seien nach Auffassung des Gesetzgebers bei der UG nicht erforderlich und gemäß § 5a Abs. 2 Satz 2 GmbHG unzulässig.[400] Mit dem Deregulierungs- und Beschleunigungsziel ließe sich insbesondere eine Sachgründung und die damit verbundene Pflicht zur Erstellung eines Sachgründungsberichtes (§ 5 Abs. 4 Satz 2 GmbHG) und die erforderliche Kontrolle durch das Registergericht (§ 9c Abs. 1 Satz 2 GmbHG) nicht vereinbaren.[401]

Ein Verstoß gegen das Sachgründungsverbot stellt ein Eintragungshindernis nach § 9c Abs. 1 GmbHG dar. Unzutreffend wäre es hingegen aus der Nichtigkeit der Sacheinlagevereinbarung auf die Nichtigkeit der Beitragspflicht[402] sowie des gesamten Gesellschaftsvertrages zu schließen (§ 9c Abs. 2 Nr. 3 GmbHG).[403] Nur im Einzelfall dürfte die Auslegung des Parteiwillens aufgrund der besonderen Bedeutung der Sacheinlage die Gesamtnichtigkeit des Gesellschaftsvertrages nach § 139 BGB zur Folge habe.[404] Jedenfalls folgt aus § 75 Abs. 1 GmbHG, dass ein Verstoß gegen § 5a Abs. 2 Satz 2 GmbHG nicht Gegenstand einer Nichtigkeitsklage sein kann und eine aus § 139 BGB abgeleitete Gesamtnichtigkeit des Gesellschaftsvertrages durch Eintragung ins Handelsregister geheilt wird.[405] Zutreffenderweise bleibt die Sacheinlagevereinbarung nach Eintragung der UG ins Handelsregister unwirksam. Die gleichwohl begründete Einlagepflicht besteht als Bareinlagepflicht fort und ist gemäß § 5a

---

400 RegE., BT-Drucks. 16/6140, S. 32. Die Begründung des Regierungsentwurfs belässt es bei der simplen Feststellung, dass Sacheinlagen nicht erforderlich und deshalb nicht zulässig seien. Der Gesetzgeber scheint die Problematik, die sich aus § 5a Abs. Satz 2 GmbHG für die Sachkapitalerhöhung, die Anwendung von § 19 Abs. 4 GmbHG sowie die Umwandlungsfähigkeit der UG ergeben, schlicht nicht bedacht zu haben.

401 Rieder, in: MünchKommGmbHG, Bd. 1, § 5a Rn. 18 f.; Lutter, in: Lutter/Hommelhoff, GmbHG, § 5a Rn. 12; Roth, in: Roth/Altmeppen, GmbHG, § 5a Rn. 13.

402 Hirte, ZInsO 2008, S. 933 (934 f.); Roth, in: Roth/Altmeppen, GmbHG, § 5a Rn. 14.

403 So aber Freitag/Riemenschneider, ZIP 2007, S. 1485 (1486); Lutter, in: Lutter/Hommelhoff, GmbHG, § 5a Rn. 12; Gehrlein, DK 2007, S. 771 (779).

404 Wie hier Paura, in: Ulmer, GmbHG, Ergänzungsband MoMiG, § 5a Rn. 48; Weber, BB 2009, S. 842 (845); Wicke, GmbHG, § 5a Rn. 8; Fastrich, in: Baumbach/Hueck, § 5a Rn. 11; Rieder, in: MünchKommGmbHG, Bd. 1, § 5a Rn. 21; Roth, in: Roth/Altmeppen, GmbHG, § 5a Rn. 14; Hirte, ZInsO 2008, S. 933 (935); Schäfer, in: Henssler/Strohn, § 5a Rn. 18.

405 Kleindiek, in: Lutter/Hommelhoff, GmbHG, § 75 Rn. 4; Roth, in: Roth/Altmeppen, GmbHG, § 5a Rn. 14; Wicke, GmbHG, § 5a Rn. 8.

Abs. 2 Satz 1 GmbHG durch Geldzahlung zu leisten.[406] Folglich wirkt eine dennoch an die Gesellschaft erbrachte Sacheinlage, ungeachtet ihrer Vollwertigkeit, nicht schuldbefreiend und ist nach Bereicherungsgrundsätzen zurückzugewähren.[407] Eine analoge Anwendung des § 19 Abs. 4 GmbHG kommt nach Ansicht des Verfassers im Fall einer offen erbrachten Sacheinlage aufgrund des eindeutigen Wortlauts in § 5a Abs. 2 Satz 2 GmbHG schon mangels planwidriger Gesetzeslücke nicht in Betracht. Zudem führt der dargestellte Rückgriff auf die Systematik zur nicht ordnungsgemäß erbrachten Sacheinlage in § 5 Abs. 4 GmbHG zu einem sachgerechten Ergebnis.[408]

II. Volleinzahlungsgebot bei Kapitalerhöhung

Das Volleinzahlungsgebot in § 5a Abs. 2 Satz 1 GmbHG beansprucht bei Gründung einer UG uneingeschränkt Gültigkeit. Anders stellt sich das Meinungsbild hingegen bei einer Kapitalerhöhung gegen Einlage oder aus Gesellschaftsmitteln dar. Zunächst ist danach zu differenzieren, ob mit der Kapitalerhöhung das gesetzliche Mindeststammkapital nach § 5 Abs. 1 GmbHG erreicht bzw. überschritten wird (§ 5a Abs. 5 Halbsatz 1 GmbHG) oder ob das Stammkapital der UG weiterhin unterhalb der gesetzlichen Mindestkapitalziffer bleibt. Die Frage, ob das Volleinzahlungsgebot auch bei der Kapitalerhöhung Anwendung findet, ist insofern von großer praktischer Relevanz, als dass sich die Gesellschafter der UG dadurch von den Restriktionen des § 5a GmbHG befreien können.

Grundsätzlich gelten nach der gesetzlichen Konzeption bei der UG die allgemeinen Regeln zur Kapitalerhöhung nach §§ 53 ff. GmbHG, so dass eine Kapitalerhöhung sowohl durch Übernahme neuer Geschäftsanteile nach § 55 GmbHG (Kapitaleinlage gegen Einlage) als auch aus Gesellschaftsmitteln nach § 57c GmbHG möglich ist.[409] Obgleich in der Konzeption der UG gemäß § 5a Abs. 3 Satz 2 Nr. 1 GmbHG Kapitalerhöhungen ausdrücklich vorgesehen sind,

---

406 Roth, in: Roth/Altmeppen, GmbHG, § 5a Rn. 14; Rieder, in: MünchKommGmbHG, Bd. 1, § 5a Rn. 21; Wicke, GmbHG, § 5a Rn. 8; Weber, BB 2009, S. 842 (845); a.A. Gehrlein, DK 2007, S. 771 (779).

407 Rieder, in: MünchKommGmbHG, Bd. 1, § 5a Rn. 21; Wicke, GmbHG, § 5a Rn. 8.

408 Ebenso Roth, in: Roth/Altmeppen, GmbHG, § 5a Rn. 14.

409 RegE., BT-Drucks. 16/6140, S. 31: „*Diese Variante der Gesellschaft mit beschränkter Haftung fügt sich in das GmbHG nahtlos ein; alle Vorschriften dieses Gesetzes und des gesamten deutschen Rechts, die die GmbH betreffen, gelten ohne Weiteres auch für diese Gesellschaft mit Ausnahme der ausdrücklichen Sonderregelungen des § 5a*“.

trifft der Gesetzgeber eine ausdrückliche Sonderregelung für die Kapitalerhöhung lediglich in § 5a Abs. 5 GmbHG, die sich allerdings nur mit den Rechtsfolgen einer Kapitalerhöhung auf den Betrag des Mindeststammkapitals auseinandersetzt.[410] Zahlreiche Stellungnahmen in der Literatur zu § 5a GmbHG setzen sich mit der Problematik ebenso wenig auseinander bzw. reduzieren diese auf die Zulässigkeit einer Kapitalerhöhung, die dem Regelungsbereich des § 5a Abs. 5 GmbHG unterfällt, sowie die Zulässigkeit von Sachkapitalerhöhungen.[411]

1. Historische und systematische Auslegung der Norm

Das Volleinzahlungsgebot in § 5a Abs. 1 GmbHG diene einerseits dazu, der Gesellschaft das in der Anfangszeit benötigte Kapital unmittelbar und in voller Höhe zur Verfügung zu stellen, sowie andererseits dem allgemeinen Deregulierungsziel des Gesetzgebers.[412] Legt man diesen Normzweck der Analyse zu Grunde, wird deutlich, dass ein Volleinzahlungsgebot bei Kapitalerhöhungen nicht zwingend erforderlich ist. Eine Kapitalerhöhung erfolgt regelmäßig erst im Laufe der Geschäftstätigkeit, so dass sich das Argument einer deregulierten Gründung mit ausreichenden Barmitteln nur begrenzt übertragen lässt.[413] Bei der Kapitalerhöhung stehen weniger Verfahrensaspekte als vielmehr die finanzielle Ausstattung der Gesellschaft im Vordergrund. Dementsprechend stellt das Gesetz bei der Kapitalaufbringung im Rahmen einer Kapitalerhöhung geringere Anforderungen als im Rahmen einer Gesellschaftsgründung, indem beispielsweise in § 56a GmbHG auf das Halbeinzahlungsgebot verzichtet wird und die Einzahlung eines Viertels des Nennbetrages ausreichend ist.

Trotz des vordergründig eindeutigen Wortlauts des § 5a Abs. 2 Satz 1 GmbHG legt die Gesetzesbegründung den Schluss nahe, dass das Volleinzahlungsgebot offensichtlich nur die Einzahlung auf die Stammeinlage bei Gründung der Gesellschaft erfassen soll.

---

410 Römermann, NJW 2010, S. 905 (907), die Rechtslage ist insofern unklar.

411 Miras, Unternehmergesellschaft, Rn. 156 f.; Seibert, GmbHR 2007, S. 673 (676); Leuering, NJW-Spezial 2007, S. 315 (316); Waldenberger/Sieber, GmbHR 2009, S. 114, S. 114 (119); Wachter, GmbHR Sonderheft 10/2008, S. 25 (32); DAV, NZG 2007, S. 735 (737); Hirte, ZInsO 2008, S. 933; Freitag/Riemenschneider, ZIP 2007, S. 1485; Weber, BB 2009, S. 842 (844).

412 RegE., BT-Drucks. 16/6140, S. 31 f.

413 Zutreffend Klose, GmbHR 2009, S. 294 (295).

„Anders als bei der GmbH im Allgemeinen darf die Anmeldung erst erfolgen, wenn das Stammkapital in voller Höhe eingezahlt ist. Da das Stammkapital von den Gründern frei gewählt und bestimmt werden kann, ist die Halbeinzahlung nicht erforderlich. Da jede GmbH nach der Gründung gewisse Barmittel für die Anfangszeit benötigt, können diese von den Gründern als Mindeststammkapital gewählt werden, müssen dann aber auch in bar einbezahlt werden.“[414]

Die Gesetzesbegründung spricht ausdrücklich von Stammkapital, das von den Gründern frei bestimmt werden kann und für die Gründung der UG als Barmittel für die Anfangszeit erforderlich sei. Die systematische Auslegung der Norm stützt diesen Ansatz. Nach dem Wortlaut von § 5a Abs. 2 Satz 1 GmbHG ist das Stammkapital der UG *„abweichend von § 7 Abs. 2 GmbHG“* voll einzuzahlen. Die Vorschrift des § 7 Abs. 2 GmbHG steht im Abschnitt über die Errichtung der Gesellschaft und regelt damit ausdrücklich die Anmeldung der neu gegründeten Gesellschaft zur Eintragung ins Handelsregister und die dafür notwendigen Voraussetzungen bezüglich der Verpflichtung zur Leistung der Einlage auf den Nennbetrag eines jeden Geschäftsanteils.

Zwar spricht das GmbHG dem Wortlaut nach stets von Anmeldung und unterscheidet sprachlich nicht zwischen Erstanmeldung und anderen Anmeldungen zum Handelsregister.[415] Systematisch unterscheidet das Gesetz allerdings zwischen der Erstanmeldung in § 7 Abs. 2 GmbHG und Anmeldungen zum Handelsregister, die eine Abänderung des Gesellschaftsvertrages zur Folge haben, wie eben die Kapitalerhöhung gemäß § 54 Abs. 1 Satz 1 GmbHG i.V.m. § 3 Abs. 1 Nr. 3 GmbHG. In § 56a GmbHG trifft das Gesetz eine spezielle Regelung für die Leistung der Einlage auf das Stammkapital bei einer Kapitalerhöhung, wonach § 7 Abs. 2 Satz 1 und Abs. 3 GmbHG sowie § 19 Abs. 5 entsprechende Anwendung finden. Demgemäß bezieht sich § 7 Abs. 2 GmbHG systematisch auf die Erstanmeldung einer Gesellschaft zur Eintragung ins Handelsregister und findet lediglich über eine Verweisung in § 56a GmbHG teilweise entsprechend Anwendung.

Die bisherige Analyse von § 5a Abs. 2 Satz 1 GmbHG verdeutlicht somit, dass nach historischer und systematischer Auslegung ein Volleinzahlungsgebot

---

414 RegE., BT-Drucks. 16/6140, S. 32.

415 Insofern scheint der Schluss nahezuliegen, den Hinweis auf § 7 Abs. 2 GmbHG in § 5a Abs. 2 Satz 1 GmbHG ebenfalls auf die Anmeldung einer Kapitalerhöhung zu beziehen; Heckschen, DStR 2009, S. 166 (170); Heckschen, Das MoMiG in der notariellen Praxis, Rn. 220.

bei der Kapitalerhöhung in der UG keineswegs zwingend ist.[416] Nachdem der Gesetzgeber die Problematik offensichtlich nicht bedacht zu haben scheint, ist die Norm daher im Folgenden teleologisch auszulegen.

2. Kapitalerhöhung zur Erreichung des gesetzlichen Mindeststammkapitals

Das Gesetz differenziert im Rahmen des § 5a Abs. 5 GmbHG nicht zwischen einer Kapitalerhöhung aus Gesellschaftsmitteln gemäß §§ 57c ff. GmbHG und einer Kapitalerhöhung gegen Einlage gemäß §§ 55 ff. GmbHG, erfasst mithin beide Arten.[417] Gleichwohl liegt der Regelung mit Blick auf § 5a Abs. 3 Satz 2 Nr. 1 GmbHG das Leitbild einer Kapitalerhöhung aus Gesellschaftsmitteln zugrunde. Die Anforderungen an eine diesbezüglich erforderliche formelle Kapitalerhöhung unterscheiden sich grundsätzlich nicht von denjenigen bei einer regulären GmbH. Allerdings ist in Bezug auf die Kapitalerhöhung zur Erreichung des gesetzlichen Mindeststammkapitals heftig umstritten, ob das Volleinzahlungsgebot des § 5a Abs. 2 Satz 1 GmbHG gelten soll.[418] Nach zutreffender Ansicht spielt der Streit über die Anwendung des § 5a Abs. 2 Satz 1 GmbHG nur bei der Kapitalerhöhung gegen Einlage eine Rolle.[419]

(a) Kapitalerhöhung gegen Einlage

Bei der Kapitalerhöhung gegen Einlage gemäß §§ 55 bis 57b GmbHG spricht man von einer effektiven Kapitalerhöhung, deren Zweck im Regelfall die Erhöhung des Eigenkapitals durch Zuführung neuer Mittel, Umwandlung von Fremdkapital in Eigenkapital (z.B. *Debt-Equity-Swap*) oder die Aufnahme neuer

---

416 So auch Klose, GmbHR 2009, S. 294 (295). Grundsätzlich ebenso Schreiber, DZWIR 2009, S.492 (497), der eine Kapitalerhöhung auf einen Betrag unterhalb des gesetzlichen Mindststammkapitals gleichwohl wegen § 5a Abs. 5 GmbHG ablehnt. A.A. BGH, Urt. v. 19.04.2011, II ZB 25/10 = ZIP 2011, 955 (956).

417 Ebenfalls Miras, Unternehmergesellschaft, Rn. 160.

418 Für eine Anwendung Fastrich, in: Baumbach/Hueck, § 5a Rn. 13, 32 f.; Heckschen, DStR 2009, S. 166 (170); ablehnend hingegen die wohl h.M Miras, Unternehmergesellschaft, Rn. 162 ff.; Roth, in: Roth/Altmeppen, GmbHG, § 5a Rn. 26; Rieder, in: MünchKommGmbHG, Bd. 1, § 5a Rn. 40; Wicke, GmbHG, § 5a Rn. 7; Klose, GmbHR 2009, S. 294 (297); Herrler/Schneider, DStR 2009, S. 2433 (2434).

419 Im Ergebnis ebenso Riemenschneider, in: MünchHdb GesR III, § 8c Rn. 6; Miras, Unternehmergesellschaft, Rn. 225 f.

Gesellschafter ist.[420] Im Gegensatz dazu wird bei einer nominellen Kapitalerhöhung aus Gesellschaftsmitteln gemäß §§ 57c ff. GmbHG bereits vorhandenes Eigenkapital zu Stammkapital umgewidmet.[421]

(i) Unklare Gesetzeslage und mehrdeutige Gesetzesbegründung

Der Gesetzeswortlaut von § 5a Abs. 5 GmbHG sowie die Gesetzesbegründung stellen vordergründig darauf ab, dass auch bei einer Kapitalerhöhung zur Erreichung des gesetzlichen Mindeststammkapitals das Volleinzahlungsgebot gilt.[422] Denn gemäß § 5a Abs. 5 GmbHG finden die Sondervorschriften der § 5a Abs. 1 bis 4 GmbHG – und damit ausdrücklich auch das Volleinzahlungsgebot in Abs. 2 – erst dann keine Anwendung mehr, wenn das Stammkapital den Betrag nach § 5 Abs. 1 GmbHG „*erreicht oder übersteigt*“. Ähnlich die Gesetzesbegründung:

> „Solange die Gesellschaft kein eingetragenes Stammkapital in Höhe des Mindeststammkapitals nach § 5 Abs. 1 hat, gilt die Pflicht zur Bildung der gesetzlichen Rücklage nach Absatz 3. Hat die Gesellschaft allerdings genügend Eigenmittel, um eine Kapitalerhöhung aus Gesellschaftsmitteln durchzuführen und führt sie diese durch, oder wird eine Kapitalerhöhung durch Einlage der Gesellschafter durchgeführt und wird dadurch im Ergebnis das Mindeststammkapitalerfordernis des § 5 Abs. 1 erfüllt, so entfällt die Anwendbarkeit der Absätze 1 bis 4.“[423]

Die Gesetzesbegründung stellt folglich nicht auf die Einlageleistung ab, sondern auf die mit der Handelsregistereintragung abgeschlossene Kapitalerhöhung. Eine Kapitalerhöhung erfordert als Satzungsänderung stets die Eintragung ins Handelsregister.[424] Insofern ist es missverständlich, wenn im Rahmen einer Kapitalerhöhung zur Erreichung des Mindeststammkapitals nach § 5a Abs. 5 GmbHG die Notwendigkeit einer Handelsregistereintragung der Kapitalerhö-

---

420 Roth, in: Roth/Altmeppen, GmbHG, § 55 Rn. 1; Zöllner, in: Baumbach/Hueck, § 55 Rn. 3.

421 Vgl. nur Hermanns, in: Michalski, GmbHG, Bd. 2, § 57c Rn. 2.

422 Fastrich, in: Baumbach/Hueck, § 5a Rn. 13, 32 f.; Heckschen, DStR 2009, S. 166 (170); Riemenschneider, in: MünchHdb GesR III, § 8c Rn. 6.

423 RegE., BT-Drucks. 16/6140, S. 32.

424 Paura, in: Ulmer, GmbHG, Ergänzungsband MoMiG, § 5a Rn. 66; Rieder, in: MünchKommGmbHG, Bd. 1, § 5a Rn. 38; Miras, in: Michalski, GmbHG, Bd. 1, § 5a Rn. 108.

hung neben dem Erhöhungsbeschluss diskutiert wird.[425] Entscheidend ist vielmehr, ob als Eintragungserfordernis einer Kapitalerhöhung zur Erreichung des Mindeststammkapitals eine Volleinzahlung im Sinne von § 5a Abs. 2 Satz 1 GmbHG zu fordern ist.[426] Diesbezüglich ist § 5a Abs. 5 GmbHG nicht weiterführend. Denn streng genommen trifft die Norm des § 5a Abs. 5 GmbHG keine materielle Aussage zu den Voraussetzungen einer Kapitalerhöhung, sondern regelt lediglich die Rechtsfolgen.

Der Wortlaut des § 5a Abs. 5 GmbH sowie die bloße Bezugnahme auf die Eintragung der Kapitalerhöhung in der Gesetzesbegründung lassen keinen Rückschluss auf die Höhe der zu erbringenden Einlageleistung bei Anmeldung der Kapitalerhöhung zur Eintragung im Handelsregister und damit auf die Anwendbarkeit des Volleinzahlungsgebots zu. *Fastrich* und *Ulmer* ist daher zu widersprechen, wenn diese die Voraussetzungen des § 5a Abs. 5 GmbHG erst dann als erfüllt erachten, wenn das Stammkapital durch effektive Kapitalerhöhung oder Kapitalerhöhung aus Gesellschaftsmitteln auf den Betrag nach § 5 Abs. 1 GmbHG erhöht wird, und in der gegenteiligen Ansicht einen Verstoß gegen das Gesetz sehen.[427] Eine eindeutige Aussage zum Erfordernis einer Volleinzahlung bei der Kapitalerhöhung lässt sich dem Gesetz nach bisheriger Analyse nicht entnehmen. Insoweit geht die inzwischen ergangene Rechtsprechung verschiedener Obergerichte hierzu fehl.[428]

Das entscheidende Argument gegen die Anwendung des Volleinzahlungsgebots im Rahmen von § 5a Abs. 5 GmbHG ergibt sich nach Ansicht des Ver-

---

425 So aber Römermann, NZG 2010, S. 1375 (1376). Die diesbezüglich von Römermann zitierten Roth, in: Roth/Altmeppen, GmbHG, § 5a Rn. 26, und Wicke, GWR 2010, S. 259 (260), stellen jedoch keineswegs nur auf den Erhöhungsbeschluss ab.

426 So auch OLG München, Beschl. v. 23.09.2010, 31 Wx 149/10 = NZG 2010, S. 1303 (1304).

427 Fastrich, in: Baumbach/Hueck, § 5a Rn. 32; Ulmer, GmbHR 2010, S. 1298 (1301); ebenso für Volleinzahlungsgebot Heckschen, DStR 2009, S. 166 (170); Heckschen., in: Heckschen/Heidinger, § 5 Rn. 72; Wachter, in: Goette/Habersack, Rn. 1.111; Weber, BB 2009, S. 842 (844); Priester, ZIP 2010, S. 2182 (2183).

428 BGH, Beschl. v. 19.04.2011, II ZB 25/10 = ZIP 2011, S. 955 (956); OLG München, Beschl. v. 23.09.2010, 31 Wx 149/10 = GmbHR 2010, S. 1210 ff.; OLG Hamm, Beschl. v. 5.05.2011, I 27W24/11 = DNotI-Report 2011, S. 127. Ebenso wie hier Klose, GmbHR 2010, S. 1210 (1212 f.); Miras, DB 2010, S. 2488 (2491 f.); die Entscheidung mache die UG für den Rechtsverkehr unattraktiver, so Blasche, EWiR 2010, S. 709 (710).

fassers aus einem Vergleich zur regulären GmbH. Die Geltung des § 5a Abs. 2 Satz 1 GmbHG auch im Falle einer Kapitalerhöhung gegen Einlage zur Erreichung des gesetzlichen Mindeststammkapitals würde die Gesellschafter einer UG gegenüber den Gesellschaftern einer regulären GmbH schlechter stellen.[429] Letztere müssen nach § 7 Abs. 2 Satz 2 GmbHG nur EUR 12.500 bei Gründung einer regulären GmbH aufbringen, wohingegen die Gesellschafter einer UG bei einer Kapitalerhöhung zur Erreichung des gesetzlichen Mindeststammkapitals den vollen Betrag des § 5 Abs. 1 GmbHG zu zahlen hätten. Die „*Gründung*" einer regulären GmbHG wäre für die Gesellschafter einer UG somit ungleich teurer.[430] Eine solche Schlechterstellung lässt sich nicht mit der einfachen Behauptung rechtfertigen, eine solche sei systembedingt der Preis für die Wahl des Einstiegsmodells.[431] Dem Gesetz und der Gesetzesbegründung lässt sich an keiner Stelle der Hinweis entnehmen, dass den Gesellschaftern einer UG der Weg in die reguläre GmbH erschwert werden soll. Vielmehr widerspräche eine solche Auslegung dem ausdrücklichen Willen des Gesetzgebers, das GmbH-Recht durch die Einführung der UG sowie den weiteren Änderungen des MoMiG zu deregulieren sowie die UG langfristig in eine reguläre GmbH zu überführen.[432]

Die Nichtanwendung von § 5a Abs. 2 Satz 1 GmbHG hat im Übrigen keine Gefährdung von Gläubigerinteressen zur Folge. Der Gesetzgeber hat in § 5a Abs. 1 GmbHG in der Rechtsformvariante UG auf das Merkmal eines nennenswerten Mindeststammkapitals verzichtet. Die gläubigerschützende Wirkung ei-

---

429 Rieder, in: MünchKommGmbHG, Bd. 1, § 5a Rn. 40; auch BGH, Beschl. v. 19.04.2011, II ZB 25/10 = ZIP 2011, 955 (956), der gleichwohl am Volleinzahlungsgebot für Kapitalerhöhungen unterhalb des § 5 Abs. 1 GmbHG festhält.

430 Ebenso Klose, GmbHR 2009, S. 294 (297); Rieder, in: MünchKommGmbHG, Bd. 1, § 5a Rn. 40; Schäfer, ZIP 2011, S. 53 (56). Ohne nähere Begründung akzeptieren dies Miras, Unternehmergesellschaft, Rn. 162 ff.; Roth, in: Roth/Altmeppen, GmbHG, § 5a Rn. 26; Wicke, GmbHG, § 5a Rn. 7.

431 Fastrich, in: Baumbach/Hueck, § 5a Rn. 32.

432 RegE., BT-Drucks. 16/6140, S. 25. Widersprüchlich Ulmer, GmbHR 2010, S. 1298 (1301 f.), der einerseits unter Verweis auf den Gesetzeszweck im Verzicht auf eine gesetzliches Mindeststammkapital in der UG „*einen flexiblen und kostengünstigen Zugang zur rechtsformspezifischen Haftungsbeschränkung*" sieht, andererseits aber den Übergang der UG in eine reguläre GmbH erschwert, indem § 5a Abs. 2 GmbHG auch für Kapitalerhöhungsmaßnahmen Geltung beansprucht. Die Ausführungen Ulmers beziehen sich zwar zunächst nur auf die Sachkapitalerhöhung; die Argumentation lässt für eine Barkapitalerhöhung aber kein abweichendes Ergebnis zu. Ebenso wie hier Paura, in: Ulmer, GmbHG, Ergänzungsband MoMiG, § 5a Rn. 67.

nes gesetzlichen Mindeststammkapitals beschränkt sich nach hier vertretener Auffassung ohnehin auf die Funktion eines Verlustpuffers. Mit dem Verzicht auf ein nennenswertes Mindeststammkapital und der Möglichkeit, das Stammkapital der UG auf möglicherweise wenige Euro festzusetzen, kommt damit auch den Kapitalaufbringungsvorschriften nur noch eine untergeordnete Rolle im gesetzlichen Kapitalschutz zu. Konsequenterweise hat der Gesetzgeber in § 5a Abs. 2 GmbHG daher nicht die Interessen der Gläubiger, sondern die der UG im Blick.[433]

(ii) Analoge Anwendung des Halbeinzahlungsgebots

Eine Besserstellung der UG-Gesellschafter ließe sich aber ebenso wenig überzeugend begründen. Eine solche könnte sich ergeben, da das Halbeinzahlungsgebot im Rahmen von § 56a GmbHG keine Anwendung findet, vielmehr gemäß § 56a GmbHG i.V.m. § 7 Abs. 2 Satz 1 GmbHG die Einzahlung eines Viertels des Nennbetrags bei Anmeldung der Kapitalerhöhung zur Eintragung ins Handelsregister ausreichend ist. Die Gründung einer GmbH über den „*Umweg UG*“ könnte sich daher mit weniger als EUR 12.500 erreichen lassen. Eine Kapitalerhöhung zur Erreichung des gesetzlichen Mindeststammkapitals ist richtigerweise wie eine GmbH-Gründung zu behandeln. Um eine Umgehung der gesetzlichen Mindesteinzahlungsgrenze bei Gründung einer regulären GmbH zu verhindern, ist demnach der Halbeinzahlungsgrundsatz nach § 7 Abs. 2 Satz 2 GmbHG analog anzuwenden.[434] Beim Übergang der UG in eine reguläre GmbH nach § 5a Abs. 5 GmbHG ist dafür Sorge zu tragen, dass die Summe aus dem ursprünglich eingetragenen Stammkapital der UG und dem zum Zweck der Ka-

433 Hennrichs, NZG 2009, S. 1161 (1162); Witt, ZIP 2009, S. 1102 (1105); Gegenäußerung der Bundesregierung, Anlage 3, RegE., BT-Drucks. 16/6140, S. 75, wonach „*die gläubigerschützenden Maßnahmen [sind] ausreichend*“ seien. Gleichwohl ist kritisch anzumerken, dass der Gesetzgeber von „*benötigen Barmitteln*“ spricht und somit auf den Kapitalbedarf der Gesellschaft abstellt. Dieser lässt sich jedoch, wie die Diskussion um Haftung wegen materieller Unterkapitalisierung zeigt, nicht abstrakt bestimmen. Auf den objektiven Kapitalbedarf kommt es bei der UG gerade nicht an. Vgl. 6. KapitelB.I. A.A. Waldenberger/Sieber, GmbHR 2009, S. 114 (119); Westermann, DZWIR 2008, S. 485 (487).

434 OLG Hamm, Beschl. v. 5.05.2011, I 27W24/11 = DNotI-Report 2011, S. 127; Rieder, in: MünchKommGmbHG, Bd. 1, § 5a Rn. 40; Miras, Unternehmergesellschaft, Rn. 165; Roth, in: Roth/Altmeppen, GmbHG, § 5a Rn. 26; Klose, GmbHR 2009, S. 294 (297); Schäfer, ZIP 2011, S. 53 (57); a.A. Weiß, wistra 2010, S. 361 (362).

pitalerhöhung einbezahlten Betrag mindestens die Hälfte des gesetzlichen Mindeststammkapitals nach § 5 Abs. 1 GmbHG ergibt.[435]

(b) Kapitalerhöhung aus Gesellschaftsmitteln

Die Kapitalerhöhung zur Erreichung des gesetzlichen Mindeststammkapitals nach § 5 Abs. 1 GmbHG und damit verbunden der Übergang zur regulären GmbH soll nach Vorstellung des Gesetzgebers aus der nach § 5a Abs. 3 Satz 1 GmbHG zu bildenden Gewinnrücklage bestritten werden. Die Kapitalerhöhung aus Gesellschaftsmitteln unterscheidet sich in materiell rechtlicher Hinsicht von der Kapitalerhöhung gegen Einlage und erfordert eine differenzierte Betrachtung.[436]

Im Gegensatz zur Kapitalerhöhung gegen Einlage nach §§ 55 ff. GmbHG fließt der Gesellschaft bei einer nominellen Kapitalerhöhung aus Gesellschaftsmitteln effektiv kein neues Kapital zu. Die Gesellschafter leisten aufgrund der bilanziellen Natur der Kapitalerhöhung aus Gesellschaftsmitteln keine Einlage auf die in ihrem Nennbetrag erhöhten Geschäftsanteile. Stattdessen werden bilanziell ausgewiesene Kapital- oder Gewinnrücklagen (§ 57d Abs. 1, 57e GmbHG) in Stammkapital umgebucht.[437] Auf der Passivseite der Bilanz werden bei einer Kapitalerhöhung aus Gesellschaftsmitteln die unter § 266 Abs. 3 A II bzw. III HGB ausgewiesenen Kapital- bzw. Gewinnrücklagen nunmehr zu gezeichnetem Kapital gemäß § 266 Abs. 3 A I HGB umgewandelt und damit den Kapitalerhaltungsvorschriften der §§ 30, 31 GmbHG unterworfen.[438] Gemäß § 57c Abs. 4 GmbHG finden daher die für die Kapitalerhöhung gegen Einlage gemäß § 56a GmbHG entsprechend anwendbaren Vorschriften zur Leistung auf

---

435 Im Ergebnis wie hier auch Paura, in: Ulmer, GmbHG, Ergänzungsband MoMiG, § 5a Rn. 67, der die Mindesteinzahlung von EUR 12.500 jedoch durch eine Anwendung des Volleinzahlungsgebotes bis zu dieser Summe erreicht und erst ab einem Betrag von EUR 12.500 § 5a Abs. 2 Satz 1 GmbHG suspendiert.

436 So im Grundsatz Roth, in: Roth/Altmeppen, GmbHG, § 5a Rn. 25 f.

437 Die in der UG zu bildende gesetzliche Rücklage nach § 5a Abs. 3 GmbHG ist als Gewinnrücklage gemäß § 57d Abs. 1 GmbHG i.V.m. § 266 Abs. 3 II, III HGB zu qualifizieren.

438 Roth, in: Roth/Altmeppen, GmbHG, § 57c Rn. 4. Die Kapitalerhöhung aus Gesellschaftsmitteln stellt somit keine Kapitalbeschaffungsmaßnahme dar; daraus erklärt sich auch die Bezeichnung als nominelle Kapitalerhöhung.

das neue Stammkapital (§§ 7 Abs. 2 Satz 1, Abs. 3, 19 Abs. 5 GmbHG) keine Anwendung.[439]

Für die UG gilt diesbezüglich nichts Abweichendes. Das Volleinzahlungsgebot gemäß § 5a Abs. 2 Satz 1 GmbHG, welches ausdrücklich eine abweichende Regelung zu § 7 Abs. 2 GmbHG trifft, findet daher schon aus systematischen Gründen keine Anwendung auf die Kapitalerhöhung aus Gesellschaftsmitteln gemäß § 5a Abs. 3 Satz 2 Nr. 1 i.V.m. § 57c GmbHG.[440] Die bei der Kapitalerhöhung gegen Einlage diskutierte analoge Anwendung des Halbeinzahlungsgebots (§ 7 Abs. 2 Satz 2 GmbHG) findet bei der Kapitalerhöhung aus Gesellschaftsmitteln somit kein Spiegelbild. Grundsätzlich ist es ins Ermessen der Gesellschafter gestellt, welchen Betrag sie aus der gesetzlichen Rücklage für eine Kapitalerhöhung aus Gesellschaftsmitteln bzw. zum Ausgleich eines Jahresfehlbetrages oder Verlustvortrages verwenden.[441] Möchten die Gesellschafter einer UG die thesaurierten Gewinne für eine Kapitalerhöhung aus Gesellschaftsmitteln nach § 5a Abs. 3 Satz 2 Nr. 1 i.V.m. § 57c GmbHG zur Erreichung des gesetzlichen Mindeststammkapitals verwenden, um so die UG in eine reguläre GmbH zu überführen, ist dafür ein Betrag in Höhe der Differenz zwischen dem ursprünglichen eingetragenen Stammkapital und dem gesetzlichen Mindeststammkapital aus § 5 Abs. 1 GmbHG erforderlich.[442] Nur einen die Differenz übersteigenden Betrag können die Gesellschafter nach Eintragung der Kapitalerhöhung ins Handelsregister auflösen und ausschütten.[443]

---

439 Riemenschneider, in: MünchHdb GesR III, § 8c Rn. 6.

440 Miras, Unternehmergesellschaft, Rn. 225; Riemenschneider, in: MünchHdb GesR III, § 8c Rn. 6.

441 Insofern ist der Auffassung zu widersprechen, wonach sich dem Wortlaut des § 5a Abs. 3 Satz 2 GmbHG entnehmen ließe, dass die gesetzliche Rücklage nur in Gänze in Stammkapital mittels einer Kapitalerhöhung aus Gesellschaftsmitteln umgewandelt werden könne. So aber Miras, Unternehmergesellschaft, Rn. 221, der gleichwohl anschließend aufgrund eines Vergleichs zu § 55 GmbHG zu dem zutreffenden Ergebnis kommt, dass nur der Betrag, der zur Erreichung der gesetzlichen Mindestkapitalziffer erforderlich ist, umgewandelt werden muss.

442 Riemenscheider, in: MünchHdb GesR III, § 8c Rn. 6; Miras, Unternehmergesellschaft, Rn. 225 f..

443 Die Gesellschafter sind im Übrigen jedoch nicht verpflichtet, das ursprünglich eingetragene und voll aufgebrachte, inzwischen möglicherweise aufgebrauchte Stammkapital zunächst wieder aufzufüllen. Siehe dazu Miras, Unternehmergesellschaft, Rn. 168.

Dies führt zwar zu dem Ergebnis, dass die Gesellschafter einer UG bei einer Kapitalerhöhung gegen Einlage zur Erreichung des gesetzlichen Mindeststammkapitals zunächst nur die Hälfte des gesetzlichen Stammkapitals aufbringen müssen, wohingegen bei einer Kapitalerhöhung aus Gesellschaftsmitteln gemäß §§ 5a Abs. 3 Satz 2 Nr. 1, 57c GmbHG die Differenz zwischen dem ursprünglichen Stammkapital und dem gesetzlichen bzw. einem gesellschaftsvertraglich höher festgesetzten Stammkapital aufzubringen ist. Geschuldet ist dies dem Charakter der nominellen Kapitalerhöhung, welche lediglich eine Umwandlung von Kapital- oder Gewinnrücklagen in gezeichnetes Eigenkapital bewirkt und somit notwendigerweise mit einer „*Volleinzahlung*" verbunden ist.[444] Für das Volleinzahlungsgebot in § 5a Abs. 2 Satz 1 GmbHG verbleibt im Rahmen einer nominellen Kapitalerhöhung zur Erreichung des gesetzlichen Mindeststammkapitals im Ergebnis kein Anwendungsbereich.

3. Kapitalerhöhung unterhalb des gesetzlichen Mindeststammkapitals

Praktisch von geringer Relevanz wird eine nominelle oder effektive Kapitalerhöhung unterhalb des Betrages des gesetzlichen Mindeststammkapitals sein. Denn die Gesellschafter können sich dadurch nicht den Restriktionen der § 5a Abs. 1 bis 4 GmbHG entledigen. Gleichwohl ist nicht auszuschließen, dass die Gesellschafter einer UG möglicherweise sukzessive das Stammkapital bis zum Betrag des § 5 Abs. 1 GmbHG erhöhen. Auch für die Kapitalerhöhung auf einen Betrag unterhalb des gesetzlichen Mindeststammkapitals gilt, dass das Volleinzahlungsgebot allenfalls unter teleologischen Gesichtspunkten Anwendung finden kann.[445] Unter Zugrundelegung des Normzwecks des § 5a Abs. 2 Satz 1 GmbHG sowie der Feststellung, dass in der UG auf ein nennenswertes gesetzliches Mindeststammkapital und damit auf ein Seriositätssignal an den Rechtsverkehr verzichtet wird, ist kein überzeugendes Argument ersichtlich, welches die Anwendung von § 5a Abs. 2 Satz 1 GmbHG über die Gesellschaftsgründung hinaus auch im Falle einer Kapitalerhöhung unterhalb der gesetzlichen Mindest-

---

444 Ebenso bereits Stellungnahme der Centrale für GmbH zum MoMiG, GmbHR 2007, S. 754 (755), die aus der vermeintlichen Ungleichbehandlung den Schluss zieht, die Thesaurierungspflicht müsse bereits dann entfallen, wenn Stammkapital und gesetzliche Rücklage die Hälfte des Mindeststammkapitals erreichen. Vgl. 4. KapitelB.I.2(a).

445 Siehe 3. KapitelC.II.1; Klose, GmbHR 2009, S. 294 (295); a.A. Roth, in: Roth/Altmeppen, GmbHG, § 5a Rn. 26, der eine direkte Anwendung der Norm zu fordern scheint.

kapitalziffer rechtfertigen könnte. Eine gegebenenfalls zu befürchtende Umgehung der Gründungsvorschrift des § 5a Abs. 2 Satz 1 GmbHG sowie des § 7 Abs. 2 Satz 2 GmbHG wäre allenfalls dann problematisch, wenn der Gesetzgeber dem Volleinzahlungsverbot eine Schutzfunktion für die Gesellschaft oder den Rechtsverkehr beigemessen hätte. Das Volleinzahlungsgebot dient aber in erster Linie der vereinfachten und beschleunigten Gründung der UG und ist der Tatsache geschuldet, dass bei einem frei festsetzbaren Stammkapital die Regelung des § 7 Abs. 2 GmbHG nicht erforderlich ist.[446]

Die Festsetzung des Stammkapitals liegt in der UG einzig und allein im Ermessen der Gesellschafter und das Gesetz knüpft an das Stammkapital in der UG eben keine gläubigerschützende Funktion.[447] Das von den Gesellschaftern einer UG frei bestimmbare Stammkapital erfüllt letztlich nur die Funktion eines technischen Mindeststammkapitals[448]. Insofern ist kein Grund ersichtlich, die UG in Bezug auf die Anforderungen einer Kapitalerhöhung schlechter zu stellen als die Gesellschafter einer regulären GmbH. Die Vorschriften der §§ 53 ff. GmbHG, insbesondere § 56a i.V.m. § 7 Abs. 2 Satz 1 GmbHG finden uneingeschränkt Anwendung. Die Anmeldung einer Kapitalerhöhung auf einen Betrag unterhalb des gesetzlichen Mindeststammkapitals nach § 5 Abs. 1 GmbHG erfordert demnach lediglich die Einzahlung eines Viertels des Nennbetrages.[449]

---

446 In diesem Sinne auch RegE., BT-Drucks. 16/6140, S. 32.

447 Bereits 3. KapitelA.II.2. Klose, GmbHR 2009, S. 294 (296) befürchtet hingegen, dass die Gesellschafter geneigt sein könnten, auch die Pflicht zur Bildung einer gesetzlichen Rücklage nach § 5a Abs. 3 GmbHG zu umgehen. Dies ist zweifelsohne eine berechtigte Befürchtung, hat aber letztlich keinen Bezug zur Frage einer ordnungsgemäßen Kapitalaufbringung.

448 Rieder, in: MünchKommGmbHG, Bd. 1, § 5a Rn. 8.

449 Auch Paura, in: Ulmer, GmbHG, Ergänzungsband MoMiG, § 5a Rn.46, sieht grundsätzlich keine Veranlassung, das Volleinzahlungsgebot auf die Kapitalerhöhung auszudehnen. Da § 56a GmbHG jedoch zumindest das Vorhandensein eines einbezahlten Stammkapitals in der Mindesthöhe von § 7 Abs. 2 Satz 2 GmbHG voraussetze, gelte das Einzahlungsgebot bei Kapitalerhöhung unterhalb der gesetzlichen Nominalziffer jedenfalls solange, bis die UG über ein Stammkapital von mindestens EUR 12.500 verfügt. Die Annahme, dass § 56a GmbHG die Einzahlung des hälftigen Mindeststammkapitals voraussetze, lässt sich nach Ansicht des Verfassers nach Einführung des § 5a Abs. 1 GmbHG so nicht mehr halten.

4. Ergebnis

Die Sonderregelungen des § 5a GmbHG stellen Ausnahmen zu den allgemeinen Regelungen des GmbHG dar und sind daher richtigerweise restriktiv auszulegen – und zwar restriktiv in der Weise, als dass der Anwendungsbereich nicht ohne Weiteres extensiv zu bestimmen ist.[450] Systematische und teleologische Gesichtspunkte sprechen letztlich dafür, das Volleinzahlungsgebot in § 5a Abs. 2 Satz 1 GmbHG lediglich auf Gesellschaftsgründungen zu beziehen. Die Vorschriften zu Kapitalerhöhungen finden bei der UG weitgehend uneingeschränkt Anwendung. Lediglich bei einer Kapitalerhöhung gegen Einlage zur Erreichung des gesetzlichen Mindeststammkapitals findet das Halbeinzahlungsgebot des § 7 Abs. 2 Satz 2 GmbHG entsprechend Anwendung. Nur so lässt sich eine Schlechter- oder Besserstellung der UG-Gesellschafter vermeiden. Bei einer Kapitalerhöhung aus Gesellschaftsmitteln ist das Volleinzahlungsgebot des § 5a Abs. 2 Satz 1 GmbHG nicht maßgebend; ein faktisches Volleinzahlungsgebot ergibt sich schon aus der der Natur der nominellen Kapitalerhöhung.

III. Verbot der Sacheinlage

Sacheinlagen sind in der UG nach dem Wortlaut des § 5a Abs. 2 Satz 2 GmbHG ausgeschlossen. Die Reichweite des Sacheinlageverbotes ist jedoch heftig umstritten.[451] Dies liegt zum einen daran, dass ein gänzliches Verbot nicht recht einleuchten will, und zum anderen, dass der Normzweck nur unzureichend klar ist. Die Gesetzesbegründung erschöpft sich in einem kurzen und wenig hilfreichen Satz.

> „Sacheinlagen sind nicht erforderlich und deshalb unzulässig.“[452]

Dabei hat der Gesetzgeber offensichtlich eine Reihen von Problemen, die sich aus § 5a Abs. 2 Satz 2 GmbHG ergeben, nicht bedacht bzw. es vermissen lassen, Stellung zu beziehen und so für die erforderliche Klarheit und Rechtssicherheit zu sorgen.[453] Zweifelsfragen ergeben sich insbesondere im Zusam-

---

450 Zu Recht Paura, in: Ulmer, GmbHG, Ergänzungsband MoMiG, § 5a Rn. 46.

451 Vgl. zum Meinungsstand im Schrifttum nur Paura, in: Ulmer, GmbHG, Ergänzungsband MoMiG, § 5a Rn. 48 ff.; Schäfer, in: Henssler/Strohn, § 5a Rn. 17; Hennrichs, NZG 2009, S. 1161 (1162).

452 RegE., BT-Drucks. 16/6140, S. 32.

453 Ebenso Rieder, in: MünchKommGmbHG, Bd. 1, § 5a Rn. 19.

menhang mit der Kapitalerhöhung gegen Sacheinlage, der Anwendbarkeit des § 19 Abs. 4 GmbHG zur verdeckten Sacheinlage und der Umwandlungsfähigkeit der UG. Im Schrifttum hat sich inzwischen ein beinahe unübersichtliches Meinungsbild gebildet.[454] Je nachdem, welcher Ansicht man zur Reichweite des Sacheinlageverbotes folgt, ergeben sich unterschiedliche Implikationen hinsichtlich der dargestellten Zweifelsfragen.

Unstreitig unzulässig ist die Sacheinlage aufgrund des Gesetzeswortlautes, der Systematik sowie des erkennbaren Normzweckes in § 5a Abs. 2 Satz 2 GmbHG bei Gründung einer UG.[455] Ausweislich der Gesetzesbegründung beabsichtigt der Gesetzgeber mit Einführung der UG und den besonderen Vorschriften zur Kapitalaufbringung in § 5a Abs. 2 GmbHG die Gründung einer Gesellschaft schnell, flexibel und günstig auszugestalten.[456] Eine Sachkapitalgründung und die damit verbundene Notwendigkeit eines Sachgründungsberichts (§ 5 Abs. 4 Satz 2 GmbHG) und einer Prüfung der Werthaltigkeit der Sacheinlage (§ 9c Abs. 1 Satz 2GmbHG) ließe sich mit diesem Ziel nicht vereinbaren.[457] Aus diesem Grund sei eine Sacheinlage nicht erforderlich und daher unzulässig.

---

454 Heckschen, Das MoMiG in der notariellen Praxis, Rn. 186; Wachter., in: Goette/Habersack, Rn. 1.112; Weber, BB 2009, S. 842 (844); Klose, GmbHR 2009, S. 294 (296); Waldenberger/Sieber, GmbHR 2009, S. 114 (119); Freitag/Riemenschneider, ZIP 2007, S. 1485 (1491); Seibert, GmbHR 2007, S. 673 (676); Tettinger, DK 2008, S. 75 (77); Miras, Unternehmergesellschaft, Rn. 156; Roth, in: Roth/Altmeppen, GmbHG, § 5a Rn. 13; Wicke, GmbHG, § 5a Rn. 7; Fastrich; in: Baumbach/Hueck, § 5a Rn. 13; Rieder, in: MünchKommGmbHG, Bd. 1, § 5a Rn. 25, 41 f.; Hennrichs, NZG 2009, S. 1161 (1162 f.); Witt, ZIP 2009, S. 1102 (1104); DAV, NZG 2007, S. 735 (737). Eine nicht weniger unklare Regelung – zumindest im Hinblick auf den Normzweck – hat Gehb, Unternehmergesellschaftsgesetz (UGG), S. 3, im Entwurf eines Gesetzes über die Unternehmergesellschaft gefunden. Gemäß § 6 Abs. 1 Satz 1 UGG-E ist die Stammeinlage jedes Gesellschafters nämlich in Geld zu leisten.

455 Paura, in: Ulmer, GmbHG, Ergänzungsband MoMiG, § 5a Rn. 48 m.w.N.

456 RegE., BT-Drucks. 16/6140, S. 32.

457 RegE., BT-Drucks. 16/6140, S. 31 f.; Hennrichs, NZG 2009, S. 1161 (1162); Witt, ZIP 2009, S. 1102 (1104 f.); Rieder, in: MünchKommGmbHG, Bd. 1, § 5a Rn. 23.

1. Kapitalerhöhung durch Sacheinlage

Für eine Sachkapitalerhöhung ist diese Schlussfolgerung jedoch nicht zwingend.[458] Das Sacheinlageverbot ist nämlich im systematischen Kontext zum Volleinzahlungsgebot in § 5a Abs. 2 Satz 1 GmbHG zu lesen, welches nach hier vertretener Ansicht nur bei der Gesellschaftsgründung, nicht jedoch bei einer späteren Kapitalerhöhung Anwendung findet.[459] Unter dieser Prämisse spricht viel dafür, das Sacheinlageverbot in § 5a Abs. 2 Satz 2 GmbHG ebenfalls nur auf Sachgründungen zu beziehen.[460] Zudem findet die Sachkapitalerhöhung in § 56 GmbHG eine im Zuge des MoMiG geänderte, spezielle Regelung, welche für die UG grundsätzlich ebenso maßgeblich ist; die Vorschriften der §§ 55 ff. GmbHG enthalten aber keinen Verweis auf § 5a Abs. 2 Satz 2 GmbHG. Das Verbot einer Sacheinlage ist daher weniger vor dem Hintergrund einer möglichen Umgehung der Kapitalaufbringungsvorschriften zu sehen.[461] Vielmehr ist zu fragen, ob Sinn und Zweck des § 5a Abs. 2 Satz 2 GmbHG ein Verbot der Sachkapitalerhöhung erfordern. Unter teleologischen Gesichtspunkten sprechen nach Ansicht des Verfassers die besseren Argumente für die Zulässigkeit einer Sachkapitalerhöhung – und zwar sowohl auf einen Betrag unterhalb als auch zur Erreichung des gesetzlichen Mindeststammkapitals.[462]

---

458 So auch Hennrichs, NZG 2009, S. 1161 (1162); a.A. Weber, BB 2009, S. 842 (844); Heckschen, DStR 2009, S. 166 (170); Heckschen, Das MoMiG in der notariellen Praxis, Rn. 186.

459 Vgl. 3. KapitelC.II.1; ebenso Tettinger, DK 2008, S. 75 (77); Klose, GmbHR 2009, S. 294 (295); zumindest für widersprüchlich hält Hennrichs, NZG 2009, S. 1161 (1163), die Gesetzessystematik.

460 Klose, GmbHR 2009, S. 294 (296) und Tettinger, DK 2008, S. 75 (77), die gleichwohl bei einer Stammkapitalerhöhung auf einen Betrag in Höhe des Mindeststammkapitals nach § 5 Abs. 1 GmbHG oder darüber das Sacheinlageverbot nicht anwenden möchten. A.A. Heckschen, DStR 2009, S. 166 (170), der das Verbot einer Sachkapitalerhöhung sogar für „*eindeutig*“ hält; Rieder, in: MünchKommGmbHG, Bd. 1, § 5a Rn. 25, der entgegen des eindeutigen Wortlautes § 56 GmbHG i.V.m. § 5a Abs. 2 GmbHG anwendet; sowie im Ergebnis ebenso Weber, BB 2009, S. 842 (844); Wachter, GmbHR Sonderheft 10/2008, S. 25 (32); Bormann, GmbHR 2007, S. 897 (901).

461 So aber Klose, GmbHR 2009, S. 294 (296), der zumindest im Falle einer Sachkapitalerhöhung auf einen Betrag unterhalb des Mindeststammkapitals eine analoge Anwendung des § 5a Abs. 2 Satz 2 GmbHG befürwortet; andernfalls drohe eine Umgehung des § 5a Abs. 2 Satz 1 GmbHG bzw. des § 7 Abs. 2 Satz 2 GmbHG.

462 Ebenso Hennrichs, NZG 2009, S. 1161 (1163); a.A. zumindest bezüglich einer Sachkapitalerhöhung auf einen Betrag unterhalb der Mindestkapitalziffer Rieder, in:

(a) *Sinn und Zweck der Regelung*

Eine starke Ansicht im Schrifttum vertritt unter Verweis auf den Normzweck trotz der soeben dargestellten Bedenken gleichwohl die Auffassung, dass eine Sachkapitalerhöhung in einer UG grundsätzlich ausgeschlossen sei, sofern die UG nicht durch Sachkapitalerhöhung in eine reguläre GmbH übergeht (§ 5a Abs. 5 GmbHG).[463] Zuletzt haben einige Obergerichte ebenso in diesem Sinne entschieden.[464] Diese Einschränkung überzeugt nach Ansicht des Verfassers wenig.

Der Normzweck des § 5a Abs. 2 Satz 2 GmbHG, die Gründung einer UG zu beschleunigen und zu vereinfachen, ist nicht mehr von ausschlaggebender Bedeutung, wenn die UG zu einer regulären GmbH erstarken soll.[465] Eine Sacheinlage ist zweifelsohne vergleichsweise zeit- und kostenintensiv.[466] Ist die Gesellschaft hingegen erst einmal gegründet, ist dieser Aspekt nicht mehr maßgebend, insbesondere vor dem Hintergrund, dass im Rahmen einer Kapitalerhöhung gegen Sacheinlage ein Sachgründungsbericht gemäß §§ 56, 56a GmbHG grundsätzlich nicht erforderlich ist.[467] Die Werthaltigkeitsprüfung durch das Register-

---

MünchKommGmbHG, Bd. 1, § 5a Rn. 41 f.; Miras, Unternehmergesellschaft, Rn. 156; Klose, GmbHR 2009, S. 294 (296); Waldenberger/Sieber, GmbHR 2009, S. 114 (119); Tettinger, DK 2008, S. 75 (77); Seibert, GmbHR 2007, S. 673 (676); Freitag/Riemenschneider, ZIP 2007, S. 1485 (1491).

463 Rieder, in: MünchKommGmbHG, Bd. 1, § 5a Rn. 25, 41 f.; im Ergebnis ebenso Roth, in: Roth/Altmeppen, GmbHG, § 5a Rn. 13, 26; Miras, Unternehmergesellschaft, Rn. 156; Lutter, in: Lutter/Hommelhoff, GmbHG, § 5a Rn. 12; Tettinger, DK 2008, S. 75 (77); Freitag/Riemenschneider, ZIP 2007, S. 1485 (1491); Priester, ZIP 2010, S. 2182 (2183); Schäfer, in: Henssler/Strohn, § 5a Rn. 28; a.A. Fastrich, in: Baumbach/Hueck, § 5a Rn. 13; Weber, BB 2009, S. 842 (844); Heckschen, Das MoMiG in der notariellen Praxis, Rn. 186 ff., Ulmer, GmbHR 2010, S. 1298 (1301), die das Sacheinlageverbot auch auf den Sonderfall des § 5a Abs. 5 GmbHG beziehen.

464 BGH, Beschl. v. 19.04.2011, II ZB 25/10 = ZIP 2011, S. 955 (956); OLG München, Beschl. v. 23.09.2010, 31 Wx 149/10 = GmbHR 2010, S. 1210 ff.; OLG Hamm, Beschl. v. 5.05.2011, I 27W24/11 = DNotI-Report 2011, S. 127.

465 Rieder, in: MünchKommGmbHG, Bd. 1, § 5a Rn. 42.

466 Rieder, in: MünchKommGmbHG, Bd. 1, § 5a Rn. 19; Hennrichs, NZG 2009, S. 1161 (1163).

467 Eine Werthaltigkeitsprüfung ist gemäß § 57a GmbHG i.V.m. § 9c Abs. 1 GmbHG auch bei einer Sachkapitalerhöhung stets erforderlich. Die §§ 56, 56a, 57 Abs. 3 Nr. 3 GmbHG verweisen allesamt nicht auf § 5 Abs. 4 Satz 2 GmbHG, so dass ein Sachgründungsbericht der Anmeldung zur Eintragung nicht beizufügen ist. Vgl. Lutter, in:

gericht gemäß § 57a GmbHG sowie weitere Formalitäten einer Sachkapitalerhöhung fallen für die Gesellschafter der UG nicht mehr oder weniger negativ ins Gewicht als für die Gesellschafter einer regulären GmbH. Insofern ist ein Festhalten an § 5a Abs. 2 Satz 2 GmbHG auch im Falle einer Sachkapitalerhöhung unter Außerachtlassung von Sinn und Zweck der Vorschrift unter Bezugnahme auf den (wenig ergiebigen) Wortlaut des § 5a Abs. 5 GmbHG nicht nachvollziehbar.[468] Ebenso wenig ist ersichtlich, wieso die Sachgründung einer regulären GmbH einerseits zulässig, eine Sachkapitalerhöhung bei einer UG auf einen Betrag über der gesetzlichen Mindestkapitalziffer andererseits ausgeschlossen sein soll, obgleich gemäß §§ 56a, 7 Abs. 3 GmbHG auch bei der Kapitalerhöhung die Sacheinlagen so zu bewirken sind, dass diese endgültig zur freien Verfügung der Gesellschafter stehen.[469] Die angeführten Argumente zum Normzweck des Sacheinlageverbotes lassen sich ebenso auf die Sachkapitalerhöhung unterhalb des gesetzlichen Mindeststammkapitals übertragen; insofern ist eine Differenzierung zwischen einer Sachkapitalerhöhung zur Erreichung des gesetzlichen Mindeststammkapitals und einer solchen, die unterhalb der Mindeststammkapitalziffer bleibt, nach Ansicht des Verfassers wenig überzeugend. Sinn und Zweck der Regelung des § 5a Abs. 2 Satz 2 GmbHG sprechen dafür, das Sacheinlageverbot lediglich auf Sachgründungen zu beziehen und im Übrigen Kapitalerhöhungen gegen Sacheinlage nach den allgemeinen Vorschriften zu behandeln.[470]

(b) Gläubigerschutz durch Sachvermögen

Das Verbot der Sacheinlage in § 5a Abs. 2 Satz 2 GmbHG ist vom Gesetzgeber zudem nicht konzipiert worden, um besonderen Schutzzwecke wie dem Gläubi-

---

Lutter/Hommelhoff, GmbHG, § 56 Rn. 7; Roth, in: Roth/Altmeppen, GmbHG, § 56 Rn. 7 und § 57a Rn. 1; Ulmer, in: Ulmer, GmbHG, Bd. 3, § 56 Rn. 57; Zöllner, in: Baumbach/Hueck, § 56 Rn. 17 und § 57a Rn. 10; OLG Stuttgart, Beschl. v. 19.01.1981, 8 W 295/81 = GmbHR 1982, S. 109; OLG Köln, Urt. v. 13.02.1996, 3 U 98/95 = NJW-RR 1996, S. 1250 (1251); unentschieden BayObLG, = Entscheidung v. 02.11.1994, 3 Z BR 276/94 = NJW 1995, S. 1971.

468 So aber ausdrücklich Ulmer, GmbHR 2010, S. 1298 (1301), der das Sacheinlageverbot auf jede Kapitalerhöhung durch Sacheinlage bezieht.

469 Klose, GmbHR 2009, S. 294, S. 294 (296).

470 Ebenso Hennrichs, NZG 2009, S. 1161 (1162 f.); Paura, in: Ulmer, GmbHG, Ergänzungsband MoMiG, § 5a Rn.49.

gerschutz zu dienen.[471] Die Vorschriften über die Sacheinlage gewährleisten den Schutz der Gläubiger, so dass sich aus diesem Gesichtspunkt ein Verbot der Sachkapitalerhöhung nicht zwingend ableiten lässt. Ein striktes Sacheinlageverbot läuft dem Gläubigerschutz in Form einer ausreichenden materiellen Kapitalisierung der Gesellschaft sogar zuwider.[472] Zweifellos dient das Sacheinlageverbot einer raschen Eintragung der UG im Handelsregister, verhindert aber als Kehrseite, dass gegebenenfalls werthaltiges Sachvermögen in die Gesellschaft eingebracht wird, das beispielsweise im Fall der Zahlungsunfähigkeit in einem Insolvenzverfahren zur Befriedigung der Gesellschaftsgläubiger noch verwertet werden könnte. Insofern ist es in gewisser Weise widersprüchlich, wenn der Gesetzgeber die besonderen Vorschriften zur Kapitalaufbringung einerseits damit zu begründen sucht, dass die in der Gründungsphase erforderlichen Barmittel mittels des Volleinzahlungsgebots gewährleistet werden sollen, eine verbesserte Kapitalausstattung mittels Sacheinlage andererseits aber ausgeschlossen ist.[473] Aus Sicht des Gläubigerschutzes sprechen die besseren Argumente sogar für eine generelle Zulassung von Sacheinlagen.[474] Die systematische Auslegung des

---

471 Gegenäußerung der Bundesregierung, RegE., BT-Drucks. 16/6140, Anlage 3, S. 75; ebenso Rieder, in: MünchKommGmbHG, Bd. 1, § 5a Rn. 23; Goette, Einführung in das neue GmbH-Recht, Einf. Rn. 44; Hennrichs, NZG 2009, S. 1161 (1163); Paura, in: Ulmer, GmbHG, Ergänzungsband MoMiG, § 5a Rn.50; a.A. Waldenberger/Sieber, GmbHR 2009, S. 114 (119), und Schäfer, ZIP 2011, S. 53 (56), unter Verkennung der Gesetzesbegründung. Wenig überzeugend ist insoweit Ulmer, GmbHR 2010, S. 1298 (1303), der einerseits unter Hinweis auf eine Stärkung des Gläubigerschutzes Sacheinlagen in die Kapitalrücklage und eine Kapitalerhöhung aus diesen Mittel für zulässig, Sachkapitalerhöhungen im Übrigen aber für unzulässig hält. Eine angebliche Missbrauchsanfälligkeit der Sacheinlage ist kein UG-spezifisches Argument und mit Neufassung des § 19 Abs. 4 GmbHG aus Sicht des Gesetzgebers befriedigend gelöst.

472 Hennrichs, NZG 2009, S. 1161 (1162); Rieder, in: MünchKommGmbHG, Bd. 1, § 5a Rn. 20 sieht ein Sacheinlageverbot ebenfalls nicht als zwingend an. Auch Miras, in: Michalski, GmbHG, Bd. 1, § 5a Rn. 36 zweifelt die Sinnhaftigkeit der Regelung an, insbesondere im Hinblick auf Kleinunternehmer, die ihr bestehendes Unternehmen in eine UG als Sacheinlage einbringen wollen.

473 So aber RegE., BT-Drucks. 16/6140, S. 32. Hennrichs, NZG 2009, S. 1161 (1162), weist zutreffend darauf hin, dass bei einem voll einbezahlten, gegebenenfalls auf wenige Euro lautenden Stammkapital wohl kaum von einer ausreichenden Kapitalausstattung die Rede sein kann.

474 Auch Rieder, in: MünchKommGmbHG, Bd. 1, § 5a Rn. 20, sieht das vom Gesetzgeber gewählte Regelungskonzept nicht als zwingend an und erkennt ein Interesse der UG-Gesellschafter, durch ein höheres Stammkapital ein Bonitätssignal an den Rechts-

§ 5a Abs. 2 GmbHG unter Berücksichtigung des Normzwecks verdeutlicht, dass eine Erstreckung des Sacheinlageverbotes in § 5a Abs. 2 Satz 2 GmbHG auf Sachkapitalerhöhungen nicht überzeugend und erforderlich ist.[475]

Unberührt bleibt den Gesellschafter freilich, Sachwerte als Zuzahlung in die Kapitalrücklage der UG gemäß § 272 Abs. 2 Nr. 4 HGB zu leisten und dies gegebenenfalls als Nebenleistungspflicht im Sinne von § 3 Abs. 2 GmbHG in den Gesellschaftsvertrag aufzunehmen.[476] Die Kapitalrücklage gemäß § 272 Abs. 2 Nr. 4 HGB erfasst alle freiwilligen Zahlungen der Gesellschafter, welche zweckbestimmt und ohne Gewährung von Vorzügen Seitens der Gesellschaft in das Eigenkapital der Gesellschaft erbracht werden, ohne gezeichnetes Kapital oder Einlagen unbeschränkt persönlich haftender Gesellschafter zu sein.[477] Sachwerte oder andere nicht bare Vermögensgegenstände können die Gesellschafter trotz des Ausdruckes „*Zuzahlungen*" zulässigerweise in das Eigenkapital der Gesellschaft einbringen, ohne dass dies als Sacheinlage gewertet wird.[478] Die Kapitalrücklage gemäß § 272 Abs. 2 Nr. 4 HGB kann aufgrund der fehlenden Kapitalbindung von den Gesellschaftern frei verwendet werden, insbesondere für eine Kapitalerhöhung aus Gesellschaftsmitteln gemäß §§ 57c Abs. 1, 57d Abs. 1 GmbHG.[479] Dies gilt nach (bisher) unstreitiger Meinung auch für die UG.[480] Darin zeigt sich jedenfalls die Inkonsequenz der herrschenden Ansicht.[481] Vor dem Hintergrund, dass nach der herrschenden Ansicht eine Sachkapitalerhöhung außer im Sonderfall des § 5a Abs. 5 GmbHG ausgeschlossen sein soll, erscheint die Möglichkeit einer Sacheinbringung nach § 272 Abs. 2 Nr. 4 HGB

---

verkehr zu senden und dieses Stammkapital durch nachgelagerte Einzahlung oder Sacheinlage zu decken.

475 Zu Recht Hennrichs, NZG 2009, S. 1161 (1162 f.); DAV, NZG 2007, S. 735 (737).

476 DAV, NZG 2007, S. 735 (737); Rieder, in: MünchKommGmbHG, Bd. 1, § 5a Rn. 19; Roth, in: Roth/Altmeppen, GmbHG, § 5a Rn. 13; Miras, Unternehmergesellschaft, Rn. 157; Hennrichs, NZG 2009, S. 1161 (1164); Paura, in: Ulmer, GmbHG, Ergänzungsband MoMiG, § 5a Rn.51.

477 Wiedmann, in: Ebenroth/Boujong/Joost/Strohn, HGB, Bd. 1, § 272 Rn. 21; Merkt, in: Baumbach/Hopt, § 272 Rn. 5.

478 Hennrichs, NZG 2009, S. 1161 (1164); DAV, NZG 2007, S. 735 (737); Roth, in: Roth/Altmeppen, GmbHG, § 5a Rn. 13.

479 Lutter, in: Lutter/Hommelhoff, GmbHG, § 57d Rn. 3; Roth, in: Roth/Altmeppen, GmbHG, § 57d Rn. 1.

480 Rieder, in: MünchKommGmbHG, Bd. 1, § 5a Rn. 19; Miras, Unternehmergesellschaft, Rn. 157; Hennrichs, NZG 2009, S. 921 (1164); DAV, NZG 2007, S. 735 (737).

481 Hennrichs, NZG 2009, S. 1161 (1165).

mit anschließender Kapitalerhöhung aus Gesellschaftsmitteln gemäß § 57c Abs. 1 GmbHG widersprüchlich.[482] Letztlich eröffnet dies den Gesellschaftern eine Umgehung des Sacheinlageverbotes.[483] Das Sacheinlageverbot in § 5a Abs. 2 Satz 2 GmbHG erfasst daher nach überzeugender Ansicht nur die Sachgründung.

2. Exkurs: Die Umwandlungsfähigkeit der UG

Die Umwandlungsfähigkeit der UG ist aufgrund des in § 5a Abs. 2 Satz 2 GmbHG statuierten Sacheinlageverbotes eingeschränkt.[484] Obwohl die Frage der Umwandlungsfähigkeit der UG bereits im Gesetzgebungsverfahren aufgeworfen worden war,[485] hat der Gesetzgeber eine Klarstellung in der Gesetzesbegründung unterlassen. Erstaunlicherweise nimmt die herrschende Ansicht in der Literatur die aus einem extensiv ausgelegten Sacheinlageverbot resultierende begrenzte Umwandlungsfähigkeit der UG beinahe klaglos hin, obwohl dies dem gesetzgeberischen Ziel der Schaffung einer deregulierten, im europäischen Wettbewerb der Rechtsformen bestehenden Gesellschaftsrechtsform[486] zuwider läuft. Demgegenüber fügt sich die UG nach hier vertretener Auffassung zum Sacheinlageverbot beinahe nahtlos in das GmbHG und stellt diese der GmbH als beteiligungsfähigen Rechtsträger im Sinne von § 1 Abs. 1 UmwG im Wesentli-

---

482 Anstatt vieler Roth, in: Roth/Altmeppen, GmbHG, § 5a Rn. 13, 26; für die Stimmen in der Literatur, die ein Sacheinlageverbot auch im Fall einer Kapitalerhöhung zur Erreichung des Mindeststammkapitals fordern, z.B. Fastrich, in: Baumbach/Hueck, § 5a Rn. 33, gilt dies erstrecht.

483 Lediglich Miras, Unternehmergesellschaft, Rn. 157, ist insofern konsequent, indem sämtliche Sachen und andere nicht bare Vermögenswerte, welche in die Gesellschaft im Wege des § 272 Abs. 2 Nr. 4 HGB eingebracht worden sind, erst dann durch eine Kapitalerhöhung in Stammkapital umgewandelt werden können, sobald der Schritt in die reguläre GmbH vollzogen ist. Allerdings bleibt Miras schuldig, ob diese Einschränkung mit einer teleologischen Reduktion oder einer analogen Anwendung des § 5a Abs. 2 Satz 2 GmbHG dogmatisch begründet wird.

484 Wicke, GmbHG, § 5a Rn. 15 ff.; Römermann/Passarge, ZIP 2009, S. 1497 (1500 f.); Wachter, in: Römermann, MAH GmbH-Recht, Rn. 210 ff.; Weber, BB 2009, S. 842 (846 f.); Tettinger, DK 2008, S. 75 (76 f.); Meister, NZG 2008, S. 767 ff.; Hennrichs, NZG 2009, S. 1161 (1163 f.); Freitag/Riemenschneider, ZIP 2007, S. 1485 (1490 ff.).

485 Götte, Anhörung Drucks. 16/6140 (MoMiG), S. 5 f.

486 RegE., BT-Drucks. 16/6140, S. 25, 31.

chen gleich.[487] Zu unterscheiden sind Umwandlungsvorgänge im weiteren Sinn zwischen UG und GmbH und Umwandlungen im engeren Sinn nach § 1 Abs. 1 UmwG.

(a) Übergang zur regulären GmbH und der Weg zurück

Der Übergang der Rechtsformvariante UG in eine reguläre GmbH durch eine Kapitalerhöhung auf einen Betrag, der das gesetzliche Mindeststammkapital gemäß § 5 Abs. 1 GmbHG erreicht oder übersteigt, stellt richtigerweise keinen Formwechsel nach §§ 1 Abs. 1 Nr. 4, 190 ff. UmwG dar, da der Formwechsel – schon begrifflich – Rechtsträger unterschiedlicher Rechtsformen voraussetzt.[488]

(i) Entsprechende Anwendung der Vorschriften zur Kapitalherabsetzung?

Freitag/Riemenschneider zweifeln diesen Standpunkt unter Hinweis auf den maßgeblichen Wechsel der Finanzverfassung hingegen an, der einen Übergang der UG zur regulären GmbH zur Folge habe.[489] Darüber hinaus seien die Interessen der Gläubiger dadurch gefährdet, dass der nicht zur Kapitalerhöhung nach § 57c GmbHG verwendete Betrag der gesetzlichen Rücklage zulasten der Gesellschaftsgläubiger entzogen werden könnte, obgleich diese auf die bilanzierte Haftungsmasse vertrauten. Im Interesse der Gläubiger dürften die in der gesetzlichen Rücklage thesaurierten Gewinne nur dann ausgeschüttet werden, wenn die Gesellschafter zunächst gemäß §§ 5a Abs. 3, 57c GmbHG eine Kapitalerhöhung aus sämtlichen in der Rücklage gebundenen Mittel durchführen und anschließend eine Kapitalherabsetzung unter Wahrung der gläubigerschützenden Normen der §§ 58 ff. GmbHG beschließen.[490]

---

487 Ebenso Hennrichs, NZG 2009, S. 1161 (1163). Nach Auffassung der Gesetzgebers, RegE., BT-Drucks. 16/6140, S. 31, fügt sich die UG als Rechtsformvariante der GmbH nahtlos in das GmbHG. Darüber hinaus gelten die Vorschriften des gesamten deutschen Rechts – und damit auch des UmwG – ohne Weiteres für die UG, sofern § 5a GmbHG keine ausdrückliche Sonderreglung trifft.

488 RegE., BT-Drucks. 16/6140, S. 32; Rieder, in: MünchKommGmbHG, Bd. 1, § 5a Rn. 50; Wicke, GmbHG, § 5a Rn. 15; Weber, BB 2009, S. 842 (846); Tettinger, DK 2008, S. 75 (76); Römermann/Passarge, ZIP 2009, S. 1497 (1490); Meister, NZG 2008, S. 767 (768); zu beteiligungsfähigen Rechtsträgern eines Formwechsels im Allgemeinen Stengel/Schwanna, in: Semler/Stengel, UmwG, § 191 Rn. 1 ff.

489 Freitag/Riemenschneider, ZIP 2007, S. 1485 (1490 f.).

490 Freitag/Riemenschneider, ZIP 2007, S. 1485 (1491).

Diese Ansicht überzeugt nicht. Zunächst verkennen *Freitag/Riemenschneider* den Fakt, dass der Wechsel der Finanzverfassung kein kennzeichnendes Merkmal einer Umwandlung ist, sondern lediglich eine Rechtsfolge daraus.[491] Zudem stellt der Gesetzgeber ausdrücklich klar, dass die Pflicht zur Bildung einer gesetzlichen Gewinnrücklage und damit verbunden eine Einschränkung der grundsätzlich freien Gewinnverwendung in der GmbH nur solange bestehen soll, wie die Gesellschaft kein eingetragenes Stammkapital in Höhe von § 5 Abs. 1 GmbHG vorweist.[492] Zudem können die Gläubiger auf den ungeschmälerten Erhalt der gesetzlichen Rücklage ebenso wenig vertrauen, wie auf den des Stammkapitals. Der Gesetzgeber will den Gesellschafter einer UG durch die Kapitalaufholung nach § 5a Abs. 3 GmbHG den Weg in die GmbH ebnen.[493] Die Ansicht von *Freitag/Riemenschneider* würde diesem Ziel weitere Hürden in den Weg stellen.[494]

(ii) Der Übergang der GmbH zur UG – „*downstream merger*"

Die Umwandlung einer regulären GmbH in eine UG im Sinne von § 1 Abs. 1 UmwG lässt sich nicht ohne Weiteres bewerkstelligen.[495] Nach der gesetzlichen Konzeption kann sich eine bereits bestehende GmbH nicht durch eine ordentliche Kapitalherabsetzung in eine UG herabstufen.[496] Nach § 58 Abs. 2 Satz 1 GmbHG bleibt § 5 Abs. 1 GmbHG auch im Falle einer Kapitalherabsetzung unberührt. Das Stammkapital einer UG muss jedoch zwingend unter dem Betrag von EUR 25.000 liegen. Ein Formwechsel von einer GmbH in einer UG schei-

491 Kennzeichnendes Merkmal einer Verschmelzung, Spaltung oder Vermögensübertragung ist die Übertragung des Vermögens im Wege der Gesamt- oder Sonderrechtsnachfolge, wohingegen sich der Formwechsel durch die Identität der Rechtsträger ohne Übertragung des Vermögens auszeichnet; J. Semler/Stengel, in: Semler/Stengel, UmwG, Einl. A Rn. 47.

492 RegE., BT-Drucks. 16/6140, S. 32; ebenso Schäfer, in: Henssler/Strohn, § 5a Rn. 22.

493 RegE., BT-Drucks. 16/6140, S. 32.

494 Ebenso Paura, in: Ulmer, GmbHG, Ergänzungsband MoMiG, § 5a Rn. 69; Westermann, in: Scholz, GmbHG, Bd. 3, § 5a Rn. 31.

495 Zu Recht weist Paura, in: Ulmer, GmbHG, Ergänzungsband MoMiG, § 5a Rn. 72, darauf hin, dass sich dies jedoch kaum aus dem Gesetzeswortlaut „*gegründet wird*" ableiten lässt.

496 Römermann/Passarge, ZIP 2009, S. 1497 (1499); Seibert, GmbHR 2007, S. 673 (675); Wachter, GmbHR Sonderheft 10/2008, S. 25 (35), der von einer „*Einbahnstraße*" spricht.

det ebenfalls aus. Die Gesellschafter müssen insofern einen „*Umweg*“ beschreiten.

Ohne einerseits gegen § 58 Abs. 2 Satz 1 GmbHG zu verstoßen und andererseits nicht in Konflikt mit dem Sacheinlageverbot des § 5a Abs. 2 Satz 2 GmbHG zu kommen, ist der Übergang einer GmbH auf eine UG nur durch eine Herabverschmelzung – auch *downstream merger* genannt – möglich. Unter einem *downstream merger* versteht man die Verschmelzung einer Muttergesellschaft auf eine von ihr gehaltene Tochtergesellschaft.[497] Zum Zwecke der Durchführung einer Verschmelzung ist regelmäßig eine Kapitalerhöhung gegen Sacheinlage beim übernehmenden Rechtsträger erforderlich, um den Anteilsinhabern des übertragenden Rechtsträgers Geschäftsanteile am Zielrechtsträger gewähren zu können.[498] Nach § 54 Abs. 1 Satz 2 Nr. 2 UmwG ist beim übernehmenden Rechtsträger jedoch keine Kapitalerhöhung durchzuführen, wenn die GmbH als übertragender Rechtsträger Geschäftsanteile des Zielrechtsträgers innehat, auf welche die Einlagen bereits in voller Höhe bewirkt sind. Die GmbH kann sich als Muttergesellschaft somit auf ihre eigene UG-Tochtergesellschaft unter Auflösung verschmelzen. Die übertragende GmbH bringt dabei ihr Handelsgeschäft in die übernehmende UG ein, ohne dass ihr dafür im Gegenzug zwingend Geschäftsanteile zu gewähren sind (§ 54 Abs. 1 Satz 3 UmwG). Das Sacheinlageverbot nach § 5a Abs. 2 Satz 2 GmbHG steht einer solchen Verschmelzung folglich nicht entgegen.

Ein *downstream merger* wird daher weitgehend für zulässig erachtet – und zwar selbst dann, wenn sich die übertragende GmbH in der Unterbilanz befindet.[499] Darin wird jedoch teilweise ein missbräuchliches Verhalten gesehen, das

---

497 Reichert, in: Semler/Stengel, UmwG, § 54 Rn. 16; Rieder, in: MünchKommGmbHG, Bd. 1, § 5a Rn. 51; Römermann/Passarge, ZIP 2009, S. 1497 (1500); Meister, NZG 2008, S. 767(768); Kock/Vater/Mraz, BB 2009, S. 848 (851).

498 Reichert, in: Semler/Stengel, UmwG, § 55 Rn. 7.

499 Wicke, GmbHG, § 5a Rn. 16; Rieder, in: MünchKommGmbHG, Bd. 1, § 5a Rn. 51; Miras, Unternehmergesellschaft, Rn. 26 ff.; Meister, NZG 2008, S. 767 (768); Römermann/Passarge, ZIP 2009, S. 1497 (1500); Weber, BB 2009, S. 842 (847); die Rechtsprechung, KG, NJW-RR 1999, S: 186; OLG Frankfurt, NJW-RR 1999, S. 185; OLG Hamm, NJW-RR 2004, S. 1556, wonach bei Verschmelzungen auf Schwestergesellschaften eine Kapitalerhöhung bei der übernehmenden Gesellschaft zwingend durchzuführen ist, basiert auf einer veralteten Rechtslage zu § 54 UmwG.

sich gegebenenfalls als existenzvernichtender Eingriff darstellen könne.[500] Der Verfasser teilt diese Bedenken nicht. Die GmbH könnte ebenso zunächst liquidiert werden, um aus dem Restvermögen schließlich eine UG zu gründen.[501] Die abstrakte Gefahr eines existenzvernichtenden Eingriffs kann für sich genommen der Zulässigkeit eines *downstream merger* einer GmbH auf eine beteiligungsidentische UG nicht entgegenstehen.[502]

(b) Die UG als beteiligungsfähiger Rechtsträger einer Umwandlung

Die UG als bloße Rechtsformvariante der GmbH ist grundsätzlich ein beteiligungsfähiger Rechtsträger im Sinne von § 1 Abs. 1 UmwG. Das gesetzliche Idealbild bei Einführung der UG entspricht zwar primär dem einer Einstiegsvariante für Existenzgründer.[503] Nichtsdestotrotz hat der Gesetzgeber darauf verzichtet, die Umwandlungsfähigkeit der UG durch Anpassung des UmwG einzuschränken. Die UG kann sich demzufolge wie jede andere GmbH grundsätzlich als Ausgangs- und Zielrechtsträger an Umwandlungsvorgängen im Sinne von § 1 Abs. 1 UmwG beteiligen.[504] Einschränkungen ergeben sich jedoch aus dem Sacheinlageverbot des § 5a Abs. 2 Satz 2 GmbHG, sofern dieses extensiv ausgelegt wird.[505] Die Reichweite der Umwandlungsfähigkeit der UG hängt insofern

---

500 Wachter, in: Römermann, MAH GmbH-Recht, § 4 Rn. 215; ebenso kritisch Fastrich, in: Baumbach/Hueck, § 5a Rn. 18; Tettinger, DK 2008, S. 75 (77).

501 Zutreffend Rieder, in: MünchKommGmbHG, Bd. 1, § 5a Rn. 51; Heinemann, NZG 2008, S. 820 (822); Schreiber, DZWIR 2009, S.492 (498).

502 Römermann/Passarge, ZIP 2009, S. 1497 (1500); Paura, in: Ulmer, GmbHG, Ergänzungsband MoMiG, § 5a Rn. 77.

503 RegE., BT-Drucks. 16/6140, S. 31. Dies verdeutlicht auch der Wortlaut des § 5a Abs. 1 GmbHG, der ausdrücklich von *„gegründet wird"* spricht. Mittels der Kapitalaufholung nach § 5a Abs. 3 GmbHG soll die UG in eine reguläre GmbH überführt werden. Letztlich findet der Charakter einer transitorischen Einstiegsvariante jedoch keinen Niederschlag im Gesetz; vgl. Wachter, in: Römermann, MAH GmbH-Recht, § 4 Rn. 221.

504 Paura, in: Ulmer, GmbHG, Ergänzungsband MoMiG, § 5a Rn. 73; Schäfer, in: Henssler/Strohn, § 5a Rn. 32; Heinemann, NZG 2008, S. 820.

505 Insbesondere bei Verschmelzungen unter Beteiligung einer GmbH kann nach §§ 53 bis 55 UmwG eine Kapitalerhöhung beim Zielrechtsträger erforderlich sein, welche sich als Sachkapitalerhöhung darstellt. Vgl. Reichert, in: Semler/Stengel, UmwG, § 55 Rn. 7. Bei der Spaltung finden die Vorschriften der §§ 53 und 55 UmwG gemäß § 125 Satz 1 UmwG entsprechend Anwendung.

maßgeblich davon ab, inwieweit man eine Kapitalerhöhung gegen Sacheinlage im Rahmen von § 5a Abs. 2 Satz 2 GmbHG für zulässig erachtet.

(i) Die UG als Ausgangsrechtsträger

Die Beteiligung einer UG als Ausgangsrechtsträger einer Verschmelzung oder Spaltung ist im Hinblick auf das Sacheinlageverbot in § 5a Abs. 2 Satz 2 GmbHG grundsätzlich unbedenklich. Aufgrund der Vermögensübertragung auf den Zielrechtsträger im Wege der Gesamtrechtsnachfolge kommt es zu keiner Kollision mit dem Sacheinlageverbot, insbesondere wenn es wie im Falle der Verschmelzung (§ 2 UmwG) oder Aufspaltung (§ 123 Abs. 1 UmwG) zur Auflösung der übertragenden UG kommt.[506]

(aa) Das Erfordernis einer Kapitalherabsetzung

Teilweise wird im Schrifttum die Ansicht vertreten, eine UG könne sich nicht an einer Abspaltung (§ 123 Abs. 2 UmwG) oder Ausgliederung (§ 123 Abs. 3 UmwG) als übertragender Rechtsträger beteiligen, sofern zu deren Durchführung das Stammkapital der UG gemäß § 139 UmwG herabgesetzt werden muss.[507] Die Notwendigkeit einer ordentlichen oder vereinfachten Kapitalherabsetzung im Rahmen einer Abspaltung oder Ausgliederung bezweckt den Schutz der Gläubiger vor einer Unterbilanz des übertragenden Rechtsträgers, die infolge einer durch Abspaltung oder Ausgliederung bedingten Übertragung von Vermögensgegenständen entstehen kann.[508] Eine Kapitalherabsetzung sei bei der UG allerdings nicht möglich, da das Stammkapital auch nach einer Kapitalherabsetzung gemäß §§ 58 Abs. 2 Satz 1, 58a Abs. 4 GmbHG noch dem gesetzlichen Mindestbetrag nach § 5 Abs. 1 GmbHG entsprechen müsse.[509]

---

506 Wicke, GmbHG, § 5a Rn. 16 f.; Rieder, in: MünchKommGmbHG, Bd. 1 § 5a Rn. 50; Tettinger, DK 2008, S. 75 (76); Weber, BB 2009, S. 842 (846); Freitag/Riemenschneider, ZIP 2007, S. 1485 (1491); Paura, in: Ulmer, GmbHG, Ergänzungsband MoMiG, § 5a Rn. 73.

507 Meister, NZG 2008, S. 767 (768); Wachter, in: Römermann, MAH GmbH-Recht, § 4 Rn. 217.

508 Reichert, in: Semler/Stengel, UmwG, § 139 Rn. 3 f.; Zöllner, in: Baumbach/Hueck, § 58a Rn. 3, 8.

509 Meister, NZG 2008, S. 767 (768); Wachter, in: Römermann, MAH GmbH-Recht, § 4 Rn. 217; Paura, in: Ulmer, GmbHG, Ergänzungsband MoMiG, § 5a Rn. 75; Schäfer, in: Henssler/Strohn, § 5a Rn. 30.

Dieser Ansicht kann sowohl aus systematischen als auch teleologischen Gründen nicht gefolgt werden. Die UG ist gemäß § 5a Abs. 1 GmbHG vom Erfordernis des § 5 Abs. 1 GmbHG befreit, so dass §§ 58 Abs. 2 Satz 1, 58a Abs. 4 GmbHG auf die UG keine Anwendung finden.[510] Es wäre nicht einleuchtend, wieso in der UG eine Kapitalherabsetzung ausgeschlossen sein soll, obgleich deren Stammkapital gerade im Ermessen der Gesellschafter steht. Dem wird entgegengehalten, es stelle eine Bevorzugung der UG-Gesellschafter zu Lasten der Gesellschaftsgläubiger dar, wenn das bei Gründung aufgebrachte Stammkapital herabgesetzt werden könnte.[511] Der Gesetzgeber hat jedoch bewusst davon abgesehen, eine zeitliche Begrenzung für die Kapitalaufholung festzulegen oder den Übergang in die reguläre GmbH bei Erreichen einer ausreichend hohen Gewinnrücklage verpflichtend vorzuschreiben.[512] Die UG in der Fassung des § 5a GmbHG ist eben nicht als Einbahnstraße zur GmbH ausgestaltet.[513]

Eine Kapitalherabsetzung steht den UG-Gesellschaftern daher offen. Dies gilt im Übrigen auch für die vereinfachte Kapitalherabsetzung nach §§ 58a ff. GmbHG. Diese dient generell der Sanierung einer notleidenden Gesellschaft und ist nur zum Ausgleich von Wertminderungen oder zur Deckung von Verlusten (§ 58a Abs. 1 GmbHG) sowie der Herstellung ausgeglichener Bilanzverhältnisse zulässig[514]. Eine vereinfachte Kapitalherabsetzung setzt gemäß § 58a Abs. 2 Satz 1 GmbHG voraus, dass zunächst der Teil der Kapital- und Gewinnrücklagen, der zusammen über zehn vom Hundert des nach der Herabsetzung verbleibenden Stammkapitals hinausgeht, vorweg aufgelöst wird.[515] Diese Rücklagenauflösung kollidiert nicht mit der Pflicht zur Bildung einer Gewinnrücklage nach

---

510 Schreiber, DZWIR 2009, S.492 (497).

511 So aber Schreiber, DZWIR 2009, S.492 (497).

512 RegE., BT-Drucks. 16/6140, S. 31. Der Entwurf der UGG von Gehb sah demgegenüber in § 22 Abs. 2 Satz 2 UGG-E eine Pflicht zur Gewinnthesaurierung nur insoweit vor, als dass das Eigenkapital abzüglich immaterieller Vermögensgegenstände einen Betrag von EUR 25.000 nicht erreicht. Vgl. Gehb, Unternehmergesellschaftsgesetz (UGG), S. 9.

513 Auch Paura, in: Ulmer, GmbHG, Ergänzungsband MoMiG, § 5a Rn. 5, weist darauf hin, dass ein „*Erstarken zur Voll-GmbH*" nicht zwingend sei, insbesondere wenn die UG Komplementärin einer Kommanditgesellschaft ist.

514 Lutter, in: Lutter/Hommelhoff, GmbHG, § 58a Rn. 3; Zöllner, in: Baumbach/Hueck, § 58a Rn. 3, 8.

515 Gemäß § 58a Abs. 2 Satz 2 GmbHG ist eine einfache Kapitalherabsetzung unzulässig, solange ein Gewinnvortrag vorhanden ist.

§ 5a Abs. 3 GmbHG.[516] Denn gemäß § 5a Abs. 3 Satz 2 Nr. 2 GmbHG darf die Rücklage zum Ausgleich eines Jahresfehlbetrages verwendet werden und korrespondiert insofern mit der Zielsetzung der einfachen Kapitalherabsetzung, Wertminderungen oder sonstige Verluste auszugleichen bzw. eine Unterbilanz des übertragenden Rechtsträgers zu verhindern (§ 58b Abs. 1 GmbHG).

Die Gläubiger sind schließlich durch die Schutzvorschriften der §§ 58 ff. GmbHG ausreichend geschützt.[517] So ist die geplante Kapitalherabsetzung den Gläubigern beispielsweise gemäß § 58 Abs. 1 GmbHG bekannt zu machen, den aus den Handelsbüchern der Gesellschaft ersichtlichen oder in anderer Weise bekannten Gläubigern sogar durch besondere Mitteilung. Die erhobenen Ansprüche sind gemäß § 58 Abs. 1 Nr. 2 GmbHG bei Widerspruch gegen die geplante Herabsetzung zu befriedigen oder sicherzustellen.

(bb) Die UG als formwechselnder Rechtsträger

Im Rahmen eines Formwechsels (§§ 190 ff. UmwG) hat die UG als formwechselnder Rechtsträger das Gründungsrecht des Rechtsträgers neuer Rechtsform gemäß § 197 UmwG zu beachten. Von praktischer Relevanz dürfte allenfalls der Formwechsel in eine AG sein. Teilweise wird die Unzulässigkeit eines solchen Formwechsels damit begründet, dass die UG zunächst ihr Stammkapital auf den Mindestbetrag von EUR 50.000 erhöhen müsste, um nach § 197 UmwG i.V.m.

---

516 So noch Meister, NZG 2008, S. 767 (768), der jedoch fälschlicherweise auf § 5a Abs. 2 Satz 2 GmbHG anstatt auf § 5a Abs. 3 Satz 2 GmbHG verweist. In § 5a Abs. 3 Satz 2 GmbHG in der Fassung des Regierungsentwurfs hieß es noch, dass die Rücklage nur für Zwecke des § 57c verwandt werden dürfe. Meisters Ausführungen stützen sich insoweit auf eine veraltete Gesetzeslage.

517 A.A. Schreiber, DZWIR 2009, S.492 (497), der befürchtet, dass sich durch eine zunächst durchgeführte Kapitalerhöhung aus Gesellschaftsmitteln gemäß §§ 5a Abs. 3 Nr. 1, 57c GmbHG und einer anschließenden Kapitalherabsetzung zum Zwecke der Kapitalausschüttung die Thesaurierungspflicht zu Lasten der Gläubiger umgehen ließe. Eine solche Kapitalherabsetzung zur Umgehung von § 5a Abs. 3 GmbHG ist wohl schon gemäß § 241 Nr. 3 AktG analog nichtig, zumindest jedenfalls der Gewinnverwendungsbeschluss entsprechend § 253, 241 Nr. 3 AktG, sofern die Umgehungsabsicht bereits darin zum Ausdruck kommt. Mit Zöllner, in: Baumbach/Hueck, § 58 Rn. 20, ist jedoch eine Angabe des Zweckes der Kapitalherabsetzung im Gesellschafterbeschluss analog § 222 Abs. 3 AktG abzulehnen, da angesichts der Regelung in § 58 GmbHG aus Gläubigerschutzgesichtspunkten eine Analogie nicht erforderlich ist; a.A. Lutter, in: Lutter/Hommelhoff, GmbHG, § 58 Rn. 8.

§ 7 AktG das erforderliche aktienrechtliche Mindestgrundkapital aufzuweisen.[518] Gemäß der Sonderregelung des § 5a Abs. 5 GmbHG müsste die UG zumindest für eine juristische Sekunde das zwingende Zwischenstadium einer regulären GmbH durchlaufen. Richtigerweise ist nur eine Kapitalerhöhung durchzuführen; insbesondere ist eine Zwischenbeurkundung des Übergangs in die reguläre GmbH nicht erforderlich.[519] Im Ergebnis ist die UG uneingeschränkt als Ausgangsrechtsträger eines Formwechsels beteiligungsfähig, sofern es sich beim Zielrechtsträger nicht um eine GmbH handelt.[520]

(ii) Die UG als Zielrechtsträger einer Umwandlung

Die Zielrechtsträgereigenschaft der UG bei Umwandlungen im Sinne von § 1 Abs. 1 UmwG wird nicht nur im Hinblick auf das Sacheinlageverbot des § 5a Abs. 2 Satz 2 GmbHG in Zweifel gezogen, sondern auch auf den Wortlaut des § 5a Abs. 1 GmbHG gestützt.

> (1) Eine Gesellschaft, die mit einem Stammkapital gegründet wird, das den Betrag des Mindeststammkapitals nach § 5 Abs. 1 unterschreitet, muss in der Firma abweichend von § 4 die Bezeichnung „Unternehmergesellschaft (haftungsbeschränkt)" oder „UG (haftungsbeschränkt)" führen.

Im Schrifttum wird aus der Bezugnahme auf eine Gründung die These abgeleitet, dass weder eine bestehende GmbH durch Kapitalherabsetzung zu einer UG werden, noch dass sich ein Rechtsträger anderer Rechtsform in eine UG umwandeln könne.[521] Das kann nicht überzeugen. Zwar richtet sich die UG nach der gesetzgeberischen Konzeption primär an Existenzgründer,[522] aber eben nicht

518 Wachter, in: Römermann, MAH GmbH-Recht, § 4 Rn. 220; wohl auch Meister, NZG 2008, S. 767 (768).

519 Zutreffend Römermann/Passarge, ZIP 2009, S. 1497 (1501); insoweit unklar Wachter, in: Römermann, MAH GmbH-Recht, § 4 Rn. 220; a.A. Paura, in: Ulmer, GmbHG, Ergänzungsband MoMiG, § 5a Rn. 80, der den Formwechsel in die AG ohne das Zwischenstadium einer GmbH für zulässig erachtet.

520 Im Ergebnis ebenso Wicke, GmbHG, § 5a Rn. 18; Rieder, in: MünchKommGmbHG, Bd. 1, § 5a Rn. 50; Weber, BB 2009, S. 842 (847); Hennrichs, NZG 2009, S. 1161 (1162 f.); Tettinger, DK 2008, S. 75 (77).

521 Bormann, GmbHR 2007, S. 897 (899); Seibert, GmbHR 2007, S. 673 (675). Laut Schäfer, ZIP 2011, S. 53 (54), gilt der allgemeine Grundsatz, dass eine UG nur durch Erstgründung, also nicht im Wege der Umwandlung, gegründet werden könne. Diese Auffassung ignoriert jedoch die Gegenauffassung.

522 RegE., BT-Drucks. 16/6140, S. 31.

ausschließlich. Weder dem Gesetzestext noch der Gesetzesbegründung lässt sich entnehmen, dass das Gründungserfordernis ein materielles Tatbestandsmerkmal der UG darstellt; im Gegenteil – der Gesetzgeber hat sich nicht zur Umwandlungsfähigkeit der UG geäußert.[523] Vielmehr ist zu fragen, inwiefern sich aus dem Sacheinlageverbot des § 5a Abs. 2 Satz 2 GmbHG Beschränkungen hinsichtlich der Umwandlungsfähigkeit der UG systematisch oder teleologisch rechtfertigen lassen.

(aa) Verschmelzung und Spaltung zur Aufnahme

Eine UG kann nach herrschender Ansicht nur in zwei Konstellationen übernehmender Rechtsträger einer Verschmelzung oder Spaltung sein: entweder führt die erforderliche Sachkapitalerhöhung (§ 55 UmwG) zu einem Stammkapital in Höhe des gesetzlichen Mindeststammkapitals und die UG wird somit zur regulären GmbH oder die Verschmelzung bzw. Spaltung bedarf nach § 54 UmwG keiner Sachkapitalerhöhung.[524] Nach hier vertretener Ansicht stehen der Beteiligungsfähigkeit einer UG als Zielrechtsträger einer Verschmelzung oder Spaltung zur Aufnahme keine rechtsformspezifischen Besonderheiten entgegen; § 5a Abs. 2 Satz 2 GmbHG schließt eine Sachkapitalerhöhung nicht aus.[525] Die Verschmelzung oder Spaltung auf eine übernehmende UG ist demnach auch dann zulässig, wenn auf Seiten der UG eine Sachkapitalerhöhung erforderlich ist, um dem übertragenden Rechtsträger Geschäftsanteile gewähren zu können; dies gilt selbst dann, wenn durch die Kapitalerhöhung das gesetzliche Mindeststammka-

---

523 Darauf weist auch Wachter, in: Römermann, MAH GmbH-Recht, § 4 Rn. 221 richtigerweise hin.

524 Roth, in: Roth/Altmeppen, GmbHG, § 5a Rn. 30; Wicke, GmbHG, § 5a Rn. 16; Tettinger, DK 2008, S. 75 (77); Schreiber, DZWIR 2009, S.492 (497 f.); Heinemann, NZG 2008, S. 820 (821); Rieder, in: MünchKommGmbHG, Bd. 1, § 5a Rn. 51; Heckschen, in: Heckschen/Heidinger, § 5 Rn. 103. Eine Ausgliederung zur Aufnahme auf eine übernehmende UG ist unter Hinweis auf § 54 UmwG jedoch nicht möglich, da die Norm auf die Ausgliederung zur Aufnahme gemäß § 125 Satz 1 UmwG keine Anwendung findet.

525 Ebenso Hennrichs, NZG 2009, S. 1161 (1164); Kleindiek, in: Lutter/Hommelhoff, GmbHG, § 5a Rn. 33; Lutter/Drygala, in: Lutter, UmwG, Bd. 1, § 3 Rn. 8; Lutter, in: Lutter, UmwG, Bd. 1, Einl. I Rn. 52.

pital einer regulären GmbH nach § 5 Abs. 1 GmbHG nicht erreicht oder überschritten wird.[526]

(bb) Verschmelzung und Spaltung zur Neugründung

Auf eine Verschmelzung oder Spaltung zur Neugründung finden die für die jeweilige Rechtsform des neuen Rechtsträgers geltenden Gründungsvorschriften Anwendung (§§ 36 Abs. 2, 135 Abs. 2 UmwG). Im Falle einer UG als Zielrechtsträger ist demnach auch § 5a Abs. 2 Satz 2 GmbHG maßgeblich, so dass das Vermögen des übertragenden Rechtsträgers als Sacheinlage nicht auf die UG übergehen könnte. Die Beteiligungsfähigkeit einer UG als Zielrechtsträger einer Umwandlung im Wege der Neugründung wird daher von der herrschenden Ansicht verneint.[527] Die Sachgründung einer UG ist aufgrund des eindeutigen Wortlauts des § 5a Abs. 2 Satz 2 GmbHG auch nach hier vertretener Ansicht zur Reichweite des Sacheinlageverbotes ausgeschlossen. Eine UG als Zielrechtsträger einer Umwandlung zur Neugründung dürfte demzufolge nicht zulässig sein. Dies hat inzwischen auch der Bundesgerichtshof für eine Neugründung einer UG durch Abspaltung entschieden.[528]

Eine Rechtfertigung hierfür lässt sich den Gesetzesmaterialien allerdings nicht entnehmen. Eine solche Auslegung steht obendrein im Widerspruch zum Normzweck der §§ 36 Abs. 2, 135 Abs. 2 UmwG sowie des Sacheinlageverbotes. Der Verweis auf die für die jeweilige Rechtsform des neuen Rechtsträgers geltenden Gründungsvorschriften bezweckt, die vor Einführung des UmwG üblichen Einzelverweisungen zu ersetzen und so Lücken bei Gründungsvorgängen im Rahmen einer Umwandlung zur Neugründung zu schließen.[529] Demgegenüber dient § 5a Abs. 2 Satz 2 GmbHG der Vereinfachung und Beschleunigung der UG-Gründung; Gesichtspunkte des Gläubigerschutzes sind hingegen nicht

---

526 Ebenso Paura, in: Ulmer, GmbHG, Ergänzungsband MoMiG, § 5a Rn. 73; Hennrichs, NZG 2009, S. 1161 (1164).

527 Römermann/Passarge, ZIP 2009, S. 1497 (1500); Wicke, GmbHG, § 5a Rn. 16; Rieder, in: MünchKommGmbHG, Bd. 1, § 5a Rn. 52; Roth, in: Roth/Altmeppen, GmbHG, § 5a Rn. 30; Miras, Unternehmergesellschaft, Rn. 23; Weber, BB 2009, S. 842 (847); Tettinger, DK 2008, S. 75 (77); Priester, in: Lutter, UmwG, Bd. 2§ 138 Rn. 3.

528 BGH, Beschl. v. 11.04.2011, II ZB 9/10 = DB 2011, S. 1263; zuvor schon OLG Frankfurt/M., Beschl. v. 09.03.2010, 20 W 7/10 = GmbHR 2010, S. 920 ff.; zustimmend Miras, DB 2010, S. 2488 (2493); Wachter, EWiR 2010, S. 707 (708).

529 RegE., BR-Drucks. 75/94 (UmwBerG), S. 96.

entscheidend.[530] Der Faktor eines einfachen und schnellen Gründungsverfahrens spielt für die Gesellschafter bei der Umwandlung einer bestehenden Gesellschaft allerdings keine signifikante Rolle. Das Umwandlungsverfahren ist streng formalistisch ausgestaltet.[531] Das Argument, die Gründung einer UG mittels eines Sacheinlageverbotes zu vereinfachen und beschleunigen, verfängt somit bei der Umwandlung zur Neugründung nicht. Der Gesetzgeber hatte bei § 5a Abs. 2 Satz 2 GmbHG ersichtlich nicht die Gründung einer UG im Wege einer Umwandlung im Auge; weitergehende Beschränkungen der Flexibilität der UG waren jedenfalls nicht beabsichtigt.[532] § 5a Abs. 2 Satz 2 GmbHG ist daher teleologisch einschränkend[533] auszulegen, indem das Verbot einer Sachgründung bei Umwandlungen im Wege der Neugründung keine Anwendung findet.[534] Die UG kann daher uneingeschränkt Rechtsträger einer Verschmelzung oder Spaltung sein – und zwar als übertragender Rechtsträger wie auch als übernehmender oder neuer Rechtsträger.

(cc) Die UG als Zielrechtsträger eines Formwechsels

Zudem kann die UG bedingt Zielrechtsträger eines Formwechsels sein.[535] Wesentliche Merkmale des Formwechsels sind die wirtschaftliche Kontinuität und rechtliche Identität des formwechselnden Rechtsträgers, ohne dass es zu einem Vermögensübergang im Wege der Gesamtrechtsnachfolge kommt.[536] Diese

---

530 Lutter, in: Lutter, UmwG, Bd. 1, Einl. I Rn. 52 (dort Fn. 2); Paura, in: Ulmer, GmbHG, Ergänzungsband MoMiG, § 5a Rn. 74; a.A. Priester, in: Lutter, UmwG, Bd. 2§ 138 Rn. 3; Schäfer, in: Henssler/Strohn, § 5a Rn. 17.

531 Bspw. für die Verschmelzung bei Stengel, in: Semler/Stengel, UmwG, § 2 Rn. 55 ff.

532 Ebenso Kleindiek, in: Lutter/Hommelhoff, GmbHG, § 5a Rn. 33; Hennrichs, NZG 2009, S. 1161 (1164).

533 Zur verfassungsrechtlichen Zulässigkeit der teleologischen Reduktion vgl. BVerfG, Beschl. v. 30.03.1993, 1 BvR 1045/89 = NJW 1993, S. 2861 (2863); allgemein Looschelders/Olzen, in: Staudinger BGB, Buch 2 (Treu und Glauben), § 242 Rn. 346.

534 Zutreffend Hennrichs, NZG 2009, S. 1161 (1164); Kleindiek, in: Lutter/Hommelhoff, GmbHG, § 5a Rn. 33; Lutter, in: Lutter, UmwG, Bd. 1, Einl. I Rn. 52.; Veil, GmbHR 2007, S. 1080 (1084). Letzterer hält eine Verschmelzung oder Spaltung zur Neugründung einer UG zwar für statthaft, zweifelt aber ohne Nennung eines Grundes die Sinnhaftigkeit an. Gegen eine Zulässigkeit der Neugründung durch Spaltung (und im Ergebnis durch Verschmelzung) Wachter, EWiR 2010, S. 707 (708).

535 Lutter, in: Lutter, UmwG, Bd. 1, Einl. I Rn. 52 (dort Fn. 2), spricht sich sogar für eine völlige Gleichstellung der UG mit der regulären GmbH aus.

536 Decher, in: Lutter, UmwG, Bd. 2§ 190 Rn. 1.

Identitätsfiktion sowohl in wirtschaftlicher als auch rechtlicher Hinsicht (§§ 190 Abs. 1, 202 Abs. 1 UmwG) führt dazu, dass der Formwechsel nicht als (Sach-) Neugründung des formwechselnden Rechtsträgers zu werten ist (Einheitstheorie), auch wenn auf den Formwechsel gemäß § 197 Satz 1 UmwG die für die neue Rechtsform geltenden Gründungsvorschriften anzuwenden sind.[537] Der Verweis des Umwandlungsrechts auf das Gründungsrecht soll sicherstellen, dass die für den neuen Rechtsträger geltenden, gegebenenfalls strengeren Maßstäbe durch den Formwechsel nicht unterlaufen werden.[538] Die Gründungsvorschrift des § 5a Abs. 2 Satz 2 GmbHG dient lediglich der Vereinfachung und Beschleunigung der Gesellschaftsgründung, nicht jedoch weiteren Schutzzwecken wie dem Gläubigerschutz, die bei einem Formwechsel in eine UG gemäß § 197 Satz 1 UmwG zwingend Anwendung finden müsste.[539]

Findet aber keine (Sach-)Neugründung statt und ist aus Gesichtspunkten des Schutzzweckes von § 197 UmwG i.V.m. § 5a Abs. 2 Satz 2 GmbHG eine Anwendung des Sacheinlageverbotes nicht erforderlich, besteht kein überzeugender Grund, die Beteiligungsfähigkeit der UG als Zielrechtsträger eines Formwechsels grundsätzlich auszuschließen. Folglich wird § 5a Abs. 2 Satz 2 GmbHG von § 197 Satz 1 UmwG nicht erfasst.[540] Problematisch bleiben auch nach hier vertretener Auffassung zur Reichweite des § 5a Abs. 2 Satz 2 GmbHG der Formwechsel einer Personenhandelsgesellschaft in eine UG, wenn die formwechseln-

---

537 Dem RegE., BR-Drucks. 75/94 (UmwBerG), S. 141, liegt dieses Verständnis ebenfalls zugrunde. Der Formwechsel soll die Gesellschafter gerade von der Notwendigkeit einer Neugründung befreien. Ebenso Hennrichs, NZG 2009, S. 1161 (1164); Decher, in: Lutter, UmwG, Bd. 2§ 197 Rn. 5 m.w.N.; a.A. Bärwaldt, in: Semler/Stengel, UmwG, § 197 Rn. 3; Tettinger, DK 2008, S. 75 (78). Der Identitätsgedanken sei als reine Fiktion zu betrachten und der Formwechsel entsprechend dem Verweis des § 197 UmwG als Neugründung. Ähnlich Wicke, GmbHG, § 5a Rn. 18; Miras, Unternehmergesellschaft, Rn. 22; Meister, NZG 2008, S. 767 (768); Römermann/Passarge, ZIP 2009, S. 1497 (1501); Wachter, in: Römermann, MAH GmbH-Recht, § 4 Rn. 222.

538 RegE., BR-Drucks. 75/94 (UmwBerG), S. 141; Hennrichs, NZG 2009, S. 1161 (1164); Decher, in: Lutter, UmwG, Bd. 2, § 197 Rn. 1; so auch noch Bärwaldt, in: Semler/Stengel, UmwG, § 197 Rn. 1.

539 Wachter, in: Römermann, MAH GmbH-Recht, § 4 Rn. 81; Die Kapitalaufbringungsvorschriften des GmbHG sind angesichts des frei festsetzbaren Stammkapitals in der UG für den gesetzlichen Kapitalschutz faktisch nicht von Relevanz und durch den Gesetzgeber konsequent in § 5a Abs. 2 GmbHG abweichend normiert worden.

540 Ebenso Hennrichs, NZG 2009, S. 1161 (1164); a.A. Heinemann, NZG 2008, S. 820.

de Personenhandelsgesellschaft seinerzeit im Wege der Sachgründung entstanden war, sowie der Formwechsel einer AG/KGaA in eine UG.

(1) Personenhandelsgesellschaft als formwechselnder Rechtsträger

Beim Formwechsel einer Personenhandelsgesellschaft in eine UG findet über § 197 Satz 1 UmwG die Vorschrift über die Sachgründung gemäß § 5 Abs. 4 GmbHG Anwendung; die auf den Geschäftsanteil anzurechnende Sacheinlage wäre demnach im Gesellschaftsvertrag der UG festzusetzen und die Angemessenheit der Leistung mittels Sachgründungsbericht anzugeben.[541] § 5 Abs. 4 GmbHG findet in der UG allerdings systematisch aufgrund § 5a Abs. 2 Satz 2 GmbHG keine Anwendung. Die Gesellschafter einer Personenhandelsgesellschaft, welche mittels Sachgründung entstanden ist und nun in eine UG umgewandelt werden soll, wären auf den weiterhin zulässigen, aber umständlichen Weg einer Anwachsung zu verweisen.[542] Eine solche Ausweichstrategie kann sicherlich nicht in der Absicht des Gesetzgebers gelegen haben. Vielmehr sollte die soeben getroffene Feststellung einer teleologischen Reduktion des § 197 Satz 1 UmwG i.V.m. § 5a Abs. 2 Satz 2 GmbHG konsequent Geltung beanspruchen. Folgerichtig lassen sich dann bei einem Formwechsel einer Personenhandelsgesellschaft in eine UG keine systematischen Bedenken gegen die Anwendung von § 5 Abs. 4 GmbHG vorbringen.

(2) AG als formwechselnder Rechtsträger

Ein Formwechsel einer AG/KGaA in eine UG lässt sich nach derzeitiger Gesetzeslage nicht bewerkstelligen.[543] Gemäß § 247 Abs. 1 2. Alt. UmwG würde das bisherige Grundkapital der formwechselnden AG zum Stammkapital der neuen UG werden. Einer solchen Kontinuität des Nennkapitals stehen allerdings die aktienrechtlichen Vorschriften zum Mindestnennbetrag des Grundkapitals (§ 7

---

541 So h.A. zum Formwechsel einer seinerseits mittels Sachgründung entstandenen Personenhandelsgesellschaft in eine GmbH. Vgl. Bärwaldt, in: Semler/Stengel, UmwG, § 197 Rn. 28; Decher, in: Lutter, UmwG, Bd. 2§ 197 Rn. 16, und Mayer, in: Widmann/Mayer, UmwG, Bd. 3, § 197 Rn. 45 sehen die Erstattung eines Sachgründungsberichtes beim Formwechsel einer Personenhandelsgesellschaft in eine GmbH als notwendig an, um eine Umgehung der Kapitalaufbringung zu vermeiden.

542 Wicke, GmbHG, § 5a Rn. 18; Römermann/Passarge, ZIP 2009, S. 1497 (1501); Tettinger, DK 2008, S. 75 (78).

543 Wachter, in: Römermann, MAH GmbH-Recht, § 4 Rn. 223; Heinemann, NZG 2008, S. 820 (821); Paura, in: Ulmer, GmbHG, Ergänzungsband MoMiG, § 5a Rn. 74.

AktG) und zum zulässigen Stammkapital in der UG (§ 5a Abs. 1 GmbHG) entgegen. Eine freie Festsetzung des Nennkapitals der Gesellschaft neuer Rechtsform ist im Rahmen eines Formwechsels nicht möglich, auch wenn gemäß § 243 Abs. 3 Satz 1 UmwG in der Satzung der Gesellschaft neuer Rechtsform der auf die Geschäftsanteile entfallende Betrag des Stammkapitals abweichend vom Betrag der Anteile der formwechselnden Gesellschaft festgesetzt werden kann.[544] Die allgemeinen, rechtsformspezifischen Vorschriften über die Änderung des Grund- bzw. Stammkapitals bleiben gemäß § 243 Abs. 2 UmwG unberührt.[545] Kapitaländerungen im Zuge einer Umwandlung sind nach allgemeiner Ansicht ohne Weiteres zulässig.[546]

Im Rahmen eines Formwechsels einer AG/KGaA in eine UG wäre eine Kapitalherabsetzung auf den gemäß § 5a Abs. 1 GmbHG zulässigen Höchstbetrag erforderlich. Da sich eine solche Kapitalherabsetzung nach dem Recht der formwechselnden Gesellschaft richtet, verstieße diese freilich gegen § 228 Abs. 1 AktG. Dem lässt sich auch nicht mittels einer bedingten Kapitalherabsetzung begegnen, indem die Wirksamkeit der Kapitalherabsetzung von der Wirksamkeit des Formwechsels abhängig und in der Anmeldung zur Eintragung ins Handelsregister deutlich gemacht wird. Dies hätte zwar zur Folge, dass sich das maßgebliche Recht für die Kapitalherabsetzung bereits nach dem Recht des neuen Rechtsträgers, d.h. der UG, bestimmte.[547] Doch das somit anwendbare GmbH-Recht untersagt gemäß § 58 Abs. 2 Satz 1 GmbHG Kapitalherabsetzungen unter den Betrag von § 5 Abs. 1 GmbHG gleichfalls. Obgleich nach hier vertretener Auffassung eine Kapitalherabsetzung in der UG grundsätzlich zulässig ist, durchliefe die formwechselnde AG/KGaA zwangsläufig das Zwischenstadium einer regulären GmbH, so dass § 243 Abs. 2 UmwG i.V.m. § 58 Abs. 2 Satz 1 GmbHG jedenfalls einschlägig wäre.

---

544 AllgM. RegE., BR-Drucks. 75/94 (UmwBerG), S. 157; ebenso Mutter, in: Semler/Stengel, UmwG, § 243 Rn. 21; Rieger, in: Widmann/Mayer, UmwG, Bd. 3, § 243 Rn. 46 sowie § 247 Rn. 11; Happ/Göthel, in: Lutter, UmwG, Bd. 2, § 247 Rn. 4.

545 RegE., BR-Drucks. 75/94 (UmwBerG), S. 157; anstatt vieler Happ/Göthel, in: Lutter, UmwG, Bd. 2§ 243 Rn. 41.

546 Rieger, in: Widmann/Mayer, UmwG, Bd. 3, § 243 Rn. 46; Mutter, in Semler/Stengel, UmwG, § 243 Rn. 21.

547 Zur Wirksamkeit des Formwechsels als Wirksamkeitsvoraussetzung der Kapitaländerungsmaßnahme vgl. Happ/Göthel, in: Lutter, UmwG, Bd. 2, § 243 Rn. 44; Rieger, in: Widmann/Mayer, UmwG, Bd. 3, § 243 Rn. 50. Zur bedingten Kapitalherabsetzung Mutter, in: Semler/Stengel, UmwG, § 243 Rn. 25.

Das Ergebnis ist sicherlich misslich, da die gesetzgeberische Intention eine solche umwandlungsrechtliche Beschränkung der UG nicht hergibt und die Gesellschaftsgläubiger durch die umwandlungsrechtlichen Normen ausreichend geschützt sind. Dennoch sind die gesetzlichen Vorschriften insofern eindeutig. Freilich ist fraglich, ob dem Formwechsel einer AG/KGaA in eine UG besondere praktische Relevanz zukommt.

(c) Gläubigerschutz bei Umwandlungen auf eine UG als Zielrechtsträger

Die Gläubiger der beteiligten Rechtsträger können durch die Umwandlung eine Verschlechterung ihrer Position erfahren, insbesondere wenn die mit der Umwandlung verbundenen Strukturveränderungen in der Finanzverfassung oder den Haftungsverhältnissen zu einem Abbau des institutionellen Gläubigerschutzes führen.[548] Die Befürchtung, dass durch Umwandlungsvorgänge unter Beteiligung einer UG als Zielrechtsträger Gesellschaftsgläubiger schutzlos stehen oder geschädigt werden könnten, ist hingegen unbegründet.[549]

Der Gesetzgeber hat die den Gläubigern aufgrund einer Umwandlung drohenden Gefahren erkannt und eine Reihe von Schutzvorschriften normiert. So steht den Gläubigern des Ausgangsrechtsträgers beispielsweise gemäß § 22 UmwG eine Anspruch auf Sicherheitsleistung zu, soweit sie nicht Befriedigung durch den Zielrechtsträger verlangen können.[550] Das Recht auf Leistung einer Sicherheit soll primär das Risiko einer schlechteren Vermögenslage beim Zielrechtsträger neutralisieren[551]. Darüber hinaus haften die Mitglieder des Vertretungsorgans und gegebenenfalls die Mitglieder des Aufsichtsorgans des übertragenden Rechtsträgers den Gläubigern als Gesamtschuldner gemäß §§ 25, 26 UmwG auf Schadensersatz, sofern diese durch die Verschmelzung einen Scha-

---

548 Maier-Reimer, in: Semler/Stengel, UmwG, § 22 Rn. 20 ff.

549 Zu denken wäre beispielsweise daran, dass Gesellschaftsvermögen im Wege eines *downstream mergers* in missbräuchlicher Weise an den Gesellschaftsgläubigern vorbei in das Privatvermögen der Gesellschafter überführt wird; vgl. Miras, Unternehmergesellschaft, Rn. 30 (Fn. 31).

550 Ausführlich Maier-Reimer, in: Semler/Stengel, UmwG, § 22 Rn. 1 ff. Für die Spaltung und den Formwechsel findet die Norm des § 22 UmwG durch den Verweis in § 125 Satz 1 UmwG bzw. § 204 UmwG Anwendung.

551 Kübler, in: Semler/Stengel, UmwG, § 25 Rn. 16.

den erleiden.[552] Das Gesetz trifft zudem eine Reihe von weiteren, umwandlungspezifischen Schutzvorschriften zugunsten der Gläubiger.[553]

(d) Einbringung eines einzelkaufmännischen Unternehmens

Bisher wenig diskutiert werden die Auswirkungen eines strikten Sacheinlageverbotes gemäß § 5a Abs. 2 Satz 2 GmbHG auf Einzelkaufleute und natürliche Personen, die ein Unternehmen betreiben, das nach Art und Umfang einen in kaufmännischer Weise eingerichteten Geschäftsbetrieb nicht erfordert (§ 1 Abs. 2 HGB), sowie auf in Deutschland ansässige *Limiteds*, die ihr Unternehmen in eine neugegründete oder bestehende UG umwandeln bzw. einbringen möchten.[554] Das Sacheinlageverbot wie von der herrschenden Ansicht vertreten macht es dieser Zielgruppe schwer, in die neue Rechtsformvariante zu wechseln. Mit der hier vertretenen Auffassung zur Reichweite des § 5a Abs. 2 Satz 2 GmbHG wird dieses Flexibilitätshemmnis behoben.

Natürliche Personen (mit Ausnahme des § 3 Abs. 2 Nr. 2 UmwG) sowie Gesellschaften bürgerlichen Rechts sind grundsätzlich nicht umwandlungsfähig.[555] Dem Einzelkaufmann steht neben der Einbringung durch Einzelrechtsnachfolge nur die Ausgliederung seines Unternehmens zur Aufnahme durch eine Personenhandelsgesellschaft, Kapitalgesellschaft oder eingetragene Genossenschaft oder zur Neugründung einer Kapitalgesellschaft (§ 152 UmwG) offen.[556] Das Sacheinlageverbot des § 5a Abs. 2 Satz 2 GmbHG steht nach herrschendem Verständnis einer solchen Auslegung entgegen. Die Zulassung einer Sachkapitalerhöhung eröffnet natürlichen Personen, Gesellschaften bürgerlichen Rechts und Einzelkaufleuten zumindest die Möglichkeit, ihr bestehendes Unternehmen mittels Einzelrechtsnachfolge in eine bestehende UG einzubringen. Der Einzelkaufmann kann sein Handelsgeschäft zudem in eine bestehende oder neuzu-

---

552 Gemäß § 125 Satz 1 UmwG gelten §§ 25, 26 UmwG auch bei der Spaltung: Die §§ 205, 206 UmwG treffen für den Formwechsel vergleichbare Regelungen.

553 Bspw. Sicherheitsleistung bei grenzüberschreitenden Verschmelzungen (§ 122j UmwG), fünfjährige Nachhaftung der unbeschränkt persönlich haftenden Gesellschafter/Partner nach §§ 45, 45e UmwG bei Verschmelzung einer Personenhandelsgesellschaft oder Partnerschaftsgesellschaft. Hierzu Ihrig, in Semler/Stengel, UmwG, § 45 Rn. 1.

554 Ersichtlich nur Miras, in: Michalski, GmbHG, Bd. 1, § 5a Rn. 36.

555 Lutter/Drygala, in: Lutter, UmwG, Bd. 1, § 3 Rn. 5.

556 Maier-Reimer, in: Semler/Stengel, UmwG, § 152 Rn. 3.

gründende UG ausgliedern.[557] Für die Inhaber einer *Limited* bieten sich sogar gänzlich neue Möglichkeiten. Nach der hier vertretenen Auffassung kann die UG konsequenterweise auch Zielrechtsträger einer grenzüberschreitenden Verschmelzung von Kapitalgesellschaften nach §§ 122a ff. UmwG sein, und zwar sowohl als übernehmender wie auch als neu zu gründender Rechtsträger. Viele Kleingewerbetreibende, die in den letzten Jahren ihr Glück in der *Limited* gesucht haben, werden inzwischen erkannt haben, dass sich die mit der *Limited* verbundenen Heilsversprechungen vielfach nicht erfüllt haben. Die Verschmelzung einer *Limited* auf eine bestehende oder neu zu gründende UG bietet dieser Zielgruppe die Möglichkeit, in den deutschen Gesellschaftsrechtsmarkt zurückzukehren, ohne im Hinblick auf Haftungsbeschränkung und Kapitalaufbringung Nachteile befürchten zu müssen.

(e) Ergebnis

Die vorangegangenen Ausführungen haben verdeutlicht: das Ziel des Gesetzgebers, mit Einführung der UG ein bisher *„unbekanntes Maß an Flexibilität, Schnelligkeit, Einfachheit und Kostengünstigkeit“*[558] bei der Gesellschaftsgründung zu erreichen und somit die Wettbewerbsfähigkeit des deutschen Gesellschaftsrecht zu stärken, kann nur dann erreicht werden, wenn die UG der regulären GmbH im Hinblick auf ihre Beteiligungsfähigkeit an Umwandlungen i.S.v. § 1 Abs. 2 UmwG weitgehend gleichgestellt wird.[559] Dem Gesetz lässt sich an keiner Stelle entnehmen, dass die Flexibilität der UG im Rechtsverkehr beschränkt werden soll. Mit einer teleologischen Reduktion des § 5a Abs. 2 Satz 2 GmbHG lässt sich eine weitgehend unbeschränkte Beteiligungsfähigkeit der UG an Umwandlungsvorgängen überzeugend begründen, ohne dass Schutzlücken auf Seiten der Gläubiger zu befürchten sind. Ausgenommen ist lediglich der Formwechsel der AG/KGaA in die UG.

---

557 Auch bei der Ausgliederung zur Neugründung ist § 135 Abs. 2 UmwG daher teleologisch einschränkend auszulegen. Bereits 3. KapitelC.III.2(b)(i)(bb). So auch Hennrichs, NZG 2009, S. 1161 (1164); Kleindiek, in: Lutter/Hommelhoff, GmbHG, § 5a Rn. 33; Lutter, in: Lutter, UmwG, Bd. 1, Einl. I Rn. 52.

558 RegE., BT-Drucks. 16/6140, S. 31.

559 Ebenso Hennrichs, NZG 2009, S. 1161 (1164).

3. Versteckte Sacheinlagen in der UG

Fälle einer verdeckten Sacheinlage sind dadurch gekennzeichnet, dass an die Gesellschaft zwar formal eine Bareinlage geleistet wird, diese aufgrund einer Abrede innerhalb eines sachlichen und zeitlichen Zusammenhangs jedoch wieder an den einlagepflichtigen Gesellschafter zurückfließt und im Widerspruch zu Sinn und Zweck der Sachkapitalaufbringungsvorschriften durch einen anderen Vermögensgegenstand ersetzt wird.[560] Für das Vorliegen eines solchen Umgehungstatbestandes genügt die objektive Verletzung der Normen.[561] Unter dem Aspekt der realen Kapitalaufbringung stellt das GmbHG für die Sachgründung wie auch die Sachkapitalerhöhung in verschiedenen Vorschriften sicher, dass der Gesellschaft auch im Falle einer Sacheinlage mindestens ein dem Wert des hierfür zugeteilten Geschäftsanteils entsprechender Sachwert zugeführt wird.[562]

(a) Die Regelung des § 19 Abs. 4 GmbHG im Überblick

In § 19 Abs. 4 Satz 1 GmbHG wird nunmehr die verdeckte Sacheinlage erstmals als eine Geldeinlage, die bei wirtschaftlicher Betrachtungsweise und aufgrund einer im Zusammenhang mit der Übernahme der Geldeinlage getroffenen Abrede vollständig oder teilweise als Sacheinlage zu werten ist, legal definiert. Liegt eine solche verdeckte Sacheinlage vor, wird der Gesellschafter zwar nicht von seiner Einlagepflicht befreit, die Verträge über die Sacheinlage und die Rechtshandlungen zu ihrer Ausführung bleiben jedoch wirksam (§ 19 Abs. 4 Satz 2 GmbHG). Auf die fortbestehende Einlagepflicht des Gesellschafters wird der Wert des Vermögensgegenstandes im Zeitpunkt der Anmeldung der Gesell-

---

560 Goette, DStR 1997, S. 924 (928); Pentz, in: FS K. Schmidt, S. 1265 (1270); der BGH, Urt. v. 10.11.1958, II ZR 3/57, BGHZ 28, S. 314 = NJW 1959, S. 383 (384), vergleicht dies mit einem „*geworfenen Ball, der an einem Gummiband hängt und wieder zurückschnellt*“.

561 Ulmer, in: Ulmer, GmbHG, Bd. 1, § 19 Rn. 108; Pentz, in: Rowedder/Schmidt-Leithoff, GmbHG, § 19 Rn. 122; Hueck/Fastrich, in: Baumbach/Hueck§ 19 Rn. 39; Lutter, in: FS Stiefel, S. 505 (512). Liegen ein bewusstes und gewolltes Umgehen der Schutzvorschriften vor, ist bereits eine Nichtigkeit nach § 138 BGB in Betracht zu ziehen.

562 Bspw. durch Publizität der Sacheinlage im Gesellschaftsvertrag (§ 5 Abs. 4 Satz 1 GmbHG) und gegenüber dem Registergericht (§ 8 Abs. 1 Nr. 4 GmbHG), das Erfordernis eines Sachgründungsberichtes (§ 5 Abs. 4 Satz 2 GmbHG) sowie die Kontrolle der Werthaltigkeit der Sacheinlage durch das Registergericht (§ 9c Abs. 1 Satz 2 GmbHG). Hierzu Pentz, in: FS K. Schmidt, S. 1265 (1269); Winter/Westermann, in: Scholz, GmbHG, Bd. 1, § 5 Rn. 76; Hueck/Fastrich, in: Baumbach/Hueck, § 5 Rn. 15.

schaft zur Eintragung in das Handelsregister oder im Zeitpunkt seiner Überlassung an die Gesellschaft automatisch angerechnet (Anrechnungslösung).[563] Soweit der Wert des Vermögensgegenstandes nicht zur Deckung der Einlagepflicht ausreicht, verbleibt es in Höhe der Differenz bei der Bareinlageverpflichtung des Gesellschafters.[564]

Der Gesetzgeber begegnet mit der Neuregelung der zunehmenden Kritik aus Schrifttum und Praxis, die sich an den drastischen Rechtsfolgen einer verdeckten Sacheinlage stießen.[565] Nach der Rechtsprechung des Bundesgerichtshofs war sowohl das schuldrechtliche wie auch dingliche Rechtsgeschäft gemäß § 27 Abs. 3 AktG analog unwirksam; die Einlagepflicht des Inferenten bestand bei noch nicht eingetretener Verjährung fort mit der Folge, dass dieser im Falle einer Insolvenz die übernommene Einlage wirtschaftlich oft doppelt erbringen, sich selbst aber mit einer (wertlosen) Insolvenzforderung auf Rückgewähr der Sacheinlage begnügen musste.[566] Erbrachte der Gesellschafter eine vollwertige Sacheinlage, erschien es dem Gesetzgeber nicht sachgerecht, die Nichteinhaltung der formalen Anforderungen an eine Sachgründung mit den oben genannten Rechtsfolgen zu sanktionieren.[567] Der Gesetzgeber erhofft sich durch die Neuregelung eine sachgerechte Regelung der Rechtsfolgen einer verdeckten Sacheinlage und damit letztlich eine erheblich vereinfachte Rechtslage, ohne Lücken im Gläubigerschutz entstehen zu lassen.[568] Versichert der Geschäftsführer bei der Anmeldung der Gesellschaft zum Handelsregister nach § 8 Abs. 2 Satz 1 GmbHG die endgültig freie Verfügung über den Vermögensgegenstand

---

563 RegE., BT-Drucks. 16/6140, S. 40; Beschlussempfehlung und Bericht des Rechtsausschusses, BT-Drucks. 16/9737 (MoMiG), S. 97.

564 Ausführlich zur Neuregelung des § 19 Abs. 4 GmbHG Pentz, in: FS K. Schmidt, S. 1265 ff.

565 Anstatt vieler: Lutter, in: FS Stiefel, S. 505 (507); Grunewald, in: FS Rowedder, S. 111 ff; Bayer, ZIP 1998, S. 1985 (1989 f.).

566 BGH, Urt. v. 02.12.2002, II ZR 101/02 = NJW 2003, S. 825; BGH, Urt. v. 07.07.2003, II ZR 235/01 = NJW 2003, S. 3127; BGH, Urt. v. 16.01.2006, II ZR 76/04 = NJW 2006, S. 1736; BGH, Urt. v. 12.02.2007, II ZR 272/05 = NJW 2007, S. 3285.

567 RegE., BT-Drucks. 16/6140, S. 40; zustimmend Grigoleit/Rieder, Rn. 186, hinsichtlich einer verhältnismäßigen Beschränkung der Sanktionen. Bayer, GmbHR 2010, S. 1289 (1292), sieht die Neuregelung kritisch. Es wäre widersprüchlich, *„zum Zwecke der Transparenz und der präventiven Registerkontrolle gesetzlich zwingende Sachgründungsvorschriften aufzustellen, um dann aber in Fällen der Zuwiderhandlung seitens der Gesellschafter diesen gegenüber auf jede Sanktion zu verzichten*".

568 RegE., BT-Drucks. 16/6140, S. 40.

trotz weiterhin bestehender Einlageverpflichtung, macht er sich nach § 82 Abs. 1 Nr. 1 GmbHG strafbar und gegebenenfalls gegenüber der Gesellschaft gemäß § 43 oder § 9a Abs. 1 GmbHG schadensersatzpflichtig.[569] Gemäß § 3 Abs. 4 EGGmbHG gilt § 19 Abs. 4 GmbHG auch für Einlagenleistungen, die vor Inkrafttreten des MoMiG bewirkt worden sind und nicht zu einer Erfüllung der Einlagenverpflichtung geführt haben, soweit nicht über die aus der Unwirksamkeit folgenden Ansprüche zwischen der Gesellschaft und dem Gesellschafter ein rechtskräftiges Urteil ergangen oder eine wirksame Vereinbarung getroffen worden ist.[570]

Das in der UG geltende Sacheinlageverbot wirft die Frage auf, ob die durch das MoMiG in § 19 Abs. 4 GmbHG neugeschaffene Regelung zur verdeckten Sacheinlage für die UG ebenfalls maßgeblich ist. Denn trotz – oder gerade wegen – des Verbotes von Sacheinlagen werden sich in der Praxis Gestaltungen zur Umgehung des Verbotes kaum verhindern lassen.[571] Aus dem Wortlaut, der systematischen Stellung der Norm sowie der Gesetzesbegründung ergeben sich für die Rechtsformvariante UG keine Anhaltspunkte für eine einschränkende Auslegung des § 19 Abs. 4 GmbHG.[572]

(b) Anwendbarkeit des § 19 Abs. 4 GmbHG auf die UG

Gegen eine Anwendbarkeit des § 19 Abs. 4 GmbHG auf die UG spricht sich ein Teil des Schrifttums mit der Begründung aus, § 5a Abs. 2 Satz 2 GmbHG enthielte ein materielles Verbot von Sacheinlagen (§ 134 BGB).[573]. Demgegenüber

569 RegE., BT-Drucks. 16/6140, S. 40, jedoch missverständlich hinsichtlich der Sanktion des § 82 GmbHG, die der Gesetzgeber für unangemessen hält; für die Strafsanktion des § 82 GmbHG, Roth, in: Roth/Altmeppen, GmbHG, § 19 Rn. 85a; Bayer, in: Lutter/Hommelhoff, GmbHG, § 19 Rn. 73; Wicke, GmbHG, § 19 Rn. 27.

570 Fuchs, BB 2009, S. 170 ff.; Gehrlein, DK 2007, S. 771 (784); Heinze, GmbHR 2008, S. 1065 (1073), zu Zweifelsfragen der in § 3 Abs. 4 EGGmbHG angeordneten Rückwirkung.

571 Hennrichs, NZG 2009, S. 1161 (1164); Witt, ZIP 2009, S. 1102 (1104); a.A. Joost, ZIP 2007, S. 2242 (2244).

572 Zutreffend Miras, Unternehmergesellschaft, Rn. 349.

573 Wicke, GmbHG, § 5a Rn. 8; Miras, Unternehmergesellschaft, Rn. 350 f.; Schall, ZGR 2009, S. 126 8152); Weber, BB 2009, S. 842 (845); Schreiber, DZWIR 2009, S.492 (495); Wachter, GmbHR Sonderheft 10/2008, S. 25 (33); König/Bormann, DNotZ 2008, S. 652 (656 f.); Bormann, GmbHR 2007, S. 897 (901);

betreffe § 19 Abs. 4 GmbHG lediglich die Folgen eines Formverstoßes gegen die besonderen Schutzvorschriften bei der Sachkapitalaufbringung. § 19 Abs. 4 GmbHG fände demnach nur in Fällen Anwendung, in denen eine Sacheinlage gesetzlich zulässig und eine Umgehung der dafür normierten Kapitalaufbringungsvorschriften möglich sei.[574] Eine Anwendung des § 19 Abs. 4 GmbHG auf die UG hätte zur Folge, dass ein Vorgang, der auf legale Weise unzulässig sei, mittels Umgehung sämtlicher Formvorschriften zustande käme; das Sacheinlageverbot bliebe im Ergebnis wirkungslos.[575] Nach der hier vertretenen Auffassung zur Reichweite des Sacheinlageverbotes stellt sich die Frage nach der Anwendbarkeit des § 19 Abs. 4 GmbHG nur für die Sachgründung.[576]

(i) Kein materielles Verbot von Sacheinlagen

Diese restriktive Ansicht überzeugt aus mehreren Gründen nicht. Zunächst ist schon nicht ersichtlich, dass der Gesetzgeber ausgerechnet für die Gründer einer UG eine Fortwirkung der Rechtslage vor Inkrafttreten des MoMiG und die damit verbundenen drastischen Rechtsfolgen einer verdeckten Sacheinlage beabsichtigt hat.[577] Der Gesetzgeber bezweckt mit der Entschärfung der Rechtsfolgen einer verdeckten Sacheinlage insbesondere für Existenzgründer sowie kleinere und mittlere Unternehmen, an deren gesellschaftsrechtlichen Kenntnisstand kei-

---

Freitag/Riemenschneider, ZIP 2007, S. 1485 (1486); Hirte, ZInsO 2008, S. 933 (935); Joost, ZIP 2007, S. 2242 (2244).

574 Miras, Unternehmergesellschaft, Rn. 350; Schreiber, DZWIR 2009, S.492 (495); König/Bormann, DNotZ 2008, S. 652 (656 f.); Joost, ZIP 2007, S. 2242 (2244); Bormann, GmbHR 2007, S. 897 (901).

575 Fastrich, in: Baumbach/Hueck, § 5a Rn. 12; im Ergebnis ebenso Miras, Unternehmergesellschaft Rn. 351; Schall, ZGR 2009, S. 126 (152); Hirte, ZInsO 2008, S. 933 (935). Nach Bormann, GmbHR 2007, S. 897 (901), wäre *„dem Missbrauch Tür und Tor geöffnet"*.

576 Zu unterscheiden ist die Frage der Anwendbarkeit des § 19 Abs. 4 GmbHG auf die UG freilich von der Frage der Einlagefähigkeit von Dienstleistungen. Eine Dienstleistung ist nach ständiger Rechtsprechung des Bundesgerichtshofs keine sacheinlagefähige Leistung; BGH, Urt. v. 16.02.2009, II ZR 120/07 (Quivive) = GWR 2009, S. 58; bereits BGH, Urt. v. 21.11.2005, II ZR 140/04, BGHZ 165, S. 113 (116 f.) = NJW 2006, S. 509. § 27 Abs. 2 Halbs. 2 AktG gilt bei der GmbH entsprechend; Habersack, GWR 2009, S. 129 (130).

577 Goette, Einführung in das neue GmbH-Recht, Einf. Rn. 44; Hennrichs, NZG 2009, S. 1161 (1164); Witt, ZIP 2009, S. 1102 (1105); Heinze, GmbHR 2008, S. 1065 (1066); Weiß, wistra 2010, S. 361 (362 f.).

ne überzogenen Erwartungen gestellt werden dürfen, eine Vereinfachung.[578] Es wäre widersprüchlich, wenn ausgerechnet die Gründer einer UG durch eine teleologische Reduktion des § 19 Abs. 4 GmbHG schlechter gestellt würden.[579] Darüber hinaus verkennt die Gegenansicht den Normzweck des § 5a Abs. 2 Satz 2 GmbHG, wenn daraus ein materielles Verbot von Sacheinlagen abgeleitet wird. Sacheinlagen sind bei der UG nach § 5a Abs. 2 Satz 2 GmbHG ausgeschlossen, weil das damit verbundene Sachgründungsverfahren nicht mit dem Deregulierungsziel des Gesetzgebers vereinbar ist.[580] Ein materielles Verbot der Sacheinlage lässt sich § 5a Abs. 2 Satz 2 GmbHG folglich nicht entnehmen, auch wenn zugegebenermaßen die Gesetzesbegründung insofern missverständlich ist. Die Gründe, welche gegen eine Zulässigkeit der Sacheinlage bei Gründung einer UG sprechen, lassen daher keine Schluss auf die Anwendbarkeit des § 19 Abs. 4 GmbHG zu.[581]

(ii) Ausreichende Gewährleistung des Gläubigerschutzes

Aspekte des Gläubigerschutzes erfordern ebenfalls kein abweichendes Ergebnis. Zwar dienen die Sachgründungsvorschriften im Hinblick auf Sacheinlagen auch dem Schutz der Gesellschaftsgläubiger,[582] nicht jedoch das Sacheinlageverbot nach § 5a Abs. 2 Satz 2 GmbHG.[583] Die Regelung zur verdeckten Sacheinlage in § 19 Abs. 4 GmbHG trägt dem Gläubigerschutz ferner ausreichend Rechnung, da es aus Sicht der Gesellschaftsgläubiger weniger auf die Einhaltung von Formvorschriften als auf die tatsächlich Zuführung eines Vermögensgegens-

---

578 RegE., BT-Drucks. 16/6140, S. 40.

579 Rieder, in: MünchKommGmbHG, Bd. 1, § 5a Rn. 23; Witt, ZIP 2009, S. 1102 (1105); Hennrichs, NZG 2009, S. 1161 (1164); Herrler, DB 2008, S. 2347 (2349); Heinze, GmbHR 2008, S. 1065 (1066 f.).

580 Witt, ZIP 2009, S. 1102 (1105); Rieder, in: MünchKommGmbHG, Bd. 1, § 5a Rn. 23; a.A. Ulmer, GmbHR 2010, S. 1298 (1302 f.).

581 Ähnlich Römermann, NZG 2010, S. 1375 (1377), wonach § 5a GmbHG nicht zu entnehmen sei, dass eine Anwendung von § 19 Abs. 4 GmbHG ausgeschlossen ist. A.A. Fastrich, in: Baumbach/Hueck, § 5a Rn. 12; Schäfer, ZIP 2011, S. 53 (57).

582 Grunewald, in: FS Rowedder, S. 111; Lutter, in: FS Stiefel, S. 505 (511 f.).

583 Gegenäußerung der Bundesregierung, RegE., BT-Drucks. 16/6140, Anlage 3, S. 75; ebenso Rieder, in: MünchKommGmbHG, Bd. 1, § 5a Rn. 23; Witt, ZIP 2009, S. 1102 (105); Hennrichs, NZG 2009, S. 1161 (1162 f.); a.A. Waldenberger/Sieber, GmbHR 2009, S. 114 (119); Schäfer, in: Henssler/Strohn, § 5a Rn. 19; vgl. 3. KapitelC.III.1(b).

tands zum Gesellschaftsvermögen ankommt.[584] Zudem unterliegt die Anrechnung auf die Einlageverpflichtung nach § 19 Abs. 4 GmbHG einem strengen Regime und ist für den Geschäftsführer mit haftungsrechtlichen Konsequenzen verbunden. Die Anrechnung nach § 19 Abs. 4 Satz 4 GmbHG erfolgt erst mit Eintragung der Gesellschaft ins Handelsregister; diese setzt jedoch die Versicherung des Geschäftsführers nach § 8 Abs. 2 GmbHG voraus. Eine entsprechende Versicherung kann der Geschäftsführer nur abgeben, wenn er von der Abrede einer verdeckten Einlage keine Kenntnis hat oder wider besseres Wissen eine falsche Versicherung abgibt. Im letzteren Fall macht sich der Geschäftsführer freilich nach § 82 Abs. 1 Nr. 1 GmbHG strafbar und gegenüber der Gesellschaft nach § 43 Abs. 2 GmbHG bzw. § 9a Abs. 1 GmbHG schadensersatzpflichtig.[585]

Die verdeckte Sacheinlage bleibt somit auch nach neuer Rechtslage mit Risiken verbunden. Jedenfalls unzulässig ist die Heilung einer verdeckten Sacheinlage durch Satzungsänderung wie von der Rechtsprechung zur früheren Rechtslage angenommen, d.h. durch Umwidmung der Bareinlage in eine offene Sacheinlage; dies scheitert zumindest bei Gründung der UG an § 5a Abs. 2 Satz 2 GmbHG.[586] Im Rahmen einer Sachkapitalerhöhung steht dieser Weg nach hier vertretener Ansicht hingegen offen, obgleich angesichts der Anwendbarkeit von § 19 Abs. 4 GmbHG dafür keine zwingende Notwendigkeit besteht.

4. Ergebnis

Das Verbot von Sacheinlagen nach § 5a Abs. 2 Satz 2 GmbHG erfasst die Sachkapitalerhöhung aus systematischen und teleologischen Gründen nicht und dient ausschließlich dem Zweck, die Gründung einer UG zu vereinfachen und zu beschleunigen. Unberührt bleibt davon die Möglichkeit, Sachwerte in die Kapital-

---

584 Goette, Einführung in das neue GmbH-Recht, Einf. Rn. 44; Rieder, in: MünchKommGmbHG, Bd. 1, § 5a Rn. 23; Roth, in: Roth/Altmeppen, GmbHG, § 5a Rn. 15; Veil, ZGR 2009, S. 623 (632); Hennrichs, NZG 2009, S. 1161

585 Zu einer möglichen Strafbarkeit des Geschäftsführers gemäß § 82 Abs. 1 Nr. 1 GmbHG sowie den Bedenken vor dem Hintergrund des Art. 103 Abs. 2 GG vgl. Paura, in: Ulmer, GmbHG, Ergänzungsband MoMiG, § 5a Rn. 51.

586 Rieder, in: MünchKommGmbHG, Bd. 1, § 5a Rn. 23; König/Bormann, DNotZ 2008, S. 652 (657). Vgl. zur Umwidmung nur BGH, Urt. v. 04.03.1996, II ZB 8/95= NJW 1996, S. 1473 (1475); BGH, Urt. v. 07.07.2003, II ZR 235/01= NJW 2003, S. 3127 (3129).

rücklage nach § 272 Abs. 2 Nr. 4 HGB zu stellen. Insbesondere für Einzelkaufleute und nichtkaufmännische Kleinunternehmer bietet die Zulässigkeit von Sachkapitalerhöhungen die Möglichkeit, ihr Unternehmen in eine bestehende UG einzubringen und sich von einer persönlich unbeschränkten Haftung zu befreien. Im Übrigen ist § 5a Abs. 2 Satz 2 GmbHG insoweit teleologisch zu reduzieren, als dass das Sacheinlageverbot bei Umwandlungen zur Neugründung keine Anwendung findet und die UG insofern einer regulären GmbH weitgehend gleichgestellt wird. Hinsichtlich der verdeckten Sacheinlage sprechen Sinn und Zweck des § 5a Abs. 2 Satz 2 GmbHG sowie der Wille des Gesetzgebers, die verdeckte Sacheinlage einer einfachen und sachgerechten Regelung zuzuführen, für eine Anwendbarkeit des § 19 Abs. 4 GmbHG auf die UG.

IV. Hin- und Herzahlen

1. Die Reglung des § 19 Abs. 5 GmbHG im Überblick

In § 19 Abs. 5 GmbHG kodifiziert der Gesetzgeber die Rückzahlung der Einlage gegen Gewährung eines vollwertigen und jederzeit fälligen Rückgewähranspruches – das sogenannte *Hin- und Herzahlens* – und führt in der Kapitalaufbringung ebenso wie in der Kapitalerhaltung (§ 30 Abs. 1 GmbHG) eine bilanzielle Betrachtungsweise ein.[587] Die Rechtsprechung subsumiert unter der Fallgruppe des Hin- und Herzahlens Sachverhalte, in denen zeitnah mit der Erbringung der Stammeinlage zugunsten des Gesellschafters eine Leistung vereinbart wird, die wirtschaftlich einer Rückgewähr der Einlage entspricht und nicht als verdeckte Sacheinlage im Sinne von § 19 Abs. 4 GmbHG zu beurteilen ist.[588] Erfasst sind damit vor allem Fälle, in denen die Gesellschaft an den Gesellschafter aufgrund einer vorherigen Abrede die Bareinlage im Wege eines Darlehens nach Eintragung zum Handelsregister zurückgewährt.[589] Bis zum Inkrafttreten der Neureglung sah die Rechtsprechung die entsprechende Darlehensabrede als unwirksam an und erkannte in vergleichbaren Fällen bisher einen Verstoß gegen den Grundsatz der realen Kapitalaufbringung ähnlich einer verbotenen Befreiung von der Einlageschuld nach § 19 Abs. 2 GmbHG a.F.; die Einlage sei nicht

---

587 RegE., BT-Drucks. 16/6140, S. 34.

588 BGH, Urt. v. 12.06.2006, II ZR 334/04 = NJW-RR 2006, S. 1630; BGH, Urt. v. 09.01.2006, II ZR 72/05 = NJW 2006, S. 906; BGH, Urt. v. 21.11.2005, II ZR 140/04 = NJW 2006, S. 509; BGH, Urt. v. 22.03.2004, II ZR 7/02 = NZG 2004, S. 618.

589 RegE., BT-Drucks. 16/6140, S. 34.

endgültig zur freien Verfügung der Gesellschaft gemäß § 8 Abs. 2 GmbHG geleistet worden, so dass die Einlagepflicht als nicht erfüllt und damit fortbestehend zu behandeln sei (Nullum).[590] Mit einer späteren Zahlung auf die vermeintliche Darlehensschuld erfüllte der Inferent hingegen die offene Einlageschuld.[591]

Zukünftig soll in Fällen des Hin- und Herzahlens der Gesellschafter gemäß § 19 Abs. 5 Satz 1 GmbHG von seiner Einlagenverpflichtung befreit sein, wenn die Leistung durch einen vollwertigen Rückgewähranspruch gedeckt ist, der jederzeit fällig ist oder von der Gesellschaft beispielsweise durch Kündigung fällig gestellt werden kann. Für die Bestimmung der Vollwertigkeit des Rückgewähranspruches ist der Zeitpunkt der Rückgewähr an den Gesellschafter maßgeblich; ein nachträglicher Wertverlust, insbesondere durch erforderliche bilanzielle Wertberichtigungen, steht der Erfüllungswirkung nicht entgegen.[592] Der Geschäftsführer ist jedoch bei Verschlechterung der Lage des Schuldners nicht nur berechtigt, sondern sogar verpflichtet, den Rückgewähranspruch unverzüglich geltend zu machen; andernfalls macht sich der Geschäftsführer nach § 43 Abs. 2 GmbHG schadensersatzpflichtig.[593]

Der Gesetzgeber sieht unter den Voraussetzungen des § 19 Abs. 5 GmbHG Fälle des Hin- und Herzahlens als bloßen bilanziellen Aktivtausch an.[594] Gemäß § 19 Abs. 5 Satz 2 GmbHG ist eine solche Vereinbarung bei der Anmeldung zum Handelsregister anzugeben, um dem Registergericht eine Prüfung der Erfüllungswirkung zu ermöglichen.[595] Die von der Rechtsprechung praktizierte Handhabe des Hin- und Herzahlens hat in der Praxis zu Rechtsunsicherheit und

---

590 BGH, Urt. v. 12.06.2006, II ZR 334/04 = NJW-RR 2006, S. 1630 (1631); ; BGH, Urt. v. 09.01.2006, II ZR 72/05 = NJW 2006, S. 906 (907); BGH, Urt. v. 21.11.2005, II ZR 140/04 = NJW 2006, S. 509; BGH, Urt. v. 22.03.2004, II ZR 7/02 = NZG 2004, S. 618; ebenso herrschendes Schrifttum, anstatt vieler Hueck/Fastrich, in: Baumbach/Hueck, § 19 Rn. 38.

591 BGH, Urt. v. 12.06.2006, II ZR 334/04 = NJW-RR 2006, S. 1630, (1631).

592 Bormann/Ulrichs, GmbHR 2008, Sonderheft 10/2008, S. 37 (43); Herrler, DB 2008, S. 2347 (2349); Bormann, GmbHR 2007, S. 897 (902); Gehrlein, DK 2007, S. 771 (782).

593 RegE. BT-Drucks. 16/6140, S. 41, zur Parallelregelung des § 30 Abs. 1 GmbHG; Goette, Einführung in das neue GmbH-Recht, Einf. 24; Bormann/Ulrichs, GmbHR 2008, Sonderheft 10/2008, S. 37 (43).

594 RegE., BT-Drucks. 16/6140, S. 34.

595 Beschlussempfehlung und Bericht des Rechtsausschusses, BT-Drucks. 16/9737 (MoMiG), S. 98.

Einschränkungen in der wirtschaftlichen Handlungsfreiheit der Gesellschaft, insbesondere in konzernrechtlichen *cash-pool*-Situationen, geführt. Mit der Neuregelung sollen ein Gleichlauf mit den ebenfalls streng bilanziell ausgestalteten Regelungen zur Kapitalerhaltung sowie eine Erleichterung der Kapitalaufbringung erreicht werden.[596] Im Gegensatz zu den Vorschriften zur verdeckten Sacheinlage findet in den Fällen des Hin- und Herzahlens keine Anrechnung auf die Einlageverpflichtung statt, wenn der Rückgewähranspruch nur teilweise vollwertig sein sollte (Alles-Oder-Nichts-Prinzip). § 19 Abs. 5 GmbHG tritt gemäß § 3 Abs. 4 EGGmbHG ebenso wie die Regelung zur verdeckten Sacheinlage rückwirkend in Kraft.

2. Anwendbarkeit des § 19 Abs. 5 GmbHG auf die UG

§ 19 Abs. 5 GmbHG findet nach zutreffender Ansicht in der Literatur auf die UG uneingeschränkt Anwendung. Weder Wortlaut, systematische Stellung noch die amtliche Begründung lassen einen gegenteiligen Schluss zu.[597] Insbesondere tritt § 19 Abs. 5 GmbHG nicht in Konflikt mit dem Verbot von Sacheinlagen nach § 5a Abs. 2 Satz 2 GmbHG. Im Falle eines Hin- und Herzahlens liegt gerade keine – offene oder verdeckte – Sacheinlage vor, sondern eine bereits bewirkte Einlageleistung, welche durch eine schuldrechtliche Forderung ersetzt wird.[598] Richtigerweise handelt es sich trotz Bezugnahme in § 19 Abs. 5 GmbHG auf die Vorschriften zur Sacheinlage beim Hin- und Herzahlens um eine dogmatisch grundsätzlich verschiedene Konstellation, die allenfalls dann mit § 19 Abs. 4 GmbHG kollidieren kann, wenn mittels des Herzahlens eine Altschuld des Inferenten getilgt wird.[599] Forderungen gegen einen Gesellschafter waren jedoch selbst nach der Rechtslage vor Inkrafttreten des MoMiG nicht sacheinlagefähig.[600] Die Funktion der Sacheinlage als Instrument der realen Kapitalauf-

---

596 RegE., BT-Drucks. 16/6140, S. 34.

597 Miras, Unternehmergesellschaft Rn. 360; Wachter, in: Römermann, MAH GmbH-Recht, § 4 Rn. 103; Rieder, in: MünchKommGmbHG, Bd. 1, § 5a Rn. 24; Roth, in: Roth/Altmeppen, GmbHG, § 5a Rn. 12; Fastrich, in: Baumbach/Hueck, § 5a Rn. 12; Heckschen, in: Heckschen/Heidinger, § 5 Rn. 51; a.A. Wicke, GmbHG § 5a Rn. 7.

598 So bereits RegE., BT-Drucks. 16/6140, S. 35; Rieder, in: MünchKommGmbHG, Bd. 1, § 5a Rn. 24.

599 Goette, Einführung in das neue GmbH-Recht, Einf., Rn. 22.

600 Ganz herrschende Ansicht KG, Urt. v. 03.05.2005, 1 W 319/03 = NZG 2005, S. 718; sowie zur neuen Rechtslage BGH, Urt. v. 16.02.2009, II ZR 120/07 (Qivive) = GWR 2009, S. 58; Hueck/Fastrich, in: Baumbach/Hueck, § 5 Rn. 24; Ulmer, in: Ulmer,

bringung verbiete es grundsätzlich, die mitgliedschaftliche Einlagepflicht durch eine andere, lediglich schuldrechtliche Verpflichtung ohne realen Mittelzufluss aus dem Vermögen des Inferenten zu ersetzen; durch die Einbringung einer Forderung gegen sich selbst könnte der Gesellschafter die Kapitalaufbringungsvorschriften umgehen und statt einer werthaltigen Einlage eine Luftbuchung vornehmen[601]. Dies gilt unverändert auch nach Inkrafttreten des MoMiG.[602]

Der nunmehr nach § 19 Abs. 5 GmbHG zulässige Tausch einer Einlageverpflichtung gegen eine schwächere schuldrechtliche Forderung im Rahmen der Kapitalaufbringung wird bisweilen kritisiert.[603] Doch der Gesetzgeber war sich ausweislich der Gesetzesbegründung der Problematik bewusst, sah in der gefundenen Regelung jedoch einen interessengerechten Ausgleich der Gläubiger- und Gesellschafterinteressen.[604] Für die UG kann nach Ansicht des Verfassers nichts Abweichendes gelten. Durch den Verzicht auf ein nennenswertes Mindeststammkapital verliert unter Gläubigerschutzgesichtspunkten der Aspekt einer realen Kapitalaufbringung an Relevanz. Darüber hinaus dürften die Fälle eines Hin- und Herzahlens bei der UG im Hinblick auf das frei festsetzbare Stammkapital ohnehin nur von geringer praktischer Relevanz sein. Zudem sind die Gesellschaftsgläubiger durch die Tatbestandsmerkmale der Vollwertigkeit und Fälligkeit in § 19 Abs. 5 GmbHG ausreichend vor den mit der Möglichkeit des Hin- und Herzahlens verbundenen Gefahren geschützt. Aus der Sondervorschrift des § 5a GmbHG ergibt sich kein Grund, strengere Anforderungen zu stellen oder

GmbHG, Bd. 1, § 5 Rn. 54; Schmidt-Leithoff, in: Rowedder/Schmidt-Leithoff, GmbHG, § 5 Rn. 29; Winter/Westermann, in: Scholz, GmbHG, Bd. 1, § 5 Rn. 49.

601 Zeidler, in: Michalski, GmbHG, Bd. 1, § 5 Rn. 112.

602 Zuletzt BGH, Urt. v. 16.02.2009, II ZR 120/07 (Qivive) = NJW 2009, S. 2375 (2376) bereits zu § 19 Abs. 4 und 5 GmbHG n.F.; Roth, Roth/Altmeppen, GmbHG§ 5 Rn. 44; Bayer, in: Lutter/Hommelhoff, GmbHG, § 5 Rn. 15. Drygala, NZG 2007, S. 561 (564), hält es hingegen für inkonsequent, einerseits das Hin- und Herzahlen zuzulassen, andererseits weiterhin die Sacheinlagefähigkeit von Darlehen gegen die Gesellschafter abzulehnen. Sofern man zumindest werthaltige Darlehen gegen den Inferenten ausdrücklich als sacheinlagefähig anerkennen würde, hätte dies aus Gläubigerschutzgesichtspunkten den Vorteil, dass die Kapitalaufbringungsvorschriften über Sacheinlagen zur Anwendung kämen.

603 Bayer, in: Lutter/Hommelhoff, GmbHG, § 19 Rn. 89; Priester, ZIP 2008, S. 55; Ulmer, ZIP 2008, S. 45 (54).

604 RegE., BT-Drucks. 16/6140, S. 35.

§ 19 Abs. 5 GmbHG teleologisch zu reduzieren und auf die UG nicht anzuwenden.

V. Ergebnis

Löst man sich von dem vermeintlich strengen Wortlaut des § 5a Abs. 2 GmbHG und berücksichtigt man bei der Auslegung des Volleinzahlungsgebots und Sacheinlageverbots auch systematische und teleologische Gesichtspunkte lässt sich die von der herrschenden Ansicht im Schrifttum vertretene Auffassung eines generellen Volleinzahlungsgebots bzw. Sacheinlageverbots nicht rechtfertigen. Die besseren Gründe sprechen vielmehr dafür, die Norm des § 5a Abs. 2 GmbHG grundsätzlich nur auf die Kapitalaufbringung im Rahmen einer Gesellschaftsgründung zu beziehen. Im Übrigen ist die UG der regulären GmbH weitgehend gleichzustellen. Insbesondere im Zusammenhang mit der Fähigkeit einer UG beteiligungsfähiger Rechtsträger einer Umwandlung zu sein, lassen sich durch eine einschränkende Auslegung des Sacheinlageverbotes brauchbare Ergebnisse erzielen. Es ist nicht ersichtlich, dass der Gesetzgeber die UG grundsätzlich in ihrer Umwandlungsfähigkeit einschränken wollte. Die Vorschriften zur verdeckten Sacheinlage (§ 19 Abs. 4 GmbHG) und zum Hin- und Herzahlen (§ 19 Abs. 5 GmbHG) finden in der UG ebenfalls Anwendung.

D. Überschuldung und Haftung in der Gründungsphase

Der Gesetzgeber hat mit der UG eine Rechtsformvariante der GmbH eingeführt, die lediglich ein technisches Mindeststammkapital von EUR 1 pro Geschäftsanteil erfordert. Gleichwohl entbindet dies die Gesellschafter einer UG nicht von der Notwendigkeit, die Gesellschaft angemessen mit Eigen- oder Fremdkapital entsprechend dem jeweiligen betriebswirtschaftlichen Finanzierungserfordernis auszustatten.[605] Denn eine UG mit einem Stammkapital von gegebenenfalls wenigen Euro steht andernfalls schon aufgrund der Gründungs- und Ingangsetzungskosten des Geschäftsbetriebs und möglicherweise anfallender Anlaufverluste nicht nur mit einem Bein in der Überschuldung, sondern ist regelmäßig

605 Wachter, in: Römermann, MAH GmbH-Recht, § 4 Rn. 82; Heckschen, in: Heckschen/Heidinger, § 5 Rn. 41 f.; Lutter, in: Lutter/Hommelhoff, GmbHG, § 5a Rn. 11; Römermann, NJW 2010, S. 905 (907).

auch zahlungsunfähig.[606] Allein die Gründungskosten bei Errichtung einer Einpersonen-UG mit notariellem Musterprotokoll belaufen sich auf mindestens EUR 150.[607] Verwenden die Gründergesellschafter das notarielle Musterprotokoll gemäß § 2 Abs. 1a GmbHG trägt die Gesellschaft die mit der Gründung verbundenen Kosten bis zu einem Betrag von EUR 300, höchstens jedoch bis zum Betrag ihres Stammkapitals; darüber hinausgehende Kosten haben die Gesellschafter zu tragen.[608] In allen anderen Fällen, insbesondere bei Verwendung einer individuellen Satzung, die eine Übernahme der Kosten für Gründung und Ingangsetzung des Geschäftsbetriebs durch die Gesellschafter nicht vorsieht, stellt sich jedoch die Problematik einer baldigen Überschuldung der Gesellschaft.

I. Überschuldung der UG wegen Gründungs- und Ingangsetzungskosten

Eine mögliche Überschuldung der UG infolge der anfallenden Gründungs- und Ingangsetzungskosten hat nicht zuletzt für die Gläubiger der Gesellschaft Bedeutung. Die Überschuldung stellt einen Eröffnungsgrund im Insolvenzverfahren dar, an den das Gesetz bestimmte Handlungspflichten der Gesellschaftsorgane bzw. der Gesellschafter zum Schutz der Gesellschaftsgläubiger vor (weiteren) Schädigungen knüpft.[609] Mit dem Tatbestand der Überschuldung wird die Insolvenzreife der Gesellschaft zum Schutz der Gläubiger mit dem Ziel vorver-

606 Drygala, NZG 2007, S. 561 (562); Rieder, in: MünchKommGmbHG, Bd. 1, § 5a Rn. 11; Heckschen, in: Heckschen/Heidinger§ 4 Rn. 41; Lutter, in: Lutter/Hommelhoff, GmbHG, § 5a Rn. 32; Desch, in: Bunnemann/Zirngibl, § 8 Rn. 168 ff.; Veil, ZGR 2009, S. 623 (627 f.); Römermann/Jähne, NWB 2010, S. 3369 (3372); Paura, in: Ulmer, GmbHG, Ergänzungsband MoMiG, § 5a Rn. 35.

607 Wachter, GmbHR Sonderheft 10/2008, S. 25 (27).

608 Anlage zu § 2 Abs. 1a GmbHG Nr. 5.

609 Beispielsweise die Haftung für Zahlungen nach Zahlungsunfähigkeit oder Überschuldung gemäß § 64 Satz 1 GmbHG oder die Insolvenzantragspflicht der Geschäftsführung gemäß § 15a Abs. 1 InsO bzw. – im Fall der Führungslosigkeit – der Gesellschafter gemäß § 15a Abs. 3 InsO. Vgl. Drukarczyk, in: MünchKommInsO, Bd. 1, § 19 Rn. 1; Thonfeld, NZI 2009, S. 15 (17).

legt, die Insolvenz nicht überlebensfähiger Gesellschaften nicht bis zur Zahlungsunfähigkeit (§ 17 InsO) hinauszuzögern.[610]

Vor diesem Hintergrund ist den Gesellschaftern einer UG zu empfehlen, die erforderliche Kapitalausstattung der Gesellschaft entweder durch ein entsprechend höheres Stammkapital, andere Zuzahlungen im Sinne von § 272 Abs. 2 Nr. 4 HGB oder Gesellschafterdarlehen sicherzustellen.[611] Die Gewährung eines Gesellschafterdarlehens wirkt sich indessen nur dann überschuldungsneutral aus, wenn gemäß § 19 Abs. 2 Satz 2 InsO ein Rangrücktritt nach § 39 Abs. 2 InsO vereinbart ist.[612] Speziell in der Gründungsphase trifft den Geschäftsführer einer kapitalschwachen Gesellschaft wie der UG eine besondere Sorgfaltspflicht, die Lage der Gesellschaft laufend zu überwachen und bei negativer Entwicklung die erforderlichen Maßnahmen zu ergreifen.[613] Die bisherigen Erfahrungen zeigen, dass die UG-Gesellschafter durchaus Vernunft bei der Festsetzung der Stammkapitalziffer bewiesen haben.[614]

1. Bestimmung der Überschuldung nach § 19 Abs. 2 InsO

Grundsätzlich ist die Überschuldung anhand einer Überschuldungsbilanz zu bestimmen, die sich von der Handelsbilanz insofern unterscheidet, als dass letztere aufgrund der handelsrechtlichen Rechnungslegungsvorschriften nicht zur

---

610 Beschlussempfehlung und Bericht des Rechtsausschusses, BT-Drucks. 16/9737 (MoMiG), S. 157; Kleindiek, in: Lutter/Hommelhoff, GmbHG, Anh. Zu § 64 Rn. 13; Müller, in: Jaeger, InsO, Bd. 1, § 19 Rn. 4; K. Schmidt, DB 2008, S. 2467.

611 Ebenso Wachter, in: Römermann, MAH GmbH-Recht, § 4 Rn. 83; Veil, ZGR 2009, S. 623 (628); Hirte, ZInsO 2008, S. 933 (935); Gehrlein, DK 2007, S. 771 (780).

612 Am Erfordernis eines ausdrücklich erklärten Rangrücktritts wurde aufgrund Beschlussempfehlung und Bericht des Rechtsausschusses, BT-Drucks. 16/9737 (MoMiG), S. 104 f. festgehalten; vgl. ebenfalls Kleindiek, in: Lutter/Hommelhoff, GmbHG, Anh. zu § 64 Rn. 32; Schröder, in: HambKommInsO, § 19 Rn. 43. Satz 2 – eingeführt durch Art. 9 Nr. 4 MoMiG, BGBl. 2008, Teil I Nr. 48, S. 2037 – gilt sowohl in der Fassung des § 19 Abs. 2 InsO vom 17.10.2008 (FMStG) als in der Fassung ab dem 01.01.2014; dies hat der Gesetzgeber in Art. 4 FMStErgG ausdrücklich klargestellt, BGBl. 2009, Teil I, Nr. 18, S. 732.

613 Hierzu im Allgemeinen Kleindiek, in: Lutter/Hommelhoff, GmbHG, Anh. zu § 64 Rn. 13; Römermann/Jähne, NWB 2010, S. 3369 (3372).

614 Paura, in: Ulmer, GmbHG, Ergänzungsband MoMiG, § 5a Rn. 44; Fastrich, in: Baumbach/Hueck, § 5a Rn. 10.

Bemessung einer Überschuldung geeignet ist.[615] Nichtsdestotrotz ist Ausgangspunkt für die Aufstellung einer Überschuldungsbilanz stets die Handelsbilanz, der insofern eine indizielle Bedeutung zukommt.[616]

Erwähnenswert sind in diesem Zusammenhang zwei Gesetzesänderungen, die gerade für die Geschäftsführer und Gesellschafter der UG von besonderer Relevanz sind, nämlich einerseits die befristete Änderung des Überschuldungsbegriffs in § 19 Abs. 2 InsO durch das Finanzmarktstabilisierungsgesetz (FMStG) sowie andererseits die Änderung der Rechnungslegungsvorschriften durch das Bilanzrechtsmodernisierungsgesetz (BilMoG). So dürfen nach § 248 Abs. 1 Nr. 1 HGB n.F. die Kosten der Gründung nicht aktiviert werden; gleiches gilt nach Streichung von § 269 HGB a.F. auch für die Kosten der Ingangsetzung des Geschäftsbetriebes.[617] Spielräume bei der Feststellung der Überschuldung der Gesellschaft eröffnen sich insbesondere durch die zeitlich befristete Rückkehr zum sogenannten modifizierten zweistufigen Überschuldungsbegriff und damit zum Rechtszustand, wie er vor Inkrafttreten der Insolvenzordnung überwiegend anerkannt war.[618] Damit gehen hingegen auch Unsicherheiten und Gefahren für die Gesellschafter und Geschäftsführer sowie Risiken für die Gläubiger einher.[619]

Mit Ablauf der zeitlich befristeten Änderungen des insolvenzrechtlichen Überschuldungsbegriffes zum 01.01.2014[620] ist die Überschuldung wieder rechnerisch zu bestimmen. Eine Überschuldung liegt gemäß § 19 Abs. 1 Satz 1 In-

---

615 AllgM. BGH, Urt. v. 06.12.1993, II ZR 102/93 = NJW 1994, S. 724 (725); BGH, Urt. v. 26.10.2000, IX ZR 227/99 = NJW 2001, S. 1136; Müller, in: Jaeger, InsO, Bd. 1, § 19 Rn. 42 f.; Schröder, in: HambKommInsO, § 19 Rn. 19; Drukarczyk, in: MünchKommInsO, Bd. 1, § 19 Rn. 87.

616 BGH, NJW-RR 2005, S. 766 (767); BGH, NJW 2001, S. 1136; Müller, in Jaeger, InsO, Bd. 1, § 19 Rn. 43; Drukarczyk, in: MünchKommInsO, Bd. 1, § 19 Rn. 87.

617 Beschlussempfehlung und Bericht des Rechtsausschusses, BT-Drucks. 16/12407 (BilMoG), zu § 248 HGB (Art. 1 Nr. 6) S. 85; RegE., BT-Drucks. 16/10067 (BilMoG), S. 49 zu § 248 HGB (Art. 1 Nr. 6) S. 49 und S. 64 zu § 269 HGB (Art. 1 Nr. 21).

618 So ausdrücklich RegE., BT-Drucks. 16/10600 (FMStG), S. 13; BGH, Urt. v. 13.07.1992, II ZR 269/91 = NJW 1992, S. 2891 (2894); K. Schmidt, in: Scholz, GmbHG, Bd. 1, § 63 Rn. 10; Schulze-Osterloh, in: Baumbach/Hueck, § 63 Rn. 8; Lutter/Hommelhoff, GmbHG, § 63 Rn. 5.

619 Zutreffend Rieder, in: MünchKommGmbHG, Bd. 1, § 5a Rn. 12.

620 Gesetz zur Erleichterung der Sanierung von Unternehmen, BGBl. 2009, Teil I, Nr. 63, S. 3151.

sO-1999[621] vor, wenn das Vermögen des Schuldners die bestehenden Verbindlichkeiten nicht mehr deckt. Bei der Bewertung des Vermögens des Schuldners ist gemäß § 19 Abs. 1 Satz 2 InsO-1999 eine Fortführungsprognose anzustellen, die Antwort darauf gibt, ob das Vermögen nach Liquidations- oder Fortführungswerten zu bemessen ist.[622] Die Fortführungsprognose dient daher lediglich als Bewertungsmaßstab für die Bestimmung einer rechnerischen Überschuldung. Die Fokussierung auf die rechnerische Bestimmung ist der Erkenntnis des Gesetzgebers geschuldet, dass eine Gesellschaft trotz fehlender unbeschränkt persönlicher Haftung weiter am Markt ohne ein die Schulden deckendes Kapital operativ tätig sein könnte, wenn eine positive Fortführungsprognose stets zur Verneinung der Überschuldung führte.[623] Der Überschuldungsbegriff solle dem Schuldendeckungsprinzip bei haftungsbeschränkten Gesellschaften besser Rechnung tragen und das einer Prognose stets innewohnende Risiko nicht den Gläubigern zuweisen.[624] Die Feststellung über Bestehen oder Nichtbestehen einer Überschuldung erfolgt nach dieser Konzeption daher stets und ausschließlich auf Grundlage einer Bilanz; die Fortführungsprognose hat lediglich Einfluss auf den Bewertungsmaßstab.[625]

Gemäß § 19 Abs. 2 InsO i.d.F. des FMStG ist eine Überschuldung gegeben, wenn das nach Liquidationserlösen bewertete Vermögen des Schuldners nicht ausreicht, um die Verbindlichkeiten zu decken, und die Fortführungsprognose negativ ausfällt. Nach Auffassung des Gesetzgebers stehen somit das exekutorische Element der rechnerischen Überschuldung und das prognostische Element einer Fortführungsprognose gleichwertig nebeneinander, so dass es letztlich ent-

---

621 § 19 Abs. 2 InsO i.d.F. der Art. 9 Nr. 4 MoMiG, Art. 6 Nr. 3 FMStG, Art. 4 FMStErgG.

622 Drukarczyk, in: MünchKommInsO, Bd. 1, § 19 Rn. 43; Schröder, in: HambKommInsO, § 19 Rn. 9, 13.

623 Beschlussempfehlung und Bericht des Rechtsausschusses, BT-Drucks. 12/7302 (InsO), S. 157.

624 Beschlussempfehlung und Bericht des Rechtsausschusses, BT-Drucks. 12/7302 (InsO), S. 157; ebenso Drukarczyk, in: MünchKommInsO, Bd. 1, § 19 Rn. 45.

625 Anstatt vieler Kleindiek, in: Lutter/Hommelhoff, GmbHG, Anh. zu § 64 Rn. 16 ff.; es kann dahingestellt bleiben, ob der Überschuldungsprüfung ein zwei- oder dreistufiges Prüfungsschema zugrunde gelegt wird, da beide System letztlich zum gleichen Ergebnis führen; so richtigerweise Schröder, in: HambKommInsO, § 19 Rn. 10; für zweistufigen Aufbau Drukarczyk, in: MünchKommInsO, Bd. 1, § 19 Rn. 42 ff.; für dreistufigen Aufbau Uhlenbruck, in: Uhlenbruck, InsO§ 19 Rn. 17.

scheidend auf das Vorliegen einer positiven Fortführungsprognose ankommt.[626] Bei Bestehen einer positiven Fortführungsprognose ist eine Überschuldung *per se* ausgeschlossen, ohne dass es einer Überschuldungsbilanz bedarf.[627] Die befristete Rückkehr zum modifizierten zweistufigen Überschuldungsbegriff ist im Schrifttum überwiegen kritisch beurteilt worden.[628]

2. Abweichender Überschuldungsbegriff in der UG?

Die Rückkehr zum modifizierten zweistufigen Überschuldungsbegriff mit einem prognostischen Element als dem wesentlichen Tatbestandsmerkmal ist gerade bei der latent insolvenzgefährdeten UG nicht unproblematisch. Eine vage Fortführungsprognose sollte nach Ansicht des Verfassers nicht Grundlage für die Entscheidung über die Eröffnung eines Insolvenzverfahrens sein, da diese die Gefahr einer unbilligen Verlagerung des Insolvenzrisikos auf die Gläubiger birgt.[629] Bei einer bereits im Gründungsstadium rechnerisch überschuldeten UG stellt sich zudem die weitere Schwierigkeit, dass es regelmäßig an belastbaren Parametern fehlt, anhand derer eine verlässliche Fortführungsprognose getroffen werden kann. Gerade Existenzgründern wird es oftmals schwer fallen, eine nach betriebswirtschaftlichen Grundsätzen aufgestellte Ertrags- und Finanzplanung für das laufende und folgende Geschäftsjahr vorzulegen.[630] Da nach dem Konzept der UG eine ausreichende Eigenkapitalausstattung zur Tragung der Gründungs- und Ingangsetzungskosten des Geschäftsbetriebes nicht gewährleistet werden kann, empfiehlt sich im Interesse des Gläubigerschutzes der rechnerische Überschuldungsbegriff des § 19 Abs. 2 InsO-1999.

---

626 RegE., BT-Drucks. 16/10600 (FMStG), S. 13.

627 Schröder, in: HambKommInsO, § 19 Rn. 7; Wackerbarth, NZI 2009, S. 145; Dahl/Schmitz, NZG 2009, S. 567; Dahl, NZI 2008, S. 719; K. Schmidt, DB 2008, S. 2467 (2469).

628 Dahl/Schmitz, NZG 2009, S. 567; Dahl, NZI 2008, S. 719; Wachter, GmbHR 2008, S. 1296 (1299); Marotzke, JZ 2009, S. 763 (765); Thonfeld, NZI 2009, S. 15 (17). Die Kritik richtet sich insbesondere dagegen, dass der Gesetzgeber ausweislich der Gesetzesbegründung die von der Finanzmarktkrise betroffenen Kreditinstitute im Blick hatte. Positiv hingegen Holzer, ZIP 2008, S. 2108 (2110).

629 So bereits zutreffend Beschlussempfehlung und Bericht des Rechtsausschusses, BT-Drucks. 12/7302 (InsO), S. 157.

630 Dies wird aber von der herrschenden Ansicht im Rahmen des § 19 Abs. 2 InsO gefordert. Vgl. Schröder, in: HambKommInsO, § 19 Rn. 12; Müller, in: Jaeger, InsO, Bd. 1, § 19 Rn. 37; Uhlenbruck, in: Uhlenbruck, InsO, § 19 Rn. 28 f.

Vor diesem Hintergrund sind die vereinzelten Forderungen im Schrifttum, die gerade mit Hinweis auf eine drohende Überschuldung der UG bereits im Gründungsstadium gefordert hatten, zum zweistufigen modifizierten Überschuldungsbegriff zurückzukehren oder die UG gänzlich für die ersten zwei Jahre von der Insolvenzantragspflicht wegen Überschuldung freizustellen,[631] abzulehnen. Eine generelle Erfolgsvermutung, wie sie *Drygala* im Rahmen der Fortführungsprognose bei frisch gegründeten Gesellschaften anstellen will, entbehrt jeder betriebswirtschaftlichen und rechtlichen Grundlage.[632] Eine abweichende insolvenzrechtliche Beurteilung der UG ist nicht erforderlich und abzulehnen – und zwar gleich welcher Überschuldungsbegriff zugrunde gelegt wird.[633] Selbstverständlich können die Gesellschafter durch weiteres Eigen- oder Fremdkapital sicherstellen, dass die UG operativ am Markt tätig werden kann.[634] Denn unabhängig davon, wie innovativ und wenig kapitalintensiv eine Existenzgründung auch sein mag, lässt sich ein Unternehmen ohne ausreichend Kapitalausstattung nicht betreiben. Insbesondere die Gewährung von Gesellschafterdarlehen bietet sich für diese Zwecke an.[635]

Schließlich bringt das Gesetz in § 2 Abs. 1a GmbHG i.V.m. Nr. 5 des Musterprotokolls den gesetzgeberischen Willen zum Ausdruck, wie eine Überschuldung bereits durch die Gründungskosten vermieden werden kann. Die Gesellschaft soll demnach die mit der Gründung verbundenen Kosten bis zu einem Gesamtbetrag von EUR 300 tragen, höchstens jedoch bis zum Betrag ihres Stammkapitals. Darüber hinaus gehende Kosten tragen die Gesellschafter, die von dieser Verpflichtung auch nicht entlastet werden können.[636] Der Gesetzgeber stellt mit dieser Regelung sicher, dass die Gesellschaft durch die Gründungskosten nicht in die bilanzielle Überschuldung gerät und sich insbesondere die Geschäftsführer nicht einer zivil- und/oder strafrechtlichen Haftung aussetzen. Insofern ist auch Gesellschaftern, die eine individuelle Satzung verwenden,

---

631 Drygala, NZG 2007, S. 561 (563).

632 So im Ergebnis auch Wachter, GmbHR 2008, S. 1296 (1300).

633 Zutreffend Wicke, GmbHG, § 5a Rn. 5; Veil, ZGR 2009, S. 623 (628).

634 Veil, ZGR 2009, S. 623 (628).

635 Kleindiek, in: Lutter/Hommelhoff, GmbHG, § 5a Rn. 32; Wicke, GmbHG, § 5a Rn. 5.

636 Roth, in: Roth/Altmeppen, GmbHG, § 2 Rn. 60. Schäfer, in: Henssler/Strohn, § 5a Rn. 12 befürwortet sogar eine Geltung des § 2 Abs. 1a GmbHG i.V.m. Nr. 5 des Musterprotokolls auch bei Gründung der UG im ordentlichen Verfahren.

zu einer vergleichbaren Regelung zu raten.[637] Weichen die Gesellschafter von einer die Überschuldung vermeidenden Kostentragungsregelung ab, haben sie zwangsläufig die damit verbundenen Risiken hinzunehmen. Denn so sehr dem Gesetzgeber darin beizupflichten ist, Existenzgründern den Weg in die Unternehmerschaft zu erleichtern, so wenig kann dem Gesetzgeber daran gelegen sein, den Markt mit nicht überlebensfähigen Gesellschaften zu überschwemmen.

3. Ergebnis

Nach hier vertretener Ansicht wäre gerade bei kapitalschwachen Gesellschaften eine restriktive Prüfung einer möglichen Überschuldung im Sinne des § 19 Abs. 2 InsO-1999 aus Gesichtspunkten des Gläubigerschutzes und nicht zuletzt aus volkswirtschaftlichen Gründen erforderlich. Eine Gesellschaft, die bereits in der Gründungsphase selbst unter Zugrundelegung von Fortführungswerten keine positive Überschuldungsbilanz aufweist, gehört liquidiert bzw. ist nicht in das Handelsregister einzutragen. Gesellschaften und Gesellschafter, insbesondere Existenzgründer im Dienstleistungssektor mit regelmäßig vergleichsweise geringem Kapitalbedarf und damit Zielgruppe der neuen UG, dürften bei einem erfolgversprechenden Geschäftskonzept in der Lage sein, sich zumindest durch Fremdkapital eine ausreichend finanzielle Geschäftsgrundlage zu schaffen.

II. Rechtsfolgen einer Überschuldung in der Gründungsphase

Eine Überschuldung der UG bereits in der Gründungsphase wirft die Frage nach den möglichen Rechtsfolgen auf. Zu differenzieren ist dabei zwischen den Rechtsfolgen einer Überschuldung im Rahmen der Registeranmeldung und einer möglichen Haftung der Gründungsgesellschafter.

1. Die Überschuldung als Eintragungshindernis

Der Geschäftsführer hat nach allgemeiner Ansicht in der Versicherung nach § 8 Abs. 2 GmbHG auch Angaben darüber zu machen, ob und inwieweit im Zeitpunkt der Anmeldung das satzungsmäßige Stammkapital durch Verbindlichkei-

637 Wachter, GmbHR 2008, S. 1296 (1299 f.); ders., in: Römermann, MAH GmbH-Recht, § 4 Rn. 27.

ten vorbelastet ist.[638] Die Feststellung der ordnungsgemäßen Errichtung und Anmeldung der Gesellschaft durch das Registergericht im Rahmen der Prüfung gemäß § 9c Abs. 1 Satz 1 GmbHG umfasst auch eine mögliche Vorbelastung im Zeitpunkt der Anmeldung. Gleichen die Gesellschafter im Zeitpunkt der Anmeldung bestehende Vorbelastungen nicht aus, welche den Betrag des Stammkapitals schmälern, hat dies ein Eintragungsverbot zur Folge.[639] Ausgenommen davon seien jedoch Gründungskosten, sofern diese satzungsgemäß von der Gesellschaft getragen werden.[640]

Für die UG kann die letztgenannte Einschränkung nach Auffassung des Verfassers jedoch nicht gelten. Das Problem einer möglichen Vorbelastung verschärft sich in der UG insofern, als dass bereits vor der Handelsregisteranmeldung durch die Kosten der Gründung und Ingangsetzung des Geschäftsbetriebes eine Überschuldung der Vor-UG eintreten kann. Vor diesem Hintergrund sind im Interesse des Gläubigerschutzes die Kosten der Gründung und Ingangsetzung des Geschäftsbetriebes entgegen der herrschenden Ansicht bei der regulären GmbH in der Prüfung des Registergerichts nach § 9c Abs. 1 GmbHG zu berücksichtigen. Die Rechtsfolge wäre ein Eintragungshindernis.[641] Ist die Gesellschaft nicht einmal in der Lage die geringen Gründungskosten zu bestreiten, käme die Eintragung der Gesellschaft und infolgedessen die beschränkte Haftung der Gesellschafter einer unbilligen Verlagerung des Insolvenzrisikos auf die Gesellschaftsgläubiger gleich. Wird die Eintragung der UG aufgrund einer Vorbelas-

---

638 Eine Versicherung nach dem Wortlaut des § 8 Abs. 2 GmbHG enthält konkludent die Erklärung, dass keine Vorbelastung besteht. Vgl. BGH, Urt. v. 09.03.1981, II ZR 54/80 = NJW 1981, S. 1373 (1376); Hueck/Fastrich, in: Baumbach/Hueck, § 8 Rn. 14; Heyder, in: Michalski, GmbHG, Bd. 1, § 8 Rn. 30; Ulmer, in: Ulmer, GmbHG, Bd. 1, § 8 Rn. 31; Bayer, in: Lutter/Hommelhoff, GmbHG, § 8 Rn. 12; Roth, in: Roth/Altmeppen, GmbHG, § 8 Rn. 15.

639 Bayer, in: Lutter/Hommelhoff, GmbHG, § 9c Rn. 19; K. Schmidt, in: Scholz, GmbHG, Bd. 1, § 9c Rn. 29; Ulmer, in: Ulmer, GmbHG, Bd. 1, § 9c Rn. 34; Heyder, in: Michalski, GmbHG, Bd. 1, § 9c Rn. 27 m.w.N.

640 Heyder, in: Michalski, GmbHG, Bd. 1, § 8 Rn. 30; Hueck/Fastrich, in: Baumbach/Hueck, § 8 Rn. 14.

641 Zur regulären GmbH bereits H. Winter/Veil, in: Scholz, GmbHG, Bd. 1, § 9c Rn. 29; Ulmer, in: Ulmer, GmbHG, Bd. 1, § 9c Rn. 34. Die Grundsätze gelten uneingeschränkt auch für die UG; a.A. Roth, in: Roth/Altmeppen, GmbHG, § 5 Rn. 12a.

tung oder Überschuldung abgelehnt, kommt es zu einer Verlustdeckungshaftung der Gesellschafter.[642]

2. Persönlich Haftung der Gesellschafter in der Vor-UG

Bis zur Eintragung der in Gründung befindlichen GmbH in das Handelsregister existiert als Vorstufe und notweniges Durchgangsstadium als Rechtsträger *sui generis* die sogenannte Vorgesellschaft.[643] Mit Erlangung der Rechtsfähigkeit im Sinne von § 13 Abs. 1 GmbHG durch Eintragung der Gesellschaft ins Handelsregister wandelt sich die Vorgesellschaft *ipso iure* und identitätswahrend in eine reguläre GmbH.[644] Auf die Vorgesellschaft finden die Regelungen des GmbH-Rechts grundsätzlich entsprechend Anwendung, sofern diese nicht eine Handelsregistereintragung und die Entstehung als juristische Person voraussetzen.[645] Diese Grundsätze sind auch in der Vor-UG uneingeschränkt maßgeblich.

(a) Die Verlustdeckungshaftung in der Vor-UG

Ebenso Anwendung finden auf die UG als Rechtsformvariante der GmbH die Grundsätze der Verlustdeckungshaftung. Demnach haften die Gesellschafter, die einer Geschäftsaufnahme zugestimmt haben, der Gesellschaft gegenüber für Verbindlichkeiten, die vor Anmeldung der Gesellschaft zur Eintragung ins Han-

---

642 Grundlegend zur Verlustdeckungshaftung BGH, Urt. v. BGH, 27.01.1997, II ZR 123/94 = NJW 1997, S. 1507; BGH, Urt. v. BGH, 04.11.2002, II ZR 204/00 = NJW 2003, S. 429; BGH, Urt. v. 04.03.1996, II ZR 123/94 = NJW 1996, S. 1210.

643 AllgM. BGH, Urt. v. 09.03.1981, II ZR 54/80 = NJW 1981, S. 1373 (1374); BGH, Urt. v. 16.03.1992, II ZB 17/91 = NJW 1992, S. 1824; Ulmer, in: Ulmer, GmbHG, Bd. 1, § 11 Rn. 10; Michalski, in: Michalski, GmbHG, Bd. 1, § 11 Rn. 43; Bayer, in: Lutter/Hommelhoff, GmbHG, § 11 Rn. 5; kritisch K. Schmidt, in: Scholz, GmbHG, Bd. 1, § 11 Rn. 10.

644 BGH, Urt. v. 09.03.1981, II ZR 54/80 = NJW 1981, S. 1373 (1375); Michalski, in: Michalski, GmbHG, Bd. 1, § 11 Rn. 70; K. Schmidt, in: Scholz, GmbHG, Bd. 1, § 11 Rn. 25; relativierend Schmidt-Leithoff, in: Rowedder/Schmidt-Leithoff, GmbHG, § 11 Rn. 15; kritisch Ulmer, in: Ulmer, GmbHG, Bd. 1, § 11 Rn. 12, der in einer solchen Einheitsbetrachtung eine Schwächung der konstitutiven Wirkung der Handelsregistereintragung gemäß §§ 11 Abs. 1, 13 Abs. 1 GmbHG und eine Verwischung der Grenze zwischen Vorgesellschaft und GmbHG befürchtet.

645 BGH, Urt. v. 23.03.1981, II ZR 27/80 = NJW 1981, S. 2125 (2126); Gummert, in: MünchHdb GesR III, § 16 Rn. 5; Bayer, in: Lutter/Hommelhoff, GmbHG, § 11 Rn. 7; K. Schmidt, in: Scholz, GmbHG, Bd. 1, § 11 Rn. 39; Stimpel, in: FS Fleck, S. 345 (346).

delsregister entstanden und nicht ausgeglichen worden sind, anteilig[646]. In einigen Sonderfällen vertreten Rechtsprechung und das ihr folgende Schrifttum eine Außenhaftung der Gesellschafter, nämlich im Falle der Vermögenslosigkeit der Vorgesellschaft und bei Gründung einer Einpersonengesellschaft.[647] Beide Fallgruppen sind in der UG von besonderer Relevanz. Vermögenslosigkeit erfasst Konstellationen, in denen die Gesellschaft mit Ausnahme der Verlustdeckungsansprüche über kein weiteres Vermögen verfügt, so dass sich eine Inanspruchnahme der Gesellschaft bzw. die Rechtsverfolgung der Gläubiger als aussichtslos erweist.[648] Statten die Gründungsgesellschafter die UG lediglich mit einem technischen Mindestkapital von EUR 1 pro Geschäftsanteil oder einem vergleichbar unzureichendem Kapital aus, begründet jede Vorbelastung die Gefahr einer Überschuldung und infolgedessen ein Eintragungshindernis nach § 9c Abs. 1 GmbHG. Dies hätte zwangsläufig eine unmittelbare Außenhaftung der Gründungsgesellschafter der UG zur Folge. Im Falle einer Einpersonengesellschaft scheidet eine anteilige Haftung schon sachlogisch aus.[649]

Eine Vielzahl von UG-Gründungen sind Einpersonengesellschaften[650] und die Gefahr der Vermögenslosigkeit ist aufgrund des frei festsetzbaren Stammkapitals in der UG besonders augenscheinlich. Die besondere Schutzbedürftigkeit der Gläubiger einer UG rechtfertigt es nach Ansicht des Verfassers, abweichend zur regulären GmbH die Verlustdeckungshaftung stets als unbeschränkte, gesamtschuldnerische Außenhaftung auszugestalten. In der UG wird oftmals Identität zwischen Gesellschafter und Geschäftsführer vorliegen, so dass sich mit

---

646 BGH, Urt. v. 27.01.1997, II ZR 123/94= NJW 1997, S. 1507; BGH, Urt. v. 24.10.2005, II ZR 129/04 = NJW-RR 2006, S. 254; Hueck/Fastrich, in: Baumbach/Hueck, § 11 Rn. 24; Gummert, in: MünchHdb GesR III, § 16 Rn. 65; Ulmer, in: Ulmer, GmbHG, Bd. 1, § 11 Rn. 80; a.A. im Hinblick auf die Innenhaftung Michalski, in: Michalski, GmbHG, Bd. 1, § 11 Rn. 63; Schmidt-Leithoff, in: Rowedder/Schmidt-Leithoff, GmbHG, § 11 Rn. 96; K. Schmidt, in: Scholz, GmbHG, Bd. 1, § 11 Rn. 82; Bayer, in: Lutter/Hommelhoff, GmbHG, § 11 Rn. 19.

647 BGH, Urt. v. 27.01.1997, II ZR 123/94 = NJW 1997, S. 1507 (1509); Hueck/Fastrich, in: Baumbach/Hueck, § 11 Rn. 27; Gummert, MünchHdb GesR III, § 16 Rn. 72 ff.; Goette, Die GmbH, § 1 Rn. 83.

648 Gummert, in: MünchHdb GesR III, § 16 Rn. 74; Ulmer, in: Ulmer, GmbHG, Bd. 1, § 11 Rn. 83; Roth, in: Roth/Altmeppen, GmbHG, § 11 Rn. 56.

649 BGH, Urt. v. 27.01.1997, II ZR 123/94 = NJW 1997, S. 1507 (1509); BGH, Urt. v. 19.03.2001, II ZR 249/99 = NJW 2001, S. 2092.

650 Paura, in: Ulmer, GmbHG, Ergänzungsband MoMiG, § 5a Rn. 32.

einer unbeschränkt, gesamtschuldnerischen Außenhaftung der Gesellschafter ein Gleichlauf mit der Handelndenhaftung nach § 11 Abs. 2 GmbHG und letztlich ein in sich stimmiges Haftungskonzept erreichen lässt. Unter Abwägung des Interesses der Gläubiger an einer effektiven und einfachen Rechtsverfolgung und des Interesses der Gesellschafter an einer möglichst beschränkten Haftung ist den Interessen der Gläubiger der Vorzug zu geben. Angesichts der besonderen Gefahr einer Überschuldung bereits in der Gründungsphase ist sowohl die unterschiedliche Ausgestaltung der Verlustdeckungshaftung in der GmbH und der Rechtsformvariante UG als auch die Divergenz zur Konzeption der Vorbelastungshaftung hinzunehmen.

Das Haftungsmodell der Verlustdeckungshaftung in der UG stellt sich folglich als unbeschränkte Außenhaftung dar, wie es Teile des Schrifttums auch für die reguläre GmbH fordern.[651] Die besseren Gründe sprechen jedoch dafür, es in der regulären GmbH bei der anteiligen Innenhaftung der Gesellschafter zu belassen.[652] Nach vorzugswürdiger Ansicht entsteht der Haftungsanspruch aus Verlustdeckung erst mit Scheitern der Eintragung.[653]

(b) Die Vorbelastungshaftung nach Eintragung der UG

Das Gesellschaftsvermögen einer Vorgesellschaft geht nach Aufgabe des Vorbelastungsverbotes mit allen Rechten und Pflichten aus Rechtsgeschäften, die im Namen der Gesellschaft und mit Ermächtigung aller Gesellschafter abgeschlossen worden sind, mit Eintragung auf die GmbH über.[654] Wird eine Gesellschaft, die sich aufgrund von Vorbelastungen in einer Unterbilanz befindet, in das Handelsregister eingetragen, trifft die Gesellschafter entsprechend ihrer Geschäftsanteile eine gesellschaftsinterne Haftung (Vorbelastungshaftung), freilich mit einer Ausfallhaftung der Mitgesellschafter entsprechend § 24 GmbHG.[655] In der

---

651 Bayer, in: Lutter/Hommelhoff, GmbHG, § 11 Rn. 19; K. Schmidt, in: Scholz, GmbHG, Bd. 1, § 11 Rn. 82; Michalski/Funke, in: Michalski, GmbHG, Bd. 1, § 11 Rn. 67.

652 Merkt, in: MünchKommGmbHG, Bd. 1, § 11 Rn. 79; Stimpel, in: FS Fleck, S. 345 (361 ff.); BGH, Urt. v. 27.01.1997, II ZR 123/94 = NJW 1997, S. 1507 (1508 f.).

653 BGH, Urt. v. 27.01.1997, II ZR 123/94 = NJW 1997, S. 1507 (1509); Merkt, in: MünchKommGmbHG, Bd. 1, § 11 Rn. 90.

654 BGH, Urt. v. 09.03.1981, II ZR 54/80, BGHZ 80, S. 129 = NJW 1981, S. 1373.

655 BGH, Urt. v. 09.03.1981, II ZR 54/80, BGHZ 80, S. 129 = NJW 1981, S. 1373 (1376); BGH, Urt. v. 27.01.1997, II ZR 123/94 = NJW 1997, S. 1507; BGH, Urt. v. 24.10.2005, II ZR 129/04 = NJW-RR 2006, S. 254 (255); ebenso Stimpel, in: FS Fleck, S. 345 (349); Ulmer, in: Ulmer, GmbHG, Bd. 1, § 11 Rn. 100, 112; K. Schmidt, in:

Vorbelastungshaftung kommt der Rechtsgedanke zum Ausdruck, dass die Gesellschafter bis zur Eintragung der Gesellschaft ins Handelsregister das unternehmerische Risiko zu tragen und daher Verluste auszugleichen haben, wenn die Gesellschaft ihre Geschäftstätigkeit einvernehmlich schon vorher begonnen hat.[656] Der Anspruch richtet sich der Höhe nach auf den Fehlbetrag im Gesellschaftsvermögen, der aufgrund der vorzeitigen Geschäftsaufnahme und der daraus resultierenden Vorbelastung im Verhältnis zum nominellen Stammkapital eingetreten und gegebenenfalls durch eine Vorbelastungsbilanz zum Eintragungszeitpunkt festzustellen ist; im Falle einer Überschuldung kann die anteilige Haftung des Gesellschafters die Höhe der zu leistenden Einlage auf den Geschäftsanteil sogar übersteigen.[657] Von der Vorbelastungshaftung nicht erfasst wird der Differenzbetrag, der auf der satzungsgemäß vorgesehenen Übernahme von Gründungskosten beruht.[658]

Die Grundsätze zur Vorbelastungshaftung sind bei der UG uneingeschränkt anwendbar. Eine unmittelbare und unbeschränkte Außenhaftung der UG-Gesellschafter und damit eine Durchbrechung des Innenhaftungskonzepts wie im Falle der Verlustdeckungshaftung lassen sich auf die Vorbelastungshaftung nicht übertragen. Denn mit der konstitutiven Handelsregistereintragung haftet den Gläubigern gegenüber ausschließlich das Gesellschaftsvermögen.[659] Eine abweichende Ausgestaltung der Vorbelastungshaftung in Fällen einer UG ist nach Eintragung ins Handelsregister trotz der hier vertretenen Auffassung zur Verlustdeckungshaftung mit dem gesetzlichen Haftungsregime des GmbH-

---

Scholz, GmbHG, Bd. 1, § 11 Rn. 124; Bayer, in: Lutter/Hommelhoff, GmbHG, § 11 Rn. 32; Roth, in: Roth/Altmeppen, GmbHG, § 11 Rn. 52.

656 Grundlegend zur Vorbelastungshaftung Stimpel, in: FS Fleck, S. 345 (348 f.).

657 Ulmer, in: Ulmer, GmbHG, Bd. 1, § 11 Rn. 105; Schmidt-Leithoff, in: Rowedder/Schmidt-Leithoff, GmbHG, § 11 Rn. 28.

658 Zur strittigen Rechtslage vor dem MoMiG K. Schmidt, in: Scholz, GmbHG, Bd. 1, § 11 Rn. 129; für eine Nichterfassung BGH, Urt. v. 09.03.1981, II ZR 54/80, BGHZ 80, S. 129 = NJW 1981, S. 1373 (1376); Schmidt-Leithoff, in: Rowedder/Schmidt-Leithoff, GmbHG, § 11 Rn. 29. Dies gilt nach Ansicht des Verfassers auch nach Inkrafttreten des MoMiG. Der Gesetzgeber hat in § 2 Abs. 1a GmbHG i.V.m. Nr. 5 des Musterprotokolls zum Ausdruck gebracht, dass die Gründungskosten in der Regel von der Gesellschaft zu tragen sind. Insofern wäre es widersprüchlich, die Gesellschafter für eine solche Vorbelastung anteilig haften zu lassen.

659 BGH, Urt. v. 24.10.2005, II ZR 129/04 = NJW-RR 2006, S. 254 (255); Weitemeyer, NZG 2006, S. 648 (649).

Rechts – welches in einer Einpersonengesellschaft ebenfalls maßgeblich ist – nicht vereinbar.

3. Ergebnis

Eine Vorbelastung oder Überschuldung der Gesellschaft infolge einer vor Handelsregistereintragung einvernehmlich begonnenen Geschäftstätigkeit wird das Registergericht im Rahmen der Prüfung gemäß § 9c Abs. 1 Satz 1 GmbHG zur Ablehnung der Eintragung veranlassen. Steht das nominelle Stammkapital wegen grundsätzlich zulässigen Vorbelastungen nicht zur Verfügung, haften die Gesellschafter der Gesellschaft gegenüber bei Scheitern der Eintragung nach den Grundsätzen der Verlustdeckungshaftung und im Falle einer dennoch erfolgten Eintragung nach den Grundsätzen der Vorbelastungshaftung – und zwar entsprechend ihres Geschäftsanteiles.[660] Während bei der regulären GmbH eine unbeschränkt persönliche Verlustdeckungshaftung nur ausnahmsweise in Betracht kommt, sollte dies bei der UG aus Gründen des Gläubigerschutzes die Regel sein.

E. Zusammenfassung des Kapitels

In der Gründungsphase der UG ergeben sich zahlreiche juristische Problemstellungen, die sich auf die Gläubigerinteressen auswirken. Der im Schrifttum besonders kontrovers diskutierte Verzicht auf ein nennenswertes Mindeststammkapital in § 5a Abs. 1 GmbHG[661] wirkt sich nach Ansicht des Verfassers nicht *per se* gläubigerbenachteiligend aus. Die dem Mindeststammkapital zugeschriebenen Funktionen als Risikopolster, Seriositätsschwelle oder Haftungsfonds erweisen sich bei näherer Analyse als äußerst fragil. Aus Sicht der Gläubiger ist die Liquidität und damit die Zahlungsfähigkeit der Gesellschaft gegenüber einem gesetzlich festgelegten, risikounspezifischen Stammkapital die wichtigere Kennzahl.[662] Allenfalls in der Gründungsphase, in der es in der Regel noch an Liquidität aus der Geschäftstätigkeit fehlt, kommt einem nennenswerten gesetz-

---

660 BGH, Urt. v. 09.03.1981, II ZR 54/80, BGHZ 80, S. 129 = NJW 1981, S. 1373 (1375); Weitemeyer, NZG 2006, S. 648 (649).

661 Den Meinungsstand zusammenfassend Paura, in: Ulmer, GmbHG, Ergänzungsband MoMiG, § 5a Rn. 15 ff.

662 Zutreffend Roth, in: Roth/Altmeppen, GmbHG, § 5a Rn. 1; Seibert, GmbHR 2007, S. 673 (677); Goette, Einführung in das neue GmbH-Recht, Einf. Rn. 42; Eidenmüller, ZGR 2007, S. 168 (184)

lichen Mindeststammkapital im Hinblick auf eine drohende Überschuldung der Gesellschaft eine mittelbar gläubigerschützende Funktion als Verlustpuffer zu.

Der Gesetzgeber will dem Rechtsverkehr Mithilfe des Rechtsformzusatzes „*Unternehmergesellschaft (haftungsbeschränkt)*“ bzw. „*UG (haftungsbeschränkt)*“ die besonderen Haftungs- und Gesellschaftsverhältnisse vor Augen führen.[663] Die haftungsrechtlichen Folgen, die sich aus einem Verstoß gegen die Pflicht zum Führen des Rechtsformzusatzes ergeben, sind für den Schutz der Gläubiger daher von zentraler Bedeutung. Aus dogmatischen Gründen abzulehnen ist die von der Rechtsprechung und weiten Teilen des Schrifttums vertretene Rechtsscheinhaftung des Geschäftsführers oder sonstigen Vertreters der Gesellschaft gemäß § 179 Abs. 1 BGB analog.[664] Stattdessen ist das fehlerhafte oder unterlassene Führen des Rechtsformzusatzes einheitlich entsprechend der Grundsätze der *culpa in contrahendo* zu lösen. Eine Haftung des Geschäftsführers oder sonstigen Vertreters ist nur unter den zusätzlichen Voraussetzungen des § 311 Abs. 3 Satz 2 BGB möglich, wenn sich der Geschäftsführer oder sonstiger Vertreter als unbeschränkt persönlich haftender Gesellschafter ausgibt, sowie unter den Voraussetzungen des § 823 Abs. 2 BGB i.V.m. § 35a Abs. 1, 5a Abs. 1 GmbHG.

Die Vorschriften zur Kapitalaufbringung sind in § 5a Abs. 2 GmbHG im Vergleich zur regulären GmbH abweichend statuiert. Als problematisch erweist sich dabei das Sacheinlageverbot gemäß § 5a Abs. 2 Satz 2 GmbHG. Streitig ist insbesondere die Reichweite des Sacheinlageverbotes und entsprechend die Umwandlungsfähigkeit der UG.[665] Der gesetzgeberische Willen, die Systematik des Gesetzes sowie Sinn und Zweck der Norm führen letztlich zu dem Schluss, dass Sachkapitalerhöhungen auch bei der UG uneingeschränkt zuzulassen sind.[666] Daraus folgt ein weitgehender Gleichlauf der UG mit der regulären

---

663 RegE., BT-Drucks. 16/6140, S. 31.

664 BGH, Urt. v. 03.02.1975, II ZR 128/73, BGHZ 64, S. 11 (17) = NJW 1975, S. 1166; Michalski, in: Michalski, GmbHG, Bd. 1, § 4 Rn. 108; Heinrich, in: Ulmer, GmbHG, Bd. 1, § 4 Rn. 37; Emmerich, in: Scholz, GmbHG, Bd. 1, § 4 Rn. 54; Roth, in: Roth/Altmeppen, GmbHG, § 4 Rn. 49, § 5a Rn. 8; Miras, Unternehmergesellschaft, Rn. 195 ff.

665 Anstatt vieler Paura, in: Ulmer, GmbHG, Ergänzungsband MoMiG, § 5a Rn. 48 ff.

666 A.A. die herrschende Ansicht im Schrifttum Weber, BB 2009, S. 842 (844); Heckschen, DStR 2009, S. 166 (170); Heckschen, Das MoMiG in der notariellen Praxis, Rn. 186;

GmbH im Hinblick auf deren Umwandlungsfähigkeit – und zwar auch im Falle einer Umwandlung zur Neugründung. Eine Beeinträchtigung von Gläubigerinteressen ist indes nicht zu befürchten, da diese durch die gläubigerschützenden Vorschriften des UmwG ausreichend gewahrt werden.

Die besondere Gefahr einer Überschuldung der UG bereits in der Gründungsphase macht schließlich eine restriktive Auslegung des Überschuldungsbegriffes im Sinne des § 19 Abs. 2 InsO-1999 erforderlich. Die befristete Rückkehr zum modifizierten zweistufigen Überschuldungsbegriff ist vor diesem Hintergrund zu kritisieren.[667] Aus Gründen des Gläubigerschutzes ist eine unbeschränkt persönliche Haftung der UG-Gesellschafter für Vorbelastungen aus der einvernehmlichen Geschäftsaufnahme vor Eintragung der Gesellschaft ins Handelsregister nach den Grundsätzen der Verlustdeckungshaftung gerechtfertigt.

Lutter, in: Lutter/Hommelhoff, GmbHG, § 5a Rn. 12; Roth, in: Roth/Altmeppen, GmbHGm § 5a Rn. 13.

667 A.A. Drygala, NZG 2007, S. 561 (563).

4. Kapitel Kapitalerhaltung und -bildung in der UG

Die Einführung einer GmbH-Rechtsformvariante unter Verzicht auf ein nennenswertes gesetzliches Mindeststammkapital soll die Wettbewerbsfähigkeit des GmbHG gegenüber konkurrierenden Rechtsordnungen stärken.[668] Neben dem zwingenden Erfordernis, in der Firma abweichend von § 4 GmbHG den Rechtsformzusatz „*Unternehmergesellschaft (haftungsbeschränkt)*“ oder „*UG (haftungsbeschränkt)*“ zu führen (§ 5a Abs. 1 Halbs. 2 GmbHG), ist gemäß § 5a Abs. 3 Satz 1 GmbHG in der Bilanz des nach den §§ 242, 264 HGB aufzustellenden Jahresabschlusses eine gesetzliche Rücklage zu bilden, in die ein Viertel des um einen Verlustvortrag aus dem Vorjahr geminderten Jahresüberschusses einzustellen ist. Die UG soll durch eine solche Gewinnthesaurierung in die Lage versetzt werden, innerhalb einiger Jahre sukzessive eine höhere Eigenkapitalausstattung aufzubauen und gegebenenfalls das Stammkapital auf das gesetzliche Mindestkapital nach § 5 Abs. 1 GmbHG zu erhöhen.[669]

A. Bilanzieller Kapitalschutz

I. Die Neuregelung des § 30 Abs. 1 GmbHG

Das nominelle Stammkapital ist als bilanzielle Ausschüttungssperre und weniger als gegenständlicher Vermögensschutz zu verstehen.[670] Mit der Neufassung des § 30 Abs. 1 GmbHG kehrt der Gesetzgeber auch in der Kapitalerhaltung zu einer konsequent bilanziellen Betrachtungsweise zurück.[671] Die Funktion der Ka-

---

668 RegE., BT-Drucks. 16/6140, S. 25.

669 RegE., BT-Drucks. 16/6140, S. 32.

670 Für einen gegenständlichen Vermögensschutz spricht sich Stimpel, in: FS GmbHG, S. 335 ff. aus.

671 RegE., BT-Drucks. 16/6140, S. 41. Den Anstoß zur Neufassung gab die Rechtsprechung des Bundesgerichtshofs, insbesondere im sogenannten Novemberurteil vom 24. November 2003 (II ZR 171/01), wonach die Gewährung von Darlehen oder Leistungen mit Kreditcharakter durch die Gesellschaft an Gesellschafter, die zulasten des gebundenen Vermögens erfolgen, selbst dann als verbotene Rückzahlung gebundenen Stammkapitals einzuordnen ist, wenn der Gegenleistungs- oder Rückzahlungsanspruch vollwertig sind. Diese so genannten Rechtsprechungsregeln haben in der Praxis zu

pitalerhaltung als wesentliche Säule des präventiven Kapitalschutzsystems ist dabei im Kern unangetastet geblieben, hat aber eine sachliche Klarstellung in § 30 Abs. 1 Satz 2 GmbHG erfahren. Das Stammkapital berührende Auszahlungen an Gesellschafter unterliegen nicht dem Auszahlungsverbot des Satzes 1, sofern diese im Rahmen eines Beherrschungs- und Gewinnabführungsvertrages (§ 291 AktG) erfolgen oder durch einen vollwertigen Gegenleistungs- oder Rückgewähranspruch der Gesellschaft gedeckt sind. Der Gesetzgeber sieht mit den Tatbestandsmerkmalen der Vollwertigkeit und des Deckungsgebots eine ausreichende Schutzschwelle gewährleistet, die ein Ausplündern der Gesellschaft verhindern soll.[672] Spätere, unvorhersehbare negative Entwicklungen des Gegenleistungs- oder Rückgewähranspruches oder bilanzielle Abwertungen führen nicht zur Unzulässigkeit der Leistung im Zeitpunkt der Gewährung, sondern allenfalls zu Handlungspflichten der gesetzlichen Vertreter.[673] Im Gegensatz zu § 19 Abs. 5 GmbHG kommt es hingegen nicht auf die jederzeitige Fälligkeit des Gegenleistungs- oder Rückgewähranspruchs an.

1. Die Reichweite des institutionellen Kapitalschutzes in der UG

Die Vorschriften zur Kapitalerhaltung gelten für die UG uneingeschränkt. Dennoch ist fraglich, ob der institutionelle Kapitalschutz beraubt um das Anknüpfungsmerkmal eines nennenswerten Mindeststammkapitals dieselbe Schutzfunktion für die Gesellschafts- und insbesondere Gläubigerinteressen erfüllen kann.

(a) Sinn und Zweck der Kapitalerhaltung in der UG

Die Kapitalerhaltungsregeln statuieren eine am Stammkapital orientierte bilanzielle Ausschüttungssperre und sind gegen opportunistisches Verhalten der Gesellschafter gerichtet.[674] Die Kapitalerhaltung erfasst sowohl den Schutz der Ge-

---

großer Rechtsunsicherheit geführt. Vgl. Goette, Anhörung BT-Drucks. 16/6140 (MoMiG), S. 6.

672 RegE., BT-Drucks. 16/6140, S. 41. Der Regierungsentwurf stellt ausdrücklich klar, dass mit der Neuregelung keineswegs das „*Ausplündern von Gesellschaften*“ ermöglicht oder erleichtert werden soll. Zustimmend K. Schmidt, GmbHR 2007, S. 1072 (1074).

673 BGH, Urt. v. 01.12.2008, II ZR 102/07, BGHZ 179, S. 71 (MPS) = NJW 2009, S. 850.

674 Die Norm wird gemeinhin als zentrale Bestimmung im Gläubigerschutz des GmbHG gesehen. Vgl. BGH, Urt. v. 30.6. 1958, II ZR 213/56, BGHZ 28, S. 77 = NJW 1958, S. 1351; Ulmer, in: FS GmbHG, S. 363; Mülbert, DK 2004, S. 151 (159); Hueck/Fastrich, in: Baumbach/Hueck, § 30 Rn. 1; Fleck, in: FS GmbHG, S. 391 f.; Heidinger, in: Michalski, GmbHG, Bd. 1, § 30 Rn. 5.

sellschaft als auch deren Gläubiger vor Ausschüttungen des gebundenen Kapitals an die Gesellschafter.[675] Der Erhalt des Gesellschaftsvermögens in Höhe der nominellen Stammkapitalziffer wirkt im Gründungsstadium als Insolvenzprophylaxe im Sinne eines Verlustpuffers.[676] Ein nennenswertes gesetzliches Mindeststammkapital ist dennoch nicht zwingender Bestandteil des institutionellen Kapitalschutzes, so dass der Verzicht auf ein solches in § 5a Abs. 1 GmbHG die Anwendbarkeit der Kapitalerhaltungsregeln nicht ausschließt.[677] Gleichwohl bleibt als Anknüpfungsmerkmal für die Bestimmung einer Unterbilanz ein zumindest technisches Mindeststammkapital stets erforderlich.[678]

Das rechtspolitische Bedürfnis für eine bilanzielle, am Stammkapital orientierte Ausschüttungssperre ist in der UG ebenso gegeben. Zur Unterbilanz führende Vermögensverschiebungen zugunsten der Gesellschafter können in einer haftungsbeschränkten Gesellschaft ohne nennenswertes Stammkapital unmittelbar zur Überschuldung oder Zahlungsunfähigkeit führen. Gleichwohl kann der Erhalt des Nominalkapitals die Solvenz der Gesellschaft keineswegs gewährleisten.[679] Wie bei der Analyse der (vermeintlich) gläubigerschützenden Funktion des Mindeststammkapitals festgestellt wurde, kann dieses den Gläubigern weder einen Haftungsfonds gewährleisten, noch umfassend als Seriositätsschwelle die-

---

675 Mülbert, DK 2004, S. 151(159), spricht von „*ökonomische Rationalität*" und „*intuitiver Gerechtigkeitsgehalt*". Ebenso Engert, ZHR 170 (2006), S. 296 (298 f.); Schön, DK 2004, S. 162 (168); Hueck/Fastrich, in: Baumbach/Hueck, § 30 Rn. 3; Stimpel, in: FS GmbHG, S. 335 (349); nur auf den Gläubigerschutz stellen hingegen ab Pentz, in: Rowedder/Schmidt-Leithoff, GmbHG, § 30 Rn. 1; Altmeppen, in: Roth/Altmeppen, GmbHG, § 30 Rn. 1.

676 Hierzu eingehend 3. KapitelA.II.2(a); Der Verlustpuffern soll dem Desinvestitionsanreiz der Gesellschafter entgegenwirken, vgl. Engert, ZHR 170 (2006), S. 296 (307); Jungmann, ZGR 2006, S. 638 (644); Altmeppen, NJW 2004, S. 97 (102); Schön, DK 2004, S. 162 (168).

677 So schon RegE., BT-Drucks. 16/6140, S. 31; Joost, ZIP 2007, S. 2242 (2246); Schäfer, in: Henssler/Strohn, § 5a Rn. 5.

678 Rieder, in: MünchKommGmbHG, Bd. 1, § 5a Rn. 8 und 11; Roth, in: Roth/Altmeppen, GmbHG, § 5a Rn. 4; Fastrich, in: Baumbach/Hueck, § 5a Rn. 10.

679 Jungmann, ZGR 2006, S. 638 (642 ff.); Joost, ZIP 2007, S. 2242 (2246). Zur gleichwohl bestehenden Kritik an einer bilanziellen Ausschüttungssperre vgl. Merkt, ZGR 2004, S. 305 (310 f.); Jungmann, ZGR 2006, S. 638 (640 f.); Engert, ZHR 170 (2006), S. 296 (310 ff.); Mülbert, DK 2004, S. 151 (161); wie hier K. Schmidt, GmbHR 2007, S. 1072 (1074); Kleindiek, ZGR 2006, S. 335 (347).

nen.[680] Die Funktion eines nennenswerten gesetzlichen Mindeststammkapitals beschränkt sich auf die eines insolvenzprophylaktischen Risikopuffers, der mittels der Kapitalerhaltungsvorschriften vor Ausschüttungen an die Gesellschafter geschützt werden soll.[681] Die bilanzielle Ausschüttungssperre des § 30 Abs. 1 GmbHG kann bei einem Mindeststammkapital von gegebenenfalls wenigen Euro einen Risikopuffer freilich nicht sicherstellen. Gleichwohl verhindern die Kapitalerhaltungsnormen auch im System der UG Ausschüttungen von gebundenem Gesellschaftsvermögen an die Gesellschafter, die eine Unterbilanz herbeiführen oder eine bestehende Unterbilanz vertiefen und somit zu Lasten der Befriedigungsaussicht der Gesellschaftsgläubiger gehen.

(b) Die Pflicht zur Einberufung einer Gesellschafterversammlung

Der Verzicht auf ein nennenswertes gesetzliches Mindeststammkapital in der UG führt im Rahmen der Kapitalerhaltungsvorschriften folglich zu einer Akzentverschiebung – nämlich als Anknüpfungsmerkmal für Unterlassungs- bzw. Handlungspflichten der Gesellschafter und der gesetzlichen Vertreter der Gesellschaft. Die Funktion der Insolvenzprophylaxe wird insbesondere in der Pflicht des Geschäftsführers zur Einberufung einer außerordentlichen Gesellschafterversammlung deutlich, wenn sich gemäß § 49 Abs. 3 GmbHG aus der Jahresbilanz oder aus einer im Laufe des Geschäftsjahres aufgestellten Bilanz ergibt, dass die Hälfte des Stammkapitals verloren ist.[682] Unterlässt es der Geschäftsführer, den Gesellschaftern den hälftigen Verlust des Stammkapitals anzuzeigen, macht er sich gemäß § 84 Abs. 1 GmbHG strafbar. Der Normzweck des § 49 Abs. 3 GmbHG besteht darin, den Gesellschaftern rechtzeitig und vor Eintritt eines Insolvenzantragsgrundes die Entscheidung über eine Reorgani-

680 RegE., BT-Drucks. 16/6140, S. 31, sieht in einer gesetzlichen Mindestkapitalziffer trotzdem eine Seriositätsschranke.

681 Joost, ZIP 2007, S. 2242 (2246); Lutter, in: FS Stiefel, S. 505 (506); Schärtl, GmbHR 2007, S. 344 (346); Nikoleyczik, Gläubigerschutz zwischen Gesetz und Vertrag, S. 53. Ähnlich Paura, in: Ulmer, GmbHG, Ergänzungsband MoMiG, § 5a Rn. 30.

682 Bayer, in: Lutter/Hommelhoff, GmbHG, § 49 Rn. 14; Joost, ZIP 2007, S. 2242 (2247); der Wortlaut des § 49 Abs. 3 GmbHG ist im Hinblick auf das Merkmal „*Verlust der Hälfte des Stammkapitals*“ missverständlich.

sation bzw. Refinanzierung oder eine Liquidation zu ermöglichen.[683] Die Norm dient damit nur mittelbar dem Gläubigerschutz.[684]

§ 5a Abs. 4 GmbHG trifft für die UG eine davon abweichende Regelung, indem eine Gesellschafterversammlung durch den Geschäftsführer unverzüglich bei drohender Zahlungsunfähigkeit einzuberufen ist. Der Gesetzgeber suspendiert den Einberufungsgrund des § 49 Abs. 3 GmbHG mit der Begründung, dass die Einberufung der Gesellschafterversammlung sich nicht wie sonst an dem Verlust der Hälfte des Stammkapitals anknüpfen lässt.[685] Bei einem Stammkapital von nur wenigen Euro wäre mit einer solchen Anknüpfung tatsächlich wenig gewonnen. Wird das frei festsetzbare Stammkapital der UG freiwillig höher festgesetzt oder durch sukzessive Kapitalerhöhungen aufgestockt, verbliebe hingegen ein sinnvoller Anwendungsbereich für § 49 Abs. 3 GmbHG.[686] Die Anknüpfung in § 5a Abs. 4 GmbHG an das Merkmal der drohenden Zahlungsunfähigkeit ist zudem nicht unproblematisch. Drohende Zahlungsunfähigkeit im Sinne von § 18 Abs. 2 InsO ist gegeben, wenn die Gesellschaft voraussichtlich nicht in der Lage sein wird, die bestehenden Zahlungspflichten im Zeitpunkt der Fälligkeit zu erfüllen. Soll die einberufene Gesellschafterversammlung jedoch noch einen nennenswerten Handlungsspielraum zur Reorganisation, Refinanzierung oder Liquidation haben, setzt der Zeitpunkt der drohenden Zahlungsunfähigkeit oftmals zu spät an.[687] Darüber hinaus kommt § 5a Abs. 4 GmbHG ein eigenständiger Regelungsgehalt regelmäßig nicht zu, da sich eine Pflicht und

---

683 Roth, in: Roth/Altmeppen, GmbHG, § 49 Rn. 11; Schäfer, in: Henssler/Strohn, § 5a Rn. 25.

684 H.M. Hüffer, in: Ulmer, GmbHG, Bd. 2, § 49 Rn. 29; Roth, in: Roth/Altmeppen, GmbHG, § 49 Rn. 11; Bayer, in: Lutter/Hommelhoff, GmbHG, § 49 Rn. 14.

685 RegE., BT-Drucks. 16/6140, S. 32.

686 Ebenso Joost, ZIP 2007, S. 2242 (2248); Rieder, in: MünchKommGmbHG, Bd. 1, § 5a Rn. 35; Roth, in: Roth/Altmeppen, GmbHG, § 5a Rn. 24; Wicke, GmbHG, § 5a Rn. 13. Der Gesetzgeber möchte jedoch keine Kumulierung von Einberufungsgründen; vgl. Gegenäußerung der Bundesregierung, RegE., BT-Drucks. 16/6140, S. 75.

687 So auch Joost, ZIP 2007, S. 2242 (2248); Schäfer, in: Henssler/Strohn, § 5a Rn. 25; Insbesondere auch Veil, GmbHR 2007, S. 1080 (1083), der als Anknüpfungspunkt den Eintritt der Krise der Gesellschaft vorschlägt. Dem lässt sich jedoch entgegenhalten, dass sich insbesondere für den Geschäftsführer nur schwer Kriterien feststellen lassen dürfte, wann die Krise der Gesellschaft beginnt und somit die Pflicht nach § 49 Abs. 2 GmbHG ausgelöst wird. Als Anknüpfungspunkt für eine strafrechtliche Sanktion taugt eine solche Haftung nicht; Paura, in: Ulmer, GmbHG, Ergänzungsband MoMiG, § 5a Rn. 64.

Notwendigkeit zur Einberufung einer Gesellschafterversammlung bei drohender Zahlungsunfähigkeit schon aus der Generalnorm des § 49 Abs. 2 GmbHG ergeben wird.[688]

Gleichwohl gilt die gesetzliche Anordnung des § 5a Abs. 4 GmbHG trotz der dargestellten Unstimmigkeiten. Verstößt der Geschäftsführer folglich gegen die Verpflichtung, bei drohender Zahlungsunfähigkeit der UG eine Gesellschafterversammlung unverzüglich einzuberufen, macht er sich gemäß § 43 Abs. 2 GmbHG gegebenenfalls schadensersatzpflichtig.[689] Eine Strafbarkeit nach § 84 Abs. 1 GmbHG löst die Verletzung des § 5a Abs. 4 GmbHG mangels entsprechender Strafvorschrift und aufgrund des Analogieverbotes nicht aus.[690] Obendrein wird man in der expliziten Suspendierung des § 49 Abs. 3 GmbHG auch einen Verzicht des Gesetzgebers auf eine Strafbarkeit wegen Unterlassen der Einberufung einer Gesellschafterversammlung bei hälftigem Verlust des Stammkapitals sehen müssen.[691]

---

688 Wachter, GmbHR Sonderheft 10/2008, S. 25 (35); Joost, ZIP 2007, S. 2242 (2248); Rieder, in: MünchKommGmbHG, Bd. 1, § 5a Rn. 35; Wicke, GmbHG, § 5a Rn. 13; Heckschen, in: Heckschen/Heidinger, § 5 Rn. 66. Nach Fastrich, in: Baumbach/Hueck, § 5a Rn. 27, und Lutter, in: Lutter/Hommelhoff, GmbHG, § 5a Rn. 28, dürfte die drohende Zahlungsunfähigkeit der Gesellschaft der letztmögliche Zeitpunkt sein. In der UG werden *„Eintritt der Krise“*, drohende Zahlungsunfähigkeit und Überschuldung oftmals zeitgleich eintreten; so Paura, in: Ulmer, GmbHG, Ergänzungsband MoMiG, § 5a Rn. 64.

689 Rieder, in: MünchKommGmbHG, Bd. 1, § 5a Rn. 36. Dies gilt selbstredend auch für die reguläre GmbH. Anstatt vieler Hüffer, in: Ulmer, GmbHG, Bd. 2, § 49 Rn. 29.

690 Wachter, in: Goette/Habersack, Rn. 1.106; Wachter, GmbHR Sonderheft 10/2008, S. 25 (35); Fastrich, in: Baumbach/Hueck, § 5a Rn. 28.

691 Gegenäußerung der Bundesregierung, RegE., BT-Drucks. 16/6140, S. 75, wonach es nicht zu rechtfertigen wäre, wenn es verglichen zur *„normalen“* GmbH zu einer Kumulierung von Einberufungspflichten (drohende Zahlungsunfähigkeit und hälftiger Verlust der Stammkapitals) kommt und damit die Geschäftsführer der insbesondere für Existenzgründer und kleine Unternehmen gedachten Unternehmergesellschaft mit der Beachtung doppelter Kriterien belastet werden. Auch systematisch ließe sich eine Strafbarkeit nicht begründen. § 84 Abs. 1 GmbHG erfordert das Vorliegen aller Tatbestandsmerkmale des § 49 Abs. 3 GmbHG, der ausweislich des gesetzgeberischen Willens neben § 5a Abs. 4 GmbHG gerade keine Anwendung finden soll. Es wäre daher widersprüchlich, den Geschäftsführer von der Pflicht des § 49 Abs. 3 GmbHG zu befreien, ihn aber trotzdem nach § 84 Abs. 1 GmbHG haften zu lassen. Ebenso Fastrich, in: Baumbach/Hueck, § 5a Rn. 28; Rieder, in: MünchKommGmbHG, Bd. 1, § 5a

II. Haftungsfolgen unzulässiger Auszahlungen

Die Rechtsfolgen eines Verstoßes gegen das materielle Auszahlungsverbot nach § 30 Abs. 1 GmbHG können sowohl den begünstigten Gesellschafter als auch den Geschäftsführer treffen. Der begünstigte Gesellschafter haftet gemäß § 31 Abs. 1 GmbHG auf Rückerstattung des Betrages, welcher den Vorschriften des § 30 Abs. 1 GmbHG zuwider aus dem gebundenen Gesellschaftsvermögen geleistet wurde. Ist eine Erstattung nicht vom Empfänger zu erlangen, tritt gemäß § 31 Abs. 3 GmbHG eine Ausfallhaftung der übrigen Gesellschafter im Verhältnis ihrer Geschäftsanteile ein, soweit dies zur Befriedigung der Gesellschaftsgläubiger erforderlich ist. Im Fall einer Haftung der übrigen Gesellschafter sind die Geschäftsführer, welchen bezüglich der geleisteten Zahlungen ein Verschulden zur Last fällt, gemäß § 31 Abs. 6 GmbHG solidarisch zum Ersatz verpflichtet. Darüber hinaus haftet der schuldhaft handelnde Geschäftsführer gemäß § 43 Abs. 3 GmbHG wegen Verletzung der Sorgfalt, die ein ordentlicher Geschäftsführer in Angelegenheiten der Gesellschaft zu beachten hat, wegen unzulässiger Zahlungen aus dem zum Erhaltung des Stammkapitals erforderlichen Vermögen der Gesellschaft. Die Schadensersatzpflicht des § 43 Abs. 3 GmbHG stellt eine Haftungsverschärfung gegenüber der allgemeinen Haftung wegen Verletzung einer Geschäftsführerobliegenheit gemäß § 43 Abs. 2 GmbHG dar.[692] Anspruchsberechtigte eines Rückerstattungs- oder Schadensersatzanspruchs ist stets die Gesellschaft; ein Verfolgungsrecht der Gläubiger analog § 62 Abs. 2 AktG ist im GmbH-Recht nicht anerkannt.[693] Für die UG ergeben sich insofern keine Besonderheiten, so dass auf die einschlägige Rechtsprechung und das Schrifttum verwiesen werden kann.

Rn. 36; wohl auch Wachter, GmbHR Sonderheft 10/2008, S. 25 (35); Altmeppen, in: Roth/Altmeppen, GmbHG, § 84 Rn. 12.

692 Hass, in: Michalski, GmbHG, Bd. 2, § 43 Rn. 216; Zöllner/Noack, in: Baumbach/Hueck, § 43 Rn. 48; Kleindiek, in: Lutter/Hommelhoff, GmbHG, § 43 Rn. 49.

693 So Hueck/Fastrich, in: Baumbach/Hueck, § 31 Rn. 6; Westermann, in: Scholz, GmbHG, Bd. 1, § 31 Rn. 8; Heidinger, in: Michalski, GmbHG, Bd. 1, § 31 Rn. 7; Hommelhoff, in: Lutter/Hommelhoff, GmbHG, § 31 Rn. 5, die eine Analogie zu § 62 Abs. 2 AktG ablehnen. Habersack, in: Ulmer, GmbHG, Bd. 2, § 31 Rn. 12, und ähnlich auch Altmeppen, in: Roth/Altmeppen, GmbHG, § 31 Rn. 9 ziehen ein Verfolgungsrecht gemäß § 62 Abs. 2 AktG (i.V.m. § 309 Abs. 4 Satz 3 AktG) zumindest dann in Betracht, wenn die Eröffnung des Insolvenzverfahrens mangels Masse abgewiesen worden ist.

B. Die gesetzliche Gewinnrücklage

Als Korrelat zum Verzicht auf ein nennenswertes Mindeststammkapital und eine gegebenenfalls geringe Eigenkapitalausstattung der UG hat der Gesetzgeber in § 5a Abs. 3 GmbHG die Bildung einer gesetzlichen Rücklage vorgeschrieben, die aus dem Jahresüberschuss zu bilden und in der Bilanz auszuweisen ist.[694] Das GmbH-Recht sieht im Gegensatz zu § 150 Abs. 1 AktG für die reguläre GmbH keine allgemeine Pflicht zur Bildung einer gesetzlichen Rücklage vor.[695] Die bei der Rechtsformvariante der UG zu bildende gesetzliche Rücklage nimmt insofern eine Sonderstellung im GmbHG ein. Gleichwohl steht es einer regulären GmbH nach geltendem Recht frei, eine Rücklage in der Satzung festzuschreiben oder durch eine entsprechende Ergebnisverwendung nach § 29 Abs. 2 GmbH zu bilden.

I. Die Regelung des § 5a Abs. 3 GmbHG im Überblick

1. Normzweck und Konzeption des § 5a Abs. 3 GmbHG

In der Bilanz des nach den §§ 242, 264 HGB aufzustellenden Jahresabschlusses ist gemäß § 5a Abs. 3 Satz 1 GmbHG eine gesetzliche Rücklage zu bilden, in die ein Viertel des um einen Verlustvortrag aus dem Vorjahr geminderten Jahresüberschusses einzustellen ist. Die Norm orientiert sich dabei an § 150 AktG,[696] so dass unter Beachtung der im Allgemeinen weniger strengen Kapitalbindung im GmbH-Recht für die Bestimmung des Normzweckes auf die aktienrechtlichen Ausführungen zurückgegriffen werden kann. Der Normzweck einer gesetzlichen Rücklage besteht in der Kapitalerhaltung und –bildung sowie

---

694 Im Allgemeinen zur Bilanzierung von gesetzlichen Gewinnrücklagen Merkt, in: Baumbach/Hopt, § 272 Rn. 10.

695 Anstatt vieler Ensthaler/Hannewald, in: Ensthaler/Füller/Schmidt, GmbHG, § 29 Rn. 5; Schärtl, GmbHR 2008, R81.

696 Riemenschneider, in: MünchHdb GesR III, § 8c Rn. 1; im RegE., BT-Drucks. 16/6140, S. 5, war der Verwendungszweck der gesetzlichen Rücklage gemäß § 5a Abs. 3 Satz 2 GmbHG noch auf die Kapitalerhöhung nach § 57c GmbHG beschränkt. Zur Kritik am Referentenentwurf Veil, GmbHR 2007, S. 1080 (1083); Freitag/Riemenschneider, ZIP 2007, S. 1485 (1488). Mit Beschlussempfehlung und Bericht des Rechtsausschusses, BT-Drucks. 16/9737 (MoMiG), S. 92, wurde der Kritik Rechnung getragen und § 5a Abs. 3 GmbHG in seiner jetzigen Form gefasst. Der Wortlaut ist dabei stark an § 150 Abs. 4 Nr. 1 bis 3 AktG angeglichen.

mittelbar im Gläubigerschutz.[697] Die gesetzliche Rücklage ist gebundenes Vermögen, das im Verlustfall dem zur Deckung des Stammkapitals erforderlichen Aktivreinvermögen als Puffer vorgelagert ist.[698] Die Eigenkapitalausstattung der Gesellschaft soll also mittels einer gesetzlichen Rücklage sukzessiv verbessert werden.

Der gesetzlichen Rücklage kommt im System der UG eine besondere Stellung zu. Während die aktienrechtliche oder freiwillige Gewinnrücklage in der regulären GmbH als Verlustpuffer das Grundkapital bzw. Stammkapital vor einem verlustbedingten Abschmelzen schützen soll,[699] bildet das in der Gewinnrücklage thesaurierte Vermögen in der UG gegebenenfalls das einzige gebundene Vermögen. Von einem vorgelagerten Verlustpuffer kann insoweit keine Rede sein. Die Gewinnrücklage in der UG stellt bei einem lediglich technischen Stammkapital von wenigen Euro demzufolge das einzige insolvenzprophylaktische Element im Kapitalschutz dar. Bestenfalls führt die Gewinnthesaurierung des § 5a Abs. 3 GmbHG bei einer erfolgreich am Markt tätigen UG hingegen zu einer kontinuierlichen Verbesserung des Gläubigerschutzniveaus.[700] Prämisse des § 5a Abs. 3 GmbHG ist jedoch die Gewinnerzielung, sprich der wirtschaftliche Erfolg der Unternehmung.

Die Schutzwirkung der gesetzlichen Rücklage in § 5a Abs. 3 GmbHG unterscheidet sich von der durch §§ 30, 31 GmbHG vermittelten Schutzwirkung in der regulären GmbH. Werden die thesaurierten Jahresüberschüsse zum Ausgleich eines Jahresfehlbetrages oder eines Verlustvortrages aus dem Vorjahr gemäß § 5a Abs. 3 Satz 2 Nr. 2 oder 3 GmbHG verwendet, ist die UG in der Folgezeit nicht verpflichtet, die gesetzliche Rücklage auf den ursprünglich erwirtschafteten Betrag wieder aufzufüllen, wie dies bei einer durch operative Verluste hervorgerufenen Unterbilanz im Rahmen der §§ 30, 31 GmbHG gegeben wäre.[701] Insofern könnte man der gesetzlichen Gewinnrücklage des § 5a

---

697 Schärtl, GmbHR 2007, R305; Riemenschneider, in: MünchHdb GesR III, § 8c Rn. 1; Wachter, in: Römermann, MAH GmbH-Recht, § 4 Rn. 114; zu § 150 AktG Hüffer, AktG, § 150 Rn. 1.

698 Kropff, in: MünchKommAktG, Bd. 5/1, § 150 Rn. 4, der von einer *„elastischen Verteidigungslinie"* spricht; Hüffer, AktG, § 150 Rn. 1.

699 Kropff, in: MünchKommAktG, Bd. 5/1, § 150 Rn. 3; Brönner, in: GroßkommAktG, Bd. 6, § 150 Rn. 2 f.; sowie 4. KapitelB.II.2.

700 Schärtl, GmbHR 2007, R305.

701 Darauf weist Rieder, in: MünchKommGmbHG, Bd. 1, § 5a Rn. 28 richtigerweise hin.

Abs. 3 GmbHG eine geringe Schutzwirkung als dem gebundenen Stammkapital zusprechen. Dieser Aspekt greift hingegen zu kurz. Denn die gesetzliche Rücklage erweist sich in Bezug auf einen dinglichen Bestandschutz gegenüber dem Haftkapitalsystem sogar als restriktiver.[702] Im Gegensatz zu § 30 Abs. 1 Satz 2 GmbHG können die thesaurierten Jahresüberschüsse nicht darlehensweise an die Gesellschafter ausgekehrt bzw. im Rahmen eines Beherrschungs- oder Gewinnabführungsvertrags abgeführt werden.[703]

Angesichts des Wortlauts und des gesetzgeberischen Willens wäre es daher verfehlt, die gesetzliche Rücklage in ein Quasi-Stammkapital umzufunktionieren, indem Ausschüttungen erst dann wieder an die Gesellschafter erfolgen dürfen, wenn und soweit eine nach § 5a Abs. 3 GmbHG gebildete Rücklage im Falle einer Verwendung zur Verlustdeckung vollständig bis zu ihrem ursprünglichen Betrag wiederaufgefüllt worden ist.[704] Zwar überschneiden sich die Normzwecke der gesetzlichen Gewinnrücklage des § 5a Abs. 3 GmbHG und der §§ 30, 31 GmbHG, da im Interesse des Gläubigerschutzes ein Verlustpuffer aufgebaut bzw. erhalten werden soll. Strukturell unterscheidet sich die gesetzliche Rücklage als vorgelagerter Reservefonds vom Stammkapital. In dieser Eigenschaft ist die gesetzliche Rücklage selbst dann konsequent von der Bindung des Haftkapitalsystems zu trennen, wenn das Stammkapital wie bei der UG gegebenenfalls nur wenige Euro beträgt.

2. Kritik an der gesetzlichen Gewinnthesaurierung

Neben der noch eingehend zu diskutierenden inhärenten Umgehungsgefahr des § 5a Abs. 3 GmbHG hat die Pflicht zur Bildung einer gesetzlichen Rücklage vielfach Kritik hervorgerufen. Insbesondere werden die gläubigerschützende Funktion der Regelung sowie deren Praktikabilität in Zweifel gezogen.[705] Ein einheitliches Bild lässt sich gleichwohl schwer feststellen.

---

702 Ebenso Waldenberger/Sieber, GmbHR 2009, S. 114 (118); Paura, in: Ulmer, GmbHG, Ergänzungsband MoMiG, § 5a Rn. 56.

703 Zu Beherrschungs- oder Gewinnabführungsverträgen eingehend 4. KapitelB.IV.2.

704 So aber Schärtl, GmbHR 2007, R305 (R306), auf Grundlage der Rechtslage nach dem Referentenentwurf. Angesichts der geltenden Rechtslage ist diese Auffassung nicht mehr haltbar.

705 Veil, GmbHR 2007, S. 1080 (1083); Stellungnahme der Centrale für GmbH zum MoMiG, GmbHR 2007, S. 754 (755); Schärtl, GmbHR 2007, R305 (R306);

(a) *Zeitlich und betragsmäßig unbeschränkte Gewinnthesaurierung*

Die Sondervorschrift des § 5a GmbHG und damit auch die zwingende Gewinnthesaurierung werden erst mit Erhöhung des Stammkapitals auf die gesetzliche Nominalziffer suspendiert. Solange gilt die Pflicht zur Bildung einer gesetzlichen Rücklage zeitlich und betragsmäßig unbegrenzt[706] und unterscheidet sich insofern von der Parallelnorm des § 150 Abs. 2 AktG und dem zugrundeliegenden Entwurf eines Gesetzes über die Unternehmergesellschaft (§ 22 Abs. 2 UGG-E).[707]

(i) Alternative Regelungskonzepte

Bei der Aktiengesellschaft ist gemäß § 150 Abs. 2 AktG der zwanzigste Teil des um einen Verlustvortrag aus dem Vorjahr geminderten Jahresüberschusses einzustellen, bis die gesetzliche Rücklage und die Kapitalrücklagen nach § 272 Abs. 2 Nr. 1 bis 3 HGB zusammen den zehnten oder den in der Satzung bestimmten höheren Teil des Grundkapitals erreichen. Auch im Entwurf eines Gesetzes über die Unternehmergesellschaft war die Pflicht zur Bildung einer gesetzlichen Rücklage begrenzt. Sobald die Rücklage, in die gemäß § 22 Abs. 1 UGG-E ein Betrag in Höhe der Hälfte des Jahresüberschusses zuzüglich eines bestehenden Gewinnvortrags und gemindert um einen bestehenden Verlustvortrag zu leisten ist, unter Berücksichtigung des weiteren Eigenkapitals abzüglich der immateriellen Vermögenswerte einen Betrag in Höhe des gesetzlichen Mindeststammkapitals erreicht hat, war die Pflicht zur Gewinnthesaurierung suspendiert.[708] Der Gesetzgeber hat bei Fassung des § 5a Abs. 3 GmbHG trotz entsprechender Forderungen im Gesetzgebungsverfahren[709] davon abgesehen, eine betragsmäßige oder zeitliche Obergrenze festzusetzen. Durch die fortdauernde Pflicht zur Thesaurierung von Gewinnen werde auf die Gesellschafter Druck

---

Stellungnahme BDI, BT-Drucks. 16/6140 (MoMiG), S. 20; Hoffmann-Becking, Anhörung BT-Drucks. 16/6140 (MoMiG), S. 2.

706 RegE., BT-Drucks. 16/6140, S. 32; auch H. Bartl, in: HK-GmbH-Recht, § 5a Rn. 11; Wachter, GmbHR Sonderheft 10/2008, S. 25 (33).

707 Zu letzterem Gehb, Unternehmergesellschaftsgesetz (UGG), S. 1 ff.; Gehb/Drange/Heckelmann, NZG 2006, S. 88 ff.

708 Gehb, Unternehmergesellschaftsgesetz (UGG), S. 39.

709 Stellungnahme der Centrale für GmbH zum MoMiG, GmbHR 2007, S. 754 (755); ebenfalls kritisch zur fehlenden Begrenzung der Gewinnthesaurierung Veil, GmbHR 2007, S. 1080 (1083); Stellungnahme BDI, BT-Drucks. 16/6140 (MoMiG), S. 20.

ausgeübt, die UG bei entsprechend hohen Rücklagen mittels Kapitalerhöhung aus Gesellschaftsmitteln gemäß §§ 5a Abs. 3 Satz 2 Nr. 1, 57c GmbHG in eine reguläre GmbH zu überführen.[710]

(ii) Gefahr einer unbeschränkten Einlagepflicht

Die durch § 5a Abs. 3 Satz 2 Nr. 2 und 3 GmbHG eröffnete Möglichkeit, die gesetzliche Rücklage zum Ausgleich eines Jahresfehlbetrags oder Verlustvortrags aus dem Vorjahr zu verwenden, führt gegebenenfalls zu einer unbeschränkten Einlagepflicht der Gesellschafter.[711] Demgegenüber sind die Gesellschafter einer regulären GmbH gesetzlich nicht verpflichtet, operative Verluste zu Lasten des Stammkapitals auszugleichen.[712] Dies gilt für die Gesellschafter der UG selbstredend ebenso, ist angesichts des frei festsetzbaren Stammkapitals aber weniger von Relevanz. Im Falle der UG besteht somit die Gefahr eines ständig von neuem beginnenden Ansparens.[713]

Zur Vermeidung einer unbeschränkten Einlagepflicht der Gesellschafter wurden im Verlauf des Gesetzgebungsverfahrens vorgeschlagen, die Thesaurierungspflicht nach § 5a Abs. 3 GmbHG zeitlich zu beschränken[714] oder entfallen zu lassen, sobald die Summe aus Stammkapital und gesetzlicher Rücklage die Hälfte des Mindeststammkapitals erreicht hat.[715] Der Gesetzgeber hat nach Ansicht des Verfassers zu Recht von einer zeitlichen oder betragsmäßigen Begren-

---

710 Roth, in: Roth/Altmeppen, GmbHG, § 5a Rn. 17; ebenso Freitag/Riemenschneider, ZIP 2007, S. 1485 (1488).

711 Zutreffend Veil, GmbHR 2007, S. 1080 (1083). Zwar basiert die Kritik Veils noch auf dem RegE., BT-Drucks. 16/6140, der besagte Verwendungsmöglichkeiten der gesetzlichen Rücklage (§ 5a Abs. 3 Satz 2 Nr. 2 und 3 GmbHG) noch nicht vorsah. Gleichwohl geht Veil davon aus, dass die Gewinnrücklage trotz fehlender gesetzlicher Regelung zur Deckung eines Jahresfehlbetrages herangezogen werden kann; ähnlich Stellungnahme BDI, BT-Drucks. 16/6140 (MoMiG), S. 20.

712 Freilich besteht ein faktischer Druck auf die Gesellschafter, eine Unterbilanz auszugleichen. Denn solange eine Unterbilanz besteht, sind Ausschüttungen an die Gesellschafter gemäß § 30 Abs. 1 Satz 1 GmbHG verboten.

713 Paura, in: Ulmer, GmbHG, Ergänzungsband MoMiG, § 5a Rn. 52; die Gefahr einer potentiell andauernden „*Einstandspflicht*" werde dazu führen, dass die Gesellschafter sobald als möglich eine Kapitalerhöhung auf den Betrag des gesetzlichen Mindeststammkapitals durchführen werden. Ebenso Fastrich, in: Baumbach/Hueck, § 5a Rn. 21; Wicke, GmbHG, § 5a Rn. 9.

714 Stellungnahme BDI, BT-Drucks. 16/6140 (MoMiG), S. 20.

715 Stellungnahme der Centrale für GmbH zum MoMiG, GmbHR 2007, S. 754 (755).

zung abgesehen. Dies hätte eine unnötige Verkomplizierung der Norm zur Folge gehabt und dem Ziel einer deregulierten Rechtsform widersprochen. Eine einschränkende Auslegung von § 5a Abs. 3 GmbHG wäre insofern *contra legem* und ist angesichts der eindeutigen Festlegung des Gesetzgebers abzulehnen.[716]

(iii) Keine Pflicht zur Kapitalerhöhung

Erreicht die gesetzliche Rücklage einen Betrag, der eine Kapitalerhöhung auf die Hälfte des gesetzlichen Mindeststammkapitals erlaubt, sind die Gesellschafter gleichwohl nicht zur Durchführung einer Kapitalerhöhung aus Gesellschaftsmitteln gemäß §§ 5a Abs. 3 Satz 2 Nr. 1, 57c GmbHG verpflichtet. Dies verstärke nach Meinung mancher Kritiker die ohnehin inhärente Gefahr einer Umgehung des § 5a Abs. 3 GmbHG und verzögere den Zeitpunkt eines möglichen Wechsels in eine reguläre GmbH.[717] Die UG solle daher innerhalb eines bestimmten Zeitraums mittels Kapitalerhöhung in eine reguläre GmbH zu überführen sein. Ein Unterlassen sei beispielsweise mit einer Zwangslöschung – vergleichbar der Löschung wegen Vermögenslosigkeit gemäß § 394 Abs. 1 FamFG – oder einer Registersperre zu sanktionieren.[718] Richtigerweise wurde von einer entsprechenden Kodifizierung abgesehen. Zunächst würde die Androhung einer Registerlöschung oder –sperre gegebenenfalls zur Löschung oder Sperrung von Gesellschaften führen, die kostendeckend arbeiten oder sogar kontinuierlich Jahresüberschüsse wenn auch im geringen Ausmaß erwirtschaften. Darüber hinaus offenbart die Argumentation ein Missverständnis hinsichtlich der Rechtsnatur der Rechtsformvariante UG – nämlich der eines transitorischen Charakters.[719]

---

716 RegE., BT-Drucks. 16/6140, S. 32, stellt klar, dass eine zeitliche Begrenzung der Kapitalaufholung nicht besteht und diese erst enden soll, sobald die UG in eine reguläre GmbH überführt worden ist.

717 DAV, NZG 2007, S. 735 (735); Hoffmann-Becking, Anhörung BT-Drucks. 16/6140 (MoMiG), S. 2; Bormann, GmbHR 2007, S. 897 (899); Stellungnahme BDI, BT-Drucks. 16/6140 (MoMiG), S. 20.

718 So Bormann, GmbHR 2007, S. 897 (899), der eine Frist von fünf Jahren vorschlägt. Ebenso Stellungnahme BDI, BT-Drucks. 16/6140 (MoMiG), S. 20, ohne Nennung einer Frist, sowie Hoffmann-Becking, Anhörung BT-Drucks. 16/6140 (MoMiG), S. 2, der keine Ausführungen zu möglichen Sanktionen macht. Für eine Registersperre namentlich DAV, NZG 2007, S. 735 (735); A.A Gehrlein, DK 2007, S. 771 (781).

719 Wicke, GmbHG, § 5a Rn. 1, und Miras, Unternehmergesellschaft, Rn. 161, leiten die Eigenschaft einer Übergangsform zur regulären GmbH aus der Tatsache her, dass sich die UG in ihrer Konzeption an Existenzgründer richtet; gemäß der Stellungnahme des Bundesrates, BR-Drucks. 354/07 (MoMiG), S. 5, bildet die UG ein Durchgangsstadium

Zwar mag der Gesetzgeber das Bild eines Einstiegsmodells auf dem Weg zur regulären GmbH im Blick gehabt haben. Und durch die unbegrenzte Pflicht zur Rücklagenbildung wird zumindest mittelbar Druck auf die Gesellschafter ausgeübt, die UG zeitnah in eine reguläre GmbH zu überführen, um so die Beschränkungen in Bezug auf die Gewinnausschüttung abzustreifen.[720] Gleichwohl hat der Gesetzgeber trotz vielfacher Forderung eben keine Pflicht zur Kapitalerhöhung und somit einen zwingenden transitorischen Charakter der UG statuiert. Ausweislich der Gesetzesbegründung solle Existenzgründern durch die Rechtsformvariante der Start in eine unternehmerische Zukunft erleichtert werden.[721] Der Gesetzgeber hätte ausdrücklich den Charakter der UG als Übergangsform klarstellen und den Sinn der gesetzlichen Rücklage lediglich in der sukzessiven Aufbringung des gesetzlichen Mindeststammkapitals – im Sinne einer gestreckten Kapitalaufbringung – festsetzen können.

Die vorangegangenen Ausführungen zum Volleinzahlungsgebot und Sacheinlageverbot haben zudem verdeutlicht, dass sich aus § 5a Abs. 2 und 5 GmbHG keinesfalls zwingend ableiten lässt, dass die UG als Einbahnstraße konzipiert wäre.[722] Berücksichtigt man zudem die Tatsache, dass sich die UG insbesondere als Komplementärin einer Kommanditgesellschaft anbietet und in dieser Eigenschaft zweifelsohne dauerhaft im Status der UG verbleiben wird,[723] tritt die Fehlvorstellung eines transitorischen Charakters augenscheinlich zu Tage.[724] Dies belegen auch die aktuellen statistischen Zahlen. Zwei Jahre nach Inkrafttreten des MoMiG gab es im Handelsregister ca. 44.000 eingetragene UG

---

zur „*Voll-GmbH*". Der DAV, NZG 2007, S. 735 (735), hält einen Zwang zur Überführung für sachgerecht, weil die Gesellschafter, wenn sie auf Grund entsprechender Rücklagenhöhe das „*Eintrittsgeld*" für eine Voll-GmbH leisten können, es auch tun sollten. Bormann, GmbHR 2007, S. 897 (899), sieht andernfalls die Gefahr, dass sich die UG vom „*Einstiegsmodell*" dauerhaft zum Konkurrenzmodell der GmbH entwickelt.

720 H. Bartl, in: HK-GmbH-Recht, § 5a Rn. 11; Wicke, GmbHG, § 5a Rn. 9; Miras, Unternehmergesellschaft, Rn. 161; Paura, in: Ulmer, GmbHG, Ergänzungsband MoMiG, § 5a Rn. 7 f.

721 RegE., BT-Drucks. 16/6140, S. 31.

722 Ausdrücklich auf die Eigenschaft einer „*Einbahnstraße*" hinweisend Weber, BB 2009, S. 842 (843); Tettinger, DK 2008, S. 75.

723 Heckschen, in: Heckschen/Heidinger§ 5 Rn. 79, vgl. dazu eingehend 4. KapitelB.IV.1.

724 Im Ergebnis wie hier Paura, in: Ulmer, GmbHG, Ergänzungsband MoMiG, § 5a Rn. 7 f.; Spies, Unternehmergesellschaft, S. 212; Freitag/Riemenschneider, ZIP 2007, S. 1485; Joost, ZIP 2007, S. 2242 (2245).

(inklusive Vorrats- und Komplementär-UG); zu einer Anwachsung der UG in eine reguläre GmbH kam es hingegen nur selten.[725] Selbst wenn die UG als Übergangsform konzipiert worden sein sollte, kann dieses Konzept wohl als fehlgeschlagen angesehen werden.

(b) *Fehlende Transparenz der gesetzlichen Rücklage*

Die UG ist in Person ihres gesetzlichen Vertreters als Handelsgesellschaft im Sinne des Handelsgesetzbuches gemäß § 242 HGB verpflichtet, zum Schluss eines jeden Geschäftsjahres einen Jahresabschluss bestehend aus Bilanz und Gewinn- und Verlustrechnung (GuV) aufzustellen. Weist die GuV nach Abzug eines Verlustvortrages aus dem Jahresabschluss des Vorjahres einen Jahresüberschuss aus,[726] ist bereits in der nach §§ 242 ff. HGB zu erstellenden Bilanz ein Viertel in die gesetzliche Rücklage (§ 266 Abs. 3 A III Nr. 1 HGB) zu buchen.

(i) Die Notwendigkeit weitgehender Transparenz

Ein hohes Maß an Transparenz und Publizität kann bei entsprechend konsequenter Umsetzung zur Stärkung des Gläubigerschutzes beitragen und somit ein Korrelat zur weitgehenden Finanzierungsautonomie der UG-Gesellschafter bilden. Diesen Gedanken verfolgt der Gesetzgeber in § 5a Abs. 1 GmbHG mit dem abweichenden Rechtsformzusatz „*Unternehmergesellschaft (haftungsbeschränkt)*“ bzw. „*UG (haftungsbeschränkt)*“, sieht im Übrigen aber davon ab, weitere spezielle Transparenzerfordernisse in der UG festzuschreiben. Aus Sicht des Verfassers wäre es vor dem Hintergrund der Finanzierungsfreiheit der UG-Gesellschafter wünschenswert gewesen, wenn sich der Gesetzgeber den Vorschlägen *Gehbs* in dessen Entwurf eines Gesetzes über die Unternehmergesellschaft zu Transparenz und Publizität in der UG angeschlossen hätte. Gemäß §§ 23, 24 UGG-E sollten mit der Anmeldung der Gesellschaft zum Handelsregister bestimmte Unternehmenskennzahlen an das Unternehmensregister zur Speicherung ebenso übermittelt werden wie deren Veränderungen in der Folge-

725 Gude, ZinsO 2010, S. 2385; Bayer/Hoffmann, GmbHR 2010, R369. Mit Stand vom 13.01.2010 war es in lediglich 697 Fällen bei über 25.000 eingetragenen UG zu einem Übergang in die reguläre GmbH gekommen. Das entspricht einem Prozentsatz von 2,71%; vgl. Noack, auf http://notizen.duslaw.de.

726 Unter Zugrundelegung des Gesamtkostenverfahrens ist eine Jahresüberschuss/ Jahresfehlbetrag in der GuV gemäß § 275 Abs. 2 Nr. 20 HGB, bei Anwendung des Umsatzkostenverfahrens gemäß § 275 Abs. 3 Nr. 19 HGB auszuweisen. Vgl. zur Ermittlung und Bilanzierung der gesetzlichen Rücklage zudem 4. KapitelB.II.1.

zeit.[727] Aufgrund der Haftungsnorm des § 15 HGB sowie der Einsichtsdauer von zwei Jahren gemäß § 68 Abs. 3 UGG-E versprach sich der Entwurf eine laufende Aktualisierung und Änderung der übermittelten Daten.[728]

Die nähere Spezifikation der zu übermittelnden Unternehmenskennzahlen sollte gemäß §§ 24 Abs. 1, 68 Abs. 1 UGG-E einer Rechtsverordnung vorbehalten bleiben, um schnell und flexibel nachsteuern zu können.[729] Unternehmenskennzahlen bezüglich Verschuldungsgrad, Zinsdeckung und Liquidität sollten jedoch stets übermittelt werden.[730] Die Veröffentlichung dieser Finanzkennzahlen hätte es dem Rechtsverkehr erlaubt, sich ein eigenes Bild über die Bonität der jeweiligen Gesellschaft zu machen.[731] Im Übrigen wäre es gemäß § 25 UGG-E im Ermessen der Gesellschaft gestanden, weitere Angaben, wie beispielsweise zum Verschuldungsgrad, zur Speicherung zu übermitteln und so gegenüber dem Rechtsverkehr die Kreditwürdigkeit unter Beweis zu stellen.[732] Die Notwendigkeit einer weitgehenden Transparenz und Publizität in der UG wird umso deutlicher, wenn man sich die potentielle Gefahr einer missbräuchlichen Umgehung der Thesaurierungspflicht in § 5a Abs. 3 GmbHG vergegenwärtigt, welche noch im Detail zu analysieren sein wird.

(ii) Schutzlücke durch eingeschränkte Offenlegungspflicht

Rückschlüsse auf die Einhaltung des § 5a Abs. 3 GmbHG bzw. die Verwendung eines Jahresüberschusses können Dritte anhand der GuV ziehen. Der Gesetz-

---

727 Ein Verstoß gegen die Übermittlungspflicht nach § 24 UGG-E bzw. die Übermittlung falscher Angaben im Rahmen von §§ 24, 25 UGG-E hat neben einer Schadensersatzpflicht des Geschäftsführers auch strafrechtliche Konsequenzen gemäß § 71 Abs. 2 Nr. 2 UGG-E zur Folge.

728 Gehb/Drange/Heckelmann, NZG 2006, S. 88 (95).

729 Gehb, Unternehmergesellschaftsgesetz (UGG), S. 10, 40.

730 Gehb, Unternehmergesellschaftsgesetz (UGG), S. 26 f., 40.

731 Gehb/Drange/Heckelmann, NZG 2006, S. 88 (94 f.). Dem berechtigen Bedürfnis der Gesellschaft nach Schutz vor Wettbewerbern und Überregulierung will der Entwurf dadurch Rechnung tragen, dass einerseits nur Kennzahlen und nicht konkrete Geschäftszahlen offengelegt werden müssen, andererseits dass eine Veröffentlichung weiterer Kennzahlen durch die Rechtsverordnung davon abhängig sein soll, dass diese im gewöhnlichen Geschäftsbetrieb eines ordentlichen und gewissenhaften Geschäftsführers anfallen oder ohne erheblichen Mehraufwand ermittelt werden können. Vgl. auch Gehb, Unternehmergesellschaftsgesetz (UGG), S. 26 f., 40.

732 Gehb, Unternehmergesellschaftsgesetz (UGG), S. 41.

geber hat jedoch versäumt sicherzustellen, dass die Gesellschaftsgläubiger die Einhaltung der Verpflichtung zur Gewinnthesaurierung durch Einsicht in den Jahresabschluss und die maßgebliche GuV prüfen können. Gemäß § 325 Abs. 1 HGB sind die gesetzlichen Vertreter einer Kapitalgesellschaft zwar grundsätzlich verpflichtet, den Jahresabschluss zur Bekanntmachung im elektronischen Bundesanzeiger einzureichen. Sinn und Zweck dieser Offenlegung ist es, den aktuellen und potentiellen Gläubigern sowie anderen Marktteilnehmern eine allgemein zugängliche Informationsquelle zur Verfügung zu stellen, welche es diesen ermöglicht, sich ein Bild über die Lage und Entwicklung der Gesellschaft zu verschaffen.[733] Diese externe Publizitätspflicht dient damit einerseits der Funktionalität des Marktes, andererseits dem Individualschutz der Marktteilnehmer.[734] Allerdings versagt dieser Schutzmechanismus bei der UG. Regelmäßig handelt es sich nämlich bei einer UG um eine kleine Kapitalgesellschaft im Sinne von § 267 Abs. 1 HGB, für die in Bezug auf die Offenlegungspflicht des § 325 HGB Erleichterungen vorgesehen sind.[735] Zwar sind auch die gesetzlichen Vertreter kleinerer Kapitalgesellschaften zur Einreichung der Bilanz nebst Anhang verpflichtet. Doch gemäß § 326 Satz 2 HGB braucht der Anhang gerade die Angaben betreffend die GuV nicht zu enthalten. Den Gesellschaftsgläubigern der UG, die im besonderen Maße ein berechtigtes Interesse an Offenlegung der GuV haben, wird somit ein Instrument der Kontrolle genommen.[736]

---

733 Fehrenbacher, in: MünchKommHGB, Bd. 4, § 325 Rn. 7; Kleindiek, in: Lutter/Hommelhoff, GmbHG, Anh. zu § 42a Rn. 2. Mit einbezogen sind ferner die Fachkreise wie beispielsweise die Wirtschaftspresse oder auch der Kapitalmarkt, sofern es sich um eine börsennotierte Kapitalgesellschaft handelt.

734 Merkt, in: Baumbach/Hopt, § 325, Rn. 1; Fehrenbacher, in: MünchKommHGB, Bd. 4, § 325 Rn. 7; Kleindiek, in: Lutter/Hommelhoff, GmbHG, § Anh. zu § 42a Rn. 2. Inwiefern die Offenlegung darüber hinaus zu einer seriösen Geschäftsführung und Disziplinierung der gesetzlichen Vertreter beitragen kann, ist nach Ansicht des Verfassers angesichts der vielfältigen Möglichkeiten der „*Bilanzschönung*" jedoch fraglich.

735 Das Merkmal einer kleinen Kapitalgesellschaft erfüllt eine Gesellschaft dann, wenn sie an den Abschlussstichtagen von zwei aufeinanderfolgenden Geschäftsjahren zwei der drei in § 267 Abs. 1 Nr. 1 bis 3 HGB abschließend aufgezählten Kriterien erfüllt (§ 267 Abs. 4 Satz 1 HGB), die an die Bilanzsumme, Umsatzerlöse und die Anzahl der Arbeitnehmer anknüpfen.

736 Darauf weisen Riemenschneider in: MünchHdb GesR III, § 8c Rn. 11, und Waldenberger/Sieber, GmbHR 2009, S. 114 (117) zutreffend hin.

(iii) Auskunftsanspruch der Gläubiger vs. Offenlegungspflicht

Für den Fall, dass ein Insolvenzverfahren mangels Masse nicht eröffnet wird (§ 26 InsO), schlägt *Riemenschneider* zumindest für diejenigen Gläubiger der UG, die trotz Vorliegen eines vollstreckbaren Titels nicht befriedigt worden sind, einen Anspruch auf Einsicht in den Jahresabschluss und Buchhaltung vor.[737] Die Beschränkung auf Gläubiger, deren Befriedigung trotz vollstreckbarem Titel erfolglos geblieben ist, beuge einem unzulässigen Auskundschaften der Geschäftsunterlagen vor.

(aa) Kritik an einem Auskunfts-/Einsichtsanspruch der Gläubiger

Ein bloßes Auskunfts- oder Einsichtsrecht bei erfolgloser Befriedigung trotz vollstreckbarem Titel lässt allerdings den Aspekt außer Acht, dass die Offenlegungspflicht des § 325 HGB nicht nur den Schutz der von einem Forderungsausfall betroffenen Gläubiger bezweckt, sondern insbesondere potentiellen Geschäftspartnern einer Kapitalgesellschaft die Möglichkeit eröffnen soll, sich schon im Vorfeld über relevante Unternehmenszahlen zu informieren. Ein bloßes Einsichtsrecht der Gesellschaftsgläubiger greift folglich zu kurz, da es erst ansetzt, wenn – umgangssprachlich – das Kind schon in den Brunnen gefallen ist. Zwar sehen sich auch die Gläubiger anderer kleiner Kapitalgesellschaften mit der Problematik einer eingeschränkten Offenlegung konfrontiert. Doch im Unterschied zur UG steht diesen Gläubigern zumindest ein Nominalkapital als Verlustpuffer zur Verfügung.[738] Während die Kapitalaufbringung in anderen kleinen Kapitalgesellschaften einer registergerichtlichen Kontrolle unterliegt, lässt sich die Einhaltung der Thesaurierungspflicht nur Mithilfe der Bilanz und GuV überprüfen. Dieser strukturelle Unterschied der UG im Vergleich zu anderen Kapitalgesellschaften rechtfertigt mit Blick auf den Gläubigerschutz höhere Anforderungen an Transparenz und Überwachung der gesetzlichen Rücklagenbildung.

Zudem bleibt *Riemenschneider* die dogmatische Grundlage für einen Auskunftsanspruch bzw. Anspruch auf Einsicht in Jahresabschluss und Buchhaltung

---

737 Riemenschneider, in: MünchHdb GesR III, § 8c Rn. 11.

738 Zur geringe Reichweite des gesetzlichen Mindeststammkapitalerfordernisses als Gläubigerschutzinstrument bereits 3. KapitelA.II.2(c).

schuldig.[739] Eine überzeugende dogmatische Herleitung eines Auskunfts- bzw. Einsichtsanspruches kann nach Ansicht des Verfassers nur schwerlich gelingen. Außerhalb des Insolvenzverfahrens ist dem Gesellschaftsrecht ein Anspruch der Gläubiger auf Einsicht in die Bücher der Gesellschaft grundsätzlich fremd.[740] § 79 Satz 1 InsO räumt lediglich der Gläubigerversammlung als Organ neben den gesetzlich vorgeschriebenen Informationspflichten des Insolvenzverwalters ein umfassendes Berichts- und Auskunftsrecht ein, das die gesetzlichen Berichts- und Rechnungslegungspflichten umfasst. Nach herrschender Auffassung kann der einzelne Gesellschaftsgläubiger außerhalb der Gläubigerversammlung grundsätzlich nur dann ein Berichts- und Auskunftsrecht gegenüber dem Insolvenzverwalter geltend machen, wenn ihn die Gläubigerversammlung entsprechend legitimiert.[741] Dadurch sollen Ungleichgewichte in der Informationslage der Gesellschaftsgläubiger vermieden sowie die Funktionalität des Abwicklungs- bzw. Restrukturierungsprozesses gewährleistet werden. Diese Argumente lassen sich auch in Bezug auf ein Auskunfts- bzw. Einsichtsverlangen außerhalb des Insolvenzverfahrens fruchtbar machen – und zwar unbenommen des Faktums einer erfolglosen Befriedigung trotz Vorliegen eines vollstreckbaren Titels.

Das Auskunfts- und Einsichtsrecht des Gesellschafters aus § 51a Abs. 1 GmbHG kann ebenso wenig in analoger Anwendung als dogmatische Grundlage herangezogen werden. Der Anspruch des Gesellschafters auf Auskunft und Einsicht in die Bücher und Schriften der Gesellschaft mag zwar inhaltlich dem In-

---

739 Riemenschneider, in: MünchHdb GesR III, § 8c Rn. 11, bringt nicht eindeutig zum Ausdruck, ob ein Auskunftsanspruch gegenüber der Gesellschaft oder aber ein Anspruch auf Einsicht in die Geschäftsbücher als Lösung angedacht wird.

740 Ein Auskunfts- und Rechnungslegungsanspruch des einzelnen Gesellschaftsgläubigers gegen den Insolvenzverwalter kann sich hingegen bei einer aufgrund Liquidation oder Gesellschafterinsolvenz folgenden Auseinandersetzung in Betracht kommen; vgl. Uhlenbruck, in: Uhlenbruck, InsO§ 79 Rn. 3 m.w.N.

741 Hierzu eingehend Ehricke, in: MünchKommInsO, Bd. 1, § 79 Rn. 2, 5; Uhlenbruck, in: Uhlenbruck, InsO§ 79 Rn. 2; Görg, in: MünchKommInsO, Bd. 2, § 156 Rn. 26; Gerhardt, in: Jaeger, InsO, Bd. 2, § 79 Rn. 3; Delhaes, in: Nerlich/Römermann, InsO, § 79 Rn. 2; noch zu §§ 88 Abs. 2, 132 KO BGH, Urt. v. 29.11.1973, VII ZR 2/73 = NJW 1974, S. 238 (239). Kübler, in: Kübler/Prütting/Bork, InsO, Bd. 1, § 79 Rn. 5, nimmt im Falle einer Auskunft außerhalb der Gläubigerversammlung an einzelne Gesellschaftsgläubiger eine Selbstbindung des Insolvenzverwalters dahingehend an, die zur Verfügung gestellten Informationen an alle Gläubiger weiterzugeben.

formationsbegehren der Gesellschaftsgläubiger am nächsten kommen. Die Vorschrift regelt jedoch die allgemeinen Kontroll- und Informationsrechte der Gesellschafter, die jenen neben den Informationsrechten in der Gesellschafterversammlung zustehen, und betrifft somit ausschließlich die gesellschaftsinterne Publizität.[742] Eine Ausdehnung des Auskunfts- und Einsichtsrechts der Gesellschafter aus § 51a Abs. 1 GmbHG auf die Gesellschaftsgläubiger der UG überspannt die Grenzen der Analogiefähigkeit.

Ein individuelles Auskunfts- bzw. Einsichtsrecht wird dem dargestellten Publizitätsgedanken also nur unzureichend gerecht und belastet die Gesellschaft zudem unverhältnismäßig in ihrer wirtschaftlichen Tätigkeit. Aus diesem Grund kommt auch ein Rückgriff auf den Grundsatz von Treu und Glauben (§ 242 BGB) als mögliche Anspruchsgrundlage eines Auskunftsanspruches[743] nicht in Betracht.

(bb) Teleologische Reduktion der Offenlegungspflicht

Insbesondere angesichts der inhärenten Umgehungsgefahr im Rahmen von § 5a Abs. 3 GmbHG ist dem Bedürfnis der Gläubiger einer UG an Offenlegung zumindest der Bilanz und GuV zu entsprechen, indem unter einschränkender Auslegung der § 326 Satz 2, 325 Abs. 1 Satz 4 HGB die GuV durch Einreichung zum elektronischen Bundesanzeiger offenzulegen ist. § 326 HGB eröffnet den gesetzlichen Vertretern kleiner Kapitalgesellschaften und gleichgestellter Personenhandelsgesellschaften (§ 264a HGB) die Möglichkeit, anstatt der umfassenden Offenlegung des Jahresabschlusses nur die Bilanz samt Anhang zum elektronischen Bundesanzeiger einzureichen. Die Erleichterung des § 326 HGB rechtfertigt sich grundsätzlich aus dem geringeren Informationsbedürfnis der Marktteilnehmer an der Offenlegung des vollständigen Jahresabschlusses kleiner Kapitalgesellschaften.[744] Zudem sind gemäß § 325 Abs. 1 Satz 4 GmbHG Angaben über die Ergebnisverwendung einer GmbH nicht erforderlich, wenn

742 Zöllner, in: Baumbach/Hueck, § 51a Rn. 1; zur Unterscheidung von interner und externer Publizität vergleiche zudem Kleindiek, in: Lutter/Hommelhoff, GmbHG, Anh. zu § 42a Rn. 1 ff.

743 Der BGH, Urt. v. 29.11.1973, VII ZR 2/73 = NJW 1974, S. 238 (240), begrenzt im Rahmen eines Liquidationsvergleichs einen Auskunftsanspruch einzelner Gläubiger nach Treu und Glauben (§ 242 BGB) bzw. aus der Natur der Sache mit der Begründung, dass dieser die Abwicklung des Liquidationsversuches nicht gefährden oder vereiteln dürfe.

744 Fehrenbacher, in: MünchKommHGB, Bd. 4, § 326 Rn. 1.

sich anhand dieser Angaben die Gewinnanteile von natürlichen Personen feststellen lassen, die Gesellschafter sind.[745] Die Ausnahme des § 325 Abs. 1 Satz 4 HGB findet hingegen keine Anwendung auf den Anteil am Jahresüberschuss, welcher gemäß § 5a Abs. 3 Satz 1 GmbHG vorab abzuziehen und in die gesetzliche Rücklage einzustellen ist.

In der UG besteht ausnahmsweise ein Interesse der Öffentlichkeit, d.h. insbesondere der aktuellen und potentiellen Gesellschaftsgläubiger, an Offenlegung der GuV. Ohne eine solche Offenlegung entzieht sich die Rücklagenbildung gemäß § 5a Abs. 3 GmbHG jeglicher Kontrolle und läuft Gefahr, den zugedachten Zweck einer nachgelagerten Kapitalbildung zur sukzessiven Stärkung des Kapitalschutzsystems zu verfehlen. Die Grundsätze der §§ 326 Satz 2, 325 Abs. 1 Satz 4 HGB können nach Ansicht des Verfassers im Sonderfall der UG daher nicht uneingeschränkt Geltung beanspruchen und sind teleologisch einzuschränken. Abweichend von § 326 Satz 2 HGB ist im Falle der UG der Anhang mit GuV zum elektronischen Bundesregister einzureichen. Dies gilt selbst dann, wenn sich anhand der Angaben in der GuV in Verbindung mit der Bilanz Rückschlüsse auf die Gewinnanteile der natürlichen Personen ziehen lassen, die Gesellschafter sind. Das Interesse der Gläubiger und des Rechtsverkehrs an Offenlegung der im Jahresabschluss enthaltenen maßgeblichen Unternehmenszahlen sind im Sonderfall der UG höher zu bewerten als das Interesse der Gesellschaft und Gesellschafter, diese nicht offenzulegen. Für die Lösung einer teleologischen Reduktion der §§ 326 Satz 2, 325 Abs. 1 Satz 4 HGB gegenüber einem Auskunfts- und Einsichtsrecht spricht zunächst die überzeugendere dogmatische Herleitung. Des Weiteren werden die Gesellschaftsgläubiger hinreichend in die Lage versetzt, sich über die relevanten Unternehmensdaten und die Einhaltung der Thesaurierungsverpflichtung selbst zu informieren und so Informationsasymmetrien zu vermeiden. Schließlich kann die Offenlegungspflicht erzieherisch auf die Gesellschafter wirken, wenngleich dieser Effekt nicht überschätzt werden sollte. Die Gesellschaft wird ihrerseits durch diese einschränkende Auslegung nicht nennenswert belastet, da eine GuV ohnehin gemäß § 242 HGB aufzustellen ist.

---

745 Zimmer, in: Großkomm. HGB, Bd. 3/2, § 325 Rn. 9; Fehrenbacher, in: MünchKommHGB, Bd. 4, § 325 Rn. 46; Ellrott/Grottel, in: Beck'scher Bilanzkomm., § 325 Rn. 21. Davon einbezogen sind jedoch nur die Angaben zur Ergebnisverwendung, die von § 325 Abs. 1 Satz 3 HGB erfasst werden.

3. Ergebnis

Die gesetzliche Verpflichtung zur Bildung einer gesetzlichen Rücklage nach § 5a Abs. 3 Satz 1 GmbHG sieht sich der berechtigten Kritik ausgesetzt, dass mangels einer Offenlegungspflicht in Bezug auf die GuV gemäß § 326 Satz 2 HGB eine Kontrolle durch aktuelle und potentielle Gesellschaftsgläubiger weder gewährleistet noch eine gläubigerschützende Wirkung erzielt werden kann. Die besondere Relevanz der gesetzlichen Rücklagenbildung im System der UG für die Kapitalbildung einerseits und den Gläubigerschutz andererseits rechtfertigt daher eine teleologische Reduktion der §§ 326 Satz 2, 325 Abs. 1 Satz 4 HGB. Demgemäß sind neben der Bilanz nebst Anhang auch die Angaben zur GuV zum elektronischen Bundesanzeiger einzureichen. Ein individueller Anspruch der Gesellschaftsgläubiger auf Auskunft bzw. Einsicht in die Geschäftsbücher der UG ist hingegen abzulehnen.

II. Bilanzierung und funktionelle Einordnung der gesetzlichen Rücklage

Die gesetzliche Rücklage nach § 5a Abs. 3 GmbHG wird gemeinhin als Gewinnrücklage im Sinne von § 272 Abs. 3 HGB verstanden, die gemäß § 266 Abs. 3 A. III. 1. HGB in der Bilanz abzubilden ist.[746]

1. Die Ermittlung und Bilanzierung der gesetzlichen Rücklage

Ausgangspunkt für die Ermittlung des Jahresüberschusses/-fehlbetrags ist die GuV, in welcher gemäß § 242 Abs. 2 i.V.m. § 246 Abs. 1 HGB alle Erträge, Aufwendungen und Steuern auszuweisen sind. Der Jahresüberschuss/-fehlbetrag stellt das Ergebnis der Erfolgsrechnung dar und bildet den Anknüpfungspunkt für die Ergebnisverwendung.[747] Der Zweck der GuV liegt einerseits in der Ermittlung des Gewinns und andererseits in der Darstellung der Ertragslage des Unternehmens, indem die vorgeschriebenen Posten der Gewinn- und Verlustrechnung die Aufwands- und Ertragsstruktur verdeutlichen und das Zustandekommen des Erfolgs aufzeigen sollen.[748] Sofern sich die Gesellschaft entscheidet, Einstellungen in oder Entnahmen aus Kapital- oder Gewinnrücklagen in der

746 Anstatt vieler Paura, in: Ulmer, GmbHG, Ergänzungsband MoMiG, § 5a Rn. 52.

747 Förschle, in: Beck'scher Bilanzkomm., § 275 Rn. 261 f.; Merkt, in: Baumbach/Hopt, § 275 Rn. 24; Reiner/Haußer, in: MünchKommHGB, Bd. 4, § 275 Rn. 115.

748 Wiedmann, in: Ebenroth/Boujong/Joost/Strohn, HGB, Bd. 1, § 275 Rn. 1.

GuV auszuweisen, dürfen die Veränderungen der Rücklagen die Ergebnisentstehung in der GuV nicht beeinflussen und sind gemäß § 275 Abs. 4 HGB erst im Anschluss an den Posten „*Jahresüberschuss/Jahresfehlbetrag*" auszuweisen, da es sich insoweit um eine Ergebnisverwendung handelt.[749] Gemäß § 158 Abs. 1 AktG sind AG und KGaA verpflichtet, die Gliederung der GuV um den Gewinn-/Verlustvortrag aus dem Vorjahr, Entnahmen aus der Kapitalrücklage und Entnahmen aus bzw. Einstellungen in die Gewinnrücklagen zu ergänzen und einen bereinigten Bilanzgewinn/Bilanzverlust auszuweisen; § 158 Abs. 1 AktG trifft insoweit eine abweichende Regelung zu den fakultativen Normen der §§ 268 Abs. 1 Satz 1, 270 Abs. 2 HGB, wonach die Bilanz nicht zwingend unter Berücksichtigung der vollständigen oder teilweisen Verwendung des Jahresüberschusses aufzustellen ist.[750] Der so ermittelte Bilanzgewinn/Bilanzverlust findet gemäß § 268 Abs. 1 Satz 2 HGB Berücksichtigung in der Bilanz und tritt an die Stelle der Posten „*Jahresüberschuss/Jahresfehlbetrag*" und „*Gewinnvortrag/Verlustvortrag*".

Eine § 158 Abs. 1 AktG entsprechende Vorschrift fehlt im GmbH-Recht, da eine zwingend gesetzliche Rücklage – mit Ausnahme des § 5a Abs. 3 GmbHG – nicht normiert ist. Nach herrschender Ansicht ist die Bilanz jedoch stets unter Berücksichtigung der Ergebnisverwendung zu erstellen, wenn die Einstellung in Gewinnrücklagen bzw. die Auflösung derselben durch Gesetz, Gesellschaftsvertrag oder Gesellschafterbeschluss bindend vorgeschrieben ist.[751] Für die UG kann nach Ansicht des Verfassers nichts anderes gelten. Die Bilanz ist folglich unter Berücksichtigung der nach § 5a Abs. 3 Satz 1 GmbHG zu bildenden gesetzlichen Rücklage aufzustellen und die GuV in entsprechender Anwendung von § 158 Abs. 1 AktG um die dort aufgezählten Posten zu ergänzen. Die Offenlegung von Bilanz und GuV im Falle der UG kann die damit bezweckte Publizi-

---

749 Alternativ besteht die Möglichkeit, die Ergebnisverwendung gesondert im Anhang oder im Falle der GmbH sogar in einer gesonderten Unterlage, beispielsweise im Vorschlag über die Gewinnverwendung, auszuweisen. Dies ergibt sich aus der Offenlegungspflicht des § 325 Abs. 1 Satz 3 HGB; vgl. Reiner/Haußer, in: MünchKommHGB, Bd. 4, § 275 Rn. 155; Förschle, in: Beck'scher Bilanzkomm., § 275 Rn. 310.

750 Reiner/Haußer, in: MünchKommHGB, Bd. 4, § 268 Rn. 2; Merkt, in: Baumbach/Hopt, § 268 Rn. 1.

751 Ellrott/Krämer, in: Beck'scher Bilanzkomm., § 268 Rn. 5;Wiedmann, in: Ebenroth/Boujong/Joost/Strohn, HGB, Bd. 1, § 268 Rn. 9; ADS, Bd. 5, § 268 Rn. 21; Reiner/Haußer, in: MünchKommHGB, Bd. 4, § 268 Rn. 7; a.A. Haller, DB 1987, S. 645 (652).

tätsfunktion im Interesse des Rechtsverkehrs nur erfüllen, wenn die Ergebnisverwendung ohne Weiteres ersichtlich ist. Die Ergänzung der Bilanz und GuV um Angaben betreffend die Verwendung des Jahresüberschusses entsprechend § 158 Abs. 1 AktG ist insofern eine notwendige Voraussetzung der hier vertretenen einschränkenden Auslegung der §§ 326 Satz 2, 325 Abs. 1 Satz 4 HGB.

2. Funktionelle Einordnung als gesetzliche Gewinnrücklage

Die gesetzliche Rücklage nach § 5a Abs. 3 Satz 1 GmbHG ist als gesetzliche Gewinnrücklage gemäß § 266 Abs. 3 A. III. 1. HGB zu bilanzieren und streng von anderen Kapital- oder Gewinnrücklagen zu trennen. Darüber hinaus ist dem GmbHG eine Pflicht zur Bildung einer gesetzlichen Rücklage fremd.[752] Angesichts der besonderen Finanzverfassung der UG scheint die funktionelle und systematische Einordnung des § 5a Abs. 3 GmbHG als gesetzliche Gewinnrücklage nicht selbstverständlich[753]. Dies verdeutlicht eine Gegenüberstellung der Normzwecke des § 5a Abs. 3 GmbHG einerseits und des § 150 Abs. 1 AktG andererseits. Zwar sollen beide Normen die Eigenkapitalausstattung der Gesellschaft verbessern und damit mittelbar die Befriedigung der Gläubiger gewährleisten.[754] Während die gesetzliche Rücklage nach § 150 Abs. 1 AktG zusammen mit der Kapitalrücklage (§ 272 Abs. 2 HGB) dazu bestimmt ist, im Sinne eines Reservefonds oder einer „*vorgeschobenen elastischen Verteidigungslinie*“[755] Verluste aufzufangen, die andernfalls das Grundkapital angreifen,[756] soll die gesetzliche Kapitalaufholung nach § 5a Abs. 3 GmbHG mangels eines nennenswerten gesetzlichen Mindeststammkapitals für eine sukzessive und gegebenenfalls originäre Kapitalbildung Sorge tragen.[757] Die Schutzwirkung der gesetzlichen Rück-

752 Reiner, in: Ebenroth/Boujong/Joost/Strohn, HGB, Bd. 1, § 272 Rn. 71; Ensthaler/Hannewald, in: Ensthaler/Füller/Schmidt, GmbHG, § 29 Rn. 5; Schärtl, GmbHR 2008, R81.

753 Ebenfalls Schärtl, GmbHR 2008, R81.

754 RegE., BT-Drucks. 16/6140, S. 32 sowie Riemenschneider, in: MünchHdb GesR III, § 8c Rn. 1 in Bezug auf die UG; Hüffer, AktG, § 150 Rn. 1; Kropff, in: MünchKommAktG, Bd. 5/1, § 150 Rn. 4.

755 Kropff, in: MünchKommAktG, Bd. 5/1, § 150 Rn. 5.

756 Hoffman-Becking, in: MünchHdb GesR IV, § 43 Rn. 5; Kropff, in: MünchKommAktG, Bd. 5/1, § 150 Rn. 3; Clausen, in: Kölner Kommentar AktG, Bd. 4, § 150 Rn. 7; Brönner, in: GroßkommAktG, Bd. 6, § 150 Rn. 2 f.

757 Lutter, in: Lutter/Hommelhoff, GmbHG, § 5a Rn. 14; Miras, Unternehmergesellschaft, Rn. 213; Wachter, GmbHR Sonderheft 10/2008, S. 25 (33); H. Bartl, in: HK-GmbH-

lage gemäß § 5a Abs. 3 GmbHG reicht deshalb kürzer. Nichtsdestotrotz bleibt es aufgrund des eindeutigen Wortlauts und der Thesaurierung aus dem Jahresüberschuss bei der funktionalen wie auch systematischen Einordnung als gesetzliche Gewinnrücklage.

III. Die Zweckgebundenheit der gesetzlichen Rücklage

Eine Auflösung der gesetzlichen Rücklage kommt gemäß § 5a Abs. 3 Satz 2 Nr. 1 bis 3 GmbHG nur für Zwecke einer Kapitalerhöhung aus Gesellschaftsmitteln gemäß § 57c GmbHG, zum Ausgleich eines Jahresfehlbetrags oder eines Verlustvortrags aus dem Vorjahr in Betracht.[758] Soweit ein Jahresfehlbetrag nicht mit einem Gewinnvortrag aus der Vorjahresbilanz verrechnet werden kann, ist zum Ausgleich des Fehlbetrages gemäß § 5a Abs. 3 Satz 2 Nr. 2 GmbHG auf die bestehende Rücklage zurückzugreifen. Das Gegenstück bildet gewissermaßen § 5a Abs. 3 Satz 2 Nr. 3 GmbHG, wonach ein in der Vorjahresbilanz ausgewiesener Verlustvortrag durch die gesetzliche Rücklage auszugleichen ist, soweit ein vorhandener Jahresüberschuss dafür nicht ausreichend ist. Erst nach Übergang der UG in eine reguläre GmbH können die thesaurierten Gewinne an die Gesellschafter ausgeschüttet werden, soweit diese nicht für die Kapitalerhöhung aus Gesellschaftsmitteln verbraucht worden sind.[759] Eine Pflicht, sämtliche in der gesetzlichen Rücklage gebundenen Mittel – gegebenenfalls auch über die gesetzliche Stammkapitalziffer hinaus – im Interesse der Gläubiger, die auf die Existenz der in der Bilanz ausgewiesenen Rücklage vertraut haben, zunächst für eine Kapitalerhöhung aus Gesellschaftsmitteln zu ver-

---

Recht, § 5a Rn. 11, spricht ebenfalls von „*Reservefonds*“; Schärtl, GmbHR 2008, R81 (R82).

758 Der Ausgleich eines Jahresfehlbetrages oder eines Verlustvortrages war im RegE., BT-Drucks. 16/6140, S. 5, 32, noch nicht vorgesehen, wurde einer Anregung aus der Praxis folgend durch Beschlussempfehlung und Bericht des Rechtsausschusses, BT-Drucks. 16/9737 (MoMiG), S. 95, jedoch aufgenommen. Bereits im Vorfeld der finalen Fassung gingen Teile des Schrifttums bereits davon aus, dass die gesetzliche Rücklage selbstverständlich auch zur Deckung von Verlusten verwendet werden könne. Andernfalls müsste die UG trotz hinreichender Rücklagendotierung wegen Zahlungsunfähigkeit Insolvenz anmelden; vgl. Freitag/Riemenschneider, ZIP 2007, S. 1485 (1488); Veil, GmbHR 2007, S. 1080 (1083); Gehrlein, DK 2007, S. 771 (781).

759 So ausdrücklich RegE., BT-Drucks. 16/6140, S. 32; ebenso Fastrich, in: Baumbach/Hueck, § 5a Rn. 34; Miras, Unternehmergesellschaft, Rn. 226; Gehrlein, DK 2007, S. 771 (781); Veil, GmbHR 2007, S. 1080 (1082).

wenden, lässt sich angesichts der gesetzlichen Systematik und dem ausdrücklichen Willen des Gesetzgebers nicht begründen.[760]

1. Auslegung der gesetzlichen Rücklage unter Rückgriff auf § 150 AktG

Die verpflichtende Bildung einer gesetzlichen Gewinnrücklage ist dem Aktienrecht entliehen. Insofern stellt sich im Hinblick auf den Schutz der Gesellschaftsgläubiger die Frage, ob das Thesaurierungsgebot in § 5a Abs. 3 GmbHG mittels eines Rückgriffs auf die zur gesetzlichen Rücklage in § 150 AktG entwickelten Grundsätze spezifiziert werden muss. § 5a Abs. 3 Satz 2 GmbHG orientiert sich in Wortlaut und Struktur an § 150 Abs. 4 AktG, der jedoch nur den zehnten oder den in der Satzung bestimmten höheren Teil des Grundkapitals übersteigenden Betrag erfasst.[761] Eine entsprechende Differenzierung nimmt § 5a Abs. 3 Satz 2 GmbHG mangels einer betragsmäßigen Obergrenze nicht vor. Im Gegensatz zu § 150 Abs. 4 AktG darf die gesetzliche Rücklage in der UG folglich auch dann zum Ausgleich eines Jahresfehlbetrages oder eines Verlustvortrages aus dem Vorjahr herangezogen werden, wenn andere, nicht gebundene Rücklagen vorhanden sind.[762]

Unter Berücksichtigung des Normzwecks von § 5a Abs. 3 GmbHG und im Interesse der Gesellschaftsgläubiger könnte man die Verwendung der gesetzlichen Rücklage zum Ausgleich eines Jahresfehlbetrages oder Verlustvortrags aus dem Vorjahr davon abhängig machen, dass diese nicht durch die Auflösung anderer Rücklagen ausgeglichen werden können. Anknüpfungspunkt für eine Differenzierung ähnlich der in § 150 Abs. 3 und Abs. 4 AktG könnte ein thesaurierter Betrag in der gesetzlichen Rücklage sein, der eine Überführung in eine regu-

---

760 A.A. noch Freitag/Riemenschneider, ZIP 2007, S. 1485 (1491), die eine Ausschüttung der an sich nicht benötigten Mittel in der Rücklage erst nach einer Kapitalherabsetzung gemäß §§ 58 ff. GmbHG gestatten wollten. Riemenschneider, in: MünchHdb GesR III, § 8c Rn. 6 f., folgt inzwischen ebenfalls der hier vertretenen Auffassung.

761 Zu § 150 Abs. 4 AktG eingehend Kropff, in: MünchKommAktG, Bd. 5/1, § 150 Rn. 33; Euler/Wirth, in: Spindler/Stilz, AktG, Bd. 1, § 150 Rn. 27; Clausen, in: Kölner Kommentar AktG, Bd. 4, § 150 Rn. 23; Brönner, in: GroßkommAktG, Bd. 6, § 150 Rn. 44.

762 Paura, in: Ulmer, GmbHG, Ergänzungsband MoMiG, § 5a Rn. 59; Roth, in: Roth/Altmeppen, GmbHG, § 5a Rn. 21; Fastrich, in: Baumbach/Hueck, § 5a Rn. 25; Wicke, GmbHG, § 5a Rn. 10; Weber, BB 2009, S. 842 (845).

läre GmbH erlaubt.[763] Dies hätte eine teleologische Reduktion der § 5a Abs. 3 Satz 2 Nr. 2 und Nr. 3 GmbHG zum Ergebnis. Das Schrifttum lehnt eine einschränkende Auslegung des § 5a Abs. 3 Satz 2 Nr. 2 und Nr. 3 GmbHG im Sinne der § 150 Abs. 3 und Abs. 4 AktG richtigerweise ab.[764] Der Gesetzgeber hat in Kenntnis der § 150 Abs. 3 und Abs. 4 AktG für die Verwendung der gesetzlichen Rücklage in der UG bewusst eine andere Konzeption gewählt. Eine vergleichbare Differenzierung liefe der Intention des Gesetzgebers zuwider, mit der UG eine flexible und einfache Gesellschaftsform für Existenzgründer einzuführen, und würde die Norm des § 5a Abs. 3 Satz 2 GmbHG unnötig verkomplizieren. Ob dem Gläubigerschutz mit einer teleologischen Reduktion geholfen wäre, darf bezweifelt werden. Im Übrigen wird es in der UG aller Voraussicht nach nur in den seltensten Fällen zur Bildung weiterer, nicht gebundener Kapital- oder Gewinnrücklagen kommen.[765]

2. Rechtsfolgen eines Verstoßes gegen § 5a Abs. 3 GmbHG

Abgesehen von der inhärenten Umgehungsgefahr der Thesaurierungspflicht kann es unter zweierlei Gesichtspunkten zu einem Verstoß gegen § 5a Abs. 3 GmbHG kommen. Trotz eines Jahresüberschusses unterbleibt eine Rücklagenbildung gänzlich oder wird nicht in Höhe von mindestens 25 % des um einen Verlustvortrag aus dem Vorjahr geminderten Jahresüberschusses gebildet. Hierbei handelt es sich um einen Verstoß gegen die Thesaurierungspflicht des § 5a Abs. 3 Satz 1 GmbHG. Entnehmen die Gesellschafter entgegen der in § 5a Abs. 3 Satz 2 GmbHG enumerativ aufgezählten Verwendungszwecke Gewinnrücklagen, liegt ein Verstoß gegen die Zweckgebundenheit der gesetzlichen Rücklage vor. Die Rechtsfolgen sind in beiden Fällen dieselben: Jahresabschluss und Gewinnverwendungsbeschluss sind nichtig und die begünstigten Gesellschafter sind zur Rückgewähr verpflichtet.

---

763 Nach hier vertretener Auffassung wäre dies die Differenz aus dem Betrag in Höhe der Hälfte des gesetzlichen Mindeststammkapitals (§ 5 Abs. 1 i.V.m. § 7 Abs. 2 Satz 2 GmbHG) und des satzungsmäßigen Stammkapitals.

764 So einhellig Wicke, GmbHG, § 5a Rn. 10; Fastrich, in: Baumbach/Hueck, § 5a Rn. 25; Paura, in: Ulmer, GmbHG, Ergänzungsband MoMiG, § 5a Rn. 56; Rieder, in: MünchKommGmbHG, Bd. 1, § 5a Rn. 27; Roth, in: Roth/Altmeppen, GmbHG, § 5a Rn. 21; Weber, BB 2009, S. 842 (845).

765 So auch Paura, in: Ulmer, GmbHG, Ergänzungsband MoMiG, § 5a Rn. 52.

(a) Nichtigkeit des Jahresabschlusses und Gewinnverwendungsbeschlusses

Das GmbH-Recht enthält keine expliziten Regelungen im Hinblick auf die Rechtsfolgen eines Verstoßes gegen die Thesaurierungspflicht oder Zweckgebundenheit. Die Rechtsfolgen ergeben sich ausweislich der Gesetzesbegründung und in Übereinstimmung mit der allgemeinen Ansicht im Schrifttum vielmehr aus dem Aktienrecht. Ein Verstoß gegen die Thesaurierungspflicht oder die Zweckgebundenheit der gesetzlichen Rücklage führt zur Nichtigkeit des festgestellten Jahresabschlusses (analog § 256 Abs. 1 Nr. 1 AktG) sowie des Gewinnverwendungs- und Entnahmebeschlusses (analog §§ 241 Nr. 3 Alt. 2, 253 AktG, § 134 BGB).[766] Ein Geschäftsführer, der gleichwohl eine Auszahlung veranlasst, macht sich gemäß § 43 Abs. 2 GmbHG regelmäßig schadensersatzpflichtig.[767]

(b) Rückgewähranspruch gegen den begünstigten Gesellschafter

Gewinnausschüttungen, die trotz eines nichtigen Jahresabschlusses und Gewinnverwendungsbeschlusses an Gesellschafter gewährt werden, sind an die Gesellschaft zurückzugewähren. Der Gesellschaft steht gegen den begünstigten Gesellschafter jedenfalls ein Anspruch aus ungerechtfertigter Bereicherung gemäß § 812 Abs. 1 Satz 1 Alt. 1 BGB (*conditio indebiti*) zu.[768] Ungeklärt ist die Frage, ob daneben ein Rückgewähranspruch gemäß § 31 GmbHG einschlägig ist. Der Gesetzgeber äußert sich hierzu vielsagend:

> „Aus der Nichtigkeit des Feststellungs- und des Gewinnverwendungsbeschlusses resultieren bürgerlich-rechtliche Rückzahlungsansprüche gegen die Gesellschafter. Ferner macht der Geschäftsführer sich haftbar (§ 43) – gegebenenfalls kann man auch ausdrücklich auf die Kapitalerhaltung nach den §§ 30, 31 verweisen."[769]

---

766 RegE., BT-Drucks. 16/6140, S. 32; Fastrich, in: Baumbach/Hueck, § 5a Rn. 26; Rieder, in: MünchKommGmbHG, Bd. 1, § 5a Rn. 30; Lutter, in: Lutter/Hommelhoff, GmbHG, § 5a Rn. 16; Veil, ZGR 2009, S. 623 (634).

767 Anstatt vieler Wicke, GmbHG, § 5a Rn. 12.

768 AllgM RegE., BT-Drucks. 16/6140, S. 32; Riemenschneider, in: MünchHdb GesR III, § 8c Rn. 10; Fastrich, in: Baumbach/Hueck, § 5a Rn. 26; Wicke, GmbHG, § 5a Rn. 12; a.A. Rieder, in: MünchKommGmbHG, Bd. 1, § 5a Rn. 30 (Fn. 74), der unter Verweis auf § 31 GmbHG einem bereicherungsrechtlichen Rückgewähranspruch ablehnend gegenübersteht.

769 RegE., BT-Drucks. 16/6140, S. 32.

Das Schrifttum spricht sich demgemäß mehrheitlich für eine direkte oder analoge Anwendung des GmbH-rechtlichen Rückgewähranspruches in § 31 GmbHG aus.[770] Im Zusammenhang mit der Frage nach den Rechtsfolgen eines Verstoßes gegen § 5a Abs. 3 GmbHG werden oftmals zwei Sachverhalte miteinander vermengt, die in ihren Tatbeständen und Rechtsfolgen richtigerweise streng voneinander zu trennen sind: zum einen der hier interessante Rückgewähranspruch gegen den begünstigten Gesellschaft wegen Verstoßes gegen § 5a Abs. 3 GmbHG, zum anderen rechtsgeschäftliche Gestaltungsmaßnahmen, insbesondere in Form verdeckter Gewinnausschüttungen, und deren Rechtsfolgen, die in einer Umgehung des Thesaurierungsgebotes resultieren. Verdeckte Gewinnausschüttungen sind im GmbH-Recht nicht schlechthin unzulässig,[771] so dass beide Sachverhalte eine jeweils eigenständige Analyse erfordern.

Die Ausführungen des Gesetzgebers in der Gesetzesbegründung tragen zur Klärung wenig bei. Offen bleibt zunächst, unter welchen Voraussetzungen („*gegebenenfalls*") der Gesetzgeber einen Verweis auf die Kapitalerhaltungsvorschriften in Betracht zieht. Des Weiteren kann aus der Anmerkung des Gesetzgebers nicht geschlossen werden, dass die Kapitalerhaltungsvorschriften unmittelbar Anwendung finden.[772] Selbst wenn man wie *Fastrich* die Gewinnrücklage funktionell dem gebundenen Stammkapital gleichstellt,[773] ist die gesetzliche Rücklage in § 5a Abs. 3 GmbHG systematisch eben kein Stammkapital im Sinne der §§ 30, 31 GmbHG, so dass allenfalls eine analoge Anwendung der Kapitalerhaltungsnormen in Betracht kommt.[774]

Ein Bedürfnis, der Gesellschaft gegen den begünstigten Gesellschafter neben einem bereicherungsrechtlichen Rückgewähranspruch einen gesellschafts-

---

770 Fastrich, in: Baumbach/Hueck, § 5 Rn. 26; Wicke, GmbHG, § 5a Rn. 12; Hennrichs, NZG 2009, S. 1161 (1166); Weber, BB 2009, S. 842 (845); Wachter, GmbHR Sonderheft 10/2008, S. 25 (34); Gehrlein, DK 2007, S. 771 (781); Paura, in: Ulmer, GmbHG, Ergänzungsband MoMiG, § 5a Rn. 60. Schäfer, in: Henssler/Strohn, § 5a Rn. 24, bezeichnet § 30 GmbhG sogar als vorrangig.

771 Zur Unzulässigkeit von verdeckten Gewinnausschüttungen nur Müller, in: Ulmer, GmbHG, Bd. 2, § 29 Rn. 157 ff.

772 So jedoch offensichtlich Wicke, GmbHG, § 5a Rn. 12; Hennrichs, NZG 2009, S. 1161 (1166).

773 Fastrich, in: Baumbach/Hueck, § 5 Rn. 26.

774 Zutreffend Rieder, in: MünchKommGmbHG, Bd. 1, § 5a, Rn. 30; Lutter, in: Lutter/Hommelhoff, GmbHG, § 5a Rn. 16.

rechtlichen Ersatzanspruch zu gewähren, lässt sich zweifelsohne begründen. Es ist wenig überzeugend, die Gläubiger der UG mittelbar auf bürgerlich-rechtliche Bereicherungsansprüche zu verweisen, während ein vergleichbarer Verstoß gegen § 150 AktG einen gesellschaftsrechtlichen Rückgewähranspruch gemäß § 62 Abs. 1 AktG begründet.[775] Ein anderes Ergebnis würde die Gläubiger der tendenziell kapitalschwachen UG unbillig schlechter stellen, als die Gläubiger einer regulären GmbH. Zudem unterliegt der Ersatzanspruch gemäß § 31 Abs. 1, Abs. 5 GmbHG nicht der Regelverjährung, sondern einer Verjährungsfrist von zehn Jahren. Für die Befriedigungsaussichten der Gesellschaftsgläubiger in der Insolvenz der Gesellschaft ergeben sich daraus prozessentscheidende Vorteile.[776] Schließlich erstreckt § 31 Abs. 3 GmbHG den Ersatzanspruch im Falle der Aussichtslosigkeit der Beitreibung auf die übrigen Mitgesellschafter im Verhältnis ihrer Geschäftsanteile, soweit dies zur Befriedigung der Gesellschaftsgläubiger erforderlich ist.

IV. Praxistauglichkeit der UG

Die Verpflichtung zur Bildung einer gesetzlichen Rücklage hat die Frage aufgeworfen, inwieweit die UG als Komplementärin einer Kommanditgesellschaft oder als Partei eines Unternehmensvertrages fungieren kann. Insbesondere die Beteiligung an einer UG (haftungsbeschränkt) & Co. KG wird als Anwendungsfall der UG diskutiert,[777] wenngleich die statistischen Zahlen dies bisher nicht belegen.[778]

---

775 Ein Vergleich zwischen § 5a Abs. 3 GmbHG und § 150 AktG ist diesbezüglich trotz der unterschiedlich ausgeprägten Vermögensbindung in GmbHG und AktG angezeigt.

776 Zutreffend Miras, Unternehmergesellschaft, Rn. 233.

777 Spies, Unternehmergesellschaft, S. 309; Veil, GmbHR 2007, S. 1080 (1984); Bormann, GmbHR 2007, S. 897 (899);

778 Nach Bayer/Hoffmann, GmbHR 2010, R369 waren mit Stand 01.11.2010 im Handelsregister 2632 Kommanditgesellschaften mit einer UG als Komplementärin eingetragen. Dies entspricht gerade einmal 6,41% der Gesamtzahl der eingetragenen UG.

1. Die UG als Komplementärin einer Kommanditgesellschaft

Die Komplementärfähigkeit der Rechtsformvariante UG ist im Grundsatz unstreitig.[779] Die Sondervorschrift des § 5a GmbHG steht einem solchen Gesellschaftsgegenstand nicht entgegen. Gleichwohl wird die persönliche Haftung des Komplementärs auf eine reine Formalie zurückgestuft, wenn diese Funktion von einer praktisch stammkapitallosen UG wahrgenommen wird.[780] Die Unzulässigkeit einer UG (haftungsbeschränkt) & Co. KG lässt sich daraus allerdings nicht ableiten. Denn dieses Faktum gilt für die rechtlich anerkannte Ltd. & Co. KG[781] ebenso.

(a) Die typische GmbH & Co. KG unter Beteiligung einer UG

Die UG als Komplementärin ist aus unternehmerischer Sicht durchaus von Vorteil. Bei der Gründung einer GmbH & Co. KG sind gesellschaftsrechtliche Gesichtspunkte regelmäßig nicht von entscheidender Bedeutung. Allenfalls die etwas größere Flexibilität der Personengesellschaft und mitbestimmungsrechtliche Überlegungen mögen von gewisser Relevanz sein. Die Gründung einer GmbH & Co. KG erfolgt vielmehr aus steuerrechtlichen Gründen[782]. Typischerweise hält die Komplementär-GmbH allenfalls einen geringfügigen Kapitalanteil an der KG und ist im Innenverhältnis regelmäßig von der Gewinn- und Verlustbeteiligung ausgeschlossen; die Rolle beschränkt sich damit auf die Übernahme der unbeschränkten persönlichen Haftung.

Zur Vermeidung einer steuerrechtlichen verdeckten Gewinnausschüttung erhält die Komplementär-GmbH für die Übernahme der unbeschränkten persönlichen Haftung üblicherweise eine pauschale Haftungsvergütung.[783] Das gleich-

---

779 AllgM. Kleindiek, in: Lutter/Hommelhoff, GmbHG, § 5a Rn. 36; Roth, in: Roth/Altmeppen, GmbHG, § 5a Rn. 10; Rieder, in: MünchKommGmbHG, Bd. 1, § 5a Rn. 53; Stenzel, NZG 2009, S. 168; Römermann/Passarge, ZIP 2009, S. 1497 (1498); Kock/Vater/Mraz, BB 2009, S. 848 (849); Hirte, ZInsO 2008, S. 933 (935); Veil, GmbHR 2007, S. 1080 (1084).

780 So ausdrücklich Fastrich, in: Baumbach/Hueck, § 5a Rn. 36.

781 OLG Frankfurt a.M., Beschl. v. 24.04.2008, 20 W 425/07 = NZG 2009, S. 560; OLG Frankfurt a.M., Beschl. v. 38.7.2006, 20 W 191/06 = NZG 2006, S. 830.

782 Liebscher, in: Sudhoff, GmbH & Co KG, § 2 Rn. 86 ff., 93.

783 Zum Ganzen Ihrig, in: Sudhoff, GmbH & Co KG, § 23 Rn. 4 ff.; Binz/Sorg, Die GmbH & Co. KG, § 4 Rn. 24 ff. Diese Problematik führte dazu, dass die Kreativität der Berater

wohl aufzubringende gesetzliche Stammkapital konnte nach früherer Rechtslage zu operativen Zwecken jedenfalls in der Einheitsgesellschaft wegen der Gefahr einer unzulässigen Einlagenrückgewährung an die KG nicht darlehensweise ausgekehrt werden.[784] Mit Neufassung des § 19 Abs. 5 GmbHG und der Rückkehr zur bilanziellen Betrachtungsweise hat sich die Problematik zwar entschärft. Eine Befreiung von der Einlageverpflichtung tritt jedoch nur bei Vollwertigkeit und jederzeitiger Fälligkeit des Rückgewähr- oder Gegenleistungsanspruches ein. Insofern dürfte ein mittel- oder langfristiger Einsatz des Stammkapitals zu operativen Zwecken schwer fallen.[785] In der Konstellation einer UG (haftungsbeschränkt) & Co. KG entfällt diese Problematik bei entsprechend niedriger Festsetzung des Stammkapitals.

(b) Fehlende Komplementärfähigkeit der UG?

Wird die UG als Komplementärin am Gewinn der Kommanditgesellschaft nicht beteiligt, erzielt diese regelmäßig keine nennenswerten Jahresüberschüsse, jedenfalls soweit die Gesellschaft nicht anderweitig erwerbswirtschaftlich tätig ist. Die Komplementärfähigkeit der UG wird daher teilweise in Zweifel gezogen; denn § 5a Abs. 3 GmbHG setze zwingend die Möglichkeit einer Gewinnerzielung voraus.[786] *Wachter* geht sogar so weit, einem Kommanditgesellschaftsvertrag, in dem eine UG die Stellung einer Komplementärin ohne Kapitalbeteiligung einnimmt, wegen Verstoßes gegen ein gesetzliches Verbot (§ 5a Abs. 3 GmbHG i.V.m. § 134 BGB) die Wirksamkeit abzusprechen.[787] In der Konsequenz müsste die UG als Komplementärin einer Unternehmergesellschaft (haftungsbeschränkt) & Co. KG im Wege einer zwingenden Gewinnbeteiligung dauerhaft eine gesetzliche Rücklage gemäß § 5a Abs. 3 GmbHG bilden, die auf-

---

keine Grenzen kannte, das Stammkapital für die Kommanditgesellschaft nutzbar zu machen.

784 Römermann, NJW 2010, S. 905 (909). Zur Rechtslage vor Inkrafttreten des MoMiG vgl. BGH, Urteil v. 10.12.2007, II ZR 180/06 = NJW-RR 2008. S. 480 ff.; OLG Koblenz, Urteil v. 09.02.1989, 6 U 1236/87 = GmbHR 1989, S. 377 ff.; die Rechtsprechung und Schrifttum sind allerdings uneinheitlich, vgl. zusammenfassend Gummert, DStR 2008, S. 976 (978); Römermann/Passarge, ZIP 2009, S. 1497.

785 Heckschen, in: Heckschen/Heidinger, § 4 Rn. 83.

786 Wicke, GmbHG, § 5a Rn. 19; Wachter, in: Römermann, MAH GmbH-Recht, § 4 Rn. 125 ff.; Katschinski/Rawert, ZIP 2008, S. 1993 (1999); Gehrlein, DK 2007, S. 771 (779); Veil, GmbHR 2007, S. 1080 (1084).

787 Wachter, in: Römermann, MAH GmbH-Recht, § 4 Rn. 127; a.A. Stenzel, NZG 2009, S. 168 (169 f.).

grund der Zweckgebundenheit ungenutzt bliebe. *Fastrich* schlägt demgegenüber vor, dem Kapitalaufholungskonzept dadurch zu genügen, dass die UG entsprechend § 300 Abs. 1 AktG durch die gleichmäßige Dotierung der gesetzlichen Rücklage – aus welcher Einnahmequelle auch immer – innerhalb eines Zeitraums von beispielsweise zehn Jahren gebundene Mittel in Höhe des Mindeststammkapitals der GmbH erreicht[788]. Beide Ansichten überzeugen nicht.

Der Thesaurierungspflicht nach § 5a Abs. 3 GmbHG sowie der Gesetzesbegründung lassen sich weder eine zwingende Möglichkeit zur Gewinnerzielung, noch eine bestimmte Höhe des zu erzielenden Gewinns oder die Notwendigkeit einer Gewinnerzielungsabsicht entnehmen.[789] Die Erzielung eines Jahresüberschusses ist in jeder Gesellschaft gleich welcher Rechtsform nicht garantiert.[790] Die Kapitalaufholung ist richtigerweise nicht Voraussetzung für das Entstehen oder Bestehen einer UG, sondern Rechtsfolge einer Gewinnerzielung.[791] Eine zwingende Gewinnbeteiligung ist wenig praktikabel. Es fehlt der Maßstab für eine Angemessenheit der Gewinnbeteiligung und eine zwingende Gewinnbeteiligung der Komplementärin läuft letztlich dem wirtschaftlichen Zweck einer GmbH & Co. KG zuwider.[792] Dem Vorwurf fehlender Praktikabilität ist auch der Vorschlag *Fastrichs* ausgesetzt.

Schließlich wird die Komplementär-UG über die Haftungsvergütung regelmäßig Einnahmen und (mangels Ausgaben) Gewinne erzielen, Mithilfe derer das Ansparen einer gesetzlichen Rücklage möglich ist. Dem wird zwar nicht zu Unrecht entgegengehalten, dass Bezugspunkt für die Bemessung dieser Haftungsvergütung gewöhnlich die Höhe des Stammkapitals sei und im Falle der UG diese somit zu einer kümmerlichen Rente verkäme.[793] Der Gesetzgeber hat

788 Fastrich, in: Baumbach/Hueck, § 5a Rn. 36.

789 Hirte, ZInsO 2008, S. 933 (935); Heckschen, in: Heckschen/Heidinger, § 5 Rn. 84; Römermann/Passarge, ZIP 2009, S. 1497 (1499); Römermann, NJW 2010, S. 905(909); Weiß, wistra 2010, S. 361 (367).

790 Zutreffend Rieder, in: MünchKommGmbHG, Bd. 1, § 5a Rn. 54.

791 Heckschen, in: Heckschen/Heidinger, § 5 Rn. 84, der die Gegenauffassung als Zirkelschluss bezeichnet.

792 Ähnlich Wicke, GmbHG, § 5a Rn. 19; Miras, Unternehmergesellschaft, Rn. 399; Wachter, GmbHR Sonderheft 10/2008, S. 25 (33); Paura, in: Ulmer, GmbHG, Ergänzungsband MoMiG, § 5a Rn. 83.

793 Veil, GmbHR 2007, S. 1080 (1084); ebenso Wachter, in: Römermann, MAH GmbH-Recht, § 4 Rn. 126. Bei einem Stammkapital von wenigen Euro und unter Zugrunde-

die Gefahr eines Leerlaufens von § 5a Abs. 3 GmbHG gesehen und dennoch von weiteren Schutzmechanismen abgesehen.[794] Ein Kapitalaufbringungssonderrecht ist für die Komplementär-GmbH ebenso abzulehnen wie für eine Komplementär-UG.[795] Die systematische Einordnung der UG als Rechtsformvariante der GmbH gebietet es, die Komplementäreigenschaft der UG anzuerkennen.[796] Die Pflicht zur Bildung einer gesetzlichen Rücklage nach § 5a Abs. 3 GmbHG knüpft als Rechtsfolge an das Entstehen eines Jahresüberschusses an, setzt diesen als zwingende Bedingung jedoch nicht voraus. Der Thesaurierungsverpflichtung ist folglich genüge getan, wenn die UG als Komplementärin im Wege einer Haftungsvergütung einen Jahresüberschuss erzielt.[797]

2. Der Abschluss von Unternehmensverträgen unter Beteiligung einer UG

Die UG in ihrer Eigenschaft als Rechtsformvariante der GmbH kann grundsätzlich Partei eines Beherrschungs- oder Gewinnabführungsvertrages sein.[798] Die Voraussetzungen für den Abschluss solcher Unternehmensverträge bestimmen

---

legung einer Haftungsvergütung in Höhe einer wirtschaftsüblichen Avalprovision von 6% des Stammkapitals, würde dies nach Weiß, wistra 2010, S. 361 (367) zu einer jährlichen Vergütung von einigen Cent führen. Paura, in: Ulmer, GmbHG, Ergänzungsband MoMiG, § 5a Rn. 84, zieht daraus den Schluss, dass ein Gewinnerzielungsabsicht schon gar nicht Voraussetzung einer Komplementärin sein müsse.

794 Gegenäußerung der Bundesregierung zu RegE., BT-Drucks. 16/6140, S. 75. Im Rahmen einer AG & Co. KG stellt sich im Übrigen dieselbe Problematik. Gleichwohl wird diesbezüglich keine zwingende Kapital- oder Gewinnbeteiligung der AG gefordert. Vgl. Binz/Sorg, Die GmbH & Co. KG, § 25 Rn. 51 ff.; K. Schmidt, Gesellschaftsrecht, § 56 I 1. a) (S. 1622); Hirte, ZInsO 2008, S. 933 (935).

795 Zur Terminologie Gummert, DStR 2008, S. 976 (979) im Anschluss an BGH, Urteil v. 10.12.2007, II ZR 180/06 = NJW-RR 2008. S. 480; zur Übertragung auf die UG & Co. KG siehe Spies, Unternehmergesellschaft, S. 310 f.; Waldenberger/Sieber, GmbHR 2009, S. 114 (121).

796 So die inzwischen wohl h.A. im Schrifttum: Kock/Vater/Mraz, BB 2009, S. 848 (850); Römermann/Passarge, ZIP 2009, S. 1497 (1499); Stenzel, NZG 2009, S. 168 (171); Roth, in: Roth/Altmeppen, GmbHG, § 5a Rn. 19; Rieder, in: MünchKommGmbHG, Bd. 1, § 5a Rn. 54; Heckschen, in: Heckschen/Heidinger, § 5 Rn. 84; Miras, Unternehmergesellschaft, Rn. 398 f.; Waldenberger/Sieber, GmbHR 2009, S. 114 (121).

797 So auch Schäfer, in: Henssler/Strohn, § 5a Rn. 8.

798 Die Zulässigkeit beider Vertragstypen im GmbH-Recht hat der Gesetzgeber durch Neufassung von § 30 Abs. 1 GmbHG ausdrücklich bestätigt.

sich nach den für eine Satzungsänderung geltenden GmbH-Vorschriften sowie den aktienrechtlichen Regelungen zu Unternehmensverträgen in entsprechender Anwendung.[799] Die UG kann dabei ohne Weiteres Obergesellschaft im Rahmen eines Unternehmensvertrags sein. Die Beteiligung als abhängige Gesellschaft ist im Hinblick auf § 5a Abs. 3 GmbHG nur bedingt möglich. Bisher hat die Praxis jedoch nur in geringem Umfang Unternehmensverträge unter Beteiligung einer UG geschlossen.[800]

(a) Die UG als Untergesellschaft eines Gewinnabführungsvertrages

Als Untergesellschaft eines Gewinnabführungsvertrages (§ 291 Abs. 1 Satz 1 Alt. 2 AktG) verpflichtet sich die UG ihren ganzen Gewinn an die Obergesellschaft abzuführen.[801] Die vertragliche Pflicht zur Gewinnabführung tritt damit in Konkurrenz zur gesetzlichen Thesaurierungspflicht. Daraus kann richtigerweise jedoch weder geschlossen werden, dass die UG nicht vertragskonzernfähig,[802] noch dass lediglich der Abschluss eines Teilgewinnabführungsvertrages zulässig sei.[803] Richtig ist, dass die gesetzliche Verpflichtung zur Bildung einer Gewinnrücklage aus Gründen des Gläubigerschutzes nicht durch eine vertragliche Regelung zur Gewinnabführung umgangen werden darf und insoweit als vorrangig anzusehen ist.[804] Die Vorschriften über Unternehmensverträge enthalten Regelungen, Mithilfe derer sich das Problem befriedigend bewältigen lässt.

Im Falle einer Aktiengesellschaft als Untergesellschaft des Gewinnabführungsvertrages wird durch §§ 300 Nr. 1, 301 AktG sichergestellt, dass – gleichgültig welche Vereinbarungen über die Berechnung des abzuführenden Gewinns

---

799 Vgl. zu den allgemeinen Voraussetzungen des Abschlusses eines Unternehmensvertrags nur Decher, in: MünchHdb GesR III, § 70 Rn. 5 ff. sowie die grundlegende Entscheidung BGH, Beschl. v. 24.10.1988, II ZB 7/88, BGHZ 105, 324 (Supermarkt) = NJW 1989, S. 295 ff. In Bezug auf die UG siehe nur Heckschen, in: Heckschen/Heidinger, § 5 Rn. 90.

800 Mit Stand vom 28.08.2011 sind gemäß Bayer/Hoffmann, GmbHR 2010, R311 lediglich 27 Ergebnis- bzw. Gewinnabführungsverträge im Handelsregister eingetragen.

801 Zu Begriff und Inhalt des Gewinnabführungsvertrages Veil, in: Spindler/Stilz, AktG, Bd. 2, § 291 Rn. 33 ff.

802 So aber Veil, GmbHR 2007, S. 1080 (1084).

803 Miras, Unternehmergesellschaft, Rn. 402; Wicke, GmbHG, § 5a Rn. 20; a.A. Rieder, in: MünchKommGmbHG, Bd. 1, § 5a Rn. 56; Fastrich, in: Baumbach/Hueck, § 5a Rn. 37.

804 Zutreffend Waldenberger/Sieber, GmbHR 2009, S. 114 (119); Rieder, in: MünchKommGmbHG, Bd. 1, § 5a Rn. 56; Schäfer, in: Henssler/Strohn, § 5a Rn. 9.

getroffen worden sind – als Gewinn höchstens der ohne die Gewinnabführung entstehende Jahresüberschuss, vermindert um einen Verlustvortrag aus dem Vorjahr (fiktiver Jahresüberschuss) und den Betrag, der nach § 300 Nr. 1 AktG in die gesetzlichen Rücklagen an Stelle von § 150 Abs. 2 AktG einzustellen ist (fiktiver berichtigter Jahresüberschuss), abgeführt wird.[805] Normzweck der Vorschriften ist es, die Gesellschaft im Interesse des Gläubigerschutzes vor einer Aushöhlung der bilanziellen Substanz zu schützen und den gemäß § 150 Abs. 2 AktG zu bildenden Reservefonds zu gewährleisten.[806] Bisher fand § 300 AktG auf die GmbH nicht und § 301 AktG nur eingeschränkt entsprechend Anwendung, da es an einer § 150 Abs. 2 AktG entsprechenden Norm im GmbH-Recht fehlte.[807]

Mit der UG hat der Gesetzgeber nunmehr jedoch eine Rechtsformvariante der GmbH geschaffen, für die ebenfalls die Pflicht zur Bildung einer gesetzlichen Gewinnrücklage besteht. Die Normzwecke der § 5a Abs. 3 GmbHG und § 150 Abs. 2 AktG sind insoweit vergleichbar; der gesetzlichen Rücklage in der UG kommt angesichts des Verzichts auf ein nennenswertes Mindeststammkapital sogar größere Bedeutung zu.[808] Das Konkurrenzverhältnis zwischen Thesaurierungsgebot nach § 5a Abs. 3 GmbHG und vertraglicher Gewinnabführung ist folglich durch entsprechende Anwendung der §§ 300, 301 AktG zu lösen.[809]

Allerdings erfordern die unterschiedlichen Strukturen von § 5a Abs. 3 Satz 1 GmbHG und § 150 Abs. 2 AktG eine teleologische Reduktion des § 300 Nr. 1 AktG. Denn § 300 Nr. 1 AktG knüpft an die in § 150 Abs. 2 AktG normierte

805 Außer Betracht bleibt für die vorliegende Analyse der nach § 268 Abs. 8 HGB zu berücksichtigende Betrag (eingeführt durch das BilMoG).

806 AllgM. Euler/Wirth, in: Spindler/Stilz, AktG, Bd. 2, § 300, Rn. 2; Hüffer, AktG, § 300 Rn. 1 und § 301 Rn. 1; Koppensteiner, in: Kölner Kommentar AktG, Bd. 6, § 300 Rn. 1; Altmeppen, in: MünchKommAktG, Bd. 6, § 300 Rn. 3.

807 Emmerich, in: Emmerich/Habersack, § 300 Rn. 5 und § 301 Rn. 6; Servatius, in: Michalski, GmbHG, Bd. 1, Syst. Darst. 4 Rn. 262; Altmeppen, in: MünchKommAktG, Bd. 6, § 300 Rn. 7.

808 Darauf weisen zutreffend Spies, Unternehmergesellschaft, S. 318, und Hirte, ZInsO 2008, S. 933 (935) hin.

809 Rieder, in: MünchKommGmbHG, Bd. 1,§ 5a Rn. 56; Fastrich, in: Baumbach/Hueck, § 5a Rn. 37; Hirte, ZInsO 2008, S. 933 (935); Wachter, in: Römermann, MAH GmbH-Recht, § 4 Rn. 119; Stenzel, NZG 2009, S. 168 (171); Spies, Unternehmergesellschaft, S. 317 f.; Waldenberger/Sieber, GmbHR 2009, S. 114 (120); Bayer/Hoffmann, GmbHR 2010, R311; Paura, in: Ulmer, GmbHG, Ergänzungsband MoMiG, § 5a Rn. 86.

Obergrenze an, indem der gesetzliche Reservefonds durch Zuweisungen in gleichen Beträgen innerhalb von fünf Geschäftsjahren bis zu einem Betrag bestehend aus gesetzlicher Rücklage und Kapitalrücklage aufzufüllen ist, der 10 % des gesetzlichen Grundkapitals oder einer höheren satzungsmäßigen Obergrenze entspricht (Regelzuweisung). Das Thesaurierungsgebot in § 5a Abs. 3 GmbHG ist jedoch weder betragsmäßig noch zeitlich begrenzt. Demzufolge ist § 300 Nr. 1 AktG analog insoweit teleologisch zu reduzieren, als dass in die gesetzliche Rücklage bei Bestehen eines Gewinnabführungsvertrages ein Betrag in Höhe von 25% des fiktiven Jahresüberschusses ohne betragsmäßige Obergrenze oder zeitliche Beschränkung einzustellen ist.[810] Im Rahmen eines Teilabführungsvertrages verbleibt es bei der Anwendung des § 300 Nr. 2 AktG analog. Dies führt entgegen der Befürchtung *Veils*[811] im Übrigen nicht zum Wegfall der steuerlichen Vorteile einer Organschaft im Sinne von § 14 KStG. Denn auch im Rahmen von § 14 KStG sind die Grenzen der Gewinnabführung gemäß §§ 300, 301 AktG zu wahren.[812] Für die UG kann insofern nichts anderes gelten.

(b) Die UG als Untergesellschaft eines Beherrschungsvertrages

Bisweilen wird die Fähigkeit der UG, Untergesellschaft eines Beherrschungsvertrages im Sinne von § 291 Abs. 1 Satz 1 AktG zu sein, unter Hinweis auf § 308 Abs. 1 AktG in Frage gestellt, wonach die herrschende Obergesellschaft nachteilig auf die Untergesellschaft Einfluss nehmen und damit das Entstehen von rücklagefähigen Gewinnen verhindern könnte.[813] Nichtsdestotrotz steht das Thesaurierungsgebot einem Beherrschungsvertrag unter Beteiligung einer UG als Untergesellschaft nicht entgegen.[814] Es wurde bereits darauf verwiesen, dass einer analogen Anwendung der §§ 300, 301 AktG aufgrund der vergleichbaren Interessenlage von § 150 Abs. 2 AktG und § 5a Abs. 3 Satz 1 GmbHG keine durchgreifenden Bedenken begegnen. § 300 Nr. 3 AktG regelt explizit den oben dargestellten Fall einer nachteiligen Einflussnahme der herrschenden Gesell-

---

810 Im Ergebnis ebenso Spies, Unternehmergesellschaft, S. 322.

811 Veil, GmbHR 2007, S. 1080 (1084).

812 Anstatt vieler Olbing, in: Streck KStG, § 14 Rn. 91.

813 Veil, GmbHR 2007, S. 1080 (1084). Sofern das herrschende Unternehmen über die Stimmenmehrheit in der Gesellschafterversammlung verfügt, ist der Abschluss eines Beherrschungsvertrages aufgrund der Weisungsbefugnis der Gesellschaftergesamtheit gegenüber der Geschäftsführung gemäß § 37 Abs. 1 GmbHG nicht zwingend erforderlich. So zutreffend Raiser/Veil, Kapitalgesellschaftsrecht, § 54 Rn. 9.

814 Fastrich, in: Baumbach/Hueck, § 5a Rn. 37.

schaft zum Nachteil der gesetzlichen Rücklage.[815] Die Vorschrift des § 300 Nr. 3 AktG lässt sich auch für die UG fruchtbar machen. Bei Bestehen eines Beherrschungsvertrages sind in analoger Anwendung von § 300 Nr. 3 AktG demnach 25 % des fiktiven Jahresüberschusses in die gesetzliche Rücklage einzustellen.

C. Zusammenfassung des Kapitels

Die Kapitalerhaltungsnormen der §§ 30, 31 GmbHG finden in der UG uneingeschränkt Anwendung, wenngleich im Hinblick auf den Normzweck der Kapitalerhaltung aufgrund des Verzichts auf ein nennenswertes gesetzliches Mindeststammkapital eine Akzentverschiebung stattfindet. Die Gewährleistung eines Verlustpuffers können die Kapitalerhaltungsregeln nicht im gleichen Maße leisten. Dies verdeutlicht die Sondervorschrift des § 5a Abs. 4 GmbHG, wonach die Einberufung einer außerordentlichen Gesellschafterversammlung nicht mehr an den hälftigen Verlust des Stammkapitals anknüpft. Es verbleibt aber dennoch bei dem Zweck, opportunistische Vermögenstransfers der Gesellschaft zugunsten der Gesellschafter zu verhindern, die zu einer Unterbilanz führen oder eine solche vertiefen.

Mithilfe der in § 5a Abs. 3 GmbHG normierten Pflicht zur Bildung einer gesetzlichen Rücklage aus erzielten Jahresüberschüssen der Gesellschaft soll sukzessive die Eigenkapitalausstattung der UG verbessert werden. Um die Einhaltung der Gewinnthesaurierung kontrollieren zu können und für den Rechtsverkehr transparent zu gestalten, sind die §§ 326 Satz 2, 325 Abs. 1 Satz 4 HGB zur Offenlegung des Jahresabschluss in der UG als kleine Kapitalgesellschaft teleologisch einschränkend auszulegen. Eine UG hat folglich in der Anlage zur Bilanz auch die GuV offenzulegen, selbst wenn daraus die Gewinnverteilung an die Gesellschafter ersichtlich wird.

§ 5a Abs. 3 GmbHG verpflichtet die UG zur Gewinnthesaurierung und legt die Verwendung der gesetzlichen Rücklage abschließend fest. Werden Jahresüberschüsse an Gesellschafter unter Missachtung der Thesaurierungspflicht oder Zweckgebundenheit ausgeschüttet, sind der zugrundeliegende Jahresabschluss und Gewinnverwendungs-/Entnahmebeschluss nichtig und die begünstigten Gesellschafter sind zur Rückgewähr der geleisteten Auszahlungen verpflichtet. Ein

815 Hierzu im Allgemeinen Euler/Wirth, in: Spindler/Stilz, AktG, Bd. 1, § 300 Rn. 1.

Rückgewähranspruch der Gesellschaft ergibt sich dabei einerseits aus bürgerlich-rechtlichen Bereicherungsansprüchen und andererseits aus § 31 GmbHG analog.

Die UG ist trotz der Pflicht zur Bildung einer Gewinnrücklage sowohl komplementär- als auch vertragskonzernfähig. Aus der Vorrangigkeit der gesetzlichen Thesaurierungspflicht gegenüber den vertraglichen Regelungen eines Unternehmensvertrags ist im Rahmen eines Gewinnabführungsvertrags allerdings die Einschränkung zu machen, dass zunächst die gesetzliche Rücklage auf Basis eines fiktiven Jahresüberschusses zu bilden ist.

5. Kapitel Missbräuchliches Verhalten im Rahmen von § 5a Abs. 3 GmbHG

Die Thesaurierungspflicht des § 5a Abs. 3 Satz 1 GmbHG als Nachteil im internationalen Wettbewerb zu begreifen, steht im Widerspruch zu den statistischen Zahlen und wäre zu kurz gedacht, wenngleich eine vergleichbare Verpflichtung in der *Limited* beispielsweise nicht besteht.[816] Seit Inkrafttreten des MoMiG waren mit Stand vom 11. November 2010 ca. 44.000 UG (inkl. Komplementär-UG) im Handelsregister eingetragen, während die Anzahl neugegründeter *Limiteds* seitdem stagniert.[817] Darüber hinaus ist eine angemessene Eigenkapitalausstattung für den langfristigen wirtschaftlichen Erfolg unabdingbar und dem Gläubigerschutz zumindest mittelbar dienlich. Die Kapitalaufholung nach § 5a Abs. 3 Satz 1 GmbHG ist unter rechtspolitischen Gesichtspunkten daher zu begrüßen. Dies soll jedoch nicht den Blick davor verschließen, dass die gesetzlich verpflichtende Rücklagenbildung in ihrer derzeitigen Konzeption Schwächen aufweist.

A. Die Umgehung der Thesaurierungspflicht

Prämisse des § 5a Abs. 3 GmbHG ist stets das Vorliegen eines Jahresüberschusses gegebenenfalls gemindert um einen Verlustvortrag aus dem Vorjahr. Eine Pflicht zur Gewinnerzielung lässt sich in der UG aus § 5a Abs. 3 GmbHG gleichwohl nicht ableiten. Insofern bestehen im Hinblick auf die Thesaurierungspflicht keine Bedenken, wenn eine UG als Komplementärin strukturell nicht in der Lage ist nennenswerte Jahresüberschüsse zu erzielen. Darauf wurde im vorherigen Kapital schon hingewiesen.[818] Die Fähigkeit überhaupt eine Rücklage zu bilden und die Eigenkapitalausstattung zu verbessern steht und fällt mit dem wirtschaftlichen Erfolg der UG.

Die Abhängigkeit des § 5a Abs. 3 GmbHG von der Erzielung eines Jahresabschlusses lässt die Idee einer nachgelagerten Eigenkapitalbildung unter zwei-

---

816 Joost, ZIP 2007, S. 2242 (2245), sieht in der Kapitalaufholung eine „*erhebliche Belastung*"; Wachter, GmbHR Sonderheft 10/2008, S. 25 (33), verweist darauf, dass § 5a Abs. 3 GmbHG teilweise als Nachteil empfunden werde.

817 Bayer/Hoffmann, GmbHR 2010, R369; nach Wachter, Status:Recht 2009, S. 247, spielt die Limited in der Praxis so gut wie keine Rolle mehr.

818 Vgl. 4. KapitelB.IV.1(b).

erlei Gesichtspunkten problematisch erscheinen. Existenzgründer werden in der Gründungsphase oftmals kaum nennenswerte Jahresüberschüsse erzielen. Während der Ingangsetzung des Geschäftsbetriebes werden die erzielten Umsätze vielmehr für die Bedienung von Fremdkapital, Verzinsung von Gesellschafterdarlehen, Ingangsetzungskosten oder Personalkosten erforderlich sein. Die Gefahr einer Überschuldung bereits in der Phase der Gründung wurde bereits an anderer Stelle behandelt.[819] Gerade in einer Phase, in der die Gläubiger einem erhöhten Ausfallrisiko ausgesetzt sind, läuft die gesetzliche Rücklage möglicherweise ins Leere.[820] Darüber hinaus werde der Gesellschaft in der Anfangsphase einer Unternehmungsgründung durch ein Thesaurierungsgebot Mittel für eventuell erforderliche Investitionen entzogen.[821] Die gesetzliche Rücklage ist jedoch nicht zwingend als Liquidität vorhanden, welche der UG für Investitionen zur Verfügung steht, sondern stellt lediglich einen Passivposten in der Bilanz dar.[822]

I. Das inhärente Umgehungspotenzial des § 5a Abs. 3 GmbHG

Im Hinblick auf das Thesaurierungsgebot und damit unter Aspekten des Gläubigerschutzes kritisch sind hingegen die Fälle, in denen von vorneherein keine Gewinnerzielungsabsicht besteht[823] oder die Gewinnerzielung durch besondere Gestaltungen umgangen wird.

---

819 Bereits 3. KapitelD; sowie Rieder, in: MünchKommGmbHG, Bd. 1, § 5a Rn. 11 f.; Roth, in: Roth/Altmeppen, GmbHG, § 5a Rn. 4.

820 Fastrich, in: Baumbach/Hueck, § 5a Rn. 22; Veil, GmbHR 2007, S. 1080 (1083).

821 Stellungnahme des Bundesrates, BR-Drucks. 354/07 (MoMiG), S. 8.

822 Miras, Unternehmergesellschaft, Rn. 217. Gleichwohl unterliegt die gesetzliche Rücklage gegenüber dem Stammkapital einer stärkeren gegenständlichen Bindung; vgl. 4. KapitelB.I.1.

823 Ausgenommen sind selbstverständlich die gemeinnützige UG oder die UG als Komplementärin einer Kommanditgesellschaft. Zwar besteht in beiden Konstellationen regelmäßig keine Gewinnerzielungsabsicht, ein missbräuchliches Verhalten ist darin gleichwohl nicht zu erkennen. Siehe zur UG als Komplementärin einer Kommanditgesellschaft 4. KapitelB.IV.1.

1. Umgehung der Gewinnausweisung

Die gläubigerschützende Wirkung der gesetzlichen Rücklage in § 5a Abs. 3 GmbHG wird durch die Vielzahl von möglichen Umgehungstatbeständen weitgehend entwertet.[824] Insbesondere der vergleichsweise hohe Anteil von 25 % des Jahresüberschusses, der gemäß § 5a Abs. 3 Satz 1 GmbHG zu thesaurieren ist, sowie die fehlende zeitliche wie betragsmäßige Obergrenze des Rücklagegebotes[825] dürften auf Seiten der Gesellschafter den Anreiz verstärken, die Erzielung eines Jahresüberschusses durch bilanzielle oder rechtsgeschäftliche Maßnahmen zu verhindern, ohne auf Ausschüttungen gleich welcher Art verzichten zu müssen.

(a) Ansatz- und Bewertungswahlrechte in der Bilanz

Weist die GuV einen Jahresüberschuss aus, muss der Geschäftsführer die gesetzliche Rücklage bereits in der nach §§ 242 ff. HGB zu erstellenden Bilanz berücksichtigen. In dieser Höhe entsteht somit kein verteilungsfähiger Bilanzgewinn. Insoweit ist die GuV der UG in entsprechender Anwendung des § 158 Abs. 1 AktG um die Posten „*Einstellungen in die Gewinnrücklage*" und „*Bilanzgewinn/Bilanzverlust*" zu ergänzen.[826] Die allgemeinen gesetzlichen Bilan-

---

824 AllgM. Fastrich, in: Baumbach/Hueck,§ 5a Rn. 22; Rieder, in: MünchKommGmbHG, Bd. 1, § 5a Rn. 32 ff.; Roth, in: Roth/Altmeppen, GmbHG, § 5a Rn. 18; Wicke, GmbHG, § 5a Rn. 11; Wachter, in: Römermann, MAH GmbH-Recht, § 4 Rn. 116; Heckschen, in: Heckschen/Heidinger, § 5 Rn. 56; Füller, in: Ensthaler/Füller/Schmidt, GmbHG, § 5a Rn. 15; Spies, Unternehmergesellschaft, S. 202; Veil, GmbHR 2007, S. 1080 (1083); Bormann, GmbHR 2007, S. 897 (899); Freitag/Riemenschneider, ZIP 2007, S. 1485 (1488). Zur geringen Reichweites des Gläubigerschutzes der gesetzlichen Rücklage im AktG bereits: Goette, Einführung in das neue GmbH-Recht, Einf. Rn. 45, spricht von einem „*recht stumpfen Schwert*", und Römermann, GmbHR 2008, R241, von „*scheunentorgroßen Manipulationsmöglichkeiten*"; ebenso Kropff, in: MünchKommAktG, Bd. 5/1, § 150 Rn. 6.

825 In die gesetzliche Rücklage der AG ist gemäß § 150 Abs. 2 AktG nur 5 % des um einen Verlustvortrags aus dem Vorjahr geminderten Jahresüberschuss einzustellen, und zwar nur bis die gesetzliche Rücklage und die Kapitalrücklagen nach § 272 Abs. 2 Nr. 1 bis 3 HGB zusammen den zehnten oder den in der Satzung bestimmten höheren Teil des Grundkapitals erreichen.

826 Vgl. dazu bereits 4. KapitelB.II.1; Lutter, in: Lutter/Hommelhoff, GmbHG, §5a Rn. 15; zur Parallelnorm des § 150 AktG vgl. Kropff, in: MünchKommAktG, Bd. 5/1, § 150 Rn. 11; zur Ergänzung der GuV um die Posten „*Einstellungen in die gesetzliche Rücklage*" und „*Bilanzgewinn/Bilanzverlust*" vgl. Kessler/Freisleben, in:

zierungsvorschriften, insbesondere die Bilanzwahlrechte, eröffnen der Gesellschaft die Möglichkeit, die Höhe des Jahresüberschusses zu beeinflussen. Dabei ist zwischen Bilanzansatzwahlrechten und Bewertungswahlrechten zu unterscheiden. Bilanzansatzwahlrechte setzten sich mit der Frage auseinander, welche Posten und Wertkategorien in die Bilanz aufgenommen werden dürfen und gewähren demnach ein Wahlrecht im Hinblick auf den Bilanzinhalt, während Bewertungswahlrechte hinsichtlich des Wertansatzes der in der Bilanz aufgenommenen Posten Alternativen eröffnen.[827] Insofern handelt es sich jedoch nicht um ein UG-spezifisches Problem.

Der Gesetzgeber hat im Zuge des Bilanzrechtsmodernisierungsgesetzes (BilMoG) die Gestaltungsmöglichkeiten durch Ausnutzung zulässiger Bilanzierungs- und Bewertungswahlrechte beträchtlich eingeschränkt.[828] Zu nennen ist im Zusammenhang mit der UG wohl insbesondere die Streichung des Bilanzansatzwahlrechts betreffend Aufwendungen für die Ingangsetzung und Erweiterung des Geschäftsbetriebes (§ 269 HGB a.F.) Im Bereich der Bewertungsvorschriften wurden ebenfalls eine Reihen von Wahlmöglichkeiten beseitigt, beispielsweise im Bereich außerplanmäßiger Abschreibungen. Sofern im Anschluss an das BilMoG die Inanspruchnahme von Bilanzwahlrechten überhaupt noch in relevantem Maße möglich ist, stehen weder das mit dem Grundsatz der ordnungsgemäßen Buchführung bezweckte Ziel der Vermittlung eines den tatsächlichen Verhältnissen entsprechenden Bildes der Vermögens-, Finanz- und Ertragslage der Gesellschaft (§ 264 Abs. 2 HGB) noch das Thesaurierungsgebot des § 5a Abs. 3 Satz 1 GmbHG einer Ausnutzung der eröffneten Bilanzwahlrechte innerhalb des gesetzlichen Rahmens entgegen, selbst wenn dadurch ein geringerer Jahresüberschuss ausgewiesen wird.[829] Das Rücklagengebot in der UG verpflichtet die Geschäftsführer nicht, Bilanzierungswahlrechte unter Gläubigerschutzgesichtspunkten so wahrzunehmen, dass ein möglichst hoher Jahres-

---

MünchKommAktG, Bd. 5/2, § 158 AktG, §§ 275 bis 277 HGB, Rn. 226 f.; Reiner/Haußer, in: MünchKommHGB, Bd. 4, § 275 Rn. 118.

827 Förschle/Kroner, in: Beck'scher Bilanzkomm., § 246 Rn. 85; zur Rechtslage nach dem BilMoG vgl. Küting, BB 2008, S. 1330 ff.; Göllert, DB 2008, S. 1165 ff.

828 Küting, BB 2008, S. 1330 (1334); Göllert, DB 2008, S. 1165 (1171); Merkt, in: Baumbach/Hopt, § 264 Rn. 25.

829 Merkt, in: Baumbach/Hopt, § 264 Rn. 25.

überschuss ausgewiesen und folglich ein entsprechend hoher Betrag in die gesetzliche Rücklage eingestellt werden kann.[830]

(b) Verdeckte Gewinnausschüttungen

Im Hinblick auf eine mögliche Umgehung des § 5a Abs. 3 GmbHG von größerer Relevanz ist jedoch die Problematik von rechtsgeschäftlichen Gestaltungsmaßnahmen zwischen Gesellschaft und Gesellschafter außerhalb der förmlichen Gewinnverwendung, die eine Verkürzung des Jahresüberschusses und folglich einen niedrigeren Ausweis der gesetzlichen Rücklage zu Folge haben. Die Thesaurierung eines Viertels des Jahresüberschusses kann für die Gesellschafter eine erhebliche Belastung darstellen und einen Anreiz zur Umgehung des § 5a Abs. 3 GmbHG bieten – dies hat der Gesetzgeber keineswegs verkannt.[831] Eine unzumutbare Schlechterstellung gegenüber den Gesellschaftern einer regulären GmbH sei darin gleichwohl nicht gegeben, da zwischen Gesellschaftern und Geschäftsführern häufig Identität bestünde und die Gesellschafter ihren Lebensunterhalt nicht aus förmlichen Gewinnausschüttungen, sondern aus der Geschäftsführervergütung bestritten.[832] Der Gesetzgeber weist den Gesellschaftern einer UG damit beinahe lapidar den Weg zur Umgehung des Thesaurierungsgebotes in § 5a Abs. 3 GmbHG: die verdeckte Gewinnausschüttung. Hierfür bieten sich insbesondere eine überhöhte Geschäftsführervergütung, eine über dem Marktniveau liegende Verzinsung eines Gesellschafterdarlehens oder die Beschäftigung von Familienangehörigen an.[833]

(i) Der Begriff der verdeckten Gewinnausschüttung

Begrifflich ist zunächst funktionell zwischen der verdeckten Gewinnausschüttung im Steuer- und der im Gesellschaftsrecht zu differenzieren. Seinen Ursprung hat der Begriff der verdeckten Gewinnausschüttung im Steuerrecht (§ 8 Abs. 3 Satz 2 KStG) und erfasst Aufwendungen der Kapitalgesellschaft im Interesse ihres Gesellschafters, welche in der Bilanz den Unterschiedsbetrag gemäß § 4 Abs. 1 EStG mindern, durch das Gesellschaftsverhältnis zumindest mitveranlasst sind und in keinem Zusammenhang mit einer offenen Gewinnausschüttung stehen; dies ist insbesondere dann anzunehmen, wenn ein ordentlicher und

---

830 Zutreffend Riemenschneider, in: MünchHdb GesR III, § 8c Rn. 3.

831 RegE., BT-Drucks. 16/6140, S. 32; ebenso Joost, ZIP 2007, S. 2242 (2245).

832 RegE., BT-Drucks. 16/6140, S. 32.

833 Miras, Unternehmergesellschaft, Rn. 235; Fastrich, in: Baumbach/Hueck, § 5a Rn. 22; Rieder, in: MünchKommGmbHG, Bd. 1, § 5a Rn. 31.

gewissenhafter Geschäftsführer unter ansonsten vergleichbaren Umständen einem Dritten die Aufwendung nicht gewährt hätte.[834] Im Steuerrecht steht somit der Gesichtspunkt der Gewinnkorrektur im Vordergrund mit dem Ziel, die volle Besteuerung des Gesellschaftsgewinns sicherzustellen; Tatbestandsmerkmale einer verdeckten Gewinnausschüttung sind dabei weder die subjektive Motivation des Geschäftsführers noch ein möglicherweise billigender Gesellschafterbeschluss.[835] Die steuerrechtliche Unzulässigkeit einer verdeckten Gewinnausschüttung führt zu einer Korrektur außerhalb der Bilanz in der Körperschaftsteuererklärung bzw. dem Körperschaftssteuerbescheid und lässt die zugrundeliegende bürgerlich-rechtliche Vereinbarung regelmäßig unberührt.[836] Insofern ist eine steuerrechtliche verdeckte Gewinnausschüttung zwar ein Indiz für eine gesellschaftsrechtliche verdeckte Gewinnausschüttung – mehr aber auch nicht.[837]

Das GmbH-Recht verwendet den Begriff der verdeckten Gewinnausschüttung hingegen nicht. Im gesellschaftsrechtlichen Schrifttum wird die steuerrechtliche Definition der verdeckten Gewinnausschüttung gleichwohl übernommen, obwohl sich Zielrichtung und Funktion unterscheiden. Die an eine verdeckte Gewinnausschüttung anknüpfenden gesellschaftsrechtlichen Rechtsfolgen sollen in erster Linie den Erhalt des zur Deckung des Stammkapitals erforderlichen Aktivvermögens gewährleisten sowie für die Beachtung des Gleichbehandlungsgrundsatzes und der Kompetenzordnung der Gesellschaft sorgen.[838] Die verdeckte Gewinnausschüttung im gesellschaftsrechtlichen Sinn erfasst demnach durch das Gesellschaftsverhältnis veranlasste Leistungen („*causa so-*

---

834 BFH, Urteil v. 06.04.2005, I R 86/04 = NJW 2005, S. 2735; BFH, Urt. v. 14.07.2004, I R 57/03 = NJW 2004, S. 3799; BFH, Urteil v. 29.11.2000, I R 90/99 = NZG 2001, S. 623; BFH, Urteil v. 27.03.2001, I R 27/99 = NJW-RR 2001, S. 1685; BFH, Urteil v. 22.02.1989, I R 44/85, BStBl. 1989 II, S. 475 (631); Schwedhelm, in: Streck KStG, § 8 Rn. 165; Förschle/Büssow, in: Beck'scher Bilanzkomm., § 278 Rn. 102; Emmerich, in: Scholz, GmbHG, Bd. 1, § 29 Rn. 97; Busch/Wrede, in: MünchHdb GesR III, § 60 Rn. 18.

835 Schwedhelm, in: Streck KStG, § 8 Rn. 147.

836 Emmerich, in: Scholz, GmbHG, Bd. 1, § 29 Rn. 96; Schwedhelm, in: Streck KStG, § 8 Rn. 281.

837 Spönemann, in: Michalski, GmbHG, Bd. 1, Syst. Darst. 3 Rn. 568.

838 Bitter, ZHR 168 (2004), S. 302 (308); Müller, in: Ulmer, GmbHG, Bd. 2, § 29 Rn. 157, der zutreffend darauf hinweist, dass die Terminologie insoweit nicht unbedenklich ist; ebenso kritisch gegenüber der Terminologie Pentz, in: Rowedder/Schmidt-Leithoff, GmbHG, § 29 Rn. 160, und Hueck/Fastrich, in: Baumbach/Hueck, § 29 Rn. 68.

cietatis") der Gesellschaft aller Art aus dem Gesellschaftsvermögen an einzelne oder alle Gesellschafter sowie diesen wirtschaftlich nahe stehenden Personen außerhalb der förmlichen Gewinnverwendung.[839] Entgegen der insofern irreführenden, aber gebräuchlichen Bezeichnung muss es sich bei der Ausschüttung nicht zwingend um Gewinne im Rechtssinn handeln.[840] Die Abgrenzung einer verdeckten Gewinnausschüttung zu sonstigen (grundsätzlich zulässigen) Austauschgeschäften zwischen Gesellschaft und Gesellschafter, bei denen die Gesellschaft für ihre Leistung eine gleichwertige Gegenleistung erhält, erfolgt ebenso wie im Steuerrecht anhand eines Drittvergleichs. Hätte ein ordentlicher und gewissenhafter Geschäftsführer das Geschäft unter sonst vergleichbaren Bedingungen auch mit einem Dritten (Nichtgesellschafter) abgeschlossen, scheidet eine verdeckte Gewinnausschüttung grundsätzlich aus; in einem solchem Fall fehlt es in der Regel am Merkmal der *causa societatis*.[841] Auch wenn der Maßstab für die Angemessenheit der Gegenleistung objektiv zu bestimmen ist,[842] kommt dem Geschäftsführer ein gewisser Beurteilungsspielraum zu. Dies ist schlicht der Tatsache geschuldet, dass sich ein allgemeiner, abstrakter Maßstab für die Angemessenheit eines Austauschgeschäftes zwischen Gesellschaft und Gesellschafter nicht bestimmen lässt.[843] Eine Begünstigungsabsicht des Ge-

---

839 AllgM. Emmerich, in: Scholz, GmbHG, Bd. 1, § 29 Rn. 98a; Hueck/Fastrich, in: Baumbach/Hueck, § 29 Rn. 68; Müller, in: Ulmer, GmbHG, Bd. 2, § 29 Rn. 162; Pentz, in: Rowedder/Schmidt-Leithoff, GmbHG, § 29 Rn. 160; Salje, in: Michalski, GmbHG, Bd. 1, § 29 Rn. 102; Dreher, DStR 1993, S. 1632 (1635).

840 Anstatt vieler Müller, in: Ulmer, GmbHG, Bd. 2, § 29 Rn. 162; Hueck/Fastrich, in: Baumbach/Hueck, § 29 Rn. 68; vom Begriff der verdeckten Gewinnausschüttung erfasst sind beispielsweise auch der Verzicht auf Rechte oder die nicht konsequenter Geltendmachung von Ersatzansprüchen.

841 BGH, Urt. v. 01.12.1986, II ZR 306/85 = NJW 1987, S. 1194 (1195); OLG Celle, Urt. v. 18.08.1992, 18 U 3/92 = NJW 1993, S. 739; Busch/Wrede, in: MünchHdb GesR III, § 60 Rn. 26; Hueck/Fastrich, in: Baumbach/Hueck, § 29 Rn. 70 m.w.N.

842 Dies gilt im Gesellschaftsrecht ebenso wie im Steuerrecht; vgl. BGH, Urt. v. 01.12.1986, II ZR 306/85 = NJW 1987, S. 1194 (1195); Hueck/Fastrich, in: Baumbach/Hueck, § 29 Rn. 70; Busch/Wrede, in: MünchHdb GesR III, § 60 Rn. 26.

843 Emmerich, in: Scholz, GmbHG, Bd. 1, § 29 Rn. 98a; Busch/Wrede, in: MünchHdb GesR III, § 60 Rn. 26 f.; BGH, Urt. v. 13.11.1995, II ZR 113/94 = NJW 1996, S. 589 (590); BGH, Urt. v. 14.05.1990. II ZR 126/89 = NJW 1990, S. 2625.

schäftsführers ist ebenso wenig wie im Steuerrecht erforderlich; entscheidend ist allein die objektive Unangemessenheit.[844]

(ii) Die eingeschränkte Zulässigkeit der vGa im GmbH-Recht

Verdeckte Gewinnausschüttungen sind im GmbH-Recht nicht schlechthin unzulässig.[845] Hierin liegt ein Unterschied zu verdeckten Gewinnausschüttungen im Steuerecht wie im Aktienrecht. Das Gesellschaftsvermögen der Aktiengesellschaft unterliegt einer restriktiveren Bindung. Verteilungsfähig ist nur der förmlich festgestellte Bilanzgewinn. Unzulässig sind insofern nicht nur Ausschüttungen zulasten des Grundkapitals und der gesetzlichen Rücklage (§ 150 AktG), sondern auch Leistungen aus dem freien Vermögen der Gesellschaft, soweit diese nicht durch einen Gewinnverwendungsbeschluss der Hauptversammlung gedeckt sind.[846] Diese strenge Vermögensbindung hat der historische Gesetzgeber des GmbHG nicht übernommen. Die Zuwendung von Gesellschaftsvermögen außerhalb der förmlichen Gewinnverwendung unterliegt den allgemeinen Zulässigkeitsvoraussetzungen, die sich aus den zwingenden Vorschriften der Kapitalerhaltung sowie der gesetzlichen Kompetenzordnung, dem Gleichbehandlungsgrundsatz und der gesellschaftsrechtlichen Treuepflicht ergeben.[847] Für die UG als Rechtsformvariante der GmbH gelten diese Grundsätze uneingeschränkt.

---

844 BGH, Urt. v. 01.12.1986, II ZR 306/85 = NJW 1987, S. 1194 (1995); BGH, Urt. v. 13.11.1995, II ZR 113/94 = NJW 1996, S. 589 (590); OLG Celle, Urt. v. 18.08.1992, 18 U 3/92 = NJW 1993, S. 739.

845 Dies entspricht wohl allgemeiner Ansicht. Vgl. statt vieler Müller, in: Ulmer, GmbHG, Bd. 2, § 29 Rn. 164; Hueck/Fastrich, in: Baumbach/Hueck, § 29 Rn. 71; Pentz, in: Rowedder/Schmidt-Leithoff, GmbHG, § 29 Rn. 164; Salje, in: Michalski, GmbHG, Bd. 1, § 29 Rn. 104; Winter, Mitgliedschaftliche Treuebindung im GmbH-Recht, S. 222; zusammenfassend Schulze-Osterloh, in: FS Stimpel, S. 487 ff.; a.A. Burgard, ZIP 2002, S. 827 (833).

846 Bayer, in: MünchKommAktG, Bd. 1,§ 57 Rn. 2; die aktienrechtlichen Vorschriften gewährleisten somit auch die Einhaltung der gesetzlichen Kompetenzordnung und die Gleichbehandlung der Aktionäre; hinsichtlich der Abgrenzung zur GmbH Pentz, in: Rowedder/Schmidt-Leithoff, GmbHG, § 29 Rn. 164; Winter, Mitgliedschaftliche Treuebindung im GmbH-Recht, S. 222; Schulze-Osterloh, in: FS Stimpel, S. 487 (489).

847 Bitter, ZHR 168 (2004), S. 302 (311), weist zutreffend darauf hin, dass im GmbH-Recht weder von einer generellen Zulässigkeit noch von einer generellen Unzulässigkeit der verdeckten Gewinnausschüttung gesprochen werden kann. Vielmehr ist zwischen der Schutzrichtung des Gläubigerschutzes und des Gesellschafterschutzes zu differenzieren.

(aa) Die absolute Grenze des Kapitalerhaltungsgrundsatzes

Gewinnausschüttungen sind nach allgemeiner Ansicht stets am Kapitalerhaltungsgrundsatz zu messen; dies gilt für verdeckte Gewinnausschüttungen ebenso wie für Auszahlungen an die Gesellschafter im Rahmen der förmlichen Gewinnverwendung nach §§ 29, 46 Nr. 1 GmbHG.[848] Die zwingende Kapitalerhaltungs- und Gläubigerschutzregel des § 30 Abs. 1 GmbHG können die Gesellschafter auch nicht durch einstimmigen Beschluss überwinden. Ein gleichwohl gefasster Beschluss der Gesellschafterversammlung ist analog § 241 Abs. 1 Nr. 3 AktG nichtig und löst einen verschuldensunabhängigen Rückerstattungsanspruch gegen die begünstigten Gesellschafter gemäß § 31 Abs. 1 GmbHG aus.[849] Sofern Austauschverträge zwischen Gesellschaft und Gesellschafter jedoch das zum Erhalt des Stammkapitals erforderliche Gesellschaftsvermögen nicht berühren, sind offene wie verdeckte Gewinnausschüttungen an die Gesellschafter über den förmlich festgestellten Bilanzgewinn hinaus unter dem Aspekt der Kapitalerhaltung rechtlich selbst dann nicht zu beanstanden, wenn die Gegenleistung des Gesellschafters einem Drittvergleich nicht standhält.[850] Dabei ist zu beachten, dass nach Neufassung des § 30 Abs. 1 GmbHG die Werthaltigkeit der Gegenleistung ausschließlich nach bilanziellen Kriterien zu bestimmen ist. Verdeckte Gewinnausschüttungen, die eine Umgehung des Thesaurierungsgebots in § 5a Abs. 3 GmbHG zur Folge haben, unterliegen somit nicht dem direkten Regime der §§ 30, 31 GmbHG, sofern diese nicht auch zugleich eine Unterbilanz herbeiführen oder eine bestehende Unterbilanz vertiefen.

---

848 BGH, Urt. v. 01.12.1986, II ZR 306/85 = NJW 1987, S. 1194 (1195); OLG Hamm, Urt. v. 19.11.1991, 27 U 145/91 = DStR 1992, S. 591; ;K. Schmidt, Gesellschaftsrecht, S. 1133; Emmerich, in: Scholz, GmbHG, Bd. 1, § 29 Rn. 101; Hueck/Fastrich, in: Baumbach/Hueck, § 29 Rn. 71; Pentz, in: Rowedder/Schmidt-Leithoff, GmbHG, § 29 Rn. 164; Salje, in: Michalski, GmbHG, Bd. 1, § 29 Rn. 104; Müller, in: Ulmer, GmbHG, Bd. 2, § 29 Rn. 163.

849 Sowohl das Kausal- als auch das Verfügungsgeschäft seien grundsätzlich als unwirksam anzusehen; vgl. BGH, Urteil v. 23.06.1997, II ZR 220/95 = NJW 1997, S. 2599; Altmeppen, in: Roth/Altmeppen, GmbHG, § 30 Rn. 79; Hueck/Fastrich, in: Baumbach/Hueck, § 29 Rn. 71; Pentz, in: Rowedder/Schmidt-Leithoff, GmbHG, § 29 Rn. 167.

850 So bereits Flume, Die juristische Person, S. 297; K. Schmidt, Gesellschaftsrecht, S. 1140; Schulze-Osterloh, in: FS Stimpel, S. 487 (491); BGH, Urt. v. 21.06.1999, II ZR 47/98 = NJW 1999, S. 2817 (2818).

(bb) Fallgruppen unzulässiger verdeckter Gewinnausschüttungen

Verdeckte Gewinnausschüttungen sind nach ganz allgemeiner Ansicht über §§ 30, 31 GmbHG hinaus bei Verstoß gegen die innergesellschaftliche Kompetenzordnung oder den Gleichbehandlungsgrundsatz sowie bei einer Treuepflichtverletzung unzulässig. Mittels dieser Fallgruppen werden nach Auffassung *Emmerichs* die Mehrzahl verdeckter Gewinnausschüttungen erfasst und somit ein *„doch sehr umfassendes Verbot“* statuiert.[851]

Gemäß der gesetzlichen Kompetenzordnung in § 46 Nr. 1 GmbHG obliegt es ausschließlich der Gesellschafterversammlung über Ergebnisverwendung und Gewinnausschüttung zu entscheiden. Diese Zuständigkeit umfasst nicht nur die Verwendung des bilanziell festgestellten Jahresüberschusses/Bilanzgewinns, sondern jede offene oder verdeckte Zuwendung aus dem Gesellschaftsvermögen an Gesellschafter.[852] Fehlt es an einem wirksamen Gesellschafterbeschluss, liegt ein kompetenzwidriger Eingriff in das Gesellschaftsvermögen vor. Mangels Rechtsgrund ist die Leistung nach den Vorschriften über eine ungerechtfertigte Bereicherung unabhängig eines gegebenenfalls bestehenden Rückerstattungsanspruches nach § 31 GmbHG rückabzuwicklen.[853]

Verdeckte Gewinnausschüttungen können sich zudem als Benachteiligung der übrigen Mitgesellschafter darstellen, sofern diese nicht gleichermaßen in den Genuss der verdeckten Zuwendung kommen. Der Grundsatz der Gleichbehandlung verpflichtet die Gesellschaft als solche sowie alle Organe und einzelne Mitgesellschafter bei Ausübung von Organfunktionen und sonstigem Handeln für die Gesellschaft, die Gesellschafter in vergleichbaren Sachverhalten auch

---

851 So ausdrücklich Emmerich, in: Scholz, GmbHG, Bd. 1, § 29 Rn. 101.

852 Hueck/Fastrich, in: Baumbach/Hueck, § 29 Rn. 75 sowie Zöllner, in: Baumbach/Hueck, § 46 Rn. 20; Müller, in: Ulmer, GmbHG, Bd. 2, § 29 Rn. 163; K. Schmidt, Gesellschaftsrecht, S. 1140.

853 Es liege ein Handeln des Geschäftsführers ohne Vertretungsmacht gemäß §§ 177 ff. BGB vor. So die h.M. OLG Brandenburg, Urt. v. 18.02.1996, 7 U 78/96 = GmbHR 1997, S. 750; ausführlich Schulze-Osterloh, in: FS Stimpel, S. 487 (490 ff.); Hueck/Fastrich, in: Baumbach/Hueck, § 29 Rn. 76; K. Schmidt, Gesellschaftsrecht, S. 1140 f.; Emmerich, in: Scholz, GmbHG, Bd. 1, § 29 Rn. 108; Winter, Mitgliedschaftliche Treuebindung im GmbH-Recht, S. 230 f.; a.A. Müller, in: Ulmer, GmbHG, Bd. 2, § 29 Rn. 169; offen Salje, in: Michalski, GmbHG, Bd. 1, § 29 Rn. 105; Pentz, in: Rowedder/Schmidt-Leithoff, GmbHG, § 29 Rn. 168.

gleich zu behandeln.[854] Differenzierungen ohne sachlichen Grund bzw. ohne Zustimmung der Betroffenen sind folglich unzulässig.[855]

Letztlich kann sich eine verdeckte Gewinnausschüttung unter dem Gesichtspunkt der gesellschaftsrechtlichen Treuepflicht als unzulässig erweisen. Diese heute anerkannte allgemeine Verhaltensregel für die Beziehung zwischen Gesellschaft und Gesellschaftern sowie den Gesellschaftern untereinander verpflichtet jeden einzelnen Gesellschafter, als Mitglied der Gesellschaft deren Interessen zu wahren, insbesondere ein gesellschaftsschädigendes Verhalten zu unterlassen und den Gesellschaftszweck gegebenenfalls aktiv zu fördern, und auf die mitgliedschaftlichen Interessen der Mitgesellschafter Rücksicht zu nehmen.[856]

Für die UG lassen sich die dargestellten Fallgruppen jedoch nur bedingt fruchtbar machen. Auch die strittige Frage nach der Rechtsgrundlage einer Rückerstattungspflicht, die sich bei einem Verstoß gegen die innergesellschaftliche Kompetenzordnung, den Gleichbehandlungsgrundsatz oder die Treuepflicht stellt, kann im Hinblick auf die UG in der Mehrzahl der Fälle dahinstehen. Bei Existenzgründungen bzw. kleinen Kapitalgesellschaften wie der UG herrscht in der Regel Identität zwischen Gesellschaftern und Geschäftsführern.[857] Konflikte mit der Kompetenzordnung oder der Gleichbehandlung der Mitgesellschafter sind von vornherein nur von untergeordneter Relevanz.[858] Auch ein Rückgriff auf die Treuepflicht ist bei Einpersonengesellschaften naturgemäß nicht möglich

---

854 Altmeppen, in: Roth/Altmeppen, GmbHG, § 13 Rn. 60.

855 Hueck/Fastrich, in: Baumbach/Hueck, § 13 Rn. 31 ff., spricht zutreffenderweise von einem „*Willkürverbot*".

856 Dies folgt aus dem Verständnis der GmbH als Personenverband; h.M. BGH, Urt. v. 05.06.1975, II ZR 23/74 = NJW 1976, S. 191; BGH, Urt. v. 25.09.1988, II ZR 262/85 = NJW 1987, S. 189 (190); BGH, Urt. v. 11.02.2006, II ZR 166/05 = NJW 2007, S. 917; K. Schmidt, Gesellschaftsrecht, S. 1035 f.; Pentz, in: Rowedder/Schmidt-Leithoff, GmbHG, § 13 Rn. 35; Bayer, in: Lutter/Hommelhoff, GmbHG, § 14 Rn. 20 (Hauptpflicht); Altmeppen, in: Roth/Altmeppen, GmbHG, § 13 Rn. 28; ausführlich Dreher, DStR 1993, S. 1632 ff.

857 RegE., BT-Drucks. 16/6140, S. 32.

858 BGH, Urt. v. 21.06.1999, II ZR 47/98 = NJW 1999, S. 2817 (2818); BGH, Urt. v. 28.09.1992, II ZR 299/91 = NJW 1993, S. 193 (194); BGH, Urt. v. 10.05.1993, II ZR 74/92 = NJW 1993, S. 1922; Roth, in: Roth/Altmeppen, GmbHG, § 29 Rn. 62a; Hueck/Fastrich, in: Baumbach/Hueck, § 29 Rn. 75; K. Schmidt, NJW 2001, S. 3577 (3580).

und im Übrigen wegen Interessengleichlaufs zwischen Gesellschaftern und Gesellschaft regelmäßig ausgeschlossen.[859]

2. Erforderlichkeit umgehungsresistenter Regelungen

Verdeckte Gewinnausschüttungen, die den Jahresabschluss verkürzen und somit zulasten der Gewinnrücklage gehen, lassen sich im Fall der UG folglich regelmäßig nicht mittels der gängigen Fallgruppen begegnen.[860] Dem Gesetzgeber kann jedoch kaum daran gelegen sein, dass die Verpflichtung zur Bildung einer gesetzlichen Rücklage durch verdeckte Gewinnausschüttungen ins Leere läuft. Selbstverständlich ist, dass der im Rahmen des § 5a Abs. 3 GmbHG eröffnete Gestaltungsspielraum der Gesellschafter und Geschäftsführer nur innerhalb des geltenden Rechts genutzt werden kann und Verhaltensweisen zulasten der Gesellschaft oder der Gesellschaftsgläubiger keinesfalls legitimiert werden.[861] Insofern ist *Römermann* schon im Grundsatz zu widersprechen, dass aufgrund des Wortlauts der Gesetzesbegründung kein Raum für eine teleologische Reduktion des § 5a Abs. 3 GmbHG sei.[862]

(a) Das Befriedigungsinteresse der Gesellschaftsgläubiger

Die § 5a Abs. 3 GmbHG beigemessene Funktion der sukzessiven Eigenkapitalbildung verdeutlicht die Notwendigkeit umgehungsresistenter Regelungen. Eine am individuellen Finanzierungsbedarf und Risikograd orientierte, materielle Ka-

859 AllgM. BGH, Urt. v. 16.09.1985, II ZR 275/84 = NJW 1986, S. 188 (190); BGH, Urt. v. 10.05.1993, II ZR 74/92 = NJW 1993, S. 1922; BGH, Urt. v. 21.06.1999, II ZR 47/98 = NJW 1999, S. 2817 (1818); Schiessl, in: MünchHdb GesR III, § 32 Rn. 14; Hueck/Fastrich, in: Baumbach/Hueck, § 13 Rn. 20; Rieder, in: MünchKommGmbHG, Bd. 1, § 5a Rn. 32; Peifer, GmbHR 2008, S. 1074 (1076); Habersack, ZGR 2008, S. 533 (536); Bitter, WM 2001, S. 2133 (2136); Burgard, ZIP 2002, S. 827 (829).

860 Rieder, in: MünchKommGmbHG, Bd. 1, § 5a Rn. 32; zur verdeckten Gewinnausschüttung in der regulären GmbH im Hinblick auf §§ 30, 31 GmbHG vgl. K. Schmidt, Gesellschaftsrecht, S. 1140.

861 Laut dem RegE., BT-Drucks. 16/6140, S. 32, sei die aus der Kapitalaufholung resultierende Beschränkung der Gewinnausschüttungen vertretbar, da in den Fällen der UG sehr häufig Identität zwischen Gesellschafter und Geschäftsführer vorliegen werde und ohnehin davon auszugehen sei, dass *„der Geschäftsführer seinen notwendigen Lebensunterhalt über sein Geschäftsführergehalt bestreiten“* könne. Der Gesetzgeber geht demnach davon aus, dass Ausschüttungen mittels Austauschverträgen nur in einem notwendigen und angemessenen Rahmen erfolgen werden.

862 Römermann, NJW 2010, S. 905 (908).

pitalisierung der Gesellschaft bildet grundsätzlich einen wirksamen Schutz gegen eine Insolvenz.[863] Die UG ist im höheren Maße einer strukturellen Insolvenzgefahr ausgesetzt. Insofern ist zumindest die Absicht des Gesetzgebers, mittels einer nachgelagerten Kapitalisierung die Eigenkapitalausstattung der UG zu verbessern, begrüßenswert. Das inhärente Umgehungspotential des § 5a Abs. 3 GmbHG macht es nach Ansicht des Verfassers erforderlich, opportunistisches Verhalten der Gesellschafter im Hinblick auf die Verwendung des Gesellschaftsvermögens einer kritischen Prüfung zu unterziehen.

Die Diskussion um opportunistisches Gesellschafterverhalten ist freilich nicht neu, entzündet sich an der UG jedoch von Neuem. Schon vor Inkrafttreten des MoMiG wurde die Notwendigkeit erkannt, Gesellschaftsgläubiger vor Vermögensverschiebungen zwischen Gesellschaft und Gesellschaftern, die nicht der Bindung und dem Schutz der Kapitalerhaltungsvorschriften unterfallen, zu schützen.[864] Insbesondere das Rechtsinstitut des existenzvernichtenden Eingriffs sollte mit wechselnder dogmatischer Begründung Schutzlücken schließen.[865] Der Gesetzgeber reagierte im Zuge des MoMiG mit der in § 64 Satz 3 GmbHG nunmehr festgeschriebenen Insolvenzverursachungshaftung des Geschäftsführers wegen Zahlungen an die Gesellschafter, soweit diese zur Zahlungsunfähigkeit der Gesellschaft führen mussten.[866] Sowohl dem Haftungsinstitut der Existenzvernichtung als auch der Insolvenzverursachung liegen dabei die Prämisse zugrunde, dass das Gesellschaftsvermögen während der gesamten Lebensdauer

---

863 Zur überproportional hohen Insolvenzanfälligkeit der GmbH nur Burgard, ZIP 2002, S. 827 (831). Die Insolvenzanfälligkeit der Einpersonengesellschaft hat neben einer möglicherweise unzureichenden Kapitalisierung auch rechtliche Gründe. Insbesondere fehlt es an der disziplinierenden Wirkung, welche die innergesellschaftliche Kompetenzordnung und der Gleichbehandlungsgrundsatz in Mehrpersonengesellschaften auf opportunistisches Verhalten der Gesellschafter ausüben.

864 Insbesondere die Grundsätze zur Gesellschafterhaftung in der Vorgesellschaft, zur verdeckten Sacheinlage, zum Kapitalersatzrecht oder zum sogenannten faktischen Konzern sind zu nennen; vgl. nur Dauner-Lieb, DStR 2006, S. 2034; Bitter, WM 2001, S. 2133 (2136).

865 BGH, Urt. v. 09.02.2009, II ZR 292/07 (Sanitary) = NJW 2009, S. 2127; BGH, Urt. v. 28.04.2008, II ZR 264/06 (Gamma) = NJW 2008, S. 2437; BGH, Urt. v. 16.07.2007, II ZR 3/04 (Trihotel) = NJW 2007, S. 2689; BGH, Urt. v. 17.09.2001, II ZR 178/99 (Bremer Vulkan) = NJW 2001, S. 3622.

866 RegE., BT-Drucks. 16/6140, S. 46.

der Gesellschaft vorrangig der Befriedigung der Gesellschaftsgläubiger dient.[867] Offene oder verdeckte Entnahmen von Gesellschaftsvermögen außerhalb der förmlichen Gewinnverteilung und ohne angemessenen Ausgleich lassen sich mit dieser Zweckbindung des Gesellschaftsvermögens nur dann vereinbaren, wenn die Gesellschaft ihre Verbindlichkeiten gegenüber den Gesellschaftsgläubigern weiterhin erfüllen kann.[868] Insofern lässt sich von einem vorrangigen Befriedigungsinteresse der Gläubiger sprechen, welches beispielsweise in § 31 Abs. 3 GmbHG oder § 43 Abs. 3 Satz 2 GmbHG zum Ausdruck kommt. Dies als Eigeninteresse der Gesellschaft zu qualifizieren, wäre jedoch verfehlt. Denn ein autonomes, von der Rechtsordnung geschütztes Eigeninteresse der Gesellschaft losgelöst von den Interessen der Gesellschafter und der Gläubiger existiert nicht. Soweit nicht das Befriedigungsinteresse der Gläubiger betroffen ist, lässt sich ein darüber hinaus gehendes Eigeninteresse der Gesellschaft nicht mit der Systematik des GmbH-Rechts vereinbaren.[869]

(b) Übertragung der Grundsätze auf die UG

Dieser Grundsatz vom vorrangigen Befriedigungsinteresse der Gesellschaftsgläubiger ist im Rahmen einer Umgehung des § 5a Abs. 3 GmbHG ebenfalls heranzuziehen. Während in der regulären GmbH zumindest das zweckgebundene Stammkapital durch die Kapitalerhaltungsnormen im Interesse der Gesellschaftsgläubiger gegen Vermögensverschiebungen zwischen Gesellschaft und

867 Diesem Ziel soll neben der Gewährleistung eines Betriebsvermögens auch das gesetzliche Kapitalschutzsystem mit seinen Säulen gesetzliche Mindeststammkapitalziffer, Kapitalaufbringung- und Kapitalerhaltungsregeln dienen. Eine Befriedigungsreserve kann das gesetzliche Kapitalschutzsystem jedoch nicht bieten; vgl. Hueck/Fastrich, in: Baumbach/Hueck, Einl. Rn. 7 ff. sowie bereits 3. KapitelA.II.2(c).

868 So die inzwischen wohl herrschende Ansicht in Rechtsprechung und Schrifttum: BGH, Urt. v. 16.07.2007, II ZR 3/04 (Trihotel) = NJW 2007, S. 2689 (2690 f.); BGH, Urt. v. 28.04.2008, II ZR 264/06 (Gamma) = NJW 2008, S. 2437 (2438); Hueck/Fastrich, in: Baumbach/Hueck, § 13 Rn. 64; Wilhelm, Kapitalgesellschaftsrecht, Rn. 514a; Roth, NZG 2003, S. 1081; Ihrig, DStR 2007, S. 1170 (1171); K. Schmidt, NJW 2001, S. 3577 (3580); Burgard, ZIP 2002, S. 827 (835); Hartmann, GmbHR 1999, S. 1061 (1066);

869 So auch Lutter, in: Lutter/Hommelhoff, GmbHG, Anh. zu § 13 Rn. 36 f.; Weller, DStR 2007, S. 1166 (1168); Haas, Gutachten E, 66. Deutscher Juristentag, S. 102; Raiser, in: Ulmer, GmbHG, Bd. 1, § 13 Rn. 151; Roth, NZG 2003, S. 1081; Bitter, WM 2001, S. 2133 (2136); a.A. Ulmer, ZHR 148 (1984), S. 391 (409) spricht unter Zugrundelegung der Grundsätze zum faktischen GmbH-Konzern noch von „*Bestandsicherung*“, sowie Ulmer, ZIP 2001, S. 2021 (2025).

Gesellschaftern geschützt wird, erfordert der Verzicht auf ein nennenswertes gesetzliches Mindeststammkapital in der UG und die damit auftretende Schutzlücke eine Erweiterung des dargestellten Grundsatzes. Ebenso wie das gebundene Gesellschaftsvermögen der regulären GmbH gegen Auszahlungen an die Gesellschafter zu schützen ist, die in einer Gefährdung des Befriedigungsinteresses der Gläubiger resultieren, sind Rechtsgeschäfte, welche die Bildung einer gesetzlichen Rücklage in § 5a Abs. 3 GmbHG systematisch unterlaufen, zu sanktionieren.[870] Es wäre nämlich eine blanke *petitio principii*, wenn der Gesellschafter auf das Gesellschaftsvermögen jenseits des gebundenen Kapitals stets und ohne Rücksicht auf die Befriedigungsinteressen der Gläubiger zugreifen könnte[871]. Eine Aussage über die Voraussetzungen und Rechtsfolgen einer solchen Umgehung ist damit gleichwohl noch nicht getroffen. Eine Haftung wegen materieller Unterkapitalisierung, wie sie in diesem Zusammenhang teilweise gefordert wird,[872] ist kein gangbarer Weg, um der dargestellten Problematik zu begegnen.[873] Eine Unterkapitalisierungshaftung geht schon dem Grunde nach am Ziel vorbei. Denn das vorwerfbare Verhalten, welches den Gesellschaftern im Rahmen einer Umgehung der Gewinnthesaurierung gemacht werden kann, ist nicht in einer (wie auch immer zu bestimmenden) materiellen Unterkapitalisierung der UG zu sehen, sondern im Entzug von erwirtschafteten Erträgen ohne Rücksicht auf das Befriedigungsinteresse der Gesellschaftsgläubiger.

II. Prämissen einer möglichen Haftung

Hinsichtlich der Notwendigkeit umgehungsresistenter Regelungen im Zusammenhang mit § 5a Abs. 3 GmbHG besteht im Schrifttum weitgehend Einigkeit,[874] wohingegen das „*Wie*" möglicher Rechtsfolgen umstritten ist. Abzuleh-

---

870 Im Ergebnis ebenso: Miras, Unternehmergesellschaft, Rn. 246; Spies, Unternehmergesellschaft, S. 206 ff.; Rieder, in: MünchKommGmbHG, Bd. 1, § 5a Rn. 34; Roth, in: Roth/Altmeppen, GmbHG, § 5a Rn. 18, 22; Fastrich, in: Baumbach/Hueck, § 5a Rn. 23; Riemenschneider, in: MünchHdb GesR III, § 8c Rn. 3; Schreiber, DZWIR 2009, S.492 (495); a.A. Römermann, NZI 2008, S. 641 (643 f.), der die auftretende Schutzlücke erkennt, gleichwohl aber hinnehmen will.

871 Altmeppen, ZIP 2008, S. 1201 (1203), in Bezug auf die Notwendigkeit einer Existenzvernichtungshaftung.

872 So beispielsweise Stellungnahme des Bundesrates, BR-Drucks. 354/07 (MoMiG), S. 8.

873 Hierzu 6. KapitelB.I.

874 Ersichtlich sprechen sich nur Römermann, NZI 2008, S. 641 (643), bzw. Römermann/Passarge, ZIP 2009, S. 1497 (1502), unter Verweis auf die Gesetzes-

nen sind von vorneherein Vorschläge, welche die in § 5a GmbHG festgelegte Konzeption durchbrechen und damit der Entscheidung des Gesetzgebers zur Schaffung einer Kapitalgesellschaft ohne nennenswertes gesetzliches Mindeststammkapital zuwiderlaufen. Zu nennen ist diesbezüglich insbesondere der Vorschlag *Hennrichs*, aus Gründen der Seriosität und zur Vermeidung einer „*Startinsolvenz*" ein moderates Mindeststammkapital von beispielsweise EUR 5.000 zu fordern oder die Kapitalaufholung des § 5a Abs. 3 GmbHG durch eine „*ratierliche Differenzhaftung*" zu ergänzen.[875] Mit der gesetzlichen Konzeption des § 5a GmbHG hätte dies nicht viel gemein und ließe sich allenfalls durch eine Gesetzesänderung realisieren.

Im Folgenden ist daher herauszuarbeiten, unter welchen Voraussetzungen eine Haftung wegen Umgehung des § 5a Abs. 3 GmbHG in Betracht kommt und welche Prämissen einen möglichen Rückerstattungsanspruch gegen den begünstigten Gesellschafter in dogmatischer Hinsicht determinieren. Dabei ist als Annahme voranzustellen, dass die UG als bloße Rechtsformvariante im Grundsatz derselben Vermögensbindung unterliegt wie die reguläre GmbH. Lediglich in gewissen Fallkonstellationen sind Einschränkungen zu machen, die der besonderen Finanzverfassung der UG geschuldet sind. Gleichwohl ist trotz des Postulats eines vorrangigen Befriedigungsinteresses der Gesellschaftsgläubiger für die Frage nach einer möglichen Haftung wegen Umgehung des § 5a Abs. 3 GmbHG zu beachten, dass die Vermögensbindung der UG nicht den aktienrechtlichen Grundsätzen angenähert wird.

---

begründung für eine sanktionslose Hinnahme eines möglicherweise Leerlaufens des § 5a Abs. 3 GmbHG aus. Die von der herrschenden Ansicht vertretene Analogie zu §§ 30, 31 GmbHG führe zu einer Art „*Rücklagenersatzrecht*", welches nach Aufgabe des Eigenkapitalersatzrechts nicht mehr mit der Systematik des GmbHG vereinbar wäre. A.A. Fastrich, in: Baumbach/Hueck, § 5a Rn. 22; Rieder, in: MünchKommGmbHG, Bd. 1, § 5a Rn. 31 ff.; Roth, in: Roth/Altmeppen, GmbHG, § 5a Rn. 18; Paura, in: Ulmer, GmbHG, Ergänzungsband MoMiG, § 5a Rn. 55. Die Kritik Römermanns am Rücklagenersatzrecht ist im Kern zutreffend, nicht jedoch die Schlussfolgerung einer sanktionslosen Hinnahme.

875 Hennrichs, NZG 2009, S. 921 (925). Eine solche „*ratierliche Differenzhaftung*" würde die Gesellschafter verpflichten, innerhalb einer bestimmten, gesetzlichen Frist das Mindeststammkapital nach § 5 Abs. 1 GmbHG in Jahresraten aus den Jahresüberschüssen zu bilden. Andernfalls müssten die Gesellschafter in Höhe der nicht durch Thesaurierung gedeckten Beträge jährlich eine Differenzeinlage leisten.

1. Einordnung als verdeckte Gewinnausschüttung

Die vorstehenden Ausführungen haben verdeutlicht, dass sich die inhärente Umgehungsgefahr im Rahmen von § 5a Abs. 3 GmbHG speziell in der umgehungsanfälligen Konstellation einer Einpersonengesellschaft nicht mit den hergebrachten Grundsätzen zur verdeckten Gewinnausschüttung im GmbH-Recht einer befriedigenden Lösung zuführen lässt. Insofern ist *Rieder* zuzustimmen, dass *„ein Abstellen auf gesellschaftsrechtlich unzulässige verdeckte Gewinnausschüttungen zu eng wäre, um unerwünschte Umgehungen des Thesaurierungsgebotes zu vermeiden"*.[876]

(a) Dogmatische Einordnung als verdeckte Gewinnausschüttung

Die Bildung einer gesetzlichen Rücklage aus den erwirtschafteten Jahresüberschüssen der UG dient der sukzessiven Verbesserung der Eigenkapitalausstattung der Gesellschaft im Sinne eines *„Verlustpuffers"* und somit dem vorrangigen Befriedigungsinteresse der Gesellschaftsgläubiger. Unter Zugrundlegung dieser Prämisse kann kaum davon ausgegangen werden, dass der Gesetzgeber sehenden Auges ein Unterlaufen des Thesaurierungsgebotes durch Austauschverträge und andere Gestaltungsmaßnahmen zwischen Gesellschaft und Gesellschaftern hinnehmen wollte. Dies verdeutlicht auch die Gesetzesbegründung:

> „Da in den Fällen der Unternehmergesellschaft (haftungsbeschränkt) sehr häufig eine Identität zwischen Gesellschafter und Geschäftsführer vorliegen wird, ist ohnehin davon auszugehen, dass der Geschäftsführer seinen notwendigen Lebensunterhalt über sein Geschäftsführergehalt bestreiten kann. Es ist deshalb vertretbar, die zusätzliche Gewinnausschüttung zu beschränken."[877]

Die Bezugnahme auf den *„notwendigen Lebensunterhalt"* im Falle des Gesellschafter-Geschäftsführers zeigt, dass der Gesetzgeber keinesfalls Rechtsgeschäfte zwischen Gesellschaft und Gesellschafter legitimieren wollte, die zu einer systematischen Verkürzung des Jahresüberschusses und in der Folge zu einer Umgehung der Gewinnthesaurierung führen.[878] Dies stellt sich als Umkehrschluss aus dem allgemeinen gesellschaftsrechtlichen Prinzip, dass marktübliche Rechtsgeschäfte zwischen Gesellschaft und Gesellschafter ohne Weiteres zuläs-

---

876 So Rieder, in: MünchKommGmbHG, Bd. 1, § 5a Rn. 33.

877 RegE., BT-Drucks. 16/6140, S. 32.

878 Von *„legitimen Gestaltungsmaßnahmen"* spricht Rieder, in: MünchKommGmbHG, Bd. 1, § 5a Rn. 34.

sig sind, dar.[879] Rechtsgeschäfte, die dem Kriterium der Marktüblichkeit nicht gerecht werden, sind im GmbH-Recht hingegen generell in den dargestellten Fallgruppen verdeckter Gewinnausschüttungen unzulässig. Dies kann für die UG nach Meinung des Verfassers nicht uneingeschränkt gelten. Soll der sukzessive Aufbau eines Verlustpuffers gemäß § 5a Abs. 3 GmbHG nicht gänzlich ins Leere laufen und das Abstellen auf das vorrangige Befriedigungsinteresse der Gesellschaftsgläubiger mehr als ein bloßes Lippenbekenntnis sein, führt in der UG kein Weg daran vorbei, verdeckte Gewinnausschüttungen, die zu einer Verkürzung des Jahresüberschusses führen und damit zulasten der gesetzlichen Gewinnrücklage gehen, zumindest im Grundsatz als unzulässig einzustufen.[880] Es wäre wenig konsequent, offene Gewinnausschüttungen unter Verletzung von § 5a Abs. 3 GmbHG mit bereicherungsrechtlichen Rückgewähransprüchen sowie einem Erstattungsanspruch analog § 31 Abs. 1 GmbHG zu sanktionieren, verdeckte Gewinnausschüttungen jedoch hinzunehmen.

(b) Voraussetzungen einer vGa i.R.v.§ 5a Abs. 3 GmbHG

Zur Umgehung von § 5a Abs. 3 GmbHG werden Gesellschaft und Gesellschafter in der Regel Rechtsgeschäfte zu marktunüblichen Konditionen abschließen, insbesondere die Vereinbarung einer überhöhten Geschäftsführervergütung, die Veräußerung an bzw. die Inanspruchnahme von Gütern und Leistungen durch Gesellschafter zu marktunüblichen Preisen oder die Gewährung eines Gesellschafterdarlehens zu überhöhten Darlehenszinsen. Die Kreativität der Gesellschafter dürfte insoweit keine Grenzen kennen. Eine verdeckte Gewinnausschüttung ist in einem solchem Rechtsgeschäft jedoch nur dann zu sehen, wenn ein ordentlicher und gewissenhafter Geschäftsführer das Rechtsgeschäft unter sonst gleichen Bedingungen mit einem Nichtgesellschafter nicht oder nicht so geschlossen hätte, das Rechtsgeschäft seine Grundlage also in der Gesellschafter-

---

879 Für die GmbH nur Spönemann, in: Michalski, GmbHG, Bd. 1, Syst. Darst. 3 Rn. 563 f.; sowie für die AG Bayer, in: MünchKommAktG, Bd. 1, § 57 Rn. 30 ff.; Bezzenberger, Das Kapital der Aktiengesellschaft, S. 207 ff.

880 Ebenso Riemenschneider, in: MünchHdb GesR III, § 8c Rn. 3; Rieder, in: MünchKommGmbHG, Bd. 1, § 5a Rn. 33 f.; Roth, in: Roth/Altmeppen, GmbHG, § 5a Rn. 18; Fastrich, in: Baumbach/Hueck, § 5a Rn. 23; Miras, Michalski, GmbHG, Bd. 1, § 5a Rn. 94; Eusani, GmbHR 2009, S. 512 (516); kritisch Römermann/Passarge, ZIP 2009, S. 1497 (1502).

stellung des Empfängers hat (*causa societatis*).[881] Dieses Abgrenzungskriterium ist auch im Falle der UG heranzuziehen.

(i) Der hypothetische Drittvergleich

Sofern sich ein Referenzwert als Kriterium eines Drittvergleichs nicht finden läßt – beispielsweise wenn ein Markt für das Gut oder die Leistung nicht existiert – kommt den gesetzlichen Vertretern ein Ermessenspielraum zu.[882] Die steuerrechtliche Rechtsprechung zur verdeckten Gewinnausschüttung kann im Rahmen eines Drittvergleichs indiziell herangezogen werden; eine unmittelbare Übertragung ginge angesichts der unterschiedlichen Zweckrichtung des Steuerrechts gleichwohl zu weit.[883] Gerade bei der Bemessung einer angemessenen Geschäftsführervergütung dürfte es die unternehmerische Entscheidungsfreiheit der Gesellschafter unzulässig einschränken, würde beispielsweise pauschal auf die steuerrechtliche Rechtsprechung über die hälftige Teilung zwischen Lohn und Gewinn verwiesen.[884] Die Bestimmung einer angemessenen Gegenleistung ist angesichts dieses Ermessensspielraums und der Heterogenität der Sachverhalt mit Unsicherheiten verbunden.

---

881 BGH, Urt. v. 13.11.1995, II ZR 113/94 = NJW 1996, S. 589 (590); OLG Koblenz, Urt. v. 05.04.2007, 6 U 342/04 = AG 2007, S. 408 (409); OLG Hamburg, Urt. v. 31.08.2005, 11 U 55/04 = ZIP 2005, S. 1968 (1969); Flume, Die juristische Person, § 8 IV 2. b) (S. 287); Emmerich, in: Scholz, GmbHG, Bd. 1, § 29 Rn. 98a; Hueck/Fastrich, in: Baumbach/Hueck, § 29 Rn. 70; Schulze-Osterloh, in: FS Stimpel, S. 487 (497); Müller, in: Ulmer, GmbHG, Bd. 2, § 29 Rn. 167; Hommelhoff, in: Lutter/Hommelhoff, GmbHG, § 29 Rn. 52.

882 Dazu nur OLG Hamburg, Urt. v. 31.08.2005, 11 U 55/04 = ZIP 2005, S. 1968 (1969); Bayer, in: MünchKommAktG, Bd. 1, § 57 Rn. 40.

883 So aber ausdrücklich Miras, in: Michalski, GmbHG, Bd. 1, §5a Rn. 92; ähnlich Schreiber, DZWIR 2009, S.492 (495); zur unterschiedlichen Zielrichtung der steuer- und gesellschaftsrechtlichen verdeckten Gewinnausschüttung 5. KapitelA.I.1(b)(i).

884 Zur steuerrechtlichen Rechtsprechung nur BFH, Urt. v. 27.04.2000, I R 88/99 = GmbHR 2001, S. 115 ff. Nach Miras, in: Michalski, GmbHG, Bd. 1, § 5a Rn. 90, dürfen die Bezüge eines Gesellschafter-Geschäftsführers niemals so hoch sein, dass der Gesellschaft kein Gewinn verbleibt. In dieser Pauschalität ist diese Forderung jedoch abzulehnen. Hält die Vergütung einem hypothetischen Drittvergleich stand, ist nicht ersichtlich, aus welchen Gründen der Gesellschafter-Geschäftsführer gegenüber einem Fremdgeschäftsführer schlechter gestellt sein soll. Der Gesetzgeber hat diesbezüglich offenbar ebenso wenig Bedenken, solange sich der Gesellschafter nicht über die Maßen eine Vergütung gewähren lässt („*notwendiger Lebensunterhalt*"), vgl. RegE., BT-Drucks. 16/6140, S. 32.

(ii) Verschuldenselement als Erfordernis einer vGa?

Die Bestimmung der Unzulässigkeit einer verdeckten Gewinnausschüttung anhand eines Drittvergleichs basiert ausschließlich auf einem objektiv-normativen Maßstab. Ein Bewusstsein der *causa societatis* – d.h. ob sich die Beteiligten eines Vorteilsgeschäfts zugunsten des Gesellschafters bewusst sind – ist richtigerweise nicht zu fordern.[885] Die Abgrenzung zwischen zulässigem Austauschgeschäft und verdeckter Gewinnausschüttung erfolgt allein anhand eines Vergleichs mit einem hypothetischen Drittgeschäft. Der Rechtsgrund liegt im objektiven Normzweck der Vermögensbindung, der in den verschuldensunabhängigen Rückgewähransprüchen der § 31 Abs. 1 GmbHG und § 62 Abs. 1 AktG zum Ausdruck kommt[886] und für § 5a Abs. 3 GmbHG ebenso Gültigkeit beansprucht. Die sukzessive Kapitalaufholung des § 5a Abs. 3 GmbHG soll als Verlustpuffer insbesondere dem Schutz der Gesellschaftsgläubiger dienen und kann daher in ihrer Reichweite nicht von subjektiven Vorstellungen der Beteiligten abhängen.[887] Der Gläubigerschutz würde verkürzt, wenn die Bestimmung einer verdeckten Gewinnausschüttung zur Umgehung des § 5a Abs. 3 GmbHG ein subjektives Element enthielte.

Ebenso wenig wie ein Bewusstsein der *causa societatis* erforderlich ist, kann auf Rechtsfolgenseite ein Verschuldenselement im Sinne von § 276 Abs. 1 BGB vorausgesetzt werden. Dies würde der Systematik des Kapitalgesellschaftsrechts widersprechen, wonach Auszahlungen an die Gesellschafter zulas-

---

885 OLG Koblenz, Urt. v. 05.04.2007, 6 U 342/04 = AG 2007, S. 408 (409); OLG Hamburg, Urt. v. 31.08.2005, 11 U 55/04 = ZIP 2005, S. 1968 (1969); Winter, Mitgliedschaftliche Treuebindung im GmbH-Recht, S. 224; Schulze-Osterloh, in: FS Stimpel, S. 487 (497); Lutter, in: FS Stiefel, S. 505 (529); Emmerich, in: Scholz, GmbHG, Bd. 1, § 29 Rn. 98a; Müller, in: Ulmer, GmbHG, Bd. 2, § 29 Rn. 167; am Beispiel der steuerrechtlichen verdeckten Gewinnausschüttung Schmitz, GmbHR 2009, S. 910 ff. A.A. Wilhelm, in: FS Flume, Bd. 2, S. 337 (382 f.); Bezzenberger, Das Kapital der Aktiengesellschaft, S. 233 ff., der einen Anscheinsbeweis annimmt, dass die Zuwendung bei einem Missverhältnis ihren Grund in der Mitgliedschaft des Gesellschafters habe.

886 Bayer, in: MünchKommAktG, Bd. 1, § 57 Rn. 44; Hüffer, AktG, § 57 Rn. 11.

887 Insofern ist Lutter, in: Kölner Kommentar AktG, Bd. 1, § 57 Rn. 27, zuzustimmen, der treffend darauf hinweist, dass der Aktionär sich nicht *„mithilfe der Torheit der Verwaltung"* eine Zusatzleistung verschaffen könne. Eine verdeckte Gewinnausschüttung ist folglich auch nicht deshalb ausgeschlossen, weil sich der Geschäftsführer in einem entschuldbaren Irrtum über den Charakter der Ausschüttung befand.

ten des gebundenen Kapitals stets verschuldensunabhängige Rückgewähransprüche zur Folge haben, die im Interesse der Gesellschaftsgläubiger eine Auffüllung des gebundenen Gesellschaftsvermögens in seiner Eigenschaft als Verlustpuffer bezwecken.[888] Lediglich für den gutgläubigen Gesellschafter oder Aktionär sehen – jeweils unter verschiedenen Voraussetzungen[889] – § 31 Abs. 2 GmbHG und § 62 Abs. 1 Satz 2 AktG eine Privilegierung vor. Aufgrund des Verzichts auf ein nennenswertes gesetzliches Mindeststammkapital (§ 5a Abs. 1 GmbHG) kommt der Kapitalaufholung nach § 5a Abs. 3 GmbHG eine vergleichbare gläubigerschützende Funktion als Verlustpuffer zu. Es würde eine unbillige Schlechterstellung der Gläubiger einer UG gegenüber den Gläubigern einer regulären GmbH darstellen, wenn Haftungsansprüche gegen Gesellschafter, die im Wege verdeckter Gewinnausschüttungen eine sukzessive Gewinnthesaurierung systematisch unterlaufen, ein Verschuldenselement verlangen würden.[890] Wenngleich es sich bei der gesetzlichen Rücklage nicht um gebundenes Kapital im Sinne des § 30 GmbHG handelt und eine Qualifizierung der gesetzlichen Rücklage nach Auffassung des Verfassers als Quasi-Stammkapital bzw. „*schwebendes Stammkapital*“[891] nicht überzeugt, erfordert eine Gesellschafterhaftung wegen verdeckter Gewinnausschüttung zulasten von § 5a Abs. 3 GmbHG aufgrund des gleichgerichteten Normzwecks weder ein Bewusstsein der *causa societatis* noch ein Verschuldenselement.

---

888 Habersack, in: Ulmer, GmbHG, Bd. 2, § 31 Rn. 2, spricht insoweit von einer „*Wiederauffüllung des Haftungsfonds*“. Der Begriff des „*Haftungsfonds*“ ist jedoch unzutreffend und durch „*Verlustpuffer*“ zu ersetzen. Vgl. zur Funktion des Mindeststammkapitals bereits 3. KapitelA.II.2(c).

889 Nur Heidinger, in: Michalski, GmbHG, Bd. 1, § 31 Rn. 47, 49; Bayer, in: MünchKommAktG, Bd. 1, § 62 Rn. 64 f.

890 Hönn, WM 2008, S. 769 (774), der auf eine ähnliche Wertungsdiskrepanz bei der Haftung wegen existenzvernichtenden Eingriffs aus § 826 BGB hinweist. Nach der Rechtsprechung des BGH, Urt. v. 16.07.2007, II ZR 3/04 (Trihotel) = NJW 2007, S. 2689 ff., schließt die Existenzvernichtungshaftung eine Schutzlücke der Kapitalerhaltungsvorschriften. Nach Auffassung Hönns sei es jedoch nicht hinnehmbar, wenn eine Schutzlücke für eine wegen verbotener Auszahlung bestehende verschuldensunabhängige Haftung durch eine Haftung für vorsätzliche sittenwidrige Schädigung ergänzt werde. Für den Fall einer Umgehung des § 5a Abs. 3 GmbHG kann dieser Gedanke nach Ansicht des Verfassers übertragen werden.

891 Miras, in: Michalski, GmbHG, Bd. 1, § 5a Rn. 81; vgl. 5. KapitelA.III.1(a).

2. Innenhaftung des begünstigten Gesellschafters

Aufgrund des Normzwecks des § 5a Abs. 3 GmbHG mit Blick auf das vorrangige Befriedigungsinteresse der Gesellschaftsgläubiger ist eine Gesellschafterhaftung wegen Verkürzung des Jahresüberschusses zulasten der Gewinnthesaurierung ebenso wie die gesellschaftsrechtlichen Rückgewähransprüche der § 31 Abs. 1 GmbHG und § 62 Abs. 1 Satz 1 AktG als Innenhaftung auszugestalten. Zuletzt hat der Bundesgerichtshof die Existenzvernichtungshaftung in Gestalt einer schadensersatzrechtlichen Innenhaftung als besondere Fallgruppe der sittenwidrigen vorsätzlichen Schädigung des im Gläubigerinteresse zweckgebundenen Gesellschaftsvermögens gemäß § 826 BGB eingeordnet.[892] In der UG umfasst die Zweckgebundenheit des Gesellschaftsvermögens auch die gesetzliche Gewinnrücklage nach § 5a Abs. 1 GmbHG. Ein Unterlaufen des Thesaurierungsgebotes mittels verdeckter Gewinnausschüttungen nimmt der Gesellschaft in erster Linie die Fähigkeit sukzessive Eigenkapital im Interesse der Gesellschaftsgläubiger anzusparen. Eine Gesellschafterhaftung wegen Unterlaufen des § 5a Abs. 3 GmbHG hat im Ergebnis am Schutzobjekt, dem namentlich im Gläubigerinteresse gebundenen Gesellschaftsvermögen selbst – und *„nicht etwa bei den „mittelbar“, d.h. reflexartig durch den Haftungsfonds geschützten Forderungen des einzelnen bzw. der Vielzahl der Gläubiger – anzusetzen*“.[893]

Gesetzessystematisch und aus Gründen der Rechtssicherheit ist es unbestritten von Vorteil, wenn Eingriffe in das Gesellschaftsvermögen zulasten des vorrangigen Befriedigungsinteresses der Gläubiger mittels einer Innenhaftung homogenisiert werden.[894] Im GmbH-Recht ließen sich somit alle Ansprüche im

---

892 BGH, Urt. v. 16.07.2007, II ZR 3/04 (Trihotel) = NJW 2007, S. 2689 ff.; bestätigt durch BGH, Urt. v. 28.04.2008, II ZR 264/06 (Gamma) = NJW 2008, S. 2437 ff.

893 So für den ähnlich gelagerten Fall der Existenzvernichtungshaftung BGH, Urt. v. 16.07.2007, II ZR 3/04 (Trihotel) = NJW 2007, S. 2689 (2691), Rz. 26; ebenso Altmeppen, ZIP 2008, S. 1201 (1204); a.A. Hönn, WM 2008, S. 769 (774).

894 Die herrschende Ansicht im Schrifttum nimmt ebenfalls eine Innenhaftung des begünstigten Gesellschafters wegen einer verdeckten Gewinnausschüttung im Zusammenhang mit § 5a Abs. 3 GmbHG an, wenngleich die Rechtsgrundlage eines solchen Anspruches umstritten ist. Für eine Haftung gemäß §§ 30, 31 GmbHG analog anstatt aller Riemenschneider, in: MünchHdb GesR III, § 8c Rn. 10; Rieder, in: MünchKommGmbHG, Bd. 1, § 5a Rn. 33 f.; Roth, in: Roth/Altmeppen, GmbHG, § 5a Rn. 18, 22. A.A. Spies, Unternehmergesellschaft, S. 210, die sich ohne nähere Begründung für Schadensersatzsprüche der Gesellschaftsgläubiger ausspricht.

Zusammenhang mit Auszahlungen an die Gesellschafter zulasten des zweckgebundenen Gesellschaftsvermögens in der Hand der Gesellschaft bündeln, gleich ob sich diese Ansprüche gegen den Geschäftsführer (§§ 43 Abs. 3, 64 Satz 3 GmbHG) oder den begünstigten Gesellschafter (§§ 31GmbHG, 826 BGB) richten.[895] Des Weiteren ist zu beachten, dass im Falle einer Insolvenz eine gleichmäßige Befriedigung aller Gesellschaftsgläubiger nur mittels einer Innenhaftung gewährleistet werden kann; bei einer Durchgriffshaftung bestünde stattdessen die Gefahr eines Wettlaufs der Gläubiger.

3. Die Insolvenz der UG als Anknüpfungspunkt einer Haftung

Als Anknüpfungspunkt einer Gesellschafterhaftung wegen einer verdeckten Gewinnausschüttung zur Umgehung des § 5a Abs. 3 GmbHG kann nach Ansicht des Verfassers grundsätzlich nur der jeweilige Jahresabschluss, in dem aufgrund eines verkürzten Jahresüberschusses eine gesetzliche Rücklage nicht oder nur vermindert gebildet wird, oder aber die Insolvenz der Gesellschaft in Betracht kommen. Die Auszahlung aus dem Gesellschaftsvermögen entsprechend §§ 30, 31 GmbHG als Anknüpfungspunkt heranzuziehen, überzeugt hingegen nicht. Dies würde die gesetzliche Rücklage nach § 5a Abs. 3 GmbHG in ein Quasi-Stammkapital umqualifizieren und die Vermögensbindung in der UG unbillig verschärfen, insbesondere wenn die Gesellschafter freiwillig ein nennenswertes Stammkapital festsetzen sollten. Darauf ist im Anschluss näher einzugehen.

(a) Kritik an einer Korrektur des Jahresabschlusses

Vor allem *Fastrich* möchte verdeckten Gewinnausschüttungen an Gesellschafter oder gleichgestellte Dritte außerhalb der Kapitalerhaltungsnormen durch eine entsprechende Korrektur des Jahresüberschusses in der Bilanz entgegenwirken, bleibt hinsichtlich der Ausgestaltung einer solchen Korrektur jedoch vage.[896] Dabei übersieht *Fastrich*, dass insbesondere im Fall der Identität von Gesell-

895 BGH, Urt. v. 16.07.2007, II ZR 3/04 (Trihotel) = NJW 2007, S. 2689 (2690 f.), Rz. 20; Gehrlein, WM 2008, S. 761 (762). Die vorgebrachten Argumente zur Einordung der Existenzvernichtung als Innenhaftung beanspruchen für den Fall der Umgehung des § 5a Abs. 3 GmbHG ebenso Gültigkeit.

896 Fastrich, in: Baumbach/Hueck, § 5a Rn. 23. Auch H. P. Westermann, in: Scholz, GmbHG, Bd. 3, § 5a Nachtrag MoMiG, Rn. 25, spricht von bilanzrechtlichen Sanktionen, ohne ins Detail zu gehen; im Übrigen kämen „*für Verstöße schuld- und gesellschaftsrechtliche Folgen verschiedener Art in Betracht*". Der Verfasser bleibt die Nennung der einschlägigen Rechtsgrundlage jedoch schuldig.

schafter und Geschäftsführer eine Korrektur der Bilanz wohl kaum vorgenommen wird. Darüber hinaus ist bei der UG als regelmäßig kleine Kapitalgesellschaft im Sinne des § 267 Abs. 1 HGB eine Abschlussprüfung gemäß § 42a Abs. 1 Satz 2 GmbHG i.V.m. § 316 Abs. 1 HGB gesetzlich nicht zwingend vorgeschrieben. Eine unabhängige Prüfung der Bilanz zum Schutz der Gesellschafter, der Gläubiger und der Öffentlichkeit findet somit nur dann statt, wenn eine Abschlussprüfung gesellschaftsvertraglich festgeschrieben sein sollte.[897]

Ebenso wenig hilft der Weg über eine Korrektur der Steuerbilanz im Rahmen des § 8 Abs. 3 Satz 2 KStG. Der Maßgeblichkeitsgrundsatz (§ 5 Abs. 1 Satz 1 EStG) führt zwar aufgrund der Geltung der handelsrechtlichen Grundsätze ordnungsgemäßer Buchführung zu einer starken Wechselwirkung und unmittelbaren Einflussnahme zwischen Steuer- und Handelsbilanz; eine Identität wird gleichwohl nicht statuiert.[898] Dies gilt auch für die Rechtsfolgen einer verdeckten Gewinnausschüttung. Selbst wenn die Finanzverwaltung eine verdeckte Gewinnausschüttung aufdecken sollte, führt dies lediglich zu einer Korrektur in der Körperschaftsteuererklärung oder des Körperschaftsteuerbescheids; die zivilrechtlich wirksamen Verpflichtungen der Gesellschaft gegenüber ihren Gesellschaftern sind als Verbindlichkeiten bzw. Rückstellungen in der Steuerbilanz zu passivieren, selbst wenn ein ordentlicher und gewissenhafter Geschäftsleiter diese nicht übernommen hätte.[899]

Fastrich lässt die an eine Korrektur des Ausweises des Jahresüberschusses in der Handelsbilanz anknüpfende Rechtsfolge offen, insbesondere ob sich aufgrund der vorzunehmenden Korrektur eine Nichtigkeit des Jahresabschlusses aus §§ 256 Abs. 1 Nr. 1, 253 Abs. 1 Satz 1 AktG analog und daran anschließend

---

897 Ebenso H. P. Westermann, in: Scholz, GmbHG, Bd. 3, § 5a Nachtrag MoMiG, Rn. 26; zur Funktion und Inhalt der Abschlussprüfung Wiedmann, in: Ebenroth/Boujong/Joost/Strohn, HGB, Bd. 1, § 316 Rn. 4 ff., 9 ff.

898 Zum Grundsatz der Maßgeblichkeit der Handelsbilanz nur Sigloch, in: Michalski, GmbHG, Bd. 2, Anh. §§ 41-42a Rn. 94, 135.

899 Anstatt vieler BFH, Urt. v. 29.06.1994, I R 137/93 = DStR 1994, S. 1802; Schwedhelm, in: Streck KStG, § 8 Rn. 281 m.w.N. Kritisch gegenüber einer Korrektur außerhalb der Bilanz Bareis, GmbHR 2009, S. 813 ff. Ob eine Korrektur der steuerrechtlichen verdeckten Gewinnausschüttung außerhalb der Bilanz rechtsdogmatisch der überzeugendere Weg ist, sei dahingestellt. Zumindest entspricht es derzeit ständiger Rechtsprechung sowie herrschenden Ansicht im Schrifttum und wird der vorliegenden Analyse daher zugrundegelegt.

Bereicherungsansprüche bzw. Rückgewähransprüche nach § 31 Abs. 1 GmbHG analog ergeben sollen.[900] Aus Sicht des Gläubigerschutzes käme einer Anknüpfung an den Jahresabschluss jedenfalls solange eine überschießende Tendenz zu, wie die Gesellschaft zur Erfüllung ihrer Verbindlichkeit in der Lage ist.[901]

(b) Die Insolvenz der Gesellschaft als Zäsur

Die entscheidende Zäsur für die Befriedigung der Gläubigerforderungen stellt die Insolvenz der Gesellschaft dar. Insofern ist es naheliegend, eine Gesellschafterhaftung wegen verdeckter Gewinnausschüttung zur Umgehung des § 5a Abs. 3 GmbHG von der Eröffnung des Insolvenzverfahrens abhängig zu machen.

Dem Gesellschaftsrecht sind Ansprüche gegen die Gesellschafter wegen Eingriffe in bzw. Auszahlungen aus dem Gesellschaftsvermögen im sachlichen und zeitlichen Zusammenhang mit der Insolvenz bekannt. Aufgrund der im Vergleich zum Aktienrecht weniger strengen Vermögensbindung lässt sich dem GmbH-Recht der Grundsatz entnehmen, dass Eingriffe in das Gesellschaftsvermögen, die nicht das zum Erhalt des Stammkapitals erforderliche Aktivvermögen angreifen, nur dann zu Haftungsansprüchen des Gesellschafters führen, wenn diese die Insolvenz der Gesellschaft zur Folge haben.[902] So verpflichtet die Existenzvernichtungshaftung gemäß § 826 BGB den Gesellschafter zum Ersatz wegen einer sittenwidrigen vorsätzlichen Schädigung des im Interesse der Gesellschaftsgläubiger zweckgebundenen Gesellschaftsvermögens. Voraussetzung einer Existenzvernichtungshaftung des Gesellschafters ist ein kompensationsloser Eingriff in das Gesellschaftsvermögen, der die Insolvenz der Gesellschaft herbeiführt oder eine bestehende Insolvenz vertieft.[903]

---

900 Bereits 4. KapitelB.III.2(a).

901 Westermann, in: Scholz, GmbHG, Bd. 3, § 5a Nachtrag MoMiG, Rn. 25, weist zutreffend darauf hin, dass mit der Nichtigkeit von Jahresabschluss und Gewinnverwendungsbeschluss aus der Perspektive des Gläubigerschutzes nicht viel gewonnen ist.

902 Diesen Gedanken hat der BGH, Urt. v. 17-09.2001, II ZR 178/99 (Bremer Vulkan) = NJW 2001, S. 3622 (3623), bereits für die Haftung des Alleingesellschafters wegen bestandsvernichtende Eingriffe einer abhängigen GmbH festgelegt.

903 BGH, Urt. v. 16.07.2007, II ZR 3/04 (Trihotel) = NJW 2007, S. 2689 (2691), Rz. 24; Michalski/Funke, in: Michalski, GmbHG, Bd. 1, § 13 Rn. 418 ff. Der Begriff des existenzvernichtenden Eingriffs in das Gesellschaftsvermögen ist dabei weit zu fassen und setzt nicht zwingend einen Liquiditätsabzug voraus; ebenfalls nicht erforderlich ist

Wenn und soweit eine verdeckte Gewinnausschüttung zur Umgehung des § 5a Abs. 3 GmbHG nicht ohnehin das zum Erhalt des Stammkapitals erforderliche Vermögen angreift, ist eine Gesellschafterhaftung nur gerechtfertigt, wenn diese an der Insolvenz der UG ansetzt.[904] Sofern die Gesellschaft indes solvent ist, besteht keine Notwendigkeit, den Gestaltungsspielraum der Gesellschafter einzuschränken. Zumindest bis zum Antrag auf Eröffnung eines Insolvenzverfahrens ist die UG als bloße Rechtsformvariante daher keinesfalls einer strengeren Vermögensbindung als die reguläre GmbH zu unterwerfen. So lässt sich weitgehend ein Gleichlauf der Haftungsfolgen im GmbH-Recht erzielen, der auf Seiten der Gesellschafter dem gesetzgeberischen Ziel der Deregulierung nachkommt und auf Seiten der Gläubiger für Rechtssicherheit sorgt. Ein an die Insolvenz anknüpfender Haftungstatbestand fügt sich zudem in das eingangs skizzierte Bild eines repressiven Gläubigerschutzes in der UG ein.[905] Dies verkennt die herrschende Ansicht im Schrifttum, die verdeckte Gewinnausschüttungen in der UG stets als unzulässig qualifizieren, sofern sie die Entstehung eines Jahresüberschusses und damit die Bildung einer gesetzlichen Rücklage ganz oder teilweise verhindern.[906] Ausschüttungsfähig bliebe stets nur der im Rahmen einer förmlichen Gewinnverwendung festgestellte, ungeschmälerte Bilanzgewinn, wie er sich nach Ausgleich eines Jahresfehlbetrags oder Verlustvortrags aus dem Vorjahr sowie der Einstellung in die gesetzliche Rücklage darstellt.[907]

Grundsätzlich sind die aus der Sondervorschrift des § 5a GmbHG resultierenden Besonderheiten der UG im Hinblick auf Kapitalbildung und –ausstattung

---

das Hervorrufen einer Unterbilanz. Vgl. Altmeppen, in: Roth/Altmeppen, GmbHG, § 13 Rn. 82 m.w.N.

904 Soweit eine verdeckte Gewinnausschüttung die Kapitalerhaltungsvorschriften, die innergesellschaftliche Kompetenzordnung, den Gleichbehandlungsgrundsatz oder die gesellschaftsrechtliche Treuepflicht verletzt, finden selbstverständlich die allgemeinen GmbH-rechtlichen Regelungen Anwendung. Vorliegend geht es lediglich um die Bekämpfung der inhärenten Umgehungsgefahr.

905 Dazu 2. KapitelC.II. Die Bildung einer gesetzlichen Rücklage gemäß § 5a Abs. 3 GmbHG kann zwar im Ergebnis nicht gewährleistet werden; das Vorhandensein eines Verlustpuffers hängt letztlich vom guten Willen der Gesellschafter ab. Dies hat der Gesetzgeber jedoch erkannt und gleichwohl davon abgesehen weitere gläubigerschützende Maßnahmen zu ergreifen.

906 So beispielsweise Rieder, in: MünchKommGmbHG, Bd. 1, § 5a Rn. 33 f.; Miras, in: Michalski, GmbHG, Bd. 1, § 5a Rn. 94 f.

907 Zur Gliederung der Bilanz und des Jahresabschlusses unter Berücksichtigung der Ergebnisverwendung bereits 4. KapitelB.II.1.

zu respektieren.[908] Eine generelle Unzulässigkeit verdeckter Gewinnausschüttungen bzw. eine Umqualifizierung der gesetzlichen Rücklage in ein Quasi-Stammkapital würde in der UG zu einer Vermögensbindung ähnlich der im Aktienrecht führen. Die Schutzlücken im Rahmen des § 5a Abs. 3 GmbHG sind stattdessen mittels einer umgehungsresistenten Gesellschafterhaftung anknüpfend an die Insolvenz der Gesellschaft zu schließen.

III. Lösungsansätze im Schrifttum

Der Problematik einer Umgehung der Thesaurierungspflicht durch versteckte Gewinnausschüttungen begegnet das herrschende Schrifttum mittels einer analogen Anwendung der Kapitalerhaltungsvorschriften.[909] Dies gilt es im Folgenden kritisch zu hinterfragen. Darüber hinaus soll der Frage nachgegangen werden, ob § 5a Abs. 3 GmbHG möglicherweise als Verbotsgesetz im Sinne von § 134 BGB einzuordnen oder eine verdeckte Gewinnausschüttung zur Umgehung des § 5a Abs. 3 GmbHG als Treuepflichtverletzung des begünstigten Gesellschafters zu werten ist.

1. Entsprechende Anwendung der Kapitalerhaltungsvorschriften

Die Umgehung des Thesaurierungsgebotes ist von Verstößen gegen die Thesaurierungspflicht oder Zweckgebundenheit zu unterscheiden, welche die Nichtigkeit des Jahresabschlusses und des Gewinnverwendungsbeschlusses zur Folge haben und in bürgerlich-rechtlichen Bereicherungsansprüchen und einem gesellschaftsrechtlichen Rückgewähranspruch gemäß § 31 Abs. 1 GmbHG analog resultieren.[910] Die Sachverhalte sind insofern verschieden, als dass den Jahresüberschuss verkürzende verdeckte Gewinnausschüttungen nicht *per se* unzulässig sind und nur unter den dargestellten Voraussetzungen zu Haftungsfolgen führen. Demzufolge wäre es verfehlt, die Kapitalerhaltungsnormen ohne Weiteres auf § 5a Abs. 3 GmbHG zu übertragen.

---

908 Gegenäußerung der Bundesregierung, RegE., BT-Drucks. 16/6140, S. 75.

909 Rieder, in: MünchKommGmbHG, Bd. 1, § 5a Rn. 33; Roth, in: Roth/Altmeppen, GmbHG, § 5a Rn. 18, 22; Miras, in: Michalski, GmbHG, Bd. 1, § 5a Rn. 94; Eusani, GmbHR 2009, S. 512 (516); für eine direkte Anwendung sogar Joost, ZIP 2007, S. 2242 (2247); Wälzholz, GmbH-StB 2007, S. 319 (321).

910 Dazu 4. KapitelB.III.2(b). Eine Vielzahl der im Zusammenhang mit der analogen Anwendung von §§ 30, 31 GmbHG zitierten Autoren, beziehen sich lediglich auf den Fall des Verstoßes gegen das Thesaurierungsgebotes.

(a) Die gesetzliche Rücklage als Quasi-Stammkapital

Miras betrachtet die thesaurierten Jahresüberschüsse als „*schwebendes Stammkapital*", da es sich nach dem Willen des Gesetzgebers um Beträge handelt, die originär in Stammkapital umgewandelt werden sollen, und überträgt folglich die Kapitalerhaltungsnormen der §§ 30, 31 GmbHG auf § 5a Abs. 3 GmbHG.[911] Die herrschende Ansicht in der Literatur folgt dieser Einordnung als Quasi-Stammkapital, da nur so ein Unterlaufen der gesetzlich vorgesehenen Rücklage vermieden werden könne.[912] Eine Gewährleistung der Thesaurierung und folglich ein umfänglicher Schutz vor verdeckten Gewinnausschüttungen lässt sich jedoch nur dann erreichen, wenn die Kapitalerhaltungsvorschriften nicht nur auf die bereits thesaurierten Jahresüberschüsse, sondern auch auf Auszahlungen an Gesellschafter erstreckt werden, die den Jahresüberschuss bilanziell mindern.

Dem herrschenden Schrifttum ist zwar darin zuzustimmen, dass die gesetzliche Rücklage ebenso wie das als Stammkapital gebundene Gesellschaftsvermögen dem vorrangigen Befriedigungsinteresse der Gesellschaftsgläubiger dient. Der Begründung zum Regierungsentwurf des MoMiG lässt sich jedoch nicht entnehmen, dass der Gesetzgeber die Problematik mittels einer analogen Anwendung der §§ 30, 31 GmbHG zu lösen beabsichtigte.

> Aus der Nichtigkeit des Feststellungs- und des Gewinnverwendungsbeschlusses resultieren bürgerlich-rechtliche Rückzahlungsansprüche gegen die Gesellschafter. Ferner macht der Geschäftsführer sich haftbar (§ 43) – gegebenenfalls kann man auch ausdrücklich auf die Kapitalerhaltung nach den §§ 30, 31 verweisen.[913]

Der Verweis auf die Kapitalerhaltungsnormen bezieht sich ausdrücklich („*ferner*") nur auf Rückgewähransprüche, die der Gesellschaft infolge eines nichtigen Jahresabschlusses und Gewinnverwendungsbeschlusses wegen Verstoßes gegen die Thesaurierungspflicht (§ 5a Abs. 3 Satz 1 GmbHG) oder die Zweckgebundenheit (§ 5a Abs. 3 Satz 2 GmbHG) zustehen. Bereits im Gesetz-

---

911 Miras, in: Michalski, GmbHG, Bd. 1, § 5a Rn. 81, 94; ähnlich Schäfer, ZIP 2011, S. 53 (58).

912 Rieder, in: MünchKommGmbHG, Bd. 1, § 5a Rn. 34; Zirngibl, in: Bunnemann/Zirngibl, § 2 Rn. 80 f.; Wälzholz, GmbH-StB 2007, S. 319 (321); Hirte, ZInsO 2008, S. 933 (935); Joost, ZIP 2007, S. 2242 (2247); Weiß, wistra 2010, S. 361 (366).Veil, ZGR 2009, S. 623 (633); Wicke, GmbHG, § 5a Rn. 10; Weber, BB 2009, S. 842 (845); Paura, in: Ulmer, GmbHG, Ergänzungsband MoMiG, § 5a Rn. 55.

913 RegE., BT-Drucks. 16/6140, S. 32.

gebungsverfahren wurde der Gesetzgeber angesichts der unklaren Begründung aufgefordert klarzustellen, ob die gesetzliche Rücklage wie das Stammkapital gegen Auszahlungen an die Gesellschafter geschützt werde.[914] Dem Kapitalschutzsystem der §§ 30, 31 GmbHG wurde die gesetzliche Rücklage dennoch nicht ausdrücklich unterworfen[915] und auch im Übrigen blieb der Gesetzgeber diesbezüglich eine Stellungnahme schuldig.

(b) Dogmatische Bedenken

Insofern ist unter systematischen und teleologischen Gesichtspunkten zu fragen, ob sich eine analoge Anwendung der Kapitalerhaltungsvorschriften auf § 5a Abs. 3 GmbHG und damit einer Umqualifizierung der gesetzlichen Rücklage in ein Quasi-Stammkapital rechtfertigen lässt. Zunächst ist festzuhalten, dass sich der Zweck der gesetzlichen Rücklage nicht – wie von *Miras* postuliert – in einem schwebenden Stammkapital erschöpft und damit vorrangig der Kapitalerhöhung aus Gesellschaftsmitteln gemäß § 5a Abs. 3 Satz 2 Nr. 1 i.V.m. § 57c GmbHG dient. Vielmehr dient die gesetzliche Rücklage als Verlustpuffers oder Insolvenzprophylaxe vorrangig dem Befriedigungsinteresse der Gesellschaftsgläubiger. Dies verdeutlicht das Gesetz durch die in § 5a Abs. 3 Satz 2 Nr. 2 und Nr. 3 GmbHG statuierte Möglichkeit, die gesetzliche Rücklage zum Ausgleich eines Jahresfehlbetrags oder Verlustvortrags aus dem Vorjahr zu verwenden, sowie den Verzicht, die Kapitalaufholung zeitlich und betragsmäßig zu begrenzen.[916]

(i) Systematische Unterschiede

Eine analoge Anwendung der Kapitalerhaltungsnormen auf § 5a Abs. 3 GmbHG würde weiterhin die systematische Grenze zwischen Stammkapital und gesetzlicher Rücklage verwischen. Wenngleich sowohl Stammkapital als auch gesetzliche Rücklage im Interesse der Gläubiger gebundenes Gesellschaftsvermögen sind, weisen beide Kapitalfonds gerade im Hinblick auf die Kapitalbindung strukturelle Unterschiede auf. So schützt § 5a Abs. 3 Satz 2 GmbHG die gesetzliche Rücklage vor unmittelbaren Zugriffen der Gesellschafter und unterwirft diese einer dinglicheren Bindung.[917] Das in der gesetzlichen Rücklage gebunde-

914 Grunewald, Anhörung BT-Drucks. 16/6140 (MoMiG), S. 2.

915 Darauf weisen auch Waldenberger/Sieber, GmbHR 2009, S. 114 (118), Wachter, GmbHR Sonderheft 10/2008, S. 25 (34), und Noack, DB 2007, S. 1395 (1396), hin.

916 Zur Funktion der gesetzlichen Rücklage 5. KapitelA.I.2.

917 Waldenberger/Sieber, GmbHR 2009, S. 114 (118).

ne Vermögen kann an die Gesellschafter nicht darlehensweise ausgekehrt werden. Im Rahmen eines Beherrschungs- oder Gewinnabführungsvertrages ist die Abführung des Jahresüberschusses an die Obergesellschaft nur dann zulässig, wenn vorab auf Grundlage eines fiktiven Jahresüberschusses die gesetzliche Rücklage gebildet wurde.[918] Vergleichbare Einschränkungen sind im Hinblick auf das Stammkapital nicht gegeben.

(ii) GmbH-rechtliche Vermögensbindung

Eine analoge Anwendung der Kapitalerhaltungsvorschriften, speziell des gesellschaftsrechtlichen Rückgewähranspruches aus § 31 Abs. 1 GmbHG, hätte darüber hinaus eine Vermögensbindung in der UG vergleichbar der strengen Vermögensbindung in der AG zur Folge. Die kapitalerhaltenden Parallelvorschriften der §§ 57, 62 AktG statuieren aufgrund der weniger personalisierten Struktur in der AG einen „*Grundsatz umfassender Vermögensbindung*“.[919] Ausschüttungsfähig ist gemäß § 57 Abs. 3 AktG nur der Bilanzgewinn, sofern nicht eine gesetzliche Ausnahme greift.[920] Verboten sind gemäß § 57 Abs. 1 Satz 1 AktG nicht nur Leistungen der Aktiengesellschaft an ihre Aktionäre, die das zum Erhalt des Grundkapitals erforderliche Vermögen angreifen, sondern ebenso Leistungen zulasten der gesetzlichen Rücklage (§ 150 AktG) und verdeckte Gewinnausschüttungen. Dieser strengeren Vermögensbindung trägt der aktienrechtliche Rückgewähranspruch des § 62 Abs. 1 AktG Rechnung. Eine analoge Anwendung des aktienrechtlichen Rückgewähranspruches auf Leistungen der GmbH an ihre Gesellschafter wird zutreffend unter Verweis auf die speziellen Regelungen der §§ 30, 31 GmbHG sowie die unterschiedliche Intensität der Vermögensbindung abgelehnt.[921]

Eine andere Auffassung ist bei der UG nicht angezeigt. Zwar wird die UG im Hinblick auf § 5a Abs. 3 GmbHG durch Schaffung eines dem Stammkapital

---

918 Bereits 5. KapitelA.I.1.

919 Zutreffend Hüffer, AktG, § 57 Rn. 3.

920 AllgM BGH, Urt. v. 14.05.1992, II ZR 299/90 = NJW 1992, S. 2821; BGH, Urt. v. 26.03.1984, II ZR 171/83 = NJW 1984, S. 1893 (1894); Henze, in: GroßkommAktG, Bd. 2, § 57 Rn. 9 f., 182 ff.; Bayer, in: MünchKommAktG, Bd. 1, § 57 Rn. 7, 117 ff.; Hüffer, AktG, § 57 Rn. 2; Lutter, in: Kölner Kommentar AktG, Bd. 1, § 57 Rn. 5; ders., in: Lutter, in: FS Stiefel, S. 505 (526 f.); K. Schmidt, Gesellschaftsrecht, § 29 II 2. A) (S. 890).

921 Henze, in: GroßkommAktG, Bd. 2, § 62 Rn. 10; Bayer, in: MünchKommAktG, Bd. 1, § 62 Rn. 6; BGH, Urt. v. 04.05.1977, VIII ZR 298/75 = NJW 1977, S. 1449 (1451).

vorgelagerten Reservefonds den aktienrechtlichen Vorschriften angenähert. Nichtsdestotrotz handelt es bei der UG um eine bloße Rechtsformvariante der GmbH. Insofern ist der Maßstab der GmbH-rechtlichen Vermögensbindung heranzuziehen, wonach verdeckte Gewinnausschüttungen nicht generell unzulässig sind.[922] Eine analoge Anwendung der §§ 30, 31 GmbHG auf die gesetzliche Rücklage in der UG hätte eine generelle Unzulässigkeit verdeckter Gewinnausschüttungen zur Folge[923] und würde die Vermögensbindung den aktienrechtlichen Vorschriften annähern. Der Gesetzgeber ließ im Laufe des Gesetzgebungsverfahrens nicht erkennen, dass er eine aktienrechtsähnliche Vermögensbindung in der UG beabsichtigte. Die gesetzliche Rücklage der UG ist damit lediglich als Ausschüttungssperre anzusehen; ein Rückgriff auf §§ 30, 31 GmbHG ist abzulehnen.[924]

(iii) Überschießende Tendenz eines Quasi-Stammkapitals

Im Ergebnis würde die gesetzliche Rücklage des § 5a Abs. 3 GmbHG durch eine analoge Anwendung der Kapitalerhaltungsvorschriften in eine Art Quasi-Stammkapital umfunktioniert, das eine Gesellschafterhaftung schon dann entstehen ließe, wenn und soweit es zu einer verdeckten Gewinnausschüttung käme. Selbst unter der Prämisse, dass ein systematisches Unterlaufen der Thesaurierungspflicht durch verdeckte Gewinnausschüttungen eine Gefährdung des Befriedigungsinteresses der Gesellschaftsgläubiger darstellt, hätte die Umqualifizierung der gesetzlichen Rücklage in ein Quasi-Stammkapital im Hinblick auf den Gläubigerschutz überschießende Tendenz. Denn unter Geltung der GmbH-rechtlichen Vermögensbindung hat eine Gesellschafterhaftung wegen verdeckter Gewinnausschüttungen zur Umgehung des § 5a Abs. 3 GmbHG nach hier ver-

---

922 Ebenso Paura, in: Ulmer, GmbHG, Ergänzungsband MoMiG, § 5a Rn. 55, der gleichwohl im Ergebnis eine analoge Anwendung der Kapitalerhaltungsvorschriften auf die bereits thesaurierten Gewinne sowie die *„nach dem Gesetz anzusparende“* Jahresüberschüsse befürwortet.

923 Dies merkt Rieder, in: MünchKommGmbHG, Bd. 1, § 5a Rn. 31, 32, ebenso kritisch an, um im Ergebnis dennoch eine entsprechende Anwendung der §§ 30, 31 GmbHG zu fordern.

924 Ebenso Heckschen, in: Heckschen/Heidinger, § 5 Rn. 59, Heckschen, Das MoMiG in der notariellen Praxis, Rn. 201; Noack, DB 2007, S. 1395 (1396); allgemein bereits ablehnend zur analogen Anwendung des § 31 Abs. 1 GmbHG auf verdeckte Gewinnausschüttungen Müller, in: Ulmer, GmbHG, Bd. 2, § 29 Rn. 169; Emmerich, in: Scholz, GmbHG, Bd. 1, § 29 Rn. 108; Pentz, in: Rowedder/Schmidt-Leithoff, GmbHG, § 29 Rn. 168.

tretener Ansicht an die Insolvenz der Gesellschaft anzuknüpfen.[925] Solange die UG daher zahlungsfähig ist, besteht im Hinblick auf das Befriedigungsinteresse der Gläubiger kein Grund, verdeckte Gewinnausschüttungen in der UG anders zu bewerten als in der regulären GmbH.

(c) Ergebnis

Eine Umgehung der Pflicht zur Bildung der gesetzlichen Gewinnrücklage in § 5a Abs. 3 GmbHG lässt sich nicht mittels einer entsprechenden Anwendung der Kapitalerhaltungsvorschriften begegnen. Eine Analogie zu §§ 30, 31 GmbHG mag den Charme einer einfachen und leicht handhabbaren Lösung für sich beanspruchen, sieht sich jedoch gewichtigen dogmatischen Bedenken ausgesetzt.

2. § 5a Abs. 3 GmbHG als Verbotsgesetz

Vor dem Hintergrund der strengeren Vermögensbindung wird im Aktienrecht diskutiert, ob die Unzulässigkeit einer verdeckten Gewinnausschüttung auch zur Unwirksamkeit des zugrundeliegenden Verpflichtungs- und/oder Verfügungsgeschäfts führt und bürgerlich-rechtliche Bereicherungsansprüche (§ 812 Abs. 1 Satz 1 Alt. 1 i.V.m. § 134 BGB) zur Folge hat.[926] Auch im GmbH-Recht wird diese Fragstellung erörtert.[927] Im Rahmen von § 5a Abs. 3 GmbHG kann ebenso gefragt werden, ob das gesetzliche Thesaurierungsgebot als Verbotsgesetz im

---

925 Siehe bereits 5. KapitelA.III.3.

926 Dazu; Bezzenberger, Das Kapital der Aktiengesellschaft, S. 244 ff.; für Nichtigkeit auch des Verfügungsgeschäfts Hüffer, AktG, § 57 Rn. 23; Henze, in: GroßkommAktG, Bd. 2, § 57 Rn. 206, 211. Rechtsgrundlage der Rückgewähransprüche soll jedoch die *lex specialis* des § 62 AktG sein; ablehnend Bayer, in: MünchKommAktG, Bd. 1, § 57 Rn. 164; Bitter, ZHR 168 (2004), S. 302 (342 f.); K. Schmidt, Gesellschaftsrecht, § 29 II 2. b); Joost, ZHR 149 (1985), S. 419 (426 f.).

927 Joost, ZHR 149 (1985), S. 419 ff.; Bezzenberger, Das Kapital der Aktiengesellschaft, S. 238 ff.; Hüffer, AktG, § 57 Rn. 23 ff.; Bayer, in: MünchKommAktG, Bd. 1, § 57 Rn. 157 ff.; K. Schmidt, Gesellschaftsrecht, § 29 II 2. b). Ausgenommen sind jedoch offene oder verdeckte Auszahlungen an die Gesellschafter, die das zur Deckung des Stammkapitals erforderliche Vermögen angreifen. Allgemein BGH, Urt. v. 23.06. 1997, II ZR 220/95 = NJW 1997, S. 2599 (2600); Pentz, in: Rowedder/Schmidt-Leithoff, GmbHG, § 29 Rn. 164; Müller, in: Ulmer, GmbHG, Bd. 2, § 239 Rn. 168 f.; Emmerich, in: Scholz, GmbHG, Bd. 1, § 29 Rn. 107 f.

Sinne von § 134 BGB einzustufen ist und die einer verdeckten Gewinnausschüttung zugrundeliegenden Rechtsgeschäfte folglich unwirksam sind.

Rechtsprechung und herrschendes Schrifttum vertreten sowohl hinsichtlich offener als auch verdeckter Auszahlungen an Gesellschafter, die das Kapitalerhaltungsgebot verletzen, die Auffassung, dass für eine Anwendung des § 134 BGB und der §§ 812 ff. BGB neben den GmbH-rechtlichen Kapitalschutzvorschriften keine Notwendigkeit bestehe.[928] Dies gelte auch für Fälle, in denen die Auszahlung nur zum Teil das zum Erhalt des Stammkapitals erforderliche Vermögen angreift, und selbst dann, wenn bewusst gegen § 30 GmbHG verstoßen wird. Mit der §§ 30, 31 GmbHG immanenten bilanziellen Betrachtungsweise ließen sich Rückgewähransprüche wegen unzulässiger Auszahlungen gemäß § 812 Abs. 1 Satz 1 i.V.m. § 134 BGB nicht vereinbaren, da die Bereichungsansprüche einen gegenständlichen Schutz des Vermögens bezwecken.[929] Für sonstige verdeckte Gewinnausschüttungen kann insoweit nichts Abweichendes gelten. Die Unwirksamkeit der zugrundeliegenden Verpflichtungs- und/oder Verfügungsgeschäfte hätte überschießende Tendenz und Rechtsunsicherheit zur Folge.[930] Dies gilt nach Ansicht des Verfassers auch im Rahmen des § 5a GmbHG.

---

928 BGH, Urt. v. 23.06. 1997, II ZR 220/95 = NJW 1997, S. 2599 (2600 f.); dem folgend Heidinger, in: Michalski, GmbHG, Bd. 1, § 30 Rn. 134 f.; Hommelhoff, in: Lutter/Hommelhoff, GmbHG, § 30 Rn. 32; Pentz, in: Rowedder/Schmidt-Leithoff, GmbHG, § 30 Rn. 52; Müller, in: Ulmer, GmbHG, Bd. 2, § 30 Rn. 97; H. P. Westermann, in: Scholz, GmbHG, Bd. 1, § 30 Rn. 12; a.A. nur Joost, ZHR 148 (1984), S. 27 (31).

929 Unter Berücksichtigung der aktuellen Rechtslage anstatt vieler Heidinger, in: Michalski, GmbHG, Bd. 1, § 30 Rn. 135.

930 Pentz, in: Rowedder/Schmidt-Leithoff, GmbHG, § 29 Rn. 164; zustimmend Müller, in: Ulmer, GmbHG, Bd. 2, § 239 Rn. 169; Emmerich, in: Scholz, GmbHG, Bd. 1, § 29 Rn. 108 a.E., sieht Bereicherungsansprüche wegen Nichtigkeit des Verpflichtungsgeschäfts dann gegeben, wenn aufgrund eines regelmäßig anzunehmenden Verstoßes gegen die innergesellschaftliche Kompetenzordnung oder den Gleichbehandlungsgrundsatz von einem Missbrauch der Vertretungsmacht auszugehen ist. Darüber hinaus kommt auch nach Emmerich eine Unwirksamkeit nicht in Betracht. Ebenso Roth, in: Roth/Altmeppen, GmbHG, § 29 Rn. 62 und K. Schmidt, Gesellschaftsrecht, § 37 III 2. d); a.A. Hueck/Fastrich, in: Baumbach/Hueck, § 29 Rn. 78.

3. Verletzung der gesellschaftsrechtlichen Treuepflicht

Vereinzelt wird bei verdeckten Gewinnausschüttungen zur Umgehung der Gewinnthesaurierung eine Verletzung der gesellschaftsrechtlichen Treuepflicht durch den Alleingesellschafter oder die einvernehmlich handelnden Gesellschafter angenommen.[931] Dabei sind zwei Gesichtspunkte voneinander zu trennen. Zunächst ist die Frage zu stellen, ob eine gesellschaftsrechtliche Treuepflicht des Alleingesellschafters bzw. der einvernehmlich handelnden Gesellschafter im Grundsatz anzuerkennen ist. Sofern eine solche Treuepflicht befürwortet wird, gilt es im Anschluss zu klären, ob dieses Rechtsinstitut im Hinblick auf die inhärente Umgehungsgefahr des Thesaurierungsgebotes herangezogen werden kann.

Der lebhaft geführte Streit um die gesellschaftsrechtliche Treuepflicht ist letztlich ein solcher um die Existenz eines von den Gesellschafterinteressen verselbständigten Eigeninteresses der Gesellschaft.[932] Ein solches Eigeninteresse der Gesellschaft wird insbesondere im Anschluss an die Entscheidung des Bundesgerichtshofs in Sachen „*Bremer Vulkan*"[933] teilweise postuliert. Der Alleingesellschafter bzw. die einvernehmlich handelnden Gesellschafter stünden in einer „*Sonderverbindung zur GmbH*",[934] aus der sich die „*fundamentale Verhaltenspflicht*"[935] ergebe, das Bestandsinteresse der Gesellschaft zu wahren und existenzgefährdende oder -vernichtende Eingriffe zulasten der Gesellschaft und ihrer Gläubiger zu unterlassen. Eine vertiefende Diskussion würde an dieser Stelle zu weit führen; nur so viel sei gesagt. Ein Mithilfe der gesellschaftsrechtlichen Treuepflicht zu schützendes Gesellschaftsinteresse stellt keine überzeugende dogmatische Grundlage dar, benachteiligende Eingriffe in das Gesellschaftsvermögen zu sanktionieren. Das von den Befürwortern der Treuepflicht

931 Wohl nur Spies, Unternehmergesellschaft, S. 208 ff. Generell für eine Unzulässigkeit von verdeckten Gewinnausschüttungen im GmbHG wegen Verletzung der Förder- und Treuepflicht Burgard, ZIP 2002, S. 827 (833 ff.). Als Rechtsgrundlage der gesellschaftsrechtlichen Treuepflicht dient letztlich ein Rückgriff auf § 242 BGB.

932 Dazu nur Haas, Gutachten E, 66. Deutscher Juristentag, S. 102 ff.; Habersack, ZGR 2008, S. 533 (536); Burgard, ZIP 2002, S. 827 (834 ff.); K. Schmidt, NJW 2001, S. 3577 (3580); Altmeppen, ZIP 2001, S. 1837 (1841 ff.); Ulmer, ZIP 2001, S. 2021 (2025 f.); bereits 5. KapitelA.I.1(b)(ii)(bb); allgemein zur Treuepflicht Dreher, DStR 1993, S. 1632 ff.

933 BGH, Urt. v. 17.09.2001, II ZR 178/99 (Bremer Vulkan) = NJW 2001, S. 3622 ff.

934 Ulmer, ZIP 2001, S. 2021 (2026).

935 Burgard, ZIP 2002, S. 827 (836).

vorgebrachte Eigeninteresse der Gesellschaft stellt sich im Kern als bloßes Bestandsinteresse der Gesellschaftsgläubiger dar. Der Bundesgerichtshof bezieht das Gesellschaftsinteresse ebenfalls nur auf die *„Aufrechterhaltung ihrer Fähigkeit, ihren Verbindlichkeiten nachzukommen“*.[936] Dem Begründungsansatz eines verselbständigten Eigeninteresses der Gesellschaft kommt daher richtigerweise nur *„lückenfüllende Funktion im Verhältnis zu den bestehenden Gläubigerschutzinstrumenten“* zu.[937] Anstatt auf eine überschießende und nur vage bestimmbare Treuepflicht des Alleingesellschafters bzw. der einvernehmlich handelnden Gesellschafter gegenüber der GmbH abzustellen, sind vorzugsweise konkrete Gläubigerschutzvorschriften heranzuziehen und ggf. zu modifizieren.[938]

Für die UG als Rechtsformvariante kann im Hinblick auf eine Umgehung des Thesaurierungsgebotes nichts anderes gelten.[939] Der Normzweck des § 5a Abs. 3 GmbHG besteht darin, die vorrangige Befriedigung der Gläubiger zu gewährleisten. Die Sachlage unterscheidet sich insoweit nicht von derjenigen in der regulären GmbH. Es mag nicht recht einleuchten, dass zur Sicherstellung der Befriedigungsinteressen der Gläubiger auf das Rechtsinstitut der Treuepflicht zurückgegriffen werden soll, das als Verhaltensregel für die Beziehung zwischen Gesellschaft und Gesellschaftern bzw. den Gesellschaftern untereinander dient. Eine Heranziehung der gesellschaftsrechtlichen Treuepflicht im Hinblick auf die § 5a Abs. 3 GmbHG eigene Umgehungsgefahr ist daher wegen grundsätzlicher dogmatischer Bedenken abzulehnen.

---

936 BGH, Urt. v. 17.09.2001, II ZR 178/99 (Bremer Vulkan) = NJW 2001, S. 3622 (3623).

937 Haas, Gutachten E, 66. Deutscher Juristentag, S. 103.

938 So die h.A. K. Schmidt, NJW 2001, S. 3577 (3580); Haas, Gutachten E, 66. Deutscher Juristentag, S. 103; Altmeppen, ZIP 2001, S. 1837 (1842); Vetter, ZGR 2005, S. 788 (816); Hueck/Fastrich, in: Baumbach/Hueck, § 13 Rn. 20; Pentz, in: Rowedder/Schmidt-Leithoff, GmbHG, § 13 Rn. 38.

939 A.A. nur Spies, Unternehmergesellschaft, S. 209 f., die in der Treuepflicht eine *„übergeordnete Pflicht“* zum Schutz der Gesellschaftsinteressen sieht. Die dogmatische Grundlage sei in der Rücksichtnahmepflicht auf die Rechtsform der GmbH zu sehen, wie sie der BGH, Urt. v. 16.07.2007, II ZR 3/04 (Trihotel) = NJW 2007, S. 2689, betont hat. Ohne nähere Begründung leitet Spies aus der Verletzung der Treuepflicht, Schadensersatzansprüche der Gläubiger ab. Dies steht jedoch im Widerspruch zu der herangezogenen Trihotel-Entscheidung, in der der BGH eine Durchgriffshaftung wegen existenzvernichtendem Eingriff zugunsten einer Innenhaftung aus § 826 BGB ausdrücklich aufgegeben hat.

IV. Zwischenfazit

Die Ausführungen haben das inhärente Umgehungspotential des § 5a Abs. 3 GmbHG und eine daraus resultierende Gefahr für die Befriedigung der Gesellschaftsgläubiger insbesondere durch verdeckte Gewinnausschüttungen verdeutlicht. Der Gesetzgeber war sich dieser Problematik bewusst, hat gleichwohl von weiteren gläubigerschützenden Maßnahmen abgesehen. Soll der Normzweck des § 5a Abs. 3 GmbHG nicht gänzlich ins Leere laufen, sind umgehungsresistente Regelungen gleichwohl erforderlich. Der Verweis des Gesetzgebers auf die gläubigerschützende Funktion der Firmierung nach § 5a Abs. 1 GmbHG sowie die Geltung der weiteren GmbH-rechtlichen Gläubigerschutznormen[940] geht jedoch zu kurz. Aufgrund des Verzichts auf ein nennenswertes Mindeststammkapital und der daraus folgenden Entwertung der Stammkapitalziffer als Verlustpuffer wären die Gesellschaftsgläubiger regelmäßig auf Haftungsansprüche insbesondere gegen den Geschäftsführer beschränkt.[941] Mit der GmbH-rechtlichen Vermögensbindung ließe es sich hingegen nicht vereinbaren, wenn mit der herrschenden Meinung im Schrifttum verdeckte Gewinnausschüttungen in der UG dem Regelungsrahmen der §§ 30, 31 GmbHG analog unterworfen werden würden. Stattdessen ist nach Auffassung des Verfassers eine Haftung des UG-Gesellschafters für verdeckte Gewinnausschüttungen nur dann angezeigt, wenn diese zu einer Verkürzung des Jahresüberschusses und damit der gesetzlichen Rücklage führen und folgende weitere Voraussetzungen erfüllen:

(1) Ein Haftungsinstitut für verdeckte Gewinnausschüttungen zur Umgehung des § 5a Abs. 3 GmbHG hat sich zunächst in das System der GmbH-rechtlichen Vermögensbindung einzufügen, das von einer eingeschränkten Zulässigkeit verdeckter Gewinnausschüttungen ausgeht. Ein Anspruch gegen den Gesellschafter wegen verdeckter Gewinnausschüttung entsteht aus diesem Grund erst mit Eintritt der Insolvenz der Gesellschaft. Die Haftung für verdeckte Gewinnausschüttungen stellt im Falle des § 5a Abs. 3 GmbHG das Bindeglied zwischen Kapitalerhaltung auf der einen sowie In-

---

940 Gegenäußerung der Bundesregierung, RegE., BT-Drucks. 16/6140, S. 75. Die gläubigerschützende Funktion des besonderen Rechtsformzusatzes dürfte der Gesetzgeber überschätzen; vgl. 3. KapitelB.I.

941 Vgl. zur eingeschränkten Gläubigerschutzfunktion der Kapitalerhaltungsregeln in der UG 4. KapitelA.I.1.

solvenzverursachungs- und Existenzvernichtungshaftung auf der anderen Seite dar.

(2) Die Abgrenzung eines zulässigen Rechtsgeschäfts zwischen Gesellschaft und Gesellschaftern von verdeckten Gewinnausschüttungen ist anhand objektiv-normativer Kriterien vorzunehmen und erfordert demnach weder das Bewusstsein des Gesellschafters einer *causa societatis* noch ein Verschuldenselement.

(3) Um einen Gleichlauf mit weiteren Haftungsinstituten des GmbH-Rechts zu gewährleisten ist eine Gesellschafterhaftung im Rahmen des § 5a Abs. 3 GmbHG als Innenhaftung auszugestalten.

Der Gläubigerschutz ist zudem durch weitere Publizitätsanforderungen zu ergänzen. Bilanz und GuV der UG sind stets unter Berücksichtigung der Gewinnverwendung zu erstellen. Schließlich ist die UG als regelmäßig kleine Kapitalgesellschaft (§ 267 Abs. 1 HGB) aufgrund einer teleologischen Reduktion der §§ 326 Satz 2, 325 Abs. 1 Satz 4 HGB zur Offenlegung der GuV im elektronischen Bundesanzeiger verpflichtet.

B. Die Subordination von verdeckten Gewinnausschüttungen in der UG

Unter Berücksichtigung der zuvor dargestellten Kriterien schlägt der Verfasser eine insolvenzrechtliche Anknüpfung vor, um Gewinnausschüttungen zur Umgehung der in § 5a Abs. 3 GmbHG statuierte Kapitalaufholung und eine daraus resultierende Gläubigerbenachteiligung zu sanktionieren. In analoger Anwendung von § 39 Abs. 1 Nr. 5 InsO sind Forderungen eines UG-Gesellschafters, die einem hypothetischem Drittvergleich nicht standhalten (*causa societatis*) und folglich als verdeckte Gewinnausschüttung zu qualifizieren sind, subordiniert und im Falle der Befriedigung gemäß §§ 135 Abs. 1 InsO, 6 Abs. 1 AnfG durch den Insolvenzverwalter bzw. den Gläubiger anfechtbar, sofern es sich nicht ohnehin um Forderungen auf Rückgewähr eines Darlehens oder aus Rechtshandlungen handelt, die einem solchen Darlehen wirtschaftlich entsprechen.

Im Folgenden stellt der Verfasser zunächst die dogmatische Begründung für eine Nachrangigkeit solcher Gesellschafterforderungen im Allgemeinen und in der UG im Besonderen dar, um anschließend auf die insolvenzrechtliche Anfechtbarkeit einzugehen. Die Verordnung der Problematik in das Insolvenz- bzw. Anfechtungsrecht ist konsequent, wenn man die weitgehende Entwertung des präventiven Kapitalschutzes in der UG bedenkt.[942] Im Ergebnis hält es der Verfasser insofern mit *Röhricht*, wonach mit „*jeder Zurücknahme oder gar Beseitigung des typischerweise abstrakt-präventiven gesellschaftsrechtlichen Gläubigerschutzes [...] das Gewicht eines insolvenzrechtlichen Schutzes zunehmen [muss] und umgekehrt*".[943]

I. Die Nachrangigkeit von Gesellschafterforderungen

Eine Subordination von Gesellschafterforderungen in der UG gemäß § 39 Abs. 1 Nr. 5 InsO analog sowie eine Anfechtbarkeit gemäß §§ 135 InsO, 6 AnfG wirft zunächst die zentrale Frage nach der dogmatischen Rechtfertigung einer unterschiedlichen Behandlung von Gesellschafterforderungen gegenüber Forderungen von Nichtgesellschafter auf.[944] Die Diskussion wurde bisher vornehmlich im Rahmen des Eigenkapitalersatzrechts geführt. Das vielfach kritisierte Eigenkapitalersatzrecht, wie es bis zum Inkrafttreten des MoMiG Geltung beanspruchte,[945] soll nicht Gegenstand der folgenden Analyse sein. Entscheidend ist vielmehr, welche dogmatische Konzeption hinter der Subordination und Anfechtbarkeit von Gesellschafterdarlehen und vergleichbaren Leistungen steht, und ob sich diese im Falle der UG fruchtbar machen lässt.

---

942 Bereits ausführlich 3. KapitelC.II und 3. KapitelA.II.3.

943 Röhricht, ZIP 2005, S. 505; ebenso Fischer, ZIP 2004, S. 1477 (1478). Die These erfasst nach Ansicht des Verfassers das Problem nur teilweise. Denn die vorstehenden Ausführungen, insbesondere zum Verzicht auf ein nennenswertes Mindeststammkapital, haben aufgezeigt, dass die Entwertung des abstrakt-präventiven Kapitalschutzes in der UG insofern nicht allzu tiefgreifend ist, also eine gläubigerschützende Wirkung mit guten Gründen in Zweifel gezogen werden kann und faktisch auf die Gewährung eines Verlustpuffers reduziert ist. Eine signifikante Verbesserung des Kapitalschutzes ließe sich allenfalls durch eine deutliche Anhebung der gesetzlichen Stammkapitalziffer erreichen. Richtigerweise müsste es daher heißen, dass der insolvenzrechtliche Gläubigerschutz deswegen gestärkt werden muss, weil ein abstrakt-präventiver Kapitalschutz ein ausreichendes Schutzniveau nicht gewährleisten kann.

944 Zutreffend K. Schmidt, GmbHR 2009, S. 1009; bereits vor Inkrafttreten des MoMiG auch Bork, ZGR 2007, S. 250 (257); Altmeppen, NJW 2005, S. 1911 (1912).

945 Vgl. nur RegE., BT-Drucks. 16/6140, S. 26, demzufolge „*auf diese Weise [...] die verwirrende Doppelspurigkeit der sog. Rechtsprechungsregelungen und der Novellenregelungen über die eigenkapitalersetzenden Gesellschafterdarlehen beseitigt [wird]. Das Recht der Gesellschaft mit beschränkter Haftung wird dadurch wesentlich einfacher und für die mittelständische Zielgruppe verständlicher.*"

1. Dogmatische Grundlage der Nachrangigkeit

Die Nachrangigkeit von Forderungen auf Rückgewähr eines Gesellschafterdarlehens oder Forderungen aus Rechtshandlungen, die einem solchen Darlehen wirtschaftlich entsprechen, wie es die Novellenregeln (§§ 32a, 32b GmbHG a.F.) bzw. die Rechtsprechungsregeln zur Umqualifizierung in gebundenes Eigenkapital entsprechend §§ 30, 31 GmbHG a.F. beanspruchten, basierte auf dem vom Bundesgerichtshof entwickelten Konzept der Finanzierungsverantwortung bzw. Finanzierungsfolgenverantwortung. Bereits vor Neufassung der § 30 Abs. 1 Satz 3 GmbHG und § 39 Abs. 1 Nr. 5 InsO sah sich dieser Begründungsansatz Kritik ausgesetzt.[946]

(a) Das überholte Konzept der Finanzierungsfolgenverantwortung

Die Gesellschafter einer GmbH sind in der Kapitalausstattung der Gesellschaft grundsätzlich frei (Finanzierungsfreiheit). Insbesondere sind die Gesellschafter neben der Leistung der Stammeinlage auf den Geschäftsanteil (§ 14 GmbHG) weder verpflichtet, die Gesellschaft in Krisensituationen mit weiteren Eigenmittel zu versorgen, noch grundsätzlich für eine angemessene Kapitalausstattung Sorge zu tragen.[947] Zwar wäre es aus ökonomischer und gläubigerschützender Perspektive zweifellos wünschenswert, wenn das Gesetz eine am konkreten Unternehmensgegenstand bzw. -risiko ausgerichtete Kapitalausstattung vorschriebe. Eine solche abstrakte Regelung lässt sich jedoch nicht finden und würde zudem mit dem Prinzip der Haftungsbeschränkung nicht in Einklang stehen.[948]

---

946 Die bisherige Analogie zur Kapitalerhaltung und die daraus entstandenen Novellenregeln sind als historisch bedingte „*Krücke*" einzustufen, die dem Umstand geschuldet war, dass geeignete insolvenzrechtliche Regelungen nicht vorhanden waren. So richtigerweise Bayer/Graff, DStR 2006, S. 1654 (1656); Röhricht, ZIP 2005, S. 505 (512); ebenfalls kritisch zur bisherigen Regelung Huber, in: FS Priester, S. 259 (273 f.).

947 AllgM BGH, Urt. v. 07.11.1994, II ZR 270/93 = NJW 1995, S. 326 (329); BGH, Urt. v. 19.09.1988, II ZR 255787 = NJW 1988, S. 3143 (3145); Heidinger, in: Michalski, GmbHG, Bd. 1, §§ 32a, 32b a.F., Rn. 9; K. Schmidt, in: Scholz, GmbHG, Bd. 1, § 32a, 32b Rn. 3; Pentz, in: Rowedder/Schmidt-Leithoff, GmbHG, § 32a Rn. 18.

948 Eine am Unternehmensgegenstand und Risiko ausgerichtete, gesetzliche Eigenkapitalausstattung würde nicht nur zu Rechtsunsicherheit führen, sondern im Falle einer Insolvenz eine Nachschusspflicht der Gesellschaft zur Folge haben. Dies verstieße aber gegen das Prinzip der Haftungsbeschränkung. Dazu bereits BGH, Urt. v. 14.12.1959, II ZR 187/57 = NJW 1960, S. 285 (287); auch 3. KapitelA.II.2(c).

(i) Die Finanzierungsfolgenverantwortung

Das von der Rechtsprechung in Anlehnung an §§ 30, 31 GmbHG a.F. entwickelte Eigenkapitalersatzrecht bzw. die in §§ 32a, 32b GmbHG a.F. normierten Novellenregeln schränkten die Finanzierungsfreiheit des Gesellschafters im Falle eigenkapitalersetzender – d.h. in der Krise zur Verfügung gestellter – Gesellschafterleistungen ein und oktruiert eine besondere Finanzierungsfolgenverantwortung des Gesellschafters.[949] Ein Gesellschafter, welcher der Gesellschaft zu einem Zeitpunkt, in dem ein ordentlicher Kaufmann Eigenkapital zugeführt hätten, stattdessen ein Darlehen gewährt, konnte gemäß § 32a Abs. 1 GmbHG a.F. den Anspruch auf Rückgewähr des Darlehens im Insolvenzverfahren über das Vermögen der Gesellschaft nur als nachrangiger Insolvenzgläubiger geltend machen. Die Rechtsprechung ging sogar noch einen Schritt weiter und behandelte Gesellschafterdarlehen als haftendes Eigenkapital gemäß §§ 30, 31 GmbHG a.F. analog, wenn dieses in der Krise der Gesellschaft anstelle einer weiteren benötigen Kapitaleinlage gewährt worden waren und keine Unterbilanz oder weitergehende Überschuldung bestand.[950] Unter einer „*Krise der Gesellschaft*“ wurde eine Lage verstanden, in der die Gesellschaft entweder insolvenzreif oder kreditunwürdig ist; der Gläubigerschutz sollte dadurch in den Bereich vor Eintritt der Insolvenzreife vorverlegt werden.[951]

Anknüpfend an die Krisensituation entwickelte die Rechtsprechung daher das Konzept der Finanzierungsfolgenverantwortung:

> „Es ist die Verantwortung des Gesellschafters für eine ordnungsgemäße Unternehmensfinanzierung zu sorgen, die ihn in der Krise zwar nicht positiv verpflichtet, fehlendes Kapital aus seinem Vermögen nachzuschießen, der er sich aber nicht in der

---

949 Ursprünglich sprach der BGH von „*Finanzierungsverantwortung*“. Diese Begrifflichkeit führte jedoch zu der Fehlinterpretation, dass der Gesellschafter verpflichtet sei, in der Krisensituation Eigenkapital zur Verfügung zu stellen. Klarstellend BGH, Urt. v. 07.11.1994, II ZR 270/93 = NJW 1995, S. 326 (329); Goette, ZHR 162 (1998), S. 223 (224).

950 Ständige Rspr. BGH, Urt. v. 14.12.1959, II ZR 187/57 = NJW 1960, S. 285 (287); BGH, Urt. v. 24.03.1980, II ZR 213/77 = NJW 1980, S. 1524; BGH, Urt. v. 26.03.1984, II ZR 14/84 = NJW 1984, S. 1893 (1895); BGH, Urt. v. 19.09.1988, II ZR 255787 = NJW 1988, S. 3143 (3145); BGH, Urt. v. 07.11.1994, II ZR 270/93 = NJW 1995, S. 326 (329).

951 Anstatt vieler Goette, Die GmbH, § 4 Rn. 19, 40; Heidinger, in: Michalski, GmbHG, Bd. 1, §§ 32a, 32b a.F. Rn. 44; Habersack, in: Ulmer, GmbHG, Bd. 2, §§ 32a/b Rn. 62.

Weise zum Nachteil der Gläubiger entziehen kann, dass er bei einer tatsächlich beabsichtigten Finanzhilfe, anstatt sie durch die objektiv gebotene Einbringung haftenden Kapitals zu leisten, auf eine andere, ihm weniger riskant erscheinende Finanzierungsform ausweicht."[952]

Dem Gesellschafter verblieb demnach nur die Möglichkeit, die Gesellschaft zu liquidieren oder neues haftendes Kapital zuzuführen. Entschied sich der Gesellschafter jedoch für die Rolle eines Fremdkapitalgebers, hatte dies *ipso iure* eine Verstrickung des Fremdkapitals als haftendes Eigenkapital bzw. eine Nachrangigkeit im Insolvenzverfahren zur Folge.[953]

Der tragende Grund für die Finanzierungsfolgenverantwortung sei in der Doppelstellung des Gesellschafters zu sehen, der durch das Ausweichen in einer Drittgläubigerstellung eine Finanzierungsentscheidung zulasten der Befriedigungsaussichten der anderen Gesellschaftsgläubiger treffe und die Krise der Gesellschaft weiter verschleppe.[954] Aufgrund der Haftungsbeschränkung könnte der Gesellschafter durch ein solches Verhalten das Finanzierungsrisiko sanktionslos und einseitig auf außenstehende Gläubiger abwälzen.[955] Zudem riefe der

---

952 BGH, Urt. v. 26.03.1984, II ZR 14/84 = NJW 1984, S. 1893 (1895).

953 BGH, Urt. v. 07.11.1994, II ZR 270/93 = NJW 1995, S. 326 (329); Pentz, in: Rowedder/Schmidt-Leithoff, GmbHG, § 32a Rn. 17; Heidinger, in: Michalski, GmbHG, Bd. 1, §§ 32a, 32b a.F. Rn. 10. Das Konzept der Finanzierungsfolgenverantwortung setzte folglich eine Finanzierungsentscheidung des Gesellschafters voraus. Zumindest im Falle des sogenannten Stehenlassens eines früher gewährten Darlehens in der Krise war zudem erforderlich, dass der Gesellschafter wenigstens die Möglichkeit hatte, die den Eintritt der Krise begründenden Umstände bei Wahrnehmung seiner Verantwortung für eine ordnungsgemäße Finanzierung der Gesellschaft zu erkennen. Allerdings waren an dieses subjektive Merkmal angesichts der Einflussmöglichkeiten des Gesellschafters auf die Geschäfte der Gesellschaft keine allzu hohen Anforderungen zu stellen. Vgl. BGH, Urt. v. 07.11.1994, II ZR 270/93 = NJW 1995, S. 326 (329).

954 BGH; Urt. v. 24.02.1980, II ZR 213/77 = NJW 1980, S. 1524; BGH, Urt. v. 16.06.1997, II ZR 154/96 = WM 1997, S. 1481 (1482).

955 BGH, Urt. v. 16.06.1997, II ZR 154/96 = WM 1997, S. 1481 (1482); BGH, Urt. v. 26.03.1984, II ZR 14/84 = NJW 1984, S. 1893 (1895); BGH; Urt. v. 24.02.1980, II ZR 213/77 = NJW 1980, S. 1524. Die Haftungsbeschränkung sei eine Ausnahme des privat- und handelsrechtlichen Grundsatzes, dass derjenige, der als Einzelner oder in Gemeinschaft mit anderen Geschäfte betreibt, für die daraus entstehenden Verbindlichkeiten haftet, und rechtfertige sich daraus, dass zumindest ein von den Gesellschaftern aufzubringendes gesetzliches Mindeststammkapital vorrangig das Verlustrisiko trägt. Dieses Prinzip unterlaufe der Gesellschafter, der sich durch Gewährung von Fremd-

Gesellschafter durch die Zurverfügungstellung von Fremdkapital den Eindruck ausreichender Kapitalausstattung hervor und verhielte sich widersprüchlich, wenn der Gesellschaft vor dem mit der Fremdkapitalgewährung verfolgten Zweck der Krisenbewältigung die Mittel wieder entzogen werden würden.[956] Entscheidend sei somit, dass der Gesellschafter in der Krise eine Finanzierungsentscheidung mit dem Risiko der Inanspruchnahme als haftendes Kapital treffe, anstatt die für die Gläubiger (möglicherweise) günstigere Liquidation zu wählen.[957]

(ii) Die Neuregelung des Eigenkapitalersatzrechts durch das MoMiG

Der Gesetzgeber hat im Zuge des MoMiG die Regelungsmaterie des Eigenkapitalersatzes nunmehr auf eine neue Grundlage gestellt, indem die in §§ 32a, 32b GmbHG a.F. normierten Novellenregeln rechtsformübergreifend in Insolvenzordnung und Anfechtungsgesetz geregelt werden. In § 30 Abs. 1 Satz 3 GmbHG stellt der Gesetzgeber in einer Nichtanwendungsregel zudem ausdrücklich klar, dass Gesellschafterdarlehen und gleichgestellte Leistungen nicht wie haftendes Eigenkapital zu behandeln sind und die Rückgewähr solcher Leistungen nicht *per se* dem Verbot des § 30 Abs. 1 Satz 1 GmbHG unterliegt.[958] Das bisherige Nebeneinander von Rechtsprechungs- und Novellenregeln habe zu Rechtsunsicherheit und Unübersichtlichkeit der Eigenkapitalgrundsätze geführt und soll durch die Neufassung im MoMiG erheblich einfacher und übersichtlicher gestaltet werden.[959]

---

statt Eigenkapital in die Position eines Gesellschaftsgläubigers begibt. Dazu Goette, ZHR 162 (1998), S. 223 (224); K. Schmidt, in: Scholz, GmbHG, Bd. 1, §§ 32a, 32b Rn. 4.

956 BGH, Urt. v. 26.03.1984, II ZR 14/84 = NJW 1984, S. 1893 (1895); BGH, Urt. v. 14.12.1959, II ZR 187/57 = NJW 1960, S. 285 (288); Habersack, in: Ulmer, GmbHG, Bd. 2, § 32a/b Rn. 12; Altmeppen, NJW 2005, S. 1911 (1913 f.).

957 BGH, Urt. v. 26.03.1984, II ZR 14/84 = NJW 1984, S. 1893 (1895); BGH, Urt. v. 13.07.1981, II ZR 256/79 = NJW 1980, S: 2570 (2571).

958 Der Gesetzgeber hat sich dabei insbesondere auf die Vorarbeit von Huber und Habersack gestützt. Vgl. ausführlich Huber/Habersack, in: Lutter, Das Kapital der Aktiengesellschaft in Europa, S. 372 ff.; sowie Huber/Habersack, BB 2006, S. 1 ff. Es bleibt hingegen dahingestellt, ob die vom Gesetz gewählte Nichtanwendungsregel in § 30 Abs. 1 Satz 3 GmbHG als geglückt angesehen werden kann.

959 RegE., BT-Drucks. 16/6140, S. 42; ebenso Anmerkung Goette, in BGH, Urteil vom 30.01.2006, II ZR 357/03 = DStR 2006, S. 478 (479), der einer Neugestaltung der Eigenkapitalgrundsätze, insbesondere einer Abschaffung der Rechtsprechungsregeln,

Gemäß § 39 Abs. 1 Nr. 5 InsO werden Forderungen auf Rückgewähr von Gesellschafterdarlehen oder gleichgestellten Leistungen, die nicht dem Sanierungs- (§ 39 Abs. 5 InsO) oder Kleinstbeteiligungsprivileg (§ 39 Abs. 4 InsO) unterliegen, im Insolvenzverfahren nachrangig berichtigt. Auf das Tatbestandsmerkmal „*Krise der Gesellschaft*" wird zukünftig verzichtet.[960] Am Erfordernis eines ausdrücklich zu erklärenden qualifizierten Rangrücktritts in § 19 Abs. 2 Satz 2 InsO zur Befreiung von der Passivierungspflicht in der Überschuldungsbilanz wurde letztlich festgehalten.[961] Rechtshandlungen, die für Forderungen eines Gesellschafters auf Rückgewähr eines Darlehens im Sinne des § 39 Abs. 1 Nr. 5 InsO oder für eine gleichgestellte Forderung im letzten Jahr vor dem Antrag auf Eröffnung des Insolvenzverfahrens Befriedigung oder in den letzten zehn Jahren vor einem entsprechenden Antrag Sicherung gewährt haben, unterliegen gemäß § 135 Abs. 1 InsO einer insolvenzrechtlichen Anfechtung. Soweit es nicht zur Eröffnung eines Insolvenzverfahrens kommt, trifft § 6 AnfG korrespondierende Regelungen zur Gläubigeranfechtung. Gesellschafterdarlehen werden daher zukünftig als das behandelt, was sie sind: nämlich Kredite, die aufgrund der besonderen Stellung des Gesellschafters gegenüber gesellschaftsfremden Gläubigern subordiniert werden.[962]

(iii) Fehlende rechtsdogmatische Grundlage nach MoMiG

Dem Konzept der Finanzierungsfolgenverantwortung liegt das Ideal des ordentlichen Kaufmanns bzw. der ordnungsgemäßen Unternehmensfinanzierung

---

positiv gegenübersteht. Die Abschaffung der Rechtsprechungsregeln sowie die Neukonzipierung der Novellenregeln in der Insolvenzordnung sind im Schrifttum weitgehend positiv aufgenommen worden. Vgl. Schönfelder, WM 2009, S. 1401 (1402).

960 RegE., BT-Drucks. 16/6140, S. 42. Gemäß § 44a InsO kann ein Gläubiger der Gesellschaft im Insolvenzverfahren über das Vermögen der Gesellschaft zudem für eine Forderung auf Rückgewähr eines Darlehens oder für eine gleichgestellte Forderung, für die ein Gesellschafter eine Sicherheit bestellt oder für die er sich verbürgt hat, anteilsmäßige Befriedigung aus der Insolvenzmasse verlangen, soweit er bei der Inanspruchnahme der Sicherheit oder des Bürgen ausgefallen ist. Die Normierung in § 44a InsO – vormals beinahe wortgleich § 32a Abs. 2 GmbHG a.F. – ist jedoch unglücklich. Zunächst hätte die Regelung systematisch in den Vorschriften über die Insolvenzanfechtung verordnet werden müssen. Der Wortlaut der Norm ist zudem missverständlich. Vgl. Schönfelder, WM 2009, S. 1401 (1407).

961 Beschlussempfehlung und Bericht des Rechtsausschusses, BT-Drucks. 16/9737 (MoMiG), S. 104.

962 Ebenso Heckschen, DStR 2007, S. 1442 (1447 f.); Hirte, ZInsO 2008, S. 689 (692).

zugrunde. Mit dem Verzicht auf das Krisenmerkmal sind dem Konzept jedoch Anknüpfungspunkt und dogmatische Grundlage entzogen. Die Krise der Gesellschaft war unerlässliche Voraussetzung für die Behandlung von Gesellschafterleistungen als haftendes Eigenkapital und für die Nachrangigkeit im Rahmen von § 32a Abs. 1 GmbHG a.F.[963] Das Recht der eigenkapitalersetzenden Gesellschafterdarlehen soll nach dem Willen des Gesetzgebers zur Vereinfachung der Rechtspraxis aufgegeben werden,[964] so dass auch kein Raum für eine Finanzierungsfolgenverantwortung des Gesellschafters verbleibt.[965]

Insbesondere die Einführung der UG verdeutlicht, dass das Tatbestandsmerkmal der Krise der Gesellschaft als Anknüpfungspunkt und Leitbild eines speziellen Finanzierungsverhaltens des Gesellschafters nicht mehr herangezogen werden kann. Mit der Normierung einer haftungsbeschränkten Kapitalgesellschaft unter Verzicht auf ein bei Gründung real aufzubringendes und im Folgenden bilanziell zu erhaltendes nennenswertes Mindeststammkapital hat der Gesetzgeber von der Vorstellung Abschied genommen, dass eine Haftungsbeschränkung nur zum Preis einer Finanzierungsentscheidung in Form eines Mindeststammkapitals zu gewähren ist. Vielmehr hat der Gesetzgeber die Finanzierungsentscheidung vollumfänglich ins Ermessen der Gesellschafter gestellt. Dem Gesetz lassen sich somit abgesehen von § 30 GmbHG keine mittelbaren oder unmittelbaren Vorgaben im Hinblick auf das Finanzierungsverhalten des Gesellschafters entnehmen. Die gesetzliche Finanzordnung der UG führt zu dem Schluss, dass sich der Gesetzgeber von der Vorstellung einer wie auch immer gearteten Finanzierungs(folgen)verantwortung des Gesellschafters verabschiedet hat.

---

963 BGH, Urt. v. 24.03.1980, II ZR 213/77 = NJW 1980, S. 1524; ebenso Heidinger, in: Michalski, GmbHG, Bd. 1, §§ 32a, 32b a.F. Rn. 11; Habersack, in: Ulmer, GmbHG, Bd. 2, §§ 32a/b Rn. 61 (konstitutive Krise); K. Schmidt, in: Scholz, GmbHG, Bd. 1, §§ 32a, 32b Rn. 38 (kritische Grenze).

964 RegE., BT-Drucks. 16/6140, S. 42, 56.

965 So die herrschende Ansicht im Schrifttum Kleindiek, in: Lutter/Hommelhoff, GmbHG, Anh. zu § 64 Rn. 111 f.; Wicke, GmbHG, § 30 Rn. 22; Huber, in: FS Priester, S. 259 (273); Krolop, GmbHR 2009, S. 397 (398); Gehrlein, BB 2008, S. 846 (849); Habersack, ZIP 2007, S. 2145 (2147); Tillmann, GmbHR 2006, S. 1289 (1290); Gesmann-Nuissl, WM 2006, S. 1756 (1759); schon kritisch gegenüber dem bisherigen Konzept Altmeppen, NJW 2005, S. 1911 (1913); Bayer/Graff, DStR 2006, S. 1654 (1656 f.); Haas, Gutachten E, 66. Deutscher Juristentag, S. 57; a.A. weiterhin Nassall, NJW 2010, S. 2305 (2310).

Eine im Schrifttum vertretene Ansicht zieht für eine Subordination von Forderungen der Gesellschafter auf Rückgewähr eines Darlehens auch nach Neufassung des § 39 Abs. 1 Nr. 5 InsO und nach ausdrücklicher Aufgabe des Eigenkapitalersatzrechts weiterhin die Finanzierungsfolgenverantwortung als Regelungsmotiv heran.[966] Der Unterschied zur alten Rechtlage bestehe lediglich darin, dass innerhalb der kritischen Fristen der §§ 135 InsO, 6 AnfG eine Krise der Gesellschaft vom Gesetz unwiderlegbar vermutet werde. Beschafft sich die Gesellschaft statt auf dem Markt bei ihren Gesellschaftern Geld, so impliziere dies unwiderlegbar, dass sich die Gesellschaft in der Krise befindet, und rechtfertige die Qualifizierung als haftendes nachrangiges Eigenkapital von Gesetzes wegen.[967] Nach *Altmeppen* ließe sich eine Schlechterstellung des Gesellschafters im Verhältnis zu anderen Gläubigern nur unter Rückgriff auf das Tatbestandsmerkmal der Krise verfassungsrechtlich rechtfertigen.[968] Die Krise der Gesellschaft bleibe Regelungsmotiv der Nachrangigkeit von Forderungen auf Rückgewähr eines Gesellschafterdarlehens und deren eigenkapitalersetzender Charakter werde regelmäßig als gegeben unterstellt.[969]

Zuzugeben ist, dass eine dogmatisch stimmige Begründung der Subordination in § 39 Abs. 1 Nr. 5 InsO erforderlich ist; dies rechtfertigt gleichwohl nicht den Rückgriff auf das Prinzip der Finanzierungs(folgen)verantwortung. Die frühere Legitimationsgrundlage der Finanzierungsfolgenverantwortung trotz entgegenstehenden Willens des Gesetzgebers in § 39 Abs. 1 Nr. 5 InsO hineinzulesen, um eine Subordination von Gesellschafterforderungen zu begründen, liefe auf eine bloße Fiktion hinaus.[970] Darüber hinaus ist den Vertretern einer fortgelten-

---

966 Bork, ZGR 2007, S. 250 (257 f.); Altmeppen, NJW 2008, S. 3601 (3602 f.); Dahl/Schmitz, NZG 2009, S. 325 (326); Spliedt, ZIP 2009, S. 149 (153); Thiessen, ZIP 2007, S. 253 (257).

967 Bork, ZGR 2007, S. 250 (257 f.); ebenso Spliedt, ZIP 2009, S. 149 (153); Thiessen, ZIP 2007, S. 253 (257), lässt in diesem Zeitpunkt die Finanzierungsfreiheit der Gesellschafter enden, da das Finanzkonzept der Gesellschaft gescheitert sei.

968 Altmeppen, NJW 2008, S. 3601 (3602 f.); auch Bork, ZGR 2007, S. 250 (257) sieht das Krisenmerkmal als erforderlich an – ohne jedoch die Verfassung zu bemühen –, um die vermeintliche Schlechterstellung des Gesellschafters zu begründen.

969 Bork, ZGR 2007, S. 250 (257); ebenso Spliedt, ZIP 2009, S. 149 (153); Thiessen, ZIP 2007, S. 253 (257).

970 So zutreffend Huber, in: FS Priester, S. 259 (274); Kleindiek, in: Lutter/Hommelhoff, GmbHG, Anh. zu § 64 Rn. 16, der sich gleichwohl kritisch zur dogmatischen Be-

den Finanzierungsfolgenverantwortung in der Behauptung zu widersprechen, dass eine Gesellschaft nur im Falle der Kreditunwürdigkeit Gesellschafterdarlehen aufnehmen würde. Die unwiderlegbare Vermutung einer Krisenfinanzierung blendet die Tatsache aus, dass es eine Vielzahl von gesellschaftsrechtlichen, wirtschaftlichen und steuerlichen Motiven gibt, die eine Fremdkapitalfinanzierung durch die Gesellschafter vorzugswürdig erscheinen lassen kann.[971] Die Gesellschafter werden im Übrigen gegenüber Nichtgesellschaftern nicht schlechter, sondern aufgrund ihrer besonderen Stellung als Gesellschafter anders gestellt. Diese besondere Stellung gilt es im Folgenden näher zu begründen.

(b) Die unternehmerische Beteiligung des Gesellschafters als tragendes Motiv der Nachrangigkeit

Nach *Huber/Habersack* ergibt sich die Nachrangigkeit von Gesellschafterdarlehen aus dem Prinzip der Haftungsbeschränkung.[972] Darüber hinaus stehe ein Gesellschafter-Gläubiger dem Unternehmen regelmäßig näher als ein fremder Kapitalgeber.[973] Sowohl der Verweis auf die Haftungsbeschränkung als auch auf das Näheverhältnis zwischen Gesellschafter und Gesellschaft treffen nach Ansicht des Verfassers den Kern der dogmatischen Begründung einer Nachrangigkeit von Gesellschafterforderungen nicht vollumfänglich, sondern stellen vielmehr jeweils eine, wenn auch zutreffende Ausprägung des Regelungsmotivs dar. Die generellen Nachrangigkeit von Gesellschafterdarlehen trägt dem insolvenzrechtlichen Grundprinzip Rechnung, dass das vorhandene Gesellschaftsvermögen vorrangig außenstehenden Gläubigern zur gleichmäßigen Befriedigung dienen soll, und lässt sich somit als insolvenzspezifische Gefahrtragung des Gesellschafters beschreiben.[974] Zutreffend ist die unternehmerische Beteiligung des

---

gründung der Nachrangigkeit äußert; ebenso kritisch K. Schmidt, GmbHR 2009, S. 1009 (1011); Hirte, in: Uhlenbruck, InsO, § 39 Rn. 35.

971 Dies hat auch der BGH, Urt. v. 24.03.1980, II ZR 213/77 = NJW 1980, S. 1524 (1525), erkannt. Darauf weist K. Schmidt, GmbHR 2009, S. 1009 (1012 f.) hin.

972 So Habersack, ZIP 2007, S. 2145 (2147); Huber/Habersack, BB 2006, S. 1; Huber/Habersack, in: Lutter, Das Kapital der Aktiengesellschaft in Europa, S. 372 (394).

973 Wicke, GmbHG, § 30 Rn. 22; Habersack, ZIP 2007, S. 2145 (2147); ausdrücklich anders noch zu alten Rechtslage BGH, Urt. v. 24.03.1980, II ZR 213/77 = NJW 1980, S. 1524 (1525).

974 Die primäre Befriedigung außenstehender Gläubiger ist jedoch nicht als Grund für eine Nachrangigkeit, sondern als Normzweck zu verstehen. Vgl. Huber/Habersack,

Gesellschafters als tragendes Element der Subordination zu bezeichnen,[975] die sich freilich in zwei Aspekten zeigt.

(i) Die Doppelstellung des Gesellschafters

Der Verweis auf das Prinzip der Haftungsbeschränkung ist letztlich ein Verweis auf die Doppelstellung des Gesellschafters, die diesem aufgrund seiner unternehmerischen Beteiligung an der haftungsbeschränkten Gesellschaft zukommt – nämlich die Stellung als Gesellschaftsgläubiger sowie die Stellung als Gesellschafter mit den sich daraus ergebenden Chancen und Risiken. Die Haftungsbeschränkung ermöglicht es den Gesellschaftern unternehmerisch tätig zu sein, ohne im Falle des Misserfolgs mit ihrem Vermögen unbegrenzt persönlich zu haften. Die Rechtsfolge der Haftungsbeschränkung ist damit stets eine – rechtspolitisch und ökonomisch gewollte – Risikoverlagerung auf die Gesellschaftsgläubiger, die sich nach allgemeiner Ansicht nur durch ergänzende, gläubigerschützende Vorschriften rechtfertigen lässt.[976] Konsequenterweise hat der Gesetzgeber den Nachrang von Gesellschafterforderungen in § 39 Abs. 1 Nr. 5, Abs. 4 Satz 1 InsO lediglich für Gesellschaften, die weder eine natürliche Person noch eine Gesellschaft als persönlich haftenden Gesellschafter haben, bei der ein persönlich haftender Gesellschafter eine natürliche Person ist, angeordnet.[977]

BB 2006, S. 1; Gesmann-Nuissl, WM 2006, S. 1756 (1759); Tillmann, GmbHR 2006, S. 1289 (1290).

975 Ähnlich Krolop, GmbHR 2009, S. 397 (398 f.); Tillmann, GmbHR 2006, S. 1289 (1290 f.).

976 Explizit im Zusammenhang mit der Problematik der Subordination Huber/Habersack, in: Lutter, Das Kapital der Aktiengesellschaft in Europa, S. 372 (394); im Allgemeinen Wicke, GmbHG, § 13 Rn. 3; Michalski, in: Michalski, GmbHG, Bd. 1, Syst. Darst. 1 Rn. 40; Merkt, in: MünchKommGmbHG, Bd. 1, § 13 Rn. 328. Keine Feststellung ist damit gleichwohl dazu getroffen, ob insbesondere die Vorschriften des gesetzlichen Kapitalschutzes den Gläubigerschutz tatsächlich gewährleisten können. Insbesondere in der Rechtsformvariante der UG fällt die vorstehende Analyse negativ aus; vgl. 4. KapitelA.I.1.

977 RegE., BT-Drucks. 16/6140, S. 56 f.; K. Schmidt, GmbHR 2009, S. 1009 (1015), sieht die Beschränkung auf Gesellschaften ohne persönlich haftenden Gesellschafter als einen historischen Fehler des Gesetzgebers an. Dem Kriterium der Haftungsbeschränkung fehle jede Verbindung zum Normzweck. Insbesondere nach Abschaffung des Eigenkapitalersatzrechts bestehe eine Notwendigkeit für eine den Unternehmensgläubigern zugutekommende Nachrangigkeit; bereits zuvor K. Schmidt, in: Scholz, GmbHG, Bd. 1, §§ 32a, 32b Rn. 22; K. Schmidt, Gesellschaftsrecht, § 18 III 4. a) (S. 531 f.).

Neben dem positiven Aspekt einer Förderung unternehmerischen Handelns, steigert das Prinzip der Haftungsbeschränkung allerdings auch den Fehlanreiz für Gesellschafter, riskante Projekte mit potentiell hohem, aber ungewissem Kapitalrückfluss einzugehen je weniger werthaltig die eigene Eigenkapitalposition ist. Gesellschafter profitieren im Gegensatz zu Fremdkapitalgebern in vollem Umfang an einer positiven Entwicklung, während im Fall einer negativen Entwicklung das Ausfallrisiko auf das eingesetzte Kapital begrenzt ist.[978] Begibt sich der Gesellschafter in die Position eines normalen Gläubigers, beispielsweise als Fremdkapitalgeber, könnte der Gesellschafter sein Ausfallrisiko mindern und zumindest auf eine anteilige Befriedigung im Insolvenzverfahren hoffen.[979]

Im Unterschied zu einem Fremdkapitalgeber partizipiert der Gesellschafter damit in geringerem Maße an den Risiken der Unternehmung. Der Rückgriff *Altmeppens*[980] wegen verfassungsrechtlicher Bedenken auf das Krisenmerkmal für die Rechtfertigung einer Subordination von Forderungen des Gesellschafters auf Rückgewähr eines Darlehens oder wirtschaftlich vergleichbarer Forderungen geht damit fehl. Aufgrund seiner Doppelstellung ist der Gesellschafter eben nicht mit außenstehenden Gläubigern zu vergleichen, so dass es zumindest missverständlich ist, von einer Schlechterstellung des Gesellschafters zu sprechen.[981] Die Subordination von Forderungen der Gesellschafter auf Darlehensrückgewähr entspricht letztlich „*sowohl einem Gebot der ökonomischen Vernunft als auch einem Gebot der Fairness, nämlich dem Gedanken einer ökonomisch sinnvollen und fairen Risikoverteilung*“[982] zwischen Gesellschaftern und außenstehenden Gesellschaftsgläubigern. So verstanden ist die aus der unter-

---

978 Zutreffend Eidenmüller, in: FS Canaris, Bd. 2, S. 49 (55); Krolop, GmbHR 2009, S. 397 (399); Tillmann, GmbHR 2006, S. 1289 (1290 f.).

979 Insofern ist der Feststellung von Altmeppen, NJW 2005, S. 1911 (1914) zuzustimmen, dass causa societatis gewährte Kredite die Befriedigungsaussichten der außenstehenden Gesellschaftsgläubiger potentiell gefährden.

980 Altmeppen, NJW 2008, S. 3601 (3602 f.).

981 Jedoch Altmeppen, NJW 2008, S. 3601 (3602); Gesmann-Nuissl, WM 2006, S. 1756 (1759) (Zufallsrisiko).

982 Zutreffend Huber/Habersack, in: Lutter, Das Kapital der Aktiengesellschaft in Europa, S. 372 (395). Auch dem BGH, Urt. v. 26.03.1984, II ZR 171/83 = NJW 1984, S. 1893 (1895), ist der Gedanke einer gerechten Risikoverteilung zwischen Gesellschaftern und Gläubigern nicht fremd, wenngleich der BGH daraus im Ergebnis die Finanzierungsfolgenverantwortung ableitet.

nehmerischen Beteiligung resultierende Haftungsbeschränkung geeignet, die Nachrangigkeit von Gesellschafterforderungen zu begründen.

Jedoch liefert das Prinzip der Haftungsbeschränkung noch keine hinreichende Rechtfertigung für die gesetzliche Privilegierung von nicht geschäftsführenden Gesellschaftern, die mit 10 Prozent oder weniger am Haftkapital der Gesellschaft beteiligt sind (§ 39 Abs. 5 InsO, Kleinbeteiligungsprivileg). Der Ausnahmetatbestand des § 39 Abs. 5 InsO ist als eine positiv ausformulierte teleologische Reduktion des Grundsatzes von der Subordination von Gesellschafterforderungen zu verstehen und lässt damit Rückschlüsse auf die *ratio legis* des § 39 Abs. 1 Nr. 5 InsO zu.[983]

(ii) Der Gesellschafter als Insider

Der zweite Aspekt, der eine Subordination von Gesellschafterforderungen im Rahmen von § 39 Abs. 1 Nr. 5 InsO rechtfertigt, ist die aus der unternehmerischen Beteiligung resultierende Informations- und Einflussmöglichkeit des Gesellschafters, die teilweise als „*Nähebeziehung*" oder „*Insiderstellung*" umschrieben wird.[984] Die unternehmerische Beteiligung gewährt dem Gesellschafter in der GmbH neben Mitverwaltungsrechten und Vermögensrechten auch Kontroll- und Weisungsrechte. Gemäß § 51a GmbHG haben die Geschäftsführer jedem Gesellschafter auf Verlangen unverzüglich Auskunft über die Angelegenheiten der Gesellschaft zu geben und die Einsicht der Bücher und Schriften zu gestatten.[985] Als Ausdruck der dispositiven Organisationsverfassung der GmbH unterliegen die Geschäftsführer der GmbH gemäß § 37 Abs. 1 GmbHG zudem einer Weisungsbefugnis der Gesellschafter.[986] Die unternehmerische Beteiligung

983 K. Schmidt, GmbHR 2009, S. 1009 (1016 f.). Nicht weiterführend ist hingegen ein Blick auf das Sanierungsprivileg des § 39 Abs. 4 Satz 2 InsO (§ 32a Abs. 3 Satz 3 GmbHG a.F.), das aus rechtpolitischen Gründen eingeführt wurde, um der (vermeintlichen) Sanierungsfeindlichkeit des ehemaligen Eigenkapitalersatzrechts und nunmehr der insolvenzrechtlichen Nachrangigkeit entgegenzuwirken; vgl. Hirte, in: Uhlenbruck, InsO, § 39 Rn. 64; Hueck/Fastrich, in: Baumbach/Hueck, GmbHG, 18. Auflage 2006, § 32a Rn. 19.

984 Beispielsweise Wicke, GmbHG, § 30 Rn. 22; Krolop, GmbHR 2009, S. 397 (399).

985 Zu Inhalt und Umfang des Informationsrechts als Kontrollrecht nur Lutter, in: Lutter/Hommelhoff, GmbHG, § 51a Rn. 7 ff. Vgl. zum Auskunftsrecht des Aktionärs in der Hauptversammlung § 131 AktG.

986 Paefgen, in: Ulmer, GmbHG, Bd. 2, § 37 Rn. 11; Altmeppen, in: Roth/Altmeppen, GmbHG, § 37 Rn. 3 ff.

an der Gesellschaft verschafft dem Gesellschafter gegenüber außenstehenden Gläubigern zumindest einen gewissen Informationsvorsprung sowie in der GmbH eine Einflussmöglichkeit auf die Geschäftstätigkeit der Gesellschaft.

Die rechtsformübergreifende Normierung des Kleinstbeteiligungsprivilegs in § 39 Abs. 1 Nr. 5 InsO zeigt jedoch, dass Auskunfts- und Einsichtsrecht der Gesellschafter alleine eine Subordination von Gesellschafterdarlehen oder wirtschaftlich vergleichbaren Leistungen nicht zu rechtfertigen vermag. Denn Einflussmöglichkeiten entsprechend § 37 Abs. 1 GmbHG sind der AG fremd. Entscheidend ist somit der Einfluss, welchen die unternehmerische Beteiligung an sich vermittelt. Dies hat auch der Bundesgerichtshof erkannt und ein Mindestmaß an Einfluss vorausgesetzt, wie ihn in der Regel nur ein größerer Geschäftsanteil vermittelt.[987] Dem hat der Gesetzgeber in § 39 Abs. 5 InsO ebenfalls Rechnung getragen, indem eine unerhebliche Beteiligung eines Gesellschafters eine Subordination nicht rechtfertigen kann. Als kritische Größe einer unternehmerischen Beteiligung ist rechtsformübergreifend eine Beteiligung des nicht geschäftsführenden Gesellschafters von 10 Prozent am Haftkapital festgesetzt worden.[988]

Daraus lässt sich die Schlussfolgerung ziehen, dass die *ratio legis* der Subordination in der unternehmerischen Beteiligung des Gesellschafters und der sich daraus ergebenden Einflussmöglichkeit in der Gesellschaft zu sehen ist.[989] Das Gesetz vermutet in § 39 Abs. 5 InsO unwiderlegbar eine unternehmerische Beteiligung mit erforderlicher und hinreichender Einflussmöglichkeit, wenn der Gesellschafter eine Beteiligung von mehr als 10 Prozent am Haftkapital hält oder zum Geschäftsführer der Gesellschaft bestellt ist. Wenngleich eine starre,

---

987 In BGH, Urt. v. 26.03.1984, II ZR 171/83 = NJW 1984, S. 1893 (1895), ging es darum, ob und inwieweit die Grundsätze über kapitalersetzende Gesellschafterdarlehen auf die AG Anwendung finden. Der Senat bejahte die sinngemäße Anwendung des Eigenkapitalersatzrechts auf die AG, sah eine unternehmerische Beteiligung jedoch erst bei einem Aktienbesitz von mehr als 25 Prozent (Sperrminorität) als gegeben an.

988 RegE., BT-Drucks. 16/6140, S. 57. Gemäß § 50 GmbHG stehen Gesellschaftern, deren Geschäftsanteile zusammen mindestens dem zehnten Teil des Stammkapitals entsprechen, gewisse Minderheitenrechte zu.

989 Zutreffend Krolop, GmbHR 2009, S. 397 (398 ff.); Tillmann, GmbHR 2006, S. 1289 (1290 f.); Huber/Habersack, in: Lutter, Das Kapital der Aktiengesellschaft in Europa, S. 372 (400); Bayer/Graff, DStR 2006, S. 1654 (1658); im Ergebnis ähnlich K. Schmidt, GmbHR 2009, S. 1009 (1017); Haas, Gutachten E, 66. Deutscher Juristentag, S. 43.

rechtsformunabhängige Anknüpfung an einen Schwellenwert im Einzelfall möglicherweise zu unbilligen Ergebnissen führen kann, überwiegen die Vorteile einer vereinfachten Rechtsanwendung und Rechtssicherheit.[990]

(c) Ergebnis

Die Subordination von Forderungen auf Rückgewähr von Gesellschafterdarlehen und Forderungen aus Rechtshandlungen, die einem solchen Darlehen wirtschaftlich entsprechen, rechtfertigt sich aus der unternehmerischen Beteiligung des Gesellschafters. Diese lässt die Gesellschafter in stärkerem Maße als Fremdkapitalgeber von den Chancen der Unternehmung profitieren und gleichzeitig ihr Ausfallrisiko auf das eingesetzte Kapital begrenzen. Darüber hinaus vermittelt die unternehmerische Beteiligung anderen Gläubigern gegenüber einen Informationsvorsprung und Einflussmöglichkeiten. Der persönliche Anwendungsbereich des § 39 Abs. 1 Nr. 5 InsO ist jedoch nur dann eröffnet, wenn dem Gesellschafter aufgrund seiner Beteiligung am Haftkapital der Gesellschaft oder seiner Bestellung zum Geschäftsführer ein ausreichend hohes Maß an Einflussmöglichkeit zukommt. Der Schwellenwert ist gemäß § 39 Abs. 5 InsO bei mehr als 10 % des Haftkapitals zu sehen.

2. Erstreckung der Norm auf Gesellschafterforderungen in der UG

Die dargestellten Grundsätze zur *ratio legis* des § 39 Abs. 1 Nr. 5 InsO gelten selbstverständlich auch bei der GmbH-Rechtsformvariante UG. Von Interesse ist jedoch die Frage, ob und gegebenenfalls unter welchen Voraussetzungen angesichts der besonderen Finanzverfassung der UG und im Hinblick auf die inhärente Umgehungsgefahr in § 5a Abs. 3 GmbHG eine Ausdehnung des sachlichen Anwendungsbereichs des § 39 Abs. 1 Nr. 5 InsO erforderlich und begründbar ist. Bereits im Vorfeld des Gesetzgebungsverfahrens zum MoMiG hatten sich namhafte Autoren für eine generelle Subordination von Gesellschafter-

---

990 Huber/Habersack, BB 2006, S. 1 (4); Bayer/Graff, DStR 2006, S. 1654 (1658); Tillmann, GmbHR 2006, S. 1289 (1291); Huber/Habersack, BB 2006, S. 1 (4); Bayer/Graff, DStR 2006, S. 1654 (1658); Dahl/Schmitz, NZG 2009, S. 325 (327); auch Haas, Gutachten E, 66. Deutscher Juristentag, S. 66 ff. sieht in der Anknüpfung an einen Schwellenwert letztlich einen „*vernünftigen Mittelweg*", schlägt jedoch eine widerlegbare Vermutung vor und favorisiert einen Schwellenwert in Höhe von 25 %, wie es der BGH, Urt. v. 26.03.1984, II ZR 171/83 = NJW 1984, S. 1893 (1895), für die AG noch festgesetzt hatte.

forderungen und eine Abkehr von der Beschränkung auf Forderungen auf Rückgewähr eines Gesellschafterdarlehens oder wirtschaftlich vergleichbarer Forderungen ausgesprochen.[991] Der Gesetzgeber hat diesen Vorschlag jedoch nicht aufgenommen.[992] Für die reguläre GmbH ist diese Entscheidung des Gesetzgebers als bindend anzusehen.[993]

(a) Ausfüllungsbedürftige Gesetzeslücke

Im Falle der UG lässt sich der gesetzgeberische Willen allerdings nur bedingt als Argument gegen eine sachliche Ausweitung des § 39 Abs. 1 Nr. 5 InsO heranziehen. Die Neufassung der § 39 Abs. 1 Nr. 5, Abs. 4, Abs. 5 InsO war bereits im Referentenentwurf zum MoMiG angelegt, nicht jedoch die Rechtsformvariante der UG.[994] Bei Fassung der Regelungen über nachrangige Insolvenzgläubiger konnte folglich die sich im Rahmen von § 5a Abs. 3 GmbHG stellende Problematik verdeckter Gewinnausschüttungen zur Umgehung der Thesaurierungspflicht nicht berücksichtigt werden. Den Gesetzesmaterialien lässt sich zudem an keiner Stelle entnehmen, dass sich der Gesetzgeber mit den Auswirkungen der umgehungsinhärenten Vorschrift des § 5a Abs. 3 GmbHG auf den Gläubigerschutz im Falle bzw. Vorfeld einer Insolvenz der Gesellschaft auseinandergesetzt hätte. Die vorstehenden Ausführungen haben verdeutlicht, dass die sukzessive Kapitalaufholung des § 5a Abs. 3 GmbHG ein relativ stumpfes Schwert des

---

991 Huber/Habersack, BB 2006, S. 1 (2); Huber/Habersack, in: Lutter, Das Kapital der Aktiengesellschaft in Europa, S. 372 (405); ; Gesmann-Nuissl, WM 2006, S. 1756 (1761); Röhricht, ZIP 2005, S. 505 (512); ähnlich Fischer, ZIP 2004, S. 1477 (1483), Eidenmüller, in: FS Canaris, Bd. 2, S. 49 (63); laut K. Schmidt, ZIP 2006, S. 1925 (1927), fällt es schwer, *„sich der Faszination dieser durch Einfachheit und Geschlossenheit bestechenden Modells zu entziehen.“*

992 Der RegE., BT-Drucks. 16/6140, S. 42, 56, legt in § 39 Abs. 1 Nr. 5 InsO augenscheinlich weiterhin das Konzept der Finanzierungsfolgenverantwortung und damit die Prinzipien des Eigenkapitalersatzrechts zugrunde. Unter dieser Prämisse ist es nur folgerichtig, die Nachrangigkeit auf Darlehensforderungen und Forderungen aus Rechtshandlungen, die einem Darlehen wirtschaftlich entsprechen, zu beschränken.

993 Insofern richtig Gehrlein, BB 2008, S. 846 (848); Bayer/Graff, DStR 2006, S. 1654 (1657).

994 RefE., MoMiG, S. 5 (Art. 1 Nr. 13), S. 20 (Art. 9 Nr. 4); im Vergleich zur Fassung des RefE. hat lediglich § 39 Abs. 4 InsO letztlich eine Anpassung erfahren. Satz 1 wurde hinsichtlich des persönlichen Anwendungsbereichs sprachlich konkretisiert. Das Sanierungsprivileg des Satzes 2 wurde um die Tatbestandsmerkmale der eingetretenen Zahlungsunfähigkeit und der Überschuldung ergänzt.

Gläubigerschutzes ist und die Gesellschafter buchstäblich zum Missbrauch einlädt. Insofern geht der Gesetzgeber in der Annahme fehl, dass der spezielle Rechtsformzusatz des § 5a Abs. 1 GmbHG sowie die Gläubigerschutzinstrumente des GmbHG ausreichend seien und im Übrigen auf den gläubigerschützenden Faktor der Pflicht zur Bildung einer gesetzlichen Gewinnrücklage hinweist.[995]

Die gesetzliche Regelung kann folglich den vom Gesetzgeber zugedachten Zweck nicht erfüllen. Darüber hinaus fehlt es an wirkungsvollen Normen zum Schutz der Gesellschaftsgläubiger in der UG. Einerseits hat der Verzicht auf ein nennenswertes Mindeststammkapital zu einer weitgehenden Entwertung des gesetzlichen Kapitalschutzes in der UG geführt. Die gesetzliche Verpflichtung zur Thesaurierung eines Viertels des um einen Verlustvortrag aus dem Vorjahr geminderten Jahresüberschusses kann diese Funktion aufgrund der aufgezeigten Schwächen nicht übernehmen. Andererseits hat der Gesetzgeber versäumt, den repressiven Gläubigerschutz in der UG zu stärken. Um den Kapitalbedarf der Gesellschaft zu decken, werden die Gesellschafter der UG daher in der Regel – und im höheren Maß als bei der regulären GmbH – Darlehen gewähren.[996] Das Problem der damit einhergehenden (potentielle) Gefährdung der Befriedigungschance der Gläubiger wird in der UG insofern besonders augenscheinlich, lässt sich hingegen Mithilfe der §§ 39 Abs. 1 Nr. 5, 135 InsO hinreichend bewältigen.

Die einschlägigen Bestimmungen des GmbH-Rechts, insbesondere der §§ 30, 31 GmbHG,[997] können jedoch keine Lösung für die Gefährdung der Befriedigungschancen der Gläubiger liefern, die durch verdeckte Gewinnausschüttungen im Rahmen von § 5a Abs. 3 GmbHG erwachsen. Der sukzessive Abzug von Gesellschaftsvermögen ohne entsprechende Gegenleistung stellt eine weit größere Gefährdung der Gläubigerinteressen dar als die Gewährung von Gesellschafterdarlehen. Aufgrund des zugrundeliegenden gesetzlichen Leitgedankens

995 RegE., BT-Drucks. 16/6140, S. 75; a.A. jedoch Stellungnahme des Bundesrates, BR-Drucks. 354/07 (MoMiG), S. 8.

996 Anstatt vieler Wachter, in: Römermann, MAH GmbH-Recht, § 4 Rn. 84 f.

997 Die Kapitalerhaltungsregeln lassen sich auf die gesetzliche Rücklage des § 5a Abs. 3 GmbHG nicht analog übertragen; dazu 5. KapitelA.III.1.

und Regelungszwecks des § 5a Abs. 3 GmbHG liegt daher nach Ansicht des Verfassers eine ausfüllungsbedürftige Regelungslücke vor.[998]

(b) Vergleichbarkeit des Regelungszwecks in § 39 Abs. 1 Nr. 5 InsO

Unter Zugrundelegung der zuvor dargestellten Prämissen ist die Regelungslücke Mithilfe einer Analogie zu § 39 Abs. 1 Nr. 5 InsO und daran anknüpfend einer Insolvenzanfechtung gemäß § 135 InsO zu schließen. Voraussetzung einer Analogie ist, dass der in einer Vorschrift enthaltene konkrete Gesetzeszweck aufgrund der Vergleichbarkeit der Sachverhalte auf einen nicht geregelten Sachverhalt übertragen werden kann.[999] Nach hier vertretener Auffassung ist die *ratio legis* des § 39 Abs. 1 Nr. 5 InsO in der unternehmerischen Beteiligung des Gesellschafters zu sehen, die diesem einerseits die Möglichkeit eröffnet, an den Chancen der Gesellschaft zu partizipieren und gleichzeitig das Verlustrisiko zu minimieren, andererseits gegenüber außenstehenden Gläubigern einen Informationsvorsprung und weitergehende Einflussmöglichkeiten verschafft.[1000]

Der Gedanke der unternehmerischen Beteiligung als Grund der Subordination ist in der UG jedoch nicht auf Darlehen und wirtschaftlich entsprechende Leistungen beschränkt, sondern lässt sich nach Ansicht des Verfassers ebenso auf Austauschgeschäfte zwischen Gesellschaft und Gesellschafter übertragen, die einem hypothetischem Drittvergleich nicht standhalten und folglich zu einem Unterlaufen des § 5a Abs. 3 GmbHG führen. Eine als verdeckte Gewinnausschüttung zu qualifizierenden Leistung hat zur Folge, dass ein Verlustpuffer im Interesse der Gesellschaft und der Gesellschaftsgläubiger nicht aufgebaut wird. Der Gesellschafter einer UG kann seinerseits aufgrund des Verzichts auf ein gesetzliches Mindeststammkapital ohne nennenswerten Einsatz eines haftenden Eigenkapitals sein unternehmerisches Verlustrisiko faktisch ausschließen, zugleich jedoch im Erfolgsfall voll am Gewinn der Gesellschaft teilhaben. Der an anderer Stelle aufgezeigte Fehlanreiz riskante Projekte mit potentiell hohem, aber ungewissem Kapitalrückfluss einzugehen je weniger werthaltig die

998 Zu diesem Ergebnis kommt – stillschweigend – auch das herrschende Schrifttum, das die Problematik mittels einer Analogie zu §§ 30, 31 GmbHG zu lösen versucht. Zu den Voraussetzungen einer ausfüllungsbedürftigen Regelungslücke siehe Larenz/Wolf, BGB AT, § 4 Rn. 78.

999 Zu den Voraussetzungen einer Analogie Larenz/Wolf, BGB AT, § 4 Rn. 80 m.w.N.

1000 Eingehend 5. KapitelB.I.1(b).

eigene Eigenkapitalposition ist, besteht in der UG gegebenenfalls vom Tag ihrer Gründung an.

Auch die durch die unternehmerische Beteiligung vermittelte Einflussmöglichkeit des Gesellschafters stellt sich in der UG in verschärftem Maße dar. Die unternehmerische Beteiligung ermöglicht es dem Gesellschafter nämlich, auf die Gesellschaft bzw. deren Geschäftsführer Einfluss zu nehmen, dass der Abschluss von Rechtsgeschäften, die einem hypothetischen Drittvergleich nicht standhalten und folglich zu verdeckten Gewinnausschüttung führen, durchgesetzt werden kann. Besonders augenscheinlich wird diese Problematik in Fällen der Einpersonengesellschaft bzw. des Gesellschafter-Geschäftsführers. In der regulären GmbH mag eine Begrenzung der Subordination auf Forderungen auf Rückgewähr eines Gesellschafterdarlehens oder wirtschaftlich vergleichbarer Forderungen im Hinblick auf die Risikobeteiligung des Gesellschafters in Form seiner Einlage auf das Stammkapital begründet sein. In der UG entfällt die Risikobeteiligung des Gesellschafters jedoch regelmäßig, so dass eine Subordination aller Gesellschafterforderungen, die einem Drittvergleich nicht standhalten, gerechtfertigt ist.

Eine Analogie ist auch erforderlich, da eine Subsumtion unter das Merkmal „*Forderungen aus Rechtshandlungen, die einem Darlehen wirtschaftlich entsprechen*“ selbst bei entsprechend weiter Auslegung nicht möglich ist. Unter wirtschaftlich gleichgestellten Forderungen sind auch nach Neufassung des § 39 Abs. 1 Nr. 5 GmbHG nur solche Rechtshandlungen zu verstehen, die im Kern eine Kapitalüberlassung an die Gesellschaft zur zeitweisen Nutzung beinhalten, ohne auf einem Darlehensvertrag zu beruhen.[1001] Andere Rechtsgeschäfte zwischen Gesellschafter und Gesellschaft lassen sich demzufolge nicht unter das Merkmal des § 39 Abs. 1 Nr. 5 Alt. 2 InsO fassen.

Einer analogen Anwendung des § 39 Abs. 1 Nr. 5 InsO auf verdeckte Gewinnausschüttungen stehen aufgrund der bestehenden ausfüllungsbedürftigen

---

1001 Hirte, in: Uhlenbruck, InsO, § 39 Rn. 36 ff.; sowie zu alten Rechtslage Heidinger, in: Michalski, GmbHG, Bd. 1, §§ 32a, 32b a.F. Rn. 151; auf die Rechtsprechung und das Schrifttum zu wirtschaftlich entsprechenden Rechthandlungen unter Geltung des § 32a Abs. 3 Satz 1 GmbHG a.F. kann zur näheren Bestimmung des § 39 Abs. 1 Nr. 5 InsO zurückgegriffen werden. Gemäß RegE., BT-Drucks. 16/6140, S. 56, soll § 32a Abs. 3 Satz 1 GmbHG a.F. in personeller und sachlicher Hinsicht übernommen werden.

Regelungslücke sowie der Vergleichbarkeit der Sachverhalte aus rechtsmethodischer Sicht keine Einwände entgegen.[1002]

(c) Sachliche Reichweite der Nachrangigkeit

Schließlich ist nach der sachlichen Reichweite der hier vertretenen Nachrangigkeit von Forderungen eines UG-Gesellschafters zu fragen. Bereits oben wurde ausgeführt, dass Gesellschafterforderungen, die zu einer Umgehung des Thesaurierungsgebotes in § 5a Abs. 3 GmbHG führen, von der Subordination entsprechend § 39 Abs. 1 Nr. 5 InsO erfasst sein sollen. Doch wie solche als verdeckte Gewinnausschüttungen bezeichnete Vermögensminderungen zu identifizieren sind, blieb bisher weitgehend im Unklaren. Das Merkmal der verdeckten Gewinnausschüttung wurde bisher nur generell steuerrechtlich bzw. gesellschaftsrechtlich definiert.[1003] Der Begriff der verdeckten Gewinnausschüttung wird im Folgenden als Überbegriff verwendet, um Gestaltungsmaßnahmen der Gesellschafter zur Umgehung der gesetzlichen Thesaurierungspflicht in § 5a Abs. 3 GmbHG zu beschreiben, insbesondere Geschäftsführerdienstverträge oder andere Austauschverträge zu nicht marktgerechten Konditionen.[1004] Obgleich eine abschließende Aufzählung möglicher Umgehungsgeschäfte und Abgrenzungskriterien angesichts der Kreativität von Gesellschaftern, Geschäftsführern und externen Beratern nicht gelingen kann, sollen im Folgenden einige Merkmale dargestellt werden, anhand derer eine Abgrenzung vorzunehmen ist.

(i) Leistungen aus dem Gesellschaftsvermögen

Die verdeckte Gewinnausschüttung im gesellschaftsrechtlichen Sinn erfasst gemeinhin durch das Gesellschaftsverhältnis veranlasste Leistungen der Gesellschaft (*causa societatis*) aller Art aus dem Gesellschaftsvermögen an einzelne

---

1002 Nach Vetter, in: Goette/Habersack, Rn. 4.118, werden Kapital- und Gewinnrücklagen ebenso von der Subordination des § 39 Abs. 1 Nr. 5 InsO erfasst. Entnahmen im Jahr vor Stellung des Insolvenzantrages unterfallen damit der Anfechtung nach § 135 Abs. 1 Nr. 2 InsO (§ 6 Abs. 1 Nr. 2 AnfG). Dem ist mit Verweis auf die *ratio legis* des § 39 Abs. 1 Nr. 5 InsO zuzustimmen. Die Frage nach einer Analogie stellt sich in diesem Zusammenhang somit nicht.

1003 Zur Terminologie und systematischen Einordung als unzulässige verdeckte Gewinnausschüttung bereits ausführlich 5. KapitelA.I.1(b).

1004 Beispielsweise bei Miras, in: Michalski, GmbHG, Bd. 1, § 5a Rn. 86 ff.; vgl. zudem Rieder, in: MünchKommGmbHG, Bd. 1, § 5a Rn. 31; Fastrich, in: Baumbach/Hueck, § 5a Rn. 22 f.; Riemenschneider, in: MünchHdb GesR III, § 8c Rn. 8.

oder alle Gesellschafter außerhalb der förmlichen Gewinnverwendung nach §§ 29, 46 Nr. 1 GmbHG.[1005] Reguläre Gewinnausschüttungen unter Beachtung der gesetzlichen Vorschriften sowie der Gesellschaftssatzung sind daher niemals nachrangig im Sinne von § 39 Abs. 1 Nr. 5 InsO. Bei der Frage, ob eine Leistung an den Gesellschafter aus dem Gesellschaftsvermögen vorliegt, die zu einer Verkürzung des Jahresüberschusses und damit zu keiner oder nur einer geminderten Rücklagenausweisung führt, ist das gesamte Austauschverhältnis zwischen der Gesellschaft und dem jeweiligen Gesellschafter zu berücksichtigen. Sachverhalte, die wirtschaftlich betrachtet eine Einheit bilden, sind als solche zu behandeln.[1006] Zunächst ist daher zu fragen, ob die Leistung aus dem Gesellschaftsvermögen im Ergebnis zu einer bilanziellen Verkürzung des Jahresüberschusses und folglich zu einer Minderung des Gesellschaftsvermögens führt. Insoweit kann zur näheren Bestimmung auf das Tatbestandsmerkmal der Auszahlung im Rahmen von § 30 Abs. 1 GmbHG zurückgegriffen werden, das nach Sinn und Zweck nicht auf die Auskehrung von Barmitteln beschränkt ist und Leistungen aller Art umfasst, die das Gesellschaftsvermögen wirtschaftlich mindern.[1007] Im Gegensatz zu Vermögensverschiebungen im Rahmen von § 30 Abs. 1 GmbHG kommt es bei der verdeckten Gewinnausschüttung jedoch weiterhin darauf an, dass der Vermögensminderung auf Seiten der Gesellschaft eine Vermögensmehrung auf Seiten des Gesellschafters gegenübersteht.[1008]

1005 AllgM. Emmerich, in: Scholz, GmbHG, Bd. 1, § 29 Rn. 98a; Hueck/Fastrich, in: Baumbach/Hueck, § 29 Rn. 68; Müller, in: Ulmer, GmbHG, Bd. 2, § 29 Rn. 162; Pentz, in: Rowedder/Schmidt-Leithoff, GmbHG, § 29 Rn. 160; Spönemann, in: Michalski, GmbHG, Bd. 1, Syst. Darst. 3 Rn. 563; Dreher, DStR 1993, S. 1632 (1635).

1006 Spönemann, in: Michalski, GmbHG, Bd. 1, Syst. Darst. 3 Rn. 563; Siemers, in: Beck'sches GmbH-Hdb., § 10 Rn. 183; Busch/Wrede, in: MünchHdb GesR III, § 60 Rn. 19. Dieser sogenannte Vorteilsausgleich kann sich im Übrigen auch steuerrechtlich auswirken.

1007 Das Stammkapital wird nach Neufassung des § 30 Abs. 1 GmbHG nunmehr ebenfalls bilanziell betrachtet. Zur Definition der Auszahlung vgl. allgM. BGH, Urt. v. 10.05.1993, II ZR 74/92 = NJW 1993, S. 1922; BGH; Urt. v. 14.12.1959, II ZR 187/57 = NJW 1960, S. 285; Hueck/Fastrich, in: Baumbach/Hueck, § 30 Rn. 29; Heidinger, in: Michalski, GmbHG, Bd. 1, § 30 Rn. 59.

1008 So Ekkenga, in: MünchKommGmbHG, Bd. 1, § 29 Rn. 257, zur verdeckten Gewinnausschüttung. Aufgrund des Normzweckes des § 30 Abs. 1 GmbHG wird diesbezüglich auf eine Vermögensmehrung auf Seiten des Gesellschafters verzichtet; vgl. nur Heidinger, in: Michalski, GmbHG, Bd. 1, § 30 Rn. 59.

(ii) Der hypothetische Drittvergleich als Abgrenzungskriterium

Aus Gründen der Rechtssicherheit und Praktikabilität wäre es sicher naheliegend, alle Forderungen des UG-Gesellschafters entsprechend § 39 Abs. 1 Nr. 5 InsO zu subordinieren, die zu einer Minderung des Gesellschaftsvermögens im dargestellten Sinne führen. Es ist insofern bedauerlich, dass der Gesetzgeber dem Vorschlag von *Huber/Habersack*[1009] nicht gefolgt ist. Im Rahmen der vom Verfasser vertretenen Analogie zu § 39 Abs. 1 Nr. 5 InsO in Bezug auf Forderungen der UG-Gesellschafter hätte eine generelle Nachrangigkeit im Hinblick auf diese gesetzgeberische Entscheidung überschießende Tendenz und ist in sachlicher Reichweite folglich nur soweit vertretbar, wie dies aus Gründen des Gläubigerschutzes zwingend erforderlich ist. Die Subordination von Gesellschafterforderung gegenüber der UG gemäß § 39 Abs. 1 Nr. 5 InsO analog erfasst somit nur solche Vermögensverschiebungen, die dem Gesellschafter aufgrund seiner unternehmerischen Beteiligung einen Sondervorteil verschaffen (*causa societatis*).

Als Abgrenzungskriterium dient der hypothetische Drittvergleich. Demzufolge richtet sich die Bestimmung einer verdeckten Gewinnausschüttung danach, ob ein gewissenhafter und ordentlicher Geschäftsführer das Geschäft unter sonst gleichen Umständen auch mit einem Nichtgesellschafter abgeschlossen hätte – also ob sich Leistung und Gegenleistung gleichwertig gegenüberstehen.[1010] Maßgeblich sind dabei die objektiven Marktverhältnisse bzw. bei Fehlen eines Marktes die Bewertung eines ordentlichen Geschäftsführers, nicht des konkreten UG-Geschäftsführers. Im Kern kommt bei der hier vertretenen Subordination bestimmter UG-Gesellschafterforderungen der Gedanke der Inkongruenz zum Tragen, wie er dem Anfechtungstatbestand des § 131 InsO zugrunde liegt. Gemäß § 131 InsO ist eine Rechtshandlung, die einem Gläubiger einer Sicherung oder Befriedigung gewährt, anfechtbar, wenn der Gläubiger die Leistung nicht, nicht in der Art oder nicht zu diesem Zeitpunkt beanspruchen kann.[1011] Ähnlich liegt die Rechtslage letztlich hier.[1012]

1009 Huber/Habersack, BB 2006, S. 1.

1010 Bereits 5. KapitelA.I.1(b)(i); sowie Spönemann, in: Michalski, GmbHG, Bd. 1, Syst. Darst. 3 Rn. 564, 596; Ekkenga, in: MünchKommGmbHG, Bd. 1, § 29 Rn. 258; Hueck/Fastrich, in: Baumbach/Hueck, § 29 Rn. 70.

1011 Siehe zum Normzweck der Anfechtung wegen inkongruenter Deckung Dauernheim, in: FK-InsO, § 131 Rn. 1; Hirte, in: Uhlenbruck, InsO, § 131 Rn. 1; Kirchhof, in: MünchKommInsO, Bd. 2, § 131 Rn. 1.

(iii) Begrenzung der Subordination auf den überschießenden Teil?

Forderungen eines UG-Gesellschafters, die aufgrund eines hypothetischen Drittvergleichs als verdeckte Gewinnausschüttungen einzustufen sind und zu einer Umgehung des Thesaurierungsgebotes in § 5a Abs. 3 GmbHG führen, sind demzufolge in entsprechender Anwendung des § 39 Abs. 1 Nr. 5 InsO nachrangig. Aber gilt dies für die Forderung im Ganzen oder nur für den überschießenden Teil der Forderung, beispielsweise für den Differenzbetrag zwischen konkreter Geschäftsführervergütung und einer hypothetischen, marktüblichen Vergütung? Sicherlich würde es dem Gerechtigkeits- und Billigkeitsempfinden entsprechen, die Nachrangigkeit nur auf den überschießenden Teil zu beziehen. Dem stehen allerdings Gründe der Praktikabilität entgegen. Zwar ist der Maßstab für die Angemessenheit der Gegenleistung objektiv zu bestimmen.[1013] Gleichwohl kommt dem Geschäftsführer bzw. den Gesellschaftern ein gewisser Beurteilungsspielraum zu, da sich ein allgemeiner abstrakter Maßstab oftmals nicht finden lässt.[1014] Die Grenze zwischen angemessener und unangemessener Gegenleistung ist somit fließend. Es würde Gerichte, Insolvenzverwalter und Gläubiger überfordern sowie die Rechtsdurchsetzung erschweren, wenn eine solch differenzierende Unterscheidung zwischen angemessener und überschießender Gegenleistung erfolgen müsste.

Die Frage nach der sachlichen Reichweite eines Rückerstattungsanspruches bleibt vom herrschenden Schrifttum weitgehend unbeantwortet, obgleich dies bei der analogen Anwendung der Kapitalerhaltungsvorschrift des § 31 Abs. 1 GmbHG im Rahmen der Verpflichtung zur Bildung einer gesetzlichen Rücklage ebenfalls von Relevanz ist.[1015] Gemäß § 31 Abs. 1 GmbHG sind nur die Zahlungen, welche der Vorschrift des § 30 GmbHG zuwider geleistet sind, zurückzugewähren. Übertragen auf die gesetzliche Rücklage in der UG hätte dies zur Folge, dass nur der Differenzbetrag zwischen überhöhter und marktangemes-

---

1012 Zutreffend Krolop, ZIP 2007, S. 1738 (1739), bezogen auf den Anfechtungstatbestand des § 135 InsO. Sogleich 5. KapitelB.II.

1013 BGH, Urt. v. 01.12.1986, II ZR 306/85 = NJW 1987, S. 1194 (1195); Hueck/Fastrich, in: Baumbach/Hueck, § 29 Rn. 70; Busch/Wrede, in: MünchHdb GesR III, § 60 Rn. 26.

1014 Anstatt vieler Spönemann, in: Michalski, GmbHG, Bd. 1, Syst. Darst. 3 Rn. 600.

1015 Vgl. nur Miras, in: Michalski, GmbHG, Bd. 1, § 5a Rn. 94; Rieder, in: MünchKommGmbHG, Bd. 1, § 5a Rn. 31; Roth, in: Roth/Altmeppen, GmbHG, § 5a Rn. 18, 22; bereits in 5. KapitelA.III.1.

sener Auszahlung zu erstatten wäre. Diese konkrete Schlussfolgerung zieht das herrschende Schrifttum ersichtlich nicht.

Die Frage einer Subordination gesetzlicher Ansprüche des Gesellschafters gegen die UG, insbesondere solcher aus unerlaubter Handlung, stellt sich nicht, wenn als *ratio legis* des § 39 Abs. 1 Nr. 5 InsO die unternehmerische Beteiligung des Gesellschafters verstanden wird.[1016] Gesetzliche Ansprüche des Gesellschafters gegen die UG sind gerade nicht Ausfluss seiner unternehmerischen Beteiligung und erfüllen regelmäßig nicht die Voraussetzung der *causa societatis*.

Die Subordination von Gesellschafterforderungen in der UG, die als verdeckte Gewinnausschüttung zur Umgehung des § 5a Abs. 3 GmbHG zu qualifizieren sind, mag im Einzelfall zu Härten führen. Diese sind im Interesse des Gläubigerschutzes und der Rechtssicherheit aber unvermeidbar und daher hinzunehmen. Im Übrigen dürfte es in der Praxis kaum Fälle geben, in denen ein Gesellschafter mit der Gesellschaft, vertreten durch deren Geschäftsführer, versehentlich ein Umgehungsgeschäft abschließt. Gesellschafter und Geschäftsführer einer UG haben somit sorgfältig zu prüfen, zu welchen Konditionen Rechtsgeschäfte zwischen Gesellschaft und Gesellschafter abgeschlossen werden, wenn die Konsequenzen einer Subordination der Gesellschafterforderung gemäß § 39 Abs. 1 Nr. 5 InsO analog vermieden werden sollen.

(d) Der persönliche Anwendungsbereich des § 39 Abs. 1 Nr. 5 InsO

(i) Gesellschafterähnliche Dritte und nahestehende Personen

Die Anknüpfung an die unternehmerische Beteiligung des Gesellschafters wirft die weitere Frage auf, inwieweit Forderungen Dritter, die lediglich eine gesellschafterähnliche Stellung haben oder dem Gesellschafter bloß nahestehen, ebenfalls entsprechend § 39 Abs. 1 Nr. 5 InsO mit Nachrang zu versehen sind. Unter der Prämisse, dass die aus der unternehmerischen Beteiligung resultierende Sonderstellung des Gesellschafters eine Subordination rechtfertigt, lässt sich ein Nachrang von Forderungen Dritter, denen lediglich eine gesellschafterähnliche Stellung zukommt, dogmatisch nur schwer begründen. Zwar können beispielsweise im Rahmen von Kreditverträgen auch vertragliche Regelungen entspre-

1016 A.A. Huber/Habersack, in: Lutter, Das Kapital der Aktiengesellschaft in Europa, S. 372 (406), allerdings unter der Prämisse, dass Gesellschafterforderungen generell subordiniert werden sollen.

chende Informationsrechte sowie eine begrenzte Einflussnahme auf die Geschäftsführung vermitteln. Doch ergibt sich daraus keine Stellung des Drittens, die mit derjenigen eines Gesellschafters vergleichbar wäre. Die Nachrangigkeit und insolvenzrechtliche Anfechtbarkeit verdeckter Gewinnausschüttungen an UG-Gesellschafter richtet sich als besonderes Instrument des Gläubigerschutzes ausschließlich an die Gesellschafter. § 5a Abs. 3 GmbHG statuiert eine Ausschüttungssperre, welche die Gewinnverwendung durch die Gesellschafter einschränkt; insoweit ist auch eine Haftung für Auszahlungen, die als verdeckte Gewinnausschüttungen zur Umgehung des § 5a Abs. 3 GmbHG zu werten sind, in ihrem persönlichen Anwendungsbereich auf Gesellschafter beschränkt. Schließlich würde eine Ausweitung auf gesellschafterähnliche Dritte eine doppelte Analogie zur Folge haben, so dass insofern Zurückhaltung geboten ist.[1017]

(ii) Das Sanierungsprivileg gemäß § 39 Abs. 4 Satz 2 InsO

Erwirbt ein Gläubiger bei Zahlungsunfähigkeit, drohender Zahlungsunfähigkeit oder Überschuldung der Gesellschaft Anteile zum Zweck ihrer Sanierung, führt dies gemäß § 39 Abs. 4 Satz 2 InsO bis zur nachhaltigen Sanierung der Gesellschaft nicht zur Anwendung von § 39 Abs. 1 Nr. 5 InsO auf Forderungen des Gesellschafters aus bestehenden oder neu gewährten Darlehen oder auf Forderungen aus Rechtshandlungen, die einem solchen Darlehen wirtschaftlich entsprechen. Dieses sogenannte Sanierungsprivileg hat im Rahmen der hier disku-

---

1017 Gemäß RegE., BT-Drucks. 16/6140, S. 56 soll durch die Formulierung „*Forderungen aus Rechtshandlungen, die einem solchen Darlehen wirtschaftlich entsprechen*“ der bisherige § 32a Abs. 3 Satz 1 GmbHG a.F. in personeller und sachlicher Hinsicht übernommen werden. Der Gesetzgeber hat jedoch nicht die Formulierung des § 32a Abs. 3 Satz 1 GmbHG a.F. beibehalten, worin ausdrücklich auf den Dritten abgestellt wurde. Die gesetzliche Intention des Gesetzgebers mag überzeugen, die gesetzestechnische Umsetzung tut es nicht. Ebenso kritisch Habersack, ZIP 2008, S. 2385 (2388). Der Gesetzgeber wie auch das Schrifttum bleiben letztlich die Antwort schuldig, aufgrund welcher dogmatischen Grundlage der bisherige personelle Anwendungsbereich des § 32a Abs. 3 Satz 1 GmbHG a.F. übernommen wird. Dazu Dahl, in: Michalski, GmbHG, Bd. 1, Anh. II §§ 32a, 32b a.F. Rn. 12; Gehrlein, BB 2008, S. 846 (850); Kleindiek, in: Lutter/Hommelhoff, GmbHG, Anh. zu § 64 Rn. 126; Hirte, in: Uhlenbruck, InsO, § 39 Rn. 40 ff. Kritisch gegenüber eine personellen Ausweitung auf gesellschafterähnliche Dritte oder andere Personen schon zuvor Huber/Habersack, in: Lutter, Das Kapital der Aktiengesellschaft in Europa, S. 372 (399) bzw. Huber, in: FS Priester, S. 259 (279) anlässlich des Vorschlags, Gesellschafterforderungen generell mit Nachrang zu versehen.

tierten Problematik einer Umgehung der Thesaurierungspflicht mittels verdeckter Gewinnausschüttungen keine Relevanz. Hierbei geht es darum, ein Instrument zu finden, das den Abzug von Gesellschaftsvermögen durch die Gesellschafter zulasten der Befriedigungschancen der Gesellschaftsgläubiger sanktioniert.

3. Ergebnis

Die gesetzliche Verpflichtung zur Bildung einer Gewinnrücklage gemäß § 5a Abs. 3 GmbHG beinhaltet in Gestalt verdeckter Gewinnausschüttungen ein hohes Umgehungs- und Missbrauchspotential, das sich oftmals nicht mittels der hergebrachten Fallgruppen verdeckter Gewinnausschüttungen im GmbH-Recht bekämpfen lässt. Die unternehmerische Beteiligung des UG-Gesellschafters rechtfertigt nach Ansicht des Verfassers im Hinblick auf die besondere Organisations- und Finanzverfassung der UG, Gesellschafterforderungen, die *causa societatis* eingegangen worden sind und somit zu einer Verkürzung des Jahresüberschusses der UG führen, in der Insolvenz der Gesellschaft entsprechend § 39 Abs. 1 Nr. 5 InsO zu subordinieren. Das *Damokles*-Schwert der Nachrangigkeit bedroht allerdings nur diejenigen Gesellschafter, die nicht bereits unter das Kleinstbeteiligungsprivileg des § 39 Abs. 5 InsO fallen und somit nicht über das nötige Maß an Einflussmöglichkeit in der Gesellschaft verfügen. Ausgenommen von der Subordination sind schließlich offene satzungs- bzw. gesetzeskonforme Gewinnausschüttungen, Gesellschafterforderungen, die einem hypothetischen Drittvergleich standhalten, und gesetzliche Ansprüche der Gesellschafter. Gerichte, Insolvenzverwalter und Gläubiger werden sich in Zukunft vermehrt mit der Angemessenheit von Geschäftsführervergütungen, Darlehens- oder Mietzinsen sowie Pensionszusagen auseinander setzen müssen.[1018]

II. Die Anfechtung von Gesellschafterforderungen

Der dargestellte Ansatz eines insolvenzrechtlichen Haftungsinstituts mittels Subordination von Gesellschafterforderungen, die im genannten Sinne als verdeckte Gewinnausschüttungen zu werten sind, wäre für einen effektiven Schutz der Befriedigungsinteressen der Gläubiger weitgehend entwertet, wenn entsprechend § 39 Abs. 1 Nr. 5 InsO nachrangige Gesellschafterforderungen, die vor dem Antrag auf Eröffnung eines Insolvenzverfahrens innerhalb einer be-

1018 Zutreffend Riemenschneider, in: MünchHdb GesR III, § 8c Rn. 8.

stimmten Frist befriedigt wurden, nicht auch rückgewährt werden müssten. Erst die Befriedigung einer Gesellschafterforderung mindert das Gesellschaftsvermögen substantiell und nicht nur bilanziell. Insofern entspricht es wohl allgemeiner Ansicht im Schrifttum, dass verdeckte Gewinnausschüttungen von den Gesellschaftern einer UG zurückzuzahlen sind, wenngleich über die Rechtsgrundlage eines Rückgewähranspruchs Streit besteht.[1019]

1. Anfechtbarkeit nachrangiger Gesellschafterforderungen

Nach hier vertretener Auffassung wird – basierend auf den Vorarbeiten von *Huber/Habersack*[1020] – der Schutz der Gesellschaftsgläubiger in der UG vor Vermögensverschiebung zwischen Gesellschaft und Gesellschaftern durch verdeckte Gewinnausschüttung zur Umgehung des Thesaurierungsgebots mittels einer Subordination solcher Gesellschafterforderungen gemäß § 39 Abs. 1 Nr. 5 InsO analog gewährleistet und somit in das Insolvenzrecht verlagert. Parallel dazu ist eine Rechtshandlung, die für eine entsprechend § 39 Abs. 1 Nr. 5 InsO nachrangige Forderung Befriedigung oder Sicherung gewährt, gemäß § 135 InsO anfechtbar. Außerhalb des Insolvenzverfahrens richtet sich die Anfechtbarkeit nach § 6 AnfG.

(a) Konzeptionelle Trennung von Nachrangigkeit und Anfechtung

Die konzeptionelle Verknüpfung der Subordination von Gesellschafterforderungen entsprechend § 39 Abs. 1 Nr. 5 InsO mit den Anfechtungstatbeständen der § 135 Abs. 1 InsO und § 6 Abs. 1 AnfG ist jedoch nicht unumstritten. *Eidenmüller* hat sich im Vorfeld des MoMiG gegen eine Nachrangigkeit von Gesellschafterdarlehen und wirtschaftlich vergleichbaren Forderungen ausgesprochen und

---

1019 Die wohl allgemeine Ansicht im Schrifttum unterwirft die gesetzliche Gewinnrücklage des § 5a Abs. 3 GmbHG den Kapitalerhaltungsvorschriften entsprechend §§ 30, 31 GmbHG. Der UG stehe gemäß § 31 Abs. 1 GmbHG analog ein Rückgewähranspruch gegen den durch eine unzulässige verdeckte Gewinnausschüttung begünstigten Gesellschafter zu, der einer Verjährung von zehn Jahren unterliegt (§ 31 Abs. 5 Satz 1 GmbHG analog); nur Miras, in: Michalski, GmbHG, Bd. 1, § 5a Rn. 94 f.; Rieder, in: MünchKommGmbHG, Bd. 1,§ 5a Rn. 31 f.; Fastrich, in: Baumbach/Hueck, § 5a Rn. 26; Wicke, GmbHG, § 5a Rn. 11; Roth, in: Roth/Altmeppen, GmbHG, § 5a Rn. 18, 22; offen hingegen Wachter, in: Römermann, MAH GmbH-Recht, § 4 Rn. 133 f.; Westermann, in: Scholz, GmbHG, Bd. 3, Nachtrag zum MoMiG § 5a Rn. 27.

1020 Siehe Huber, in: FS Priester, S. 259 ff.; Huber/Habersack, BB 2006, S. 1 ff.; Huber/Habersack, in: Lutter, Das Kapital der Aktiengesellschaft in Europa, S. 372 ff.

dies damit begründet, dass eine Subordination eine Krisenbewältigung verzögere und Sanierungsfinanzierungen erschwere.[1021] Unter Verweis auf die unternehmerische Beteiligung des Gesellschafters, insbesondere seine „*Insiderstellung*", spricht er sich gleichwohl für eine Anfechtbarkeit sämtlicher Forderungen eines Gesellschafters aus.[1022] Eine konzeptionelle Trennung der Subordination von Gesellschafterforderungen und der Anfechtbarkeit von Rechtshandlungen, die für eine solche Gesellschafterforderung Befriedigung oder Sicherung gewähren, lässt sich mit guten Argumenten vertreten.

Auf die UG lassen sich diese Erwägungen freilich nur bedingt übertragen, da die Kritik *Eidenmüllers* an der Subordination von Gesellschafterforderungen im Falle der UG im Kern fehlgeht. Die analoge Nachrangigkeit von Gesellschafterforderungen, die zu einem Unterlaufen der Kapitalaufholung in § 5a Abs. 3 GmbHG führen, sowie damit korrespondierend deren Anfechtbarkeit stellen einerseits die Kehrseite der unternehmerischen Beteiligung des Gesellschafters dar. Andererseits ist eine verhaltenssteuernde Wirkung bezweckt, die opportunistisches Verhalten der Gesellschafter, das aufgrund der unternehmerischen Beteiligung erst möglich wird, zulasten der Befriedigungschancen der übrigen Gesellschaftsgläubiger verhindern soll. Dies lässt sich nach Ansicht des Verfassers nur erreichen, wenn Gesellschafterforderungen, die in einer verdeckten Gewinnausschüttung zur Umgehung des § 5a Abs. 3 GmbHG resultieren würden, im Insolvenzverfahren nachrangig berichtigt werden. Nur so wird dem Gedanken der Zweckgebundenheit des Gesellschaftsvermögens konsequent Rechnung getragen. Eine konzeptionelle Trennung von Subordination und Insolvenzanfechtung hätte gegebenenfalls zur Folge, dass Gesellschafter als Gesellschaftsgläubiger zumindest die Insolvenzquote erlangen könnten, obwohl die Forderung ihren Grund in der Gesellschafterstellung hat. Dies läßt sich zwar in der regulären GmbH aufgrund der zu leistenden Einlage auf den Geschäftsanteil rechtfertigen, nicht jedoch in der gegebenenfalls stammkapitallosen UG.

1021 Eidenmüller, in: FS Canaris, Bd. 2, S. 49 (54 ff.); kritisch gegenüber einer angeblichen Sanierungsfeindlichkeit des bisherigen Eigenkapitalersatzrechts bzw. der Nachrangigkeit von Gesellschafterdarlehen hingegen Huber/Habersack, in: Lutter, Das Kapital der Aktiengesellschaft in Europa, S. 372 (402 f.), die darauf hinweisen, dass ein empirischer Beleg für diese Behauptung nicht gegeben sei und die Aussicht auf eine mögliche Insolvenzquote wohl kaum die Entscheidung für oder gegen einen Sanierungskredit beeinflussen könne.

1022 Eidenmüller, in: FS Canaris, Bd. 2, S. 49 (63).

(b) *Die Übertragung der ratio legis der Insolvenz- und Einzelanfechtung auf die Umgehung des § 5a Abs. 3 GmbHG*

Obgleich die Anfechtungstatbestände des § 135 Abs. 1 InsO bzw. § 6 Abs. 1 AnfG schon aufgrund ihrer Bezugnahme auf § 39 Abs. 1 Nr. 5 InsO das Gegenstück zur Subordination bestimmter Gesellschafterforderungen darstellen, ist eine Überprüfung geboten, inwieweit sich der Normzweck der Insolvenz- und Einzelanfechtung auf die Umgehungs- und Missbrauchsproblematik des § 5a Abs. 3 GmbHG übertragen lässt.

Mit der Insolvenzanfechtung nach §§ 129 ff. InsO wird dem Insolvenzverwalter ein Instrumentarium an die Hand gegeben, um vor Eröffnung des Insolvenzverfahrens vorgenommene Schmälerungen der Insolvenzmasse zu korrigieren.[1023] Die Insolvenzanfechtung wirkt dabei in zweierlei Hinsicht. Zum einen dient sie dem Zweck, sachlich ungerechtfertigte, die Insolvenzmasse verkürzende Vermögensverschiebungen rückgängig zu machen, zum anderen soll die gleichmäßige Befriedigung aller Insolvenzgläubiger (*par condition creditorum*) schon im Vorfeld der formellen Insolvenzeröffnung sichergestellt werden.[1024] Demzufolge sind die Regeln über die Insolvenzanfechtung primär unter wirtschaftlichen Grundsätzen zu betrachten.[1025] Die Einzelanfechtung nach dem Anfechtungsgesetz dient demgegenüber nicht den Interessen der Gläubigergesamtheit, sondern der Befriedigungsmöglichkeit des einzelnen Gläubigers, der bereits einen vollstreckungsrechtlichen Titel erlangt hat, diesen jedoch aus dem zugewiesenen Schuldnervermögen nicht verwirklichen kann.[1026] Letztlich steht sowohl hinter der Insolvenzanfechtung als auch der Einzelanfechtung derselbe Rechtsgedanke, der sich mit *Kirchhof* treffend umschreiben lässt:

> „[…] schon lange vor Stellung eines Insolvenzantrags [werden] einzelne Gläubiger, die enge Beziehungen zum Schuldner unterhalten oder über dessen wirtschaftliche

---

1023 Anstatt vieler Hirte, in: Uhlenbruck, InsO, § 129 Rn. 1.

1024 Bork, in: Kübler/Prütting/Bork, InsO, Bd. 2, Vor § 129 Rn. 1 ff.; Dauernheim, in: FK-InsO, § 129 Rn. 1.

1025 So bereits BGH, Urt. v. 14.06.1978, VIII ZR 149/77 = NJW 1978, S. 1921 (1922), zur Konkursordnung.

1026 Bork, in: in: Kübler/Prütting/Bork, InsO, Bd. 2, Vor § 129 Rn. 15 f.; Paulus, in: Kübler/Prütting/Bork, InsO, Bd. 4, § Anh. I § 1 AnfG Rn. 2 f.; Treten beide Verfahren in Konkurrenz, so bezieht sich die Einzelanfechtung im Insolvenzverfahren nur auf massefreie Vermögensgegenstände und tritt insoweit hinter die Insolvenzanfechtung zurück.

Verhältnisse besonders gut unterrichtet sind oder ihre Interessen außergewöhnlich hart durchsetzen, wegen ihrer Forderung noch voll oder wenigstens in erheblichem Maße befriedigt […], während andere Gläubiger nach der Insolvenz nahezu leer ausgehen. Eine solche Besserstellung Einzelner soll vermieden werden, soweit sie nicht nach den gesamten Umständen als gerechtfertigt empfunden werden.“ [1027]

Dieser Gedanke steht letztlich auch hinter der Bestrebung, Vermögensverschiebungen zwischen Gesellschaft und Gesellschafter zu verhindern bzw. rückgängig zu machen, die eine Umgehung der im Gläubigerinteresse bestehenden Gewinnthesaurierungspflicht zur Folge haben und nicht ohnehin zu Rückgewähransprüchen insbesondere nach §§ 30, 31 GmbHG führen. Der Gesellschafter ist aufgrund seiner unternehmerischen Beteiligung regelmäßig als ein Gläubiger im Sinne der *Kirchhof'schen* Beschreibung aufzufassen. Nachrangigkeit und Anfechtbarkeit der Gesellschafterforderung lassen sich jedoch nur rechtfertigen, wenn das Rechtsgeschäft als verdeckte Gewinnausschüttung zu werten ist und zulasten des im Gläubigerinteresse zweckgebundenen Gesellschaftsvermögens erfolgt. Im Falle der UG lässt sich die *ratio legis* der Insolvenzanfechtung überzeugend auch auf die Umgehungs- und Missbrauchsfälle im Rahmen von § 5a Abs. 3 GmbHG übertragen.

Der Antrag auf Eröffnung eines Insolvenzverfahrens (§ 135 Abs. 1 InsO) bzw. die Erlangung eines vollstreckungsrechtlichen Titels (§ 6 Abs. 1 AnfG) stellen dabei den zeitlichen Anknüpfungspunkt für die hier relevanten Anfechtungstatbestände dar. Die Anfechtungsfrist von einem Jahr bei Gewährung einer Befriedigung (§§ 135 Ans. 1 Nr. 2 InsO, 6 Abs. 1 Nr. 1 AnfG) bzw. zehn Jahre bei Gewährung einer Sicherung (§§ 135 Abs. 1 Nr. 1 InsO, 6 Abs. 1 Nr. 1 AnfG) sind nach Ansicht des Verfassers angemessen und bedürfen keiner Ausdehnung.[1028] Die zehnjährige Verjährungsfrist, die gemäß herrschender Ansicht auf den Rückgewähranspruch entsprechend § 31 Abs. 5 Satz 1 Alt. 1 GmbHG Anwendung findet, hat demgegenüber überschießende Tendenz. Bei der Angemessenheitsprüfung des Rechtsgeschäfts zwischen Gesellschafter und Gesellschaft besteht ein gewisser Beurteilungsspielraum, so dass es unbillig wäre, den Gesellschafter generell mit einer zehnjährigen Verjährungsfrist zu sanktionieren.

1027 Kirchhof, in: MünchKommInsO, Bd. 2, Vor §§ 129 bis 147 Rn. 2.

1028 Ebenso Huber/Habersack, in: Lutter, Das Kapital der Aktiengesellschaft in Europa, S. 372 (412); a.A. Altmeppen, NJW 2005, S. 1911 (1914), der beispielsweise eine Anfechtungsfrist im Rahmen von §§ 39 Abs. 1 Nr. 5, 135 Abs. 1 Nr. 2 InsO (§ 6 Abs. 1 Nr. 2 AnfG) von zwei Jahren fordert.

Darüber hinaus liegt dem hier vertretenen Ansatz der Gedanke zugrunde, dass verdeckte Gewinnausschüttungen zulasten der Befriedigungschancen der Gesellschaftsgläubiger gehen und damit zumindest mitursächlich für eine Insolvenz der Gesellschaft sein können. Über einen Anfechtungszeitraum von zehn Jahren ließe sich ein Kausalzusammenhang zwischen verdeckter Gewinnausschüttung und Insolvenz nur schwer begründen. Verbleibende Schutzlücken, insbesondere durch Hinauszögern des Insolvenzeröffnungsantrags, lassen sich mittels der Anfechtung wegen vorsätzlicher Benachteiligung gemäß §§ 133 InsO, 3 AnfG oder anderer Haftungsinstitute wie der Insolvenzverursachungs- oder Existenzvernichtungshaftung (§ 826 BGB) schließen.[1029]

2. Allgemeine Tatbestandsmerkmale der Insolvenz- und Einzelanfechtung

Die allgemeinen insolvenzrechtlichen Tatbestandsvoraussetzungen sind auch im Rahmen der hier vertretenen Auffassung in Bezug auf verdeckte Gewinnausschüttungen zur Umgehung des Thesaurierungsgebotes gemäß § 5a Abs. 3 GmbHG maßgeblich. Gemäß §§ 129, 135 Abs. 1 InsO bzw. §§ 1, 6 Abs. 1 AnfG sind folglich nur solche Rechtshandlungen anfechtbar, die für eine Gesellschafterforderung nach § 39 Abs. 1 Nr. 5 InsO analog innerhalb der jeweils einschlägigen Fristen Sicherung oder Befriedigung gewährt haben und dadurch die Insolvenzgläubiger benachteiligen.

(a) Gläubigerbenachteiligende Rechtshandlung

Allgemeine Voraussetzung eines jeden Anfechtungstatbestandes ist das Vorliegen einer Rechtshandlung, auch wenn streng genommen nicht diese selbst, sondern die durch die Rechtshandlung ausgelöste Wirkung Gegenstand der Anfechtung ist.[1030] Der Begriff der Rechtshandlung ist dabei weit auszulegen und erfasst jede Willensbetätigung, die eine rechtliche Wirkung auslöst, gleichgültig ob diese gewollt ist oder nicht.[1031] Dies erfasst insbesondere Willenserklärungen bei Verpflichtungs- und Verfügungsgeschäften aller Art, rechtsgeschäftsähn-

---

1029 Dazu im Allgemeinen Huber, in: FS Priester, S. 259 (282).

1030 So Kirchhof, in: MünchKommInsO, Bd. 2, § 129 Rn. 6 m.w.N.

1031 AllgM. BGH, Urt. v. 12.02.2004, IX ZR 98/03 = NJW 2004, S. 1660 (1660 f.); Hirte, in: Uhlenbruck, InsO, § 129 Rn. 62; Kirchhof, in: MünchKommInsO, Bd. 2, § 129 Rn. 7; Ehricke, in: Kübler/Prütting/Bork, InsO, Bd. 2, § 129 Rn. 35 f.

liche Handlungen, Realakte oder Prozesshandlungen.[1032] Eine Anfechtung ist des Weiteren nur möglich, wenn die Rechtshandlung eine objektive Gläubigerbenachteiligung hervorgerufen hat. Eine Gläubigerbenachteiligung gemäß §§ 129 InsO, 1 AnfG ist anzunehmen, wenn infolge der Rechtshandlung die Befriedigung der Insolvenzgläubiger in ihrer Gesamtheit (*par condition creditorum*) objektiv verkürzt, vereitelt, erschwert, gefährdet oder verzögert worden ist.[1033] Entscheidend ist demnach, dass sich die Befriedigung der Gläubiger ohne die fragliche Handlung unter wirtschaftlichen Gesichtspunkten günstiger gestaltet hätte.[1034] Ein Benachteiligungsvorsatz ist mit Ausnahme der §§ 133 InsO, 3 AnfG nicht erforderlich. Zweck der Anfechtungsvorschriften ist es, eine Schmälerung der den Gläubigern zugewiesenen Haftungsmasse zu korrigieren.[1035] Eine

---

1032 In der Regel werden Grund- und Verfügungsgeschäft gemeinsam angefochten, auch wenn grundsätzlich jede Rechtshandlung isoliert zu betrachten ist. Eine isolierte Anfechtung des Verpflichtungsgeschäfts würde jedoch lediglich eine bereicherungsrechtliche Rückabwicklung des Erfüllungsgeschäfts auslösen, während bei einer isolierten Anfechtung des Erfüllungsgeschäfts die Gegenforderung des Anfechtungsgegners gemäß § 144 Abs. 1 InsO wieder aufleben würde. Insofern ist es zweckmäßig Verpflichtungs- und Erfüllungsgeschäft gemeinsam anzufechten, insbesondere weil sich beide Rechtsgeschäfte wirtschaftlich oftmals nicht getrennt voneinander beurteilen lassen. Vgl. Ehricke, in: Kübler/Prütting/Bork, InsO, Bd. 2, § 129 Rn. 38; Hirte, in: Uhlenbruck, InsO, § 129 Rn. 70 f.; Kirchhof, in: MünchKommInsO, Bd. 2, § 129 Rn. 57 ff.

1033 Eine Verkürzung der Insolvenzmasse liegt insbesondere vor, wenn die Schuldenmasse vermehrt oder die Aktivmasse verkürzt wird. Im Rahmen des § 1 AnfG kommt hingegen nur einer Verkürzung der Aktivmasse in Betracht. Eine Mehrung der Passivmasse – d.h. ein Hervorrufen oder Vertiefen einer Überschuldung – haben die Gläubiger so lange hinzunehmen, als nicht ein Insolvenzverfahren eröffnet wird. Vgl. Paulus, in: Kübler/Prütting/Bork, InsO, Bd. 4, Anh. I, § 1 AnfG Rn. 11.

1034 AllgM. BGH, Urt. v. 24.05.2007, IX ZR 105/05 = ZIP 2007, S. 1274 (1275); BGH, Urt. v. 27.05.2003, IX ZR 169/02 = NJW 2003, S. 3347 (3348); BGH, Urt. v. 11.04.2002, IX ZR 211/01 = NJW 2002, S. 2568; BGH, Urt. v. 19.09.1988, II ZR 255/87 = NJW 1988, S. 3143 (3148); Hirte, in: Uhlenbruck, InsO, § 129 Rn. 91; Dauernheim, in: FK-InsO, § 129 Rn. 36; Ehricke, in: Kübler/Prütting/Bork, InsO, Bd. 2, § 129 Rn. 64 ff.; Paulus, in: Kübler/Prütting/Bork, InsO, Bd. 4, Anh. I, § 1 AnfG Rn. 10 f.

1035 Diese Massebezogenheit wirft die strittige Frage auf, ob nur solche Rechtshandlungen der Anfechtbarkeit unterliegen, die sich auf die Insolvenzmasse im Sinne von §§ 35, 36 InsO, also auf pfändbare Vermögensgegenstände beziehen. Die bislang herrschende Ansicht sieht die Pfändbarkeit des Vermögensgegenstand unter Hinweis auf §§ 35, 36 InsO als erforderlich an. Vgl. nur BGH, Urt. v. 08.07.1993, IX ZR 116/92 = NJW 1993, S. 2876 (2877); Ehricke, in: Kübler/Prütting/Bork, InsO, Bd. 1, § 129 Rn. 69; kritisch

Anfechtung scheidet folglich aus, wenn das verbleibende Vermögen zur Befriedigung aller Gläubiger ausreicht.

Rechtsgeschäfte zwischen Gesellschaft und Gesellschafter, die zu einem Unterlaufen der Thesaurierungspflicht in § 5a Abs. 3 GmbHG führen und nach hier vertretener Auffassung als verdeckte Gewinnausschüttungen entsprechend § 39 Abs. 1 Nr. 5 InsO im Insolvenzverfahren subordiniert sind, erfüllen die Tatbestandsvoraussetzungen einer Rechtshandlung im Sinne von § 129 InsO – und zwar sowohl im Hinblick auf das zugrundeliegende Verpflichtungs- wie auch das Erfüllungsgeschäft. Mithilfe dieser Rechtshandlungen bezwecken die Gesellschafter eine Umgehung der Ausschüttungssperre des § 5a Abs. 3 GmbHG und entziehen der Gesellschaft erwirtschaftetes Vermögen, das im Interesse der Befriedigungschancen der Gesellschaftsgläubiger zweckgebunden ist. Der Entzug dieses Gesellschaftsvermögens gefährdet somit objektiv die Befriedigung der Gläubigergesamtheit und ist als Gläubigerbenachteiligung im Sinne von § 129 InsO bzw. § 1 AnfG zu qualifizieren.

Die unter § 135 Abs. 1 InsO bzw. § 6 Abs. 1 AnfG fallenden Rechtshandlungen sind im Übrigen nicht als Bargeschäft im Sinne des § 142 InsO zu werten.[1036] Demnach wäre eine Leistung des Schuldners, für die unmittelbar eine gleichwertige Gegenleistung in sein Vermögen gelangt, nur unter den Voraussetzungen des § 133 Abs. 1 InsO anfechtbar. Kennzeichnend für die hier diskutierten Fälle ist jedoch gerade, dass dem Gesellschafter eine Leistung gewährt wird, die einem hypothetischen Drittvergleich nicht standhält, und ein Bargeschäft im Sinne des § 142 InsO damit schon begrifflich ausgeschlossen ist.[1037]

Hirte, in: Uhlenbruck, InsO, § 129 Rn. 98. Im Anschluss an BGH, Urt. v. 06.10.2009, IX ZR 191/05 = NJW 2009, S. 3362 (3363), ist nun aber offen, ob der BGH von seiner bisherigen Rechtsprechung abrückt. Dies stellt jedoch kein UG-spezifisches Problem dar und bleibt folglich außer Betracht.

1036 Eine § 142 InsO entsprechende Vorschrift ist dem AnfG zwar fremd. Gleichwohl findet der Grundgedanke des § 142 InsO auch im AnfG Anwendung. Vgl. Paulus, in: Kübler/Prütting/Bork, InsO, Bd. 4, Anh. I, § 1 AnfG Rn. 12.

1037 Zum Verhältnis von § 142 InsO zu § 131 InsO vgl. Kirchhof, in: MünchKommInsO, Bd. 2, § 142 Rn. 7; Hirte, in: Uhlenbruck, InsO, § 142 Rn. 4; a.A. Spliedt, ZIP 2009, S. 149 (154), wonach § 135 InsO dem § 142 InsO als speziellere Norm vorgehe.

(b) Befriedigung oder Gewährung einer Sicherheit

Der Regelfall einer Anfechtung nach § 135 Abs. 1 InsO bzw. § 6 Abs. 1 AnfG wird die Befriedigung – weniger die Sicherung – einer entsprechend § 39 Abs. 1 Nr. 5 InsO nachrangigen Gesellschafterforderung sein, wie beispielweise die Zahlung einer überhöhten Geschäftsführervergütung oder Verzinsung eines Gesellschafterdarlehens. Befriedigung erfasst alle Rechtshandlungen, durch die die Forderung des Gesellschafters getilgt wird einschließlich aller Erfüllungssurrogate wie Leistung an Erfüllungs Statt oder erfüllungshalber.[1038] Insofern ergeben sich keine Besonderheiten zur Anfechtung einer Rechthandlung, welche für die Forderung eines Gesellschafters auf Rückgewähr eines Darlehens im Sinne des § 39 Abs. 1 Nr. 5 InsO oder für eine gleichgestellte Forderung Sicherung oder Befriedigung gewährt hat.

(c) Inhalt des Rückgewähranspruches

Was durch die anfechtbare Rechtshandlung aus dem Vermögen der UG an den Gesellschafter geleistet wurde, ist gemäß § 143 Abs. 1 Satz 1 InsO zur Insolvenzmasse zurückzugewähren. Dieser Rückgewähranspruch entsteht mit Eröffnung des Insolvenzverfahrens kraft Gesetz unabhängig von einer Geltendmachung und wird gleichzeitig fällig, ohne dass es einer gesonderten Erklärung oder Rechtshandlung des Anfechtungsberechtigten bedarf.[1039] In der Regel wird sich der Rückgewähranspruch auf das durch die anfechtbare Rechtshandlung aus dem UG-Vermögen an den Gesellschafter geleistete Geld bzw. gemäß § 143 Abs. 1 Satz 2 InsO i.V.m. § 818 Abs. 2 BGB auf Wertersatz richten. Darüber hinaus ist aufgrund der in § 143 Abs. 1 Satz 2 InsO enthaltenen Rechtsfolgenverweisung auf §§ 819 Abs. 1, 818 Abs. 4, 291 BGB der Anspruch ab Entstehung mit fünf Prozentpunkten über dem Basiszinssatz zu verzinsen.[1040] Die Einrede der Entreicherung gemäß § 143 Abs. 1 Satz 2 InsO i.V.m. § 818 Abs. 3

1038 Stodolkowitz/Bergmann, in: MünchKommInsO, Bd. 2, § 135 Rn. 76; Hirte, in: Uhlenbruck, InsO, § 135 Rn. 11.

1039 AllgM BGH, Urt. 01.02.2007, IX ZR 96/04 = NJW -RR 2007, S. 557 (559), Rz. 20; BGH, Urt. v. 09.07.1987, IX ZR 167/86 = NJW 1987, S. 2821 (2822); BGH, Beschl. v. 29.04.2004, IX ZB 225/03 = NZI 2004, S. 444 (445); Rogge, in: HambKommInsO, § 143 Rn. 2; Jacoby, in: Kübler/Prütting/Bork, InsO, Bd. 2, § 143 Rn. 9.

1040 Der Anfechtungsgegner wird insofern einem bösgläubigen Bereicherungsschuldner gleichgestellt. Vgl. BGH, Urt. 01.02.2007, IX ZR 96/04 = NJW -RR 2007, S. 557 (558), Rz. 12 ff.; Rogge, in: HambKommInsO, § 143 Rn. 47a; Jacoby, in: Kübler/Prütting/Bork, InsO, Bd. 2, § 413 Rn. 49.

BGB wird dem Gesellschafter der UG oftmals abgeschnitten sein. Denn sofern der Gesellschafter mit der Gesellschaft ein Rechtsgeschäft zu marktunüblichen Konditionen zur Umgehung von § 5a Abs. 3 GmbHG schließt, liegt die Annahme nahe, dass der Gesellschafter die durch die verdeckte Gewinnausschüttung hervorgerufene Gläubigerbenachteiligung kannte oder kennen musste (§ 819 Abs. 1 BGB).[1041]

3. Abgrenzung zu anderen Anfechtungstatbeständen

Die Anfechtung von Rechtshandlungen, welche Sicherung oder Befriedigung für gemäß § 39 Abs. 1 Nr. 5 InsO nachrangige Forderungen des Gesellschafters gewähren, stellt sich im Kern als Fall einer inkongruenten Deckung im Sinne von § 131 InsO dar. Gleichwohl findet auf die Anfechtung nachrangiger Gesellschafterforderungen nicht die Deckungsanfechtung nach § 131 InsO, sondern als *lex specialis* § 135 InsO bzw. § 6 AnfG Anwendung.[1042] Im Falle der Anfechtung einer Rechtshandlung, die einem UG-Gesellschafter Sicherung oder Befriedigung gewährt und der eine nach § 39 Abs. 1 Nr. 5 InsO analog nachrangige Gesellschafterforderung zugrunde liegt, kann insoweit nichts anderes gelten. Im Schrifttum wird zudem darauf hingewiesen, dass unter Geltung der §§ 39 Abs. 1 Nr. 5, 135 InsO die Anfechtung wegen vorsätzlicher Benachteiligung nach § 133 AnfG an Bedeutung gewinnen werde.[1043] Die zeitlich weiter zurückgreifende Vorsatzanfechtung gemäß § 133 InsO kann neben allen anderen Anfechtungsnormen anwendbar sein.[1044] Dabei kann § 133 InsO insbesondere im Hinblick auf die im Schrifttum[1045] als zu kurz kritisierte Anfechtungsfrist des § 135

1041 Siehe zu den Voraussetzungen der Kenntnis in § 819 BGB Sprau, in: Palandt, BGB, § 819 Rn. 2. Ein bloßes Kennen-müssen im Sinne einer fahrlässigen Unkenntnis genügt den Anforderungen des § 819 Abs. 1 BGB nicht.

1042 So zutreffend Hirte, in: Uhlenbruck, InsO, § 135 Rn. 6 und § 39 Rn. 47, der auch § 130 InsO für nicht einschlägig hält; demgegenüber sieht Kirchhof, in: MünchKommInsO, Bd. 2, Vor §§ 129 bis 147 Rn. 94, § 130 InsO als Auffangtatbestand auch gegenüber § 135 InsO an.

1043 Dazu Dahl/Schmitz, NZG 2009, S. 325 (327); Spliedt, ZIP 2009, S. 149 (154). Ebenfalls auf eine gesteigerte Bedeutung des § 133 InsO verweist Nassall, NJW 2010, S. 2305 (2308 f.) im Hinblick auf das Nichtanwendungsgebot des § 30 Abs. 1 Satz 3 GmbHG.

1044 Hirte, in: Uhlenbruck, InsO, § 135 Rn. 6; Kirchhof, in: MünchKommInsO, Bd. 2, Vor §§ 129 bis 147 Rn. 94.

1045 Grigoleit/Rieder, Rn. 233 sehen darin eine Verkürzung des Gläubigerschutzes; ähnlich Bayer/Graff, DStR 2006, S. 1654 (1657); Altmeppen, NJW 2005, S. 1911 (1914).

Abs. 1 Nr. 2 InsO von einem Jahr ab Stellung des Antrags auf Eröffnung des Insolvenzverfahrens relevant werden.

Die Gesellschaftsgläubiger generell auf die Anfechtungsnorm des § 133 InsO zu verweisen, würde den Gläubigerschutz jedoch verkürzen. Denn zum einen würde dies der oben aufgestellten Prämisse widersprechen, wonach die Einordnung von Rechtsgeschäften, welche die in § 5a Abs. 3 GmbHG normierte Gewinnthesaurierung unterlaufen, nicht von subjektiven Tatbestandselementen abhängig sein soll.[1046] Das Vorsatzerfordernis in § 133 Abs. 1 InsO würde den Gesellschaftsgläubiger oftmals in eine Darlegungs- und Beweisnot bringen. Zum anderen kann nur durch die Subordination gemäß § 39 Abs. 1 Nr. 5 InsO und korrelierend damit eine Anfechtung nach § 135 Abs. 1 InsO eine vorrangige Befriedigung der Gesellschaftsgläubiger gewährleistet werden, die nicht zugleich Gesellschafter der UG sind.

Sicherlich ist nicht von der Hand zu weisen, dass der Antrag auf Eröffnung eines Insolvenzverfahrens von den Geschäftsführern bzw. den weisungsbefugten Gesellschaftern über die kritische Ein-Jahres-Frist des §§ 135 Abs. 1 Nr. 2 InsO hinausgezögert werden kann.[1047] Ein Leerlaufen des hier vorgeschlagenen Lösungswegs droht gleichwohl nicht, da ein solches missbräuchliches Verhalten in der Regel die Voraussetzungen der Insolvenzverschleppungshaftung erfüllen wird. Lücken im Gläubigerschutz sind daher nicht zu befürchten.

C. Zusammenfassung des Kapitels

Der Verzicht auf ein nennenswertes Mindeststammkapital in § 5a Abs. 1 GmbHG bedingt eine weitgehende Entwertung der Kapitalerhaltungsvorschriften, zumindest insoweit als diese ein im Interesse der Gläubiger zweckgebundenes Gesellschaftsvermögen im Sinne eines Verlustpuffers gewährleisten können. Den Aufbau eines Eigenkapitalstocks soll in der UG die nachgelagerte Kapitalaufholung gemäß § 5a Abs. 3 GmbHG leisten.

1046 Dazu im Detail 5. KapitelA.II.1(b)(ii).

1047 Goette, Einführung in das neue GmbH-Recht, Rn. 59; Lips/Randel/Werwigk, DStR 2008, S. 2220 (2226); Gehrlein, BB 2008, S. 846 (852); Nassall, NJW 2010, S. 2305 (2306). Demgegenüber sieht Grunewald, Anhörung BT-Drucks. 16/6140 (MoMiG), S. 8, darin den positiven Nebeneffekt, dass auch die Gesellschafter dazu angehalten würden, die Solvenz der Gesellschaft besser im Auge zu behalten.

Neben der mangelnden Transparenz des Thesaurierungsgebotes ist es insbesondere das inhärente Umgehungspotential des § 5a Abs. 3 GmbHG, das einem wirksamen Gläubigerschutz entgegensteht. Mittels verdeckter Gewinnausschüttungen lässt sich die Ausschüttungssperre des § 5a Abs. 3 GmbHG leicht umgehen. Verdeckte Gewinnausschüttungen sind im GmbH-Recht zulässig, solange sie nicht gegen die Kapitalerhaltungsvorschriften, die innergesellschaftliche Kompetenzordnung, die gesellschaftsrechtliche Treuepflicht oder den Gleichbehandlungsgrundsatz verstoßen. Verstöße gegen die Kompetenzordnung, die Treupflicht oder den Gleichbehandlungsgrundsatz sind in der UG jedoch regelmäßig ausgeschlossen, wenn man davon ausgeht, dass in der Mehrzahl der Fälle Einpersonengesellschaften oder ein einvernehmliches Handeln der Gesellschafter vorliegen. Soll § 5a Abs. 3 GmbHG nicht gänzlich ins Leere laufen, sind solche Rechtsgeschäfte, die einem hypothetischen Drittvergleich nicht standhalten und folglich zu einer Umgehung des § 5a Abs. 3 GmbHG führen, daher als verdeckte Gewinnausschüttungen zu qualifizieren. Nicht gefolgt werden kann der herrschenden Ansicht in der Literatur darin, auf die gesetzliche Gewinnrücklage die Kapitalerhaltungsvorschriften der §§ 30, 31 GmbHG entsprechend anzuwenden. Dies würde die Grenze zwischen gebundenem Stammkapital und Kapitalrücklage verwischen und die UG einer quasi-aktienrechtlichen Vermögensbindung unterwerfen.

Die Lösung ist nach Ansicht des Verfassers über eine insolvenzrechtliche Anknüpfung zu suchen, indem entsprechend dem Normzweck des § 39 Abs. 1 Nr. 5 InsO Forderungen aus Rechtsgeschäften, die im oben genannten Sinne als verdeckte Gewinnausschüttungen zu werten sind, im Insolvenzverfahren nachrangig berichtigt werden. Der Normzweck der Nachrangigkeit von Forderungen auf Rückgewähr eines Gesellschafterdarlehens oder Forderungen aus Rechtshandlungen, die einem solchen Darlehen wirtschaftlich entsprechen, lässt sich mit der unternehmerischen Beteiligung des Gesellschafters rechtfertigen. Die unternehmerische Beteiligung ermöglicht es dem Gesellschafter einerseits, am unternehmerischen Erfolg der Gesellschaft mit begrenztem Ausfallrisiko teilzuhaben, und andererseits durch seine mitgliedschaftlichen Rechte, sich einen Informationsvorsprung bzw. Einflussmöglichkeiten zu sichern. Das Gesellschaftsvermögen ist jedoch im Befriedigungsinteresse der nicht privilegierten Gesellschaftsgläubiger zweckgebunden. Im Falle der Insolvenz der UG ist es somit nur konsequent, wenn Forderungen der Gesellschafter entsprechend § 39 Abs. 1 Nr. 5 GmbHG nachrangig sind, sofern diese als verdeckte Gewinnausschüttung zu qualifizieren sind und deren Befriedigung zulasten der gesetzlichen Gewinnrücklage geht. Parallel dazu sind Rechtshandlungen, die für solche subordinierten Gesellschafterforderungen Befriedigung oder Sicherung gewähren, nach

Maßgabe der § 135 Abs. 1 InsO bzw. im Rahmen der Einzelanfechtung gemäß § 6 Abs. 1 AnfG anfechtbar.

6. Kapitel Die Haftung von Geschäftsführern und Gesellschaftern

Die gesellschaftsrechtlichen Haftungsnormen finden auf Geschäftsführer und Gesellschafter der GmbH-Rechtsformvariante UG selbstredend Anwendung. Im Fall des Geschäftsführers gilt dies insbesondere für die Haftungstatbestände der §§ 43 Abs. 2, 64 Satz 1 und Satz 3 GmbHG. Der Abschluss eines Rechtsgeschäfts zwischen Gesellschaft und Gesellschafter, welches aufgrund einer verdeckten Gewinnausschüttung zu einer Verkürzung des Jahresabschlusses und damit zu einem Unterlaufen der Thesaurierungspflicht führt, setzt auf Seiten der Gesellschaft stets das Handeln eines Geschäftsführers voraus. Zudem dürfte es in der Regel der Geschäftsführer sein, der über die wirtschaftliche Lage der Gesellschaft am besten informiert ist.

Die folgende Darstellung zur Haftung von Geschäftsführers beschränkt sich auf einschlägige Haftungstatbestände im Hinblick auf missbräuchliches Verhalten im Zusammenhang mit der gesetzlichen Gewinnrücklage nach § 5a Abs. 3 GmbHG, namentlich § 43 Abs. 2 GmbHG und § 64 Satz 3 GmbHG.[1048] Eine Gesellschafterhaftung neben derjenigen aus §§ 135 Abs. 1 Nr. 5, 143 InsO wegen verdeckten Gewinnausschüttungen kann sich demgegenüber speziell aus Existenzvernichtung gemäß § 826 BGB ergeben. Besonderheiten zur regulären GmbH ergeben sich jedoch nur in Einzelaspekten, so dass die Existenzvernichtungshaftung im Folgenden nur hinsichtlich UG-spezifischer Probleme analysiert werden soll. Diskutiert wurde im Gesetzgebungsverfahren darüber hinaus die Frage einer Gesellschafterhaftung wegen materieller Unterkapitalisierung,[1049] worauf abschließend einzugehen sein wird.

A. Die Haftung des Geschäftsführers für vGa

Die vorangegangenen Kapitel haben verdeutlicht, dass für die Befriedigungsinteressen der Gläubiger einer UG insbesondere solche Verhaltensweisen gefährlich sind, die zu einem Abzug von Gesellschaftsvermögen unter Umgehung der

1048 Eine Haftung des Geschäftsführers kommt auch wegen unterlassenem oder fehlerhaftem Zeichnen des Rechtsformzusatzes nach § 5a Abs. 1 GmbHG sowie wegen Überschuldung in der Gründungsphase in Betracht; vgl. 3. KapitelB.II bzw. 3. KapitelD.

1049 Beispielsweise die Stellungnahme des Bundesrates, BR-Drucks. 354/07 (MoMiG), S. 8.

Thesaurierungspflicht des § 5a Abs. 3 GmbHG führen, ohne zugleich gegen die Kapitalerhaltungsvorschriften der §§ 30, 31 GmbHG zu verstoßen.[1050] Insofern stellt sich richtigerweise die Frage nach der Haftung des Geschäftsführers als gesetzlichem Vertreter der UG, der verdeckte Gewinnausschüttung zur Umgehung des § 5a Abs. 3 GmbHG (mit)verantwortet.

I. Verdeckte Gewinnausschüttungen als Sorgfaltspflichtverletzung

Die Geschäftsführerhaftung nach § 43 Abs. 2 GmbHG ist als Innenhaftung ausgestaltet und knüpft an die Organstellung des Geschäftsführers an.[1051] Durch die Haftungskonzentration auf die Gesellschaft bezweckt die Norm einerseits eine präventive Verhaltenssteuerung des Geschäftsführers. Andererseits bezweckt die repressive Haftung des Geschäftsführers den Schutz der Vermögensinteressen der Gesellschaft vor Nachteilen, die durch ein pflichtwidriges Verhalten des Geschäftsführers entstanden sind.[1052] Die Geschäftsführerhaftung nach § 43 Abs. 2 GmbHG schützt die Gläubiger daher nur reflexartig.[1053] Im Hinblick auf die UG

1050 Die Haftung des Geschäftsführers gemäß § 43 Abs. 3 GmbHG sowie eine daraus resultierend Innenhaftung gemäß § 31 Abs. 6 GmbHG dürften regelmäßig mit anderen Haftungstatbeständen konkurrieren. Aufgrund des frei festsetzbaren, relativ geringen Stammkapitals werden Zahlungen zulasten des zur Deckung der Nominalkapitalziffer erforderlichen Aktivvermögens der Gesellschaft bereits im Stadium bzw. im Vorfeld der Insolvenz erfolgen und eine Haftung nach § 64 Satz 1 oder Satz 3 GmbHG auslösen.

1051 Mit der Organhaftung aus § 43 Abs. 2 und 3 GmbHG können andere Anspruchsgrundlage konkurrieren. Nach herrschender Ansicht in Rechtsprechung und Literatur konsumieren die Ansprüche aus § 43 Abs. 2 GmbHG jedoch denjenigen aus Verletzung der dienstvertraglichen Pflichten aus dem Anstellungsverhältnis. Vgl. BGH, Urt. v. 12.06.1989, II ZR 334/87 = NJW 1989, S. 2697; Kleindiek, in: Lutter/Hommelhoff, GmbHG, § 43 Rn. 3; Schneider, in: Scholz, GmbHG, Bd. 2, § 43 Rn. 18; a.A. Zöllner/Noack, in: Baumbach/Hueck, § 43 Rn. 4, sehen § 43 Abs. 2 GmbHG als *lex specialis* an.

1052 Haas/Ziemons, in: Michalski, GmbHG, Bd. 2, § 43 Rn. 173; Schneider, in: Scholz, GmbHG, Bd. 2, § 43 Rn. 15.

1053 So richtigerweise Zöllner/Noack, in: Baumbach/Hueck, § 43 Rn. 1; Goette, Die GmbH, § 8 Rn. 189. Die Außenhaftung des Geschäftsführers ist davon zu trennen und bedarf einer eigenständigen Rechtsgrundlage. Selbstverständlich steht es einem Gesellschaftsgläubiger offen, den Anspruch der Gesellschaft gegen den Geschäftsführer gemäß §§ 829, 835 ZPO zu pfänden.

und die Problematik verdeckter Gewinnausschüttungen zur Umgehung der Kapitalaufholung ergeben sich zwei UG-spezifische Fragestellungen, die es im Folgenden zu analysieren gilt. Lässt sich dem Geschäftsführer einer UG wegen verdeckter Gewinnausschüttungen der Vorwurf der Sorgfaltspflichtverletzung machen und ergibt sich im Falle einer Haftung aufgrund des Normzwecks des § 43 Abs. 2 GmbHG überhaupt ein Zugewinn für den Gläubigerschutz in der UG?

1. Sorgfaltsmaßstab des UG-Geschäftsführers

Die Erzielung eines Jahresüberschusses, aus dem eine gesetzliche Rücklage nach § 5a Abs. 3 GmbHG zu bilden ist, lässt sich gesetzlich nicht vorschreiben, so dass dem Geschäftsführer einer UG eine Sorgfaltspflichtverletzung grundsätzlich nicht aufgrund der bloßen Tatsache, dass keine gesetzliche Rücklage gebildet wurde, vorgehalten werden kann. Die herrschende Ansicht im Schrifttum unterwirft die gesetzliche Rücklage in entsprechender Anwendung den Kapitalerhaltungsvorschriften und kommt im Falle verdeckter Gewinnausschüttungen zu einem Rückgewähranspruch gegen den begünstigten Gesellschafter aus § 31 Abs. 1 GmbHG analog.[1054] In der Konsequenz müsste das herrschende Schrifttum den handelnden Geschäftsführer einer Haftung aus § 43 Abs. 3 GmbHG als besondere Ausprägung des Schadensersatzanspruches aus § 43 Abs. 2 GmbHG[1055] unterwerfen. Diese Schlussfolgerung ziehen die Vertreter einer analogen Anwendung der §§ 30, 31 GmbHG jedoch nicht ausdrücklich.[1056]

Nach hier vertretener Auffassung sind Auszahlungen an Gesellschafter im Rahmen von Rechtsgeschäften mit der Gesellschaft, die einem hypothetischen

1054 Zum Schutz der Gesellschaftsgläubiger soll die gesetzliche Rücklage wie haftendes Stammkapital behandelt; Miras, in: Michalski, GmbHG, Bd. 1, § 5a Rn. 94; Riemenschneider, in: MünchHdb GesR III, § 8c Rn. 10; Rieder, in: MünchKommGmbHG, Bd. 1, § 5a Rn. 34; Roth, in: Roth/Altmeppen, GmbHG, § 5a Rn. 18, 22; sowie eingehend unter 5. KapitelA.III.1.

1055 So jedenfalls nach h.M. Schneider, in: Scholz, GmbHG, Bd. 2, § 43 Rn. 268; Paefgen, in: Ulmer, GmbHG, Bd. 2, § 43 Rn. 142; Zöllner/Noack, in: Baumbach/Hueck, § 43 Rn. 48.

1056 Haas/Ziemons, in: Michalski, GmbHG, Bd. 2, § 43 Rn. 217e; Zöllner/Noack, in: Baumbach/Hueck, § 43 Rn. 49; Wicke, GmbHG, § 5a Rn. 12; sprechen von „*Zahlungen aus bzw. zulasten der gesetzlichen Rücklage*“. Insoweit wird nicht hinreichend deutlich, ob davon auch ein Verhalten des Geschäftsführers zur Umgehung der Thesaurierungspflicht umfasst ist.

Drittvergleich nicht standhalten und zu einer Verkürzung des Jahresüberschusses führen, als das zu behandeln, was sie sind: verdeckte Gewinnausschüttungen. Diese sind aufgrund der GmbH-rechtlichen Vermögensbindung grundsätzlich als zulässig zu werten, sofern diese Auszahlungen nicht gegen den Kapitalerhaltungsgrundsatz, die innergesellschaftliche Kompetenzordnung, die Treuepflicht oder den Gleichbehandlungsgrundsatz verstoßen. Erst im Zeitpunkt einer Insolvenz der Gesellschaft unterliegen Auszahlungen aus dem Gesellschaftsvermögen, die als verdeckte Gewinnausschüttung zur Umgehung des § 5a Abs. 3 GmbHG und damit als nachrangig zu werten sind, einer Insolvenzanfechtung entsprechend § 135 Abs. 1 i.V.m. § 39 Abs. 1 Nr. 5 InsO. Der Vorwurf einer Sorgfaltspflichtverletzung kann dem Geschäftsführer, der eine solche Auszahlung an den Gesellschafter veranlasst, nicht *ex ante* gemacht werden. Die Unzulässigkeit einer die Kapitalaufholung unterlaufenden, verdeckten Gewinnausschüttung ergibt sich nach hier vertretener Auffassung erst *ex post* – mit Eintritt der Insolvenz. Bezugspunkt für ein Verschulden im Rahmen von § 43 Abs. 2 GmbHG ist allerdings nicht der Schadenseintritt, sondern die Pflichtverletzung des Geschäftsführers.[1057] Eine Schadensersatzpflicht des Geschäftsführers gemäß § 43 Abs. 2 GmbHG mag sich daher in Einzelfällen begründen lassen, nicht dagegen ein Haftungstatbestand, der im Allgemeinen geeignet ist, die Befriedigungschance der Gesellschaftsgläubiger zu verbessern.

Insoweit lässt sich ein Schadensersatzanspruch der Gesellschaft gegen den Geschäftsführer aus § 43 Abs. 2 GmbHG nur dann rechtfertigen, wenn die Auszahlung an den Gesellschafter, beispielsweise in Form eines überhöhten Geschäftsführergehalts, unmittelbar die Zahlungsunfähigkeit der Gesellschaft hervorruft. Dies kann insbesondere dann der Fall sein, wenn die Gesellschaft durch verdeckte Gewinnausschüttungen sukzessive ausblutet. Dies scheint jedoch eher ein Fall für die in § 64 Satz 3 GmbHG kodifizierte Insolvenzverursachungshaftung zu sein. Auf das Verhältnis von § 43 Abs. 2 GmbHG zur Insolvenzverursachungshaftung nach § 64 Satz 3 GmbHG ist noch einzugehen.[1058] Es dürfte im Ergebnis daher fraglich sein, ob dem Geschäftsführer im Zeitpunkt der potentiell sorgfaltswidrigen Handlung ein Verschuldensvorwurf gemacht werden kann, der nicht ohnehin von § 64 Satz 3 GmbHG gedeckt wird.

1057 Ebenso Paefgen, in: Ulmer, GmbHG, Bd. 2, § 43 Rn. 86; Zöllner/Noack, in: Baumbach/Hueck, § 43 Rn. 12; Haas/Ziemons, in: Michalski, GmbHG, Bd. 2, § 43 Rn. 193.

1058 Siehe 6. KapitelA.II.1(b).

2. Schutzrichtung der Norm

Der Schutz der gesetzlichen Rücklage vor verdeckten Gewinnausschüttungen lässt sich über § 43 Abs. 2 GmbHG nur lückenhaft erreichen. Selbst wenn man dem Geschäftsführer eine Sorgfaltspflichtverletzung zum Vorwurf machen sollte, ist ein Schadensersatzanspruch in der besonders relevanten Fallgruppe des Gesellschaftergeschäftsführers einer Einpersonengesellschaft regelmäßig ausgeschlossen. Denn nach herrschender Ansicht in Rechtsprechung und Schrifttum findet in dieser Konstellation § 43 Abs. 2 GmbHG keine Anwendung, lediglich eine Haftung als Gesellschafter kommt in Betracht.[1059] Ein vom Gesellschafterinteresse zu unterscheidendes, selbständiges Gesellschaftsinteresse ist nach zutreffender herrschender Ansicht abzulehnen, sofern ein solches nicht ohnehin dem Gläubigerschutz dient.[1060] Der Wille des Alleingesellschafters entspricht somit dem Willen der Gesellschaft, der Gesellschafter haftet in seiner Funktion als Geschäftsführer lediglich aus § 43 Abs. 3 GmbHG und § 64 Satz 3 GmbHG. Die Haftung aus § 43 Abs. 3 GmbHG ist in der hier diskutierten Fallkonstellation verdeckter Gewinnausschüttungen zur Umgehung der Thesaurierungspflicht in der UG jedoch nicht einschlägig. Ein GmbH-Geschäftsführer, der eine Weisung der Gesellschafter befolgt oder selbst Alleingesellschafter ist, haftet der Gesellschaft daher grundsätzlich nicht für eine durch ihn in seiner Eigenschaft als Geschäftsführer herbeigeführte Schädigung des Gesellschaftsvermögens.

II. Die Insolvenzverursachungshaftung

Die Insolvenzverursachungshaftung gemäß § 64 Satz 3 GmbHG ergänzt die Verhaltenspflichten des Geschäftsführers im Zeitpunkt der Zahlungsunfähigkeit oder der Überschuldung nach § 64 Satz 1 GmbHG um solche im Vorfeld der Insolvenz. Demnach haftet der Geschäftsführer der Gesellschaft für Zahlungen an Gesellschafter, soweit diese zur Zahlungsunfähigkeit der Gesellschaft führen mussten, es sei denn, dies war bei Beachtung der Sorgfalt eines ordentlichen Geschäftsmanns entsprechend § 64 Satz 2 GmbHG nicht erkennbar. Damit sollen

---

1059 BGH, Urt. v. 28.09.1992. II ZR 299/91 = NJW 1993, S. 193 (194); BGH, Urt. v. 31.01.2000, II ZR 189/99 = NJW 2000, S. 1257; Haas/Ziemons, in: Michalski, GmbHG, Bd. 2, § 43 Rn. 179; Schneider, in: Scholz, GmbHG, Bd. 2, § 43 Rn. 137; Dies gilt im Übrigen auch dann, wenn der Geschäftsführer wirtschaftlicher Alleingesellschafter oder der Alleingesellschafter faktischer Geschäftsführer ist.

1060 Dazu bereits 5. KapitelA.III.3 sowie anstatt vieler Haas/Ziemons, in: Michalski, GmbHG, Bd. 2, § 43 Rn. 179.

Gesellschaftsgläubiger wirksamer gegen Vermögensverschiebungen zwischen Gesellschaftern und Gesellschaft bei sich abzeichnender Zahlungsunfähigkeit geschützt werden.[1061] Zur Überschuldung der Gesellschaft führende Verhaltensweisen des Geschäftsführers werden von § 64 Satz 3 GmbHG hingegen nicht erfasst.[1062]

1. Die Regelung des § 64 Satz 3 GmbHG im Überblick

(a) Normzweck und Regelungsinhalt

Die Neuregelung soll den Vermögensschutz in der GmbH und damit den Gläubigerschutz erweitern, indem nunmehr auch Rechtshandlungen des Geschäftsführers erfasst werden, die zwar nicht zwingend das zum Erhalt des Stammkapitals erforderliche Gesellschaftsvermögen antasten, aber gleichwohl zu einem Abzug von Vermögenswerten führen, welche die Gesellschaft objektiv zur Erfüllung ihrer Verbindlichkeiten benötigt, und daher die Zahlungsunfähigkeit herbeiführen.[1063] Der Gesetzgeber hofft, dadurch (vermeintliche) Lücken im Gläubigerschutz zu schließen, die insbesondere im Verzicht auf ein nennenswertes Mindeststammkapital in der UG sowie in den Fristen im Anfechtungsrecht erkannt werden.[1064] In § 64 Satz 3 GmbHG kodifiziert der Gesetzgeber Elemente der Haftung unter dem Stichwort *„existenzvernichtender Eingriff“* – ohne die Existenzvernichtungshaftung abschließend regeln zu wollen – sowie des soge-

---

1061 RegE., BT-Drucks. 16/6140, S. 46. Auch Haaker, ZGR 2010, S. 1055 (1063), sieht unter Zugrundelegung ökonomischer Gesichtspunkte die Aufgabe gläubigerschützender Regelungen darin, Ausschüttungen zu verhindern, die zu einer unangemessenen Erhöhung des Insolvenzrisikos führen und damit eine Entwertung des Gläubigeranspruchs bedingen. Ähnlich Jungmann, ZGR 2006, S. 638 (648).

1062 Arnold, in: Henssler/Strohn, § 64 Rn. 70; K. Schmidt, in: Scholz, GmbHG, Bd. 3, § 64 Rn. 81; Müller, in: MünchKommGmbHG, Bd. 3, § 64 Rn. 166.

1063 RegE., BT-Drucks. 16/6140, S. 46.

1064 In RegE., BT-Drucks. 16/6140, S. 46, hatte der Gesetzgeber vorrangig wohl die ursprünglich geplante Absenkung des Mindeststammkapitals in § 5 Abs. 1 GmbHG auf EUR 10.000 im Blick. Eine Absenkung des Mindeststammkapitals unter die Nominalziffer ist nur noch bei der UG möglich; vgl. ebenso Hirte, ZInsO 2008, S. 689 (697); Knof, DStR 2007, S. 1580 (1586). Angesichts der generellen Insolvenzanfälligkeit der regulären GmbH verliert die Intention des Gesetzgebers jedoch keineswegs an Relevanz, wenngleich die Gefahr insolvenzverursachender Zahlungen an Gesellschafter in der UG besonders ausgeprägt sein wird. Auch K. Schmidt, in: Scholz, GmbHG, Bd. 3, § 64 Rn. 65; Haas, in: Baumbach/Hueck, § 64 Rn. 2; Strohn, ZHR 173 (2009), S. 589; Greulich/Grau, NZG 2008, S. 284 (285).

nannten „*solvency test*".[1065] Um einer Haftung aus § 64 Satz 3 GmbHG zu entgehen, ist der Geschäftsführer im Vorfeld bereits zu einer wirtschaftlichen Selbstkontrolle verpflichtet.[1066]

Die Neufassung des § 64 Satz 3 GmbHG ist freilich nicht ohne Kritik geblieben. Einerseits wird im Schrifttum die haftungspolitische Notwendigkeit einer Verschärfung der Geschäftsführerhaftung im Rahmen des § 64 GmbHG in Zweifel gezogen.[1067] Andererseits wurde Kritik an der Formulierung des Tatbestandes, insbesondere am Kausalitätserfordernis, sowie am Fehlen einer gleichlaufenden Erstattungspflicht des zahlungsempfangenden Gesellschafters geäußert.[1068] Eine generelle Auseinandersetzung mit dieser Kritik soll nicht Gegenstand der nachstehenden Ausführungen sein. Die Frage, die hier von Interesse ist, lautet: Kann die Insolvenzverursachungshaftung des Geschäftsführers aus § 64 Satz 3 GmbHG in den Missbrauchs- und Umgehungsfällen des § 5a Abs. 3 GmbHG einen sinnvollen Beitrag zum Gläubigerschutzes in der UG neben der Haftung des Gesellschafters leisten?

1065 Ausdrücklich bezugnehmend auf die Existenzvernichtungshaftung und den *solvency test* RegE., BT-Drucks. 16/6140, S. 46. Die Existenzvernichtungshaftung trifft den Gesellschafter, während die Insolvenzverursachungshaftung an den Geschäftsführer adressiert ist. Die Haftung nach § 64 Satz 3 GmbHG dürfte den Gesellschafter selbst im Falle der Führungslosigkeit der Gesellschaft und einer damit korrespondierenden Insolvenzantragspflicht des Gesellschafters gemäß § 15a Abs. 3 InsO nicht treffen. So zutreffend Casper, in: Goette/Habersack, Rn. 6.41 (Fn. 148). (1079). Das aus dem angloamerikanischen Gesellschaftsrecht stammende Institut des „*solvency test*" verpflichtet den Geschäftsführer vor der Auszahlung eine Prognose über die zukünftige Zahlungsfähigkeit der Gesellschaft zu treffen. Vgl. Casper, in: Goette/Habersack, Rn. 6.41; Seibert, ZIP 2006, S. 1157 (1167); K. Schmidt, GmbHR 2007, S. 1072 (1079); Hölzle, GmbHR 2007, S. 729 (730); einschränkend Knof, DStR 2007, S. 1536 (1540).

1066 Haas, in: Baumbach/Hueck, § 64 Rn. 95; Hölzle, GmbHR 2007, S. 729 (731); Knof, DStR 2007, S. 1536(1540).

1067 So insbesondere Eidenmüller, ZGR 2007, S. 168 (188), der ein Nebeneinander von gesetzlichem Kapitalschutz und verhaltensbezogener, repressiver Haftung für konzeptlos hält. K. Schmidt, GmbHR 2007, S. 1 (6) bezeichnet die Norm als „*eine drakonische Sanktion von erheblicher rechtspolitischer Wucht.*"

1068 Spliedt, ZIP 2009, S. 149 (159); Strohn, ZHR 173 (2009), S. 589; K. Schmidt, GmbHR 2007, S. 1 (7) „*als Anspruchsgrundlage ebenso dubios wie der ganze § 64 Abs. 2 GmbHG (a.F.)*"; Arnold, in: Henssler/Strohn, § 64 Rn. 57. Den Meinungsstand zu Tatbestand und Rechtsfolge des § 64 Satz 3 GmbHG zusammenfassend Altmeppen, in: Roth/Altmeppen, GmbHG, § 64 Rn. 56 ff.

Das Gesellschaftsvermögen ist im Interesse der Gläubiger zweckgebunden, so dass den Gesellschaftern inner- und außerhalb der Insolvenz oder Liquidation nur die zur Befriedigung der Gesellschaftsverbindlichkeiten nicht benötigten Überschüsse zustehen.[1069] Sinn und Zweck des § 64 Satz 3 GmbHG ist es vor diesem Hintergrund, eine Ausplünderung des Gesellschaftsvermögens im Vorfeld der Insolvenz[1070] zu verhindern und somit im Interesse der Gläubiger die Insolvenzwahrscheinlichkeit zu verringern.[1071] Die in § 64 Satz 3 GmbHG adressierte Verhaltenspflicht zielt somit auch auf die im Rahmen des § 5a Abs. 3 GmbHG problematisierten verdeckten Gewinnausschüttungen zur Umgehung der Thesaurierungspflicht. Das rechtspolitische Anliegen des Gesetzgebers, Mithilfe des § 64 Satz 3 GmbHG einerseits ein präventiv verhaltenssteuerndes Instrumentarium und andererseits einen repressiven Erstattungsanspruch gegen den Geschäftsführer zur Stärkung der Liquidität der Gesellschaft zu schaffen,[1072] lässt sich auf die UG zumindest im Grundsatz ohne Weiteres übertragen.

(b) Abgrenzung zu § 43 Abs. 2 GmbHG

Das Gesetz sieht ein haftungsbegründendes Verhalten des Geschäftsführers dann gegeben, wenn dieser unter Beachtung der Sorgfalt eines ordentlichen Geschäftsmanns hätte erkennen können, dass die Zahlung an den Gesellschafter zur Zahlungsunfähigkeit der Gesellschaft führen musste. Teilweise wird im Schrifttum die Auffassung vertreten, ein solches Verhalten stelle sich stets auch als Sorgfaltspflichtverletzung des Geschäftsführers dar und begründe daher schon eine Haftung aus § 43 Abs. 2 GmbHG.[1073] Dem kann in dieser Bestimmtheit,

---

1069 Anstatt vieler BGH, Urt. v. 24.06.2002, II ZR 300/00 = NJW 2002, S. 3024 (3025); Hueck/Fastrich, in: Baumbach/Hueck, § 13 Rn. 57.

1070 Die Norm legt dem Geschäftsführer insolvenzbezogene Pflichten bereits vor der materiellen Insovlenz auf. Siehe Arnold, in: Henssler/Strohn, § 64 Rn. 56; K. Schmidt, in: Scholz, GmbHG, Bd. 3, § 64 Rn. 66.

1071 Ausdrücklich Altmeppen, in: Roth/Altmeppen, GmbHG, § 64 Rn. 54; Kleindiek, in: FS K. Schmidt, S. 893, S. 893 (904); K. Schmidt, in: Scholz, GmbHG, Bd. 3, § 64 Rn. 65; Kleindiek, GWR 2010, S. 75 (76); Greulich/Bunnemann, NZG 2006, S. 681 (683).

1072 Insofern zustimmend Cahn, DK 2009, S. 7 (8); Greulich/Grau, NZG 2008, S. 284 (285); Gesmann-Nuissl, WM 2006, S. 1756 (1763); K. Schmidt, GmbHR 2007, S. 1072 (1073); Eidenmüller, ZGR 2007, S. 168 (190 ff.); Knof, DStR 2007, S. 1536 (1537); Knof, DStR 2007, S. 1580 (1586).

1073 Strohn, ZHR 173 (2009), S. 589 (590), sieht den Geschäftsführer „*immer auch für Folgeschäden nach § 43 Abs. 2 GmbHG*" in der Haftung; nach K. Schmidt, GmbHR 2007, S. 1 (6), „*ergibt sich für den Geschäftsführer schon aus § 43 Abs. 2*

insbesondere in Bezug auf die UG, nicht gefolgt werden. Es wurde bereits darauf hingewiesen, dass zur Insolvenz führende Auszahlungen an den Gesellschafter, wie beispielsweise verdeckte Gewinnausschüttungen zur Umgehung des § 5a Abs. 3 GmbHG, als Sorgfaltspflichtverletzung des Geschäftsführers unter den Anwendungsbereich des § 43 Abs. 2 oder Abs. 3 GmbHG fallen können, insbesondere im Fall des Gesellschaftergeschäftsführers in der Einpersonengesellschaft aber nicht zwingend müssen.[1074] Insofern geht *Altmeppen* in seiner Annahme fehl, wenn er den Anwendungsbereich des § 64 Satz 3 GmbHG ausschließlich auf offene oder verdeckte Ausschüttungen begrenzt und in beiden Fällen *„schon die gewöhnliche culpa-Haftung wegen schuldhafter Pflichtverletzung*" aus § 43 Abs. 2 und 3 GmbHG als einschlägig ansieht.[1075] Eine schuldhafte Pflichtverletzung ergebe sich entweder daraus, dass der Geschäftsführer pflichtwidrig und schuldhaft nicht auf die zur Zahlungsunfähigkeit führenden Ausschüttungen zulasten der Gläubigergesamtheit hingewiesen oder dass er solche Ausschüttungen einer Anweisung des Gesellschafters zuwider vorgenommen hat. Dabei übersehen die Kritiker, dass § 64 Satz 3 GmbHG gerade die Fälle erfassen kann, in denen der Geschäftsführer auf Anweisung der Gesellschafter oder selbst in Person als Gesellschaftergeschäftsführer eine entsprechende Auszahlung veranlasst. Gerade in diesen Konstellationen läuft eine Haftung wegen Sorgfaltspflichtverletzung gemäß § 43 Abs. 2 GmbHG ins Leere.[1076]

Insofern verkennen die Vertreter einer vorrangigen Haftung aus § 43 GmbHG die unterschiedlichen Normzwecke der beiden Haftungsnormen. § 43

GmbHG" diese Haftung; Hölzle, GmbHR 2007, S. 729 (731 f.), entnimmt § 64 Satz 3 GmbHG auch eine Handlungsanordnung, *„aus der im Falle des Verstoßes umfassende Schadensersatzansprüche aus § 43 GmbHG abgeleitet werden können*".

1074 Bereits 6. KapitelA.I.2; ähnlich Greulich/Grau, NZG 2008, S. 284 (286), die darauf hinweisen, dass die häufig in Betracht kommende Schadensersatzansprüche gegen den Geschäftsführer aus § 43 Abs. 2 GmbHG oder §§ 826, 830 BGB nicht notwendigerweise gegen § 64 Satz 3 GmbHG sprechen. Ebenso Kleindiek, in:Lutter/Hommelhoff, GmbHG, § 64 Rn. 20.

1075 Altmeppen, in: Roth/Altmeppen, GmbHG, § 64 Rn. 64 f. Weniger problematisch gestaltet sich dies im Rahmen der Parallelvorschrift des § 92 Abs. 2 Satz 3 AktG, da offene oder verdeckte Gewinnausschüttungen außerhalb der regulären Gewinnverteilung bereits gegen die im Vergleich zum GmbH-Recht strengere Vermögensbindung des § 57 AktG verstoßen; vgl. Cahn, DK 2009, S. 7 (10).

1076 Bereits zuvor 6. KapitelA.I.2. Auch Arnold, in: Henssler/Strohn, § 64 Rn. 75, verweist darauf, dass eine Weisung der Gesellschafter den Geschäftsführer nicht exkulpieren kann.

Abs. 2 GmbHG sanktioniert schuldhafte Verstöße gegen die Sorgfaltspflicht eines ordentlichen Geschäftsmanns, die der Geschäftsführer aufgrund der gesellschaftsrechtlichen Organstellung als gesetzlicher Vertreter gegenüber der Gesellschaft schuldet. Die Sorgfaltspflicht betrifft somit das Verhältnis der Gesellschaft zu deren Organ Geschäftsführer und entfaltet allenfalls mittelbar eine gläubigerschützende Wirkung.[1077] Über den Bezug zu den Kapitalerhaltungsvorschriften lässt sich zwar zumindest der Haftungsnorm des § 43 Abs. 3 GmbHG ein gläubigerschützender Charakter zuweisen.[1078] Sofern man die gesetzliche Rücklage des § 5a Abs. 3 GmbHG jedoch nicht analog den Kapitalerhaltungsvorschriften gegen Ausschüttungen sperrt, ist § 43 Abs. 3 GmbHG jedenfalls im Zusammenhang mit § 5a Abs. 3 GmbHG nicht anwendbar.

Demgegenüber richtet sich § 64 Satz 3 GmbHG gegen den liquiditätswirksamen Entzug von Gesellschaftsvermögen, welches die Gesellschaft bei objektiver Betrachtung zur Befriedigung ihrer Gläubiger benötigt, und bezweckt die Reduzierung des Insolvenzrisikos.[1079] Nach allgemeiner Ansicht ist die Norm folglich insolvenzrechtlich, zumindest jedoch insolvenzbezogen einzuordnen.[1080] Nimmt man den insolvenzbezogenen Charakter des § 64 Satz 3 GmbHG ernst, dient die Norm letztlich dem Ziel einer Verbesserung der Befriedigungschancen der Gesamtgläubigerschaft[1081] – ein Ziel, das insbesondere in der vergleichsweise kapitalarmen UG von besonderer Bedeutung ist. Die Normzwecke des § 43 Abs. 2 GmbHG und § 64 Satz 3 GmbHG weichen in Schutzrichtung und Anwendungsbereich folglich voneinander ab. Der Normzweck des § 64 Satz 3

1077 So auch Haas/Ziemons, in: Michalski, GmbHG, Bd. 2, § 43 Rn. 4 m.w.N.; zur generalpräventiv wirkenden Handhabung der Haftungsvorschriften siehe Goette, in: FS 50 Jahre BGH, S. 123 (139).

1078 Haas/Ziemons, in: Michalski, GmbHG, Bd. 2, § 43 Rn. 4.

1079 Kleindiek, in: FS K. Schmidt, S. 893 (903); Cahn, DK 2009, S. 7 (12); Knof, DStR 2007, S. 1536 (1538); RegE., BT-Drucks. 16/6140, S. 46.

1080 Die Stellung im GmbHG macht eine insolvenzverfahrensrechtliche Einordnung gerade in europarechtlicher Hinsicht zwar fraglich. Der insolvenzrechtliche Charakter lässt sich allerdings nicht absprechen. RegE., BT-Drucks. 16/6140, S. 47; nach K. Schmidt, in: Scholz, GmbHG, Bd. 3, § 64 Rn. 66, handelt es sich bei § 64 Satz 3 GmbHG um eine insolvenzbezogene Organpflicht. Greulich/Grau, NZG 2008, S. 284 (285 f.) und Hirte, ZInsO 2008, S. 689 (698), verweisen ebenfalls auf den insolvenzrechtlichen Bezug, wenngleich vor diesem Hintergrund eine Verordnung in der InsO vorzugswürdiger wäre.

1081 Dieser Normzweck lässt sich bereits § 64 Satz 1 GmbHG entnehmen. Knof, DStR 2007, S. 1536 (1538); Haas/Ziemons, in: Michalski, GmbHG, Bd. 2, § 64 Rn. 6.

GmbHG deckt sich im Ergebnis mit dem Grundgedanken, der im Rahmen der Diskussion um eine Subordination und Anfechtbarkeit von Gesellschafterforderungen, die zu einem Unterlaufen des § 5a Abs. 3 GmbHG führen, herausgearbeitet wurde. § 64 Satz 3 GmbHG kann für die UG daher im Grundsatz fruchtbar gemacht werden.

Nach dem Willen des Gesetzgebers handelt es sich bei der Erstattungspflicht des Geschäftsführers wegen insolvenzverursachender Zahlungen um eine restriktiv anzuwendende Norm; dies kommt insbesondere im strengen Kausalitätserfordernis zum Ausdruck.[1082] Würde ein haftungsauslösendes Verhalten im Rahmen des § 64 Satz 3 GmbHG stets auch die Voraussetzungen des § 43 Abs. 2 GmbHG führen, hätte dies tatsächlich die befürchtete Verschärfung der Geschäftsleiterrisiken zur Folge.[1083] Der gesetzgeberische Wille würde schlicht ignoriert, wenn durch die Hintertür des § 64 Satz 3 GmbHG eine der Existenzvernichtungshaftung des Gesellschafters ähnliche Ersatzpflicht des Geschäftsführers konstruiert werden würde. Wären insolvenzverursachende Zahlungen bereits stets vom Regelungsgehalt des § 43 Abs. 2 GmbHG erfasst, hätte sich der Gesetzgeber mit einer Klarstellung im Rahmen von § 43 Abs. 2 GmbHG begnügen können und einer ergänzenden Regelung hätte es nicht bedurft. Der Gesetzgeber hat aber offensichtlich die Notwendigkeit erkannt, eine Geschäftsführerhaftung wegen insolvenzverursachender Zahlungen zu normieren und so Lücken im Gläubigerschutz zu schließen.[1084] Zumindest in Fällen eines fahrlässigen Verhaltens des Geschäftsführers ist die Insolvenzverursachungshaftung als

---

1082 Auf den Ausnahmecharakter der Norm verweist ausdrücklich RegE., BT-Drucks. 16/6140, S. 47; ebenso Kleindiek, in: Lutter/Hommelhoff, GmbHG, § 64 Rn. 27; die Eingrenzung der haftungsbegründenden Kausalität für angemessen halten Böcker/Poertzgen, WM 2007, S. 1203 (1207).

1083 Die Kausalitätsanforderungen der Geschäftsführerhaftung nach § 43 Abs. 2 GmbHG sind deutlich geringer als in § 64 Satz 3 GmbHG. In § 43 Abs. 2 GmbHG genügt es, wenn der Schaden adäquat kausal auf einem pflichtwidrigem Verhalten des Geschäftsführers beruht; siehe Zöllner/Noack, in: Baumbach/Hueck, § 43 Rn. 16; Hass/Ziemons, in: Michalski, GmbHG, Bd. 2, § 43 Rn. 199 f. Der erforderliche Zurechnungszusammenhang ist nach den allgemeinen Grundsätzen daher weiter als in § 64 Satz 3 GmbHG. Im Gegensatz zu § 64 Satz 3 GmbHG ist der Geschäftsführer in § 43 Abs. 2 GmbHG zudem nicht nur zum Ersatz der geleisteten Zahlung verpflichtet, sondern haftet auch für den entstandenen Schaden.

1084 RegE., BT-Drucks. 16/6140, S. 46 „*wichtige Ergänzung des Gläubigerschutzes*".

lex specialis anzusehen. Sofern der Geschäftsführer vorsätzlich handelt, dürfte regelmäßig zudem eine Haftung aus §§ 826, 830 BGB in Betracht kommen.[1085]

2. Tatbestandsvoraussetzungen in UG-Fällen

(a) Liquiditätswirksame Zahlungen an Gesellschafter

Der Begriff der Zahlung in § 64 Satz 3 GmbHG ist mit der herrschenden Ansicht im Schrifttum ebenso auszulegen wie in Satz 1.[1086] Mit Blick auf die Zielrichtung der Norm – nämlich die Gesellschaft vor einer Ausplünderung der zur Befriedigung der Gesellschaftsgläubiger benötigten Liquidität und somit deren Zahlungsfähigkeit zu schützen – sind jedoch nur liquiditätswirksame Zahlungen erfasst.[1087] Dies müssen nicht zwangsläufig reine Geldzahlungen sein; die bloße Begründung einer Verbindlichkeit genügt freilich nicht.[1088] Für die UG-spezifischen Fälle einer Umgehung der Thesaurierungspflicht mittels verdeckter Gewinnausschüttungen hat dies zur Folge, dass auf die jeweilige Zahlung an den Gesellschafter und nicht auf die Begründung der Verbindlichkeit abzustellen ist. Etwaige erbrachte, liquiditätswirksame Gegenleistungen des Gesellschafters sind anzurechnen. In den hier einschlägigen Fällen dürfte dies allerdings nur eine untergeordnete Rolle spielen, da es den Gesellschaftern gerade um den einseitigen Abzug von Liquidität unter Umgehung der Ausschüttungssperre in § 5a Abs. 3 GmbHG geht. Der zwingende Bezug auf die Liquiditätswirksamkeit der Zahlungen steht nach Ansicht des Verfassers der Auffassung von *Spliedt* entgegen, wonach Zahlungen auf fällige und durchsetzbare Ansprüche der Gesell-

---

1085 Auf eine mögliche Haftung des Geschäftsführers aus §§ 826, 830 BGB weisen richtigerweise hin Kleindiek, in: Lutter/Hommelhoff, GmbHG, § 64 Rn. 20; Greulich/Grau, NZG 2008, S. 284 (286).

1086 RegE., BT-Drucks. 16/6140, S. 46 *„keine Einschränkung des bisherigen Begriffsverständnisses“*; K. Schmidt, in: Scholz, GmbHG, Bd. 3, § 64 Rn. 75; Kleindiek, in: Lutter/Hommelhoff, GmbHG, § 64 Rn. 24; Wicke, GmbHG, § 64 Rn. 25; Hirte, ZInsO 2008, S. 689 (697); Greulich/Grau, NZG 2008, S. 284 (287); Knof, DStR 2007, S. 1536 (1537).

1087 Haas, in: Baumbach/Hueck, § 64 Rn. 98; K. Schmidt, in: Scholz, GmbHG, Bd. 3, § 64 Rn. 75; Ehricke, in: FS Hopt, Bd. 1, S. 589 (606).

1088 Cahn, DK 2009, S. 7 (8); Böcker/Poertzgen, WM 2007, S. 1203 (1204); Knof, DStR 2007, S. 1536 (1537 f.); Kleindiek, in: Lutter/Hommelhoff, GmbHG, § 64 Rn. 24; K. Schmidt, in: Scholz, GmbHG, Bd. 3, § 64 Rn. 75.

schafter von § 64 Satz 3 GmbHG ausgenommen seien.[1089] Eine solche Einschränkung vermischt den Liquiditätsschutz des § 64 Satz 3 GmbHG mit Elementen des bilanziellen Vermögensschutzes des § 30 Abs. 1 GmbHG und wäre mit dem Konzept der Insolvenzverursachungshaftung nicht vereinbar.[1090] Eine solche Ausnahme würde zudem im Widerspruch zur hier vertretenen Subordination von Gesellschafterforderungen, die als verdeckte Gewinnausschüttungen zur Umgehung des § 5a Abs. 3 GmbHG zu werten sind, stehen. Die Subordination oder Anfechtbarkeit solcher Gesellschafterforderungen nimmt gerade keine Rücksicht auf deren Fälligkeit oder Durchsetzbarkeit.[1091]

Eine Ausnahme für Zahlungen an UG-Gesellschafter, deren Geschäftsanteilshöhe eine Privilegierung gemäß § 39 Abs. 5 InsO rechtfertigt, ist nicht anzunehmen.[1092] Ein Wertungswiderspruch zur Haftung der Gesellschafter ergibt sich daraus nicht. Die Privilegierung nach § 39 Abs. 5 InsO ist im Kontext des Normzwecks des § 39 Abs. 1 Nr. 5 InsO zu sehen, wonach der Gesellschafter die Vorteile seiner unternehmerischen Beteiligung nicht zum Nachteil der Gesellschaftsgläubiger nutzen soll.[1093] Sind die Voraussetzungen des § 39 Abs. 5 InsO gegeben, lässt sich eine Schlechterstellung des Gesellschafters gegenüber anderen Gläubigern aufgrund seiner niedrigen unternehmerischen Beteiligung nicht rechtfertigen. § 64 Satz 3 GmbHG richtet sich demgegenüber an den Ge-

1089 Spliedt, ZIP 2009, S. 149 (159 f.); ebenso Haas, in: Baumbach/Hueck, § 64 Rn. 99; Altmeppen, in: Roth/Altmeppen, GmbHG, § 64 Rn. 61; Arnold, in: Henssler/Strohn, § 64 Rn. 61.

1090 Kleindiek, GWR 2010, S. 75 (76); K. Schmidt, in: Scholz, GmbHG, Bd. 3, § 64 Rn. 77; ähnlich Casper, in: Ulmer, GmbHG, Ergänzungsband MoMiG, § 64 Rn. 114.

1091 Daher ist Arnold, in: Henssler/Strohn, § 64 Rn. 62, in Bezug auf die UG zu widersprechen, der fällige und durchsetzbare Gesellschafterforderungen ausnehmen will. Anderfalls würde in der Krise eine Pflicht der Gesellschafter begründet, hinter die übrigen Gläubiger zurückzustehen. Die unternehmerische Beteiligung der Gesellschafter und deren Subordination im Insolvenzverfahren lässt bei verdeckten Gewinnausschüttungen konsequenterweise jedoch nur diesen Schluss zu. Die von Arnold dargestellten Probleme bei der Befriedigung im Insolenzverfahren erübrigen sich mit einer generellen Suboridnation.

1092 Ebenfalls gegen eine Ausnahme bei Beteiligungen von 10% oder weniger Kleindiek, in: Lutter/Hommelhoff, GmbHG, § 64 Rn. 25; K. Schmidt, in: Scholz, GmbHG, Bd. 3, § 64 Rn. 77; anders jedoch zur Parallelvorschrift des § 92 Abs. 2 Satz 3 AktG Cahn, DK 2009, S. 7 (12).

1093 Vgl. zum Kriterium der unternehmerischen Beteiligung als tragendes Element der Subordination in § 39 Abs. 1 Nr. 5 InsO 5. KapitelB.I.1(b).

schäftsführer als Organ der Gesellschaft, der sicherzustellen hat, dass das im Interesse aller Gesellschaftsgläubiger zweckgebundene, liquide Gesellschaftsvermögen nicht einseitig zugunsten der Gesellschafter ausgekehrt wird. In gewisser Weise bildet die Insolvenzverursachungshaftung auf Seiten des Geschäftsführers zwar das Korrelat zur Gesellschafterhaftung. Die in § 39 Abs. 5 InsO enthaltene Wertung lässt sich hingegen nicht auf die Verhaltenspflichten des Geschäftsführers aus § 64 Satz 3 GmbHG übertragen.[1094] § 64 Satz 3 GmbHG findet daher auf alle liquiditätswirksamen Zahlungen an UG-Gesellschafter, die zur Zahlungsunfähigkeit der Gesellschaft führen mussten, Anwendung.

(b) Kausalitätserfordernis

(i) Restriktives Kausalitätserfordernis in § 64 Satz 3 GmbHG

Das Gesetz verbietet Zahlungen des Geschäftsführers an die Gesellschafter im Rahmen von § 64 Satz 3 GmbHG nur, soweit diese zur Zahlungsunfähigkeit der Gesellschaft im Sinne von § 17 Abs. 2 InsO führen mussten, es sei denn, dies war auch bei Beachtung der Sorgfalt eines ordentlichen Geschäftsmanns nicht erkennbar. Neben dem Eintritt der zum Insolvenzantrag berechtigenden Zahlungsunfähigkeit ist daher ein Ursachenzusammenhang zwischen Zahlung und Zahlungsunfähigkeit erforderlich.[1095] Die Gesetzesbegründung führt dazu aus, dass die „*Zahlung ohne Hinzutreten weiterer Kausalbeiträge zur Zahlungsunfähigkeit führen*“ muss.[1096] Der Wortlaut der Vorschrift soll den restriktiven Kausalzusammenhang zum Ausdruck bringen, der dem eng begrenzten Anwendungsbereich dieses Haftungstatbestandes und dessen Ausnahmecharakter entspricht.[1097]

Damit ist freilich keine Monokausalität im engeren Sinn gemeint. Denn die Insolvenz einer Gesellschaft stellt sich stets als Ergebnis mehrerer Faktoren dar

---

1094 So auch K. Schmidt, in: Scholz, GmbHG, Bd. 3, § 64 Rn. 79, da sich § 64 Satz 3 GmbHG nicht auf Zahlungen beschränken lasse, die causa societatis (§ 30 Abs. 1 GmbHG) erfolgen oder einer Insolvenzanfechtung unterliegen.

1095 RegE., BT-Drucks. 16/6140, S. 46; Kleindiek, in: Lutter/Hommelhoff, GmbHG, § 64 Rn. 27; K. Schmidt, in: Scholz, GmbHG, Bd. 3, § 64 Rn. 83.

1096 RegE., BT-Drucks. 16/6140, S. 46. Der Referentenentwurf hatte in § 64 Abs. 2 Satz 2 GmbHG noch auf Zahlungen abgestellt, durch „*die Zahlungsunfähigkeit der Gesellschaft herbeigeführt wird*“.

1097 Kleindiek, in: FS K. Schmidt, S. 893 (904 f.); Böcker/Poertzgen, WM 2007, S. 1203 (1207).

und lässt sich regelmäßig nicht auf ein monokausales Ereignis zurückführen.[1098] Richtigerweise ist daher im Sinne der Adäquanz darauf abzustellen, ob der Gesellschaft durch die Zahlungen des Geschäftsführers an die Gesellschafter gerade die Mittel entzogen wurden, welche zur Erfüllung der Gesellschaftsverbindlichkeiten nötigt gewesen wären, so dass nach dem normalen Verlauf der Dinge die Zahlungsunfähigkeit – wenn auch nicht notwendigerweise sofort – unausweichliche Folge der Zahlungen ist.[1099] Eine Kausalität und damit Haftung im Rahmen von § 64 Satz 3 GmbHG ist damit ausgeschlossen, wenn unter Beachtung der Sorgfalt eines ordentlichen Geschäftsmanns die Herbeiführung der künftigen Zahlungsunfähigkeit aufgrund besonderer Umstände *ex-ante* subjektiv nicht zu erkennen war.[1100]

(ii) Übertragbarkeit auf UG-spezifische Fälle

Die entscheidende Frage bei UG-spezifischen Fällen lautet, ob und inwieweit sich verdeckte Gewinnausschüttungen an die Gesellschafter unter den Tatbestand der insolvenzverursachenden Zahlungen im Sinne von § 64 Satz 3 GmbHG subsumieren lassen. Zahlungen, die *causa societatis* erfolgen, sind jedenfalls unter § 64 Satz 3 GmbH zu fassen[1101] – folglich auch verdeckte Gewinnausschüttungen zur Umgehung des § 5a Abs. 3 GmbHG. Die Begründung

---

1098 Haas, in: Roth/Altmeppen, GmbHG, § 64 Rn. 105; Kleindiek, in: FS K. Schmidt, S. 893 (905); Greulich/Grau, NZG 2008, S. 284 (288); Knof, DStR 2007, S. 1536 (1539); a.A. jedoch Hölzle, GmbHR 2007, S. 729 (731), der den Kausalzusammenhang nur dann als gegeben ansieht, wenn als unmittelbare Folge der Zahlung der typische Zeitlauf aus Eintritt der Überschuldung, Eintritt der drohenden Zahlungsunfähigkeit und schließlich Eintritt der Zahlungsunfähigkeit in Gang gesetzt wird. Dieses Verständnis würde § 64 Satz 3 GmbHG jedoch der Bedeutungslosigkeit preisgeben. Kritisch gegenüber § 64 Satz 3 GmbHG Ehricke, in: FS Hopt, Bd. 1, S. 589 (605).

1099 Casper, in: Ulmer, GmbHG, Ergänzungsband MoMiG, § 64 Rn. 118; Kleindiek, in: FS K. Schmidt, S. 893 (906); Cahn, DK 2009, S. 7 (13); Knof, DStR 2007, S. 1536 (1539); K. Schmidt, in: Scholz, GmbHG, Bd. 3, § 64 Rn. 83 f.; Greulich/Grau, NZG 2008, S. 284 (288); auf einen wesentlichen Beitrag zur Herbeiführung der Zahlungsunfähigkeit abstellend Haas, in: Baumbach/Hueck, § 64 Rn. 105; Casper, in: Goette/Habersack, Rn. 6.46.

1100 So RegE., BT-Drucks. 16/6140, S. 47. Zu Frage inwieweit die Exkulpationsmöglichkeit des § 64 Satz 2 GmbHG Anwendung findet siehe K. Schmidt, in: Scholz, GmbHG, Bd. 3, § 64 Rn. 88; Kleindiek, in: Lutter/Hommelhoff, GmbHG, § 64 Rn. 30.

1101 K. Schmidt, in: Scholz, GmbHG, Bd. 3, § 64 Rn. 77; Arnold, in: Henssler/Strohn, § 64 Rn. 63.

der Verbindlichkeit ist jedenfalls nicht ausreichend, so dass auf die einzelnen Zahlungen abzustellen ist. Oftmals wird es aber gerade nicht die eine Zahlung (beispielsweise ein überhöhtes Geschäftsführergehalt) sein, die im Sinne des engen Kausalitätserfordernisses des § 64 Satz 3 GmbHG die Zahlungsunfähigkeit der Gesellschaft notwendigerweise herbeiführt.[1102] Vielmehr ist es der sukzessive Abzug von Gesellschaftsmitteln, der – wenn auch nicht unmittelbar, so aber mittel- bis langfristig – zur Zahlungsunfähigkeit der Gesellschaft führt. Der Zeitpunkt, an dem für den UG-Geschäftsführer erkennbar ist, dass weitere Auszahlungen zur Zahlungsunfähigkeit der Gesellschaft führen müssen, lässt sich daher oftmals nur schwer bestimmen. Gesellschaftsgläubiger und Insolvenzverwalter befinden sich insofern in einer Darlegungs- und Beweisnot.

Einen Ausweg vermittelt der Blick auf die parallele Haftung des Gesellschafters gemäß § 135 Abs. 1 Nr. 2 InsO. Danach hat der Gesellschafter dasjenige zurückzugewähren, was ihm im letzten Jahr vor dem Antrag auf Eröffnung des Insolvenzverfahrens zur Befriedigung einer gemäß § 39 Abs. 1 Nr. 5 InsO nachrangigen Forderung auf Rückgewähr eines Darlehens oder einer wirtschaftlich vergleichbaren Forderung gewährt wurde. Das Gesetz geht folglich davon aus, dass die außerhalb der Jahresfrist erfolgte und damit insolvenzfeste Tilgung die gleichmäßige Befriedigung der Gesellschaftsgläubiger nicht beeinträchtigt.[1103] Dieser Gedanke lässt sich nach Ansicht des Verfassers auch auf die UG-spezifischen Fälle des § 64 Satz 3 GmbHG in Form einer Darlegungs- und Beweislasterleichterung übertragen, auch wenn die Norm nicht den Gesellschafter, sondern den Geschäftsführer adressiert.[1104] Letztlich ist dies nur konsequent. Denn es handelt sich sowohl im Rahmen der §§ 135 Abs. 1 Nr. 2, 39 Abs. 1 Nr. 5 InsO als auch des § 64 Satz 3 GmbHG um ein und dieselbe Zahlung – in-

---

1102 Zum Gedanken der Multikausalität bereits 5. KapitelA.II.3(b). Ebenso wie sich das Scheitern einer Unternehmung regelmäßig nicht auf ein monokausales Ereignis zurückführen lässt, wird auch die Liquidität der Gesellschaft nicht durch eine singuläre Zahlung so stark verringert, dass es zwangsläufig zur Zahlungsunfähigkeit kommen muss.

1103 Zur Insolvenzfestigkeit einer Tilgung siehe Preuß, in: Kübler/Prütting/Bork, InsO, Bd. 2, § 135 Rn. 17.

1104 Abgesehen von der Exkulpation trägt der Insolvenzverwalter die Darlegungs- und Beweislast hinsichtlich der Tatbestandsmerkmale des § 64 Satz 3 GmbHG. Dem Insolvenzverwalter kommen jedoch in Bezug auf den Ursachenzusammenhang die Grundsätze der sekundären Behauptungslast zugute. Vgl. K. Schmidt, in: Scholz, GmbHG, Bd. 3, § 64 Rn. 90; Knof, DStR 2007, S. 1580 (1585); Wicke, GmbHG, § 64 Rn. 32.

solvenzverursachende Zahlung und verdeckte Gewinnausschüttung decken sich insofern. Demzufolge ist widerlegbar zu vermuten, dass verdeckte Gewinnausschüttungen zur Umgehung des § 5a Abs. 3 GmbHG im letzten Jahr vor dem Antrag auf Eröffnung des Insolvenzverfahrens zur Zahlungsunfähigkeit der Gesellschaft führen mussten.[1105] Eröffnungsgrund darf freilich nur Zahlungsunfähigkeit gemäß § 17 Abs. 2 InsO sein. Dies deckt sich mit der praktischen Erwägung, dass die vom Geschäftsführer vorzunehmende Prognose über die zukünftige Zahlungsfähigkeit der Gesellschaft (Solvenzprognose) über einen Zeitraum von mehr als einem Jahr zumindest in kleinen und mittelständischen Gesellschaften regelmäßig nicht verlässlich vorgenommen werden kann.[1106]

Im Übrigen steht die hier vertretene Auffassung nicht im Widerspruch zum Willen des Gesetzgebers, den Anwendungsbereich des § 64 Satz 3 GmbHG eng zu begrenzen und somit einer Erweiterung der Geschäftsführerhaftung nur mit Vorsicht und Zurückhaltung vorzunehmen.[1107] Denn die vorgeschlagene Vermutungsregelung bezieht sich explizit nur auf die UG-spezifischen Fälle einer Umgehung der in § 5a Abs. 3 GmbHG normierten Thesaurierungspflicht und erfasst daher nur Ausnahmefälle. Eine generelle Erweiterung der Haftungsrisiken für Geschäftsführer ist somit weder beabsichtigt noch zu befürchten.

(c) Weitere Tatbestandsvoraussetzungen und Rechtsfolge

Darauf hinzuweisen ist freilich, dass § 64 Satz 3 GmbHG im Gegensatz zu § 64 Satz 1 GmbHG eine Zahlung an Gesellschafter voraussetzt. Die Gesellschafter-

1105 Ähnlich Casper, in: Ulmer, GmbHG, Bd. 3, § 64 Rn. 109, der im Rahmen von § 64 Satz 3 GmbHG zwar keine Vermutungsregel vorschlägt, jedoch als Faustformel davon ausgeht, dass *„eine Zahlung an einen Gesellschafter nur dann kausal ist, wenn sie binnen eines Jahres zum Eintritt der Zahlungsunfähigkeit führt.“* Haas, in: Baumbach/Hueck, § 64 Rn. 108, schlägt sogar vor, einen Zurechnungszusammenhang widerleglich zu unterstellen, wenn eine Zahlung innerhalb von sechs Monaten vor Antragstellung geleistet wird. Auch Greulich/Bunnemann, NZG 2006, S. 681 (685), schlagen eine Anknüpfung an zeitliche Grenzen vor. A.A. K. Schmidt, in: Scholz, GmbHG, Bd. 3, § 64 Rn. 84; Kleindiek, in: Lutter/Hommelhoff, GmbHG, § 64 Rn. 29.

1106 Darauf weist zutreffend Casper, in: Goette/Habersack, Rn. 6.47, hin. A.A. Knof, DStR 2007, S. 1580 (1582), der eine Begrenzung des Prognosezeitraums auf das laufende und folgende Geschäftsjahr vorschlägt. Gerade für Geschäftsführer in kleinen und mittelständischen Unternehmen dürfte ein Prognosezeitraum von bis zu zwei Jahren aber zu einer deutlichen Verschärfung der Haftungsrisiken führen.

1107 RegE., BT-Drucks. 16/6140, S. 47.

eigenschaft muss dabei grundsätzlich im Zeitpunkt der Zahlung vorliegen.[1108] In der regulären GmbH soll es gleichwohl genügen, wenn die Zahlung einem Dritten zufließt, dem Gesellschafter allerdings mittelbar zugute kommt; Zahlungen an nahestehende Personen, Treuhänder, Nießbraucher sowie im Konzernverbund sind aufgrund deren Stellung als Gesellschafter bzw. deren mitgliedschaftsähnlichen Stellung von § 64 Satz 3 GmbHG umfasst.[1109] Für die UG-spezifischen Fälle, in denen das Kausalitätserfordernis binnen Jahresfrist widerlegbar vermutet wird, dürfte jedoch die Gesellschaftereigenschaft des Zahlungsempfängers zwingendes Tatbestandsmerkmal sein; andernfalls ergibt sich ein Wertungswiderspruch zur Haftung des Gesellschafters wegen verdeckter Gewinnausschüttungen zulasten des § 5a Abs. 3 GmbHG.[1110]

Im Hinblick auf die weiteren Tatbestandsvoraussetzungen des § 64 Satz 3 GmbHG sowie die Rechtsfolge ergeben sich in UG-spezifischen Fällen keine weiteren Besonderheiten. Der Geschäftsführer ist zunächst zum Ersatz der geleisteten Zahlungen verpflichtet.[1111] Darüber hinaus ist nach überwiegender Ansicht im Schrifttum ein Leistungsverweigerungsrecht der Gesellschaft bzw. eine Leistungsverweigerungspflicht des Geschäftsführers ungeschriebene Rechtsfolge; § 64 Satz 3 GmbHG steht somit über dem Weisungsrecht der Gesellschafter.[1112]

1108 K. Schmidt, in: Scholz, GmbHG, Bd. 3, § 64 Rn. 78.

1109 Knof, DStR 2007, S. 1536 (1538); Casper, in: Ulmer, GmbHG, Bd. 3, § 64 Rn. 106; Greulich/Bunnemann, NZG 2006, S. 681 (685); K. Schmidt, in: Scholz, GmbHG, Bd. 3, § 64 Rn. 77.

1110 Bereits 5. KapitelB.I.2(d)(i).

1111 Nach zutreffender Ansicht handelt es sich dabei – ebenso wie in § 64 Satz 1 GmbHG – um einen Erstattungsanspruch eigener Art. Vgl. Wicke, GmbHG, § 64 Rn. 26; Kleindiek, in: Lutter/Hommelhoff, GmbHG, § 64 Rn. 20; Haas, in: Baumbach/Hueck, § 64 Rn. 107; Knof, DStR 2007, S. 1580 (1584); a.A. K. Schmidt, in: Scholz, GmbHG, Bd. 3, § 64 Rn. 94, der aus dem Verweis auf § 43 Abs. 3 GmbHG in § 64 Satz 4 GmbHG einer schadensersatzrechtlichen Deutung den Vorzug gibt.

1112 Darauf weist RegE., BT-Drucks. 16/6140, S. 47 ausdrücklich hin; ebenso K. Schmidt, in: Scholz, GmbHG, Bd. 3, § 64 Rn. 91; Kleindiek, in: Lutter/Hommelhoff, GmbHG, § 64 Rn. 20; Greulich/Grau, NZG 2008, S. 284 (287); Hölzle, GmbHR 2007, S. 729 (732); Spliedt, ZIP 2009, S. 149 (160); bereits zu § 64 Satz 1 GmbHG (§ 64 Abs. 2 Satz 1 GmbHG a.F.) BGH, Urt. v. 08.01.2001, II ZR 88/99 = NJW 2001, S. 1280 (1283); a.A. trotz der Gesetzesbegründung Haas, in: Baumbach/Hueck, § 64 Rn. 107.

3. Ergebnis

Leistet der Geschäftsführer Zahlungen an die Gesellschafter, die als verdeckte Gewinnausschüttungen zur Umgehung des § 5a Abs. 3 GmbHG zu qualifizieren sind und zur Zahlungsunfähigkeit der Gesellschaft geführt haben, ist der Geschäftsführer zum Ersatz der Zahlungen gemäß § 64 Satz 3 GmbHG verpflichtet. Dem Insolvenzverwalter kommt nach hier vertretener Auffassung dabei eine Darlegungs- und Beweislasterleichterung zur Hilfe, wonach der erforderliche enge Zurechnungszusammenhang zwischen Zahlung und Zahlungsunfähigkeit im letzten Jahr vor Eröffnung des Insolvenzverfahrens widerlegbar vermutet wird. Daneben kommen gegebenenfalls Ansprüche aus § 43 Abs. 2 GmbHG oder §§ 826, 830 BGB in Betracht, wenngleich § 64 Satz 3 GmbHG zumindest im Falle eines fahrlässigen Verhaltens als *lex specialis* gegenüber § 43 Abs. 2 GmbHG anzusehen ist.[1113] Die Geschäftsführer werden im Sinne einer *„im Gläubigerinteresse liegenden Rolle als Wächter über die Liquidität der Gesellschaft"* daher verstärkt in die Verantwortung genommen.[1114]

B. Die weitere Haftung der Gesellschafter in der UG

Der insolvenzrechtlichen Haftung des Gesellschafters wegen verdeckter Gewinnausschüttungen zur Umgehung des § 5a Abs. 3 GmbHG gemäß § 39 Abs. 1 Nr. 5 InsO analog i.V.m. §§ 135 Abs. 1, 143 InsO liegen eng begrenzte Ausnahmefälle und oftmals Verhaltensweisen der Gesellschafter mit eindeutiger Umgehungs- oder Missbrauchsabsicht zugrunde. Insofern ist es naheliegend die Einschlägigkeit von verschuldensabhängigen Schadensersatzansprüchen gegen die UG-Gesellschafter zu prüfen. In Betracht zu ziehen sind im Zusammenhang mit der UG insbesondere die Haftung wegen materieller Unterkapitalisierung und wegen Existenzvernichtung.

1113 Ehricke, in: FS Hopt, Bd. 1, S. 589 (606 ff.), weist zutreffend auf einen gewissen Wertungswiderspruch zwischen einer möglichen Haftung wegen Insolvenzverursachung nach § 64 Satz 3 GmbHG und einer gegebenenfalls unter denselben faktischen Voraussetzungen bestehenden Pflicht des Geschäftsführers zur Stellung eines Insolvenzantrages wegen drohender Zahlungsunfähigkeit hin. Stellt der Geschäftsführer einen Antrag auf Eröffnung des Insolvenzverfahrens zu früh, macht er sich unter Umständen nach § 43 Abs. 2 GmbHG haftbar. Ein Gesellschafterbeschluss, einen Insolvenzeröffnungsantrag nicht zu stellen, würde zwar von einer Inanspruchnahme aus § 43 Abs. 2 GmbHG schützen, nicht jedoch vor einer Haftung aus § 64 Satz 3 GmbHG.

1114 Richtigerweise Greulich/Bunnemann, NZG 2006, S. 681 (683).

I. Haftung der Gesellschafter wegen materieller Unterkapitalisierung

Eine mögliche Haftung der Gesellschafter wegen materieller Unterkapitalisierung gehört seit jeher zu einem der umstrittensten Themen im Kapitalgesellschaftsrecht.[1115] Auch im Zuge der Einführung der UG mehrten sich die Stimmen, die eine Gesellschafterhaftung wegen materieller Unterkapitalisierung als ergänzende gläubigerschützende Maßnahme forderten.[1116] Der Gesetzgeber hat sich jedoch ebenso wie der Bundesgerichtshof explizit gegen eine solche Haftung ausgesprochen.[1117]

1. Begriff und Arten der Unterkapitalisierung

Im Anschluss an *Ulmer* wird der Begriff der Unterkapitalisierung gemeinhin wie folgt definiert:

1115 Hueck/Fastrich, in: Baumbach/Hueck, § 5 Rn. 6; Spies, Unternehmergesellschaft, S. 271 ff.; Raiser, in: Ulmer, GmbHG, Bd. 1, § 13 Rn. 153 ff.; Habersack, ZGR 2008, S. 533 (557); Veil, NJW 2008, S. 3264 (3265 f.); Gloger/Goette/Japing, ZInsO 2008, S. 1051 (1055); Wilhelm, in: FS Flume, Bd. 2, S. 337 (391 f.); Raiser, in: FS Lutter, S. 637 (647); Bitter, in: Bachmann/Casper/Schäfer/Veil, S. 57 (58 ff.); K. Schmidt, Gesellschaftsrecht, § 9 IV 4.

1116 Stellungnahme des Bundesrates, BR-Drucks. 354/07 (MoMiG), S. 8; Lips/Randel/Werwigk, DStR 2008, S. 2220 (2222); Miras, in: Michalski, GmbHG, Bd. 1, § 5a Rn. 22, sieht „*die Frage nach den Konsequenzen aus materieller Unterkapitalisierung umso dringlicher*", ohne sich festzulegen; zuvor schon Priester, ZIP 2005, S. 921 (922); K. Schmidt, DB 2005, S. 1095 „*eine neue – aber längst überfällige! – Debatte über die Haftungsfolgen materieller Unterkapitalisierung*". Zuletzt auch Schäfer, in: Henssler/Strohn, § 5a Rn. 2

1117 RegE., BT-Drucks. 16/6140, S. 30 und S. 75; „*Für das System des MoMiG ist jedenfalls das gezeichnete Stammkapital die Grenze, eine Unterkapitalisierungshaftung ist bewusst nicht vorgesehen.*" BGH, Urt. 28.04.2008, II ZR 264/06 (Gamma) = NJW 2008, S. 2437 (2438 ff.). Mangels einer im derzeitigen gesetzlichen System des GmbHG bestehenden Gesetzeslücke sei kein Raum für eine allgemeine gesellschaftsrechtliche Haftung des Gesellschafters wegen materieller Unterkapitalisierung. Offen lässt der BGH hingegen eine mögliche Haftung aus § 826 BGB. Ob die Rechtsprechung auch nach Inkrafttreten des MoMiG die Vorbehalte gegen eine solche Durchgriffshaftung aufrechterhält, bleibt abzuwarten; so Miras, in: Michalski, GmbHG, Bd. 1, § 5a Rn. 23. Die Anmerkungen Goettes lassen ein Umdenken gleichwohl nicht erwarten; vgl. Goette, Einführung in das neue GmbH-Recht, Rn. 48.

Eine Gesellschaft ist unterkapitalisiert, wenn das Eigenkapital nicht ausreicht, um den nach Art und Umfang der angestrebten oder tatsächlichen Geschäftstätigkeit unter Berücksichtigung der Finanzierungsmethoden bestehenden, nicht durch Kredite Dritter zu deckenden mittel- oder langfristigen Finanzbedarf zu befriedigen.[1118]

Die Definition der Unterkapitalisierung beinhalten somit zwei Komponenten: erstens ein unzureichendes Eigenkapital in Relation zum Geschäftsumfang und zweitens fehlende Kreditfähigkeit der Gesellschaft. Entsprechend der Vielschichtigkeit des Problems Unterkapitalisierung wird hinsichtlich der Erscheinungsformen gemeinhin zwischen nomineller und materieller, anfänglicher und nachträglicher sowie einfacher und qualifizierter Unterkapitalisierung differenziert. Die nominelle Unterkapitalisierung behandelt den Fall, dass die Gesellschafter den erforderlichen Finanzbedarf zwar gewährt haben, jedoch nicht ausschließlich in Form von Eigenkapital, sondern insbesondere durch Gesellschafterdarlehen.[1119] Die potentielle Gefahr einer nominellen Unterkapitalisierung für die Gesellschaftsgläubiger ist im Wesentlichen durch die insolvenzrechtliche Subordination von Gesellschafterdarlehen sowie deren Anfechtbarkeit im Falle der Befriedigung bzw. Besicherung gelöst. Kompensieren die Gesellschafter die mangelnde Eigenkapitalausstattung der Gesellschaft hingegen gar nicht oder in betriebswirtschaftlich unvernünftigem Maße mit Fremdkapital im engeren Sinn, wird von materieller Unterkapitalisierung gesprochen.[1120] Die Unterscheidung in anfängliche und nachträgliche Unterkapitalisierung bezieht sich auf den Zeitpunkt des Eintritts der Unterkapitalisierung, d.h. ob das Missverhältnis zwischen Eigenkapital und Finanzbedarf schon bei Gründung besteht oder erst im Laufe der Geschäftstätigkeit eintritt.[1121] Der Fall einer qualifizierten Unterkapitalisierung – und nur hier soll nach allgemeiner Ansicht eine Haftung des Gesellschaf-

---

1118 Ulmer, in: Hachenburg, GroßkommGmbHG, Bd. 1, Anh. § 30 Rn. 16; folgend Michalski/Funke, in: Michalski, GmbHG, Bd. 1, § 13 Rn. 381; Raiser, in: Ulmer, GmbHG, Bd. 1, § 13 Rn. 153.

1119 Zeidler, in: Michalski, GmbHG, Bd. 1, § 5 Rn. 16; Ulmer, in: Hachenburg, GroßkommGmbHG, Bd. 1, Anh. § 30 Rn. 21; Hueck/Fastrich, in: Baumbach/Hueck, § 5 Rn. 6.

1120 Raiser, in: Ulmer, GmbHG, Bd. 1, § 13 Rn. 153; Zeidler, in: Michalski, GmbHG, Bd. 1, § 5 Rn. 17; Hueck/Fastrich, in: Baumbach/Hueck, § 5 Rn. 6; Raiser/Veil, Kapitalgesellschaftsrecht, § 29 Rn. 39, die diesen Fall augenscheinlich bei einer UG mit einem Stammkapital von EUR 1 als gegeben ansehen.

1121 Emmerich, in: Scholz, GmbHG, Bd. 1, § 13 Rn. 83; Michalski/Funke, in: Michalski, GmbHG, Bd. 1, § 13 Rn. 382.

ters in Betracht kommen[1122] – ist dann gegeben, wenn die Eigenkapitalausstattung selbst unter Berücksichtigung von gewährten Gesellschafterdarlehen eindeutig und für Insider klar erkennbar unzureichend ist. Die einfache Unterkapitalisierung beschreibt den Fall einer lediglich vorübergehenden Diskrepanz zwischen Finanzbedarf und Eigenkapitalausstattung.[1123]

In der UG liegt die Entscheidung über den Umfang der Kapitalausstattung in der alleinigen Verantwortung der Gesellschafter, während in der regulären GmbH angesichts der gesetzlich zwingenden Festsetzung eines Mindeststammkapitals zu einem gewissen Grad der Gesetzgeber regulatorisch eingreift.[1124] Den UG-Gesellschaftern steht es also grundsätzlich frei, den Nennbetrag eines Geschäftsanteils auf den Mindestwert von einem Euro festzusetzen – unbenommen der einhergehenden Gefahr einer anfänglichen Unterkapitalisierung der UG bereits in der Gründungsphase.[1125] Eine anfängliche Unterkapitalisierung der UG ist jedoch nicht zwingende Folge einer entsprechenden Festsetzung des Stammkapitals, da der Kapitalbedarf der Gesellschaft auch anderweitig, insbesondere durch Gesellschafterdarlehen, gedeckt werden kann. Eine zu geringe Kapitalausstattung der UG kann bereits im Zeitpunkt der Anmeldung der Eintragung zum Handelsregister eine Überschuldung zur Folge haben und gegebenenfalls zu einem Eintragungshindernis gemäß § 9c Abs. 1 Satz 1 GmbHG führen.[1126] Diese Frage ist jedoch vom Problem einer materiellen Unterkapitalisierung und deren Rechtsfolgen zu trennen.[1127]

1122 Anstatt vieler Möller, Die materiell unterkapitalisierte GmbH, S. 55 m.w.N.

1123 Ulmer, in: Hachenburg, GroßkommGmbHG, Bd. 1, Anh. § 30 Rn. 23; Hueck/Fastrich, in: Baumbach/Hueck, § 5 Rn. 6.

1124 Miras, in: Michalski, GmbHG, Bd. 1, § 5a Rn. 23 f., spricht insoweit von der „*Entscheidungshoheit der Gesellschafter*“ und sieht darin eine mögliche Rechtfertigung einer Unterkapitalisierungshaftung.

1125 Raiser/Veil, Kapitalgesellschaftsrecht, § 29 Rn. 39; ähnlich Miras, in: Michalski, GmbHG, Bd. 1, § 5a Rn. 22.

1126 So 3. KapitelD.II.1.

1127 Roth, in: Roth/Altmeppen, GmbHG, § 5 Rn. 12, steht der Überschuldung als Eintragungshindernis gemäß § 9c Abs. 1 Satz 1 GmbHG ablehnend gegenüber, verknüpft die Frage aber in unzulässiger Weise mit dem Problem der materiellen Unterkapitalisierung. Die Kapitalausstattung der Gesellschaft ist zweifelsohne nicht Gegenstand der Prüfung des Registergerichts. Denn übernehmen die Gesellschafter die Kosten der Gründung einer UG, deren Geschäftsanteile einen Nennbetrag von EUR 1 haben, liegt

2. Mögliche Rechtsfolgen einer materiellen Unterkapitalisierung und Kritik

Rechtsprechung und Schrifttum haben trotz andauernder Diskussion bisher kein überzeugendes Konzept einer Gesellschafterhaftung wegen materieller Unterkapitalisierung entwickelt. In Teilen der Literatur wird zumindest im Falle einer qualifizierten materiellen Unterkapitalisierung eine Haftung des Gesellschafters befürwortet. Zu nennen ist diesbezüglich zunächst die von *Ulmer* vertretene Normzwecklehre, wonach die Gesellschafter vorbehaltlich der Regelungen über ein Mindeststammkapital zwar grundsätzlich frei über die Kapitalausstattung der Gesellschaft entscheiden können; gleichwohl stehe die Haftungsbeschränkung des § 13 Abs. 2 GmbHG unter einem objektiven Missbrauchsvorbehalt.[1128] Die Garantiefunktion des gebundenen Gesellschaftsvermögens werde zumindest dann unterlaufen, wenn die Eigenkapitalausstattung so gering gewählt wird, dass sie im Krisenfall keine ausreichende Sicherheit für die Befriedigung der Gläubiger gewähren kann. Der Ausschluss der persönlichen Haftung des Gesellschafters nach § 13 Abs. 2 GmbHG verliere dann seine Berechtigung. In diesem Fall rechtfertige sich somit eine unbeschränkte persönliche Außenhaftung des maßgeblichen Gesellschafters, ohne dass es auf zusätzliche subjektive Merkmale ankommen würde.[1129] Die insbesondere von *K. Schmidt* vertretene Normanwendungslehre stellt demgegenüber auf die bereits an anderer Stelle erörterte Finanzierungsverantwortung des Gesellschafters ab.[1130] Daraus leite sich im Interesse aller Gesellschaftsgläubiger eine Verschuldenshaftung der Gesellschafter gegenüber der Gesellschaft ab. Diese Innenhaftung rechtfertige sich aus einer Treuepflicht des Gesellschafters, die in der gesellschaftlichen Sonderverbindung des Gesellschafters zur Gesellschaft begründet liege.

---

im Zeitpunkt der Anmeldung zur Eintragung ins Handelsregister keine Überschuldung vor. Materielle unterkapitalisiert ist die Gesellschaft möglicherweise gleichwohl.

1128 Ulmer, in: Hachenburg, GroßkommGmbHG, Bd. 1, Anh. § 30 Rn. 10, 52; ebenso Lutter, in: Lutter/Hommelhoff, GmbHG, § 13 Rn. 15; Pentz, in: Rowedder/Schmidt-Leithoff, GmbHG, § 13 Rn. 137; Bitter, in: Bachmann/Casper/Schäfer/Veil, S. 57 (86).

1129 Ulmer, in: Hachenburg, GroßkommGmbHG, Bd. 1, Anh. § 30 Rn. 52 f.; ebenso BSG, Urt. v. 01.02.1996, 2 RU 7/95 = NJW-RR 1997, S. 94; Raiser, in: FS Lutter, S. 637 (648).

1130 K. Schmidt, Gesellschaftsrecht, § 9 IV 4. c); Emmerich, in: Scholz, GmbHG, Bd. 1, § 13 Rn. 93.

Einer gesellschaftsrechtlichen Haftung des Gesellschafters wegen materieller Unterkapitalisierung stehen jedoch grundsätzliche Bedenken entgegen.[1131] Zunächst ist es trotz jahrzehntelanger Diskussion nicht gelungen, eine hinreichend eindeutige und in der Praxis anwendbare Definition der materiellen Unterkapitalisierung herauszuarbeiten, die jedoch zwingende Voraussetzung insbesondere eines Durchgriffstatbestandes wäre.[1132] Die Bestimmung des konkreten Finanzbedarfs eines Unternehmens und der Rückschluss auf eine angemessene Eigenkapitalausstattung lassen sich nur Mithilfe einer seriösen betriebswirtschaftlichen Prognose erreichen.[1133] Doch weder die Betriebswirtschaftslehre noch daran anknüpfend die Rechtswissenschaft konnte bisher praktisch handhabbare Kriterien liefern.

Darüber hinaus sprechen gegen eine gesellschaftsrechtliche Haftung wegen materieller Unterkapitalisierung – insbesondere nach Inkrafttreten des MoMiG – dogmatische Erwägungen. Bereits bei der Diskussion über die dogmatische Grundlage der Subordination von Gesellschafterforderungen im Insolvenzverfahren wurde das Konzept einer Finanzierungs(folgen)verantwortung als überholt dargestellt. Insofern ist hinsichtlich der Normanwendungslehre auf die dortigen Ausführungen zu verweisen.[1134] Der Ansatz *Ulmers*, einen Haftungs-

---

1131 BGH, Urt. 28.04.2008, II ZR 264/06 (Gamma) = NJW 2008, S. 2437 (2438 ff.); Hueck/Fastrich, in: Baumbach/Hueck, § 5 Rn. 6; Zeidler, in: Michalski, GmbHG, Bd. 1, § 5 Rn. 19; Märtens, in: MünchKommGmbHG, Bd. 1, § 5 Rn. 38; Spies, Unternehmergesellschaft, S. 273; Winter/Westermann, in: Scholz, GmbHG, Bd. 1, § 5 Rn. 19; Schmidt-Leithoff, in: Rowedder/Schmidt-Leithoff, GmbHG, § 5 Rn. 8; Wilhelm, in: FS Flume, Bd. 2, S. 337 (396); Veil, NJW 2008, S. 3264 (3266); Binz/Sorg, Die GmbH & Co. KG, § 12 Rn. 104; Roth, in: Roth/Altmeppen, GmbHG, § 5 Rn. 12a, offen bezüglich der UG.

1132 Zeidler, in: Michalski, GmbHG, Bd. 1, § 5 Rn. 18; Veil, NJW 2008, S. 3264 (3266); Gloger/Goette/Japing, ZInsO 2008, S. 1051 (1056); a.A. Möller, Die materiell unterkapitalisierte GmbH, S. 60, der dies nicht als entgegenstehendes Argument auffasst.

1133 Zutreffend Zeidler, in: Michalski, GmbHG, Bd. 1, § 5 Rn. 19; a.A. Möller, Die materiell unterkapitalisierte GmbH, S. 52 f., stellt hingegen auf eine eigenständige juristische Definition ab. Möller verkennt jedoch, dass eine betriebswirtschaftliche Prognose den Anknüpfungspunkt für eine juristische Definition bildet. Auch weitere in Betracht gezogenen Anknüpfungspunkte wie Unternehmensgegenstand, Unternehmensrisiko, Branchenüblichkeit oder Art und Umfang des Geschäfts beziehen sich auf betriebswirtschaftliche Erfahrungs- und Vergleichswerte.

1134 Bereits 5. KapitelB.I.1(a).

durchgriff mittels einer teleologischen Reduktion des § 13 Abs. 2 GmbHG zu begründen, stellt auf Billigkeitserwägungen ab, die nach Ansicht des Verfassers keinen so schwerwiegenden Eingriff in das Prinzip der Haftungsbeschränkung rechtfertigen können. Der Gesetzgeber hat mit der Einführung der UG und dem Verzicht auf ein nennenswertes gesetzliches Mindeststammkapital in der UG zum Ausdruck gebracht, dass eine Haftungsbeschränkung nunmehr nicht mehr zwingend von einer bestimmten, gesetzlich vorgeschriebenen Eigenkapitalausstattung abhängig sein soll. Insofern lässt sich dem Stammkapital in der UG keine Garantiefunktion mehr zuweisen. Es wäre schlicht widersprüchlich, die Gründung einer „*1-Euro-GmbH*" gesetzlich zuzulassen, den Gesellschafter aber umgehend dem Vorwurf einer materiellen Unterkapitalisierung auszusetzen.[1135] Das Prinzip der Haftungsbeschränkung würde gerade in Fällen ausgesetzt, in denen es wegen des Unternehmensrisikos die Gesellschafter schützen soll.[1136] Eine gesellschaftsrechtliche Haftung in der UG wegen materieller Unterkapitalisierung wäre demnach *contra legem* und liefe faktisch auf die Einführung einer unbeschränkt persönlichen Haftung bzw. Nachschusspflicht des UG-Gesellschafters durch die Hintertür hinaus.[1137]

3. Die Unterkapitalisierungshaftung als Fall des § 826 BGB

Auch die Vertreter einer gesellschaftsrechtlichen Unterkapitalisierungshaftung begrenzen diese auf Fälle einer evident unzureichenden Kapitalausstattung (qualifizierte materielle Unterkapitalisierung). Man muss sich daher vergegenwärtigen, dass eine Haftung auf Extremfälle beschränkt ist, bei denen sich der Gesellschafter in aller Regel der unzureichenden Kapitalausstattung und der damit einhergehenden Gefahr für die Befriedigungschancen der Gläubiger bewusst ist.[1138]

1135 Ebenso Miras, DB 2010, S. 2488 (2492); auch OLG Köln, 18.12.2008, 18 U 162/06 = NJOZ 2010, S. 1041, Rn. 57.

1136 So richtig Gloger/Goette/Japing, ZInsO 2008, S. 1051 (1056).

1137 Zutreffend Zeidler, in: Michalski, GmbHG, Bd. 1, § 5 Rn. 19. Zu einer Nachschusspflicht käme es insbesondere in Fällen der nachträglichen materiellen Unterkapitalisierung. A.A. Ulmer, in: Hachenburg, GroßkommGmbHG, Bd. 1, Anh. § 30 Rn. 53, der angesichts der klar definierten Haftungsvoraussetzungen eine solche Befürchtung für unbegründet hält. Ulmer selbst liefert jedoch an keiner Stelle eine greifbare Definition des Tatbestandsmerkmal „*qualifizierte materielle Unterkapitalisierung*", sondern bedient sich der üblichen unbestimmten Rechtsbegriffe.

1138 Dies erkennen auch Emmerich, in: Scholz, GmbHG, Bd. 1, § 13 Rn. 93; Zeidler, in: Michalski, GmbHG, Bd. 1, § 5 Rn. 19.

(a) *Anknüpfung an eine sittenwidrige vorsätzliche Schädigung*

Der Bundesgerichtshof und ihm folgend ein Teil des Schrifttums ziehen daher in Ausnahmefällen eine Haftung nach den Grundsätzen einer sittenwidrigen vorsätzlichen Schädigung gemäß § 826 BGB in Betracht.[1139] Allerdings lässt der Bundesgerichtshof offen, ob Tatbestand und Rechtsfolge einer Haftung wegen materieller Unterkapitalisierung einer generalisierenden Einordnung innerhalb des Tatbestandes des § 826 BGB zugänglich sind oder stets einzelfallbezogen zu entscheiden ist.[1140] Angesichts der Schwierigkeit, das Tatbestandsmerkmal der materiellen Unterkapitalisierung abstrakt und eindeutig zu definieren, verdient eine Einzelfallentscheidung den Vorzug gegenüber einer besonderen Fallgruppe im Rahmen des § 826 BGB. Neben dem generellen Vorteil der Rechtsformunabhängigkeit eines Deliktsanspruchs spricht der Ausnahmecharakter der Norm für eine einzelfallbezogene Anknüpfung. Eine persönliche Gesellschafterhaftung ist ein dem GmbH-Recht grundsätzlich fremdes Institut. Eine eigene Fallgruppe der Unterkapitalisierungshaftung würde jedoch die Gefahr einer Verselbständigung der persönlichen Gesellschafterhaftung, insbesondere in Fällen der UG, in sich bergen.[1141] Eine restriktive und einzelfallbezogene Auslegung des § 826 BGB ist daher vorzugswürdig. Richtigerweise ist die Haftung als subsidiäre Ausfallhaftung auszugestalten, die an die Insolvenz der Gesellschaft anknüpft.[1142]

(b) *Tatbestandsvoraussetzungen in UG-relevanten Sachverhalten*

Angesichts der geringen praktischen Bedeutung einer solchen Unterkapitalisierungshaftung beschränken sich die folgenden Ausführungen zu den einzelnen

---

1139 BGH, Urt. 28.04.2008, II ZR 264/06 (Gamma) = NJW 2008, S. 2437 (2440); Märtens, in: MünchKommGmbHG, Bd. 1, § 5 Rn. 38; Mertens, in: Hachenburg, GroßkommGmbHG, Bd. 1, Anh. § 13 Rn. 15; Möller, Die materiell unterkapitalisierte GmbH, S. 73 ff.; Zeidler, in: Michalski, GmbHG, Bd. 1, § 5 Rn. 19; Winter/Westermann, in: Scholz, GmbHG, Bd. 1, § 5 Rn. 19; Schmidt-Leithoff, in: Rowedder/Schmidt-Leithoff, GmbHG, § 5 Rn. 8.

1140 BGH, Urt. 28.04.2008, II ZR 264/06 (Gamma) = NJW 2008, S. 2437 (2440).

1141 Märtens, in: MünchKommGmbHG, Bd. 1, § 5 Rn. 8.

1142 Trotz unterschiedlicher dogmatischer Anknüpfung zutreffend Ulmer, in: Hachenburg, GroßkommGmbHG, Bd. 1, Anh. § 30 Rn. 52, 61. Die Haftung wegen Unterkapitalisierung knüpft damit ebenso wie die Existenzvernichtungshaftung und die Haftung wegen verdeckter Gewinnausschüttung zur Umgehung des § 5a Abs. 3 GmbHG an das Kriterium der Insolvenz an.

Tatbestandsvoraussetzungen auf einige wenige, UG-relevante Erläuterungen. Vorab ist darauf hinzuweisen, dass die im Zusammenhang mit der Problematik verdeckter Gewinnausschüttungen zur Umgehung des Thesaurierungsgebots dargestellten Grundsätze einer Gesellschafterhaftung bei einer Haftung wegen sittenwidriger vorsätzlicher Schädigung mittels Unterkapitalisierung nicht ohne Weiteres übertragbar sind. Im Rahmen des § 5a Abs. 3 GmbHG ist dem Gesellschafter der haftungsauslösende Vorwurf zu machen, der Gesellschaft erwirtschaftetes Vermögen zulasten der Befriedigungschancen der Gesellschaftsgläubiger und unter Umgehung der UG-spezifischen Kapitalbindungsvorschriften entzogen zu haben. Insofern besteht eine grundsätzliche Nähe zum existenzvernichtenden Eingriff. Demgegenüber wird dem Gesellschafter im Rahmen der Unterkapitalisierungshaftung entgegengehalten, er habe es unterlassen, die Gesellschaft entsprechend des Umfangs ihres Geschäftsbetriebes ausreichend mit Eigenkapital auszustatten.[1143]

Voraussetzung für eine Haftung ist zunächst– ungeachtet der begrifflichen Schwierigkeiten – eine die Sittenwidrigkeit begründende, qualifizierte materielle Unterkapitalisierung der Gesellschaft.[1144] Freilich kann die Gründung einer UG mit einem Nennbetrag pro Geschäftsanteil von einem Euro nicht *per se* den Vorwurf der Sittenwidrigkeit begründen.[1145] Das haftungsbegründende, sittenwidrige Verhalten des Gesellschafters im Sinne des § 826 BGB ist vielmehr im (Weiter-)Betreiben einer evident unterkapitalisierten Gesellschaft zu sehen. Die materielle Unterkapitalisierung muss zudem kausal für die Insolvenz der Gesellschaft gewesen sein.[1146] Hinreichend aber auch erforderlich ist dabei eine Mitursächlichkeit der qualifizierten Unterkapitalisierung für den Eintritt der Insolvenz, da sich das Scheitern einer Unternehmung nur in den seltensten Fällen auf ein monokausales Ereignis zurückführen lässt.[1147]

1143 BGH, Urt. 28.04.2008, II ZR 264/06 (Gamma) = NJW 2008, S. 2437 (2438), bezeichnet eine Einordung der Unterkapitalisierungshaftung als Fallgruppe der Existenzvernichtungshaftung folglich als systemwidrig. Die unterkapitalisierte Gesellschaft sei zudem von sogenannten „*Aschenputtel-Konstellationen*" zu unterscheiden, in denen die Risiken einer Unternehmung in eine gesonderte Gesellschaft ausgelagert werden, während die Chancen und der Gewinn bei einer anderen Gesellschaft verbleiben.

1144 Anstatt vieler Michalski/Funke, in: Michalski, GmbHG, Bd. 1, § 13 Rn. 389.

1145 So richtigerweise Möller, Die materiell unterkapitalisierte GmbH, S. 75.

1146 H.A. Michalski/Funke, in: Michalski, GmbHG, Bd. 1, § 13 Rn. 393.

1147 A.A. hingegen wohl Ulmer, in: Hachenburg, GroßkommGmbHG, Bd. 1, Anh. § 30 Rn. 58; hierzu bereits 6. KapitelA.II.2(b).

Es ginge freilich zu weit, sämtliche Gesellschafter ungeachtet ihrer Beteiligungsquote einer Ausfallhaftung zu unterwerfen; richtigerweise dürfte auch hier auf den Gedanken der unternehmerischen Beteiligung des Gesellschafters abzustellen sein.[1148] Eine Haftung kommt demnach regelmäßig nur bei geschäftsführenden Gesellschaftern und solchen Gesellschafter in Betracht, die entsprechend der Wertung des § 39 Abs. 5 InsO nicht unter das Kleinstbeteiligungsprivileg fallen. Konsequenterweise handelt es sich bei der Ausfallhaftung des Gesellschafters nach § 826 BGB um eine Außenhaftung. Der Grund für eine Unterkapitalisierungshaftung liegt eben nicht in einer gegenüber der Gesellschaft geschuldeten Finanzierungsverantwortung oder einer teleologischen Reduktion des § 13 Abs. 2 GmbHG, sondern in einer sittenwidrigen vorsätzlichen Schädigung fremder Vermögensinteressen.[1149] Im Gegensatz zum existenzvernichtenden Eingriff ist Schutzobjekt einer Gesellschafterhaftung wegen Unterkapitalisierung nicht das im Gläubigerinteresse gebundene Gesellschaftsvermögen, sondern unmittelbar das Vermögensinteresse der Gesellschaftsgläubiger.[1150] Für die Unterkapitalisierungshaftung ist gerade kennzeichnend, dass ein im vorrangigen Befriedigungsinteresse der Gesellschaftsgläubiger zweckgebundenes Gesellschaftsvermögen nicht gebildet wird. Insofern fehlt es am Bezugsobjekt für eine Innenhaftung der Gesellschafter.

II. Die Existenzvernichtungshaftung in der UG

Der Bundesgerichtshof ordnet die Existenzvernichtungshaftung in Gestalt einer schadensersatzrechtlichen Innenhaftung gegenüber der Gesellschaft als besondere Fallgruppe der sittenwidrigen vorsätzlichen Schädigung in § 826 BGB ein und erteilt einem eigenen Haftungsmodell nunmehr eine Absage.[1151] Nachfol-

---

1148 K. Schmidt, Gesellschaftsrecht, § 18 III 5.

1149 Möller, Die materiell unterkapitalisierte GmbH, S. 80; ähnlich Michalski/Funke, in: Michalski, GmbHG, Bd. 1, § 13 Rn. 393.

1150 BGH, Urt. 28.04.2008, II ZR 264/06 (Gamma) = NJW 2008, S. 2437 (2440), unter Verweis auf BAG, Urt. v. 10.02.1999, 5 AZR 677/97 = NJW 1999, S. 2299.

1151 Unter Aufgabe der bisherigen Rechtsprechung BGH, Urt. v. 16.07.2007, II ZR 3/04 (Trihotel) = NJW 2007, S. 2689; bestätigt in BGH, Urt. v. 28.04.2008, II ZR 264/06 (Gamma) = NJW 2008, S. 2437; BGH, Urt. v. 09.02.2009, II ZR 292/07 (Sanitary) = NJW 2009, S. 2127. Zunächst hatte der BGH das Haftungsinstituts des qualifizierten faktischen GmbH-Konzerns entwickelt. Vgl. BGH, Urt. v. 16.09.1985, II ZR 275/84 (Autokran) = NJW 1986, S. 188; BGH, Urt. 20.02.1989, II ZR 167/88 (Tiefbau) = NJW 1989, S. 1800; BGH, Urt. v. 23.09.1990, II ZR 135/90 (Video) = NJW 1991,

gend soll das Haftungskonzept in gebotener Kürze dargestellt und bewertet werden. Anschließend gilt es zu klären, inwiefern das Haftungsinstitut des existenzvernichtenden Eingriffs für die UG-spezifischen Fälle einer Umgehung des Thesaurierungsgebotes fruchtbar gemacht werden kann.

1. Das Haftungsmodell des Bundesgerichtshofs

Der Bundesgerichtshof hält weiterhin an einer Existenzvernichtungshaftung des Gesellschafters fest, der durch missbräuchliche, kompensationslose Eingriffe in das zweckgebundene Gesellschaftsvermögen die Insolvenz der Gesellschaft verursacht oder vertieft.[1152] Das überkommene Konzept einer eigenständigen Haftungsfigur, das an den Missbrauch der Rechtsform anknüpft und als Durchgriffs(außen)haftung des Gesellschafters ausgestaltet, aber mit einer Subsidiaritätsklausel im Verhältnis zu §§ 30, 31 GmbHG versehen war, sei auf der Rechtsfolgenseite jedoch von einer gewissen Inhomogenität und dogmatischen Unschärfe gekennzeichnet, die zu Unsicherheiten in der praktischen Anwendung geführt haben.[1153] Richtigerweise stellt ein existenzvernichtender Eingriff in das

---

S. 3142; BGH, Urt. v. 29.03.1993, II ZR 265/91 (TBB) = NJW 1993, S. 1200. Anschließend stützte der BGH die Existenzvernichtungshaftung auf eine subsidiäre gesellschaftsrechtliche Außenhaftung der Gesellschafter gegenüber den Gesellschaftsgläubigern im Sinne einer Durchgriffshaftung. Vgl. BGH, Urt. v. 17.09.2001, II ZR 178/99 (Bremer Vulkan) = NJW NJW 2001, S. 3622; BGH, Urt. v. 24.06.2002, II ZR 300/00 (KBV) = NJW 2002, S. 3024; BGH, Urt. v. 13.12.2004, II ZR 206/02 (Autohaus) = NJW-RR 2005, S. 335; BGH, Urt. v. 13.12.2004, II ZR 256/02 (Handelsvertreter) = NZG 2005, S. 214.

1152 BGH, Urt. v. 16.07.2007, II ZR 3/04 (Trihotel) = NJW 2007, S. 2689 (2690), Rz. 16.

1153 Die Kritik resultierte insbesondere daraus, dass die Rechtsprechung ihr dogmatisches Verständnis der Existenzvernichtungshaftung als Verlust der Haftungsbeschränkung wegen Rechtsformmissbrauch nicht konsequent praktisch umsetzte. So versah der BGH die Haftung im Verhältnis zu §§ 30, 31 GmbHG mit einer Subsidiaritätsklausel und ließ zudem den Einwand des gebotenen Alternativverhaltens zu, anstatt die Konsequenz einer unbeschränkten Durchgriffs(außen)haftung entsprechend § 128 HGB zu ziehen. Die Rechtsfolge einer grundsätzlich unbeschränkten Durchgriffs(außen)haftung gegenüber den Gesellschaftsgläubigern liefe allerdings Gefahr, der „*Gesellschaftsform der GmbH – entgegen den Zielen des Gesetzgebers – den Boden zu entziehen*“. So zutreffend BGH, Urt. v. 16.07.2007, II ZR 3/04 (Trihotel) = NJW 2007, S. 2689 (2691 f.), Rz. 27; BGH, Urt. v. 14.11.2005, II ZR 178/03 = NJW 2006, S. 1344; ebenso Wagner, in: FS Canaris, Bd. 2, S. 473 (485); Dauner-Lieb, ZGR 2008, S. 34 (38); Michalski/Funke, in: Michalski, GmbHG, Bd. 1, § 13 Rn. 399; Altmeppen, NJW 2007, S. 2657 (2658).

Gesellschaftsvermögen schon funktionell keinen Missbrauch der Rechtsform dar, welcher eine Durchgriffs(außen)haftung des Gesellschafters rechtfertigen könnte.[1154] Die Existenzvernichtungshaftung ist nunmehr als Innenhaftung der Gesellschafter in § 826 BGB verordnet.

(a) Bedürfnis für eine Haftung wegen existenzvernichtenden Eingriffs

Das Haftungskonzept des existenzvernichtenden Eingriffs ist – ungeachtet des zugrundeliegenden dogmatischen Begründungsansatzes – gemeinhin der Einsicht geschuldet, dass das gesetzliche Kapitalschutzsystem der §§ 30, 31 GmbHG einen umfassenden Schutz vor Eingriffen der Gesellschafter in das Gesellschaftsvermögen nicht gewährleisten kann.[1155] Dies liegt insbesondere darin begründet, dass der Begriff der Auszahlung im Sinne von § 30 Abs. 1 GmbHG Vermögenspositionen, die für die Erhaltung der Solvenz der Gesellschaft von erheblicher Bedeutung sein können, nicht zwingend erfasst bzw. wegen deren Bilanzneutralität nicht erfassen kann.[1156] Mit der konsequenten Rückkehr zu einer bilanziellen Betrachtungsweise im Rahmen von § 30 Abs. 1 GmbHG verschärft sich diese Problematik.

Darüber hinaus gleicht der Erstattungsanspruch des § 31 Abs. 1 GmbHG nur unter Verstoß gegen § 30 Abs. 1 GmbHG erfolgte Auszahlungen aus, nicht jedoch darüber hinausgehende Kollateralschäden.[1157] Besonders augenscheinlich wird diese Schutzlücke bei der UG. Die gemäß § 5a Abs. 3 GmbHG zu bildende gesetzliche Gewinnrücklage ist eben kein im Sinne von § 30 Abs. 1 GmbHG gebundenes Stammkapital und eine entsprechende Anwendung der Kapitalerhaltungsvorschriften überzeugt nach hier vertretener Auffassung nicht.[1158] Die Existenzvernichtungshaftung soll eine Lücke im Gläubigerschutz zwischen der

---

1154 BGH, Urt. v. 16.07.2007, II ZR 3/04 (Trihotel) = NJW 2007, S. 2689 (2692), Rz. 28; bereits zuvor Zöllner, in: FS Konzen, S. 999 (1008 f.); Wagner, in: FS Canaris, Bd. 2, S. 473 (484).

1155 BGH, Urt. v. 16.07.2007, II ZR 3/04 (Trihotel) = NJW 2007, S. 2689 (2690), Rz. 19; Altmeppen, NJW 2007, S. 2657 (2658); Habersack, ZGR 2008, S. 533 (536 ff.); Paefgen, DB 2007, S. 1907; Zöllner, in: FS Konzen, S. 999 (1011 f.).

1156 Siehe dazu Habersack, ZGR 2008, S. 533 (537), der beispielsweise konzernintegrative Maßnahmen, den Entzug von Geschäftschancen, den Abzug von Personal oder die Veranlassung zur Vornahme von riskanten und verlustträchtigen Geschäften nennt.

1157 Zöllner, in: FS Konzen, S. 999 (1011 f.) Paefgen, DB 2007, S. 1907; Habersack, ZGR 2008, S. 533 (537).

1158 Bereits 5. KapitelA.III.1.

Gesellschafterhaftung aus §§ 30, 31 GmbHG auf der einen und einer Geschäftsführerhaftung aus §§ 43 Abs. 2 und 3, 64 Satz 3 GmbHG, 823 Abs. 2 BGB i.V.m. § 64 Satz 1 GmbHG auf der anderen Seite schließen.[1159]

Gleichwohl ist an dieser Stelle darauf hinzuweisen, dass sich das Haftungskonzept der Existenzvernichtungshaftung stets in einem Spannungsfeld zwischen der GmbH-rechtlichen Vermögensbindung und dem unstreitigen Bedürfnis, die Gesellschaftsgläubiger vor einem missbräuchlichen Vermögensentzug durch die Gesellschafter zu schützen, bewegt. Dies bedeutet, dass das *praeter legem* entwickelte Konzept der Existenzvernichtungshaftung einer sorgfältigen Eingrenzung bedarf, um nicht zu einer Billigkeitshaftung wegen Managementfehlern zu verkommen.[1160] Konsequenterweise kann die Existenzvernichtungshaftung nur die äußerste Grenze des zulässigen Verhaltens festlegen, respektiert im Übrigen aber die gesetzliche Wertung des § 13 Abs. 2 GmbHG.[1161]

(b) Haftungsbegründender Tatbestand

Die Analyse des haftungsbegründenden Tatbestandes beschränkt sich im Folgenden auf das zentrale Merkmal des existenzvernichtenden Eingriffs und das Vorsatzerfordernis sowie deren Relevanz in UG-spezifischen Fallkonstellationen. Im Übrigen ergeben sich keine Besonderheiten zur Existenzvernichtungshaftung in der regulären GmbH.

(i) Existenzvernichtender Eingriff

Im Anschluss an die Entscheidung in Sachen *Bremer-Vulkan* definiert der Bundesgerichtshof einen haftungsbegründenden existenzvernichtenden Eingriff als missbräuchlichen, zur Insolvenz der Gesellschaft führenden oder diese vertiefenden kompensationslosen Eingriff in deren Gesellschaftsvermögen, das im Interesse einer vorrangigen Befriedigung der Gesellschaftsgläubiger zweckge-

---

1159 Habersack, ZGR 2008, S. 533 (543). Wie die Ausführungen in RegE., BT-Drucks. 16/6140, S. 41, verdeutlichen, begegnet das richterrechtliche Institut des existenzvernichtenden Eingriffs keinen Bedenken des Gesetzgeber, sondern wird als gleichberechtigtes Instrument des Gläubigerschutzes eingeordnet.

1160 Zutreffend Wagner, in: FS Canaris, Bd. 2, S. 473 (476).

1161 A.A. Zöllner, in: FS Konzen, S. 999 (1015), dem eine Innenhaftung aus § 826 BGB nicht weit genug geht. Erforderlich seien vielmehr Rücksichtnahmepflichten wie im Falle der Gründung und Nutzung einer GmbH.

bunden ist.[1162] Der Anknüpfungspunkt für eine Haftung des Gesellschafters ist somit nicht mehr im Missbrauch der Rechtsform zu sehen; Schutzobjekt des Haftungsmodells ist vielmehr das zweckgebundene Gesellschaftsvermögen.[1163] Hierzu führt der Bundesgerichtshof wie folgt aus:

> „Der existenzvernichtende Eingriff in das Gesellschaftsvermögen stellt [...] einen Verstoß gegen die Pflicht zur Respektierung der Zweckbindung des Gesellschaftsvermögens zur vorrangigen Befriedigung der Gesellschaftsgläubiger während der Lebensdauer der GmbH dar; dabei ist die dem Gesellschafter solchermaßen als Verhaltenspflicht auferlegte Rücksichtnahmepflicht als das systemimmanente normative Korrelat der Instrumentalisierung der GmbH als haftungsbegrenzende Institution zu verstehen."[1164]

Ein im Sinne von § 826 BGB sittenwidriges Verhalten des Gesellschafters ist in der insolvenzverursachenden oder -vertiefenden „*Selbstbedienung*" des Gesellschafters unter Verstoß gegen die Zweckgebundenheit des Gesellschaftsvermögens zu sehen; eine gesonderte Feststellung der Sittenwidrigkeit ist darüber hinaus nicht zu verlangen.[1165] Dem Kapitalgesellschaftsrecht lässt sich nämlich nach zutreffender Ansicht der Grundsatz entnehmen, dass das System der Haftungsbeschränkung auf der unausgesprochenen, jedoch grundlegenden Voraussetzung beruht, wonach der Teil des Gesellschaftsvermögen, der zur Befriedigung der Gesellschaftsgläubiger erforderlich ist, in der Gesellschaft verbleiben und damit der Disposition der Gesellschafter entzogen sein muss.[1166] Dieses Prinzip findet seinen ausdrücklichen Niederschlag in den Vorschriften über das Liquidationsverfahren gemäß §§ 72, 73 Abs. 1 GmbHG sowie im In-

---

1162 BGH, Urt. v. 17.09.2001, II ZR 178/99 (Bremer Vulkan) = NJW 2001, S. 3622 (3623); BGH, Urt. v. 16.07.2007, II ZR 3/04 (Trihotel) = NJW 2007, S. 2689 (2690).

1163 BGH, Urt. 28.04.2008, II ZR 264/06 (Gamma) = NJW 2008, S. 2437 (2438).

1164 BGH, Urt. v. 16.07.2007, II ZR 3/04 (Trihotel) = NJW 2007, S. 2689 (2691).

1165 BGH, Urt. v. 16.07.2007, II ZR 3/04 (Trihotel) = NJW 2007, S. 2689 (2692); bestätigend BGH, Urt. v. 09.02.2009, II ZR 292/07 (Sanitary) = NJW 2009, S. 2127 (2129), Rz. 21; Michalski/Funke, in: Michalski, GmbHG, Bd. 1, § 13 Rn. 411; Dauner-Lieb, ZGR 2008, S. 34 (46).

1166 Zöllner, in: FS Konzen, S. 999 (1015); darauf bezugnehmend BGH, Urt. v. 16.07.2007, II ZR 3/04 (Trihotel) = NJW 2007, S. 2689 (2691), Rz. 25; ähnlich Altmeppen, NJW 2007, S. 2657 (2659); Wagner, in: FS Canaris, Bd. 2, S. 473 (476 f.); Osterloh-Konrad, ZHR 172 (2008), S. 274 (288 f.).

solvenzverfahren (§ 199 InsO).[1167] Dem Gesellschafter wird lediglich der Überschuss zugewiesen, der nach Befriedigung aller Gesellschaftsgläubiger noch verbleibt.[1168] Der eine Insolvenz der Gesellschaft durch kompensationslose Eingriffe in das Gesellschaftsvermögen verursachende oder vertiefende Gesellschafter kann jedenfalls nicht besser stehen als der Gesellschafter, der unter Wahrung der Zweckbindung des Gesellschaftsvermögens die Gesellschaft liquidiert oder einem Insolvenzverfahren zuführt, und sieht sich folglich einer Haftung wegen existenzvernichtenden Eingriffs ausgesetzt. Es wäre jedoch verfehlt, aus diesem Grundsatz ein Bestands- oder Eigeninteresse der Gesellschaft gegenüber ihren Gesellschaftern bzw. eine Treuepflicht des Gesellschafters gegenüber der Gesellschaft zu postulieren.[1169] Die Pflicht des Gesellschafters, die Zweckbindung des Gesellschaftsvermögens zur vorrangigen Befriedigung der Gesellschaftsgläubiger zu respektieren, entspringt gerade nicht einer mitgliedschaftlichen Sonderverbindung zwischen Gesellschaft und Gesellschaftern.

Welche Verhaltensweisen *in concreto* als existenzvernichtender Eingriff zu werten sind, kann hier dahingestellt bleiben. Zweifellos erfasst werden Eingriffe mit unmittelbarem Vermögensbezug, d.h. solche Eingriffe, welche der Gesellschaft kompensationslos Liquidität entziehen.[1170] Ferner kommen jedoch auch solche Verhaltensweisen in Betracht, die keinen unmittelbaren Vermögensbezug aufweisen, wie etwa der Abzug von betriebsnotwendigem Personal; es wird insofern ein weiter Vermögensbegriff zugrundegelegt.[1171] Haftungsadressaten sind

---

1167 Gemäß §§ 72, 73 Abs. 1 GmbHG darf mit der Verteilung des Gesellschaftsvermögens unter den Gesellschaftern nach dem Verhältnis ihrer Geschäftsanteile nicht vor Ablauf eines Sperrjahres und Tilgung oder Sicherstellung der Gesellschaftsverbindlichkeiten begonnen werden. Gemäß § 199 InsO ist nur der Überschuss zu verteilen.

1168 Ähnlich BGH, Urt. v. 09.02.2009, II ZR 292/07 (Sanitary) = NJW 2009, S. 2127 (2129), Rz. 37; Zöllner, in: FS Konzen, S. 999 (1011); Wagner, in: FS Canaris, Bd. 2, S. 473 (477); Bitter, WM 2001, S. 2133 (2136).

1169 Siehe zur Treuepflicht des Gesellschafters gegenüber der GmbH sowie zu einem verselbständigten Eigeninteresse der Gesellschaft 5. KapitelA.III.3. A.A. jedoch Osterloh-Konrad, ZHR 172 (2008), S. 274 (293), die ein solches Eigeninteresse als zwingende Voraussetzung sowohl für eine Haftung gemäß § 826 BGB als auch einer Haftung aus einer Sonderverbindung gemäß § 280 BGB erachtet. Richtigerweise spricht Liebscher, in: MünchKommGmbHG, Bd. 1, § 13 Anh. Rn. 517 von einem Eigeninteresse der GmbH am Erhalt der Fähigkeit zur Bedienung der Gesellschaftsverbindlichkeiten.

1170 Servatius, in: Michalski, GmbHG, Bd. 1, Syst. Darst. 4, Rn. 377.

1171 Zum Ganzen Michalski/Funke, in: Michalski, GmbHG, Bd. 1, § 13 Rn. 418 ff.; Liebscher, in: MünchKommGmbHG, Bd. 1, § 13 Anh. Rn. 547 ff.; Dauner-Lieb,

in erster Linie die Gesellschafter, insbesondere der Alleingesellschafter oder die herrschende Muttergesellschaft.[1172] Fremdgeschäftsführer sind demgegenüber nicht Adressaten der Existenzvernichtungshaftung, können jedoch möglicherweise als Teilnehmer gemäß §§ 826, 830 Abs. 2, 840 BGB haftbar sein.[1173]

(ii) Das Vorsatzerfordernis i.S.v. § 826 BGB

Die Eignung von § 826 BGB als Anspruchsnorm einer Existenzvernichtungshaftung wird teilweise unter Hinweis auf die hohen subjektiven Anforderungen bestritten.[1174] Nach Ansicht des Verfassers geht diese Kritik jedoch ins Leere.[1175] Nach Ansicht des Bundesgerichtshofs ist es hinreichend, wenn der handelnde Gesellschafter die tatsächlichen Umstände kennt, welche die Sittenwidrigkeit begründen; ein Bewusstsein der Sittenwidrigkeit ist nicht erforderlich.[1176] Der Gesellschafter muss demgemäß eine insolvenzbedingte Schädigung des im Interesse der Befriedigung der Gesellschaftsgläubiger zweckgebundenen Gesellschaftsvermögens mindestens billigend in Kauf nehmen.[1177] Führt man sich vor Augen, dass die Fallgruppe des existenzvernichtenden Eingriffs regelmäßig nur solche Verhaltensweisen erfasst, welche der Gesellschaft wesentliche, zur Befriedigung ihrer Gesellschaftsverbindlichkeiten erforderliche Vermögenswerte ohne angemessenen Gegenleistung entziehen, dann indiziert das Vorliegen dieses objektiven Tatbestandsmerkmals regelmäßig den Vorsatz des handelnden Gesellschafters.[1178] Darüber hinaus ist zu berücksichtigen, dass es sich bei der Existenzvernichtungshaftung um einen restriktiv auszulegenden Ausnahmetat-

---

ZGR 2008, S. 34 (44 f.); Zöllner, in: FS Konzen, S. 999 (1017); Raiser, in: Ulmer, GmbHG, Bd. 1, § 13 Rn. 146.

1172 Servatius, in: Michalski, GmbHG, Bd. 1, Syst. Darst. 4, Rn. 373.

1173 Altmeppen, in: Roth/Altmeppen, GmbHG, § 13 Rn. 102; Lutter, in: Lutter/Hommelhoff, GmbHG, § 13 Rn. 46.

1174 So insbesondere Schwab, ZIP 2008, S. 341 (343 f.), und Zöllner, in: FS Konzen, S. 999 (1018). Hinreichend aber auch erforderlich sei vielmehr, auf den Vorsatz überhaupt zu verzichten und stattdessen eine (durchgängige) Fahrlässigkeit genügen zu lassen. Ähnlich Hueck/Fastrich, in: Baumbach/Hueck, § 13 Rn. 59.

1175 Ebenso im Ergebnis Habersack, ZGR 2008, S. 533 (545 f.).

1176 BGH, Urt. v. 16.07.2007, II ZR 3/04 (Trihotel) = NJW 2007, S. 2689 (2692), Rz. 30.

1177 Liebscher, in: MünchKommGmbHG, Bd. 1, § 13 Anh. Rn. 564; Michalski/Funke, in: Michalski, GmbHG, Bd. 1, § 13 Rn. 434; Osterloh-Konrad, ZHR 172 (2008), S. 274 (285).

1178 Zutreffend Wagner, in: FS Canaris, Bd. 2, S. 473 (490 f.); Osterloh-Konrad, ZHR 172 (2008), S. 274 (285).

bestand handelt, der lediglich diejenigen Handlungen der Gesellschafter sanktionieren soll, die nicht ohnehin von den Haftungsnormen des GmbHG erfasst werden. Eine Existenzvernichtungshaftung des Gesellschafters, die lediglich an einen objektiven, verschuldensunabhängigen Missbrauchstatbestand anknüpft bzw. ein fahrlässiges Verhalten ausreichen lässt, ginge zu weit und würde auf eine Art Solvenzgarantie der Gesellschafter zugunsten der Gläubiger hinauslaufen.[1179] Dies würde letztlich dem kapitalgesellschaftsrechtlichen Grundsatz widersprechen, wonach der Gesellschafter für die unternehmerischen Risiken grundsätzlich nur mit seiner Einlage haftet. Angesichts der weiteren gläubigerschützenden Normen im GmbH- und Insolvenzrecht ist eine extensivere Auslegung der haftungsbegründenden Tatbestandsmerkmale nicht erforderlich.

(iii) Übertragung der Grundsätze auf Umgehungstatbestände in der UG

Die Grundsätze der Haftung wegen eines existenzvernichtenden Eingriffs finden auf die UG als Rechtsformvariante der GmbH selbstredend uneingeschränkt Anwendung.[1180] Doch lässt sich dieses Haftungsinstitut auch für das UG-spezifische Problem der Umgehung der Pflicht zur Bildung einer gesetzlichen Rücklage gemäß § 5a Abs. 3 GmbHG fruchtbar machen? Aus Sicht des Verfassers stehen dem keine Bedenken entgegen. Gesellschafter einer UG, die sich dem Thesaurierungsgebot des § 5a Abs. 3 GmbHG zu entziehen beabsichtigen, werden dazu bevorzugt das Mittel verdeckter Gewinnausschüttungen wählen, die jedoch nach bisher geltender Doktrin nicht zwangsläufig gegen GmbH-rechtliche Grenzen verstoßen. Nach hier vertretener Auffassung sind solche Umgehungsgeschäfte in der UG unter den gegebenen Voraussetzungen als unzulässig zu werten; andernfalls wäre § 5a Abs. 3 GmbHG obsolet. Neben der Subordination von Forderungen aus solchen Rechtsgeschäften entsprechend § 39 Abs. 1 Nr. 5 InsO bzw. deren Anfechtbarkeit gemäß §§ 135 Abs. 1, 143 InsO[1181] kommen Ansprüche aus Existenzvernichtung jedenfalls grundsätzlich in Betracht. Sicherlich kann einem Gesellschafter im Falle verdeckter Gewinnausschüttungen nicht *per se* der Vorwurf einer sittenwidrigen vorsätzlichen Schädigung gemäß § 826 BGB gemacht werden – auch nicht, wenn damit eine Umgehung des § 5a Abs. 3 GmbHG bezweckt wird. Erkennt der Gesellschafter allerdings, dass aufgrund der verdeckten Gewinnausschüttung die Gesellschaft

---

1179 Ebenso Wagner, in: FS Canaris, Bd. 2, S. 473 (491 f.); Paefgen, DB 2007, S. 1907 (1910).

1180 Spies, Unternehmergesellschaft, S. 327 f.

1181 Vgl. 5. KapitelB.

nicht mehr in der Lage ist, ihren Verbindlichkeiten nachzukommen, und nimmt er die Schädigung des im Gläubigerinteresse zweckgebundenen Gesellschaftsvermögens billigend in Kauf, liegt die Einschlägigkeit der Existenzvernichtungshaftung nach § 826 BGB nicht fern. Im Insolvenzverfahren ist der Anspruch vom Insolvenzverwalter geltend zu machen und steht in Anspruchskonkurrenz zu den insolvenzrechtlichen Anfechtungsnormen.

(c) Schadensersatzrechtliche Innenhaftung als Rechtsfolge

Weniger die Wahl von § 826 BGB als Anspruchsgrundlage der Existenzvernichtungshaftung als vielmehr die Ausgestaltung als Innenhaftung haben im Schrifttum Verwunderung ausgelöst.[1182] Sieht man mit dem Bundesgerichtshof als Schutzobjekt der Haftung wegen existenzvernichtenden Eingriffs richtigerweise das im Gläubigerinteresse zweckgebundene Gesellschaftsvermögen an, wäre es widersinnig, den Gesellschaftsgläubigern, die lediglich mittelbar einen Schaden erleiden, eine Aktivlegitimation zuzusprechen. Mittels einer Innenhaftung lässt sich demgegenüber systemkonform die Lücke im gesetzlichen Kapitalschutz schließen.[1183] Verstoßen die Gesellschafter somit gegen die Ausschüttungssperre des § 30 Abs. 1 GmbHG oder darüber hinaus gegen die Entnahmesperre des § 826 BGB resultieren daraus einheitlich Ersatzansprüche der Gesellschaft gegen den Gesellschafter; ebenso verhält es sich mit der Haftung des Geschäftsführer, sei es nach § 43 Abs. 3 GmbHG oder aus § 64 Satz 3 GmbHG. Auch die insolvenzrechtlichen Anfechtungsnormen der §§ 129 ff. InsO bewirken eine Leistung in das Gesellschaftsvermögen. Im Falle der Eröffnung eines Insolvenzverfahrens fällt der Streit zwischen Durchgriffs(außen)haftung und Innenhaftung praktischen nicht weiter ins Gewicht. Denn der Ersatzanspruch gegen die Gesellschafter wird stets vom Insolvenzverwalter geltend gemacht – sei es aus § 80 Abs. 1 InsO im Falle einer Innenhaftung oder sei es aus § 93 InsO analog, wie es im Falle einer Durchgriffs(außen)haftung angenommen wurde.[1184]

1182 Bereits in BGH, Urt. v. 24.06.2002, II ZR 300/00 (KBV) = NJW 2002, S: 3024 (3035), hat der BGH eine Haftung aus § 826 BGB mit denselben begrifflichen Merkmalen wie bei der Existenzvernichtungshaftung angenommen, wenngleich damals noch als Durchgriffs(außen)haftung.

1183 BGH, Urt. v. 16.07.2007, II ZR 3/04 (Trihotel) = NJW 2007, S. 2689 (2692), Rz. 28.

1184 BGH, Urt. v. 24.06.2002, II ZR 300/00 (KBV) = NJW 2002, S: 3024; Raiser, in: Ulmer, GmbHG, Bd. 1, § 13 Rn. 152.

Eine Schlechterstellung der Gesellschaftsgläubiger ist nach Ansicht des Verfassers durch die Rechtsfolge einer Innenhaftung auch im Falle einer masselosen Insolvenz nicht zu befürchten. Zwar sind die Gläubiger insofern auf den Umweg zu verweisen, den Ersatzanspruch der Gesellschaft gegen den Gesellschafter gemäß §§ 829 Abs. 1, 835 Abs. 1 ZPO zu pfänden und zur Einziehung überweisen zu lassen. Da im Gegensatz zum Insolvenzverfahren eine Kanalisierung durch den Insolvenzverwalter nicht stattfindet, ist ein Wettlauf der Gläubiger somit nicht auszuschließen.[1185] Doch gerade wenn mangels Masse kein Insolvenzverfahren eröffnet wird, ist ein solcher Wettlauf, wie die Vorschriften des Anfechtungsgesetzes beispielsweise zeigen,[1186] keine Seltenheit und spricht somit nicht grundsätzlich gegen eine Innenhaftung. Der Weg über eine Forderungspfändung mag zwar mit gewissen Schwierigkeiten verbunden sein. Dies ist jedoch noch kein Grund im Falle einer masselosen GmbH eine Analogie zum Gläubigerverfolgungsrecht im Aktiengesetz (§§ 62 Abs. 2, 93 Abs. 5, 117 Abs. 5 Satz 1, 309 Abs. 4, 317 Abs. 4, 318 Abs. 4, 323Abs. 1 AktG) zu ziehen.[1187]

Gemäß § 826 BGB ist schließlich der durch die vorsätzliche sittenwidrige Schädigung entstandene Schaden nach §§ 249 ff. BGB zu ersetzen – entsprechend dem Schutzobjekt der Existenzvernichtungshaftung also der Schaden der Gesellschaft. Freilich ist die Haftung dem Schutzzweck des Haftungskonzepts entsprechend auf den Betrag begrenzt, der zur Befriedigung aller Gesellschaftsverbindlichkeiten samt der Kosten des Insolvenzverfahrens erforderlich ist[1188]. Für die Annahme einer Subsidiarität des Schadensersatzanspruches aus § 826 BGB im Verhältnis zu den Ansprüchen aus §§ 30, 31 GmbHG besteht (in Ab-

---

1185 Darauf zutreffend hinweisend Zöllner, in: FS Konzen, S. 999 (1006 f.).

1186 Dazu Paulus, in: Kübler/Prütting/Bork, InsO, Bd. 4, § 11 Rn. 1. Bei der Gläubigeranfechtung kann der Gläubiger wegen seiner einzelnen Forderung auf direktem Wege beim Anfechtungsgegner Befriedigung erlangen. Insofern kann es auch in diesen Fällen zu der Situation kommen, dass der Gläubiger, der am schnellsten seine Forderung durchsetzt, gegebenenfalls volle Befriedigung erlangt, während die übrigen Gläubiger leer ausgehen.

1187 Ebenso Osterloh-Konrad, ZHR 172 (2008), S. 274 (286); A.A. Liebscher, in: MünchKommGmbHG, Bd. 1, § 13 Anh. 535; Habersack, ZGR 2008, S. 533 (548); K. Schmidt, Gesellschaftsrecht, § 9 IV 5.

1188 Osterloh-Konrad, ZHR 172 (2008), S. 274 (286).

grenzung zur früheren Rechtsprechung) keine Notwendigkeit; vielmehr liegt eine Anspruchsgrundlagenkonkurrenz vor.[1189]

2. Abgrenzung zur Insolvenzanfechtung wegen vGa

In Anbetracht der grundsätzlichen Anwendbarkeit der Grundsätze des existenzvernichtenden Eingriffs in Fällen verdeckter Gewinnausschüttungen zur Umgehung von § 5a Abs. 3 GmbHG stellt sich die Frage nach dem generellen Bedürfnis der hier vertretenen insolvenzrechtlichen Anfechtungslösung. Angesichts der grundsätzlichen Verschiedenheit der beiden Haftungsinstitute ist gerade im Hinblick auf einen umfassenden Gläubigerschutz ein Entweder-Oder nach Ansicht des Verfassers nicht fraglich.

Mit Eintritt der Insolvenz sind alle Forderungen des UG-Gesellschafters, die als verdeckte Gewinnausschüttungen zu werten sind, ungeachtet eines Verschuldensvorwurfs gemäß § 39 Abs. 1 Nr. 5 InsO analog nachrangig und im Falle ihrer Befriedigung entsprechend § 135 Abs. 1 Nr. 2 InsO anfechtbar. Gemäß § 143 Abs. 1 InsO ist jedoch nur das zur Insolvenzmasse zurückzugewähren, was durch die anfechtbare Handlung aus dem Vermögen der Gesellschaft veräußert, weggegeben oder aufgegeben ist; darüber hinaus gehende Kollateralschäden werden nicht erfasst. Im Gegensatz zum Schadensersatzanspruch des § 826 BGB handelt es sich bei § 143 Abs. 1 InsO folglich um einen verschuldensunabhängigen Rückgewähranspruch.[1190] Anfechtbar sind zudem nur solche Rechtshandlungen, die im letzten Jahr vor dem Antrag auf Eröffnung des Insolvenzverfahrens oder nach diesem Antrag vorgenommen worden sind. Die Existenzvernichtungshaftung gemäß § 826 BGB stellt demgegenüber einen verschuldensabhängigen Schadensersatzanspruch dar,[1191] der gemäß §§ 195, 199 Abs. 1 BGB regelmäßig verjährt. Hinsichtlich der haftungsbegründenden Tatbestandsvoraussetzungen ist der Anspruch aus § 826 BGB folglich enger, hinsichtlich der Rechtsfolgen jedoch weiter.

Schließlich ist der hier vertretene Rückgriff auf die Vorschriften der Insolvenzanfechtung der Tatsache geschuldet, dass der durch die Kapitalerhaltungs-

---

1189 So BGH, Urt. v. 16.07.2007, II ZR 3/04 (Trihotel) = NJW 2007, S. 2689 (2693), Rz. 38 ff.

1190 Nerlich, in: Nerlich/Römermann, InsO, § 143 Rn. 1; vgl. zur Rechtsnatur des Rückgewährverhältnisses Hirte, in: Uhlenbruck, InsO, § 143 Rn. 1 ff.

1191 BGH, Urt. v. 16.07.2007, II ZR 3/04 (Trihotel) = NJW 2007, S. 2689 (2690);

vorschriften gewährte Schutz in der UG aufgrund des Verzichts auf ein nennenswertes gesetzliches Mindeststammkapital nicht dieselbe Reichweite besitzt wie in der regulären GmbH und darüber hinaus auf § 5a Abs. 3 GmbHG keine Anwendung findet· Die insolvenzrechtliche Anfechtungslösung bildet somit in gewisser Weise einen Ersatz zu §§ 30, 31 GmbHG, die ebenfalls in Anspruchsgrundlagenkonkurrenz zur Existenzvernichtungshaftung gemäß § 826 BGB stehen. § 826 BGB ist aber nicht notwendigerweise auf das gebundene Gesellschaftsvermögen beschränkt und kann das Haftungsmodell einer insolvenzrechtlichen Anfechtbarkeit sinnvoll ergänzen.

III. Ergebnis

Eine gesellschaftsrechtliche Haftung der Gesellschafter wegen materieller Unterkapitalisierung ist mit der herrschenden Ansicht in Rechtsprechung und Schrifttum abzulehnen. Sowohl die dogmatischen Bedenken gegen eine gesellschaftsrechtliche Unterkapitalisierungshaftung als auch die praktisch nicht zu lösenden Schwierigkeiten der tatbestandlichen Bestimmung einer materiellen Unterkapitalisierung sprechen gegen ein solches Haftungsinstituts. Gleichwohl kann in Ausnahmefällen unter dem Aspekt einer materiellen Unterkapitalisierung eine persönliche (deliktische) Haftung des Gesellschafters nach § 826 BGB in Betracht kommen. Die Existenzvernichtungshaftung, nunmehr vom Bundesgerichtshof ebenfalls in § 826 BGB verortet, beansprucht in der UG hingegen uneingeschränkt Geltung. Insbesondere bei verdeckten Gewinnausschüttungen zur Umgehung des § 5a Abs. 3 GmbHG kann die Haftung wegen Existenzvernichtung eine sinnvolle Ergänzung des Schutzes des im Interesse der Gesellschaftsgläubiger zweckgebundenen Gesellschaftsvermögens darstellen.

C. Zusammenfassung des Kapitels

Ein Sorgfaltspflichtverstoß im Sinne des § 43 Abs. 2 GmbHG kann einem Gesellschaftergeschäftsführer in der UG-Einpersonengesellschaft oder dem Fremdgeschäftsführer im Fall einer Weisung der Gesellschafter nicht gemacht werden, wenn verdeckte Gewinnausschüttungen zur Umgehung des § 5a Abs. 3 GmbHG und damit unter Missachtung des vorrangigen Befriedigungsinteresses der Gesellschaftsgläubiger vorgenommen werden. Ein brauchbares Instrument stellt in diesem Zusammenhang vielmehr die in § 64 Satz 3 GmbHG normierte Insolvenzverursachungshaftung dar. Im Jahr vor dem Antrag auf Eröffnung des Insolvenzverfahrens ist das strenge Kausalitätserfordernis zwischen einer verdeckter Gewinnausschüttung an den Gesellschafter und der Insolvenz der Gesellschaft widerlegbar zu vermuten.

Neben einer Haftung des Gesellschafters aus Insolvenzanfechtung kommt insbesondere eine Haftung wegen existenzvernichtenden Eingriffs gemäß § 826 BGB in Betracht. Abzulehnen ist hingegen die Forderung nach einer gesellschaftsrechtlichen Haftung des Gesellschafters wegen materieller Unterkapitalisierung. Sowohl das Fehlen belastbarer Kriterien zur Bestimmung einer materiellen Unterkapitalisierung als auch der grundsätzliche Einwand eines systemfremden Haftungsinstituts sprechen gegen eine solche gesellschaftsrechtliche Haftung. In Ausnahmefällen mag der Gedanke einer materiellen Unterkapitalisierung gleichwohl eine Haftung wegen vorsätzlicher sittenwidriger Schädigung gemäß § 826 BGB begründen.

7. Kapitel Zusammenfassung der Thesen

1. These: Die UG ist rechtspolitisch als Erfolg zu werten. Der Gläubigerschutz in der UG ist mittels repressiver Haftungsinstitute und Transparenz in der Rechnungslegung zu schließen.

Die Rechtsprechung des EuGH zu den Grundfreiheiten des EG-Vertrages, insbesondere der Niederlassungsfreiheit gemäß Art. 43 ff. EGV, hat in den vergangenen Jahren auch im deutschen Gesellschaftsrecht zu weitreichenden Umwälzungen geführt. Für den Zuzug von Gesellschaften, die in einem Mitgliedsstaat der Europäischen Gemeinschaft wirksam errichtet worden sind, hat der EuGH die Gründungstheorie nunmehr faktisch festgeschrieben. Die Rechts- und Parteifähigkeit ausländischer Gesellschaften mit Geschäftstätigkeit im Inland bemisst sich demzufolge nach dem Inkorporationsrecht der Gesellschaft. Als Folge dieser Rechtsentwicklung treten verstärkt ausländische Gesellschaftsrechtsformen in Deutschland auf, insbesondere die englische *Private Company Limited by Share*. Aus Sicht des deutschen Gesetzgebers stellt sich diese Entwicklung insofern als misslich dar, als dass im Inland ansässige Gesellschaften sich ausländischer Rechtsformen bedienen und somit den *numerus clausus* des deutschen Gesellschaftsrechts unterlaufen. Für den Rechtsanwender ergibt sich hingegen die Problematik einer effektiven Rechtsverfolgung. Die gesetzlichen, gesellschaftsrechtlichen Spielräume des Gesetzgebers sind aufgrund der europarechtlichen Rechtsprechung begrenzt. Insofern sind insolvenz- und deliktsrechtliche Haftungsinstitute zur Bekämpfung missbräuchlichen Verhaltens der Gesellschafter und Geschäftsführer vorzugswürdig.

Der Gesetzgeber hat die sich daraus ergebende Herausforderung angenommen und mit dem Gesetz zur Modernisierung des GmbH-Rechts und zur Bekämpfung von Missbräuchen (MoMiG) reagiert. Ein zentraler Baustein des MoMiG ist die Einführung der Unternehmergesellschaft (haftungsbeschränkt) in § 5a GmbHG, die als flexible, kostengünstige und einfache Kapitalgesellschaftsform insbesondere Existenzgründern und Kleinunternehmern die Ausübung ihrer Unternehmung erlauben soll. Die UG hat sich inzwischen erfolgreich als Alternative zur *Limited* am Markt etabliert. Das rechtpolitische Ziel des Gesetzgebers, die Flucht in ausländische Gesellschaftsrechtsformen zu stoppen, konnte zumindest erreicht werden.

Die Einführung der UG wirft jedoch die Frage nach der Zukunft des gesetzlichen Kapitalschutzes im Gläubigerschutzsystem des GmbH-Rechts auf. Als eine der Säulen des GmbH-rechtlichen Gläubigerschutzsystems stützt sich der gesetzliche Kapitalschutz vornehmlich auf ein gesetzliches Mindeststammkapitalerfordernis sowie möglichst umgehungsresistente Regelungen zu Aufbringung und Erhalt dieses Mindeststammkapitals. Mit dem Verzicht auf ein nennenswertes gesetzliches Mindeststammkapital in § 5a Abs. 1 GmbHG und der damit einhergehenden Überantwortung der Finanzierungsentscheidung auf die Gesellschafter verabschiedet sich der Gesetzgeber von dem hergebrachten Grundsatz des deutschen Gesellschaftsrechts, wonach eine Haftungsbeschränkung nur zum Preis eines bei Gründung real aufzubringenden Mindeststammkapitals gewährt werden könne. Nach Ansicht des Verfassers hat der Gesetzgeber leider nicht die erforderliche Konsequenz aus der Zurücknahme des typischerweise abstrakt-präventiven gesetzlichen Kapitalschutzes gezogen und im Gegenzug repressive Haftungsinstitute konsequent stärker gewichtet. Die Schutzlücken im Gläubigerschutz der UG, derer sich der Gesetzgeber offensichtlich nicht in voller Tragweite bewusst war, sind mittels repressiver Haftungsinstitute, insbesondere solcher des Insolvenzrechts, sowie Transparenz in der Rechnungslegung zu schließen. Die Entscheidung des Gesetzgebers, den präventiv-abstrakten Kapitalschutz in der UG zurückzunehmen, ist insofern zu respektieren.

2. These: Der Verzicht auf ein nennenswertes gesetzliches Mindeststammkapital in der UG lässt sich nicht per se als Verkürzung des Gläubigerschutzes werten.

Gerade der Verzicht auf ein nennenswertes gesetzliches Mindeststammkapital hat in besonderem Maße eine Diskussion um das Gläubigerschutzniveau in der UG ausgelöst. Dies mag angesichts der über 100-jährigen Erfolgsgeschichte der GmbH nachvollziehbar sein, in der Sache geht die Kritik am Verzicht auf eine gesetzliche Kapitalziffer jedoch fehl. Gemeinhin wird dem Mindeststammkapital die Funktion einer Seriositätsschwelle zugeschrieben. Doch ein gesetzliches Nominalkapital kann weder die Seriosität der Gesellschaftsgründung noch der Gründungsgesellschafter gewährleisten. Allenfalls von vornherein völlig aussichts- und mittellose Gründungen können so verhindert werden. Die mit einem Mindeststammkapitalerfordernis verbundenen Transaktionskosten kann dies gleichwohl nicht rechtfertigen. Einen Haftungsfonds für die Gesellschafter kann eine vom Gesetzgeber abstrakt bestimmte und lediglich bilanziell zu erhaltende Kapitalziffer ebenso wenig sicherstellen, da im Zeitpunkt eines Forderungsausfalls das Stammkapital regelmäßig schon zulässigerweise aufgebraucht ist. Eine verhaltenssteuernde Wirkung des Risikobeitrages der Gesellschafter ist im Übrigen eher Wunschdenken.

Allenfalls die Funktion eines Verlustpuffers kann ein gesetzliches Mindeststammkapital in begrenztem Rahmen leisten, indem es den Zeitpunkt vorverlagert, in dem die Gesellschafter über eine Restrukturierung oder Liquidation der krisengeschüttelten Gesellschaft zu entscheiden haben. Doch auch in dieser Funktion stellt ein gesetzliches Mindeststammkapital keine risikospezifische Größe dar und reflektiert nicht einen materiellen Zusammenhang zum betriebswirtschaftlichen Finanzierungserfordernis des Unternehmens. Ein gesetzlich festgeschriebenes Mindeststammkapital sieht sich daher zwangsläufig dem Vorwurf von Inflexibilität und fehlender Anpassungsfähigkeit bezüglich des jeweiligen gesellschaftsspezifischen Kapitalbedarfs ausgesetzt.

Vor diesem Hintergrund geht die Kritik am Verzicht auf ein nennenswertes gesetzliches Mindeststammkapital am Kern der Problematik vorbei. Die überdurchschnittlich hohe Insolvenzquote der GmbH verdeutlicht vielmehr, dass eine gesetzliche Kapitalziffer keinen erfolgversprechenden Schutz vor einem Forderungsausfall bieten kann. Nicht die Aufgabe eines solchen Kapitalerfordernisses stellt somit eine Verkürzung des Gläubigerschutzniveaus dar, sondern der Verzicht auf weitergehende Verhaltenspflichten von Gesellschaftern und Geschäftsführern, die opportunistisches Verhalten zulasten der vorrangigen Befriedigungsinteressen der Gesellschaftsgläubiger verhindern oder sanktionieren.

3. These: Ein Zeichnen ohne den Rechtsformzusatz „Unternehmergesellschaft (haftungsbeschränkt)" oder ein Zeichnen mit fehlerhaftem oder anderem Rechtformzusatz führt zu einer Haftung der Gesellschaft aus culpa in contrahendo wegen Verletzung vorvertraglicher Aufklärungspflichten. Eine Haftung des Geschäftsführers oder sonstigen Vertreters kommt nur unter den weiteren Voraussetzungen des § 311 Abs. 3 GmbHG in Betracht.

Entgegen der missverständlichen Formulierung im Gesetzestext und in den Gesetzesmaterialien ist die Bezeichnung „*Unternehmergesellschaft (haftungsbeschränkt)*" nicht lediglich eine Bezeichnung, sondern Rechtsformzusatz. Auch wenn die UG bloße Rechtsformvariante der GmbH ist, entbindet dies nicht von dem firmenrechtlichen Grundsatz, wonach eine Gesellschaft ohne eine unbeschränkt persönlich haftende natürliche Person in der Firma einen Rechtsformzusatz führen muss, der die Haftungsbeschränkung kennzeichnet.

Der Rechtsverkehr soll mittels des besonderen Rechtsformzusatzes auf die möglicherweise geringe Kapitalausstattung der UG aufmerksam gemacht werden. Die gläubigerschützende Wirkung des Rechtsformzusatzes „*Unternehmergesellschaft (haftungsbeschränkt)*" sollte jedoch nicht überschätzt werden. Denn die besondere Finanzverfassung der UG lässt sich dem Rechtsformzusatz gerade nicht entnehmen und der Bezug auf „*Unternehmer*" ist sogar irreführend. Ein durch Transparenz der Haftungsverhältnisse vermittelter Gläubigerschutz bezieht schließlich lediglich vertragliche Gesellschaftsgläubiger in den Schutzbereich ein.

Im Hinblick auf die begrenzte Schutzwirkung des besonderen Rechtsformzusatzes ist daher die Frage nach den Rechtsfolgen von Interesse, die sich aus einem Verstoß gegen die Pflicht zum Führen eines Rechtsformzusatzes im Rechtsverkehr ergeben. Ein solcher Verstoß kann darin liegen, dass der Rechtsformzusatz nach § 5a Abs. 1 GmbHG nicht oder fehlerhaft geführt wird oder dass ein anderer Rechtsformzusatz verwendet wird. Die herrschende Ansicht in Rechtsprechung und Schrifttum lassen den gesetzlichen Vertreter nach Gesichtspunkten einer Rechtsscheinhaftung gemäß § 179 Abs. 1 BGB analog haften, wenn ohne Rechtsformzusatz gezeichnet wird. Die Annahme, ein Zeichnen ohne Rechtsformzusatz könne den Rechtsschein einer unbeschränkt persönlichen Haftung des gesetzlichen Vertreters hervorrufen, ist ebenso wenig überzeugend, wie die dogmatische Anknüpfung an § 179 Abs. 1 BGB analog. Die Pflicht zum Führen eines Rechtsformzusatzes im Rechtsverkehr ist vielmehr als vorvertragliche Aufklärungs- und Informationspflicht der Gesellschaft einzuordnen, die im Falle eines Verstoßes zu einer Haftung aus *culpa in contrahendo* führt. Das Verschulden des gesetzlichen Vertreters wird der Gesellschaft dabei zugerechnet. Eine Eigenhaftung des gesetzlichen Vertreters kommt darüber hinaus regelmäßig nur in Betracht, wenn dieser gemäß § 311 Abs. 3 Satz 2 BGB ein besonderes persönliches Vertrauen in Anspruch nimmt, indem sich der gesetzliche Vertreter als unbeschränkt persönlich haftende Person geriert hat.

Daneben haftet der Geschäftsführer oder sonstige Vertreter gegebenenfalls wegen Verletzung eines Schutzgesetzes aus § 823 Abs. 2 BGB. Die Pflicht nach § 35a Abs. 1 Satz 1 i.V.m. § 5a Abs. 1 GmbHG im Rechtsverkehr stets mit Rechtsformzusatz „*Unternehmergesellschaft (haftungsbeschränkt)*" zu zeichnen, ist als Schutzgesetz im Sinne von § 823 Abs. 2 BGB einzuordnen.

4. These: Das Volleinzahlungsgebot des § 5a Abs. 2 Satz 1 GmbHG und das Sacheinlageverbot des § 5a Abs. 2 Satz 2 GmbHG finden grundsätzlich nur bei einer Gesellschaftsgründung, nicht jedoch bei einer Kapitalerhöhung Anwendung. Diese einschränkende Auslegung des Sacheinlageverbots stellt die UG hinsichtlich ihrer Fähigkeit, an Umwandlung als übertragender und aufnehmender/neuer Rechtsträger beteilig zu sein, einer regulären GmbH weitgehend gleich.

Der Wortlaut des § 5a Abs. 2 GmbHG scheint vordergründig ein strenges Volleinzahlungsgebot und ein generelles Sacheinlageverbot in der UG zu statuieren. Dies wirft allerdings die Frage auf, woraus sich eine solche Schlechterstellung gegenüber den Gesellschaftern einer regulären GmbH rechtfertigt. Bei Gründung einer UG fällt die Beantwortung dieser Frage vergleichsweise leicht. Die Regelung des § 7 Abs. 2 GmbHG, die insbesondere ein Halbeinzahlungsgebot bei Anmeldung der Gesellschaft zur Eintragung ins Handelsregister normiert, ist bei einer Gesellschaft, die ihr Stammkapital frei festsetzen kann, ohne Relevanz. Das Sacheinlageverbot trägt dem Umstand Rechnung, dass die Einbringung einer Sacheinlage bei Gesellschaftsgründung dem Gesetzeszweck einer schnellen, einfachen und kostengünstigen Gründung widerspricht. Ein Volleinzahlungsgebot bzw. Sacheinlageverbot bei Kapitalerhöhungen lässt sich somit jedoch nicht begründen.

Ausweislich der Gesetzesbegründung hatte der Gesetzgeber bei Normierung der Vorschrift offensichtlich nur Gesellschaftsgründungen im Blick. Dies verdeutlicht auch die systematische Auslegung des § 5a Abs. 2 GmbHG, der auf § 7 Abs. 2 GmbHG Bezug nimmt – eine Norm, die systematisch als Gründungsvorschrift einzuordnen ist. Ein Sacheinlageverbot bei Kapitalerhöhungen lässt sich mit dem Hinweis auf ein schnelles und einfaches Verfahren nur unzureichend begründen, insbesondere wenn angesichts der gegebenenfalls geringen Kapitalausstattung der UG die Einbringung von Sacheinlagen den Befriedigungschancen der Gesellschaftsgläubiger zuträglich ist. Systematische und teleologische Gründe sprechen insofern dafür, die UG bei Kapitalerhöhungen einer regulären GmbH gleichzustellen.

Die Kapitalerhöhung aus Gesellschaftsmitteln beinhaltet *qua natura* ein Volleinzahlungsgebot, so dass § 5a Abs. 2 Satz 1 GmbHG ohnehin nicht maßgeblich ist. Bei der Kapitalerhöhung gegen Einlage zur Erreichung des gesetzlichen Mindeststammkapitals im Rahmen eines Übergangs zur regulären GmbH findet hingegen das Halbeinzahlungsgebot aus § 7a Abs. 2 Satz 2 GmbHG entsprechende Anwendung; andernfalls könnten die Gesellschafter über den Umweg einer UG gegebenenfalls eine GmbH gründen, ohne vorher nicht mindestens die Hälfte des gesetzlichen Mindeststammkapitals eingezahlt zu haben.

Die Zulässigkeit von Sachkapitalerhöhungen ermöglicht es der UG schließlich, auch als übernehmender oder neuer Rechtsträger an einer Umwandlung beteiligt zu sein. Der Gesetzesbegründung lässt sich an keiner Stelle eine Einschränkung der Beteiligungsfähigkeit der UG an Umwandlungen entnehmen. Die UG ist als beteiligungsfähiger Rechtsträger der regulären GmbH weitgehend gleichgestellt. Eine Ausnahme ist lediglich bei einem Formwechsel einer AG in eine UG zu machen, der sich aufgrund der zwingenden Vorschriften bezüglich des Mindestgrundkapitals der AG bzw. des maximalen Stammkapitals der UG nicht bewerkstelligen lässt.

5. These: Die gesetzliche Gewinnrücklage des § 5a Abs. 3 GmbHG kann eine gläubigerschützende Funktion nur dann effektiv wahrnehmen, wenn die Gewinnthesaurierung für den Rechtsverkehr transparent ist. Als regelmäßig kleine Kapitalgesellschaft ist die UG daher mittels teleologischer Reduktion von §§ 326 Satz 2, 325 Abs. 2 Satz 4 HGB zur Offenlegung der Gewinn- und Verlustrechnung im Anhang zur Bilanz verpflichtet.

Gemäß § 325 Abs. 1 HGB sind Kapitalgesellschaften zur Offenlegung des Jahresabschlusses durch Einreichung zum elektronischen Bundesanzeiger verpflichtet. Die GmbH braucht gemäß § 325 Abs. 1 Satz 4 HGB Angaben über die Ergebnisverwendung nicht zu machen, wenn sich anhand dieser Angaben die Gewinnanteile von natürlichen Personen feststellen lassen, die Gesellschafter sind. Als regelmäßig kleine Kapitalgesellschaft im Sinne von § 267 Abs. 1 HGB muss der offenzulegende Anhang zur Bilanz gemäß § 326 Satz 2 GmbHG Angaben zur Gewinn- und Verlustrechnung nicht enthalten.

Für den Rechtsverkehr ist dieser Befund freilich misslich. Denn ohne Einblick in die Gewinn- und Verlustrechnung ist auch eine Kontrolle nicht möglich, ob die Gesellschaft gegebenenfalls erwirtschaftete Jahresüberschüsse in der gesetzlichen Rücklage gemäß § 5a Abs. 3 GmbHG ausgewiesen hat. Der Normzweck des § 326 Satz 2 GmbHG, die Gesellschafter kleiner Kapitalgesellschaften von der Offenlegung der Gewinn- und Verlustrechnung mangels eines begründeten Interesses des Rechtsverkehrs zu befreien, kann in der UG daher keine Geltung beanspruchen. Gerade in der UG ist eine Offenlegung der Gewinn- und Verlustrechnung für die Gesellschaftsgläubiger essentiell, so dass § 326 Satz 2 HGB teleologisch zu reduzieren ist. § 325 Abs. 1 Satz 4 HGB kann folglich ebenso wenig Anwendung finden. Das Interesse des Rechtsverkehrs an Offenlegung der Ergebnisverwendung ist gegenüber dem Interesse der Gesellschafter an Geheimhaltung derselben aufgrund einer Verhältnismäßigkeitsprüfung als vorrangig einzustufen.

6. These: Das vorrangige Befriedigungsinteresse der Gesellschaftsgläubiger erfordert Regelungen, um ein Unterlaufen der gesetzlichen Gewinnthesaurierung durch die Gesellschafter zu verhindern. Verdeckte Gewinnausschüttungen, die zu einer Umgehung des § 5a Abs. 3 GmbHG führen, sind daher im Falle einer Insolvenz der Gesellschaft an diese zurückzugewähren. Eine Qualifikation der gesetzlichen Rücklage in ein Quasi-Stammkapital durch analoge Anwendung der Kapitalerhaltungsvorschriften ist aus dogmatischen Gründen abzulehnen.

Die Gewinnrücklage des § 5a Abs. 3 GmbHG sieht sich einer inhärenten Umgehungsgefahr ausgesetzt. Mittels verdeckter Gewinnausschüttungen, die der

GmbH-rechtlichen Vermögensbindung entsprechend nicht zwingend unzulässig sind, kann die Pflicht zur Bildung einer gesetzlichen Rücklage aus den erwirtschafteten Jahresüberschüssen unterlaufen werden. Soll die gesetzliche Gewinnrücklage ihrem gesetzlichen Ziel, sukzessive eine bessere Eigenkapitalausstattung anzusparen, gerecht werden, sind umgehungsresistente Regelungen erforderlich, die einem opportunistischen Verhalten der Gesellschafter entgegensteuern und ein solches Verhalten gegebenenfalls sanktionieren.

Abzulehnen ist diesbezüglich jedoch die herrschende Ansicht im Schrifttum, welche der inhärenten Umgehungsgefahr mittels einer Umwidmung der gesetzlichen Gewinnrücklage in Quasi-Stammkapital begegnet und die Kapitalerhaltungsvorschriften analog anwendet. Diese Ansicht verwischt die vom Gesetzgeber bewusst gewählte Unterscheidung zwischen Stammkapital und Gewinnrücklage. Die UG würde hinsichtlich der Vermögensbindung letztlich einer Aktiengesellschaft gleichgestellt, indem verdeckte Gewinnausschüttungen grundsätzlich unzulässig wären. Dies würde allerdings der GmbH-rechtlichen Vermögensbindung widersprechen, die ein generelles Verbot verdeckter Gewinnausschüttungen nicht kennt.

Regelungen, die einer Umgehung des § 5a Abs. 3 GmbHG entgegenwirken oder eine solche Umgehung sanktionieren, sind nur unter bestimmten Prämissen in Betracht zu ziehen. Zunächst gilt die GmbH-rechtliche Vermögensbindung auch für die GmbH-Rechtsformvariante der UG. Anknüpfungspunkt einer möglichen Haftungsnorm kann somit nicht der Umgehungstatbestand an sich sein, sondern die Fähigkeit der Gesellschaft ihren Verbindlichkeiten nachzukommen. Die sukzessive Bildung eines Kapitalstocks dient letztlich der Verbesserung der Befriedigungschancen der Gesellschaftsgläubiger. Solange die UG folglich zur Befriedigung ihrer Verbindlichkeiten in der Lage ist, besteht kein ersichtlicher Grund, die Gesellschafter einer UG im Hinblick auf verdeckte Gewinnausschüttungen anders zu behandeln als die Gesellschafter einer regulären GmbH. Anknüpfungspunkt für eine mögliche Haftung der Gesellschafter für verdeckte Gewinnausschüttungen zur Umgehung des § 5a Abs. 3 GmbHG ist somit die Insolvenz der UG. Verletztes Schutzgut ist dabei das im Gläubigerinteresse zweckgebundene Gesellschaftsvermögen, so dass sich ein mögliches Haftungsinstitut stets als Innenhaftung darstellt. Dies führt letztlich zu einem Gleichlauf der Gesellschafterhaftung mit anderen Haftungsnormen, beispielsweise aus § 31 Abs. 1 GmbHG oder aus Existenzvernichtung gemäß § 826 BGB. Auf ein Verschulden des Gesellschafters kommt es letztlich nicht an.

7. These: Forderungen aus Rechtsgeschäften, die als verdeckte Gewinnausschüttungen zur Umgehung des § 5a Abs. 3 GmbHG führen, sind im Insolvenzverfahren gemäß § 39 Abs. 1 Nr. 5 InsO analog nachrangig zu berichtigen. Die Subordination von bestimmten Gesellschafterforderungen rechtfertigt sich aus der unternehmerischen Beteiligung des Gesellschafters.

Maßstab einer möglichen Haftung wegen Umgehung des gesetzlichen Thesaurierungsgebotes in § 5a Abs. 3 GmbHG ist das vorrangige Befriedigungsinteresse der Gesellschaftsgläubiger. In der Insolvenz wird dieser Vorrangigkeit durch eine Subordination von Gesellschafterforderungen gemäß § 39 Abs. 1 Nr. 5 InsO entsprochen, die jedoch auf Forderungen auf Rückgewähr eines Gesellschafterdarlehens oder Forderungen aus Rechtshandlungen, die einem solchen Darlehen wirtschaftlich entsprechen, beschränkt ist. Die Subordination von bestimmten Gesellschafterforderungen in der Insolvenz rechtfertigt sich nicht (mehr) aus einer wie auch immer spezifizierten Finanzierungsfolgenverantwortung, sondern aus der unternehmerischen Beteiligung des Gesellschafters. Diese unternehmerische Beteiligung des Gesellschafters äußert sich zum einen in der Beschränkung der persönlichen Haftung auf die geleistete Stammeinlage. Die Haftungsbeschränkung lässt den Gesellschafter stets voll am Erfolg der Gesellschaft teilhaben, gibt dem Gesellschafter allerdings auch die Möglichkeit, im Falle eines Misserfolges der Unternehmung die Gesellschaftsverluste zu sozialisieren. Zum anderen vermittelt die unternehmerische Beteiligung des Gesellschafters gewissermaßen eine Insiderstellung, die dem Gesellschafter einerseits einen Informationsvorsprung, andererseits gewisse Einflussmöglichkeiten in der Gesellschaft gewährt. Eine Subordination von Gesellschafterforderungen lässt sich jedoch nur dann rechtfertigten, wenn dem Gesellschafter eine unternehmerische Beteiligung an der Gesellschaft zukommt, die ein ausreichendes Maß an Einwirkungsmöglichkeit auf die Gesellschaft ermöglicht. Dieses Maß ist in der Regel dann gegeben, wenn der Gesellschafter mit mehr als 10 % am Haftkapital beteiligt ist oder als Geschäftsführer bestellt ist.

So verstanden lässt sich die Nachrangigkeit von Gesellschafterforderungen entsprechend § 39 Abs. 1 Nr. 5 InsO auf solche Forderungen aus Rechtsgeschäfte des UG-Gesellschafters übertragen, die zu einer Umgehung des § 5a Abs. 3 GmbHG führen. Die vermeintliche Schlechterstellung des UG-Gesellschafters gegenüber dem Gesellschafter einer regulären GmbH rechtfertigt sich aus der besonderen Finanzverfassung der UG. Während in der regulären GmbH die Gesellschafter zumindest in geringem Maße einen Risikobeitrag in Form des gesetzlichen Mindeststammkapitals erbringen, ist der Risikobeitrag in der UG in der nachgelagerten Gewinnthesaurierung zu sehen. Forderungen des Gesellschafters, die als verdeckte Gewinnausschüttungen zur Umgehung des § 5a

Abs. 3 GmbHG zu werten sind, sind daher im Insolvenzverfahren nachrangig zu berichtigen.

Ist dem Gesellschafter im Jahre vor Stellung des Antrags auf Eröffnung des Insolvenzverfahrens Befriedigung oder zehn Jahre vor Stellung des Antrags auf Eröffnung des Insolvenzverfahrens Sicherung für eine entsprechende Forderung gewährt worden, so ist diese Rechtshandlung gemäß § 135 Abs. 1 InsO anfechtbar und resultiert in einem Rückgewähranspruch der Gesellschaft aus § 143 Abs. 1 InsO.

8. These: Verdeckte Gewinnausschüttungen zur Umgehung des § 5a Abs. 3 GmbHG können eine Haftung des Geschäftsführers wegen Insolvenzverursachung gemäß § 64 Satz 3 GmbHG zur Folge haben. Im Jahr vor Stellung des Antrags auf Eröffnung des Insolvenzverfahrens ist der Kausalzusammenhang zwischen verdeckter Gewinnausschüttung und Zahlungsunfähigkeit der UG widerlegbar zu vermuten.

Soll das vorrangige Befriedigungsinteresse der Gesellschaftsgläubiger gegen verdeckte Gewinnausschüttungen zur Umgehung des § 5a Abs. 3 GmbHG wirkungsvoll geschützt werden, kann die Diskussion nicht bei der Gesellschafterhaftung stehenbleiben, sondern hat auch die Frage nach der haftungsrechtlichen Verantwortung des Geschäftsführers zu beantworten. Eine mögliche Haftungsnorm ist dabei § 64 Satz 3 GmbHG, wonach der Geschäftsführer wegen Zahlungen an Gesellschafter schadensersatzrechtlich haftet, die zur Zahlungsunfähigkeit der Gesellschaft führen mussten. Haftungsgrund ist dabei nicht ein Sorgfaltspflichtverstoß im Sinne des § 43 Abs. 2 GmbHG, sondern eine Verletzung des im Gläubigerinteresse zweckgebundenen Gesellschaftsvermögens. Die Anknüpfung an eine Sorgfaltspflichtverletzung gemäß § 43 Abs. 2 GmbHG versagt in den besonders umgehungsanfälligen Konstellationen eines Gesellschaftergeschäftsführers in der Einpersonengesellschaft oder der einvernehmlich handelnden Gesellschaftergesamtheit.

Das strenge Kausalitätserfordernis des § 64 Satz 3 GmbHG erfordert, dass durch die betreffende Auszahlungen an den Gesellschafter gerade die Gesellschaftsmittel entzogen worden sind, die zur Erfüllung der Gesellschaftsverbindlichkeiten nötigt gewesen wären. Der Entzug dieser Gesellschaftsmittel muss nach dem normalen Verlauf der Dinge die Zahlungsunfähigkeit – wenn auch nicht notwendigerweise sofort – so jedoch unausweichlich zur Folge haben. Diese Kausalität muss für den Geschäftsführer unter Beachtung der Sorgfalt eines ordentlichen Geschäftsmanns *ex ante* erkennbar sein. Im Falle verdeckter Gewinnausschüttungen zur Umgehung des § 5a Abs. 3 GmbHG führt in der Regel nicht eine monokausale Auszahlung an den Gesellschafter zur Zahlungsunfähigkeit der Gesellschaft, sondern die Gesellschaft blutet sukzessive aus. Soll die Insolvenzverursachungshaftung des § 64 Satz 3 GmbHG auch in diesen Fällen Anwendung finden, ist eine Darlegungs- und Beweislasterleichterung erforderlich. Im Jahr vor Stellung des Antrags auf Eröffnung des Insolvenzverfahrens ist der strenge Kausalzusammenhang zwischen verdeckter Gewinnausschüttung und Zahlungsunfähigkeit widerlegbar zu vermuten. So lässt sich ein Gleichlauf mit der Haftung des Gesellschafters aus §§ 135 Abs. 1, 143 InsO herstellen. Die Insolvenzverursachungshaftung wird auf Seiten des Geschäftsführers zum Korrelat der Gesellschafterhaftung.

Literaturverzeichnis

Gesetzesmaterialien

Gesetzesentwurf der Bundesregierung – Entwurf eines Gesetzes zur Bereinigung des Umwandlungsrechts (UmwBerG), 04.02.1994, BR-Drucks. 75/94; zit. *RegE.*, BR-Drucks. 75/94(UmwBerG)

Beschlussempfehlung und Bericht des Rechtsausschusses zu dem Gesetzesentwurf der Bundesregierung – Drucks. 12/2443 – Entwurf einer Insolvenzordnung, 19. April 1994, BT-Drucks. 12/7302; zit. Beschlussempfehlung und Bericht des Rechtsausschusses, BT-Drucks. 12/7302 (InsO)

Gesetzesentwurf der Bundesregierung – Entwurf eines Gesetzes zur Neuregelung des Kaufmanns- und Firmenrechts und zur Änderung anderer handels- und gesellschaftsrechtlicher Vorschriften (Handelsrechtsreformgesetz – HRefG), 29. August 1997, BT-Drucks. 13/8444; zit. RegE., BT-Drucks. 13/8444 (HRefG)

Referentenentwurf – Entwurf eines Gesetzes zur Modernisierung des GmbH-Rechts und zur Bekämpfung von Missbräuchen (MoMiG), 29. Mai 2006; zit. RefE., MoMiG

Gesetzesentwurf der Bundesregierung – Entwurf eines Gesetzes zur Modernisierung des GmbH-Rechts und zur Bekämpfung von Missbräuchen (MoMiG), 25. Juli 2007, Drucksache 16/6140; zit. RegE., BT-Drucks. 16/6140

Stellungnahme des Bundesrats – Entwurf eines Gesetzes zur Modernisierung des GmbH-Rechts und zur Bekämpfung von Missbräuchen (MoMiG), 25. Mai 2007, BR-Drucks. 354/07; zit. Stellungnahme Bundesrat, BR-Drucks. 354/07 (MoMiG)

Beschlussempfehlung und Bericht des Rechtsausschusses zu dem Gesetzesentwurf der Bundesregierung – Drucksache 16/6140 – Entwurf eines Gesetzes zur Modernisierung des GmbH-Rechts und zur Bekämpfung von Missbräuchen (MoMiG) und zu dem Antrag der Abgeordneten Mechthild Dyckmans, Birgit Homburger, Hartfrid Wolff und weiterer Abgeordnete und der Fraktion der FDP – Drucks. 16/971 – GmbH-Gründungen beschleunigen und entbürokratisieren, 24. Juni 2008, BT-Drucks. 16/9737;

zit. Beschlussempfehlung und Bericht des Rechtsausschusses, BT-Drucks. 16/9737 (MoMiG)

Gesetzentwurf der Bundesregierung – Entwurf eines Gesetzes zur Modernisierung des Bilanzrechts (Bilanzrechtsmodernisierungsgesetz – BilMoG), 18. April 2008, BT-Drucks. 16/10067; zit. RegE., BT-Drucks. 16/10067 (BilMoG)

Beschlussempfehlung und Bericht des Rechtsausschusses – zu dem Gesetzentwurf der Bundesregierung – Drucksache 16/10067 – Entwurf eines Gesetzes zur Modernisierung des Bilanzrechts (Bilanzrechtsmodernisierungsgesetz – BilMoG), 24. März .2009, BT-Drucks. 16/12407; zit. Beschlussempfehlung und Bericht des Rechtsausschusses, BT-Drucks. 16/12407 (BilMoG)

Gesetzentwurf der Fraktionen der CDU/CSU und SPD – Entwurf eines Gesetzes zur Umsetzung eines Maßnahmenpakets zur Stabilisierung des Finanzmarktes (Finanzmarktstabilisierungsgesetz – FMStG), 14. Oktober 2008, BT-Drucks. 16/10600; zit. RegE., BT-Drucks. 16/10600 (FMStG)

Stellungnahmen und Anhörung

Bundesverband der Deutschen Industrie e.V., Stellungnahme des BDI zum Regierungsentwurf eines Gesetzes zur Modernisierung des GmbH-Rechts und zur Bekämpfung von Missbräuchen (MoMiG); zit. Stellungnahme BDI, BT-Drucks. 16/6140 (MoMiG)

Goette, Wulf, Öffentliche Anhörung zum MoMiG (Drucks. 16/6140) am 23. Januar 2008; zit. Goette, Anhörung BT-Drucks. 16/6140 (MoMiG)

Götte, Tilmann, Stellungnahme im Rahmen der Sachverständigenanhörung zum Regierungsentwurf eines Gesetzes zur Modernisierung des GmbH-Rechts und zur Bekämpfung von Missbräuchen (MoMiG), BT-Drucks. 16/6140; zit. Götte, Anhörung Drucks. 16/6140 (MoMiG)

Grunewald, Barbara, Stellungnahme zum Gesetz zur Modernisierung des GmbH-Rechts und zur Bekämpfung von Missbräuchen (MoMiG); zit. Grunewald, Anhörung BT-Drucks. 16/6140 (MoMiG)

Handelsrechtsausschuss des Deutschen Anwaltsvereins, Stellungnahme zum Regierungsentwurf eines Gesetzes zur Modernisierung des GmbH-Rechts und zur Bekämpfung von Missbräuchen (MoMiG), in: Neue Zeitschrift für Gesellschaftsrecht 2007, S. 735 bis 743; zit. DAV, NZG 2007, S. 735

Hirte, Heribert, Stellungnahme zum Regierungsentwurf eines Gesetzes zur Modernisierung des GmbH-Rechts und zur Bekämpfung von Missbräuchen (MoMiG) für den Deutschen Bundestag; zit. Hirte, Anhörung BT-Drucks. 16/6140 (MoMiG)

Hoffmann-Becking, Michael, Gesetz zur Modernisierung des GmbH-Rechts und zur Bekämpfung von Missbräuchen (MoMiG) – Stellungnahme zur Anhörung des Rechtsausschusses am 23. Januar 2008; zit. Hoffmann-Becking, Anhörung BT-Drucks. 16/6140 (MoMiG)

Jung, Peter, Stellungnahme zum Regierungsentwurf betreffend das Gesetz zur Modernisierung des GmbH-Rechts und zur Bekämpfung von Missbräuchen (MoMiG), BT-Drucks. 16/6140; zit. Jung, Anhörung BT-Drucks. 16/6140 (MoMiG)

Lutter, Marcus, Stellungnahme zum Entwurf eines Gesetzes zur Modernisierung des GmbH-Rechts und zur Bekämpfung von Missbräuchen (MoMiG) zur Vorbereitung der öffentlichen Anhörung vor dem Rechtsausschuss des Deutschen Bundestages am 23. Januar 2008; zit. Lutter, Anhörung BT-Drucks. 16/6140 (MoMiG)

Ries, Peter, Schriftliche Stellungnahme für die Anhörung im Rechtsausschuss des Deutschen Bundestages am 23. Januar 2009 zum MoMiG; zit. Ries, Anhörung BT-Drucks. 16/6140 (MoMiG)

Stellungnahme der Centrale für GmbH Dr. Otto Schmid vom 02. Juli 2007 zum Regierungsentwurf eines Gesetzes zur Modernisierung des GmbH-Rechts und zur Bekämpfung von Missbräuchen (MoMiG) nach dem Stand vom 25. Mai 2007, in: GmbH Rundschau 2007, S. 754 bis 757; zit. Stellungnahme der Centrale für GmbH zum MoMiG, GmbHR 2007, S. 754

Literatur

Adler/Düring/Schmaltz, Rechnungslegung und Prüfung der Unternehmen, Kommentar zum HGB, AktG, GmbHG, PublG nach den Vorschriften des Bilanzrichtlinien-Gesetzes, Teilband 5, 6. Auflage, neu bearbeitet von Karl-Heinz Forster, Reinhard Goerdeler, Hans-Peter Müller, Günter Siepe und Klaus Stolberg, Stuttgart, 1997; zit. *ADS*, Bd. 5

Altmeppen, Holger, „Upstream-loans", Cash-Pooling und Kapitalerhaltung nach neuem Recht, in: Zeitschrift für Wirtschaftsrecht 2009, S. 49 bis 56; zit. Altmeppen, ZIP 2009, S. 49

Altmeppen, Holger, Zur vorsätzlichen Gläubigerschädigung, Existenzvernichtung und materiellen Unterkapitalisierung in der GmbH, in: Zeitschrift für Wirtschaftsrecht 2008, S. 1201 bis 1207; zit. Altmeppen, ZIP 2008, S. 1201

Altmeppen, Holger, Das neue Recht der Gesellschafterdarlehen in der Praxis, in: Neue Juristische Wochenzeitschrift 2008, S. 3601 bis 3607; zit. Altmeppen, NJW 2008, S. 3601

Altmeppen, Holger, Abschied vom „Durchgriff" im Kapitalgesellschaftsrecht, in: Neue Juristische Wochenschrift 2007, S. 2657 bis 2660; zit. Altmeppen, NJW 2007, S. 2657

Altmeppen, Holger, Geschäftsleiterhaftung für Weglassen des Rechtsformzusatzes aus deutsch-europäischer Sicht, in: Zeitschrift für Wirtschaftsrecht 2007, S. 889 bis 896; zit. Altmeppen, ZIP 2007, S. 889

Altmeppen, Holger, Änderungen der Kapitalersatz- und Insolvenzverschleppungshaftung aus „deutsch-europäischer" Sicht, in: Neue Juristische Wochenschrift 2005, S. 1911 bis 1915; zit. Altmeppen, NJW 2005, S. 1911

Altmeppen, Holger, Schutz vor „europäischen" Kapitalgesellschaften, in: Neue Juristische Wochenschrift 2004, S. 97 bis 104; zit. Altmeppen, NJW 2004, S. 97

Altmeppen, Holger, Grundlegend Neues zum „qualifiziert faktischen" Konzern und zum Gläubigerschutz in der Einmann-GmbH, in: Zeitschrift für Wirtschaftsrecht 2001, S. 1837 bis 1847; zit. Altmeppen, ZIP 2001, S. 1837

Bareis, Peter, Korrektur verdeckter Gewinnausschüttungen außerhalb der Bilanz?, in: GmbH Rundschau 2009, S. 813 bis 816; zit. Bareis, GmbHR 2009, S. 813

Barta, Sebastian, Das Kapitalsystem von GmbH und AG – Inhalt und Zweck der Regelung über Stamm- bzw. Grundkapital (Zugleich Anmerkung zum Referentenentwurf eines „Gesetzes zur Neuregelung des Mindestkapitals der GmbH (MindestKapG)“), in: GmbH Rundschau 2005, S. 657 bis 662; zit. Barta, GmbHR 2005, S. 657

Bartl, Harald/Bartl, Angela/Fichtelmann, Helmar/Koch, Detlef/Schlarb, Eberhard, Heidelberger Kommentar, GmbH-Recht, 6., neu bearbeitete Auflage, Heidelberg, 2009; zit. Bearb., in: HK-GmbH-Recht

Baumbach, Adolf/Hopt, Klaus J., Handelsgesetzbuch mit GmbH & Co. KG, Handelsklauseln, Bank- und Börsenrecht, Transportrecht (ohne Seerecht), 34. Auflage, München, 2008; zit. Bearb., in: Baumbach/Hopt

Baumbach, Adolf/Hueck, Alfred, Gesetz betreffend die Gesellschaft mit beschränkter Haftung, 19. Auflage 2010, München; zit. Bearb., in: Baumbach/Hueck

Bayer, Walter, „MoMiG II“ – Plädoyer für eine Fortführung der GmbH-Reform, in: GmbH Rundschau 2010 – Marcus Lutter zum 80. Geburtstag, S. 1289 bis 1297; zit. Bayer, GmbHR 2010, S. 1289

Bayer, Walter, Neue und neuste Entwicklungen zur verdeckten GmbH-Sacheinlage, in: Zeitschrift für Wirtschaftsrecht 1998, S. 1985 bis 1993; zit. Bayer, ZIP 1998, S. 1985

Bayer, Walter, Die EuGH-Entscheidung „Inspire Art“ und die deutsche GmbH im Wettbewerb der europäischen Rechtsordnungen, in: Betriebs-Berater 2003, S. 2357 bis 2366; zit. Bayer, BB 2003, S. 2357

Bayer, Walter/Hoffmann, Thomas, Neue Daten zur Unternehmergesellschaft, in: GmbH Rundschau 2012, R51; zit. Bayer/Hoffmann, GmbHR 2012, R51

Bayer, Walter/Hoffmann, Thomas, Zwei Jahre Unternehmergesellschaft – ein Geburtstagsgruß, in: GmbH Rundschau 2010 – Marcus Lutter zum 80. Geburtstag, R369 bis R370; zit. Bayer/Hoffmann, GmbHR 2010, R369

Bayer, Walter/Hoffmann, Thomas, Die Unternehmergesellschaft im Vertragskonzern – ein erster empirischer Befund, in: GmbH Rundschau 2010, R311; zit. Bayer/Hoffmann, GmbHR 2010, R311

Bayer, Walter/Hoffmann, Thomas, Die Wahrnehmung der Limited als Rechtsformalternative zur GmbH, in: GmbH Rundschau 2007, S. 414 bis 417; zit. Bayer/Hoffmann, GmbHR 2007, S. 414

Bayer, Walter/Graff, Simone, Das neue Eigenkapitalersatzrecht nach dem MoMiG, in: Deutsches Steuerrecht 2006, S. 1654 bis 1659; zit. Bayer/Graff, DStR 2006, S. 1654

Beck'scher Bilanz-Kommentar, Handels- und Steuerbilanz, §§ 238 bis 339, 342 bis 342e HGB mit IFRS-Abweichungen, herausgegeben von Helmut Ellrott, Gerhart Förschle, Michael Kozikowski und Norbert Winkeljohann, 7., völlig neubearbeitete Auflage, München, 2010; zit. Bearb., in: Beck'scher Bilanzkomm.

Beck'sches Handbuch der GmbH, Gesellschaftsrecht – Steuerrecht, herausgegeben von Welf Müller und Norbert Winkeljohann, 4., vollständig überarbeitete und erweiterte Auflage, München, 2009; zit. Bearb., in: Beck'sches GmbH-Hdb.

Bezzenberger, Tilman, Das Kapital der Aktiengesellschaft – Kapitalerhaltung, Vermögensbindung, Konzernrecht, Köln, 2005; zit. Bezzenberger, Das Kapital der Aktiengesellschaft

Binz, Mark K./Sorg, Martin H, Die GmbH & Co. KG im Gesellschafts- und Steuerrecht, 11. Auflage, München, 2010; zit. Binz/Sorg, Die GmbH & Co. KG

Bitter, Georg, Gesellschafterhaftung für materieller Unterkapitalisierung – Betrachtungen aus ökonomischer und juristischer Perspektive, in: Steuerungsfunktionen des Haftungsrechts im Gesellschafts- und Kapitalmarktrecht, herausgegeben von Gregor Bachmann, Matthias Casper, Carsten Schäfer, Rüdiger Veil, Baden-Baden, 2007, S. 57 bis 90; zit. Bitter, in: Bachmann/Casper/Schäfer/Veil, S. 57

Bitter, Georg, Rechtsperson und Kapitalerhaltung – Gesellschafterschutz vor „verdeckten Gewinnausschüttungen" bei Kapital- und Personengesellschaften, Zeitschrift für das gesamte Handelsrecht und Wirtschaftsrecht, 168. Band, 2004, S. 302 bis 351; zit. Bitter, ZHR 168 (2004), S. 302

Bitter, Georg, Der Anfang vom Ende des „qualifizierten faktischen GmbH-Konzern“ – Ansätze einer allgemeinen Missbrauchshaftung in der Rechtsprechung des BGH –, in: Wertpapiermitteilungen – Zeitschrift für Wirtschafts- und Bankrecht, 2001, S. 2133 bis 2141; zit. Bitter, WM 2001, S. 2133

Blasche, Sebastian, Kurzkommentar zu OLG München, Beschluss v. 23.09.2010, 31 Wx 149/10, in: Entscheidungen zum Wirtschaftsrecht 2010, S. 709 bis 710; zit. Blasche, EWiR 2010, S. 709

Böcker, Philipp/Poertzgen, Christoph, Kausalität und Verschulden beim künftigen § 64 Satz 3 GmbHG, in: Wertpapiermitteilungen – Zeitschrift für Wirtschafts- und Bankrecht 2007, S. 1203 bis 1208; zit. Böcker/Poertzgen, WM 2007, S. 1203

Bork, Reinhard, Abschaffung des Eigenkapitalersatzrechts zugunsten des Insolvenzrechts?, in: Zeitschrift für Unternehmens- und Gesellschaftsrecht 2007, S. 250 bis 270; zit. Bork, ZGR 2007, S. 250

Bormann, Michael, Der Entwurf des „*MoMiG*“ und die Auswirkungen auf die Kapitalaufbringung, in: GmbH Rundschau 2006, S. 1021 bis 1025; zit. Bormann, GmbHR 2006, S. 1021

Bormann, Michael, Die Kapitalaufbringung nach dem Regierungsentwurf des MoMiG, in: GmbH Rundschau 2007, S. 897 bis 904; zit. Bormann, GmbHR 2007, S. 897

Bormann, Michael/Ulrichs, Marc, Kapitalaufbringung und Kapitalerhaltung nach dem MoMiG, in: GmbH Rundschau, Sonderheft Oktober 2008, S. 37 bis 51; zit. Bormann/Ulrichs, GmbHR 2008, Sonderheft 10/2008, S. 37

Brandner, Hans Erich, Haftung des Gesellschafter/Geschäftsführers einer GmbH aus culpa in contrahendo, in: Festschrift für Winfried Werner zum 65. Geburtstag am 17. Oktober 1984, Handelsrecht und Wirtschaftsrecht in der Bankpraxis, herausgegeben von Walter Hadding, Ulrich Immenga, Hans-Joachim Mertens, Klemens Pleyer und Uwe H. Schneider, 1984, S. 53 bis 65; zit. Brandner, in: FS Werner, S. 53

Brinkmann, Moritz, Zur Haftung von Geschäftsführern und sonstigen Vertretern ausländischer Gesellschaften wegen Fehlen des Rechtsformzusatzes (zu BGH, 5.2.2007 – II ZR 84/05), in: Praxis des Internationalen Privat- und Verfahrensrechts 2008, S. 30 bis 36; zit. Brinkmann, IPRax 2008, S. 30

Bunnemann, Jan/Zirngibl, Nikolas, Die Gesellschaft mit beschränkter Haftung in der Praxis, 2. Auflage, München, 2011; zit. Bearb., in: Bunnemann/Zirngibl

Burgard, Ulrich, Die Förder- und Treuepflicht des Alleingesellschafters einer GmbH – Überlegungen zu einer gläubigerschützenden Corporate Governance bei der GmbH, in: Zeitschrift für Wirtschaftsrecht 2002, S. 827 bis 839; zit. Burgard, ZIP 2002, S. 827

Buth, Andrea K./Hermanns, Michael (Hrsg.), Restrukturierung, Sanierung, Insolvenz, 3., vollständig neu bearbeitete Auflage, München, 2009; zit. Bearb., in: Buth/Hermanns

Cahn, Andreas, Das Zahlungsverbot nach § 92 Abs. 2 Satz 3 AktG – aktien- und konzernrechtliche Aspekte des neuen Liquiditätsschutz, in: Der Konzern 2009, S. 7 bis 17; zit. Cahn, DK 2009, S. 7

Canaris, Claus-Wilhelm, Handelsrecht, 24., vollständig neu bearbeitete Auflage, 2006; zit. Canaris, Handelsrecht

Canaris, Claus-Wilhlem/Schilling, Wolfgang/Ulmer, Peter (Hrsg.), Handelsgesetzbuch, Großkommentar, begründet von Hermann Staub, Band 3, 2. Teilband: §§ 290 bis 342a HGB, 4., neubearbeitete Auflage, Berlin/New York, 2002; zit. Bearb., in: Großkomm. HGB, Bd. 3/2

Dahl, Michael, Die Änderung des Überschuldungsbegriffs durch Art. 5 Finanzmarktstabilisierungsgesetzes (FMStG), in: Neue Zeitschrift für das Recht der Insolvenz und Sanierung 2008, S. 719 bis 721; zit. Dahl, NZI 2008, S. 719

Dahl, Michael/Schmitz, Jan, Probleme von Überschuldung und Zahlungsunfähigkeit nach FMStG und MoMiG, in: Neue Zeitschrift für Gesellschaftsrecht 2009, S. 567 bis 570; zit. Dahl/Schmitz, NZG 2009, S. 567

Dahl, Michael/Schmitz, Jan, Eigenkapitalersatz nach dem MoMiG aus insolvenzrechtlicher Sicht, in: Neue Zeitschrift für Gesellschaftsrecht 2009, S. 325 bis 331; zit. Dahl/Schmitz, NZG 2009, S. 325

Dauner-Lieb, Barbara, Die Existenzvernichtungshaftung als deliktische Innenhaftung gemäß § 826 BGB – Besprechung der Entscheidung BGH DStR 2007, 1586 (Trihotel), in: Zeitschrift für Unternehmens- und Gesellschaftsrecht 2008, S. 34 bis 47; zit. Dauner-Lieb, ZGR 2008, S. 34

Dauner-Lieb, Barbara, Die Existenzvernichtungshaftung – Schluss der Debatte?, in: Deutsches Steuerrecht 2006, S. 2034 bis 2041; zit. Dauner-Lieb, DStR 2006, S. 2034

Dreher, Meinrad, Die gesellschaftsrechtliche Treuepflicht bei der GmbH, in: Deutsches Steuerrecht 1993, S. 1632 bis 1636; zit. Dreher, DStR 1993, S. 1632

Drygala, Tim, Zweifelsfragen im Regierungsentwurf zum MoMiG, in: Neue Zeitschrift für Gesellschaftsrecht 2007, S. 561 bis 565; zit. Drygala, NZG 2007, S. 561

Drygala, Tim, Für eine alternative Rechtsform neben einer reformierten GmbH – Leipziger Entwurf einer Kommanditgesellschaft mit beschränkter Haftung (KmbH), in: Zeitschrift für Wirtschaftsrecht 2006, S. 1797 bis 1805; zit. Drygala, ZIP 2006, S. 1797

Drygala, Tim, Stammkapital heute – Zum veränderten Verständnis vom System des festen Kapitals und seinen Konsequenzen, in: Zeitschrift für Unternehmens- und Gesellschaftsrecht 2006, S. 587 bis 637; zit. Drygala, ZGR 2006, S. 587

Drygala, Tim/Kremer, Thomas, Alles neu macht der Mai – Zur Neuregelung der Kapitalerhaltungsvorschriften im Regierungsentwurf zum MoMiG, in: Neue Zeitschrift für Gesellschaftsrecht 2007, S. 1289 bis 1296; zit. Drygala/Kremer, ZIP 2007, S. 1289

Ebenroth, Carsten Thomas/Boujong, Karlheinz/Joost, Detlev/Strohn, Lutz, Handelsgesetzbuch, Band 1, §§ 1 bis 342e, 2. Auflage, München, 2008, herausgegeben von Detlev Joost und Lutz Strohn; zit. Bearb., Ebenroth/Boujong/Joost/Strohn, HGB, Bd. 1

Ehricke, Ulrich, Haftungsproblem bei der Unternehmensbestattung, in: Festschrift für Klaus J. Hopt zum 70. Geburtstag am 24. August 2010 – Unternehmen, Markt und Verantwortung, Band. 1, herausgegeben von Stefan Grundmann, Brigitte Haar, Hanno Merkt, Peter O. Mühlbert, Marina Wellenhofer sowie Harald Baum, Jan von Hein, Thomas von Hippel, Katharina Pistor, Markus Roth und Heike Schweitzer, Berlin/New York, 2010, S. 589 bis 627; zit. Ehricke, in: FS Hopt, Bd. 1, S. 589

Eidenmüller, Horst, Die GmbH im Wettbewerb der Rechtsformen, in: Zeitschrift für Unternehmens- und Gesellschaftsrecht 2007, S. 168 bis 211; zit. Eidenmüller, ZGR 2007, S. 168

Eidenmüller, Horst, Gesellschafterdarlehen in der Insolvenz, in: Festschrift für Claus-Wilhelm Canaris zum 70. Geburtstag, herausgegeben von Andreas Heldrich, Jürgen Prölss, Ingo Koller sowie Katja Langenbucher, Hans Christoph Grigoleit, Johannes Hager, Felix Christopher Hey, Jörg Neuner, Jens Petersen, Reinhard Singer, München, 2007, Band II, S. 49 bis 70; zit. Eidenmüller, in: FS Canaris, Bd. 2, S. 49

Eidenmüller, Horst/Engert, Andreas, Rechtsökonomie des Mindestkapitals im GmbH-Recht, in: GmbH Rundschau 2005, S. 433 bis 438; zit. Eidenmüller/Engert, GmbHR 2005, S. 433

Emmerich, Volker/Habersack, Mathias, Aktien- und GmbH-Konzernrecht, 6., überarbeitete Auflage, München, 2010; zit. Emmerich/Habersack

Engert, Andreas, Solvenzanforderungen als gesetzliche Ausschüttungssperre bei Kapitalgesellschaften, in: Zeitschrift für das gesamte Handelsrecht und Wirtschaftsrecht, Band 170 (2006), S. 296 bis 335; zit. Engert, ZHR 170 (2006), S. 296

Engert, Andreas, Die Wirksamkeit des Gläubigerschutzes durch Nennkapital – Überprüfung anhand von Daten der Creditreform Rating AG und weiterer Rechtstatsachen, in: GmbH Rundschau 2007, S. 337 bis 344; zit. Engert, GmbHR 2007, S. 337

Ensthaler, Jürgen/Füller, Thomas/Schmidt, Burkhard, Kommentar zum GmbH-Gesetz, 2. Auflage 2010, Köln; zit. Bearb., in: Ensthaler/Füller/Schmidt, GmbHG

Eusani, Guido, Das neue Deckungsgebot und Leistungen causa societatis nach § 30 Abs. 1 GmbHG, in: GmbH Rundschau 2009, S. 512 bis 518; zit. Eusani, GmbHR 2009, S. 512

Fastrich, Lorenz, Optimierung des Gläubigerschutzes bei der GmbH – Praktikabilität und Effizienz, in: Deutsches Steuerrecht 2006, S. 656 bis 663; zit. Fastrich, DStR 2006, S. 656

Fischer, Martin, Die Verlagerung des Gläubigerschutzes vom Gesellschafts- in das Insolvenzrecht nach „Inspire Art", in: Zeitschrift für Wirtschaftsrecht 2004, S. 1477 bis 1487; zit. Fischer, ZIP 2004, S. 1477

Fleck, Hans-Joachim, Der Grundsatz der Kapitalerhaltung – seine Ausweitung und seine Grenzen, Festschrift 100 Jahre GmbH-Gesetz, herausgegeben von Marcus Lutter, Peter Ulmer und Wolfgang Zöllner, Köln, 1992, S. 391 bis 419; zit. Fleck, in: FS GmbHG, S. 391

Flume, Werner, Allgemeiner Teil des Bürgerlichen Rechts, Erster Band, Zweiter Teil, Die juristische Person, Berlin/Heidelberg/New York/Tokyo, 1983; zit. Flume, Die juristische Person

Frankfurter Kommentar zur Insolvenzordnung, herausgegeben von Klaus Wimmer, 5., neu bearbeitete Auflage, Köln, 2009; zit. Bearb., in: FK-InsO

Freistaat Bayern, Entwurf eines Gesetzes zur Einführung des Kaufmanns mit beschränkter Haftung, Stand: 16. März 2007; zit. Freistaat Bayern, Gesetz zur Einführung des Kaufmanns mit beschränkter Haftung

Freitag, Robert/Riemenschneider, Markus, Die Unternehmergesellschaft – GmbH "light" als Konkurrenz für die Limited, in: Zeitschrift für Wirtschaftsrecht 2007, S. 1485 bis 1492; zit. Freitag/Riemenschneider, ZIP 2007, S. 1485

Fuchs, Ingo, Die Neuregelung der verdeckten Sacheinlage durch das MoMiG und ihre Rückwirkung, in: Betriebs-Berater 2009, S. 170 bis 176; zit. Fuchs, BB 2009, S. 170

Gehb, Jürgen/Drange, Günther/Heckelmann, Martin, Gesellschaftsrechtlicher Typenzwang als Zwang zu neuen Gesellschaftstypen – Gemeinschaftsrecht fordert deutsche UGG, in: Neue Zeitschrift für Gesellschaftsrecht 2006, S. 88 bis 96; zit. Gehb/Drange/Heckelmann, NZG 2006, S. 88

Gehb, Jürgen, Entwurf eines Gesetzes über die Unternehmergesellschaft – Unternehmergesellschaftsgesetz (UGG), Stand: 15. März 2007; zit. Gehb, Unternehmergesellschaftsgesetz (UGG)

Gehrlein, Markus, Die Existenzvernichtungshaftung im Wandel der Rechtsprechung, in: Wertpapiermitteilungen – Zeitschrift für Wirtschafts- und Bankrecht, 2008, S. 761 bis 769; zit. Gehrlein, WM 2008, S. 761

Gehrlein, Markus, Die Behandlung von Gesellschafterdarlehen durch das MoMiG, in: Betriebs-Berater 2008, S. 846 bis 854; zit. Gehrlein, BB 2008, S. 846

Gehrlein, Markus, Der aktuelle Stand des neuen GmbH-Rechts, in: Der Konzern 2007, S. 771 bis 796; zit. Gehrlein, DK 2007, S. 771

Gernhuber, Joachim, Bürgerliches Recht, 3. Auflage, München, 1991; zit. Gernhuber, Bürgerliches Recht

Gesmann-Nuissl, Dagmar, Quo vadis, GmbH? – zum Entwurf des Gesetzes zur Modernisierung des GmbH-Rechts und zur Bekämpfung von Missbräuchen (MoMiG), in: Wertpapiermitteilungen – Zeitschrift für Wirtschafts- und Bankrecht 2006, S. 1756 bis 1764; zit. Gesmann-Nuissl, WM 2006, S. 1756

Gloger, Christian, Haftungsbeschränkung versus Gläubigerschutz in der GmbH – Rechtsvergleichende Studie zum deutschen und brasilianischen Recht, erschienen in: Abhandlungen zum deutschen und europäischen Handels- und Wirtschaftsrecht, herausgegeben von Goetz Hueck, Marcus Lutter und Wolfgang Zöller, Köln/Berlin/München, 2007; zit. Gloger, Haftungsbeschränkung vs. Gläubigerschutz in der GmbH

Gloger, Christian/Goette, Constantin/Japing, Janna, Existenzvernichtungshaftung und Unterkapitalisierung, in: Zeitschrift für das gesamte Insolvenzrecht 2008, S. 1051 bis 1058; zit. Gloger/Goette/Japing, ZInsO 2008, S. 1051

Göllert, Kurt, Auswirkungen des Bilanzrechtsmodernisierungsgesetzes (BilMoG) auf die Bilanzpolitik, in: Der Betrieb 2008, S. 1165 bis 1171; zit. Göllert, DB 2008, S. 1165

Goette, Wulf/Habersack, Mathias (Hrsg.), Das MoMiG in Wissenschaft und Praxis, 2009; zit. Bearb., in: Goette/Habersack

Goette, Wulf, Einführung in das neue GmbH-Recht, 2008; zit. Goette, Einführung in das neue GmbH-Recht

Goette, Wulf, Die GmbHG – Darstellung anhand der Rechtsprechung des BGH, 2. Auflage, München, 2002; zit. Goette, Die GmbHG

Goette, Wulf, Leitung, Aufsicht, Haftung – zur Rolle der Rechtsprechung bei der Sicherung einer modernen Unternehmensführung, in: Festschrift aus Anlaß des fünfzigjährigen Bestehens von Bundesgerichtshof, Bundesanwaltschaft und Rechtsanwaltschaft beim Bundesgerichtshof, herausgegeben von Karlmann Geiß, Kay Nehm, Hans Erich Brandner und Horst Hagen, Köln/Berlin/Bonn/München, 2000, S. 123 bis 142; zit. Goette, in FS 50 Jahre BGH, S. 123

Goette, Wulf, Einige Aspekte des Eigenkapitalersatzrechts aus richterlicher Sicht, in: Zeitschrift für das gesamte Handelsrecht und Wirtschaftsrecht, 162. Band, 1998, S. 223 bis 231; zit. Goette, ZHR 162 (1998), S. 223

Goette, Wulf, Der Stand der höchstrichterlichen Rechtsprechung zur Kapitalaufbringung im GmbH-Recht, in: Deutsches Steuerrecht 1997, S. 924 bis 932; zit. Goette, DStR 1997, S. 924

Greulich, Sven/Bunnemann, Jan, Geschäftsführerhaftung für zur Zahlungsunfähigkeit führende Zahlungen an die Gesellschafter nach § 64 Abs. 2 Satz 3 GmbHG-RefE – Solvenztest im deutschen Recht?, in: Neue Zeitschrift für Gesellschaftsrecht 2006, S. 681 bis 687; zit. Greulich/Bunnemann, NZG 2006, S. 681

Greulich, Sven/Grau, Thomas, Zur partiellen Insolvenzverursachungshaftung des GmbH-Geschäftsführers nach § 64 S. 3 GmbHG-RegE, in: Neue Zeitschrift für Gesellschaftsrecht 2008, S. 284 bis 289; zit. Greulich/Grau, NZG 2008, S. 284

Grigoleit, Hans Christoph/Rieder, Markus S., GmbH-Recht nach dem MoMiG, 2009; zit. Grigoleit/Rieder

Grunewald, Barbara, Rechtsfolgen verdeckter Sacheinlagen, Festschrift für Heinz Rowedder zum 75. Geburtstag, herausgegeben von Gerd Pfeifer, Günther Wiese und Klaus Zimmermann, München, 1994, S. 111 bis 118; zit. Grunewald, in: FS Rowedder, S. 111

Grunewald, Barbara/Noack, Ulrich, Die Zukunft des Kapitalsystems der GmbH – Die Ein-Euro-GmbH in Deutschland, in: GmbH Rundschau 2005, S. 189 bis 195; zit. Grunewald/Noack, GmbHR 2005, S. 189

Gude, Hardy, Erfolgsmodell Unternehmergesellschaft? Eine Risiko-Analyse zum 2. Geburtstag der Unternehmergesellschaft, in: Zeitschrift zum Insolvenzrecht 2010, S. 2385 bis 2388; zit. Gude, ZinsO 2010, S. 2385

Gummert, Hans, Die Kapitalaufbringung bei der Komplementär-GmbH einer GmbH & Co. KG – Zum Urteil des BGH vom 10.12.2007, II ZR 180/06, in: Deutsches Steuerrecht 2008, S. 976 bis 983; zit. Gummert, DStR 2008, S. 976

Haack, Hansjörg, Die Unternehmergesellschaft, in: Neue Wirtschaftsbriefe – Steuer- und Wirtschaftsrecht 2007, S. 4234 bis 4239; zit. Haack, NWB 2007, S. 4234

Haaker, Andreas, Ein kritischer Blick auf den Entwurf eines DSR-Thesenpapiers zur Zukunft des europäischen Gläubigerschutzes – Eine ökonomische Analyse hinsichtlich der Zielsetzung eines hinreichenden Gläubigerschutzes, in: Zeitschrift für Unternehmens- und Gesellschaftsrecht 2010, S. 1055 bis 1094; zit. Haaker, ZGR 2010, S. 1055

Haas, Ulrich, Reform des gesellschaftsrechtlichen Gläubigerschutzes, Gutachten E zum 66. Deutschen Juristentag Stuttgart 2006, herausgegeben von der Ständigen Deputation des Deutschen Juristentages, Band I, München, 2006; zit. Haas, Gutachten E, 66. Deutscher Juristentag

Haas, Ulrich, Mindestkapital und Gläubigerschutz in der GmbH, in: Deutsches Steuerrecht 2006, S. 993 bis 1006; zit. Haas, DStR 2006, S. 993

Haas, Ulrich, Die Vertreterhaftung bei Weglassen des Rechtsformzusatzes nach § 4 Abs. 2 GmbHG, in: Neue Juristische Wochenschrift 1997, S. 2854 bis 2857; zit. Haas, NJW 1997, S. 2854

Habersack, Mathias, Neues zur verdeckten Sacheinlage und zum Hin- und Herzahlen – das „*Qivive*"-Urteil des BGH, in: Gesellschafts- und Wirtschaftsrecht 2009, S. 129 bis 132; zit. Habersack, GWR 2009, S. 129

Habersack, Mathias, Trihotel – Das Ende der Debatte? – Überlegungen zur Haftung für schädigende Einflussnahme im Aktien- und GmbH-Recht, in: Zeitschrift für Unternehmens- und Gesellschaftsrecht 2008, S. 533 bis 559; zit. Habersack, ZGR 2008, S. 533

Habersack, Mathias, Die Erstreckung des Rechts der Gesellschafterdarlehen auf Dritte, insbesondere im Unternehmensverbund, in: Zeitschrift für Wirtschaftsrecht 2008, S. 2385 bis 2392; zit. Habersack, ZIP 2008, S. 2385

Habersack, Mathias, Gesellschafterdarlehen nach MoMiG: Anwendungsbereich, Tatbestand und Rechtsfolgen der Neuregelung, in: Zeitschrift für Wirtschaftsrecht 2007, S. 2145 bis 2153; zit. Habersack, ZIP 2007, S. 2145

Hachenburg, Max, Gesetz betreffend die Gesellschaft mit beschränkter Haftung (GmbHG), Großkommentar, herausgegeben von Peter Ulmer, 8. neubearbeitete Auflage, Erster Band – Allgemeine Einleitung; §§ 1 bis 34, Berlin/New York, 1992; zit. Bearb., in: Hachenburg, GroßkommGmbHG, Bd. 1

Haller, Axel, Probleme bei der Bilanzierung der Rücklage und des Bilanzergebnisses einer Aktiengesellschaft nach neuem Bilanzrecht, in: Der Betrieb 1987, S. 645 bis 652; zit. Haller, DB 1987, S. 645

Hartmann, Christian, Der Schutz der GmbH vor ihren Gesellschaftern – Zu den Grenzen gesellschafterlicher Disposition über die Treuepflicht gegenüber der Gesellschaft, in: GmbH Rundschau 1999, S. 1061 bis 1069; zit. Hartmann, GmbHR 1999, S. 1061

Heckschen, Heribert, Das MoMiG in der notariellen Praxis, München, 2009; zit. Heckschen, Das MoMiG in der notariellen Praxis

Heckschen, Heribert/Heidinger, Andreas, Die GmbH in der Beratungs- und Gestaltungspraxis, 2., völlig überarbeitete und erweiterte Auflage, München, 2009; zit. Bearb. in: Heckschen/Heidinger

Heckschen, Heribert, Gründungserleichterungen nach dem MoMiG - Zweifelsfragen in der Praxis, in: Deutsches Steuerrecht 2009, S. 166 bis 174; zit. Heckschen, DStR 2009, S. 166

Heckschen, Heribert, Die GmbH-Reform – Wege und Irrwege, in: Deutsches Steuerrecht 2007, S. 1442 bis 1451; zit. Heckschen, DStR 2007, S. 1442

Heinemann, Joachim, Die Unternehmergesellschaft als Zielgesellschaft von Formwechsel, Verschmelzung und Spaltung nach dem Umwandlungsgesetz, in: Neue Zeitschrift für Gesellschaftsrecht 2008, S. 820 bis 822; zit. Heinemann, NZG 2008, S. 820

Heinze, Harald, Verdeckte Sacheinlage und verdeckte Finanzierung nach dem MoMiG, in: GmbH Rundschau 2008, S. 1065 bis 1074; zit. Heinze, GmbHR 2008, S. 1065

Hennrichs, Joachim, Kapitalschutz bei GmbH, UG (haftungsbeschränkt) und SPE, in: Neue Zeitschrift für Gesellschaftsrecht 2009, S. 921 bis 928; zit. Hennrichs, NZG 2009, S. 921

Hennrichs, Joachim, Die UG (haftungsbeschränkt) – Reichweite des Sacheinlageverbote und gesetzliche Rücklage, in: Neue Zeitschrift für Gesellschaftsrecht 2009, S. 1161 bis 1167; zit. Hennrichs, NZG 2009, S. 1161

Henssler, Martin/Strohn, Lutz (Hrsg.), Gesellschaftsrecht – BGB, HGB, PartGG, GmbHG, AktG, UmwG, GenG IntGesR, München, 2011; zit. Bearb., in: Henssler/Strohn

Herrler, Sebastian, Kapitalaufbringung nach dem MoMiG – Verdeckte Sacheinlage und Hin- und Herzahlen (§ 19 Abs. 4 und 5 GmbHG n.F.), in: Der Betrieb 2008, S. 2347 bis 2352; zit. Herrler, DB 2008, S. 2347

Herrler, Sebastian/Schneider, Susanne, Go ahead, come back – von der Limited (zurück) zur GmbH – Zivil- und steuerrechtliche Grundlagen mit Erfahrungsbericht, in: Deutsches Steuerrecht 2009, S. 2433 bis 2440; zit. Herrler/*Schneider*, DStR 2009, S. 2433

Hirte, Heribert, Neuregelung mit Bezug zum gesellschaftsrechtlichen Gläubigerschutz und im Insolvenzrecht durch das Gesetz zur Modernisierung des GmbH-Rechts und zur Bekämpfung von Missbräuchen (MoMiG), in: Zeitschrift für das gesamte Insolvenzrecht 2008, S. 689 bis 702; zit. Hirte, ZinsO 2008, S. 689

Hirte, Heribert, Die Unternehmergesellschaft (UG) nach dem Gesetz zur Modernisierung des GmbH-Rechts und zur Bekämpfung von Missbräuchen (MoMiG) – Ein Überblick, in: Zeitschrift für das gesamte Insolvenzrecht 2008, S. 933 bis 937; zit. Hirte, ZInsO 2008, S. 933

Hölzle, Gerrit, Gesellschafterfremdfinanzierung und Kapitalerhaltung im Regierungsentwurf des MoMiG, in: GmbH Rundschau 2007, S. 729 bis 736; zit. Hölzle, GmbHR 2007, S. 729

Hönn, Günther, Roma locuta? – Trihotel, Rechtsfortbildung und die gesetzliche Wertung, in: Wertpapiermitteilungen – Zeitschrift für Wirtschafts- und Bankrecht, 2008, S. 769 bis 778; zit. Hönn, WM 2008, S. 769

Hoffman, Jochen, Die stille Bestattung der Sitztheorie durch den Gesetzgeber, in: Zeitschrift für Wirtschaftrecht 2007, S. 1581 bis 1589; zit. Hoffman, ZIP 2007, S. 1581

Holzer, Johannes, Die Änderung des Überschuldungsbegriffes durch das Finanzmarktstabilisierungsgesetz, in: Zeitschrift für Wirtschaftsrecht 2008, S. 2108 bis 2111; zit. Holzer, ZIP 2008, S. 2108

Hopt, Klaus J./Wiedemann, Herbert (Hrsg.), Aktiengesetz, Großkommentar

2. Band, §§ 53a bis 75 AktG, 4. neubearbeitete Auflage, Berlin, 2008; zit. Bearb., in: GroßkommAktG, Bd. 2

6. Band, §§ 150 bis 220 AktG, 4. neubearbeitete Auflage, Berlin, 2006; zit. Bearb., in: GroßkommAktG, Bd. 6

Horn, Norbert, Deutsches und europäisches Gesellschaftsrecht und die EuGH-Rechtsprechung zur Niederlassungsfreiheit – Inspire Art, in: Neue Juristische Wochenschrift 2004, S. 893 bis 901; zit. Horn, NJW 2004, S. 893

Huber, Ulrich, Finanzierungsfolgenverantwortung de lege lata und de lege ferenda, in: Festschrift für Hans-Joachim Priester zum 70. Geburtstag, herausgegeben von Peter Hommelhoff, Peter Rawert und Karsten Schmidt, Köln, 2007, S. 259 bis 283; zit. Huber, in: FS Priester, S. 259

Huber, Ulrich/Habersack, Mathias, Zur Reform des Rechts der kapitalersetzenden Gesellschafterdarlehen, in: *Lutter, Marcus (Hrsg.)*, Das Kapital der Aktiengesellschaft in Europa, ZGR-Sonderheft 17, Berlin, 2006, S. 372 bis 433; zit. Huber/Habersack, in: Lutter, Das Kapital der Aktiengesellschaft in Europa, S. 372

Huber, Ulrich/Habersack, Mathias, GmbH-Reform: Zwölf Thesen zu einer möglichen Reform des Rechts der kapitalersetzenden Gesellschafterdarlehen, in: Betriebs-Berater 2006, S. 1 bis 6; zit. Huber/Habersack, BB 2006, S. 1

Hübner, Ulrich, Mindestkapital und alternativer Gläubigerschutz – rechtsvergleichende Anmerkung zur Entwicklung des GmbH-Rechts, Festschrift für Claus-Wilhelm Canaris zum 70. Geburtstag, herausgegeben von Andreas Heldrich, Jürgen Prölss, Ingo Koller sowie Katja Langenbucher, Hans Christoph Grigoleit, Johannes Hager, Felix Christopher Hey, Jörg

Neuner, Jens Petersen, Reinhard Singer, Band II, S. 129 bis 145; zit. Hübner, in: FS Canaris, Bd. 2, S. 129

Hüffer, Uwe, Aktiengesetz, 9., neubearbeitete Auflage 2010, München; zit. Hüffer, AktG

Ihrig, Hans-Christoph, Einzelfragen zur Existenzvernichtungshaftung als Binnenhaftung, in: Deutsches Steuerrecht 2007, S. 1170 bis 1174; zit. Ihrig, DStR 2007, S. 1170

Jaeger, Ernst, Insolvenzordnung, Großkommentar

Band 1, §§ 1 bis 55 InsO, herausgegeben von Wolfram Henckel und Walter Gerhardt, Berlin, 2004; zit. Bearb., in: Jaeger, InsO, Bd. 1

Band 2, §§ 56 bis 102 InsO, herausgegeben von Wolfram Henckel und Walter Gerhardt, Berlin, 2007; zit. Bearb., in: Jaeger, InsO, Bd. 2

Joost, Detlef, Unternehmergesellschaft, Unterbilanz und Verlustanzeige, in: Zeitschrift für Wirtschaftsrecht 2007, S. 2242 bis 2248; zit. Joost, ZIP 2007, S. 2242

Joost, Detlev, Grundlagen und Rechtsfolgen der Kapitalerhaltung im Aktienrecht, in: Zeitschrift für das gesamte Handelsrecht und Wirtschaftsrecht, 149. Band, 1985, S. 419 bis 443; zit. Joost, ZHR 149 (1985), S. 419

Joost, Detlev, Grundlagen und Rechtsfolgen der Kapitalerhaltung in der GmbH, in: Zeitschrift für das gesamte Handelsrecht und Wirtschaftsrecht, 148. Band, 1984, S. 27 bis 55; zit. Joost, ZHR 148 (1984), S. 27

Jungmann, Carsten, Solvenztest- versus Kapitalschutzregeln – Zwei Systeme im Spannungsfeld von Gläubigerschutz und Finanzierungsfreiheit der Kapitalgesellschaft, in: Zeitschrift für Unternehmens- und Gesellschaftsrecht 2006, S. 638 bis 682; zit. Jungmann, ZGR 2006, S. 638

Katschinski, Ralf/Rawert, Peter, Stangenware versus Maßanzug: Vertragsgestaltung im GmbH-Recht nach Inkrafttreten des MoMiG, in: Zeitschrift für Wirtschaftsrecht 2008, S. 1993 bis 2002; zit. Katschinski/Rawert, ZIP 2008, S. 1993

Kirchhof, Paul (Hrsg.), EStG Kompaktkommentar: Einkommenssteuergesetz, 8. neu bearbeitete Auflage, Köln, 2008; zit. Bearb., in: Kirchhof, EStG

Kleindiek, Detlef, Die Geschäftsführerhaftung nach § 64 Satz 3 GmbHG – eine Zwischenbilanz, in: Gesellschafts- und Wirtschaftsrecht 2010, S. 75 bis 77; zit. Kleindiek, GWR 2010, S. 75

Kleindiek, Detlef, Geschäftsführerhaftung nach der GmbH-Reform, in: Festschrift für Karsten Schmidt zum 70. Geburtstag, herausgegeben von Georg Bitter, Marcus Lutter, Hans-Joachim Priester, Wolfgang Schön und Peter Ulmer, Köln, 2009, S. 893 bis 907; zit. Kleindiek, in: FS K. Schmidt, S. 893

Kleindiek, Detlef, Materielle Unterkapitalisierung, Existenzvernichtung und Deliktshaftung – GAMMA, in: Neue Zeitschrift für Gesellschaftsrecht 2008, S. 686 bis 690; zit. Kleindiek, NZG 2008, S. 686

Kleindiek, Detlef, Perspektiven des Kapitalschutzes – Themen und Meinungen in der nationalen Diskussion, Betriebs-Berater Spezial 5/2007, S. 2 bis 7; zit. Kleindiek, BB-Spezial 5/2007, S. 2

Kleindiek, Detlef, Ordnungswidrige Liquidation durch organisierte „Firmenbestattung", in: Zeitschrift für Unternehmens- und Gesellschaftsrecht 2007, S. 276 bis 310; zit. Kleindiek, ZGR 2007, S. 276

Kleindiek, Detlef, Krisenvermeidung in der GmbH: Gesetzliches Mindestkapital, Kapitalschutz und Eigenkapitalersatz, in: Zeitschrift für Unternehmens- und Gesellschaftsrecht 2006, S. 335 bis 365; zit. Kleindiek, ZGR 2006, S. 335

Kleindiek, Detlef, Auf dem Weg zur Reform des GmbH-Rechts – Die Initiative zur Neuregelung des Mindestkapitals der GmbH (MindestkapG), in: Deutsches Steuerrecht 2005, S. 1366 bis 1369; zit. Kleindiek, DStR 2005, S. 1366

Klose, Andreas, Anmerkung zu OLG München, Beschluss v. 23.09.2010, 31 Wx 149/10, in: GmbH Rundschau 2010, S. 1210 bis 1213; zit. Klose, GmbHR 2010, S. 1210

Klose, Andreas, Die Stammkapitalerhöhung bei der Unternehmergesellschaft (haftungsbeschränkt), in: GmbH Rundschau 2009, S. 294 bis 298; zit. Klose, GmbHR 2009, S. 294

Knof, Béla, Die neue Insolvenzverursachungshaftung nach § 64 Satz 3 RegE-GmbHG (Teil I), in: Deutsches Steuerrecht 2007, S. 1536 bis 1542; zit. Knof, DStR 2007, S. 1536

Knof, Béla, Die neue Insolvenzverursachungshaftung nach § 64 Satz 3 RegE-GmbHG (Teil II), in: Deutsches Steuerrecht 2007, S. 1580 bis 1586; zit. Knof, DStR 2007, S. 1580

Knof, Béla/Morck, Sebastian, Das MoMiG und die Auslandsinsolvenz haftungsbeschränkter Gesellschaften – Herausforderung oder Sisyphismus des modernen Gesetzgebers?, in: GmbH Rundschau 2007, S. 852 bis 858; zit. Knof/Morck, GmbHR 2007, S. 852

Kock, Stephan/Vater, Nicole/Mraz, Andreas, Die Zulässigkeit einer UG (haftungsbeschränkt) & Co. KG auch bei Gewinnausschluss zu Lasten der Komplementärin, Betriebs-Berater 2009, S. 848 bis 851; zit. Kock/Vater/Mraz, BB 2009, S. 848

Kölner Kommentar zum Aktiengesetz, herausgegeben von Wolfgang Zöllner

Band 1 – §§ 1 bis 75 AktG, 2. neubearbeitete und erweiterte Auflage, Köln, 1998; zit. Bearb., in: Kölner Kommentar AktG, Bd. 1

Band 4 – Rechnungslegung der Aktiengesellschaft, 2. neubearbeitete und erweiterte Auflage, Köln, 1991; zit. Bearb., in: Kölner Kommentar AktG, Bd. 4

Band 6 – §§ 291 bis 228 AktG, Konzernrechnungslegung, §§ 290 bis 315 HGB unter Einschluß von IAS und US-GAAP, 2. neubearbeitete und erweiterte Auflage, Köln, 2004; zit. Bearb., in: Kölner Kommentar AktG, Bd. 6

König, David C./Bormann, Jens, Die Reform des Rechts der Gesellschaften mit beschränkter Haftung, in: Deutsche Notarzeitschrift 2008, S. 652 bis 672; zit. König/Bormann, DNotZ 2008, S. 652

Koller, Ingo/Roth, Wulf-Henning/Morck, Winfried, Handelsgesetzbuch, 7. Auflage, München, 2011; zit. Bearb., in: Koller/Roth/Morck, HGB

Krejci, Heinz, GmbH-Reform: Gründerfreiheit statt Rechtssicherheit und Gläubigerschutz? – Warum das MoMiG für Österreichs GmbH-Reform kein leuchtendes Vorbild ist, Festschrift für Karsten Schmidt zum 70. Geburtstag, herausgegeben von Georg Bitter, Marcus Lutter, Hans-

Joachim Priester, Wolfgang Schön, Peter Ulmer, 2009, Köln, S. 981 bis 998; zit. Krejci, in: FS K. Schmidt, S. 981

Krolop, Kaspar, Zur Anwendung der MoMiG-Regelung zu Gesellschafterdarlehen auf gesellschaftsfremde Dritte – Von der Finanzierungsfolgenverantwortung des Gesellschafters zur Risikoübernahmeverantwortung des Risikokapitalgebers?, in: GmbH Rundschau 2009, S. 397 bis 405; zit. Krolop, GmbHR 2009, S. 397

Krolop, Kaspar, Mit dem MoMiG vom Eigenkapitalersatzrecht zu einem insolvenzrechtlichen Haftkapitalerhaltungssystem?, in: Zeitschrift für Wirtschaftsrecht 2007, S. 1738 bis 1745; zit. Krolop, ZIP 2007, S. 1738

Kübler, Bruno M./Prütting, Hannes/Bork, Reinhard (Hrsg.), Kommentar zur Insolvenzordnung

Band 1, §§ 1 bis 79 InsO, Loseblattsammlung, Stand: Dezember 2009, Köln; zit. Bearb., in: Kübler/Prütting/Bork, InsO, Bd. 1

Band 2, §§ 80 *bis* 173 InsO, Loseblattsammlung: Stand Februar 2010, Köln; zit. Bearb., in: Kübler/Prütting/Bork, InsO, Bd. 2

Band 4, EGInsO, EuInsVO, InsVV, Steuerrecht in der Insolvenz, AnfG, u.a., Loseblattsammlung: Stand Februar 2010, Köln; zit. Bearb., in: Kübler/Prütting/Bork, InsO, Bd. 4

Kübler, Friedrich, Institutioneller Gläubigerschutz oder Kapitalmarkttransparenz? – Rechtsvergleichende Überlegungen zu den „stillen Reserven“, in: Zeitschrift für das gesamte Handelsrecht und Wirtschaftsrecht, 159. Band (1995), S. 550 bis 566; zit. Kübler, ZHR 159 (1995), S. 550

Küting, Karlheinz, Geplante Neuregelung der Bilanzansatzwahlrechte durch das Bilanzrechtsmodernisierungsgesetz, in: Betriebs-Berater 2008, S. 1330 bis 1334; zit. Küting, BB 2008, S. 1330

Kuhner, Christoph, Zur Zukunft der Kapitalerhaltung durch bilanzielle Ausschüttungssperren im Gesellschaftsrecht der Staaten Europas, in: Zeitschrift für Unternehmens- und Gesellschaftsrecht 2005, S. 753 bis 787; zit. Kuhner, ZGR 2005, S. 753

Kußmaul, Heinz/Ruiner, Christoph, Das Gesetz zur Modernisierung des GmbH-Rechts und zur Bekämpfung von Missbräuchen (MoMiG) – Ein Überblick, in: Der Steuerberater 2009, S. 22 bis 28; zit. Kußmaul/Ruiner, StB 2009, S. 22

Larenz, Karl/Wolf, Manfred, Allgemeiner Teil des Bürgerlichen Rechts, 9., neubearbeitete und erweiterte Auflage, München, 2004; zit. Larenz/Wolf, BGB AT

Leuering, Dieter, Die Unternehmergesellschaft als Alternative zur Limited, in: Neue Juristische Wochenschrift Spezial 2007, S. 315 bis 316; zit. Leuering, NJW-Spezial 2007, S. 315

Leyendecker, Benjamin E., Rechtsökonomische Überlegungen zur Einführung der Unternehmergesellschaft (haftungsbeschränkt), in: GmbH Rundschau 2008, S. 302 bis 306; zit. Leyendecker, GmbHR 2008, S. 302

Lips, Jörg/Randel, Thierry/Werwigk, Claudius, Das neue GmbH-Recht – Ein Überblick, Deutsches Steuerrecht 2008, S. 2220 bis 2227; zit. Lips/Randel/Werwigk, DStR 2008, S. 2220

Lutter, Marcus (Hrsg.), Umwandlungsgesetz – Kommentar mit systematischer Darstellung des Umwandlungssteuerrechts

Band 1, §§ 1 bis 134, 4. neu bearbeitete und erweiterte Auflage, Köln, 2009; zit. Bearb., in: Lutter, UmwG, Bd. 1

Band 2, §§ 135 bis 325/SpruchG, 4. neu bearbeitete und erweiterte Auflage, Köln, 2009; zit. Bearb., in: Lutter, UmwG, Bd. 2

Lutter, Marcus, Für eine Unternehmer-Gesellschaft (UG) – Zur notwendigen Erweiterung der geplanten GmbH-Reform, in: Betriebs-Berater Spezial Nr.7/2006, S. 2 bis 4; zit. Lutter, BB Spezial Nr.7/2006, S. 2

Lutter, Marcus, Verdeckte Leistungen und Kapitalschutz, Festschrift für Ernst C. Stiefel zum 80. Geburtstag, herausgegeben von Marcus Lutter, Walter Oppenhoff, Otto Sandrock, Hanns Winkhaus, München, 1987, S. 505 bis 533; zit. Lutter, in: FS Stiefel, S. 505

Lutter, Marcus/Hommelhoff, Peter (Hrsg.), GmbH-Gesetz Kommentar, 17. völlig neu bearbeitete und erweiterte Auflage, Köln, 2009; zit. Bearb., in Lutter/Hommelhoff, GmbHG

Marotzke, Wolfgang, Das deutsche Insolvenzrecht in systemischen Krisen, in: Juristenzeitung 2009, S. 763 bis 774; zit. Marotzke, JZ 2009, S. 763

Medicus, Dieter, Zur Eigenhaftung des GmbH-Geschäftsführers aus Verschulden bei Vertragsschluss, Festschrift für Ernst Steindorff zum 70. Geburtstag am 13. März 1990, herausgegeben von Jürgen F. Baur, Klaus J. Hopt und K. Peter Mailänder, Berlin/New York, 1990, S. 725 bis 742; zit. Medicus, in: FS Steindorff, S. 725

Meister, Norbert, Die Auswirkungen des MoMiG auf das Umwandlungsrecht, in: Neue Zeitschrift für Gesellschaftsrecht 2008, S. 767 bis 770; zit. Meister, NZG 2008, S. 767

Merkt, Hanno, Der Kapitalschutz in Europa – ein rocher de bronze?, in: Zeitschrift für Unternehmens- und Gesellschaftsrecht 2004, S. 305 bis 323; zit. Merkt, ZGR 2004, S. 305

Meyer, Justus/Hermes, Judith, Das „GmbH-Schutzschild“ in der Insolvenz, in: GmbH Rundschau 2005, S. 807 bis 817; zit. Meyer/Hermes, GmbHR 2005, S. 807

Michalski, Lutz (Hrsg.), Kommentar zum Gesetz betreffend die Gesellschaft mit beschränkter Haftung (GmbHG), 2. neu bearbeitete Auflage, München, 2010

Band 1, Systematische Darstellungen 1 bis 7, §§ 1 bis 34 GmbHG; zit. Bearb., in: Michalski, GmbHG, Bd. 1

Band 2, §§ 35 bis 85 GmbHG, §§ 1 bis 4 EGGmbHG; zit. Bearb., in: Michalski, GmbHG, Bd. 2

Miras, Antonio, Die neue Unternehmergesellschaft – UG (haftungsbeschränkt) und vereinfachte Gründung nach neuem Recht, Mit Formularteil, 2. Auflage, München, 2011; zit. Miras, Unternehmergesellschaft

Miras, Antonio, Die bisherige Rechtsprechung zur Unternehmergesellschaft – Eine kritische Analyse, in: Der Betrieb 2010, S. 2488 bis 2493; zit. Miras, DB 2010, S. 2488

Möller, Christian, Die materiell unterkapitalisierte GmbH – Eine Untersuchung unter Berücksichtigung der Rechtsprechung zum existenzvernichtenden Eingriff aus rechtsvergleichender Sicht, München, 2005; zit. Möller, Die materiell unterkapitalisierte GmbH

Mülbert, Peter, Zukunft der Kapitalaufbringung/Kapitalerhaltung, in: Der Konzern 2004, S. 151 bis 162; zit. Mülbert, DK 2004, S. 151

Müller, Klaus J., Kapitalerhaltung und Bilanzierung: zur Ermittlung der Unterbilanz bei § 30 Abs. 1 GmbHG, in: Deutsches Steuerrecht 1997, S. 1577 bis 1581; zit. Müller, DStR 1997, S. 1577

Münchener Handbuch des Gesellschaftsrechts

Band 3 Gesellschaft mit beschränkter Haftung, 3., neubearbeitete Auflage, München, 2009, herausgegeben von Hans-Joachim Priester und Dieter Mayer; zit. Bearb., in: MünchHdb GesR III

Band 4, Aktiengesellschaft, 3., neubearbeitete und erweiterte Auflage, München, 2007, herausgegeben von Michael Hoffmann-Becking; zit. Bearb., in: MünchHdb GesR IV

Münchener Kommentar zum Aktiengesetz

Band 1, §§ 1 bis 75 AktG, 3. Auflage, München, 2008, herausgegeben von Wulf Goette und Mathias Habersack; zit. Bearb., in: MünchKommAktG, Bd. 1

Band 2, §§ 76 bis 117 AktG, MitbestG, DrittelbG, 3. Auflage, München, 2008, herausgegeben von Wulf Goette und Mathias Habersack; zit. Bearb., in: MünchKommAktG, Bd. 2

Band 5/1, §§ 148 bis 151, 161 bis 178 AktG, §§ 238 bis 264c, 342, 342a HGB, herausgegeben von Bruno Kropff und Johannes Semler, 2. Auflage, München, 2003; zit. Bearb., in: MünchKommAktG, Bd. 5/1

Band 5/2, §§ 152 bis 160 AktG, §§ 265 bis 289 HGB, herausgegeben von Bruno Kropff und Johannes Semler, 2. Auflage, München, 2004; zit. Bearb., in: MünchKommAktG, Bd. 5/2

Band 5, §§ 278 bis 328 AktG, SpruchG, ÖGesAusG, Österreichisches Konzernrecht, 3. Auflage, München, 2010, herausgegeben von Wulf Goette und Mathias Habersack; zit. Bearb., in: MünchKommAktG, Bd. 6

Münchener Kommentar zum Bürgerlichen Gesetzbuch, herausgegeben von Franz Jürgen Säcker und Roland Rixecker

Band 1, Teilband 1, Allgemeiner Teil, §§ 1 bis 240 BGB, ProstG, 5. Auflage, München, 2006; zit. Bearb., in: MünchKommBGB, Bd. 1

Band 2, Schuldrecht Allgemeiner Teil, §§ 241 bis 432, 5. Auflage, München, 2007; zit. Bearb., in: MünchKommBGB, Bd. 2

Band 5, Schuldrecht, Besonderer Teil III, §§ 705 bis 853, Partnerschaftsgesellschaftsrecht, Produkthaftungsgesetz, 5. Auflage, München, 2009; zit. Bearb., in: MünchKommBGB, Bd. 5

Band 11, Internationales Privatrecht, Internationales Wirtschaftsrecht, Einführung zum Bürgerlichen Gesetzbuch (Art. 25 bis 248), 5. Auflage, München, 2010; zit. Bearb., in: MünchKommBGB, Bd. 11

Münchener Kommentar zum Gesetz betreffend die Gesellschaft mit beschränkter Haftung – GmbHG, herausgegeben von Holger Fleischer und Wulf Goette

Band 1, §§ 1 bis 34 GmbHG, München, 2010; zit. Bearb., in: MünchKommGmbHG, Bd. 1

Band 3, §§ 53 bis 85 GmbHG, München, 2011; zit. Bearb., in: MünchKommGmbHG, Bd. 3

Münchener Kommentar zum Handelsgesetzbuch, herausgegeben von Karsten Schmid

Band 1, §§ 1 bis 104 HGB, 2. Auflage; München, 2005; zit. Bearb., in: MünchKommHGB, Bd. 1

Band 3, Konzernrecht der Personengesellschaft, §§ 161 bis 237 HGB, 2. Auflage, München, 2007; zit. Bearb., in: MünchKommHGB, Bd. 3

Band 4, Handelsbücher, §§ 238 bis 342e HGB, 2. Auflage; München, 2008; zit. Bearb., in: MünchKommHGB, Bd. 4

Münchner Kommentar zur Insolvenzordnung, herausgegeben von Hans-Peter Kirchhof, Hans-Jürgen Lwowski und Rolf Stürner

Band 1, §§ 1 bis 102 InsO, InsVV, 2. Auflage, München, 2007; zit. Bearb., in: MünchKommInsO, Bd. 1

Band 2, §§ 103 bis 269 InsO, 2. Auflage, München, 2008; zit. Bearb., in: MünchKommInsO, Bd. 2

Nassall, Wendt, Kapitalersatz bei der GmbH – Abschied für immer oder Wiederkehr in anderer Gestalt?, in: Neue Juristische Wochenschrift 2010, S. 2305 bis 2311; zit. Nassall, NJW 2010, S. 2305

Nerlich, Jörg/Römermann, Volker (Hrsg.), Insolvenzordnung, Kommentar, Loseblattsammlung, Stand: März 2009, München; zit. Bearb., in: Nerlich/Römermann, InsO

Niemeier, Wilhelm, GmbH und Limited im Markt der Unternehmensrechtsträger, in: Zeitschrift für Wirtschaftsrecht 2006, S. 2237 bis 2250; zit. Niemeier, ZIP 2006, S. 2237

Niemeier, Wilhelm, Die Mini-GmbH (UG) trotz Marktwende bei der Limited?, in: Zeitschrift für Wirtschaftsrecht 2007, S. 1794 bis 1801; zit. Niemeier, ZIP 2007, S. 1794

Nikoleyczik, Tobias, Gläubigerschutz zwischen Gesetz und Vertrag – Alternativen zu einem System eines festen Nennkapitals, erschienen in Steuern, Wirtschaft und Recht, herausgegeben Johannes Georg Bischoff, Alfred Kellermann, Günter Sieben, Norbert Herzig, Köln, 2007; zit. Nikoleyczik, Gläubigerschutz zwischen Gesetz und Vertrag

Noack, Ulrich, Der Regierungsentwurf des MoMiG – Die Reform des GmbH-Rechts geht in die Endrunde, in: Der Betrieb 2007, S. 1395 bis 1400; zit. Noack, DB 2007, S. 1395

Osterloh-Konrad, Christine, Abkehr vom Durchgriff: Die Existenzvernichtungshaftung des GmbH-Gesellschafters nach „Trihotel", in: Zeitschrift für das gesamte Handelsrecht und Wirtschaftsrecht, 172. Band 2008, S. 274 bis 305; zit. Osterloh-Konrad, ZHR 172 (2008), S. 274

Paefgen, Walter G., Existenzvernichtungshaftung nach Gesellschaftsdeliktsrecht – Besprechung des BGH-Urteils vom 16.07.2007, II ZR 3/04, DB 2007, S. 1802, in: Der Betrieb 2007, S. 1907 bis 1912; zit. Paefgen, DB 2007, S. 1907

Palandt, Otto, Bürgerliches Gesetzbuch, 70., neubearbeitete Auflage, 2011; zit. Bearb., in: Palandt BGB

Peifer, Markus, Die Pflichtenstellung des Alleingesellschafters gegenüber der GmbH, in: GmbH Rundschau 2008, S. 1074 bis 1077; zit. Peifer, GmbHR 2008, S. 1074

Pellens, Bernhard/Jödicke, Dirk/Richard, Marc, Solvenztest als Alternative zur bilanziellen Kapitalerhaltung?, in: Der Betrieb 2005, S. 1393 bis 1401; zit. Pellens/Jödicke/Richard, DB 2005, S. 1393

Pellens, Bernhard/Kemper, Thomas/Schmidt, André, Geplante Reform im Recht der GmbH: Konsequenzen für den Gläubigerschutz, in: Zeitschrift für Unternehmens- und Gesellschaftsrecht 2008, S. 381 bis 430; zit. Pellens/Kemper/Schmidt, ZGR 2008, S. 381

Pentz, Andreas, Die Bedeutung der Sacheinlagefähigkeit für die verdeckte Sacheinlage und den Kapitalersatz sowie erste höchstrichterliche Aussage zum Hin- und Herzahlen nach MoMiG – Das Qivive-Urteil des BGH v. 16.12.2008 – II ZR 120/07, in: GmbH Rundschau 2009, S. 505 bis 512; zit. Pentz, GmbHR 2009, S. 505

Pentz, Andreas, Die verdeckte Sacheinlage im GmbH-Recht nach dem MoMiG, in: Festschrift für Karsten Schmidt zum 70. Geburtstag, herausgegeben von Georg Bitter, Marcus Lutter, Hans-Joachim Priester, Wolfgang Schön und Peter Ulmer, Köln, 2009, S. 1265 bis 1286; zit. Pentz, in: FS K. Schmidt, S. 1265

Peters, Carsten, Verlegung des tatsächlichen Verwaltungssitzes der GmbH ins Ausland – Aufgabe der Sitztheorie durch das MoMiG?, in: GmbH Rundschau 2008, S. 245 bis 250; zit. Peters, GmbHR 2008, S. 245

Preuß, Nicola, Die Wahl des Satzungssitzes im geltenden Gesellschaftsrecht und nach dem MoMiG, in: GmbH Rundschau 2007, S. 57 bis 63; zit. Preuß, GmbHR 2007, S. 57

Priester, Hans-Joachim, Wann endet das Sonderrecht der UG (haftungsbeschränkt)? – Bemerkungen aus Anlass der Entscheidung OLG München v. 23.9.2010 – 31 Wx 149/10, ZIP 2010, 1991, in: Zeitschrift für Wirtschaftsrecht 2010, S. 2182 bis 2184; zit. Priester, ZIP 2010, S. 2182

Priester, Hans-Joachim, Kapitalaufbringung nach Gutdünken? – Ein Zwischenruf zum MoMiG, in: Zeitschrift für Wirtschaftsrecht 2008, S. 55 bis 56; zit. Priester, ZIP 2008, S. 55

Priester, Hans-Joachim, Die deutsche GmbH nach „Inspire Art" – brauchen wir eine neue? – Bemerkungen zur „Entrümpelungs"-Debatte, in: Der Betrieb 2005, S. 1315 bis 1320; zit. Priester, DB 2005, S. 1315

Priester, Hans-Joachim, „GmbH light" – ein Holzweg!, in: Zeitschrift für Wirtschaftsrecht 2005, S. 921 bis 922; zit. Priester, ZIP 2005, S. 921

Raiser, Thomas/Veil, Rüdiger, Recht der Kapitalgesellschaften – Ein Handbuch für Wissenschaft und Praxis, 5. neubearbeitete und erweiterte Auflage, München, 2010; zit. Raiser/Veil, Kapitalgesellschaftsrecht

Raiser, Thomas, Die Haftungsbeschränkung ist kein Wesensmerkmal der juristischen Person, in: Festschrift für Marcus Lutter zum 70. Geburtstag, Deutsches und europäisches Gesellschafts-, Konzern- und Kapitalmarktrecht, herausgegeben von Uwe H. Schneider, Peter Hommelhoff, Karsten Schmidt, Wolfram Timm, Barbara Grunewald und Tim Drygala, Köln, 2000, S. 637 bis 650; zit. Raiser, in: FS Lutter, S. 637

Röhricht, Volker, Insolvenzrechtliche Aspekte im Gesellschaftsrecht, in: Zeitschrift für Wirtschaftsrecht 2005, S. 505 bis 516; zit. Röhricht, ZIP 2005, S. 505

Römermann, Volker (Hrsg.), Münchener Anwaltshandbuch GmbH-Recht, 2. überarbeitete und erweiterte Auflage, München, 2009; zit. Bearb., in: Römermann, MAH GmbH-Recht

Römermann, Volker, Volleinzahlungsgebot und Sacheinlage bei der UG (haftungsbeschränkt), in: Neue Zeitschrift für Gesellschaftsrecht 2010, S. 1375 bis 1377; zit. Römermann, NZG 2010, S. 1375

Römermann, Volker, Die Unternehmergesellschaft – manchmal die bessere Variante der GmbH – Wider die vorurteilsbelastete Sicht einer neuen Gesellschaftsform, in: Neue Juristische Wochenschrift 2010, S. 905 bis 910; zit. Römermann, NJW 2010, S. 905

Römermann, Volker, Insolvenzrecht im MoMiG, in: Neue Zeitschrift für das Recht der Insolvenz und Sanierung 2008, S. 641 bis 646; zit. Römermann, NZI 2008, S. 641

Römermann, Volker, MoMiG nimmt erste Hürde im Bundestag – Rückbesinnungen und „*last-minute*"-Verschärfungen, in: GmbH Rundschau 2008, R241 bis R242; zit. Römermann, GmbHR 2008, R 241

Römermann, Volker, MoMiG: Regierungsentwurf mit „*Überraschungs-Coups*", in: GmbH Rundschau 2007, R193 bis R194; zit. Römermann, GmbHR 2007, R193

Römermann, Volker/Jähne, Ina, Die Unternehmergesellschaft und ihre praktische Relevanz . Tatsächliche Einsatzfelder zwei Jahre nach Inkrafttreten des MoMiG, in: Neue Wirtschaftsbriefe - Steuer- und Wirtschaftsrecht 2010, S. 3369 bis 3376; zit. Römermann/Jähne, NWB 2010, S. 3369

Römermann, Volker/Passarge, Malte, Die GmbH & Co. KG ist tot – es lebe die UG & Co. KG!, in: Zeitschrift für Wirtschaftsrecht 2009, S. 1497 bis 1504; zit. Römermann/Passarge, ZIP 2009, S. 1497

Roth, Günther H./Altmeppen, Holger (Hrsg.), Gesetz betreffend die Gesellschaft mit beschränkter Haftung, 6. Auflage, München, 2009, herausgegeben von Holger Altmeppen und Günther H. Roth; zit. Bearb, in: Roth/Altmeppen, GmbHG

Roth, Günter H., Gläubigerschutz durch Existenzschutz, in: Neue Zeitschrift für Gesellschaftsrecht 2003, S. 1081 bis 1085; zit. Roth, NZG 2003, S. 1081

Rowedder, Heinz/Schmidt-Leithoff, Christian (Hrsg.), Gesetz betreffend die Gesellschaft mit beschränkter Haftung (GmbHG), 4. Auflage, München, 2002; zit. Bearb., in: Rowedder/Schmidt-Leithoff, GmbHG

Sandrock, Otto, Sitzrecht contra Savigny?, - Zum angeblichen Chaos im internationalen Gesellschaftsrecht, in: Betriebs-Berater 2004, S. 897 bis 901; zit. Sandrock, BB 2004, S. 897

Schäfer, Carsten, Rechtsprobleme bei Gründung und Durchführung einer Unternehmergesellschaft, in: Zeitschrift für Wirtschaftsrecht 2011, S. 53 bis 59; zit. Schäfer, ZIP 2011, S. 53

Schärtl, Christoph, Die Doppelfunktion des Stammkapitals als Schlüssel für ein wettbewerbsfähiges GmbH-Recht in Deutschland?, in: GmbH Rundschau 2007, S. 344 bis 351; zit. Schärtl, GmbHR 2007, S. 344

Schärtl, Christoph, Unternehmergesellschaft (haftungsbeschränkt) – innovatives Konzept oder „typischer Kompromiss“?, in: GmbH Rundschau 2007, R305 bis R306; zit. Schärtl, GmbHR 2007, R305

Schärtl, Christoph, Gesetzliche Rücklage und Unternehmergesellschaft (haftungsbeschränkt) – ein Beispiel für ungenutzte Steuerungsmöglichkeiten des Reformgesetzgebers(?), in: GmbH Rundschau 2008, R81 bis R82; zit. Schärtl, GmbHR 2008, R81

Schall, Alexander, Kapitalaufbringung nach dem MoMiG, in: Zeitschrift für Unternehmens- und Gesellschaftsrecht 2009, S. 126 bis 155; zit. Schall, ZGR 2009, S. 126

Schall, Alexander/Westhoff, André, Warum Deutschland eine neue Kapitalgesellschaftsform braucht, in: GmbH Rundschau 2004, R381 bis R382; zit. Schall/Westhoff, GmbHR 2004, R381

Schall, Alexander/Westhoff, André, Die Neuwahlen zum Deutschen Bundestag liegen hinter uns – kommt jetzt die „UGG“?, in: GmbH Rundschau 2005, R357; zit. Schall/Westhoff, GmbHR 2005, R357

Schmidt, Karsten, Normzwecke und Zurechnungsfragen im Recht der Gesellschafter-Fremdfinanzierung – Grundfragen zur Neufassung der §§ 39, 135 InsO durch das MoMiG, in: GmbH Rundschau 2009, S. 1009 bis 1019; zit. K. Schmidt, GmbHR 2009, S. 1009

Schmidt, Karsten, Überschuldung und Insolvenzantragspflicht nach dem Finanzmarktstabilisierungsgesetz, in: Der Betrieb 2008, S. 2467 bis 2471; zit. K. Schmidt, DB 2008, S. 2467

Schmidt, Karsten, GmbH-Reform, Solvenzgewährleistung und Insolvenzpraxis - Gedanken zum MoMiG-Entwurf, in: GmbH Rundschau 2007, S. 1 bis 11; zit. K. Schmidt, GmbHR 2007, S. 1

Schmidt, Karsten, Reform der Kapitalsicherung und Haftung in der Krise nach dem Regierungsentwurf des MoMiG, in: GmbH Rundschau 2007, S. 1072 bis 1080; zit. K. Schmidt, GmbHR 2007, S. 1072

Schmidt, Karsten, Brüderchen und Schwesterchen für die GmbH? – Eine Kritik der Vorschläge zur Vermehrung der Rechtsformen, in: Der Betrieb 2006, S. 1096 bis 1099; zit. K. Schmidt, DB 2006, S. 1096

Schmidt, Karsten, Eigenkapitalersatz, oder: Gesetzesrecht versus Rechtsprechungsrecht? – Überlegungen zum Referentenentwurf eines GmbH-Reformgesetzes (MoMiG) von 2006, in: Zeitschrift für Wirtschaftsrecht 2006, S. 1925 bis 1934; zit. K. Schmidt, ZIP 2006, S. 1925

Schmidt, Karsten, …ut aliquid fiat – Von der GmbH-Reform 2005 zum Referentenentwurf eines Mindestkapitalgesetzes, in: Der Betrieb 2005, S. 1095 bis 1097; zit. K. Schmidt, DB 2005, S. 1095

Schmidt, Karsten, Handelsrecht, 5., völlig neu bearbeitete Auflage, Köln/Berlin/Bonn/München, 1999; zit. K. Schmidt, Handelsrecht

Schmidt, Karsten, Gesellschaftsrecht, 4., völlig neu bearbeitete und erweiterte Auflage, Köln/Berlin/Bonn/München, 2002; zit. K. Schmidt, Gesellschaftsrecht

Schmidt, Karsten, Gesellschafterhaftung und „Konzernhaftung“ bei der GmbH - Bemerkungen zum „Bremer Vulkan“-Urteil des BGH vom 17.09.2001, in: Neue Juristische Wochenschrift 2001, S. 3577 bis 3581; zit. K. Schmidt, NJW 2001, S. 3577

Schmidt, Karsten, Falsus-procurator-Haftung und Anscheinsvollmacht – Ein Versuch über Zivilrechtsdogmatik und Prozeßstrategie, Festschrift für Joachim Gernhuber zum 70. Geburtstag, herausgegeben von Hermann Lange, Knut Wolfgang Nörr und Harm Peter Westermann, Tübingen, 1993, S. 435 bis 460; zit. K. Schmidt, in: FS Gernhuber, S. 435

Schmidt, Karsten, Unterbilanzhaftung – Vorbelastungshaftung – Gesellschafterhaftung, in: Zeitschrift für das gesamte Handelsrecht und Wirtschaftsrecht, Band 156 (1992), S. 93 bis 133; zit. K. Schmidt, ZHR 156 (1992), S. 93

Schmidt, Andreas (Hrsg.), Hamburger Kommentar zum Insolvenzrecht, InsO, EuInsVO, Art. 102 EGInsO, InsVV, VbrInsVV, InsOBekV, Insolvenzstrafrecht, 3., überarbeitete und erweiterte Auflage, Münster, 2009; zit. Bearb., in: HambKommInsO

Schmitz, Michaela, Verdeckte Gewinnausschüttung und Irrtum – Subjektive Voraussetzungen einer verdeckten Gewinnausschüttung?, in: GmbH Rundschau 2009, S. 910 bis 914; zit. Schmitz, GmbHR 2009, S. 910

Schön, Wolfgang, Die Zukunft der Kapitalaufbringung/-erhaltung, in: Der Konzern 2004, S. 162 bis 170; zit. Schön, DK 2004, S. 162

Schönfelder, Matthias, Gesellschafterdarlehen in der Insolvenz – auch ohne Krise in die Krise?, in: Wertpapiermitteilungen – Zeitschrift für Wirtschafts- und Bankrecht 2009, S. 1401 bis 1407; zit. Schönfelder, WM 2009, S. 1401

Scholz, Franz (Hrsg.), Kommentar zum GmbH-Gesetz

Band 1, §§ 1 bis 34, 10. neu bearbeitete und erweiterte Auflage, Köln, 2006; zit. Bearb., in: Scholz, GmbHG, Bd. 1

Band 2, §§ 35 bis 52, 10. neu bearbeitete und erweiterte Auflage, Köln, 2007; zit. Bearb., in: Scholz, GmbHG, Bd. 2

Band 3, §§ 53 bis 85, Nachtrag MoMiG, §§ 1 bis 4 EGGmbHG, 10. neu bearbeitete und erweiterte Auflage, Köln, 2010; zit. Bearb., in: Scholz, GmbHG, Bd. 3

Schreiber, Alexander, Die Unternehmergesellschaft als Rechtsformvariante im Gefüge des GmbH-Rechts, in: Deutsche Zeitschrift für Wirtschafts- und Insolvenzrecht 2009, S. 492 bis 499 zit. Schreiber, DZWIR 2009, S. 492

Schünemann, Wolfgang/Blomeyer, Michael, Existenzgründer: Unternehmer oder Verbraucher?, in: Juristen Zeitung 2010, S. 1156 bis 1160; zit. Schünemann/Blomeyer, JZ 2010, S. 1156

Schulze-Osterloh Joachim, Die verdeckte Gewinnausschüttung bei der GmbH als kompetenzrechtliches Problem, in Festschrift für Walter Stimpel zum 68. Geburtstag am 29. November 1985, Berlin/New York, 1985, herausgegeben von Marcus Lutter, Hans-Joachim Mertens und Peter Ulmer, S. 487 bis 506; zit. Schulze-Osterloh, in: FS Stimpel, S. 487

Schwab, Martin, Die Neuauflage der Existenzvernichtungshaftung: Kein Ende der Debatte!, in: Zeitschrift für Wirtschaftsrecht 2008, S. 341 bis 350; zit. Schwab, ZIP 2008, S. 341

Seibert, Ulrich, Der Regierungsentwurf des MoMiG und die haftungsbeschränkte Unternehmergesellschaft, in: GmbH Rundschau 2007, S. 673 bis 677; zit. Seibert, GmbHR 2007, S. 673

Seibert, Ulrich, GmbH-Reform: Der Referentenentwurf eines Gesetzes zur Modernisierung des GmbH-Rechts und zur Bekämpfung von Missbräuchen – MoMiG, in: Zeitschrift für Wirtschaftsrecht 2006, S. 1157 bis 1168; zit. Seibert, ZIP 2006, S. 1157

Seibert, Ulrich, Die rechtsmissbräuchliche Verwendung der GmbH in der Krise – Stellungnahmen zu einer Umfrage des Bundesministeriums der Justiz, Festschrift für Volker Röhricht zum 65. Geburtstag – Gesellschaftsrecht, Rechnungslegung, Sportrecht, Köln, 2005, herausgegeben von Georg Crezelius, Heribert Hirte und Klaus Vieweg, S. 585 bis 601; zit. Seibert, in: FS Röhricht, S. 585

Semler, Johannes/Stengel, Arndt (Hrsg.), Umwandlungsrecht mit Spruchverfahrensgesetz, 2. Auflage 2007, München; zit. Bearb., in: Semler/Stengel, UmwG

Soergel, Hans Theodor, Bürgerliches Gesetzbuch: mit Einführungsgesetz und Nebengesetzen, begründet von Hans Theodor Soergel, neu herausgegeben von W. Siebert

Band 2, Allgemeiner Teil 2, §§ 104 bis 240, 13. Auflage, Stuttgart, 1999; zit. Bearb., in: Soergel BGB, Bd. 2

Band 12, Schuldrecht 10, §§ 823 bis 853, ProdHG, UmweltHG, 13. Auflage, Stuttgart, 2005; zit. Bearb., in: Soergel BGB, Bd. 12

Spies, Melanie, Unternehmergesellschaft (haftungsbeschränkt), Verfassung - Gläubigerschutz – Alternativen, in: Abhandlungen zum deutschen und europäischen Gesellschafts- und Kapitalmarktrecht, Band 29, herausgegeben von Holger Fleischer, Hanno Merkt und Gerald Spindler, Berlin, 2010; zit. Spies, Unternehmergesellschaft

Spindler, Gerald/Stilz, Eberhard (Hrsg.), Kommentar zum Aktienrecht

Band 1, §§ 1 bis 178 AktG, München, 2007; zit. Bearb., in: Spindler/Stilz, AktG, Bd. 1

Band 2, §§ 179 bis 410 AktG, IntGesR, SpruchG, SE-VO, München, 2007; zit. Bearb., in: Spindler/Stilz, AktG, Bd. 2

Spliedt, Jürgen D., MoMiG in der Insolvenz – ein Sanierungsversuch, in: Zeitschrift für Wirtschaftsrecht 2009, S. 149 bis 161; zit. Spliedt, ZIP 2009, S. 149

Staudinger, Julius von (Bgr.), Kommentar zum Bürgerlichen Gesetzbuch mit Einführungsgesetz und Nebengesetzen

Buch 1, Allgemeiner Teil, §§ 164 bis 240 (Allgemeiner Teil 5), Neubearbeitung von 2009; zit. Bearb., in: Staudinger BGB, Buch 1 (Allgemeiner Teil 1/5)

Buch 2, Recht der Schuldverhältnisse, Einleitung zum Schuldrecht, §§ 241 bis 243 BGB (Treu und Glauben), Neubearbeitung von 2009; zit. Bearb., in: Staudinger BGB, Buch 2 (Treu und Glauben)

Buch 2, Recht der Schuldverhältnisse, §§ 249 bis 254 BGB (Schadensersatzrecht), Neubearbeitung von 2005; zit. Bearb., in: Staudinger BGB, Buch 2 (Schadensersatzrecht)

Buch 2, Recht der Schuldverhältnisse (Vertragsschluss), §§ 311, 311a, 312, 312a bis f BGB, Neubearbeitung von 2005; zit. Bearb., in: Staudinger BGB, Buch 2 (Vertragsschluss)

Buch 2, Recht der Schuldverhältnisse, §§ 823 bis 825 BGB, Bearbeitung von 1999, zit. Bearb., in: Staudinger BGB, Buch 2 (Deliktsrecht)

EGBGB/IPR, Internationales Gesellschaftsrecht, 12. Auflage 1980; zit. Bearb., in: Staudinger BGB, IntGesR

Eckpfeiler des Zivilrechts, Neubearbeitung von 2011; zit. Bearb., in: Staudinger BGB, Eckpfeiler des Zivilrechts

Stenzel, Igor, Die Pflicht zur Bildung einer gesetzlichen Rücklage bei der UG (haftungsbeschränkt) und die Folgen für die Wirksamkeit des Gesellschaftsvertrags einer UG (haftungsbeschränkt) & Co. KG, in: Neue Zeitschrift für Gesellschaftsrecht 2009, S. 168 bis 172; zit. Stenzel, NZG 2009, S. 168

Stimpel, Walter, Zum Auszahlungsverbot des § 30 Abs. 1 GmbHG – Die Befreiung vom handelsbilanziellen Denken und die Unzulässigkeit von Vermögenszuwendungen an Gesellschafter gegen hinausgeschobene schuldrechtliche Ausgleichsverpflichtungen, in: Festschrift 100 Jahre GmbH-Gesetz, herausgegeben von Marcus Lutter, Peter Ulmer und Wolfgang Zöllner, Köln, 1992, S. 335 bis 361; zit. Stimpel, in: FS GmbHG, S. 335

Stimpel, Walter, Unbeschränkte oder beschränkt, Außen- oder Innenhaftung der Gesellschafter in der Vor-GmbH?, in: Festschrift für Hans-Joachim Fleck zum 70. Geburtstag am 30. Januar 1988, Berlin, 1988, herausgegeben von Reinhard Goerdeler, Peter Hommelhoff, Marcus Lutter, Herbert Wiedemann, S. 345 bis 364; zit. Stimpel, in: FS Fleck, S. 345

Streck, Michael (Hrsg.), Körperschaftsteuergesetz mit Nebengesetzen, 7., völlig neubearbeitete Auflage, München, 2008; zit. Bearb, in: Streck KStG

Strohn, Lutz, Existenzvernichtungshaftung, §§ 30, 31, 43 GmbHG und § 64 S. 3 GmbHG – Koordinierungsbedarf?, in: Zeitschrift für das gesamte Handelsrecht und Wirtschaftsrecht, 173. Band 2009, S. 589 bis 595; zit. Strohn, ZHR 173 (2009), S. 589

Sudhoff, Heinrich, GmbH & Co. KG, 6., überarbeitete Auflage, München, 2005; zit. Bearb., in: Sudhoff, GmbH & Co KG

Teichmann, Christoph, Reform des Gläubigerschutzes im Kapitalgesellschaftsrecht, in: Neue Juristische Wochenschau 2006, S. 2444 bis 2451; zit. Teichmann, NJW 2006, S. 2444

Tettinger, Peter W., UG (umwandlungsbeschränkt)? – Die Unternehmergesellschaft nach dem MoMiG-Entwurf und das UmwG, in: Der Konzern 2008, S. 75 bis 78; zit. Tettinger, DK 2008, S. 75

Thiessen, Jan, Eigenkapitalersatz ohne Analogie – eine Alternativlösung zum MoMiG-Entwurf, in: Zeitschrift für Wirtschaftsrecht 2007, S. 253 bis 260; zit. Thiessen, ZIP 2007, S. 253

Thiessen, Jan, Johann Buddenbrock und die Reform des GmbH-Rechts (Teil I), in: Deutsches Steuerrecht 2007, S. 202 bis 209; zit. Thiessen, DStR 2007, S. 202

Thiessen, Jan, Johann Buddenbrock und die Reform des GmbH-Rechts (Teil II), in: Deutsches Steuerrecht 2007, S. 260 bis 262; zit. Thiessen, DStR 2007, S. 260

Thonfeld, Henning, Der „instabile Überschuldungsbegriff" des Finanzmarktstabilisierungsgesetzes, in: Neue Zeitschrift für das Recht der Insolvenz und Sanierung 2009, S. 15 bis 19; zit. Thonfeld, NZI 2009, S. 15

Tillmann, Tobias, Der Entwurf des „MoMiG" und die Auswirkungen auf die Gesellschafterfinanzierung – Verstrickte und privilegierte Darlehen, in: GmbH Rundschau 2006, S. 1289 bis 1295; zit. Tillmann, GmbHR 2006, S. 1289

Uhlenbruck, Wilhelm, Insolvenzordnung Kommentar, 13., völlig neu bearbeitete Auflage, München, 2010, herausgegeben von Wilhlem Uhlenbruck, Heribert Hirte und Heinz Vallender; zit. Bearb., in: Uhlenbruck, InsO

Ulmer, Peter/Habersack, Mathias/Winter, Martin (Hrsg.), Gesetz betreffend die Gesellschaft mit beschränkter Haftung (GmbHG), Großkommentar

Band 1, Einführung; §§ 1 bis 28, Tübingen, 2005; zit. Bearb., in: Ulmer, GmbHG, Bd. 1

Band 2, §§ 29 bis 52, Tübingen, 2006; zit. Bearb., in: Ulmer, GmbHG, Bd. 2

Band 3, §§ 53 bis 57, Tübingen, 2008; zit. Bearb., in: Ulmer, GmbHG, Bd. 3

Ergänzungsband MoMiG, Tübingen, 2010; zit. Bearb., in: Ulmer, GmbHG, Ergänzungsband MoMiG

Ulmer, Peter, Sacheinlageverbote nach MoMiG – umgehungsfest?, in: GmbH Rundschau 2010, Marcus Lutter zum 80. Geburtstag, S. 1298 bis 1306; zit. Ulmer, GmbHR 2010, S. 1298

Ulmer, Peter, Der „Federstrich des Gesetzgebers" und die Anforderung der Rechtsdogmatik: Kritische Anmerkungen aus rechtssystematischer Sicht zur Ausgestaltung bestimmter Deregulierungsvorschläge im RegE. MoMiG, Zeitschrift für Wirtschaftsrecht 2008, S. 45; zit. Ulmer, ZIP 2008, S. 45

Ulmer, Peter, Gläubigerschutz bei Scheinauslandsgesellschaften – Zum Verhältnis zwischen gläubigerschützendem nationalem Gesellschafts-, Delikts- und Insolvenzrecht und der EG-Niederlassungsfreiheit, in: Neue Juristische Wochenschrift 2004, S. 1201 bis 1210; zit. Ulmer, NJW 2004, S. 1201

Ulmer, Peter, Von „TBB" zu „Bremer Vulkan" – Revolution oder Evolution?, in: Zeitschrift für Wirtschaftrecht 2001, S. 2021 bis 2029; zit. Ulmer, ZIP 2001, S. 2021

Ulmer, Peter, Gesellschafterhaftung gegenüber der GmbH bei Vorteilsgewährung unter Verstoß gegen § 30 Abs. 1 GmbHG, in: Festschrift 100 Jahre GmbH-Gesetz, Köln, 1992, herausgegeben von Marcus Lutter, Peter Ulmer und Wolfgang Zöllner, S. 363 bis 389; zit. Ulmer, in: FS GmbHG, S. 363

Ulmer, Peter, Der Gläubigerschutz im faktischen GmbH-Konzern beim Fehlen von Minderheitsgesellschaftern, in: Zeitschrift für das gesamte Handelsrecht und Wirtschaftsrecht, 148. Band 1984, S. 391 bis 427; zit. Ulmer, ZHR 148 (1984), S. 391

Ulmer, Peter, Volle Haftung des Gesellschafter/Geschäftsführers einer GmbH für Gläubigerschaden aus fahrlässiger Konkursverschleppung, in: Neu Juristische Wochenschrift 1983, S. 1577 bis 1582; zit. Ulmer, NJW 1983, S. 1577

Veil, Rüdiger, Gesellschafterhaftung wegen existenzvernichtenden Eingriffs und materieller Unterkapitalisierung, in: Neue Juristische Wochenschrift 2008, S. 3264 bis 3266; zit. Veil, NJW 2008, S. 3264

Veil, Rüdiger, Die Unternehmergesellschaft nach dem Regierungsentwurf des MoMiG – Regelungsmodell und Praxistauglichkeit, in: GmbH Rundschau 2007, S. 1080 bis 1086; zit. Veil, GmbHR 2007, S. 1080

Veil, Rüdiger, Die Unternehmergesellschaft im System der Kapitalgesellschaften, in: Zeitschrift für Unternehmens- und Gesellschaftsrecht 2009, S. 623 bis 643; zit. Veil, ZGR 2009, S. 623

Verspay, Heinz-Peter, Neuerungen im Gesellschaftsrecht durch das MoMiG, in: Monatsschrift für Deutsches Recht 2009, S. 117 bis 121; zit. Verspay, MDR 2009, S. 117

Vetter, Jochen, Grundlinien der GmbH-Gesellschafterhaftung, in: Zeitschrift für Unternehmens- und Gesellschaftsrecht 2005, S. 788 bis 831; zit. Vetter, ZGR 2005, S. 788

Wachter, Thomas, Kurzkommentar zu OLG Frankfurt am Main vom 09. März 2010, 20 W 7/10, in: Entscheidungen zum Wirtschaftsrecht 2010, S. 707 bis 708; zit. Wachter, EWiR 2010, S. 707

Wachter, Thomas, 1 Jahr MoMiG – eine Erfolgsgeschichte?!, in: Der Betrieb, Status:Recht 2009, S. 247 bis 248; zit.: Wachter, Status:Recht 2009, S. 247

Wachter, Thomas, Gründung einer GmbH nach dem MoMiG, in: GmbH Rundschau Sonderheft Oktober 2008, S. 5 bis 16; zit. Wachter, GmbHR Sonderheft 10/2008, S. 5

Wachter, Thomas, Die neue Unternehmergesellschaft (haftungsbeschränkt), in: GmbH Rundschau Sonderheft Oktober 2008, S. 25 bis 36; zit. Wachter, GmbHR Sonderheft 10/2008, S. 25

Wachter, Thomas, Auswirkungen der Finanzmarktkrise auf die neue Unternehmergesellschaft (haftungsbeschränkt), in: GmbH Rundschau 2008, S. 1296 bis 1301; zit. Wachter, GmbHR 2008, S. 1296

Wackerbart, Ulrich, Überschuldung und Fortführungsprognose, in: Neue Zeitschrift für das Recht der Insolvenz und Sanierung 2009, S. 145 bis 149; zit. Wackerbart, NZI 2009, S. 145

Wagner, Gerhard, Existenzvernichtung als Deliktstatbestand – Einordnung, Ausgestaltung und Anknüpfung der Haftung wegen „existenzvernichtenden Eingriffs" –, in Festschrift für Claus-Wilhelm Canaris zum 70. Geburtstag, herausgegeben von Andreas Heldrich, Jürgen Prölss, Ingo Koller sowie Katja Langenbucher, Hans Christoph Grigoleit, Johannes Hager, Felix Christopher Hey, Jörg Neuner, Jens Petersen, Reinhard Singer, München, Band II, 2007, S. 473 bis 505; zit. Wagner, in: FS Canaris, Bd. 2, S. 473

Wälzholz, Eckhard, Die Unternehmergesellschaft (haftungsbeschränkt) als Alternative zur GmbH, in: Der GmbH-Steuerberater 2007, S. 319 bis 322; zit. Wälzholz, GmbH-StB 2007, S. 319

Waldenberger, Arthur/Sieber, Dorothée, Die Unternehmergesellschaft (haftungsbeschränkt) jenseits der „Existenzgründer" – Rechtliche Besonderheiten und praktischer Nutzen, in: GmbH Rundschau 2009, S 114 bis 124; zit. Waldenberger/Sieber, GmbHR 2009, S. 114

Weber, Jörg-Andreas, Die Unternehmergesellschaft (haftungsbeschränkt), in: Betriebs-Berater 2009, S. 842 bis 848; zit. Weber, BB 2009, S. 842

Weiß, Udo, Die Unternehmergesellschaft (haftungsbeschränkt) aus strafrechtlicher Sicht, in: Zeitschrift für Wirtschafts- und Steuerstrafrecht 2010, S. 361 bis 368; zit. Weiß, wistra 2010, S. 361

Weitemeyer, Birgit, Die Unterbilanzhaftung bei „Start-up-Unternehmen", Neue Zeitschrift für Gesellschaftsrecht 2006, S. 648 bis 652; zit. Weitemeyer, NZG 2006, S. 648

Weller, Marc-Philippe, Die Existenzvernichtungshaftung im modernisierten GmbH-Recht – eine Außenhaftung für Forderungsvereitelung (§ 826 BGB), in: Deutsches Steuerrecht 2007, S. 1166 bis 1170; zit. Weller, DStR 2007, S. 1166

Westermann, Harm Peter, Das neue GmbH-Recht (i.d.F. des MoMiG) im Überblick, in: Deutsche Zeitschrift für Wirtschafts- und Insolvenzrecht 2008, S. 485 bis 495; zit. Westermann, DZWIR 2008, S. 485

Westhoff, André, Die Verbreitung der limited mit Sitz in Deutschland, in: GmbH Rundschau 2006, S. 525 bis 528; zit. Westhoff, GmbHR 2006, S. 525

Wicke, Hartmut, Gesetz betreffend die Gesellschaft mit beschränkter Haftung (GmbHG) – Kommentar, 2. Auflage, München, 2011; zit. Wicke, GmbHG

Wicke, Hartmut; Praktische Verwendung und Kapitalbindung der Unternehmergesellschaft (haftungsbeschränkt), in: Gesellschafts- und Wirtschaftsrecht 2010, S. 259 bis 261; zit. Wicke, GWR 2010, S. 259

Widmann, Siegfried/Mayer, Dieter (Hrsg.), Umwandlungsrecht – Umwandlungsgesetz, Umwandlungssteuergesetz, Spruchverfahrensgesetz, u.a., Band 3, §§ 123 bis 257 UmwG, Loseblattsammlung Stand Dezember 2009, Bonn; zit. Bearb., in: Widmann/Mayer, UmwG, Bd. 3

Wiedemann, Herbert, Gesellschaftsrecht – Ein Lehrbuch des Unternehmens- und Verbandsrechts, Band I, München, 1980; zit. Wiedemann, Gesellschaftsrecht, Bd. I

Wilhelm, Jan, Kapitalgesellschaftsrecht, 3., neu bearbeitete und erweiterte Auflage, Berlin, 2009; zit. Wilhelm, Kapitalgesellschaftsrecht

Wilhelm, Jan, Unternehmergesellschaft (haftungsbeschränkt) – Der neue § 5a GmbHG in dem RegE des MoMiG, in: Der Betrieb 2007, S. 1510 bis 1513; zit. Wilhelm, DB 2007, S. 1510

Wilhlem, Jan, Die Vermögensbindung bei der Aktiengesellschaft und der GmbH und das Problem der Unterkapitalisierung, in Festschrift für Werner Flume zum 70. Geburtstag, 12. September 1978, Köln, 1978, herausgegeben von Kurt Ballerstedt, F.A. Mann sowie Horst Heinrich Jakobs, Brigitte Knobbe-Keuk, Eduard Picker und Jan Wilhelm, Band II, S. 337 bis 397; zit. Wilhelm, in: FS Flume, Bd. 2, S. 337

Wilhelmi, Rüdiger, Das Mindeststammkapital als Mindestschutz – eine Apologie im Hinblick auf die Diskussion um eine Reform des GmbH-Rechts angesichts der englischen Limited, in: GmbH Rundschau 2006, S. 13 bis 24; zit. Wilhelmi, GmbHR 2006, S. 13

Winter, Martin, Mitgliedschaftliche Treubindungen im GmbH-Recht - Rechtsformspezifische Aspekte eines allgemeinen gesellschaftsrechtlichen Prinzips, München, 1988; zit. Winter, Mitgliedschaftliche Treubindungen im GmbH-Recht

Winter, Michael, Upstream-Finanzierung nach dem MoMiG-Regierungsentwurf – Rückkehr zum bilanziellen Denken, in: Deutsches Steuerrecht 2007, S. 1484 bis 1491; zit. Winter, DStR 2007, S. 1484

Witt, Carl-Heinz, Verdeckte Sacheinlage, Unternehmergesellschaft und Musterprotokoll, in: Zeitschrift für Wirtschaftsrecht 2009, S. 1102 bis 1106; zit. Witt, ZIP 2009, S. 1102

Zimmer, Daniel, Nach „Inspire Art“: Grenzenlose Gestaltungsfreiheit für deutsche Unternehmen?, in: Neue Juristische Wochenschrift 2003, S. 3585 bis 3592; zit. Zimmer, NJW 2003, S. 3585

Zöllner, Wolfgang, Gläubigerschutz durch Gesellschafterhaftung bei der GmbH, in: Festschrift für Horst Konzen zum 70. Geburtstag, München, 2006, herausgegeben von Barbara Dauner-Lieb, Peter Hommelhoff, Matthias Jacob, Dagmar Kaiser und Christoph Weber, S. 999 bis 1021; zit. Zöllner, in: FS Konzen, S.999

Schriftenreihe zum Gesellschafts- und Kapitalmarktrecht

Herausgegeben von Lutz Michalski,
Axel Jäger und Klaus-Rudolf Wagner

Band 1 Volker Schulenburg: Bankenhaftung bei geschlossenen Immobilienfonds. Zugleich eine Untersuchung der Wissenszurechnung im Konzern. 2002.

Band 2 Jan Wittenberg: Der Bestandsschutz von Arbeitsverhältnissen im Umwandlungsrecht. 2002.

Band 3 Christian A. Eichner: Management-Buy-Out-Gestaltungen beim Konzern-Spin-Off. Unter besonderer Berücksichtigung der Unternehmenssteuerreform. 2002.

Band 4 Thomas Wunsch: Tracking Stocks – Geschäftsbereichsbezogene Gewinnbeteiligungen bei Aktiengesellschaften. Eine systematische gesellschafts- und steuerrechtliche Betrachtung. 2002.

Band 5 Jan Blumentritt: Die privatrechtlich organisierte Börse. Ein Beitrag zur Diskussion um die Neuordnung des Börsenwesens. 2003.

Band 6 Michael Grüner: Die Beendigung von Gewinnabführungs- und Beherrschungsverträgen. 2003.

Band 7 Holger Pittroff: Die Zurechnung von Stimmrechten gemäß § 30 WpÜG. 2004.

Band 8 Wolfgang Höhn: Ausgewählte Probleme bei Lock-up Agreements. 2004.

Band 9 Gunter Reiff: Gesellschaftsrechtliche Aspekte des regulären Delistings. 2004.

Band 10 Christoph Radke: Die Entsprechenserklärung zum Deutschen Corporate Governance Kodex nach § 161 AktG. Grundlagen und Haftungsfragen. 2004.

Band 11 Gordon Geiser: Gesellschaftsorganisation und Gesellschaftsinnenrecht virtueller Unternehmen. 2004.

Band 12 Gero F. Pfeiffer: Die Kommanditgesellschaft auf Aktien als Beteiligte eines Beherrschungsvertrags und einer Eingliederung. Ein Beitrag zum Konzernrecht einer hybriden Rechtsform. 2005.

Band 13 Markus Rasner: Die Pflichten der Zielgesellschaft bei unfreundlichen Übernahmeangeboten nach dem neuen deutschen WpÜG. Unter besonderer Berücksichtigung europäischer und US-amerikanischer Übernahmeregelungen sowie der Konzeption des Gemeinsamen Entwurfs einer EU-Übernahmerichtlinie. 2005.

Band 14 Julia Kraft: Die Europäisierung der deutschen Mitbestimmung durch das SE-Beteiligungsgesetz. Eine europa- und verfassungsrechtliche Analyse der Richtlinienumsetzung 2001/86/EG zur Ergänzung des Statuts der Europäischen Gesellschaft hinsichtlich der Beteiligung der Arbeitnehmer. 2005.

Band 15 Tobias A. Heinrich: Kapitalmarktrechtliche Transparenzbestimmungen und die Offenlegung von Beteiligungsverhältnissen. Eine rechtsvergleichende Untersuchung des europäischen, deutschen, englischen und US-amerikanischen Rechts. 2006.

Band 16 Hendrik Mielke: Die Rechtsstellung der Verfahrensbeteiligten im gesellschaftsrechtlichen Spruchverfahren. 2006.

Band 17 Florian Mahler: Rechtsgeschäftliche Verfügungen über sonder- und sammelverwahrte Wertpapiere des Kapitalmarktes. 2006.

Band 18 Ines Tauscher: Der Anwendungsbereich der §§ 293a–293g Abs. 1, 2 S. 1, Abs. 3 AktG. In einstufigen vertraglichen Unternehmensverbindungen. 2007.

Band 19 Wolfgang Böh: Die Aufklärungspflicht einer Bank bei der Finanzierung einer Beteiligung an einem geschlossenen Immobilienfonds. 2007.

Band 20 Angela Koch: Die Abkehr von der „bilanziellen Betrachtungsweise" und ihre Auswirkungen auf die Existenzvernichtungshaftung. 2007.

Band 21 Markus Käppler: Die Rücknahme von Erwerbs- und Übernahmeangeboten nach dem WpÜG. 2008.

Band 22 Lars M. Laeger: Deutsch-amerikanisches Internationales Gesellschaftsrecht. Festschreibung der Gründungstheorie durch den deutsch-amerikanischen Freundschaftsvertrag? 2008.

Band 23 Wolf Rainer Bussian: Due Diligence bei Pakettransaktionen. Zur Rechtsstellung des Vorstands zwischen Auskunftsanspruch der Aktionäre, Insiderverboten und Datenschutz. 2008.

Band 24 Arne Kießling: Der übernahmerechtliche Squeeze-out gemäß §§ 39a, 39b WpÜG. Analyse eines neuen Instituts zum Ausschluss von Minderheitsaktionären. 2008.

Band 25 Uwe Trafkowski: Kreditderivate und Versicherungsderivate als Risikotransferverträge. 2009.

Band 26 Jörg Christoph Bussian: Die Verantwortung der Organe einer Aktiengesellschaft bei Fehlinformation des Sekundärmarkts. 2009.

Band 27 Dennis A. Lepczyk: Rechtliche Aspekte internationaler Börsenfusionen. Gesellschaftsrecht – Organisationsrecht – Aufsichtsrecht. 2009.

Band 28 Anna Lucia Izzo-Wagner: Kollisionsrecht und Gesellschaftsrecht nach der EuGH-Rechtsprechung und europäischen Normgebung. Konsequenzen für grenzüberschreitende Sitzverlegungen nach Inspire Art und Restrukturierungen von Kapitalgesellschaften nach Sevic, der Verschmelzungsrichtlinie und SEStEG unter Berücksichtigung steuerrechtlicher Aspekte. 2009.

Band 29 Hans-Georg Schulze: Geschäfte der Kapitalgesellschaft mit ihren Organmitgliedern. Ein Rechtsvergleich zwischen Deutschland, England und Frankreich. 2010.

Band 30 Annette Christoph: Insiderhandel unter besonderer Berücksichtigung von M&A-Transaktionen. 2010.

Band 31 Magdalena Boguslawska: Das Verbot des Handels in eigenen Aktien und seine Ausnahmen. 2010.

Band 32 Philipp Storm: Alternative Freiverkehrssegemente im Kapitalmarktrecht. Zugleich ein Beitrag zur rechtsökonomischen Analyse emittentenbezogener Regulierung durch einen Marktveranstalter und zum System der Segmentierung. 2010.

Band 33 Manuel M. Meder: Die persönliche Unabhängigkeit der Aufsichtsratsmitglieder und Directors in börsennotierten Aktiengesellschaften. Eine vergleichende Untersuchung zum deutschen und US-amerikanischen Aktienrecht. 2010.

Band 34 Niko Oertel: Fungibilität von Anteilen an Publikumskommanditgesellschaften. Der Entscheidungsspielraum unter Vinkulierungs- und Erwerbsvorrechtsklauseln. 2010.

Band 35 Henning Blaufuß: Rechtsfähige Wohnungseigentümergemeinschaft und nicht rechtsfähige Gemeinschaft der Wohnungseigentümer. Entstehung der rechtsfähigen Wohnungseigentümergemeinschaft als Folge richterlicher Rechtsumgestaltung und ausgewählte Folgeprobleme. 2010.

Band 36 Christoph R. Wolter: Der Gläubigerschutz bei der grenzüberschreitenden Verschmelzung von Kapitalgesellschaften unter Beteiligung einer GmbH. 2012.

Band 37 Andreas Voth: Beratende Hauptversammlungsbeschlüsse – zugleich eine kritische Betrachtung des § 120 Abs. 4 AktG. 2012.

Band 38 Marcus Jerg: Eine Analyse der Unternehmergesellschaft (haftungsbeschränkt) unter besonderer Berücksichtigung des Gläubigerschutzes. 2013.

www.peterlang.de